# Last Call

Michael Schäfer · Joachim Ludwig

# Last Call

Wie der Weckruf irischer Wirte die Apokalypse verhindern könnte

Michael Schäfer  
Berlin, Deutschland

Joachim Ludwig  
Berlin, Deutschland

ISBN 978-3-658-44409-9    ISBN 978-3-658-44410-5   (eBook)
https://doi.org/10.1007/978-3-658-44410-5

Die Deutsche Nationalbibliothek verzeichnet diese Publikation in der Deutschen-Nationalbibliografie; detaillierte bibliografische Daten sind im Internet über https://portal.dnb.de abrufbar.

© Der/die Herausgeber bzw. der/die Autor(en), exklusiv lizenziert an Springer Fachmedien Wiesbaden GmbH, ein Teil von Springer Nature 2025

Das Werk einschließlich aller seiner Teile ist urheberrechtlich geschützt. Jede Verwertung, die nicht ausdrücklich vom Urheberrechtsgesetz zugelassen ist, bedarf der vorherigen Zustimmung des Verlags. Das gilt insbesondere für Vervielfältigungen, Bearbeitungen, Übersetzungen, Mikroverfilmungen und die Einspeicherung und Verarbeitung in elektronischen Systemen.
Die Wiedergabe von allgemein beschreibenden Bezeichnungen, Marken, Unternehmensnamen etc. in diesem Werk bedeutet nicht, dass diese frei durch jede Person benutzt werden dürfen. Die Berechtigung zur Benutzung unterliegt, auch ohne gesonderten Hinweis hierzu, den Regeln des Markenrechts. Die Rechte des/der jeweiligen Zeicheninhaber*in sind zu beachten.
Der Verlag, die Autor*innen und die Herausgeber*innen gehen davon aus, dass die Angaben und Informationen in diesem Werk zum Zeitpunkt der Veröffentlichung vollständig und korrekt sind. Weder der Verlag noch die Autor*innen oder die Herausgeber*innen übernehmen, ausdrücklich oder implizit, Gewähr für den Inhalt des Werkes, etwaige Fehler oder Äußerungen. Der Verlag bleibt im Hinblick auf geografische Zuordnungen und Gebietsbezeichnungen in veröffentlichten Karten und Institutionsadressen neutral.

Planung/Lektorat: Isabella Hanser
Springer ist ein Imprint der eingetragenen Gesellschaft Springer Fachmedien Wiesbaden GmbH und ist ein Teil von Springer Nature.
Die Anschrift der Gesellschaft ist: Abraham-Lincoln-Str. 46, 65189 Wiesbaden, Germany

Wenn Sie dieses Produkt entsorgen, geben Sie das Papier bitte zum Recycling.

# Geleitwort von Herwart Wilms[1]

Im Jahr 2002 hat die Bundesregierung die erste deutsche Nachhaltigkeitsstrategie verabschiedet. Dort wurde u. a. festgelegt, dass die Ressourcenproduktivität bis 2020 um 40 Prozent erhöht werden soll. Dieses Ziel wurde deutlich verfehlt. Das ist ein Weckruf genau im Sinne dieses Buches: „Last Call". Auch deshalb, weil sich an der Situation bis heute, vier Jahre später, nichts geändert hat. Wir sind hierzulande und in fast allen anderen Ländern noch immer sehr weit von dem Ziel entfernt, die in der Wertschöpfung eingesetzten Stoffe nach dem Ende der Produkt-Nutzungszyklen weitestgehend zurückzugewinnen.

---

[1] Herwart Wilms wurde am 4. Dezember 2024 zum Präsidenten der Europäischen Abfallwirtschaftsverbandes (FEAD) gewählt. Er ist derzeit Vizepräsident und wird das Präsidentenamt am 1. Januar 2026 von der Italienerin Claudia Mensi übernehmen. Der in Brüssel ansässige Verband vereint unter seinem Dach 19 nationale Abfallwirtschaftsverbände, die wiederum rund 3.000 Unternehmen mit 320.000 Mitarbeitern repräsentieren.
Herwart Wilms ist auch Vizepräsident des Bundesverbandes der Deutschen Entsorgungs-, Wasser- und Kreislaufwirtschaft e. V. (BDE), Vorsitzender des Rohstoffausschusses beim Bundesverband der Deutschen Industrie e.V. (BDI) und Geschäftsführer in der Remondis-Gruppe.

China hingegen hat bei zweistelligen Wachstumsraten des Bruttoinlandprodukts die Entkopplung von Rohstoffverbrauch und Wachstum geschafft. Je Wachstumsprozent müssen immer weniger primäre Rohstoffe eingesetzt werden.

Manche mögen sagen, dass radikale Trendwenden wie die umfassende Rückgewinnung in einem Wirtschafts- und Gesellschaftssystem wie dem in China schneller umgesetzt werden können als bei uns. Denn wir lieben unsere bürokratischen Hürden, und die Liebe endet womöglich erst mit dem Untergang der eigenen Lebensgrundlage. Aber wir sind und bleiben mit solchen Ländern im Wettbewerb!

Gegen solcherlei Defätismus schreit und schreibt „Last Call" zornig an. 185 Weckrufe zur existentiellen Bedrohung der Schöpfung durch Krieg oder ökologischen Wahnsinn aus den fünf Epochen unserer Menschheitsgeschichte – jeder für sich auch ein Muss zur sofortigen Umkehr. Die Kehrtwendung ist überfällig.

Es ist noch gar nicht so lange her, dass man in der chinesischen Hauptstadt bei bestimmten Wetterlagen kaum atmen konnte. Jetzt wird dort radikal gehandelt. Die Ergebnisse können sich sehen lassen.

Wir, die klassischen Industrieländer, trösten uns damit, dass der Fortschritt bekanntlich eine Schnecke sei, und üben uns in der „Kultur" der guten Vorsätze. Und das, obwohl Deutschland und Europa – im Gegensatz zu China – nicht über die Rohstoffe verfügen, die wir für unsere zukünftige Produktivität, Garantie für Wohlstand und soziale Sicherheit so dringend benötigen.

Die richtig verstandene Zirkularität des Wirtschaftens setzt beim Design des Produktes an, überlegt in dieser Phase der Produktentstehung, wie man es so gestalten kann, dass es am Ende seiner Nutzungsphase den Rohstoff, aus dem es besteht, möglichst energiearm wieder hergibt. Der gewichtigste Vorteil der deutschen Industrie soll doch darin bestehen, dass er unsere wichtigste Ressource – sie befindet sich zwischen unseren Ohren – einsetzt, um in den entscheidenden Wettbewerben als erste durchs Ziel zu gehen. Das in meiner Branche wichtigste ist die schnellstmögliche Implementierung der Kreislaufwirtschaft. Hier winkt – und das ist der entscheidende Unterschied – nicht nur ökonomischer Gewinn. Wir leisten damit einen wesentlichen Beitrag zu unser aller Überleben, nicht irgendwie, sondern in Wohlstand und in einer intakten Umwelt.

So habe ich das Anliegen von „Last Call" verstanden. Als Liebhaber der angelsächsischen Pub-Kultur habe ich einigen Optimismus, dass wir von den irischen Wirten lernen werden.

In meinen deutschen und europäischen Ämtern im Dienst der Kreislaufwirtschaft werde ich dafür alles geben, was mir möglich ist.

Berlin/Brüssel, Dezember 2024

Herwart Wilms

# Vorwort und Danksagung

„Wat mutt, dat mutt!" Die in vielerlei Hinsicht erfreulich reduzierten Norddeutschen bringen es mit 14 Zeichen auf den Punkt.

„Was sein muss, muss sein". Der „Rest" im Lande braucht für diese „Übersetzung" ins Hochsprachliche 19 Buchstaben. Der gleiche Inhalt. Aber fünf Buchstaben mehr nehmen dem Satz die Wucht.

Die englische Variante wiederum ist wie die Norddeutsche eine rhetorische Punktlandung: *These things happen!*

Warum wir mit diesen Sätzen zum Zwanghaften mancher Ereignisse beginnen? Weil wir glauben, dass Zufälle in den wirklich guten „Fällen" wohl doch von einer ordnenden Kraft gesteuert werden. Das gilt mit großer Sicherheit auch für den folgenden: Nach langen Recherchen zu den existenziellen Weckrufen in der dokumentierten Geschichte der Menschheit hatten wir im April 2024 damit begonnen, die zuvor gut sortierten Fakten zu Papier zu bringen. Solch ein intensiver Schreibprozess darf auch im Urlaub nicht unterbrochen werden. Deshalb lagen Laptop und ein großer Stapel analoger Rechercheergebnisse ganz oben in meinem Gepäck für die Reise nach Tirol Ende April 2024. Im Urlaubsort hörte ich in einer der vielen Deutschlandfunk-Sendungen zum Thema Bücher, dass am 24. April „Den Frieden gewinnen. Die Gewalt verlernen" von Heribert Prantl erschienen ist.[1] Aber in der kleinen Bücherstube meines Tiroler Urlaubsortes war es noch nicht angekommen. Der Titel und die kurze Rezension im Hörfunk hatten mich elektrisiert. Die für das Urlaubsende geplante Zugfahrt nach Salzburg fand deshalb gleich am nächsten Tag statt. Dort lag das druckfrische Werk in der gut sortierten Altstadt-Buchhandlung in der Auslage. Bei der Rückfahrt begann ich zu lesen und wusste schon nach den ersten Seiten: Es ist *das* Buch zu unserem Buch.

Heribert Prantl – auch das ist wohl kein „Zufall" – war schon Begleiter des 2022 erschienenen Vorgängers von „Last Call": „Mit Kapital die Schöpfung retten". Dort zitierten wir in der Einleitung aus einem Essay von ihm, das am 25. Juli 2021 unter dem Titel „Der Weltraum gehört allen" in der Süddeutschen Zeitung, also seiner publizistischen Heimat, erschienen war.

„Last Call" ist eine Fortsetzung von „Mit Kapital die Schöpfung retten". Um gedanklich dort anzuschließen, wo wir 2022 aufgehört haben, starten wir das neue Buch im Vorwort mit zwei Zitaten aus dem Vorgängerbuch. Sie haben – leider – an Aussagekraft seitdem sogar noch dazugewonnen. Denn die Bedrohung unserer irdischen Existenz ist seitdem noch größer geworden. Deshalb der Titel unseres Buches: „Last Call"! Das ist ein Imperativ. Ein zweites Mal wird die Glocke nicht geläutet.

Die erste Aussage kommt vom weltberühmten Schweizer Literaten und Dramatiker Friedrich Dürrenmatt. Sie ist ein Weckruf im besten Wortsinne und mithin der erste in unserer Dokumentation:

---

[1] Prantl, Heribert: Den Frieden gewinnen. Die Gewalt verlernen, Heyne, München, 2024.

„Was mich von Brecht trennt: Er glaubt an eine Welt, die veränderbar ist, nach dem Motto: richtige Wissenschaft – richtige Politik – richtige Menschen. Nun ist weder der Mensch *richtig*, noch die Wissenschaft, noch die Politik. Die Welt verändert sich durch den Menschen, aber der Mensch verändert sich nicht und fällt der durch ihn veränderten Welt zum Opfer."

Friedrich Dürrenmatt ist überzeugt, dass wir in der Endzeit der lebendigen Schöpfung angekommen sind. Anders kann man seine Sätze aus dem Jahr 1985 nicht verstehen.[2]

36 Jahre nach der deprimierenden Dürrenmatt-Prognose, im Juli 2021, nährt auch Heribert Prantl, der renommierte Autor der „Süddeutschen Zeitung", diesen Pessimismus. Mit seiner Gänsehautbeschreibung, wie der Mensch – nachdem er bei der Zerstörung unseres Planeten an seine Grenzen gekommen ist – sein unheilvolles Werk im Kosmos fortsetzt:

„Es hat sehr lange gedauert, bis Justiz und Gesellschaft gelernt haben, dass rasende Prahlsucht ein Verbrechen sein kann. Diese Erkenntnis ist aber noch nicht sehr weit gediehen, sie beschränkt sich auf den Straßenverkehr. Diese Erkenntnis gilt noch nicht für Wirtschaft und Politik; im Gegenteil – dort wird sie gepriesen. Wenn alte Männer, weil sie unendlich viel Geld haben, sich im Weltraum ein Raketenrennen liefern, werden sie gefeiert. Wenn junge Männer, weil sie unendlich viel Testosteron haben, sich auf dem Ku›damm ein Autorennen liefern, werden sie bestraft.

Bei allen Unterschieden dieser Fälle: Die einen gelten als Visionäre, die anderen als Deppen. Letztere werden zu Recht als Mörder bestraft. Die anderen werden als Wirtschaftsgenies belobigt – obwohl (oder gerade, weil) sie einen destruktiven Kapitalismus in den Weltraum tragen.

---

[2] Schäfer, Michael, Ludwig, Joachim: Mit Kapital die Schöpfung retten, Springer Gabler, Wiesbaden, 2022 / Aufbau Literatur Kalender, Ausgabe 2021, Blatt 12/1, Aufbau Verlage, GmbH & Co. KG, Berlin, 2021, S. 3.

Wenn sich Jeff Bezos und Richard Branson und auch Elon Musk ins All schießen lassen, weil sie sich das als Milliardäre leisten können und sie auf diese Weise Werbung machen für galaktische Geschäftsideen aller Art, dann kann man in Wirtschaftsmagazinen lesen: Das sei nicht nur ein Kräftemessen der Milliardäre, das sei nicht nur ein Kick für Hochprivilegierte, das sei die ‚Zukunft' der Ökonomie. Solche Lobhudeleien sind Beihilfe zum Irrsinn.

Es gilt auch hier und hier erst recht der Satz von Papst Franziskus: Diese Wirtschaft tötet. Sie macht den Weltraum zum Kolonisationsgebiet von Kommerzinteressen, sie bemächtigt sich des Himmels als Ressource. Der Großkapitalist Bezos will mit seinem Raumfahrtunternehmen Blue Origin den Mars kolonisieren und in weniger als zehn Jahren eine Million Menschen dorthin befördern. Die Menschheit solle dort, sagt er, eine gute Zukunft haben. Wäre es nicht gut, wenn die Menschheit erst einmal auf ihrem Planeten eine gute Zukunft hätte?"[3]

Ist das menschliche Leben auf unserer Erde noch zu retten? Diese Frage haben wir aus unserem „Mit Kapital die Schöpfung retten" in das „Last Call" übernommen. In den zwei Jahren, die nach dem Erscheinen des ersten Buches zum Thema vergangen sind, ist aber nicht nur die Bedrohung noch größer geworden. Auch das Wissen darüber ist weitergewachsen. Allerdings ist weiterhin nicht erkennbar, dass sich die Menschheit zu einer radikalen Umkehr entschließt.

Die knapp 200 Staaten dieser Erde und ihre acht Milliarden Bürger brauchen jetzt den engen Schulterschluss und eine klare Ansage: Angesichts der beiden existenziellen Vernichtungsszenarien, der ökologischen und der militärischen, müssen sich auch die großen Querelen auf unserem Globus dem Ziel unterordnen, diese Gefahr abzuwenden.

---

[3] Ebenda, S. 3 f. / https://www.sueddeutsche.de/politik/prantls-blick-weltraum-bezos-musk-branson-kommentar-1.5362871, Zugriff am 25. Juli 2021.

Denn der klaren Worte sind genug gewechselt. Das beweisen wir mit unserer Übersicht der schriftlich verbürgten Weckrufe zur Bedrohung der Menschheit in der Zeit von 700 v. Chr. bis heute. Für diese rund 2.700 Jahre haben wir im Kapitel 2 die u. E. wichtigsten zusammengetragen. Diese Dokumentation kann einen Anspruch auf Vollständigkeit schon deshalb nicht erheben, weil der Terminus „wichtigste" ein unbestimmter ist. Unsere Bewertung hat zudem auch eine subjektive Seite. Sie wird nicht zuletzt von unseren Lebenserfahrungen, unseren sozialen Prägungen bestimmt. Unser Anspruch war, dass unsere Auswahl *exemplarisch* ist, für den Zeitgeist in den jeweiligen Epochen steht.

Einige Weckrufe aus unserer chronologischen Dokumentation stellen wir beispielhaft unter folgenden Überschriften noch einmal ausführlicher aus einer besonderen inhaltlichen Perspektive vor: „Starke Persönlichkeiten – starke Weckrufe. Mut bei Gefahr für Freiheit, das Leben und das öffentliche Ansehen", „Kunst ist Waffe" – mit einem Exkurs über die Janusköpfigkeit wirkmächtiger Weckrufe, „Unklare Herkunft, falsche Zuwidmung – aber große Wirkung".

Am Ende von Kapitel 2 versuchen wir eine Antwort auf die Frage, „warum wir so schwerhörig sind?"

In Kapitel 3 folgt eine aktualisierte Fassung eines von uns geführten (fiktiven) Interviews mit Karl Marx, Friedrich Engels und Papst Franziskus.

Für unser Buch haben wir nicht nur umfassend in Bibliotheken und im Internet nach Weckrufen gesucht, wir waren auch empirisch unterwegs. „Last Call" und „Last Order" – diese Weckrufe werden in jedem Pub auf den britischen Inseln mit bemerkenswerter Disziplin befolgt. Warum das so ist, hat der Hauptautor im Herbst 2023 im irischen Letterkenny erkundet. Seine Erkenntnisse finden Sie in Kapitel 4.

Das fünfte und letzte Kapitel versteht sich als Fazit. Nicht im Sinne einer Zusammenfassung, sondern eines

Vorschlags, wie die Weckrufe in aktives Handeln umgewandelt werden könnten. Denn nur durch eine solche Metamorphose wäre die Welt noch zu retten. Wir haben dazu sieben Postulate „erfunden" und lassen dazu engagierte weithin anerkannte Zeitgenossen zu Wort kommen.

Mit Ausnahme der Einleitung (Kapitel 1) und des abschließenden Fazits (Kapitel 5) beginnen wir alle Kapitel mit einem Prolog. Darin führen wir mit einer Momentaufnahme oder einer kleinen Geschichte zum Thema hin. Am Ende steht ein Epilog.

Prolog und Epilog kommen aus dem Griechischen und Lateinischen (prologus, prologos, epilogos) und haben in jeder Art von Literatur und Dramatik die Funktion, auf ein Thema einzustimmen bzw. es mit einem Fazit oder einer Nachbetrachtung ausklingen zu lassen. Das halten wir bei unserem Thema für sehr wichtig. Der Gegenstand ist hochkomplex, die historische Dimension ist gewaltig, und es gibt keine einfachen Antworten.

## Dankeschön für große Unterstützung

Bei unseren Recherchen zu „Last Call" hatten wir große Unterstützung, für die wir uns sehr herzlich bedanken möchten.

Für die Hilfe bei unseren Recherchen in Letterkenny gilt unser Dank (in namensalphabetischer Reihenfolge):

- Kevin Bradley, dem 2023 amtierenden Bürgermeister
- David Houlton, Rektor zweier Pfarreien der Church of Ireland in Letterkenny
- Jimmy Kavanagh, Bürgermeister a. D., Letterkenny
- Jörg Reichl, Bürgermeister des Thüringischen Rudolstadt, Partnerkommune von Letterkenny
- Conor Sharkey von der „Donegal News", der führenden Lokalzeitung, und seiner Lebensgefährtin, Aileen Murphy

## Vorwort und Danksagung XV

Bei Recherchen zu Martin Luther und den Diskussionen zum Konzept unseres Buches hatten wir die Unterstützung von Anja Siegesmund, Landesministerin a. D., Präsidentin des Evangelischen Kirchentages 2025 in Hannover und Präsidentin des BDE, Torsten Zugehör, Oberbürgermeister von Lutherstadt Wittenberg und Vizepräsident des Evangelischen Kirchentages 2025 in Hannover, Dr. Jochen Birkenmeier, Direktor der Stiftung Lutherhaus Eisenach.

Dr. Kristian Kassebohm, Geschäftsführer bei Remondis in Lünen, danken wir für wichtige Hinweise zum Weckruf der Kassandra. Dr. med. Ekkehard Baumgraß, Kinderarzt in Lauenburg, hat mich bei der Aufarbeitung des Treffens von Bundeskanzler Willy Brandt mit dem DDR-Ministerpräsidenten am 19. März 1970 in Erfurt mit seinen Kenntnissen und persönlichen Erinnerungen unterstützt.

Schließlich und endlich danke ich meiner Frau Angelika Schäfer. Sie ist eine begnadete Korrekturleserin. Das hat sie schon bei „Mit Kapital die Schöpfung retten" bewiesen. Auch bei „Last Call" hat sie uns vor etlichen Peinlichkeiten wegen Fehlern in Orthografie und Grammatik bewahrt. Sie hat zudem etliche Formulierungen lesbar gemacht, die außer den Autoren keiner verstanden hätte.

Das Buch entstand arbeitsteilig in der Federführung von Michael Schäfer mit Joachim Ludwig als Ko-Autor. Ludwig war verantwortlich für die aufwändigen Recherchen zum Kapitel 2 und hat beim Interview mit Karl Marx, Friedrich Engels und Papst Franziskus mitgewirkt.

Michael Schäfer ist Autor des Vorworts, der Einleitung, der Kapitel 2, 4, 5 und hat bei den Recherchen zum Kapitel 2 mitgewirkt und dort beim Unterkapitel „Kunst ist Waffe" maßgeblich. Unter Nutzung der Recherchen von Joachim Ludwig hat er das Kapitel 2 zu Papier gebracht.

Berlin, Michael Schäfer und
Juli 2024 Joachim Ludwig

# Widmung

Die Vernichtung der Schöpfung im globalen Maßstab begann vor 200 Jahren. Aber es sind die heute lebenden Menschen, die mit ihrem Handeln maßgeblich über Ende oder Fortbestehen des Lebens entscheiden. Wie letzteres gelingen kann, haben wir in dem 2022 erschienenen Buch „Mit Kapital die Schöpfung retten" wissenschaftlich entwickelt.

Seitdem sind die Bedrohungen für das Leben auf unserem Planeten sogar noch größer geworden. Trotzdem verfehlen mächtige Weckrufe noch immer die nötige weltumspannende Wirkung. Warum das seit rund 5500 Jahren unser Dilemma ist, und wie wir es überwinden können, ist Thema von „LAST CALL" – unseres neuen Buches. Wir widmen auch dieses, wie schon 2022, unseren Enkeln. Sie haben nichts verschuldet, sind aber ganz besonders bedroht:

Marie, Mina, Soana, Bela und Leander

# Inhaltsverzeichnis

1 Kassandra – die Mutter aller nicht erhörten Weckrufe. Warum diese Chronik der Appelle zur Menschheitsbedrohung überfällig war    1

2 Die Chronik der dokumentierten Weckrufe zur Gefährdung der Schöpfung    25
   2.1 Prolog    26
   2.2 Die Chronik der wichtigsten Weckrufe. Eine inhaltlich-methodische Einführung    35
   2.3 Vor- und Frühgeschichte (2,5 Mio. v. Chr. bis 800/500 v. Chr.)    37
   2.4 Antike (800/500 v. Chr. – 300/600 n. Chr.)    60
   2.5 Mittelalter (300/600–1500)    84
   2.6 Neuzeit (1500–1914)    95
   2.7 Zeitgeschichte und Gegenwart (1914 bis heute)    134
   2.8 Starke Persönlichkeiten – starke Weckrufe. Mut bei Gefahr für Freiheit, das Leben und das öffentliche Ansehen    307
   2.9 Unklare Herkunft, falsche Zuwidmung – aber große Wirkung    339

2.10 „Kunst ist Waffe", mit einem Exkurs über
die Janusköpfigkeit wirkmächtiger Weckrufe 356
2.11 Warum wir so „schwerhörig" sind? Versuch
einer populärwissenschaftlichen Erklärung 429
2.12 Epilog 434

3 „Last Call" I: Was wir von „drei alten weißen
Männern" fürs Überleben lernen *müssen* 441
3.1 Prolog 442
3.2 Wie Marx, Engels und Franziskus im
September 2018 im Vatikan symbolisch
„zusammenkamen" und die Idee für das
gemeinsame Interview geboren wurde 448
3.3 Zwei Materialisten, ein katholischer
Christ – repräsentativ für die Weltmeinung?
Das Interview 452
3.4 Epilog 464

4 **Der letzte Ruf – „Last Call" oder auch „Last
Order" – gehört zur DNA der irischen Pub-
kultur. Das Ritual funktioniert auch in den
traditionellen Pubs auf den anderen britischen Inseln. Warum das so ist, und wie dieser
„Mechanismus" für die Akzeptanz der Weckrufe zur Weltrettung genutzt werden kann?** 471
4.1 Prolog 472
4.2 „Last Call" oder auch „Last Order" – erfolgreicher Weckruf in jedem irischen Pub
und auch in den traditionellen Gasthäusern
auf den anderen britischen Inseln 474
4.3 Eine erhellende Reise ins irische Letterkenny: Warum das „Last Call" die Kraft hat,
einen Pub-Besuch geräuschlos zu beenden,
und wie dieses Prinzip für die Akzeptanz

|   |   | der Weckrufe zur Weltrettung genutzt werden kann? | 478 |
|---|---|---|---|
|   | 4.4 | Epilog | 496 |
| **5** | **Last Call zum letzten Pint – das Ende oder ein Signal zum Aufbruch? Ein Fazit** | | 501 |
|   | **Anhang** | | 557 |

Tabelle aller Weckrufe in chronologischer Reihenfolge für die fünf Epochen der Menschheitsgeschichte

# 1

# Kassandra – die Mutter aller nicht erhörten Weckrufe. Warum diese Chronik der Appelle zur Menschheitsbedrohung überfällig war

**Zusammenfassung**
Von den zweieinhalb Millionen Jahren Menschheitsgeschichte sind 2.494.500 Jahre frei von Kriegen. 99,99 Prozent sind kriegsfrei! Militärische Vernichtung ist kein Naturgesetz, auch nicht die ökologische Vernichtung allen Lebens.

Aber: Je größer die Gefahr, umso größer die Ignoranz. Wie kann dieses Paradoxon überwunden werden? Dass dies die zentrale Frage ist, begründet dieses Kapitel.

„Eine Spinne verrichtet Operationen, die denen des Webers ähneln, und eine Biene beschämt durch den Bau ihrer Wachszellen manchen menschlichen Baumeister. Was aber von vornherein den schlechtesten Baumeister vor der besten Biene auszeichnet, ist, dass er die Zelle in seinem Kopf gebaut hat, bevor er sie in Wachs baut. Am Ende des Arbeitsprozesses kommt ein Resultat heraus, das beim Beginn desselben schon in der Vorstellung des Arbeiters, also schon ideell vorhanden war."[1]

---

[1] Marx, Karl: Das Kapital, Band 1, Marx, Karl, Engels, Friedrich, Gesammelte Werke, Dietz Verlag, Berlin 1975, Band 23, S. 193.

© Der/die Autor(en), exklusiv lizenziert an
Springer Fachmedien Wiesbaden GmbH, ein Teil von Springer Nature 2025
M. Schäfer und J. Ludwig, *Last Call*,
https://doi.org/10.1007/978-3-658-44410-5_1

Warum ich mit diesen berühmten Sätzen beginne, die Karl Marx in den ersten Band seines „Kapital" zur Charakterisierung des menschlichen Arbeitsprozesses geschrieben hat? Erstens will ich damit dezent darauf aufmerksam machen, dass auch das Schreiben eines Sachbuchs Arbeit ist. Sogar eine ziemlich harte und anstrengende. Insofern kann man den „Schreibarbeiter" schon mit dem Baumeister bei Karl Marx vergleichen. Ob auch der Mann mit der Feder, der gerade dieses Kapitel zu Papier bringt, der schlechteste ist, beurteilen Sie bitte nach dem Lesen von „Last Call". Dass Ihre Wertung besser ausfällt, dafür haben wir uns redlich ins Zeug gelegt.

Zweitens will ich mit dem Marx-Zitat darauf hinweisen, dass nicht nur der Baumeister, sondern auch der Autor gut beraten ist, sich Gedanken zu machen, bevor er ans Werk geht. Für mich ist das sogar der wichtigste Teil eines Buchprojekts oder einer wissenschaftlichen Arbeit. Mit dem Formulieren eines detaillierten Konzepts, einer umfangreichen Gliederung verbringe ich viel Zeit. In diesen ersten Abschnitt fallen schon recht umfangreiche Recherchen. Denn die Inhalte kann man sich nicht abstrakt am Schreibtisch ausdenken.

Als ich beim Erarbeiten der Gliederung für dieses Buch die Überschrift zu diesem einleitenden Kapitel formuliert habe, wäre ich jede Wette eingegangen, dass es zum Begriff *Weckruf* gute Definitionen gibt, die auch nach den Kategorien *literarisch* und *politisch* unterscheiden.

Geprüft habe ich das beim Verfassen der Überschrift für Kapitel 1 leider nicht. Denn jetzt, wo das Schreiben ansteht, habe ich ein arges Problem: Es gibt überhaupt keine Definitionen, weder von den Ehrenamtlern bei Wikipedia noch von Profis. Mancher Leser wird wissen, dass im Gabler Wirtschaftslexikon – es wird vom Verlag herausgegeben, in dem auch dieses Buch erscheint – alle wichtigen Definitionen zu meinem Fachgebiet, der Kommunalwirtschaft und Daseinsvorsorge, aus meiner Feder verfügbar sind. Sogar eine, zu der ich den Begriff zuvor erst einmal „erfinden" musste: *Rückgewinnungswirtschaft*.

## 1 Kassandra – die Mutter aller nicht erhörten …

Auf die Idee, mal eben schnell eine zum Begriff *Weckruf* zu schreiben, bin ich gar nicht erst gekommen. Das gehört nicht in mein Fachgebiet, und „mal eben schnell" geht schon gar nicht. Im Regelfall tüftele ich mindestens einen Monat an einer qualifizierten wissenschaftlichen Ansprüchen genügenden Begriffsbestimmung.

**Was ist ein Weckruf?**
Das sind die spärlichen Antworten aus meiner Internetrecherche.
Der Duden nennt zwei Bedeutungen:

1. Ruf, mit dem jemand geweckt werden soll
2. Durch einen Weckauftrag veranlasster Telefonanruf[2]

Wenn das der Weisheit letzter Schluss wäre, müssten wir unser Buchprojekt im Papierkorb versenken. Als nächstes Wikipedia: Dort steht, dass es Weckrufe für die Firma, für die Mitarbeiter, für das Team und auch *nach Reformen* auf der Ebene der Gesellschaft gibt.[3] Hier kommt unser Thema zumindest vor, wenn auch erst am Ende.

Die dritte und letzte Quelle war das Digitale Wörterbuch der deutschen Sprache (DWDS). Zwar gibt es auch dort keine Definition, aber zumindest eine inhaltliche Annäherung zu unserem Gegenstand. Verwiesen wird neben ursprünglichen Bedeutungen – siehe Duden – auch darauf, dass es um das Wecken von größeren Gemeinschaften geht, zum Beispiel vor Krisen oder Angriffen.[4]

Das kommt der Wahrheit schon recht nahe. Wir ergänzen diese Aussagen mit einer Kurzcharakteristik der Weckrufe, die Gegenstand unseres Buches sind:

---

[2] https://www.duden.de/rechtschreibung/Weckruf, Zugriff am 24. Juni 2024.
[3] https://de.wiktionary.org/wiki/Weckruf, Zugriff am 24. Juni 2024.
[4] https://www.dwds.de/wb/Weckruf, Zugriff am 24. Juni 2024.

- Wir schreiben die Geschichte jener Weckrufe, die die *existenzielle* Bedrohung der Menschheit zum Gegenstand haben.
- Aufnahme finden nur jene Mahnungen, die die ökologische und die militärische Bedrohung betreffen. Denn das sind die beiden einzigen Szenarien, die das Potenzial haben, das menschliche Leben im globalen Maßstab zu vernichten.
- Wir sind uns sicher, dass Warnungen vor lebensbedrohlichen Gefahren – das ist ja das Thema „unserer" Weckrufe – so alt sind, wie die Menschheit selbst. Aber mehr als diese Gewissheit haben wir nicht.
- Deshalb umfasst unsere Dokumentation „nur" solche Mahnungen, die schriftlich verbürgt sind.
- Von diesen haben wir jene Wortmeldungen in unserer Chronik berücksichtigt, die nach unserer Einschätzung Relevanz haben und den Zeitgeist widerspiegeln. Für die fünf Epochen in der Menschheitsgeschichte haben wir zunächst wichtige Weckrufe zur ökologischen und militärischen Bedrohung definiert. Weitere Beispiele mussten der Prämisse entsprechen, dass sie prägend in ihrer Zeit und auch darüber hinaus waren.
- Dieser Anspruch ist fast schon ein Synonym für unser letztes Auswahlkriterium: Die *Reichweite*. Dieser Begriff kommt ursprünglich aus dem Marketing und ist selbsterklärend. Dazu muss auch bestimmt werden, wer die Menschen sind, die ich mit einer Botschaft erreichen will. Der Fachbegriff für diese Teilmenge lautet *Zielgruppe*. Von dieser müssen möglichst viele erreicht werden. Im besten Fall 100 Prozent.
- Die harten Fakten zu den erzielten Reichweiten können für die Vergangenheit nur selten ermittelt werden. Von Zeitzeugen wissen wir, dass zum Beispiel Dürers Zyklus „Die Apokalypse", sie umfasste 16 Blätter, ein großer künstlerischer und auch kommerzieller Erfolg war. Deshalb haben wir sie auch zum „wichtigsten Weckruf zur

# 1 Kassandra – die Mutter aller nicht erhörten ...

ökologischen Bedrohung" in der Epoche des Mittelalters gekürt. Dürer wurde mit diesem Werk weit über die Grenzen seiner Heimatstadt hinaus bekannt. Dank der neuen Möglichkeiten der Druckgrafik konnte der Künstler Auflagen realisieren, die für die damalige Zeit gewaltig waren. Die Verkaufserlöse verhalfen ihm zu einem Leben in Wohlstand. Für den Vertrieb beschäftigte Dürer „Reisediener", die von Stadt zu Stadt reisten und Drucke verkauften.

- Für die Jetztzeit mussten wir für die Reichweite und damit auch die Wirkung „unserer" Weckrufe nicht mehr in die Chroniken schauen. Auflagenzahlen von Büchern oder die Einspielergebnisse von „Blockbustern" werden akribisch dokumentiert. Diese starke Quantifizierung von Wirkung ist für viele große Kunstwerke geradezu tragisch. Dafür steht beispielhaft das Bild des weltbekannten deutschen Malers Otto Dix „Die Skatspieler".[5] Es zeigt drei verkrüppelte deutsche Kriegsteilnehmer bei Kartenspielen. Es ist aufrüttelnd, es ist verstörend, es ist von großer künstlerischer Meisterschaft. Wenn preiswerte Drucke in jeder Wohnung hängen würden, käme die Losung „Stellt Euch vor, es gibt Krieg, und keiner geht hin" – in unserer Chronik ist dieser Satz natürlich als Weckruf vertreten – massenhaft in die Wirklichkeit. Die Ämter kämen mit der Registrierung der Kriegsdienstverweigerer nicht nach. Was für eine beglückende Vorstellung. Leider werden wir in unserer Hauptstadt Berlin mit solchen Engpässen nur konfrontiert, wenn wir einen neuen Personalausweis oder Reisepass benötigen ...

---

[5] Otto Dix wurde 1891 in Gera, also in der Thüringer Heimat des Autoren dieses Kapitels, geboren. Er musste als Soldat in den Ersten Weltkrieg. Seine Ängste und Schrecken verarbeitete er in einer ganzen Reihe von Bildern. „Die Skatspieler" ist davon das Bekannteste. Es wurde erstmals im Jahr 1920 in Dresden gezeigt und ist seit 1995 im Bestand der Berliner Nationalgalerie. Näheres zu Dix und seinem Bild, das Sie in der Chronik der Weckrufe finden, lesen Sie im Unterkapitel 2.10.

**Unsere Geschichte der Weckrufe beginnt mit dem der Kassandra. Für uns ist er die Mutter aller (unerhörten) Weckrufe.**

„Kassandra ist in der griechischen Mythologie eine der Töchter von Priamos, dem König von Troja. Sie ist eine Priesterin und widmet ihr Leben dem Apollon. In den ältesten und am weitesten verbreiteten Versionen des Mythos verliebt sich Apollon in sie und verleiht ihr, um ihre Gunst zu gewinnen, die Gabe, die Zukunft vorherzusagen. Als Kassandra seine Annäherungsversuche zurückweist, kennt sein Zorn jedoch keine Grenzen. Niemand, nicht einmal Apollon selbst, kann eine göttliche Gabe rückgängig machen, doch indem er ihr in den Mund spuckt, gelingt es ihm, sie zu verfluchen: Niemand wird Kassandras Vorhersagen jemals wieder glauben. Derart unerhörte Warnungen werden als Kassandrarufe bezeichnet."[6]

Die erste schriftliche Erwähnung findet der Ruf der Kassandra bei Homer in seinem Werk „Ilias", das um 700 v. Chr. erschienen sein soll.[7]

In der langen Liste der Mahnungen vor dem Untergang der Menschheit haben sich jene besonders stark im historischen und menschlichen Bewusstsein verankert, die mit verstörenden Bildern den drohenden Untergang verhießen. Die Bilder bildeten die drohende Realität ab. Sie waren aber auch Gleichnisse, Metaphern. Es begann mit dem „Trojanischen Pferd" – bis heute ein geflügeltes Wort.

Ebenso markant die Erzählung über die Apokalypse im biblischen Johannes-Evangelium. Wenn wir daran denken, haben wir die Bilder von Albrecht Dürer vor Augen.

Eine Metapher ist auch die Sintflutgeschichte. Die Taube mit dem Olivenzweig im Schnabel, gezeichnet von Pablo Picasso, gilt als das Friedenssymbol schlechthin.

---

[6] https://operavision.eu/de/feature/wer-ist-kassandra, Zugriff am 29. August 2024.
[7] https://www.uni-muenster.de/news/view.php?cmdid=5026, Zugriff am 29. August 2023.

## 1 Kassandra – die Mutter aller nicht erhörten …

Diese besondere metaphorische Kraft sehen wir auch im „Last Call", das unserem Buch den Titel gab. Er steht dafür, dass es nicht das unabwendbare Schicksal von Weckrufen ist, nicht erhört zu werden. Diese Kraft, die uns im Pub dazu bewegt, nach dem letzten Pint ganz selbstverständlich und ohne Murren Schluss zu machen, sollte doch erst recht entstehen, wenn es um unser aller Sein geht. So entstand auch der Untertitel „Wie der Weckruf irischer Wirte die Apokalypse verhindern könnte". Und in der Tat haben wir bei unseren Recherchen im irischen Letterkenny Antworten gefunden, die für die bessere Akzeptanz der existenziellen Weckrufe genutzt werden könnten – mit guten Erfolgschancen.

Die Sintflutgeschichte ist unter den metaphorischen Weckrufen aus langer Vergangenheit jene, die heute noch am lebendigsten ist. Wohl deshalb, weil sie nicht nur das Verderben heraufbeschwört, sondern auch Hoffnung gibt.

„Durch die Menschen ist die Erde voller Gewalttat." So sprach ER und beschloss: *Nun will ich sie zugleich mit der Erde verderben.* Nur anderthalb Zeilen aus der über zweitausend Jahre alten Bibel. Aber was für eine heutige Sprengkraft! Auch die Mehrheit der Nicht-Kirchgänger kennt die schaurige Geschichte von der strafenden Sintflut. Erzählt wird, dass Gott nur Noah verschonte – ein frommer Mann und ohne Tadel – der auf dessen Geheiß die Arche baute. In der überlebte Noah mit seiner Familie und den von IHM, dem Herrn, ausgewählten Tieren als einzige die apokalyptische Überschwemmung der Erde. 40 Tage und 40 Nächte ergossen sich die Regengüsse. „Und das Gewässer nahm überhand und wuchs so sehr, dass alle hohen Berge bedeckt wurden. Alles, was einen lebendigen Odem hatte, das starb. Und das Gewässer stund auf Erden hundertfünfzig Tage."[8]

---

[8] Schäfer, Michael, Ludwig, Joachim: Mit Kapital die Schöpfung retten. Es gibt nur eine zweite Chance, Springer Gabler, Wiesbaden, 2022, S. 1, Quelle: Bibel, Altes Testament, Buch Mose, Kapitel 6, 13, zitiert nach: https://www.bibelwerk.at/home, Zugriff am 01. Juli 2024.

Dann gehen die Fluten zurück, und die biblische Geschichte erzählt von der Taube mit dem Olivenzweig. Der zeigt Noah, dass die Taube endlich Land gefunden hat, das nicht mehr von den Fluten bedeckt ist. Dass sich dieses Bild der *Hoffnung,* des Aufatmens bis heute ins kollektive Gedächtnis der Menschheit einprägt hat, ist der Kraft der Geschichte zu verdanken, aber auch Picassos genialer Zeichnung. Entstanden 1949, im 20. Jahrhundert mit seinen zwei furchtbaren Kriegen. Seine Friedenstaube mit dem Zweig im Schnabel ist das Synonym für die Friedenssehnsucht der Menschen.

Diese Hoffnung prägte auch den Untertitel des Vorgängerbuches: „Es gibt nur *Eine* zweite Chance: Erneuerte soziale Markt- und Kreislaufwirtschaft". Das Überleben ist möglich. Aber es muss etwas dafür getan werden, und wir haben auch über das das Was und das Wie geschrieben.

Über die Kraft der Sintfluterzählung schreibt Heribert Prantl in seinem neuen Buch: Diese läge darin, dass sie dem „totalitärem Denken den Garaus macht. Und das geht kaum konsequenter als damit, einen Konflikt im Gottesbild selbst zu inszenieren. Die Sintflutgeschichte erzählt von einer Umkehr des gewalttätigen Gottes, der sich von einem beleidigten Fundamentalisten, für den die Welt sehr gut sein muss, in einen Realisten wandelt, für den sie mangelhaft sein und trotzdem bestehen darf. Der Gott wird zu einem Gott, der Kompromisse schließt und die zweitbeste der Welten akzeptiert. Die Geschichte endet mit der Zusage *Nie wieder,* sie endet mit dem Eingeständnis: Weil der Mensch böse von Jugend auf ist, will ich die Erde nicht mehr verderben. Was Gott zuvor Grund für den Gewaltexzess war, dass der Mensch eben böse ist, ist ihm jetzt Grund dafür, seinen Frieden mit der Welt zu machen, ohne sich mit dem Unfrieden in ihr abzufinden: So ist der Mensch, dafür muss ich ihn nicht umbringen. Einem Gott, der so denkt, müssten Gläubige entsprechen, die dieselbe Toleranz aufbringen![9]

## „Zeitenwende ist erst dann, wenn der ewige Frieden eingekehrt ist"

Diese Toleranz fordert Prantl auch ein, wenn es um die neuen Debatten um Krieg und Frieden geht, die seit dem am 22. Februar 2022 begonnenen russischen Angriffskrieg gegen die Ukraine geführt werden. Ab dem 07. Oktober 2023 ist auch der Krieg im Gazastreifen, der nach dem furchtbaren Massaker der Hamas in Israel begonnen hat, Teil dieser erhitzten ideologisch geprägten Diskussion.

Zu dieser hat Bundeskanzler Olaf Scholz am 27. Februar 2022 in seiner Regierungserklärung vor dem Deutschen Bundestag versucht, einen semantischen „Beitrag" zu leisten. Er sagte, dass der 24. Februar 2022 eine *Zeitenwende* in der Geschichte unseres Kontinents präge.

> „Mit dem Überfall auf die Ukraine hat der russische Präsident Putin kaltblütig einen Angriffskrieg vom Zaun gebrochen – aus einem einzigen Grund: Die Freiheit der Ukrainerinnen und Ukrainer stellt sein eigenes Unterdrückungsregime infrage. Das ist menschenverachtend. Das ist völkerrechtswidrig. Das ist durch nichts und niemanden zu rechtfertigen … Wir erleben eine Zeitenwende. Und das bedeutet: Die Welt danach ist nicht mehr dieselbe wie die Welt davor. Im Kern geht es um die Frage, ob Macht das Recht brechen darf, ob wir es Putin gestatten, die Uhren zurückzudrehen in die Zeit der Großmächte des 19. Jahrhunderts oder ob wir die Kraft aufbringen, Kriegstreibern wie Putin Grenzen zu setzen. Das setzt eigene Stärke voraus."[10]

---

[9] Prantl, Heribert: Den Frieden gewinnen. Die Gewalt verlernen, Heyne, München, 2024, S. 215.

[10] Wir zitieren aus der Regierungserklärung, die Bundeskanzler Olaf Scholz am 27. Februar 2022 vor dem Deutschen Bundestag gehalten hat. https://www.bundesregierung.de/breg-de/aktuelles/regierungserklaerung-von-bundeskanzler-olaf-scholz-am-27-februar-2022-2008356, Zugriff am 27. Februar 2024.

„Zeitenwende." Dieses Wort ist im Jahr 2022 von der Gesellschaft für deutsche Sprache sogar zum Wort des Jahres gewählt worden – zu Recht, misst man es an der Quantität seines Gebrauchs, zu Unrecht, misst man an es an der Qualität seiner sachlichen Aussage. Denn: „Es gab keine Zeitenwende, und es gibt sie nicht. Es war und ist dieser Begriff der Versuch, Grausamkeit zu beschreiben und dem Entsetzen darüber Ausdruck zu geben. Die einzige Zeitenwende, die diesen Namen verdienen würde, wäre der Augenblick, in dem die Gezeiten der Gewalt ein Ende hätten, der Menschheitstraum sich erfüllte und der ewige Friede einkehrt."[11]

Schauen wir kurz zurück. Vor 5.500 Jahren wurde die blühende syrische Hafenstadt Hamoukar im ersten bekannten Krieg der Menschheitsgeschichte zerstört. Hamoukar gilt auch als der erste archäologischen Beleg für eine organisierte Kriegsführung. Historiker gehen von einem Überfall der Stadt durch kriegerische Horden aus dem Gebiet des heutigen südlichen Russlands aus. In der Handelsstadt Hamoukar fanden die Ausgräber eine große Menge von Schleuderkugeln.

Zu den Wirkungen vor 5.500 Jahren gibt es keine Aussagen. Für die Neuzeit aber ist die Bewertung „erster Krieg der Menschheitsgeschichte" mehr als eine Fußnote. Deshalb haben wir dieses Ereignis – obwohl es im strengen Sinne nicht in unsere Kategorie der Weckrufe passt – in unsere Dokumentation aufgenommen. Mit folgender Begründung: Kriege sind nach unserer festen Überzeugung kein Naturgesetz. Die Menschwerdung im weiteren Sinne begann vor rund 6 Millionen Jahren. „Vor ca. 2,5 Millionen Jahren betrat in Afrika die tatsächlich erste frühe Form des Menschen die Bühne des Lebens."[12]

Er lernte schnell, das Feuer und erste Werkzeuge für sein Überleben zu nutzen. Damit begann von Afrika aus die

---

[11] Prantl, a. a. O., S. 9 f.

[12] https://www.planet-wissen.de/geschichte/urzeit/afrika_wiege_der_menschheit/index.html, Zugriff am 14. Juni 2024.

## 1 Kassandra – die Mutter aller nicht erhörten ...

weltweite Besiedlung. Diese Zahlen können wir aus einer bewusst überhöhten Perspektive auch so interpretieren: Von den zweieinhalb Millionen Jahren Menschheitsgeschichte sind 2.494.500 Jahre frei von Kriegen. Damit sind 99,99 Prozent unserer Geschichte kriegsfrei![13]

Das ist keine besonders wissenschaftliche Argumentation. Sie soll nur die Aussage illustrieren, dass Kriege kein Naturgesetz sind und auch keine Ratschlüsse höherer Mächte. Deshalb vermissen wir in der Rede von Olaf Scholz realistisch-konstruktive Konzepte, wie wir den Frieden (zurück) gewinnen können. So schnell wie möglich. Im Interesse der Menschen, die leiden und sterben und mit dem pragmatischen Blick für das Machbare. Krieg und Gewalt haben im 21. Jahrhundert nichts zu suchen. Diesen Satz, auch und vor allem an die Adresse von Wladimir Putin, haben wir in der Scholz-Rede vergeblich gesucht. Deshalb ist sie für uns auch kein Weckruf. Dabei hat der Kanzler doch seinen Amtseid auf das Grundgesetz geschworen. Hat er die Präambel übersehen?

Denn dort steht Folgendes:

„Im Bewusstsein seiner Verantwortung vor Gott und den Menschen, *von dem Willen beseelt, als gleichberechtigtes Glied in einem vereinten Europa dem Frieden der Welt zu dienen*, hat sich das deutsche Volk kraft seiner verfassungsgebenden Gewalt dieses Grundgesetz gegeben."[14]

---

[13] Das ist selbstverständlich keine wissenschaftliche Argumentation oder gar Beweisführung. Denn natürlich gab es auch in den 99,8 Prozent unserer kriegsfreien Existenz Gewalt zwischen den Menschen. Und natürlich gibt es enge Korrelationen zwischen dem Umfang und der Struktur der Besiedlung, den Fähigkeiten zur gegenseitigen Vernichtung usw. Mit unserer sehr zugespitzten Aussage wollen wir aber demonstrieren, dass die Existenz des Menschen nicht zwingend mit Kriegen verbunden ist. Was sehr spät in unsere Evolution kam, das kann und das muss auch wieder verschwinden können. Erst recht mit dem Wissen, dass die Akzeptanz von Krieg als Option für die Lösung von Divergenzen im Nuklearzeitalter nahezu automatisch zur Selbstvernichtung der Menschheit führen würde.

[14] Grundgesetz für die Bundesrepublik Deutschland vom 23. Mai 1949 mit Änderungen und Ergänzungen bis 01. April 2023, Deutscher Bundestag, Referat Öffentlichkeitsarbeit, Berlin, 2023, S. 28.

Ergänzendes und Bekräftigendes finden wir in den Artikeln 25 und 26.

Artikel 25 normiert Folgendes: „Die allgemeinen Regeln des Völkerrechts sind Bestandteil des Bundesrechts. Sie gehen den Gesetzen vor und erzeugen Rechte und Pflichten unmittelbar für die Bürger des Bundesgebietes."

Artikel 26:

„(1) Handlungen, die geeignet sind, das friedliche Zusammenleben der Völker zu stören, insbesondere die Führung eines Angriffskriegs vorzubereiten, sind verfassungswidrig. Sie sind unter Strafe zu stellen. (2) Zur Kriegsführung bestimmte Waffen dürfen nur mit Genehmigung der Bundesregierung hergestellt, befördert und in Verkehr gebracht werden. Das Nähere regelt ein Bundesgesetz."[15]

Nicht nur für den Kanzler hat das Friedensgebot in unserer Verfassung offenbar nicht die höchste Priorität.[16] Wir reden aber nicht von irgendeinem Gesetz. Von denen gibt es in Deutschland viel zu viele. Selbst Spezialisten haben den Überblick zu den inflationär daherkommenden Rechtssetzungen verloren.

Wir reden vom Grundgesetz, wir reden dort von der fast heiligen Präambel. Mit diesem Respekt und dem Hinweis, dass es sich mit der Präambel und den Ewigkeitsparagrafen 1–20 um eine sehr übersichtliche Lektüre handelt, die man als Staatsmann eigentlich auswendig kennen müsste, geben wir jetzt noch einmal Heribert Prantl das Wort.

„Es fehlt eine Verfassungstheorie zu einer Kultur des Friedens, die dann die Verfassungspraxis, also die Politik befruchtet und beflügelt. Der Staatsrechtler Peter Häberle hat das richtig konstatiert: Er hat darauf hingewiesen, dass die

---

[15] Prantl, a. a. O., S. 74 f.
[16] Das Friedensgebot im Grundgesetz findet sich auch unter den Weckrufen unter 2.7.

sogenannten Grundrechte der zweiten Generation, also die wirtschaftlichen, sozialen und kulturellen Freiheiten, die ja die klassischen Grundrechte ergänzen, um des Friedens willen entstanden sind. Und das gesamte Umweltrecht ist entstanden nicht nur um Frieden mit der Natur zu machen, sondern auch um Frieden mit den künftigen Generationen zu erreichen. Der Frieden ist nämlich keine Leerformel und keine Schmuckvokabel. Er ist das tragende Prinzip der Verfassung, das als tragendes Prinzip aber noch nicht entwickelt worden ist. Das ist noch zu leisten, da steht Gustav Heinemanns Mahnung aus dem Jahr 1969 noch fordernd im Raum. Es gilt der Imperativ von Immanuel Kant, es gilt sein Friedenspostulat: *Das Recht muss nie der Politik, aber die Politik jederzeit dem Recht angepasst werden.* Das Friedensgebot des Grundgesetzes weist da einen wichtigen, es weist den richtigen Weg. Es ist dies der Weg vom Recht des Stärkeren zur Stärke des Rechts."[17]

### „Last Call" ist ein Weckruf für den Frieden

Wir haben das Buchprojekt „Last Call" entwickelt, weil wir gesehen haben, dass das wissenschaftlich geprägte „Mit Kapital die Schöpfung retten" eine aufrüttelnde Ergänzung braucht.

Das sollte die „Chronik der unerhörten Weckrufe" sein. Die gab es noch nicht. Nur dieses Defizit zu beseitigen, fanden wir zu wenig. Deshalb ergänzten wir dazu die Frage, warum Appelle, Erzählungen oder Kunstwerke von ungeheurer Kraft nicht ebenso kraftvolle Handlungen auslösen, die uns Frieden auf Erden und Eintracht mit der Natur bescheren.

In dieser Kombination war uns schnell klar, dass das dafür geplante Auffinden der prägenden Weckrufe gegen Krieg und Umweltzerstörung in fünf Menschheitsepochen kein Akt ist, der mit dem Sammeln von Pilzen in den märkischen Herbstwäldern vergleichbar ist.

---

[17] Ebenda, S. 57 f.

Denn unsere Suche galt nicht dem Pilz an sich. Wir haben nach den Weckrufen mit der Frage nach ihren Wirkungen gefahndet. Diese Mission war beendet, als ich mit dem Schreiben der Einleitung begann. Ich musste ja *vorher* wissen, was herausgekommen ist.

Ja, unsere Hypothese hat sich bestätigt. Die Geschichte jener Weckrufe, die wir gesucht und gefunden haben, ist auch eine Geschichte fehlender oder zu geringer Wirkmacht. Deshalb mussten wir unsere Annahme justieren. Denn es geht ja im Kern gar nicht darum, dass Weckrufe nicht gehört werden. Das Problem besteht vielmehr darin, dass starke Appelle – und nur die haben uns interessiert – am Ende nicht ebenso starke Handlungen der Menschen auslösen, an die sie adressiert sind.

Selbst die Kombination von starken Argumenten und Bildern mit großer Reichweite ist keine Garantie dafür, dass sich die Menschen in Scharen aufmachen, die Welt zu retten. Dafür ist der großartige Kinofilm „Oppenheimer" ein gutes Beispiel. Das Dreistunden-Epos von Christopher Nolan über den Vater der Atombombe war 2023 bei den Zuschauerzahlen und Einspielergebnissen weltweit die Nummer Eins vor „Barbie". Wann zuletzt rangierte aktuelle Zeitgeschichte vor Fantasy?

Kein Film über den Zweiten Weltkrieg hatte jemals so viele Zuschauer und spielte so viele Dollar ein – fast eine Milliarde. Und bei der Oscarverleihung im Februar 2024 war er mit sieben Preisen, darunter für den besten Film, mit Abstand die Nummer Eins.

„Oppenheimer" – für uns im besten Wortsinn ein Weckruf in unserer Typologie.

Ich saß mit meiner Frau im ausverkauften Zoopalast, die drei Stunden vergingen wie im Fluge. Die Zuschauer im ausverkauften Saal waren gefesselt, man sah beim Rausgehen auch feuchte Augen. Aber keiner hat zu einer Antikriegsdemo aufgerufen. Wir waren bewegt, aber wir gingen brav nach Hause.

# 1 Kassandra – die Mutter aller nicht erhörten …

Zu Friedensdemos kommen leider immer weniger Leute. Auch bei Fridays for Future sind die Zahlen im Sinkflug. Je größer die Gefahr, umso weniger Kampf? Das ist doch kein Naturgesetz!

Ein Weckruf, der mit einem Antikriegsthema weltweit die Kinosäle füllt! Großartig. Aber es ist nur die „halbe Miete".

Das „Ich bitte Dich, erhöre uns" kann nicht alles sein! Deshalb beginnt unser Buch mit folgender Frage: Mit welcher Art von Weckrufen erreichen wir die *massenhafte Mobilisierung der Menschheit? Gegen die Naturzerstörung und gegen den Krieg.*

Damit wird unser Buch auch enden. Es gibt nicht *die* einzige Antwort. Die haben wir auch im Friedensbuch von Heribert Prantl nicht gefunden. Dafür aber viele Anregungen dafür, wie das Gute erkämpft werden muss.

Wir wiederum sind, auch in Ergänzung zu Prantl, für die Weckrufe „zuständig". Auch dafür, wie wir deren Akzeptanz erhöhen können – und vor allem ihre Mobilisierungskraft. Dafür finden Sie bei uns etliche Ideen. Im folgenden Kapitel zeigen wir beispielsweise, wie Menschen trotz großer Gefahr für das eigene Sein den Mund zum Weckruf öffneten und damit oft etwas bewirkten.

„Kunst ist Waffe". So das Motto von Friedrich Wolf. Weil sie Geist mit Emotion verbinden, haben Bücher, Lieder, Filme und andere Kunstwerke eine besondere Mobilisierungskraft.

## Der Friede nach dem Vietnamkrieg steht für „es ist möglich"

Noch eine ganz andere Dimension hat in dieser Hinsicht der Weckruf, den wir zum wichtigsten in der Jetztzeit-Epoche zur militärischen Bedrohung erklärt haben. Er ist zweigeteilt: Am 27. Januar 1973 wurde das „Abkommen über die Beendigung des Krieges und die Wiederherstellung des Friedens in Vietnam" in Paris unterzeichnet. Und am 30. April 1975 endete dieser Krieg mit der Eroberung

Saigons, der Hauptstadt Südvietnams, durch die nordvietnamesische Armee dann auch tatsächlich.

**Zum ersten Mal in der der Neuzeit, aber auch in der gesamten Menschheitsgeschichte, wurde ein Krieg in erster Linie durch internationale Massenproteste beendet.**

*Diese weltweiten Proteste vieler Millionen Menschen sind die eigentliche Ursache für das Ende des grausamen Krieges der USA gegen Nordvietnam. Wegen dieser historisch einmaligen Konstellation kamen die beiden dafür maßgeblichen Daten, der 27. Januar 1973 und der 30. April 1975, als Weckrufe in unsere Chronik.*

Diese weltweiten Massenproteste hatten Wirkung und waren zugleich Weckrufe. Vor allem in dem Sinn, dass sie materielle Gewalt entfalten. So mächtig, dass sie einen mörderischen zehn Jahre währenden Krieg in Frieden verwandeln.[18]

Die machtvollen Massenaktionen zur Beendigung des Vietnamkrieges waren, daran habe ich mich beim Schreiben dieser Zeilen wieder erinnert, nicht vorrangig von Wut und Hass getragen. Denken Sie an Yoko Ono und John Lennon. Das Paar meldete sich nach der Heirat im Jahr 1969 sogar aus dem Privatleben zum Thema Frieden.

In den Flitterwochen gaben sie im Pyjama aus dem Bett im Hilton-Hotel Amsterdam eine Pressekonferenz und erklärten das als „Bed-In für den Weltfrieden." Ein zweites folgte in Montreal. Dabei nahmen sie den Song „Give Peace a Chance" auf – die Hymne der Weltfriedensbewegung schlechthin.

Frieden schaffen mit Liebe und gewaltlosen Aktionen. Dafür steht die 1965 in Kalifornien entstandene Flower-Power-Bewegung. Ihr Pionier, Allen Ginsberg, rief dazu auf, dass den Protestierenden „Massen von Blumen" zur Verfügung gestellt werden, um sie an Polizisten zu verteilen.

Ich habe das Glück, dass ich diese Jahre mit sehr viel Sympathie für diesen friedlichen aber auch kämpferischen

---

[18] Ausführlich lesen Sie über diesen Weckruf gleich am Anfang des Unterkapitels 2.7.

Geist als junger Mensch erlebt habe, der ebenfalls die Welt zum Besseren verändern wollte. Das Aufbruchlied von Flower-Power hatte den Titel „Let's Go to San Francisco". Dieser Song der britischen Band Flower Pot Men ging 1967 um die Welt. Ich sang mit vielen anderen meines Alters in der DDR mit, wenn das Lied bei HR 2 oder Radio Luxemburg gespielt wurde. Den Text kannten wir auswendig. Diese Emotionen bleiben. Mit diesem Gefühl und großer innerer Bewegung lese ich, was am 30. Juni Noa Argamani in einer Videobotschaft den Menschen in Israel sagte, die am Abend auf der Straße in Tel Aviv die Freilassung der von den Hamas verschleppten Geiseln forderten.

Noa Argamani war drei Wochen zuvor aus der Geiselhaft befreit worden. Nach sechs Monaten des Leidens findet die 26-jährige Frau die folgenden Worte: „Ich wünsche uns allen friedlichere Tage, ruhigere Tage, an denen wir von Familie, Freunden und guten Menschen umgeben sind. Am wichtigsten ist, dass wir lernen, zu lieben und nicht zu hassen."[19]

60 Jahre nach Flower-Power erneut dieser Aufruf zur Liebe gegen den Hass. Als sie das aussprach, war ihr Freund noch immer in der Gewalt der Hamas![20]

Die Botschaft der jungen von der Hamas gepeinigten jungen israelischen Jüdin finden in den folgenden Zeilen aus der Feder von Papst Franziskus Bekräftigung und Fortsetzung: „Jeder Krieg braucht, um wirklich zu Ende zu sein, die Vergebung, sonst folgt darauf nicht Gerechtigkeit, sondern Rache."[21] „Wenn wir lieben, vermögen wir es Barrieren niederzureißen, Konflikte zu überwinden, Gleichgültigkeit und Hass zu besiegen, unser Herz zu öffnen und uns zu verwandeln, indem wir uns für unsere Nächsten einsetzen,

---

[19] https://www.tagesschau.de/ausland/nahost-proteste-geisel-100.html, Zugriff am 30. Juni 2024.

[20] Ebenda

[21] Papst Franziskus: Leben. Meine Geschichte in der Geschichte, HarperCollins, Hamburg, 2024, S. 48.

so wie es Jesus getan hat, der sich am Kreuz für uns Sünder geopfert hat, ohne eine Gegenleistung zu fordern."[22]

**Ist KI die neue Atombombe?**
In unserem Buch haben wir zwei Szenarien definiert, die das reale Potenzial für die Vernichtung des menschlichen Lebens auf unserer Erde besitzen. Das eine ist die ökologische Bedrohung. Sie ist schon lange nicht mehr abstrakt. Schon der Klimawandel ist ein Prozess, der überall auf der Welt, in den Tropen und auch an den Polen, auf verstörende Weise sichtbar ist. Wir fühlen und spüren ihn in den tropischen Sommernächten in Mitteleuropa, die Jahr für Jahr an Zahl zunehmen und in denen wir keinen Schlaf finden. Was uns blüht, wenn das Wasser der Weltmeere steigt, zeigen Prognosen. Bis jetzt sind alle Vorhersagen eingetroffen, nur früher als es die Wissenschaftler angenommen haben. Aber die Erderwärmung ist von den ökologischen Bedrohungen „nur" eine von vielen. Etliche der sogenannten Kipppunkte sind bereits überschritten. Wenn wir weiter viel zu wenig dagegen tun, sind wir im schlimmsten Wortsinn „Weg vom Fenster", und das für immer.

Das gleiche gilt für die militärische Bedrohung. Kriegsnachrichten begleiten meine 72 Lebensjahre. Aber sie kamen erst 1999 zum ersten Mal direkt aus Europa, aus dem ehemaligen Jugoslawien, aus Serbien, dem Kosovo. Und nun kommen sie Tag für Tag aus der Ukraine. Die Fahrtstrecke von Berlin nach Charkiv beträgt rund 1.900 Kilometer. Dass Gaza nicht in Europa liegt, sondern in Asien, wissen wir. Aber auch die 2.900-Kilometer-Strecke bis dorthin ist gefährlich nah.

Wir wissen, dass aktuell, also im Jahr 2024, die Zahl der nuklearen Sprengköpfe erstmals seit langem wieder zunimmt. Obwohl die Zahl derer, die existieren, aus-

---
[22] Ebenda, S. 268.

**Tab. 1.1** Anzahl der nuklearen Sprengköpfe weltweit, Stand Januar 2024

| Land | Anzahl |
|---|---|
| Russland | 5.580 |
| USA | 5.044 |
| China | 500 |
| Frankreich | 290 |
| Großbritannien | 225 |
| Indien | 172 |
| Pakistan | 170 |
| Israel | 90 |
| Nordkorea | 50 |
|  |  |
| **Weltweit gesamt** | **12.121** |

reicht, um die Erde gleich mehrfach in Schutt und Asche zu legen.[23]

Bei unseren Recherchen stießen wir auf ein Essay, das am 09. August 2023 im Berliner Tagesspiegel unter dem Titel „Ist KI die neue Atombombe?" erschienen ist.

Der Text stuft mit dieser Überschrift die Künstliche Intelligenz hinsichtlich ihres Bedrohungspotenzials dort ein, wo wir in unserer Typologie „nur" die nukleare und die ökologische Bedrohung sehen.

Was wir im „Tagesspiegel" und weiteren Veröffentlichungen zu diesem Thema gelesen haben, spricht zumindest tendenziell dafür, der KI die gleiche Aufmerksamkeit zu widmen, wie den genannten beiden Szenarien. Wir zitieren hier aus Stellungnahmen seriöser Experten. Ob deren Wertung Bestand hat, kann derzeit niemand endgültig beantworten. Deshalb haben wir unsere Typologie nicht verändert. Für die Zukunft könnte das aber eine Option sein. Vielleicht schon in der hoffentlich zweiten Auflage unseres „Last Call"?

---

[23] https://de.statista.com/statistik/daten/studie/36401/umfrage/anzahl-der-atomsprengkoepfe-weltweit/, Zugriff am 03. Juli 2024.

Zunächst ein Auszug aus dem Artikel von Sabine Patsch, dessen Überschrift diesem Absatz den Namen gab:

„200 Experten schätzten in einer im Juli 2023 erschienenen Studie des US-amerikanischen Forecasting Research Institutes, dass eine Auslöschung der Menschheit durch KI bis 2100 im Vergleich zu anderen Bedrohungen am wahrscheinlichsten sei.

Die Gefahr besteht jedoch nicht darin, dass eine wild gewordene KI die Menschheit unterwirft, wie es viele Science-Fiction-Filme zeigen ... Eine böswillig programmierte KI könnte unser Empfinden von Wahrheit stärker beeinflussen, als es ohnehin schon möglich ist. Menschen könnten etwa dahingehend beeinflusst werden, den Klimawandel vollständig zu ignorieren, der modernen Medizin oder Demokratie zu misstrauen – bis sich die Menschheit selbst irreparable Schäden zufügt."[24]

Ian Bremmer, Gründer und Präsident der Beratungsfirma Eurasia Group und Initiator des Political Risk Index an der Wall Street, hält es ebenfalls für möglich, dass sich die KI verselbstständigt und zur Gefahr wird:

„Wir haben derzeit drei widersprüchliche globale Ordnungen. Die Sicherheitsordnung wird von den Vereinigten Staaten und ihren Verbündeten dominiert. Die Wirtschaftsordnung ist multipolar. Die digitale Weltordnung wird von den Technologieunternehmen bestimmt. Das Risiko, dass die Welt durch KI technipolar wird, ist sehr greifbar und besorgniserregend. Wenn wir keine Architektur schaffen, die die Unternehmen einbezieht, werden sie zu funktionalen Herrschern. Und das wäre sehr gefährlich ... Ich glaube nicht, dass Kapitalismus und Demokratie in

---

[24] Sabine Patsch: Der Oppenheimer-Moment des Informationszeitalters, Ein Essay über Schuld und Verantwortung, Tagesspiegel vom 09. August 2023.

ihrer jetzigen Form fortbestehen werden. Sie müssen modernisiert und reformiert werden."²⁵

Bremmer stellt diese technologische Entwicklung in den Kontext der derzeit vorherrschenden kapitalistischen Wirtschaftsweise und fordert deren Reform, bekanntlich auch seit geraumer Zeit unser Votum.

Abschließend lassen wir Stuart Russell zu Wort kommen. Er lehrt Computerwissenschaften an der University of California in Berkeley. Russel denkt, dass „wir es viel zu spät merken, dass wir Systeme geschaffen haben, die wir nicht kontrollieren können." Er weist in diesem Zusammenhang darauf hin, dass sich die Entwickler der Risiken bewusst seien. Sie würden deshalb mit der US-Regierung zusammenarbeiten, die derzeit untersuche, ob die Systeme die Fähigkeit von Terroristen zum Bau biologischer Waffen verbessern können. Alle Vorstandsvorsitzenden der wichtigen Unternehmen, die sich mit der Entwicklung von KI-Systemen beschäftigen, hätten eine Stellungnahme unterzeichnet, in der auf das *existenzielle* Risiko von KI verwiesen wird. Das illustriert er wie folgt: „So wie wir KI derzeit verstehen, kann alles ihre Motivation sein, was wir ihr als Ziel eingeben. Für viele Ziele ist die menschliche Existenz unnötig. Das Ziel, die Kohledioxid-Konzentration in der Atmosphäre wieder auf das vorindustrielle Niveau zu bringen, lässt sich beispielsweise leicht durch die Beseitigung des Menschen erreichen. Und aus der Sicht von Computern und Robotern ist Sauerstoff ein Ärgernis, das nur Rost verursacht. Vielleicht entschließen sie sich auch dazu, den Sauerstoff loswerden zu wollen".²⁶

Wir bleiben bei der Konzentration auf das existenzielle militärische und ökologische Bedrohungspotenzial. Dass

---

²⁵ Ian Bremmer: Kapitalismus und Demokratie in ihrer jetzigen Form werden nicht fortbestehen, Tagesspiegel vom 05. Oktober 2023, Berlin.
²⁶ Experte Stuart Russell: „Echte KI-Machtübernahme wäre lautlos", Tagesspiegel, 02. Juli 2024, S. 23.

die Künstliche Intelligenz aus der Bedrohungsperspektive größte Aufmerksamkeit verdient, zeigen die Aussagen der international renommierten Wissenschaftler.

## Deutschland braucht auch für viele andere Bedrohungen starke Weckrufe

Bevor wir uns im folgenden Kapitel der Chronik der existenziellen Weckrufe zur militärischen und ökologischen Bedrohung widmen, möchten wir noch Folgendes loswerden. „Last Call" erscheint im Frühjahr 2025. Wenn Sie diesen Text lesen, hat der Kampf zur nächsten Bundestagswahl, die voraussichtlich im September 2025 stattfindet, schon begonnen. Die politische Aufmerksamkeit gilt hoffentlich den Gefahren, die unsere Existenz am stärksten bedrohen und die Gegenstand dieses Buches sind. Aber es wäre verheerend, mit dieser Prioritätensetzung zu vergessen, dass unser Land auch zu anderen Themen wirkmächtige Weckrufe dringend nötig hat. Die Stagnation, die offensichtliche Unfähigkeit die bestehenden Probleme grundlegend radikal pragmatisch und visionär zu lösen, bedrückt uns sehr. Die Eigenschaften Willy Brandts, die wir in diesem Einleitungskapitel noch einmal beschworen haben, fehlen doch nicht nur bei Friedenssicherung und bei der ökologischen Trendwende. Es machte kurzzeitig Mut, als einige Politiker eingestanden, wir hätten kein Erkenntnis-, sondern ein Umsetzungsproblem. Inzwischen sagen es alle. Der Satz ist zur Plattitüde verkommen, denn er blieb und bleibt folgenlos. Und die Weckrufe angesichts der Tatenlosigkeit bei praktisch allen wichtigen Themen? Nichts als inflationäres Wortgeprassel. Wir rufen einige ungelöste Probleme ohne den Anspruch auf Vollständigkeit auf:

- Die Weckrufe zur Herstellung von Chancengerechtigkeit! Folgenlos! Wer im Prekariat ist, das sind in Deutschland rund 20 Prozent der Menschen, bleibt dort. Vor allem die Kinder dürfen von Durchlassfähigkeit nur träumen.

Haben die Eltern kein „Abi" bleibt das auch der nächsten Generation versperrt. Wenige Ausnahmen können den Befund nicht ändern.
- Die Weckrufe zur Verteilungsgerechtigkeit. Jahr für Jahr kommen die Oxfam-Berichte. Der Tenor: Die Reichen werden immer reicher, die Armen immer ärmer. Tendenz zunehmend. Statt wirksame Maßnahmen mit Leistungsanreizen soziale Wohltaten zur Ruhigstellung.
- Weckrufe zum drohenden Zusammenbruch des immer teureren Gesundheitssystems und dem drohenden Kollaps des Rentensystems. Eine sogenannte Reform folgt der nächsten. Abschied von „Hartz". Nun heißt es Bürgergeld. Es wird immer teurer. „Leistung muss sich wieder lohnen". Das hat Helmut Kohl 1982 gesagt. Bei der Forderung ist es bis heute geblieben.
- Weckrufe zum Investitionsstau und dem Zerfall der öffentlichen Infrastruktur: Straßen, Schienen. Brücken, Wasser- und Abwasserleitungen. Der Zerfall geht weiter, der Stau wird immer größer.
- Weckrufe zur Ertüchtigung der Deutschen Bahn AG. Die Züge werden von Jahr zu Jahr unpünktlicher. Stuttgart 21 sollte 2019 fertig sein. Nun soll es Ende 2026 werden. Wer das „Werden" des BER noch im Kopf hat, kennt das Spielchen: Es wird immer später, immer teurer. Da sind wir auch in Stuttgart noch lange nicht am Ende. Güterverkehr von der Straße auf die Schiene! Das klingt wie ein Märchen der Gebrüder Grimm.
- Weckrufe zum Bürokratieabbau. Stattdessen immer mehr Gesetze, Verordnungen, Vorschriften. Keiner sieht mehr durch. Die Bürokratie wird zudem immer mehr zum Demokratiekiller. Wer in diesem Wust nicht mehr durchsieht, und das ist schon die große Mehrzahl der Deutschen, dem wird ja auch die grundgesetzlich verbriefte Teilhabe versagt.
- Weckrufe zur konsequenten Digitalisierung. Auch hier wird der Abstand zum europäischen Musterland Estland

immer größer. Ende 2023 sollte es in Berlin endlich geschafft sein: Maximal 14 Tage Wartezeit auf einen Termin im Bürgeramt. Auch bis Dezember 2025 wird das nicht gelingen. Wetten!

Fachkräftemangel. Pflegenotstand, immer mehr unbesetzte Lehrerstellen, zu große Gruppen in den Kindergärten, zu große Klassen in den Schulen. 2008 gab es einen Bildungsgipfel unter Leitung von Angela Merkel mit dem Bekenntnis, demnächst zehn Prozent des Bundeshaushalts für Bildung auszugeben. Aktuell sind wir bei einem Prozentsatz von 4,7.[27]

Eine noch lange nicht vollständige Aufzählung. Wir werden die Geschichte dieser Weckrufe nicht mehr schreiben. Die Autoren sind in der „Restlaufzeit". Die möchten sie fröhlich verbringen, nicht am Permanent-Tropf mit Antidepressiva ...

## Literatur

Marx, Karl: Das Kapital, Band 1, Marx, Karl, Engels, Friedrich, gesammelte Werke, Band 23, Dietz, Berlin, 1975.
Papst Franziskus: Leben. Meine Geschichte in der Geschichte, HarperCollins, Hamburg, 2024.
Prantl, Herbert: Den Frieden gewinnen. Die Gewalt verlernen, Wilhelm Heine Verlag, München, 2024.
Schäfer, Michael, Ludwig, Joachim: Mit Kapital die Schöpfung retten. Es gibt nur eine zweite Chance, Springer Gabler, Wiesbaden, 2022.

---

[27] https://www.zeit.de/2023/33/bundeshaushalt-ausgaben-bildung-kinder/seite-2, Zugriff am 03. Juli 2024.

# 2

# Die Chronik der dokumentierten Weckrufe zur Gefährdung der Schöpfung

**Zusammenfassung**
Die ersten Überlieferungen zur Urangst des Menschen vor Tod und Verderben gab es vor rund 5.000 Jahren. Die Chronik der wichtigsten Weckrufe in den fünf Epochen der Menschheitsgeschichte beginnt mit dem ersten dokumentierten Krieg 3 500 v. Chr. An Nummer 4 folgt schon der legendäre Ruf der Kassandra. Was war prägend für diese fünf Abschnitte aus der Perspektive der Bedrohung? Welche Weckrufe hatten und haben in diesen Zeiten herausragende Bedeutung? Ist es tatsächlich so, dass die existenziellen Appelle nie erhört wurden? Diese Fragen beantwortet das zweite Kapitel mit der erstmaligen Dokumentation der Weckrufe zur zivilisatorischen Existenzbedrohung: 185 Appelle, aufrüttelnd und verstörend zugleich, präsentiert in einer Steckbriefstruktur.

## 2.1 Prolog

Die beiden Autoren erblickten 1950 bzw. 1952 das Licht der Welt. Mit diesen Geburtsjahrgängen blieben sie vom größten Krieg in der bisherigen Menschheitsgeschichte verschont. Die fast sprichwörtliche „Gnade der späten Geburt!"[1] Wir mussten uns nicht schuldig machen: 75 Millionen Tote, das sind 3,5 Prozent der damaligen Weltbevölkerung. Erstmals in einem großen Krieg starben mehr Zivilisten als Soldaten. Die Shoa war mit sechs Millionen ermordeter Juden der größte Völkermord in der Weltgeschichte. Akribisch geplant von Verbrechern wie Adolf Eichmann oder den Ingenieuren von Topf & Söhne, einem Erfurter Unternehmen, das die Verbrennungsöfen von Auschwitz entwickelte und baute. Während ich diese Zeilen schreibe bekommt „Zone of Interest" am 10. März 2024 in Los Angeles den Oscar für den besten ausländischen Film. Ich hatte das Meisterwerk von Jonathan Glaser drei Tage vorher mit meiner Frau im „Delphi" in der Berliner Kantstraße gesehen. Ich erinnere mich an die beklemmende Szene, in der die Topf-Ingenieure dem Lagerkommandanten Rudolf Höß in Auschwitz stolz vermelden, dass sie den „Durchsatz" in gewünschter Dimension erhöhen konnten – vor allem durch die „Optimierung" des Mehrkammersystems.

Schuldig gemacht haben sich die beiden Autoren nicht. Aber als Deutsche tragen wir in besonderem Maße Verantwortung dafür, dass unser Land für den Frieden auf der

---

[1] Ob Günter Gaus, erster Ständiger Vertreter der BRD in der DDR (1974–1981), im Herbst 1983 in seiner Rede in den Münchner Kammerspielen oder Helmut Kohl in seiner Rede als Bundeskanzler vor der Knesset am 25. Januar 1984 dieses Wort prägten, ist für unser Buch zweitrangig. Allerdings stellte nur Gaus in großer Eindeutigkeit klar, dass diese Gnade lediglich bedeutet, dass die Geburtsjahrgänge ab 1930 ihres Alters wegen an den Greueltaten des Dritten Reiches nicht mitwirkten. Sehr wohl trügen sie in einem übergreifenden Sinne aber mit an der Verantwortungslast, die die Nazidiktatur auch den Generationen danach aufgebürdet hat.
https://www.spiegel.de/politik/verschwiegene-enteignung-a-976d7e96-0002-0001-0000-000013519977, Zugriff am 12. März 2024.

Welt und die universelle Achtung der Menschenrechte einsteht.

Ist die Gnade der späten Geburt nicht aber auch partiell ein Fluch? Zwar gab es nach dem Ende des Zweiten Weltkriegs auf dem europäischen Kontinent die längste Friedensperiode seit Menschengedenken. Das bleibt auf der Haben-Seite.

Leider ging sie nach 47 Jahren, 1992, mit dem ersten Krieg im ehemaligen Jugoslawien, zu Ende. Dem folgten in dieser Region viele weitere militärische Konflikte. Zweihunderttausend Menschen ließen ihr Leben, Millionen von Flüchtlingen erlitten Leid und Elend. Seitdem hat die Zahl der kriegerischen Auseinandersetzungen weltweit deutlich zugenommen. In Europa begann am 24. Februar 2022 mit der russischen Invasion in der Ukraine ein Krieg, der nicht nur die unabhängige staatliche Existenz der ehemaligen Sowjetrepublik bedroht, sondern auch den gelöst geglaubten Ost-West-Konflikt wieder ganz oben auf die Agenda gesetzt hat.

Aber auch die 47 Jahre ohne Krieg auf dem alten Kontinent waren mitnichten nur ein Segen. Fast zugleich mit der Kapitulation des Naziregimes am 08. Mai 1945 begann der Kalte Krieg zwischen Ost und West, West und Ost. Mit der Atombombe als Drohkulisse: Das größte Vernichtungspotenzial, das jemals von Menschen ersonnen und gebaut wurde.

„Oppenheimer" war *der* Film des Oscar-Jahrganges 2024. Sieben Trophäen. Nicht für einen Blockbuster im Stil von „Krieg der Sterne", sondern endlich wieder für ein Filmkunstwerk zu den wirklich brennenden Fragen unserer Epoche.[2] Eine davon das nukleare Arsenal zur gleich mehrfachen Vernichtung der Menschheit und des höheren irdischen Lebens in der Hand von zunächst nur zwei „Supermächten". Hinter denen versammelten sich unversöhnlich

---

[2] In unserer Chronik der Weckrufe spielte er deshalb eine exponierte Rolle, und zwar in den Unterkapiteln 2.7 und 2.10.

die Protagonisten des Kalten Krieges unter den Dächern der NATO und des Warschauer Pakts.

Nach der ersten Atombombe, gezündet 1945 in den USA auf dem Testgelände in der Wüste von New Mexico – dafür stehen die Namen Oppenheimer und Eisenhower – und dem ersten militärischen Einsatz dieser verheerenden Vernichtungswaffe in Hiroshima und Nagasaki, folgte 1949 auf dem Versuchsgelände in Semipalatinsk die sowjetische Antwort. Dazu kamen nur wenig später die Wasserstoffbomben mit noch verheerenderer Zerstörungskraft. Der erste erfolgreiche Test war 1952 in den USA, der zweite 1953 in der UdSSR.

Diese Ereignisse veränderten die Welt. Der „Rote Knopf" als verstörendes Symbol für die permanente Gefahr des Ausbruchs eines Atomkrieges begleitet uns Autoren seit den ersten Schuljahren. Deshalb ist uns die Kubakrise 1962 bis heute nachhaltig in Erinnerung. Die Historiker sind sich einig: Die Welt stand unmittelbar vor dem Beginn des nuklearen Infernos. Buchstäblich in letzter Minute lenkte die UdSSR ein. Ihre mit Mittelstreckenraketen beladenen Schiffe, schon kurz vor Kuba, gingen auf Heimatkurs.

Auch der Bau der Mauer durch die UdSSR und ihren Vasallenstaat DDR zwischen den beiden deutschen Staaten und an der Nahtstelle zwischen den Militärbündnissen des Warschauer Vertrags und der NATO barg gewaltiges Eskalationspotenzial. Nicht wenige westliche Politiker und Generäle plädierten für eine militärische Antwort des Westens. Das hätte mit großer Wahrscheinlichkeit den dritten Weltkrieg ausgelöst.

Andere markante Daten in dieser europäischen Epoche ohne Krieg waren die Aufstände gegen Regimes in der sowjetischen Einflusssphäre: 1953 in der DDR, 1956 in Ungarn, der Einmarsch des Warschauer Pakts 1968 in die CSSR beendete den demokratischen „Prager Frühling". Es folgte 1981 das Ausrufen des Kriegsrechts in Polen als „Antwort" auf die mächtige Protestbewegung der Gewerk-

## 2 Die Chronik der dokumentierten Weckrufe ...

schaft Solidarnosc unter Führung von Lech Walesa.[3] Auch wenn sie Jahrzehnte zurückliegen, sind uns diese Ereignisse in vielen Details noch sehr präsent.

Das Schicksal, die Götter und ganz sicher auch die Kombination von Vernunft und eigenem Selbsterhaltungstrieb der politischen Führer maßgeblich in Washington und Moskau haben uns vor dem unmittelbaren Erleben eines Krieges bewahrt. Wir lebten und leben aber in einer Welt, die von der Formel vom „Gleichgewicht des Schreckens" geprägt ist. Dass diese Gleichung im Weltmaßstab bisher aufging, basiert vor allem darauf, dass die nuklearen Potenziale zur Weltvernichtung in ihrer politisch-geografischen Allokation weitgehend paritätisch existieren.[4] Unter Wür-

---

[3] Mit dem Zusammenbruch des sowjetischen Imperiums 1989/1990 schien die große Chance verbunden zu sein, den tradierten Ost-West-Konflikt mit der permanenten Gefahr eines nuklearen Weltkrieges zu beenden. Dafür steht die von Michail Gorbatschow formulierte Idee des „gemeinsamen europäischen Hauses". Leider wurde die reale Möglichkeit einer dauerhaften Deeskalation mit der Perspektive einer globalen Kooperation nicht genutzt. Die erwähnten Kriege im ehemaligen Jugoslawien markieren eher im Gegenteil den Beginn einer bis heute andauernden Verschärfung der regionalen und globalen Konflikte verbunden mit Um- und Neugruppierung konkurrierender Machtzentren. Stichworte sind das politisch, wirtschaftlich und militärisch immer stärker werdende China oder neue Allianzen wie die der Brix-Staaten gegen den tradierten sogenannten Westen. Nach einer leichten Abnahme bis 2020 nimmt seitdem die Zahl der Konflikte weltweit zu. 2022 registrierte das Heidelberger Institut für internationale Konfliktforschung (HIIK) 363 Konflikte (https://de.statista.com/themen/5861/kriege-und-internationale-konfliktsituationen/#topicOverview, Zugriff am 13. März 2024).

[4] Dieser Status quo hat das Ende des UdSSR und der von ihr kontrollierten Marionetten in Osteuropa überlebt. Die nuklearen Fähigkeiten gingen praktisch 1 : 1 auf Russland über, nicht zuletzt deshalb, weil die schon unabhängige und eigenständige Ukraine am 05. Dezember 1994, zu diesem Zeitpunkt war sie weltweit die drittgrößte Atommacht, ihr nukleares Arsenal an Russland gegen gemeinsame Sicherheitsgarantien der USA, Großbritanniens und Russland übergab. Wie wir wissen, wurde dieses Versprechen gebrochen. https://www.fr.de/politik/krieg-unerfuellte-garantien-atomwaffen-ukraine-budapester-memorandum-russland-selenskyj-putin-usa-zr-92724371.html, Zugriff am 04. April 2024. Weltweit befinden sich, Stand 2023, 12.121 nukleare Sprengköpfe in den Arsenalen. 90 Prozent davon in Russland (5.580) und den USA (5.044). Diese Zahlen zeigen, dass das „Gleichgewicht des Schreckens" bis heute fortbesteht. Das ist ganz offensichtlich der Grund dafür, dass trotz mancher rhetorischer Säbelrasselei die Gefahr eines nuklearen Weltbrandes von fast allen Experten als marginal eingestuft wird. Die von 1945 bis 1990 bestehenden Ost-West-Kon-

digung dieser Parität bestehen offenbar verlässliche Mechanismen zur Kommunikation, die im Krisenfall genutzt werden, bevor ein roter Knopf tatsächlich gedrückt wird. Wegen dieser Realitäten wurden die großen Konflikte, in erster Linie der zwischen Ost und West, seit 1945 „nur" regional ausgetragen. Zwischen 1945 und dem Jahr 2000 gab es nach der AKUF-Definition[5] weltweit 242 Kriege.[6] Seitdem sind mindestens der Krieg Russlands gegen die Ukraine seit 2022 und der Krieg im Gazastreifen nach dem Massaker der Hamas am 07. Oktober 2023 in Israel hinzugekommen. In die meisten dieser Kriege sind die beiden größten Atommächte, Russland und die USA, eingebunden. Auch die sogenannten „Stellvertreterkriege" haben das Jahr 1990 überlebt.

Unser eigenes friedliches Leben vollzieht sich in der Nachbarschaft zu blutigen Kriegen mit dem Schwerpunkt in Afrika und Asien, seit 1992 auch wieder in Europa.

Das Bewusstsein von der permanenten existenziellen Gefährdung unserer irdischen Existenz durchzieht die fünf Epochen der Menschheit wie der berühmte rote Faden. Die schriftlichen Überlieferungen dokumentieren das allgegenwärtige, real aber zumeist verdrängte Bewusstsein existenzieller Gefahr.

---

fliktstrukturen existieren bis heute weiter: in Gestalt der paritätischen Kernwaffenbestände, ihrer weitestgehenden Allokation in Russland und den USA, und der Existenz beider Mächte als sich unversöhnlich gegenüberstehende Protagonisten. Jedenfalls in dieser Hinsicht sind die neuen Frontlinien die alten, ungeachtet der Entwicklung neuer Bündnisse, die aus der bipolaren eine tendenziell multipolare Welt machen. https://de.statista.com/statistik/daten/studie/36401/umfrage/anzahl-der-atomsprengkoepfe-weltweit/, Zugriff am 04. April 2024.

[5] Kurzgefasst besagt die Definition der Hamburger Arbeitsgemeinschaft Kriegsursachenforschung (AKUF), dass folgende drei Kriterien vorliegen müssen, um einen militärischen Konflikt als Krieg zu bezeichnen: Die Mitwirkung regulärer Streitkräfte, eine zentralgeleitete Organisation, eine planmäßige Strategie. https://www.whywar.at/was-ist-krieg/krieg/kriegsdefinitionen/krieg-laut-akuf/, Zugriff am 31. März 2024.

[6] https://www.bpb.de/themen/kriege-konflikte/dossier-kriege-konflikte/54508/innerstaatliche-kriege-seit-1945/#node-content-title-3, Zugriff am 31. März 2024.

## 2 Die Chronik der dokumentierten Weckrufe ...

Wir wissen schon aus den allerersten Zeugnissen, dass sich gegen diesen Reflex der Verdrängung immer wieder Menschen fanden, die vor diesen Bedrohungen mit Worten, Bildern und Skulpturen warnten. Unser Buch ist der erstmalige Versuch, diese Weckrufe zur Bewahrung der Schöpfung in der Geschichte der Menschheit zu dokumentieren. Wir folgen der gängigen Einteilung in fünf Epochen: Vor- und Frühgeschichte (2,5 Mio. Jahre bis 800/500 Jahre v. Chr.), Antike (800/500 v. Chr. – 300/600 n. Chr.), Mittelalter (300/600 – 1500), Neuzeit (1500 – 1914) sowie Zeitgeschichte und Gegenwart (1914 bis heute).

Dass in unserer Dokumentation die Neuzeit bis zur Gegenwart dominiert, hat mehrere Gründe. Es gibt für den allergrößten Teil der Menschheitsgeschichte keine verlässlichen Zeugnisse. Erste schriftliche Überlieferungen datieren aus der Zeit um 3000 vor Christus. Geschätzt 80 Millionen Menschen lebten zu dieser Zeit in zumeist solitären Gemeinschaften und waren gleichsam rund um die Uhr damit befasst, die eigene physische Existenz zu sichern. Für intellektuelle Reflektionen fehlten damals die Zeit und schlicht und einfach auch das Wissen. Die geistige Revolution begann mit der Antike. Uns fallen die Namen großer Geister – Aristoteles, Demokrit, Heraklit, Platon, Sokrates oder Thales von Milet – ein, die wuchtigen Geschichten aus der griechischen und römischen Götterwelt, gewaltige Bauten wie die Pyramiden und eben auch die ersten noch heute lebendigen Weckrufe wie die biblische Apokalypse.

Das stärkste Argument für den gewaltigen Zuwachs der Warnungen vor dem Untergang ab Beginn des 19. Jahrhunderts ist die reale Fähigkeit zur Selbstzerstörung im globalen Maßstab. Die begann Mitte des 18. Jahrhunderts, also vor gut 250 Jahren, mit der industriellen Revolution. Seitdem wird die Fahrt in den Abgrund immer schneller.

Der moderne Mensch bevölkert seit rund 300.000 Jahren unsere Erde. Wir glauben den Evolutionsbiologen, dass sich seine genetischen Codierungen bis heute nur marginal verändert haben. Mit seinem expansiven Naturell aber hat er 299.779 Jahre lang, bis 1800, immer „nur" regionale und temporäre Schäden angerichtet. Die meisten Flächen unseres Planeten waren unbewohnt. Die Siedlungsgebiete waren eng abgegrenzt. Um 1400 galt eine Stadt mit 20.000 Einwohnern in Europa als Großstadt. Dazu zählte beispielsweise Köln. Paris war mit 80.000 Einwohnern die mit Abstand größte Metropole auf unserem Kontinent. Diese Städte waren nach heutigen Umweltstandards eine Zumutung. Es gab keine Müllabfuhr. Die Fäkalien wurden auf die Straßen geleitet. Pest, Cholera, Spanische Grippe grassierten. Von 1346 bis 1353 wütete die Pest unter dem Namen Schwarzer Tod auf dem gesamten Kontinent. 25 Millionen Tote, ein Drittel der europäischen Bevölkerung. Aber abseits der Städte funktionierten – in Abwesenheit des Menschen – die natürlichen Kreisläufe. Die Welt war abgesehen von den wenigen Siedlungsgebieten weitgehend intakt.

Im Jahr 1000 n. Chr. hatte unser Planet 300 Millionen Bewohner. Ein halbes Jahrtausend später waren es 500 Millionen. Pro Jahr ein Zuwachs von 400.000. Erst Mitte des 17. Jahrhunderts begann ein massives Wachstum. Um 1800 wurde zum ersten Mal die Schwelle zur Milliarde überschritten. Heute leben über acht Milliarden Menschen auf der 149 Millionen Quadratmeter großen Landfläche der Erde. Das ist in rund 200 Jahren ein Zuwachs von durchschnittlich 34 Millionen pro Jahr. Das Tempo des Bevölkerungswachstums hat sich gegenüber dem Zeitraum von 1000 bis 1500 n. Chr. fast verhundertfacht.

Die Mitte des 18. Jahrhunderts steht nicht nur für eine neue Dimension in der Weltbevölkerung. Es markiert den Beginn der industriellen Revolution und die Geburtsstunde des Kapitalismus:

„Die große Industrie hat den Weltmarkt hergestellt (...) Das Bedürfnis nach einem stets ausgedehnteren Absatz für ihre Produkte jagt die Bourgeoisie über die ganze Erdkugel. Überall muss sie sich einnisten, überall anbauen, überall

## 2 Die Chronik der dokumentierten Weckrufe … 33

Verbindungen herstellen. Die Bourgeoisie hat durch ihre Exploitation des Weltmarkts die Produktion und Konsumtion aller Länder kosmopolitisch gestaltet."[7] Das sind auch die tiefen grundlegenden Ursachen für die ersten Weltkriege in der Menschheitsgeschichte: der erste 1914 bis 1918, der zweite 1939 bis 1945.

Das Paradies der Bibel (800 v. Chr.), die *Utopia* von Thomas Morus (1516), *Die Sonnenstadt* von Tommaso Campanella (1623) oder *Das kommunistische Manifest* von Karl Marx und Friedrich Engels (1848) – das blieben schöne Träume. Die Realität sind Völkermorde in barbarischen Kriegen: Die Kreuzzüge, Dschingis Khan mit seinen Horden, der Dreißigjährige Krieg, die schon genannten zwei Weltkriege, der Völkermord an den Armeniern und schließlich der Holocaust. Mit den neuen wissenschaftlichen Kenntnissen und technologischen Möglichkeiten perfektionierten sich die Fähigkeiten zur gegenseitigen Vernichtung. Wo aber sind die Beispiele für Wohlstand und Frieden für alle? Dafür hätten wir ja auch alle Instrumente.

Nach vielem Lesen und langem Nachdenken meinen wir, dass es nur an den in uns codierten Antrieben liegen kann. Einschließlich unseres Unwillens (oder ist es objektive Unfähigkeit?) in unserer jetzigen Endzeit-Evolution in großer Mehrheit auf humanen und solidarischen Pfaden voranzuschreiten.

„Wir sind ohne Zweifel das intelligenteste Wesen, das dieser Planet jemals hervorbrachte. Wir verstehen inzwischen, was die Welt zusammenhält, wie sie entstand und wie sie in ein paar Milliarden Jahren zusammen mit unserer Sonne wahrscheinlich in einem riesigen Feuerball verschwinden wird. Wir halten uns für allwissend und allmächtig und stehen dabei fast ohnmächtig vor der Aufgabe, dem *selbstzerstörerischen* Trieb zu entfliehen, der in unserer DNA hoffnungs-

---

[7] Marx, Karl; Engels, Friedrich: Manifest der Kommunistischen Partei, Nikol Verlagsgesellschaft, Hamburg, 2020, S. 44/47.

los verankert zu sein scheint. Einem Mechanismus, der uns förmlich dazu zwingt, zu expandieren, zu verbrauchen, die uns umgebenden Ressourcen bis zur Erschöpfung aufzusaugen. Dieser genetische Bauplan war die Voraussetzung dafür, dass wir werden konnten, was wir geworden sind. Es gibt nur ein Problem: Der fantastische Plan hat einen kleinen Fehler: auf planetare Grenzen ist er nicht ausgerichtet. Jetzt, da wir das erste Mal nach Millionen Jahren Evolution unleugbar an diese Grenzen stoßen, drängt sich eine Frage auf, deren Antwort noch gefunden werden muss: Befähigt uns diese DNA auch dazu, mit dem zu leben, was uns gegeben ist, ohne jede Möglichkeit zur Expansion? Oder sind wir genetisch dazu verdammt, so lange weiter zu rennen, bis unserer Spezies die Luft ausgeht?"[8]

Auch die neue Qualität zur Selbstzerstörung im globalen Maßstab muss auf dieser DNA basieren. Wobei es sich bekanntlich um zwei zentrale Szenarien handelt: Die Naturzerstörung im Kontext mit der industriellen Revolution und die Kriegszerstörung mit der kriegerischen Nutzung der Nuklearenergie.

Aus dieser doppelten Bedrohungssituation ergeben sich die inhaltlichen Stränge der von uns dokumentierten Weckrufe, die wir nach diesen beiden Kategorien unterscheiden.[9]

Fünf Epochen. Das sind auch die fünf Akte unserer Dokumentation, quasi unser Epochenverständnis aus der Weckruf-Perspektive. Das konterkariert nicht die tradierte Geschichtswissenschaft, sondern setzt bewusst „nur" einen

---

[8] Krause, Johannes; Trappe, Thomas: Hybris. Die Reise der Menschheit zwischen Aufbruch und Scheitern, Propyläen, Berlin, 2021, S. 8 f.

[9] In dieses Schema passen die meisten der von uns gefundenen Weckrufe. Wir haben aber auch zur Kenntnis genommen, dass es Mahner gibt, die beide existenziellen Bedrohungen zugleich zur Kenntnis und auch deren Interaktionen in den Blick nehmen. Der schamlose selbstzerstörerische Umgang der Natur im Prozess der industriellen Wertschöpfung führt zur Erschöpfung oder Vergiftung lebenswichtiger Ressourcen. Dafür steht das Trinkwasser. Seit Jahren warnen Wissenschaftler und zunehmend auch Politiker davor, dass künftige Kriege, etwa im Nahen Osten oder in Afrika, um den Zugang zu Trinkwasser geführt werden.

zentralen Akzent: Angst als zentrale Kategorie, aber in der Kombination mit dem „es wird schon gut gehen":

Für uns ist die Geschichte der Menschheit nicht nur im Marxschen Sinne eine von Klassenkämpfen, sondern auch eine von Weckrufen. Deren Schicksal bestand schon in ihren Anfängen darin, dass sie nicht erhört werden. Die Kassandrarufe im Trojanischen Krieg sind die „Mutter" dieses Syndroms. Im Abendland, also für die Christenheit, ist die Sintflut die stärkste Metapher. Letztere aber nicht nur für unseren Planeten, sondern mit der Arche Noah als Symbol der Hoffnung.

Heute besteht das Problem darin, dass die meisten von uns sehr wohl auf diese Botschaften hören, sie sogar sehr ernst nehmen. Aber wir ziehen daraus mehrheitlich nicht die notwendigen Konsequenzen. „Wir haben kein Erkenntnis-, sondern ein Umsetzungsproblem!" Aber auch dieser Satz, den wir aus allen politischen Lagern hören, ist zur Leerformel verkümmert – das nennen wir „Paradoxon der Apokalypse".[10]

## 2.2 Die Chronik der wichtigsten Weckrufe. Eine inhaltlich-methodische Einführung

Bei unserer Entdeckungsreise zu den Weckrufen der Menschheitsgeschichte zeigen wir zunächst das Wachstum und die Allokation der Weltbevölkerung. Fünf Epochen der Menschheitsgeschichte. Das ist auch eine Chronik von rasantem Wachstum. Wir beginnen mit unserer Zeitrechnung. Im Jahr Null lebten etwa 188 Millionen und um 1500 etwa 461 Millionen Menschen auf der Erde. Im Jahr 1804 wurde erstmals die Schwelle zur ersten Milliarde überschritten. Über ein Jahrhundert später, 1927, waren es

---

[10] Ausführlich befassen wir uns mit diesem Paradoxon im Unterkapitel 2.11.

2 Milliarden, die dritte Milliarde wurde 1960 erreicht. In der zweiten Hälfte des 20. Jahrhunderts wuchs die Weltbevölkerung sehr stark, im Abstand von 12 bis 14 Jahren wurden die vierte, fünfte und im Jahr 1999 die sechste Milliarde erreicht. Im Jahr 2011 wurde die siebte Milliarde überschritten und seit 2023 leben 8 Milliarden Menschen auf der Erde.

Schon aus diesen Zahlen ergibt sich die erwähnte Konzentration unserer Spurensuche auf die drei Epochen von 500 nach Christus bis zum Heute. Diese Pointierung ist auch eine qualitative Unterscheidung, die wir mit einer differenzierten Dokumentation sichtbar machen. Für die ersten beiden Epochen verzichten wir auf eine Strukturierung der Weckrufe. Wir konzentrieren uns auf die grundsätzliche Charakterisierung, nennen prägende Ereignisse und präsentieren die wenigen Weckrufe mit Relevanz für unser Thema.[11]

Ab dem Mittelalter lohnen Menge und Vielfalt der Botschaften zur Weltbedrohung eine Systematisierung: Bitte erwarten Sie keine allumfassende Darstellung. Wir konzentrieren uns auf die Fakten, die aus der Perspektive der Weckrufe prägend für die jeweilige Epoche sind. Nach diesem „Einstieg" präsentieren wir die nach unserer Einschätzung relevanten wirkmächtigen Rufe und folgen einer von uns definierten Struktur:

Was ist der Weckruf? Wer war der Autor? Wann und wo wurde er ausgesandt? Wie hat er gewirkt, in seiner Zeit und darüber hinaus?

Dass es Kassandra und die Sintflut bis ins Heute geschafft haben, liegt ja nicht nur an den verstörenden Geschichten. Die Botschaften sind ja auch in dem Sinne „zeitlos", dass

---

[11] Wir stützen uns hier auf das wohl meistverkaufte und meistgelesene Buch zur Geschichte der Menschheit, das wohl auch deshalb Kultstatus hat, weil er selbige nicht in zehn Bänden à 1.000 Seiten präsentiert, sondern pointiert und übersichtlich auf rund 500 Seiten. Das Buch ist im Jahr 2015 erschienen: Harari, Yuval Noah: Eine kurze Geschichte der Menschheit, Pantheon Verlag, München, 2015.

existenzielle Bedrohungen und die damit verbundenen Ängste die Menschheitsgeschichte wohl am nachhaltigsten prägen. Die Angst vor dem Tod ist die Mutter aller Religionen.

Bei der Suche nach den „wichtigsten" Botschaften mischen sich objektive Kriterien und Prämissen mit persönlichen. Unsere individuellen Biografien sind ein Aspekt der Priorisierung. Die *wichtigsten* Weckrufe – das ist *unsere* Bewertung. Schon die Unschärfe dieses Begriffs schließt Vollständigkeit aus. Was wir anstrebten, war eine für die jeweilige Epoche repräsentative Auswahl. Dass dabei der deutsche Sprachraum stärker gewichtet ist, versteht sich von selbst. Wir schreiben ein Buch für den dortigen Leserkreis, haben aber auch dabei die Wirkungen über diese Region hinaus im Auge. Das wichtigste Kriterium sind für uns die Wirkungen, die ein Weckruf in der jeweiligen Epoche, aber auch darüber hinaus entfaltet. Denn jeder, der eine solche Botschaft versendet, will erhört werden, will, dass die Gefahr gebannt wird.

## 2.3 Vor- und Frühgeschichte (2,5 Mio. v. Chr. bis 800/500 v. Chr.)

Unter den fünf Epochen der Menschheitsgeschichte ist die **Ur- und Frühgeschichte** nicht nur die erste, sondern auch mit großem Abstand die längste. Sie umfasst den Zeitraum, der sich von den ersten Anzeichen menschlicher Existenz bis zur Entstehung der ersten historischen Zivilisationen erstreckt. In diesen rund zwei Millionen Jahren finden wir viele lange geologische Formationen. Darunter das Paläolithikum (Altsteinzeit), das Mesolithikum (Mittelsteinzeit), das Neolithikum (Jungsteinzeit), die Bronzezeit und die Eisenzeit. Die Ur- und Frühgeschichte bringt nach langen Perioden eher gleichförmiger quantitativer Entwicklungen vor allem am Ende wichtige „Quantensprünge", die die Grundlage für die moderne menschliche Zivilisation gelegt haben. Neu ist, dass mit dem Menschen ein Wesen in die Welt trat, das über das Potenzial verfügte, immer umfassender in natürliche Prozesse und die Umwelt so einzugreifen, dass er als Art überlebte, indem er andere vernichtete. Damit war die Entwicklung der Erde allein nach den Gesetzen der Evolution zu Ende.[12]

## Was die Epoche aus der Perspektive der Weckrufe grundsätzlich prägt

### 1) „Der Homo sapiens begann vor 45.000 Jahren seine verheerende ‚Karriere' als ökologischer Massenmörder"[13]

Dieser verhängnisvolle Quantensprung des modernen Menschen hängt zusammen mit dessen beginnender Ausbreitung über den gesamten Globus und dem Übergang zur sesshaften Lebensweise. Beides ging einher mit einem starken Bevölkerungswachstum, sozialer Differenzierung und kultureller Entwicklung:

> „Die Ankunft der ersten Menschen in Australien, vermutlich vor 45.000 Jahren, ist eines der wichtigsten Ereignisse der Menschheitsgeschichte. In dem Moment, in dem der Homo sapiens seinen Fuß auf den australischen Strand setzte, hatte er die Spitze der Nahrungskette erklommen und wurde zur mörderischsten Spezies in den vier Milliarden Jahren, in denen es schon Leben auf der Erde gibt. Innerhalb weniger Jahrtausende habe der Homo sapiens 23 der 24 Tierarten, die über 50 Kilogramm wogen ausgerottet, die bis zu seiner Ankunft die Fauna Australiens prägten. Sämtliche Nahrungsketten des australischen Ökosys-

---

[12] https://www.studysmarter.de/schule/geschichte/urgeschichte/fruehgeschichte/, Zugriff am 04. Dezember 2023.
[13] Harari, Yuval Noah: Eine kurze Geschichte der Menschheit, Pantheon Verlag, München, 2015, S. 86 f.

tems wurden zerrissen und neu geordnet. Es handelte sich um die drastischste Veränderung in vielen Jahrmillionen. Der Homo sapiens wurde als ökologischer Massenmörder überführt. Die Erdoberfläche misst rund 510 Millionen Quadratkilometer, davon sind etwa 155 Millionen Quadratkilometer Festland. Noch im Jahr 1400 unserer Zeitrechnung kauerte sich die überwiegende Zahl der Bauern mit ihren Tieren und Pflanzen auf gerade einmal elf Millionen Quadratkilometern zusammen – also auf zwei Prozent der Erdoberfläche. Diese mickrigen zwei Prozent waren die Bühne, auf der sich die Menschheitsgeschichte abspielte."[14]

10.000 v. Chr. wird die Weltbevölkerung auf 2 Millionen, 1000 v. Chr. auf 115 Millionen und um das Jahr Null auf 188 Millionen geschätzt.[15]

**2) Mit der neuen Nutzung der Natur durch den Menschen für die Nahrungsproduktion begann die menschengemachte Zerstörung von Naturräumen und die ebenfalls bis heute andauernde Erosion der Biodiversität.[16] Alle Veränderungen bis zu diesem Zeitpunkt in der bis dato zweieinhalb Millionen Jahre währenden Menschheitsgeschichte geschahen weitestgehend ohne das Zutun des Menschen, basierten auf dem Wirken von Naturgesetzen.**
Laut Harari folgte die erste Ausrottungswelle den Wanderungen der Jäger und Sammler. Die zweite stehe im direkten Kontext mit der Verbreitung der Landwirtschaft. Diese

---

[14]Vgl. Harari, a. a. O., S. 128.
[15]Vgl. https://de.statista.com/statistik/daten/studie/1066248/umfrage/geschaetzte-entwicklung-der-weltbevoelkerung/, Zugriff am 03. November 2023.
[16]In vielen Fällen des Untergangs einstmals blühender Hochkulturen entzog die Umwelt bereits den Bewohnern der ersten Siedlungen die Lebensgrundlage. So auch im Fall der Stadt Catalhöyük in der Türkei, einer Großsiedlung ackerbauender Menschen mit vielleicht 8.000 Einwohnern. Forschungen zeigten zu verschiedenen Zeiten Überbevölkerung, Umweltverschmutzung und Krankheiten auf, die eine Aufgabe der Siedlung um 5.950 v. Chr. ausgelöst haben. Vgl. Glaubrecht, Matthias: Das Ende der Evolution, Bertelsmann Verlag, München, 2021.

Zusammenhänge sind für uns plausibel. Das gilt auch für die bis heute andauernde dritte Welle im Kontext mit der im 18. Jahrhundert beginnenden industriellen Revolution.

> „Die romantische Vorstellung, dass die moderne Industrie die Natur zerstört, während unsere Vorfahren in Einklang mit ihr lebten, ist nichts als eine Illusion. Schon lange vor der industriellen Revolution hielt der Homo sapiens den traurigen Rekord als dasjenige Lebewesen, dass die meisten Tier- und Pflanzenarten auf dem Gewissen hat. Wir haben die zweifelhafte Ehre, die mörderischste Art in der Geschichte des Lebens zu sein."[17]

**3) Der erste Krieg der Menschheit und der erste Frieden.**
Vor 5.500 Jahren wurde die blühende syrische Stadt Hamoukar ausgelöscht – im ersten bekannten Krieg der Menschheitsgeschichte. [18]

Den beendete der Vertrag zwischen Ramses II. und Ḫattušili III., das älteste überlieferte Friedensabkommen.[19]

**4) Große Kriege brachten zehntausende Tote und Zerstörungen ganzer Kulturlandschaften und Städte. Mit der Etablierung von Staatsstrukturen[20] entstanden**

---

[17] Vgl. Harari, a. a. O., S. 90.
[18] https://www.spiegel.de/wissenschaft/mensch/archaeologie-der-erste-krieg-der-menschheit-a-460283.html, Zugriff am 30. September 2023.
[19] Ausführliches können Sie in dem später folgenden Weckruf nachlesen.
[20] *„Der Staat ist also keineswegs eine der Gesellschaft von außen aufgezwungne Macht; ebensowenig ist er die Wirklichkeit der sittlichen Idee, ‚das Bild und die Wirklichkeit der Vernunft' (…) Er ist vielmehr ein Produkt der Gesellschaft auf bestimmter Entwicklungsstufe; er ist das Eingeständnis, dass diese Gesellschaft sich in einen unlösbaren Widerspruch mit sich selbst verwickelt, sich in unversöhnliche Gegensätze gespalten hat, die zu bannen sie ohnmächtig ist. Damit aber diese Gegensätze, Klassen mit widerstreitenden ökonomischen Interessen nicht sich und die Gesellschaft in fruchtlosem Kampf verzehren, ist eine scheinbar über der Gesellschaft stehende Macht nötig geworden, die den Konflikt dämpfen, innerhalb der Schranken der ‚Ordnung' halten soll; und diese, aus der Gesellschaft hervorgegangene, aber sich über sie stellende, sich ihr mehr und mehr entfremdende Macht ist der Staat."* En-

**Armeen. Die ersten muss man sich einfach so vorstellen, dass die kriegsfähige Bevölkerung nahezu komplett bewaffnet und zum Militärdienst herangezogen wurde.**
Einer der ersten Stadtstaaten, für die es Belege gibt, war Sumer (2112 bis 2004 v. Chr.). Das heute eher vergessene Uruk soll schon um 2700 v. Chr. 50.000 Einwohner gezählt haben. Babylon wiederum ist aktuell noch in vielerlei Kontexten in aller Munde. In Deutschland erhöht sich von Staffel zu Staffel die nach Millionen zählende Einschaltquote der Serie „Babylon Berlin", gedreht nach den Krimis von Volker Kutscher, die in der ersten Hälfte des Jahrhunderts ihren wichtigsten Erzählstrang in der deutschen Hauptstadt hatte. Mit seiner verwaltungstechnischen „Schaffung" am 01. Oktober 1920 war Groß-Berlin mit 3,8 Millionen Einwohnern nach London und New York die bevölkerungsreichste und mit 878 km² nach Los Angeles die am weitesten ausgedehnte Gemeinde der Welt. Bis 1933 erhöhte sich die Einwohnerzahl auf 4,24 Millionen.

Zweieinhalbtausend Jahre eher lebten in Babylon unter Nebukadnezar II. etwa 80.000 Einwohner[21]

„Um das Jahr 8500 vor unserer Zeitrechnung waren die größten Siedlungen der Welt Dörfer wie Jericho mit einigen Hundert Einwohnern. Um das Jahr 7000 v. Chr. lebten zwischen 5.000 und 10.000 Menschen in der damals vermutlich größten Metropole der Welt, einer Stadt namens Catalhöyuk in Anatolien. Zwischen dem fünften und dem vierten Jahrtausend v. Chr. entstanden im sogenannten fruchtbaren Halbmond Städte mit mehreren Zehntausend Einwohnern, die auch die Dörfer ihrer Umgebung unter ihre Herrschaft brachten. Um das Jahr 3100 v. Chr. wurde das Untere Niltal zum ersten Königreich Ägypten vereint.

---

gels, Friedrich: Der Ursprung der Familie, des Privateigentums und des Staats, in: MEW, Bd. 21, Dietz Verlag, Berlin, 1962, S. 165.
[21] https://www.morgenpost.de/kultur/article104674022/Babylon-die-erste-Metropole-der-Menschheit.html, Zugriff am 30. September 2023.

Zwischen 1000 und 500 v. Chr. formierten sich im Nahen Osten die ersten Riesenreiche: das Assyrische Reich, das Babylonische Reich und das Persische Reich. Sie herrschten über viele Millionen Untertanen und hatten Armeen mit Zehntausenden Soldaten."[22]

Erste schriftlich überlieferte Gesetze, benannt nach dem König Hammurapi, regelten zivile Streitigkeiten.[23]

## Was wir der Epoche aus der „Weckrufperspektive" über ihre Zeit hinaus verdanken

**1) Die erstmalige Erzeugung eines Mehrproduktes an Nahrungsmitteln mit dem Übergang zur Feld- und Viehwirtschaft bedeutete eine Revolution im Verhältnis des Menschen zur Natur.**
„Zweieinhalb Millionen Jahre lang ernährten sich die Menschen von Pflanzen und Tieren, die ohne menschliche Eingriffe lebten und sich vermehrten ..." Das änderte sich vor etwa 10.000 Jahren.[24] Die Menschen nahmen nicht mehr nur das, was die Natur ihnen bot. Jetzt nahmen sie aktiv Einfluss. Dabei konzentrierten sie sich auf einige wenige Tier- und Pflanzenarten mit dem Ziel, Erträge, Nutz- und Verfügbarkeit zu erhöhen[25]. Das Ergebnis war eine Revolution im Alltag der Menschen: die sogenannte landwirtschaftliche Revolution.[26] In den Jahrhunderten der Sess-

---

[22] Vgl. Harari, a. a. O., S. 133 f.
[23] https://www.jura.uni-frankfurt.de/68391167/Skript_2.pdf, Zugriff am 26. September 2023.
[24] Vgl. Diamond, Jared: Der dritte Schimpanse, S. Fischer Verlag GmbH, Frankfurt am Main, 2007, S. 241 f.
[25] Die Ressourcen, auf denen die Existenz der Jäger und Sammler beruhten, wurden durch den unkontrollierten Verbrauch knapp und verschwanden. Landwirtschaftliche Lebensformen traten über Jahrtausende an ihre Stelle. Vgl. Diamond, Jared: Arm und Reich, 2006, S. Fischer Verlag GmbH, Frankfurt am Main, S. 123 f.
[26] Vgl. Harari, a. a. O., S. 104 f.

haftwerdung begannen Gemeinden, das Mehrprodukt, das nicht unmittelbar konsumiert werden konnte, zu lagern.[27] Diese Überproduktion über den täglichen Bedarf hinaus ermöglichte die Versorgung größerer Gemeinschaften. Der sesshafte Mensch errichtete Dörfer und erste Siedlungen mit stadtähnlichen Strukturen.

Das Mehrprodukt war zudem die Voraussetzung für eine erste Arbeitsteilung: Es gab Menschen, die arbeiteten und solche, die diesen Prozess anleiteten. Das war ein Wendepunkt in der Menschheitsgeschichte.[28] Denn die unterschiedliche Stellung in der Wertschöpfung „produzierte" auch neue Eigentumsverhältnisse.

**2) Sprache, Schrift und religiösen Kulte entwickeln und entfalten sich in einem atemberaubenden Tempo. Die neue Qualität der Kommunikation revolutionierte Erkenntnis, Wissenschaftsentwicklung und die Gestaltung der Lebensumwelt. Aus dem mythischen Verständnis der Welt begann sich eine wissenschaftlich geprägte Sicht zu entwickeln.**

Aus der stark wachsenden Bevölkerungszahl in den Siedlungen und Städten folgte geradezu eine Explosion des Lebensmittelbedarfs und dieser wiederum erforderte eine nie zuvor gesehene Erweiterung von Ackerbau und Viehzucht.

Die Verteilung und Lagerung der Nahrungsmittel, der Erhalt und die Erweiterung der Bewässerungssysteme und nicht zuletzt die Errichtung von Befestigungsanlagen bedingten neue Strukturen in der Verwaltung und differenziertere Formen der Arbeitsteilung.[29] In diesem Kontext

---

[27] https://www.marxist.com/der-ursprung-der-klassengesellschaft.htm, Zugriff am 30. September 2023.
[28] „Alle unmittelbar gesellschaftliche oder gemeinschaftliche Arbeit auf größtem Maßstab bedarf mehr oder minder einer Direktion, welche die Harmonie der individuellen Tätigkeiten vermittelt." Marx, Karl: Das Kapital. Bd. 1, in: MEW, Bd. 23, Dietz Verlag, Berlin, 1962, S. 350.
[29] https://www.planet-wissen.de/geschichte/antike/das_antike_rom/pwiestadt entwicklungbiszurantike100.html. Zugriff am 30. Oktober 2023.

entstanden neue Schrift- und Zahlensysteme. Überliefert sind Schriftsprachen aus dem Mittelmeerraum in Form von Keilschrift, Hieroglyphen und Buchstaben auf Tontafeln und Papyrusrollen seit etwa 3200 v. Chr. Dafür steht beispielhaft die sumerische Keilschrift in Mesopotamien.

Pharao Echnaton begründete mit der Verehrung des Aton als einzigem Gott die erste bekannte monotheistische Religion der Weltgeschichte.[30] Die ersten griechischen Philosophen um Thales von Milet (geboren etwa 624 v. Chr.) und Anaximander (geboren etwa 610 v. Chr.), kannten vermutlich die bahnbrechenden astronomischen Entdeckungen aus Babylon. Mit diesem wissenschaftlichen Hintergrund wandten sie sich von mythischen Erklärungen der Welt ab. „Sie versuchten, die Welt ohne Rückgriff auf die Götter zu erklären, gingen von einem Urprinzip aus. Allerdings betrachteten sie die Erde noch als Scheibe. Erst die Pythagoreer, die wohl ebenfalls auf babylonische und ägyptische Erkenntnisse aufbauen konnten, vertraten dann im 5. Jahrhundert konsequent die Kugelgestalt der Erde".[31]

### 3) Felsmalereien in der Steinzeit in verschieden Regionen der Erde vor etwa 40.000 Jahren[32]

Die wohl berühmteste Höhle ist jene von Lascaux aus der Jungsteinzeit, die sich im Département Dordogne in

---

[30] Vgl. Nunn, Astrid: Der alte Orient, 2012, Buchgesellschaft Darmstadt.

[31] https://www.watson.ch/wissen/griechenland/398770061-11-erfindungen-und-entdeckungen-aus-dem-antiken-griechenland, Zugriff am 30. Oktober 2023.

[32] Als früheste Zeugnisse für eine geistige und künstlerische Auseinandersetzungen der Steinzeitmenschen mit dem Überleben in der Natur können Felsmalereien angesehen werden. Mit dem Übergang der menschlichen Wirtschaftsweise von der Jagd und dem Sammeln hin zu Ackerbau und Viehzucht wurden die für das Überleben notwendigen Vorstellungen von Fruchtbarkeit dann auf den Pflanzenanbau und die Tierzucht übertragen. Die damit verbundene Symbolik wurde zu einem wichtigen Merkmal jungsteinzeitlicher Religionen. https://www.wissenschaft.de/geschichte-archaeologie/die-frueheste-jagdszene-der-menschheit/, Zugriff am 02. November 2023. Vermutlich gab es auch in der Steinzeit erste Warnungen, wenn sich existenzgefährdende Ereignisse wie Naturkatastrophen, Wegbleiben von Nahrungsressourcen und Eindringen von Feinden in den Lebensraum, abzeichneten.

Frankreich befindet. Gefunden wurden Darstellungen von Tier-Mensch-Mischwesen. Interpretiert werden sie von Historikern und Archäologen als schamanische Visionen und Glaubensvorstellungen. Diese Tiergeister sollen den Menschen hilfreich zur Seite gestanden haben. Die Darstellungen werden auch als Symbolsprache interpretiert, mit der Erfahrungen mit Jagdwild, Jagdtechniken oder Wanderrouten von Tieren festgehalten wurden.

**4) Entstehung früher Hochkulturen vor Christus[33]**
Die erfolgreiche Ausbreitung der Menschen über die Erde war begleitet von der Entstehung früher Hochkulturen vor Christus:

- 4000 v. Chr.: frühe Hochkultur in Ägypten
- 3500 v. Chr.: die frühe Hochkultur in Mesopotamien
- 3300 v. Chr.: die Sumerische Stadtstaaten
- 2800 v. Chr.: die frühe Hochkultur in Indien (Indus-Kultur)
- 2580 v. Chr.: die Cheops-Pyramide markiert die erste Blüte der ägyptischen Hochkultur
- 2100 v. Chr.: frühe Hochkultur in China
- 1900 v. Chr.: das Babylonische Reich mit dem ersten Gesetzeswerk der Menschheit, dem Hammurapi
- 1600 v. Chr.: Mykenische Kultur
- 1000 v. Chr.: das Königreich Israel
- 30 v. Chr.: mit Kleopatra stirbt die letzte Pharaonin, Ägypten wird römische Provinz

---

[33] Die in der Bronzezeit in semiariden Gebieten im Niltal, an Euphrat und Tigris, im Industal und am Gelben Fluss errichteten Bewässerungsanlagen stellten bedeutende Eingriffe in die Natur dar. Sie waren Voraussetzungen für die Entwicklung von Hochkulturen in großen Städten. Damit ging einher eine höhere Nahrungsmittelproduktion verbunden mit einem Bevölkerungswachstum, vgl. Von Kanälen, Becken und Wasserhebesystemen, Antike Welt, 2018, in: https://www.jstor.org/stable/26918557, Zugriff am 30. September 2023.

## 5) Erfindungen, die dem Menschen nicht nur das Überleben in der Natur ermöglichten, sondern auch tiefgreifende technologische und kulturelle Veränderungen

- **Erste Werkzeuge**
Faustkeil, Klinge, Speerspitze, Handbeil und Keule dienten der Jagd und der Verteidigung im Kampf um Nahrung und gegen Feinde. Als „Vater aller Werkzeuge" gilt der Faustkeil. Vor 2,6 Millionen Jahren soll er erstmals verwendet worden sein.

- **Feuer**
Dessen Nutzung war bekanntlich ein entscheidender Schritt in der menschlichen Entwicklung. Die neue Qualität und Haltbarkeit der gegarten Nahrung war Voraussetzung für die körperliche und geistige Entwicklung und das Überleben der Menschen. Ebenso relevant ist die Nutzung als Wärmequelle – vor allem eine zentrale Voraussetzung für die Besiedlung neuer Lebensräume.
Letzteres gilt auch für das Schmiedefeuer, das für die Metallverarbeitung und damit auch die Waffenherstellung steht.[34] Immer wirksamere Waffen waren die Voraussetzung für weitere Expansionen.
Die frühesten gesicherten Belege für vom Menschen kontrolliertes Feuer sind etwa 400.000 Jahre alt und stammen vermutlichen von Neandertalern.

- **Landwirtschaft**
Die Domestizierung von Pflanzen und Tieren im Neolithikum vor etwa 12.000 Jahren hat den Übergang der Menschen von nomadischen Jägern und Sammlern zu sesshaften Bauern ermöglicht. Mit diesem stabilen Sta-

---

[34] Nach Funden in Südafrika sollen schon vor 72.000 bis 164.000 Jahren Steinzeitmenschen das Feuer nicht nur als Wärmequelle, sondern auch zur Herstellung besserer Steinwerkzeuge genutzt haben. https://www.scinexx.de/news/geowissen/schon-steinzeitmenschen-nutzten-feuertechnik/, Zugriff am 30. Oktober 2023.

## 2 Die Chronik der dokumentierten Weckrufe ...

tus bekam der Konkurrenzkampf um Ressourcen und Gebiete eine neue Dimension. Die Sumer nutzten seit 5.500 Jahren Pflug, Keramikgefäße, Wagenrad und spannten Rinder und Esel vor Pflüge und Karren.

- **Pfeil und Bogen**
Vor 54.000 Jahren sollen erstmals Menschen mit Pfeil und Bogen auf die Jagd gegangen sein. Auch bei der Okkupation des Neandertalergebietes sollen erstmals diese neuen Waffen, dem die Ureinwohner nichts entgegensetzen konnten, benutzt worden sein.

- **Rad**
Das älteste bisher entdeckte Hohlrad soll aus der Zeit um 3200 v. Chr. stammen. Es wurde für Wagen genutzt, die von Nutztieren gezogen wurden. Es gilt als eine der genialsten Erfindungen der Menschheitsgeschichte. Seit seinem ersten Einsatz in ägyptischen Kampfwagen hat sich am Prinzip nichts geändert.

- **Waffen aus Metall**
Tödliche Kriegsgeräte aus Kupfer, Bronze und später aus Eisen herzustellen war ein Quantensprung. Der Keulenkopf von Canhasan in der Türkei, der vor mehr als 8.000 Jahren mühevoll gehämmert wurde, ist die älteste erhaltene Waffe aus Metall. Die älteste Waffe aus Eisen stammt aus Ägypten und wird auf 3000 v. Chr. datiert. Auch in den „modernen" Kriegen sind die Waffen fast ausschließlich aus Metall, in erster Linie aus Stahl und Aluminium. Was sich geändert hat, ist ihre Vernichtungskraft. Mit den Kriegsgeräten in den Arsenalen könnte man das irdische Leben sogar mehrfach vernichten. „Massenvernichtungswaffen" – was für ein zynischer, gleichwohl ins Schwarze treffender Begriff.

- **Astronomie**
Die „Himmelsscheibe von Nebra" gilt als älteste konkrete Darstellung kosmischer Phänomene. Sie wird einem Zeitraum von 2100 bis 1700 v. Chr. zugeordnet.

- **Boot**
Ein revolutionäres Transportmittel, das dem Menschen quasi Schwimmhäute verlieh und das bis heute auf den gleichen physikalischen Prinzipien basiert.
Die ersten Boote sollen 6000 v. Chr. zu Wasser gelassen worden sein. Auf dem Gebiet der heutigen Niederlande gab es zu dieser Zeit einfache Boote aus Kiefernästen, in Mesopotamien Boote aus Schilfbündeln sowie Flöße.[35]

- **Mathematik**
Deren Entwicklung zeigt, dass schon in der Frühzeit Abstraktionen Teil des menschlichen Denkens wurden. Mathematik war natürlich in erster Linie anwendungsorientiert. Mit ihren Methoden wurden Bauwerke wie Tempel und Verteidigungsanlagen berechnet. Aber es begann auch der Einsatz in der Astronomie und damit im Zusammenhang die Nutzung für die Navigation in der Handelsschifffahrt.[36] Die Geometrie wurde in der Architektur und zur Landvermessung genutzt.
Die ersten Hinweise auf die Anwendung mathematischer Methoden bei der Lohnverteilung und dem Zählen von Vieh liegen aus Babylon für die Zeit um 3000 v. Chr. vor.

---

[35] Der älteste erhaltene Einbaum – gleichzeitig das älteste gefundene Boot weltweit, ein drei Meter langer und 45 Zentimeter breiter Einbaum, stammt aus der Zeit um 6300 vor Christus.

[36] Thales von Milet hat wahrscheinlich keine Schriften hinterlassen. Man erachtete ihn als einen der Sieben Weisen und als Begründer der antiken Naturphilosophie, Astronomie und Geometrie. Er erforschte auch die Gestirne und gilt als Begründer der Astronomie in Griechenland.

## 2 Die Chronik der dokumentierten Weckrufe ...

- **Architektur**
  Im Bauwesen beginnt die Nutzung der Geometrie zur Vermessung. Das revolutioniert unter anderem den Bau von Verteidigungsanlagen der legendären Pyramiden.

- **Medizin**
  Versuche, Menschen zu heilen, Schmerzen zu lindern, sind Teil der Menschwerdung. Im Großteil dieser rund zwei Millionen Jahren dominiert ein rein empirisches Herangehen. Erst etwa ab 450 v. Chr. gesellte sich dazu eine naturwissenschaftliche Komponente. Damit war die mythische Deutung von Krankheit und Tod längst nicht vom Tisch, aber in der Therapie bekam die Ratio immer mehr Gewicht. So konnten schon zu dieser Zeit Wunden vernäht, gebrochene Knochen repariert oder Gliedmaßen amputiert werden. Opium begann seinen bis heute andauernden Siegeszug als Schmerzmittel. Bei Operationen wurden chirurgische Instrumente aus Bronze verwendet.

### Die erste weltweit dokumentierte Warnung vor Krieg und Zerstörung[37]

Dass in unserem Buch zur Geschichte der existenziellen Weckrufe die Vor- und Frühgeschichte überhaupt eine Rolle spielt, ist der mythischen Kassandra zu danken. Deren nicht erhörte Prophezeiung des Untergangs von Troja trägt die Nummer Eins in unserer Dokumentation. Über Homers[38] Epen „Ilias" und „Odyssee" wurde sie verbreitet und ist bis heute prominenter Teil des kollektiven Gedächtnisses zu unserer Menschheitsgeschichte.[39]

---

[37] Diese herausragende Bedeutung haben wir schon in der Einleitung zu diesem Buch gewürdigt.
[38] https://www.planet-wissen.de/geschichte/archaeologie/troja/pwiedastrojahomers100.html , Zugriff am 30. Oktober 2023.
[39] Der Kassandra widmen wir im Unterkapitel 2.11 – dort gehen wir der Frage auf den Grund, warum die Menschheit mehrheitlich die Weckrufe zu ihrer drohenden Auslöschung ignoriert – noch einmal Aufmerksamkeit.

## Dokumentation der Weckrufe (Vor- und Frühgeschichte)

### Weckruf: Die Rufe der Kassandra

Kassandra, in der griechischen Mythologie ist sie die Tochter des trojanischen Königs Priamos, soll während des Trojanischen Krieges die Trojaner vor dem Angriff der Griechen gewarnt haben. Bekanntlich blieben ihre dringenden Mahnungen ohne Resonanz. Zu Recht gelten deshalb die Rufe der Kassandra als die Mutter aller unerhörten Weckrufe – von der Früh- bis in die Jetztzeit.[40]

**Wer?**
Historisch verbürgt ist, dass Homer in der „Ilias" (700 v. Chr.), Aischylos in seiner „Orestie"[41] (458 v. Chr.) und Euripides in seinen „Trojanerinnen" (415 v. Chr.) die ersten waren, die den Mythos der Kassandra-Rufe schriftlich niedergelegt haben.

**Wann?**
Ab 700 bis 415 v. Chr.[42]

**Wo?**
Griechenland

---

[40] Der Fall Trojas wurde von antiken Autoren auf den Zeitraum zwischen 1334 und 1135 v. Chr. datiert. In diesem historischen Kontext steht der unerhörte Weckruf der Kassandra. Nachdem die Schöne das Werben des Gottes Apollon ignoriert hatte, bestrafte er sie mit einem fatalen Fluch. Ihre Gabe, die Zukunft sehen zu können, konterkarierte er damit, dass niemand ihren Prophezeiungen – im Falle Trojas die Warnung vor dem Untergang – glauben solle. Ohne diesen Fluch hätte Troja natürlich überlebt. Was das für die Menschheitsgeschichte bedeutet hätte, wäre ein lohnendes Thema für eine kontrafaktische Bestandsaufnahme.

[41] https://www.getabstract.com/de/zusammenfassung/die-orestie/7161, Zugriff am 30. September 2023.

[42] Der Fall Trojas wurde von antiken Autoren zwischen 1334 und 1135 v. Chr. Datiert.

## 2 Die Chronik der dokumentierten Weckrufe …

**Wie der Weckruf wirkte und wirkt?**
Er findet sich in den bereits genannten antiken Theaterstücken, aber auch bei Shakespeare in dessen Drama „Troilus und Cressida" (1609). In den „Trojanerinnen" von Euripides (415 v. Chr.) prangert Kassandra die Sinnlosigkeit des Feldzuges gegen Troja an. Die Griechen seien auf fremdem Boden für eine verwerfliche Sache gefallen. Die Trojaner hingegen fielen in der Heimat für ihre Vaterstadt und seien auch in heimatlicher Erde begraben.

Der Mythos von Kassandras unerhörten Rufen bewegt die Menschheit bis heute. Beispiele sind das Gedicht „Kassandra" von Friedrich Schiller (1802), das gleichnamige Buch von Christa Wolf (1983)[43] oder die 2023 unter diesem Namen in Brüssel uraufgeführte Klimaoper „Kassandra".

Für die Psychologie ist das „Kassandra-Syndrom" ein langjähriger Forschungsgegenstand. Denn der Unwille oder die Unfähigkeit auf Warnungen zu hören, ist ja keine Marginalie: Dafür stehen Katastrophen wie der Untergang der „Titanic" oder die schweren Niederlagen der Roten Armee in den ersten Jahren des 1941 begonnenen deutschen Blitzkrieges gegen die Sowjetunion.

> Das Kriegszeitalter begann vor 5.500 Jahren im syrischen Hamakour.

---

[43] Als *Kassandra* 1983 erschien, traf Christa Wolf den Nerv der Zeit. Angesichts der atomaren Bedrohung und des Wettrüstens zwischen den Großmächten machte sich in Deutschland eine geradezu apokalyptische Stimmung breit. Die Erzählung führt auf mythologisch verschlüsselte Weise die Absurdität von jahrzehntelangen, kräftezehrenden und vor allem sinnlosen Kriegen vor Augen.

## Weckruf: Der (vermutlich) erste Krieg der Menschheit[44]

Vor 5.500 Jahren wurde die blühende syrische Hafenstadt Hamoukar im ersten bekannten Krieg der Menschheitsgeschichte zerstört. Hamoukar gilt als der erste archäologischen Beleg für eine organisierte Kriegsführung. Historiker gehen von einem Überfall der Stadt durch kriegerische Horden aus dem Gebiet des heutigen südlichen Russlands aus. In der Handelsstadt Hamoukar fanden die Ausgräber eine große Menge von Schleuderkugeln.[45]

**Wer?**
Überfall kriegerischer Steppenhorden

**Wann?**
3500 v. Chr.

**Wo?**
Hamoukar, heutiges Syrien

**Wie der Weckruf wirkte und wirkt?**
Zu den Wirkungen vor rund 5.500 Jahren gibt es keine Aussagen. Für die Neuzeit aber ist die Bewertung „erster Krieg der Menschheitsgeschichte" mehr als eine Fußnote. Deshalb haben wir dieses Ereignis – obwohl es im strengen Sinne nicht in unsere Kategorie der Weckrufe passt – in unsere Dokumentation aufgenommen. Mit folgender Begründung: Kriege sind nach unserer festen Überzeugung kein Naturgesetz. Die Menschwerdung im weiteren Sinne begann vor rund 6 Millionen Jahren. „Vor ca. 2,5 Millio-

---

[44] https://www.spiegel.de/wissenschaft/mensch/archaeologie-der-erste-krieg-der-menschheit-a-460283.html, 17. Januar 2007, Zugriff am 30. September 2023.
[45] Nissen, Hans J: „Geschichte Alt-Vorderasiens", Wissenschaftsverlag Oldenbourg, München, 1999, S. 5.

nen Jahren betrat in Afrika die frühe Form des Menschen die Bühne des Lebens."[46]

Er lernte schnell, das Feuer und erste Werkzeuge für sein Überleben zu nutzen. Damit begann von Afrika aus die weltweite Besiedlung. Diese Zahlen können wir aus einer bewusst überhöhten Perspektive auch so interpretieren: Von den zweieinhalb Millionen Jahre Menschheitsgeschichte sind 2.494.500 Jahre frei von Kriegen. Damit sind 99,99 Prozent unserer Geschichte kriegsfrei![47]

> Seit 3.283 Jahren wissen wir, wie man Kriege durch Verträge beenden kann.

## Weckruf: Der erste Friedensvertrag der Welt

Der Vertrag beendete die Schlacht von Kadesch zwischen den Ägyptern und den Hethitern, einem kleinasiatischen Volk u. a. auf dem Gebiet des heutigen Libanon. Zwar dominiert in Friedensbildern der Antike der „Siegfrieden" gegenüber dem „Versöhnungsfrieden". „Doch unsere Forschungen zeigen, dass es auch letzteren gab."[48]

---

[46] https://www.scinexx.de/news/geowissen/erster-krieg-der-weltgeschichte-vor-6-000-jahren/ Zugriff am 14. Juni 2024, Zugriff am 14. Juni 2024.

[47] Das ist selbstverständlich keine wissenschaftliche Argumentation oder gar Beweisführung. Denn natürlich gab es auch in den 99,99 Prozent unserer kriegsfreien Existenz Gewalt zwischen den Menschen. Und natürlich gibt es enge Korrelationen zwischen dem Umfang und der Struktur der Besiedlung, den Fähigkeiten zur gegenseitigen Vernichtung usw. Mit unserer sehr zugespitzten Aussage wollen wir aber demonstrieren, dass die Existenz des Menschen nicht zwingend mit Kriegen verbunden ist. Was sehr spät in unsere Evolution kam, das kann und das muss auch wieder verschwinden können. Erst recht mit dem Wissen, dass die Akzeptanz von Krieg als Option für die Lösung von Divergenzen im Nuklearzeitalter nahezu automatisch zur Selbstvernichtung der Menschheit führen würde.

[48] Vgl. https://www.uni-muenster.de/Religion-und-Politik/aktuelles/2018/apr/PM_Was_der_aelteste_Friedensvertrag_der_Welt_uns_lehrt.shtml, Zugriff am 30. September 2023.

„Über den Nichtangriffspakt war man sich schnell einig. Er trat umgehend in Kraft. Damit war auch der Grenzverlauf zwischen den Ländern erst einmal festgelegt. Dann vereinbarten beide Seiten, sich gegen innere und äußere Feinde gegenseitig zu unterstützen. Letztlich zielte der Vertrag auf einen Interessenausgleich zwischen beiden Ländern ab."[49]

**Wer?**
Ramses II. und Ḫattušili III[50]

**Wann?**
1259 v. Chr.

**Wo?**
Schlacht von Kadesch, gelegen im heutigen westlichen Syrien

**Wie der Weckruf wirkte und wirkt?**
Ramses II. soll seinem Kontrahenten Ḫattušili III. Folgendes gesagt haben: „Siehe, ich habe jetzt gute Brüderschaft und guten Frieden zwischen uns für immer gestiftet, um so (auch) guten Frieden und gute Brüderschaft zwischen dem Lande Ägypten und dem Lande Hatti für immer zu stiften."[51]

Archäologen und Historiker sind sich in vielen Einzelheiten nicht einig bei ihrer Deutung der damaligen Ereignisse. Was wir für das Heute aber festhalten können, ist Folgendes: Es kommt zu allen Zeiten ganz maßgeblich auf die moralische und auch pragmatische Grundhaltung der Mächtigen an, ob Kriege – vor allem dann, wenn sich ab-

---

[49] https://www.spektrum.de/news/aegypter-und-hethiter-der-erste-friedensvertrag-der-welt/2018671, Zugriff am 30. September 2023.
[50] https://www.archaeologie-online.de/nachrichten/was-der-aelteste-friedensvertrag-der-welt-uns-lehrt-3893/, Zugriff am 30. September 2023.
[51] Keilschriftliche Version: Elmar Edel, Der Vertrag zwischen Ramses II. von Ägypten und Hattusili III. von Hatti, Berlin 1997, S. 20 f.

zeichnet, dass sie von keiner Seite gewonnen werden können – am Verhandlungstisch enden oder das Gemetzel fortgesetzt wird. Das ist am Ende das Signal des „Friedens von Kadesch". Deshalb ist eine Kopie des Vertragstextes am Sitz der Vereinigten Nationen in New York zu besichtigen, der Weltorganisation, die nach dem verheerenden Zweiten Weltkrieg gegründet wurde. Deren Charta wurde am 24. Juni 1945 von 50 Staaten in San Francisco unterzeichnet und trat bereits am 24. Oktober desselben Jahres in Kraft.

Die Präambel beginnt mit folgendem Satz: „Wir, die Völker der Vereinten Nationen, sind fest entschlossen, künftige Geschlechter vor der Geißel des Krieges zu bewahren, die zweimal zu unseren Lebzeitenten unsagbares Leid über die Menschheit gebracht hat."[52]

### Weckruf: Jom Kippur – das Fest der Versöhnung und des Friedens

Der wichtigste jüdische Feiertag.

**Wer?**
Mose (im dritten Buch Mose, dem hebräischen Teil der Bibel, wird über die Ursprünge von Jom Kippur berichtet)[53]

**Wann?**
Um 1000 v. Chr.

**Wo?**
Region Jerusalem

---

[52] https://dgvn.de/publications/PDFs/Sonstiges/Charta-der-Vereinten-Nationen.pdf, Zugriff am 14. Juni 2024.

[53] https://www.sonntagsblatt.de/artikel/spiritualitaet-mystik/jom-kippur-versoehnungstag-judentum, Zugriff am 17. September 2024.

### Wie der Weckruf wirkte und wirkt?

Das Judentum ist eine der fünf Weltreligionen und unter diesen die älteste. Es entstand 2.000 Jahre vor Christus. Aus ihm haben sich das Christentum und der Islam entwickelt.[54] Zum Versöhnungstag Jom Kippur gibt es in der Bibel Hinweise, die aus heutiger Perspektive etwa 3.000 Jahre alt sind.[55] Für diese Zeit sind große Zeremonien aus diesem Anlass in den jüdischen Tempeln vor allem in Jerusalem historisch belegt.[56] Jom Kippur erinnert an Gottes Vergebung für den Glaubensabfall des Volkes Israel beim Auszug aus Ägypten. Mose bestieg den Berg Sinai, um für das Volk um Vergebung zu bitten. Nach vierzig Tagen kehrte er zurück – am zehnten Tag des jüdischen Monats Tischri, dem Jom Kippur.[57]

Heute findet der höchste jüdische Feiertag nach dem Gregorianischen Kalender von Jahr zu Jahr mit wechselnden Daten im September oder Oktober statt. Dass hebräische „Jom Kippur" ist in der deutschen Übersetzung der „Tag der Versöhnung". Damit ist er auch ein Tag des Friedens in einem allumfassenden Sinne. Er steht ganz im Zeichen der Umkehr und Versöhnung. Juden versuchen in den vorausgehenden „Tagen der Reue" mit allen Menschen *Frieden* zu schließen, indem sie anderen vergeben und auch selbst um Verzeihung bitten.[58]

Wir hoffen, dass es in diesem Geist gelingt, den seit Jahrzehnten währenden Nahostkonflikt zu lösen. Mit dem un-

---

[54] https://www.nationalgeographic.de/geschichte-und-kultur/2021/08/1700-jahre-juedisches-leben-in-deutschland-zeit-fuer-entdeckungen, Zugriff am 17. September 2024.

[55] https://www.br.de/themen/religion/feiertage-jom-kippur-juedisch100.html, Zugriff am 17. September 2024.

[56] https://www.augsburger-allgemeine.de/panorama/jom-kippur-2024-bedeutung-geschichte-und-datum-fuer-den-versoehnungstag-id39333052.html, Zugriff am 17. September 2024.

[57] https://www.katholisch.de/artikel/18965-jom-kippur-der-hoechste-juedische-feiertag, Zugriff am 17. September 2024.

[58] Ebenda, Zugriff am 17. September 2024.

umkehrbaren Bekenntnis zum Existenzrecht Israels und zwei souveränen Staaten, Israel und Palästina, in der Region und deren unumkehrbaren Bereitschaft zu einer Friedensordnung auf Dauer.

## Weckruf: „Warnung vor dem Krieg"

Nach 2.500 Jahren aktueller denn je.

**Wer?**
Laotse

**Wann?**
500 v. Chr.

**Wo?**
China, im Buch „Tao Te King – Das Buch des Alten vom Sinn und Leben"

**Wie der Weckruf wirkte und wirkt?**
Nicht alle werden die „Warnung vor dem Krieg" des chinesischen Philosophen Laotse kennen. Deshalb zunächst ein von mir leicht gekürzter Auszug. In einem Inhaltsverzeichnis des Buches „Tao Te King" ist der Text unter der laufenden Nummer 30 zu finden.[59]

> „Wer nach dem SINN dem Menschenherrscher hilft,
> zwingt nicht mit Waffen die Welt.
> Seine Art ist es, den Rückzug zu lieben.
> Wo Kämpfer geweilt, wachsen Disteln und Dornen.
> Hinter den großen Heeren her kommt sicher böse Zeit.
> Der Tüchtige will Entscheidung und nichts mehr.
> Er wagt nicht Eroberung mit Gewalt.

---

[59] Das Inhaltsverzeichnis fanden wir in der Internetquelle „Zeno.org", der wir auch den Wortlauf des Weckrufes entnommen haben (siehe auch die folgende Fußnote).

Entscheidung, ohne sich zu brüsten,
Entscheidung, ohne sich zu rühmen,
Entscheidung, ohne stolz zu sein,
Entscheidung, weil's nicht anders geht,
Entscheidung, ferne von Gewalt."[60]

Auf seinen Weckruf „Warnung vor dem Krieg" folgt in dem schon erwähnten Inhaltsverzeichnis unter der Nummer 31 ein Text mit der Überschrift „Die Waffen nieder", eine Art Fortsetzung der „Warnung vor dem Krieg".[61]

Der Verfasser, Laotse, gilt als der Begründer des Daoismus, einer der drei großen Lehren Chinas. Nicht nur auf Religion und Geisteswelt hat der Daoismus großen Einfluss ausgeübt, sondern auch auf Wirtschaft und Politik. Dafür steht beispielhaft das Buch von Werner Schwanfelder „Laotse für Manager", das im Jahr 2007 bei Campus erschienen ist.[62]

Über die Existenz und das Werk von Laotse gibt es in der Wissenschaft unterschiedliche Aussagen. Für die Bedeutung seines Weckrufs gegen den Krieg hat das aber keine Relevanz. Gesichert ist, dass er mit seiner Lehre im alten China

---

[60] Diese Warnung vor dem Kriege findet sich in einem Buch, das Laotse unter dem Titel „Tao Te King – Das Buch des Alten vom Sinn des Lebens" geschrieben haben soll. Auf der Webseite von „Zeno.Org" wird als Quelle auf eine Ausgabe des Buches aus dem Jahr 1952 verwiesen: Laotse: Tao Te King – Das Buch des Alten vom Sinn und Leben, Diedrichs, Düsseldorf/Köln, 1952. http://www.zeno.org/Philosophie/M/Laozi+(Laotse)/Tao+Te+King+-+Das+Buch+des+Alten+vom+Sinn+und+Leben/Der+Sinn/30.+Warnung+vor+dem+Krieg, Zugriff am 12. September 2024. Aktuellere Ausgaben datieren aus 2016, Hopfenberg, Berlin, 2016, und aus 2017, EchnAton, Ramerberg.

[61] Hier die Kernsätze aus „Die Waffen nieder": „Die Waffen sind unheilbringende Geräte, nicht Geräte für den
Edlen. Nur wenn er nicht anders kann, gebraucht er sie. Ruhe und Frieden sind ihm das Höchste. Er siegt, aber er freut sich
nicht daran. Wer sich daran freuen wollte, würde sich ja des Menschenmordes freuen." http://www.zeno.org/Philosophie/M/Laozi+(Laotse)/Tao+Te+King++Das+Buch+des+Alten+vom+Sinn+und+Leben/Der+Sinn/31.+(Die+Waffen+nieder), Zugriff am 14. September 2024.

[62] https://www.campus.de/e-books/wirtschaft-gesellschaft/wirtschaft/laotse_fuer_manager-9029.html?srsltid=AfmBOopgrN253Si-3r2VeXEH978U1D67Ztnf2gMzU67bEwPqrs7lSqFN, Zugriff am 12. September 2024.

vor allem die Han-Dynastie (202 v. Chr. – 220 n. Chr. und später die Tang-Dynastie (618–907 n. Chr.) prägte.

Heute gelten die Schriften Laotses als Klassiker der chinesischen philosophisch-religiösen Literatur. Seine Lehren haben Weltruhm erlangt – vor allem durch das Daodejing, die wichtigste Schrift des Daoismus. Das Daodejing gilt als der am häufigsten übersetzte Text der Welt nach der Bibel. Die philosophischen Lehren des Laotse haben viele Millionen Menschen auf der ganzen Welt beeinflusst.[63]

Alle bedeutenden Philosophen des 20./21. Jahrhunderts, unter anderem Martin Heidegger, Karl Jaspers und Ernst Bloch, haben sich intensiv mit dem Daoismus befasst und auseinandergesetzt. Karl-Heinz Pohl, der die Rezeption in dieser Zeit untersucht hat, sprach sogar von einem „Dao-Fieber", vor allem in den 80er-Jahren des vorigen Jahrhunderts.[64]

Für uns aber steht seine „Warnung vor dem Krieg" im Zentrum. Der Schöpfer dieser Mahnung – Laotse – hat über rund zweieinhalbtausend Jahre seine intellektuelle Bedeutung behalten. Das macht seinen Weckruf aus 500 v. Chr. so bedeutend.

„Von Laotse bis Willy Brandt" – So lautet der Untertitel des weltweit ersten Anti-Kriegs-Museums in Berlin. Laotse ist dort mit einem eigenen Panel vertreten. Dort findet sich auch der folgende Satz des chinesischen Philosophen: „Dem Guten begegne ich gut, dem Üblen ebenfalls gut". Mit Bezug darauf schrieb Museumsgründer Ernst Friedrich im Jahr 1931 dies:

---

[63] https://www.deutschlandfunk.de/daoismus-viel-mehr-als-yin-und-yang-100.html#:~:text=Sein%20Name%20bedeutet%20%E2%80%9EAlter%20Meister, Daoismus%20auch%20als%20Gott%20verehrt., Zugriff am 15. September 2024.
[64] https://www.uni-trier.de/fileadmin/fb2/SIN/Pohl_Publikation/spielzeug_des_zeitgeistes.pdf, Zugriff am 15. September 2024.

„Nie habe ich auch nur einen einzigen Nazi physisch bekämpft. Ich war gegen die kommunistische Parole „Schlagt die Faschisten, wo ihr sie trefft" (...) Trotz dieser Parole sind die Nationalsozialisten die zweitstärkste Partei im Reichstag geworden! Vielleicht wäre es besser, Ihr würdet mal die Parole probieren: Klärt die Faschisten auf, wo ihr sie trefft."[65]

## 2.4 Antike (800/500 v. Chr. – 300/600 n. Chr.)

In der Wissenschaft wird die Antike als eine Epoche bezeichnet, die etwa von 800 v. Chr. bis 600 n. Chr. reichte. Sie umfasst die Geschichte des antiken Griechenlands, des Hellenismus und des Römischen Reichs, welches den Mittelmeerraum vom 1. Jahrhundert n. Chr. an politisch beherrschte. Der kulturelle Einfluss Roms wirkte vor allem im westlichen Teil des Reiches, während im Osten die griechisch-hellenistische Tradition neben orientalischen Traditionen weitergeführt wurde. Sie wurden später durch die Expansion des Islam zurückgedrängt.[66] Die Antike hat gro-

---

[65] Dr. Siegfried Baur vom Anti-Kriegs-Museum hat mir diesen Absatz zur neuzeitlichen Einordnung auf Laotse für diesen Weckruf zugearbeitet. Er hat mich auch bei dieser Gelegenheit auf einen weiteren chinesischen Philosophen aufmerksam gemacht, der ebenfalls der Zeit um 500 v. Chr. zugeordnet wird: „Mo Ti, oder Me-ti, wie Bert Brecht ihn nannte: Dessen Werk „Gegen den Krieg" ist z. B. in Diederichs Gelber Reihe erschienen (1975). Hier ist die Verurteilung des Krieges noch deutlicher als bei Konfuzius oder Laotse. Das 5. Buch beginnt z. B. so: „Da gibt es einen Mann, der in eines anderen Obstgarten eindringt und daraus Pfirsiche und Birnen stiehlt. Jedermann (...) wird ihn verurteilen" - - - „(Auch) Die Edlen im Reiche (...) verdammen so etwas (...) Doch wenn nun einer im großen Maßstab solches tut und einen Staat angreift, dann loben sie ihn"!
[66] Für unsere Dokumentation haben wir uns an wissenschaftlichen Strukturierungen orientiert, die mehrheitlich die Menschheitsgeschichte in fünf Epochen aufteilen: Vor- und Frühgeschichte (2,5 Mio. v. Chr. – 500 v. Chr.), Antike (800/500 v. Chr. – 300/600 n. Chr.), Mittelalter (300/600–1500), Neuzeit (1500–1914), Zeitgeschichte und Gegenwart (1914 bis heute).
Beim Übergang von der Vor- und Frühgeschichte zur Antike und von der Antike zum Mittelalter haben wir Unterschiede in den zeitlichen Zuordnungen gefunden. Das manifestiert sich auch bei den Ereignissen. Dafür steht beispielhaft die

ße Leistungen in den Bereichen Kunst, Geschichtsschreibung, Literatur und Wissenschaft hervorgebracht. Viele wissenschaftliche Disziplinen wie Zoologie, Botanik, Geografie, Astronomie oder Mathematik existierten schon in der griechischen Antike.

## Was die Epoche aus der Perspektive der Weckrufe grundsätzlich prägt

**1) Regionale Zerstörung natürlicher und menschlicher Ressourcen infolge der Höherentwicklung der Zivilisationen und ihrer territorialen Ausbreitung sowie Entstehung großer Städte**

Vom achten vorchristlichen Jahrtausend an begannen Menschen in Städten zu leben, im Nahen Osten, in Ägypten und später in Griechenland. Siedlungen und Handel entwickelten sich schnell. Die Landwirtschaft lieferte Nahrung im Überfluss. Schnell kam es zur Übernutzung des Landes: Erst verschwand das Wild, dann der Wald, denn Holz war der wichtigste Rohstoff. Vor allem als Brennstoff für die Wärmeerzeugung und für das Schmelzen von Metall und Glas, als Baumaterial für Gebäude und die bald riesigen Handelsflotten. Die Bewässerungslandwirtschaft steigerte das Nahrungsangebot. Damit wurde das Bevölkerungswachstum beschleunigt, was wiederum die Suche nach neuen Lebensräumen zur Folge hatte. Durch falsche Bewässerungsmethoden versalzte vor allem in Mesopotamien der Boden; durch Übernutzung und mangelnde Düngung verlor die Erde Nährstoffe. Das verbleibende Grün wur-

---

Schlacht auf den Katalaunischen Feldern 451 n. Chr., bei der die Westgoten und Römer die Hunnen und Ostgoten besiegten. Dieses Ereignis wird teilweise der Spätantike, teilweise dem frühen Mittelalter zugeordnet. Deshalb stellen wir diese Übergänge von der Vor- und Frühgeschichte zur Antike und der Antike zum Mittelalter als fließenden Prozess dar. Das manifestiert sich an jeweils zwei Zeitangaben beim Ende bzw. am Anfang der genannten Epochen. Das entspricht der Realität. Ein neues Zeitalter wird nicht mit einem Silvesterfeuerwerk „gestartet".

de überweidet, erst durch Rinder, und wenn diese schon nichts mehr zu fressen fanden, durch Schafe und Ziegen. Die Tontafeln des altbabylonischen Athrahasis-Epos um 1700 v. Chr. zeigen, dass die Menschen um die Gefahren der Umweltzerstörung, der Ausbeutung der Natur und der Überbevölkerung wussten. Als eine göttliche Strafe wurde ihnen neben Dürren und Seuchen die Sintflut gesandt.[67] Den Griechen und den Römern waren die Probleme durchaus auch bewusst, und so mancher berühmte Philosoph widmete sich der scheinbar profanen Landwirtschaft. „Brachland ist Fluchabwehr, besänftiger klagender Kinder", schrieb Hesiod, und im Alten Testament greift Gott selbst ein: „Im siebten Jahr solle man das Land ruhen lassen."[68]

## 2) Besonders die Metallbearbeitung für militärische und wirtschaftliche Zwecke gefährdete Natur und Umwelt.[69] Dagegen richteten sich erste Rechtsvorschriften mit Sanktionen.

Der Bedarf an Metall für Waffen, Werkzeuge und Münzgeld, aber auch an Holz als Bau- und Brennstoff, an Gestein für Gebäude und Straßen war enorm hoch. Fast 100.000 Kilometer an gepflasterten Straßenzügen durchquerten das Imperium Romanum. Eine Legion mit 5.500 Soldaten benötigte geschätzte 38 Tonnen Eisen für ihre Ausrüstung – bei circa 35 Legionen ergibt das ein Metallgewicht von ungefähr 20 Leopard-2-Panzern.

Eine einzige Großtöpferei mit 15 Brennöfen verfeuerte bis zu 360 Kubikmeter Holz im Jahr. Das entspricht heute dem jährlichen Heizölverbrauch von 20 Einfamilienhäusern.

---

[67] Frankopan, Peter: Zwischen Erde und Himmel, Klima- eine Menschheitsgeschichte, Rowohlt Berlin Verlag, 2023, S. 187 f.
[68] Vgl. https://taz.de/!1527379/, Zugriff am 01. Oktober 2023.
[69] Vgl. Das Vermächtnis der Römer „Berner Universitätsschriften", Band 57, 2012, Haupt Verlag Bern · Stuttgart · Wien, 2012.

Die Verhüttung von Eisen-, Kupfer- oder Bleierzen trug zur Luftverschmutzung bei, die an grönländischen Eisbohrkernen nachgewiesen wurde. Aus 7.700 Jahre alten Eisschichten wurde eine atmosphärische Bleikonzentration ermittelt, die zwischen 400 v. Chr. und 300 n. Chr., also während der griechisch-römischen Antike, viermal höher war als der natürliche Wert. Zwischen 800 vor Christus und 1400 stieg das Vorkommen des Treibhausgases Methan in der Atmosphäre um 17 Prozent. Die damit verbundene Erwärmung erklären Wissenschaftler damit, dass in Asien der Reisanbau populär wurde. Aus den feuchten Feldern wurden große Methan-Mengen emittiert.[70]

Der griechische Philosoph Platon notierte im 4. Jahrhundert v. Chr., dass die Berge um Athen vor nicht allzu langer Zeit noch Bäume trugen. „Doch jetzt fließt der Regen vom kahlen Land direkt ins Meer." Zudem seien Quellen und Bäche versiegt, weil nicht mehr genügend Regenwasser im verbleibenden Boden gespeichert werde. Im 1. Jh. n. Chr. kritisiert der römische Gelehrte Plinius die Zerstörung der Natur durch die Menschen: „... wir vergiften auch die Flüsse und die Elemente der Natur und selbst das, was uns leben lässt, die Luft verderben wir".[71]

Im antiken Rom lebten um 300 v. Chr. rund eine Millionen Menschen in 46.000 mehrstöckigen Häusern. Die Stadt hatte mehr als 600 archäologisch erfasste Fernwasserleitungen, deren Arkadenbögen sich zum Teil über viele Kilometer erstreckten und die auch öffentliche Bäder und Toiletten mit Wasser und Abwasser versorgten.[72] Es gab gesetzlichen Regelungen für die Wasserversorgung, die unter

---

[70] https://www.sueddeutsche.de/wissen/umweltzerstoerung-dicke-luft-im-alten-rom-1.2836814, Zugriff am 26. September 2023.

[71] https://www.berliner-zeitung.de/zukunft-technologie/umweltverschmutzung-in-der-antike-schon-die-alten-roemer-und-griechen-zerstoerten-die-natur-li.41435, Zugriff am 01. Oktober 2023.

[72] „Die Macht des fließenden Wassers Hydrosysteme im kaiserzeitlichen Rom" https://tuprints.ulb.tudarmstadt.de/4493/1/Lang_Svenshon_HZ_Hydrosystem%20.pdf., Zugriff am 26. September 2023.

anderem die private Entnahme, Sicherheitsabstände zu den Trassen, und die Beschädigung der Leitungen betrafen. Für letzteres war in manchen Provinzen sogar die Todesstrafe fällig.[73]

„Größere Armeen und bessere Waffen brachten mehr Tote und Zerstörungen. In der Schlacht von Cannae am 02. August 216 v. Chr. trafen insgesamt 86.400 Soldaten der Römischen Republik auf das 60.000 Mann starke Heer des karthagischen Feldherrn Hannibal. Die Schlacht endete mit einer vernichtenden Niederlage der Römer, die 55.000 Soldaten verloren. Bei den karthagischen Truppen waren es nur 5.700."[74]

Die nur teilweise ausgegrabene Gräberlandschaft des ersten chinesischen Kaisers Qin Shihuangdi (259–210 v. Chr.) mit etwa 8.000 Terrakotta-Kriegern ist eine Demonstration seines militärischen Machtanspruchs. Als Schutz vor den Mongolenhorden wurde die Chinesische Mauer, das größte Bauwerk der Welt, errichtet. Sie erstreckt sich über mehr als 8.850 Kilometer und entstand zur Zeit des ersten chinesischen Kaisers Qin Shihuangdi, mehr als 200 Jahre vor Christus.[75]

## 3) Herausbildung des antiken Griechenlands

Mit dem Regierungsantritt von Alexander dem Großen (356 v. Chr. – 323 v. Chr.) begann das Zeitalter des Hellenismus, in dem sich die griechische Kultur über weite Teile der damals bekannten Welt ausbreitete. Die kulturellen Prägungen durch die Hellenisierung überstanden den politischen Zusammenbruch des Alexanderreichs und sei-

---

[73] Eck, Werner: Roms Wassermanagement im Osten. Staatliche Steuerung des öffentlichen Lebens in den römischen Provinzen? Kasseler Universitätsreden, Kassel 2008, S. 25.

[74] https://de.statista.com/statistik/daten/studie/1106602/umfrage/truppenstaerke-bei-der-schlacht-von-cannae/ Zugriff am 30. Oktober 2023.

[75] https://www.planet-wissen.de/geschichte/archaeologie/archaeologie_in_china/index.html , Zugriff am 30. Oktober 2023.

## 2 Die Chronik der dokumentierten Weckrufe ...

ner Nachfolgestaaten und wirkten noch jahrhundertelang in Rom und Byzanz fort.

In nur elf Jahren, von 334 bis 323 v. Chr., schuf Alexander ein Weltreich mit mehr als 20 Städten von Ägypten bis Indien. Alexandria in Ägypten wurde die berühmteste Metropole der antiken Welt, Zentrum des Handels und der Wissenschaft. In diesen und den Städten seiner Nachfolger vollzog sich die Annäherung zwischen Orient und Okzident. Wir stufen das als den Beginn der Globalisierung ein.[76]

Die griechische Kolonisation erfolgte in drei Richtungen. Im Westen entstanden Niederlassungen in Unteritalien („Großgriechenland"), auf Sizilien, an der illyrischen Küste des heutigen Kroatien, an der Küste Südgalliens (wo u. a. Massilia, das heutige Marseille gegründet wurde) und auf der Iberischen Halbinsel.[77] Innerhalb weniger Jahre schuf Alexander der Große ab 334 v. Chr. ein gigantisches Imperium, dessen Macht jedoch schon bald schwand.

„Das Reich Alexanders des Großen wuchs in einem enormen Tempo. Im Jahr 335 v. Chr. herrschte der König über Makedonien mit einer Fläche von rund 100.000 Quadratkilometern. Erst sicherte er sich die Herrschaft in Griechenland und auf dem Balkan, dann wandte er sich dem Perserreich zu. Er eroberte zunächst Ägypten, die Levante und bis 330 v. Chr. das gesamte Persische Reich. Die Fläche des Reiches stieg dadurch auf 2,5 Millionen Quadratkilometer an."[78] Bei seinem Tod 323 v. Chr. betrug sie 5,2 Mio. Quadratkilometer.[79] Es erstreckte sich über mindestens 19 Gebiete heutiger moderner Staaten (Griechenland,

---

[76] https://www.welt.de/geschichte/article116789477/Zehn-Gruende-warum-Alexander-die-Welt-eroberte.html, Zugriff am 05. November 2023.

[77] https://www.worldhistory.org/trans/de/1-11220/griechische-kolonisation/.

[78] https://de.statista.com/statistik/daten/studie/1100001/umfrage/historische-ausbreitung-des-reichs-alexanders-des-grossen/, Zugriff am 02. November 2023.

[79] https://de.statista.com/statistik/daten/studie/1100001/umfrage/historische-ausbreitung-des-reichs-alexanders-des-grossen/, Zugriff am 02. November 2023.

Nordmazedonien, Bulgarien, Türkei, Syrien, Jordanien, Israel, Libanon, Zypern, Ägypten, Libyen, Irak, Iran, Kuwait, Afghanistan, Turkmenistan, Tadschikistan, Usbekistan und Pakistan).

## 4) 750 v. Chr. bis 500 Jh. n. Chr. Entstehung und Machtentfaltung des Römischen Reiches[80]

Etwa von 200 v. Chr. bis 480 n. Chr. war das Römische Reich das größte Imperium im damaligen Europa. Dessen Geschichte begann aber schon um 750 v. Chr. mit der Gründung der Stadt Rom.

Auch rund 350 Jahre später stand nur Latium mit rund 10.000 Quadratkilometern unter römischer Kontrolle. Das expandierende Reich hatte 264 v. Chr. nach der Eroberung von Mittel- und Süditalien erst 130.000 Quadratkilometer. Die Jahre bis zur Zeitenwende waren von einem steten Wachstum geprägt: Sizilien, Illyrien und Südspanien kamen unter römische Kontrolle.

Rom siegte in den Punischen Kriegen (264 v. Chr. bis 146 v. Chr.) mit der Seemacht des südlichen Mittelmeeres und zerstörte Karthago . Das Ausmaß der Kriege zeigt u. a. die Zahl der Truppen: im zweiten Punischen Krieg kämpften 86.000 Römer gegen 50.000 Punier, im dritten waren es auf beiden Seiten 340.000 Krieger.

Bis zum Jahr 0 kamen Syrien, Ägypten, Anatolien und Gallien sowie Mauretanien und Teile Germaniens hinzu. Die Fläche des Römischen Reiches wuchs auf rund 3,4 Millionen Quadratkilometer.[81]

---

[80] 510–27 v. Chr. Römische Republik; 3. Jh. v. Chr. Rom erringt die Herrschaft über Italien, 264–146 v. Chr. Punische Kriege, 58–51 v. Chr. Gallische Kriege, 44 v. Chr. Ermordung Caesar, ca. 4 v. Chr. Geburt Jesus von Nazaret, 117 n. Chr. größte Ausdehnung Römisches Reich, Limes markiert Grenze zu germ. Stämmen, 391 n. Chr. Christentum wird Staatsreligion im Röm. Reich, 395 n. Chr. Teilung des Römischen Reiches und 476 n. Chr. Ende des Weströmischen Reiches.

[81] Vgl. https://de.statista.com/statistik/daten/studie/1097941/umfrage/historische-ausbreitung-des-roemischen-reiches/, Zugriff am 02. November 2023.

## Was wir der Epoche aus der „Weckrufperspektive" über ihre Zeit hinaus verdanken

**1) Weltkarte**
Für die Navigation im Krieg und die Ausweitung der Handelstätigkeit erlangte die Babylonische Weltkarte, datiert auf 700 bis 500 v. Chr., strategische Bedeutung.

**2) Das Konzept einer Dampfmaschine**
Die Grundlagen für die spätere epochale Erfindung der Dampfmaschine legte im ersten Jahrhundert der griechische Mathematiker Heron von Alexandria mit dem „Heronsball". Die Dampfmaschine war die wichtigste Triebkraft der Industriellen Revolution.

**3) Wasserpumpe**
Bereits in der Antike wurden Hubkolbenpumpen von den Griechen und Römern zur Wasserförderung eingesetzt, ohne die gerade in der Mittelmeerregion keine Bewässerungswirtschaft – Voraussetzung für die wachsende Nahrungsmitteproduktion – möglich gewesen wäre.

**4) Mühle**
Die Mühle, die erste und älteste naturkraftgetriebene Maschine der Welt, hat ihre „Geburtsstunde" 1.200 Jahre v. Chr. Sie wurde zu dieser Zeit in der künstlichen Bewässerung mit Wasserschöpfrädern in Mesopotamien eingesetzt. Die ersten europäischen Müller waren die Römer. Das Mühlenprinzip bestimmt bis in die Gegenwart die Getreideaufbereitung und ist Grundlage der menschlichen Ernährung.

### 5) Rundbogenbrücke

Die erste steinerne Bogenbrücke in Rom, der Pons Aemilius, wurde 142 v. Chr. gebaut. Die Verwendung des Vorläufers von Beton, Opus caementitium, erhöhte ganz entscheidend die Belastbarkeit. Brücken und das 400.000 km lange Straßennetz, das Rom von Großbritannien bis Mesopotamien verband, hatten für die Erweiterung, den Erhalt und den Schutz des Reiches strategische Bedeutung.

### 6) Schleuderkatapult

Eine der wichtigsten Kriegsmaschinen der Epoche erfand der griechische Mathematiker und Physiker Archimedes. Die als Riesenschleuder bezeichnete Waffe soll maßgeblich zur Verteidigung von Syrakus im 2. Jahrhundert v. Chr. beigetragen haben.

### 7) Metallbearbeitung

Die Gewinnung und Verarbeitung von Kupfer, Bronze und Eisen revolutionierten die Waffentechnik ebenso wie die Herstellung von Arbeitsgeräten.

### 8) Das Fenster[82]

Schon das Wort – es geht auf das lateinisch-römische „fenestra" zurück – belegt den römischen Ursprung. Mit dieser Erfindung waren die Römer ihrer Zeit weit voraus. Im ersten Jahrhundert nach Christus pries sie der römische Philosoph Seneca mit folgenden Worten: „Eine durchsichtige Masse lässt das helle Tageslicht ein." Zu diesem Zeitpunkt lebten die Germanen in fensterlosen Hütten, also im Dunklen.

---

[82] Bei den Beispielen 8 bis 17 stützen wir uns auf einen Beitrag im Berliner Tagesspiegel, Austilat, Andreas: Denken Sie auch täglich ans Römische Reich? Recht so!, 15. Oktober 2023, S. 30/31.

## 9) Badeanstalt

Bäder waren in Rom Teil des Lebens und gehörten ganz selbstverständlich zur Kultur. Allein im antiken Rom gab es 170 öffentliche Thermen. Sie dienten nicht nur dem Bade, sondern waren Ort der Begegnung. Zu ihnen gehörten oft Bibliotheken, hier wurde Sport getrieben, boten Barbiere ihre Dienste an. Zugang hatte beinahe jeder, ob arm oder reich, allerdings musste er frei sein. Auch Frauen durften den Badefreuden frönen. Für sie gab es aber einen separaten Eingang.

## 10) Die Zentralheizung

Manche Therme wurde sogar beheizt. Und zwar mit Fußbodenheizungen. Die Wärme zirkulierte nicht nur in gemauerten Kanälen unter dem Boden, sondern auch durch Hohlziegel in der Wand.

## 11) Die Wasserleitung

Vor 2.000 Jahren wurden die rund eine Million Einwohner der Stadt Rom von sechs Überlandleitungen versorgt. Man muss aber auch wissen, dass Mietshäuser im Regelfall nur im Erdgeschoss einen Anschluss hatten. und eine private Versorgung für ein einzelnes Wohnhaus nicht selbstverständlich war. Das wurde kompensiert durch eine hohe Brunnendichte. Niemand musste im Regelfall mehr als 80 Meter bis zur nächsten Entnahmestelle laufen.

In den Genuss fließenden Wassers kamen übrigens auch die unterworfenen Provinzen. Das römische Köln wurde durch die 100 Kilometer lange Eifelleitung versorgt. Der Segen endete nach 180 Jahren, denn die angreifenden Germanen zerstörten diese Infrastruktur. Erst im 19. Jahrhundert erreichte die öffentliche Wasserversorgung wieder das altrömische Niveau.

„Die Römer achteten sehr genau darauf, dass die Grundversorgung der Bevölkerung mit öffentlichen Dienstleistungen erste Priorität vor den Interessen Einzelner hat. Aus dem zentralen Wasserspeicher, der von einem Aquädukt gespeist wurde, gingen drei Leitungen ab: Die oberste für einige Privatabnehmer, die mittlere für öffentliche Anlagen (beispielsweise Bäder), die unterste für das Trinkwasser in den öffentlichen Straßenbrunnen. Bei Wasserknappheit versiegte zuerst die oberste Leitung für die Privatabnehmer und zuletzt die Leitung, die alle öffentlichen Brunnen versorgte."[83]

Dieses römische Verständnis von Daseinsvorsorge aus der Antike ist Vorbild für die heute zumindest in Deutschland weitestgehend etablierte Sicht, dass diese existenziellen Leistungen nicht in erster Linie den Gesetzen von Markt und Wettbewerb unterliegen dürfen. Das Gemeinwohl hat Vorrang. Wie im alten Rom!

### 12) Das Reisesouvenir

Im römischen Imperium lebten 50 bis 80 Millionen Menschen. Davon unternahmen immerhin eine Million jährliche Urlaubsreisen, zum Beispiel nach Baiae, einer der beliebten Badeorte am Golf von Neapel. Diese Touristen wollten – wie heute – ein Andenken mit nach Hause nehmen. Deshalb findet man bei Ausgrabungen im englischen York, im deutschen Köln, in Tunis und in Portugal Becher, Leuchten, Teller mit dem Panorama von Baiae – von Urlaubern vor 2.000 Jahren gekauft und mit nach Hause genommen.

### 13) Die Straße

Das Straßennetz der Antike reichte von Schottland bis Syrien und war 85.000 Kilometer lang.

Die antiken Straßen bestanden aus vier Schichten. Ausweichstreifen erleichterten den Verkehr. Von der geneigten

---

[83] Schäfer, Michael: Kommunalwirtschaft, 2. Aktualisierte und erweiterte Auflage, Springer Gabler, 2023, S. 36.

Fahrbahn lief das Wasser in dafür vorgesehene Gräben. Römische Ingenieure überwanden Flüsse und Berge, bohrten bei Neapel einen 700 Meter langen Tunnel. Für die Via Appia wurden 40.000 Kubikmeter Fels weggesprengt, indem man ihn erst erhitzte und dann mit kaltem Wasser begoss. Die Römerbrücke bei Trier steht heute noch.

### 14) Der Beton

Im alten Rom waren Großbauten mit Ziegeln oder Marmor verkleidet. Für die innere Stabilität aber sorgte ein Baustoff, der mit dem heutigen Beton weitgehend vergleichbar ist. Das Baumaterial bestand aus gebranntem Kalk, der mit Zusatzstoffen wie Vulkanasche und Ziegelmehl die nötige Lebensdauer und Stabilität bekam und gut verarbeitet werden konnte. Das Gemisch konnte in Formen gegossen werden und härtete aus. Von den hervorragenden bauphysikalischen Eigenschaften zeugt die Tatsache, dass man das antike Pantheon im heutigen Rom immer noch besichtigen kann. Seine Kuppel ist größer als die des Peterdoms und gilt als eine der größten Betonmonumente dieser Art weltweit.

Ein vergleichbarer Baustoff wurde erst im 19. Jahrhundert mit dem Portlandzement entwickelt. Die Vorreiterrolle der Antike für das Bauwesen zeigt sich auch in der Sprache. Unsere Mauer hat mit „murus" ebenso eine lateinische Wurzel wie der Kalk mit „calx".

### 15) Die Eintrittskarte

Erfunden wurden sie von den Griechen, aber perfektioniert haben sie die Römer. Sie nannten die Wertmarken Tessera. Veranstaltungen in gewaltigen Arenen wie dem Kolosseum wären ohne diese Eintrittssysteme organisatorisch gar nicht möglich gewesen. Das Stadion war im Jahr 80 n. Chr. eröffnet worden und fasste 50.000 Zuschauer. Der etwas später entstandene Circus Maximus – gebaut für Wagenrennen – hatte sogar ein Fassungsvermögen für 125.000 Besucher. Das waren Dimensionen, die mit einfachen Eintrittskarten nicht zu bewältigen waren. Deshalb hatte das erwähnte Kolosseum 76 nummerierte Eingänge. Dafür gab es unterschiedliche Eintrittskarten, die nach Sektor, Reihe und Sitz differenziert waren.

### 16) Die Markenware

Bei Ausgrabungen in Pompeji, das im Jahr 79 n. Chr. bei einem Ausbruch des Vesuvs verschüttet wurde, entdeckten Archäologen ein ganzes Sortiment chirurgischer Instrumente, die alle den Stempel des Herstellers Athangeus trugen. Solche Funde wurden auch in Mainz und Trier, also vormaligen römischen Siedlungen, gemacht. Das Bemerkenswerte war, dass sie den gleichen Stempel trugen. Das belegt, dass Hersteller von anspruchsvollen Instrumenten und Werkzeugen, auf deren Zuverlässigkeit man sich verlassen musste, diesen Qualitätsstandard mit ihrem Markenzeichen dokumentierten. Ähnliche Stempel wurden auf der Verpackung von Augensalbe gefunden. Sie nannten nicht nur den Hersteller, sondern erklärten auch, wie das Medikament angewendet werden muss – eine Art antiker Beipackzettel.

### 17) Die Tageszeitung

Im Jahr 59 v. Chr. datiert die „Erfindung" der Tageszeitung. Zugeschrieben wurde dieser Kultursprung Gaius Julius Cäsar. Denn der ließ die „acta diurna" – lateinisch für Tagesgeschehen – einführen. Das waren Aushänge an zentralen Orten und Plätzen, die über aktuelle Dinge oder amtliche Anweisungen informierten. Auch die Geburt eines Thronfolgers im Kaiserhaus war Grund für eine Meldung.

Diese Aushänge existierten ca. 300 Jahre lang. Zu erklären sind sie vor allem mit dem hohen Alphabetisierungsgrad im Römischen Reich. Von Rekruten der römischen Legion wurde erwartet, dass sie lesen und schreiben konnten.

Diese Lese- und Schreibkompetenz in der breiten Bevölkerung wurde in Europa erst wieder im 18. Jahrhundert erreicht.

**18) Die Amphora**
Diese bauchigen Vorrats- und Transportgefäße gibt es seit dem 6. Jahrhundert v. Chr. Erste archäologische Funde belegen, dass die Amphora im antiken Griechenland erstmals Verwendung fand. Ihre Bedeutung nahm im Römischen Reich noch einmal deutlich zu. Großsegler, die auf den wichtigsten Handelsrouten eingesetzt wurden, konnten bis zu 10.000 dieser Tongefäße transportieren.

In ihnen wurden Öl, Wein, Honig, Oliven, Milch und Südfrüchte gelagert und befördert.

Amphoren wurden im byzantinischen Raum, aber auch in Spanien, bis weit ins Mittelalter hinein produziert. Im Großbritannien sogar bis zur frühen Neuzeit.

In Georgien wird in solchen bis zu 3.000 Litern fassenden Gefäßen auch aktuell noch Wein hergestellt. Das hat eine Tradition von mehreren tausend Jahren. Die Weinbereitung in diesen großen Tongefäßen ist vermutlich die älteste Form der Weinherstellung überhaupt. Das Verfahren heißt nach dem georgischen Ursprung auch Kachetisches Verfahren.

## Dokumentation der Weckrufe (Antike)

Die Apokalypse in der Johannes-Offenbarung, die Sintflut und die Bergpredigt – die wohl wichtigsten Weckrufe aus der Antike[84] – bis heute gültige Botschaften des Christentums mit Relevanz für die gesamte Menschheit.[85]

---

[84] Der früheste Text des Neuen Testaments stammt aus dem Jahr 50 n. Chr. Es ist der Brief des Paulus an die Gemeinde in Thessalonich. Ein biblischer Weckruf? „Rufe laut, schone nicht! Erhebe deine Stimme wie eine Posaune und verkündige Meinem Volk sein Übertreten und dem Hause Jakob seine Sünde!" (Jesaja 58,1; Schlachter 1951).

[85] Vgl. https://www.die-bibel.de/bibeln/wissen-zur-bibel/die-entstehung-der-bibel/die-entstehung-des-alten-und-neuen-testaments/, Zugriff am 02. November 2023.

## Weckruf: Die Johannes-Offenbarung

Im Johannes-Evangelium wird über die Apokalypse berichtet und ihre sieben Plagen:

1. Schlimme Geschwüre an denjenigen Menschen, die das Zeichen des Tieres tragen
2. Meerwasser wird zu Blut und Tod aller Meereslebewesen
3. Flüsse und Quellen werden zu Blut
4. Sonne versengt Menschen mit großer Hitze
5. Reich des Tieres wird verfinstert
6. Austrocknung des Stromes Euphrat
7. Größtes Erdbeben seit Menschengedenken vernichtet alle Inseln und Berge; großer Hagel fällt auf die Erde hernieder

Diese Offenbarung gilt als der zentrale Weckruf der Antike.[86] Dieses letzte Buch des Neuen Testaments entfaltete als einziges prophetisches Buch eine gewaltige Wirkung in seiner Zeit. Für die unterdrückten Christen im Römischen Reich war es eine Trost- und Hoffnungsschrift während der Christenverfolgungen.[87]

---

[86] Vier Mal wird die Heilsgeschichte des Christentums erzählt. Entstanden sind diese Evangelien zwischen 100 bis 200 nach Christus. Jeder der vier Evangelisten – Markus, Matthäus, Lukas und Johannes – erzählt auf seine Weise vom Leben Jesu auf Erden.
„Natürlich sind die Prophezeiungen nicht wörtlich zu nehmen. Aber beschreiben sie nicht plastisch im übertragenen Sinne die Plagen, die unsere Erde des 21. Jahrhunderts bedrohen." Vgl. Schäfer, Michael, Ludwig, Joachim: Mit Kapital die Schöpfung retten, Springer Gabler, Wiesbaden, 2022, S. 203.

[87] Die Botschaft der Offenbarung ist für alle, die auf Gottes Seite stehen, nicht beängstigend, sondern positiv. ·Selig ist, der da liest und die da hören die Worte der Weissagung und behalten, was darin geschrieben ist; denn die Zeit ist nahe … Wer Ohren hat, der höre, was der Geist den Gemeinden sagt!" (Offenbarung, 1:3; 22:7), https://www.biblegateway.com/passage/?search=Offenbarung%20 1-3&version=LUTH1545, Zugriff am 02. November 2023.

## 2 Die Chronik der dokumentierten Weckrufe ...

**Wer?**
Johannes[88], im letzten Buch des Neuen Testaments

**Wann?**
Zwischen 70 v. Chr. und 90 n. Chr.

**Wo?**
Ephesos, antike Stadt an der (heutigen) türkischen Ägäisküste

**Wie der Weckruf wirkte und wirkt?**
Die Johannes-Offenbarung steht für die politisch-religiösen Umwälzungen mit der Ausbreitung des Christentums und dem Widerstand gegen das Römische Reich Die Menschen waren konfrontiert mit Kriegen, Zerstörungen, Naturgewalten. Sie waren verängstigt und suchten Erklärungen. Die Botschaft ein Mutmacher: Die Kämpfe für den Glauben haben ein gutes Ende, wenn ihre Protagonisten gottgefällig leben. Dann können ihnen die Plagen der Apokalypse nichts anhaben. Das Reich „danach" ist das Paradies.

In der Gegenwart finden die Menschen die Visionen von Johannes über eine mögliche weltweite Zerstörung durch die Folgen der verheerenden Kriege in der jüngsten Vergangenheit sowie durch Umweltschäden und Klimawandel bestätigt.[89] Keine andere Botschaft ist so zum Gleichnis für

---

[88] Der Autor nennt in einem an das paulinische Briefpräskript angelehnten brieflichen Anfang seinen Namen: „Ich, Johannes, euer Bruder und Mitgenosse an der Bedrängnis und am Reich und an der Geduld in Jesus, war auf der Insel, die Patmos heißt, um des Wortes Gottes und des Zeugnisses Jesu willen." Vgl. https://www.bibelwissenschaft.de/ressourcen/bibelkunde/bibelkunde-nt/offenbarung-apk, Zugriff am 04. November 2023.

[89] „In unserer modernen Zeit geht es um von Menschen gemachte Katastrophen und darum, wie wir sie abwenden können. In der Johannesoffenbarung sind die Katastrophen Eingriffe Gottes. Niemand will sie aufhalten, weil auf sie das Jüngste Gericht, die Befreiung von Verfolgung und Gottes Heil für alle Christinnen und Christen folgen". https://katholisch.de/artikel/28261-die-offenbarung-des-johannes-von-monstern-und-vom-weltenende, Zugriff am 04. November 2023.

die Bedrohung der Schöpfung geworden wie die Apokalypse. Die Botschaft und der Begriff prägen politische Grundsatz-Traktate, Bilder, Statuen, Filme und die Literatur.

Religiöse Botschaften haben trotz zunehmender Säkularisierung immer noch große Relevanz. Von der rund acht Milliarden zählenden Weltbevölkerung bekennen sich etwa 5,4 Milliarden, etwa 68 Prozent, zu den fünf großen Weltreligionen. Davon sind 2,4 Milliarden Christen. Und hier dominiert der katholische Glaube mit 1,4 Milliarden.[90]

In seinem im April 2024 erschienenen Buch „Den Frieden gewinnen. Die Gewalt verlernen" hat Heribert Prantl die Apokalypse auf bemerkenswerte Weise interpretiert: „Apokalyptik will nicht die Angst anheizen. Sie ist auch nicht verliebt in den Untergang. Sie ist Aufklärung mit anderen Mitteln. Apokalyptik heißt Enthüllung, Offenbarung, Entschleierung, Entlarvung. Mit den Mitteln der Überzeichnung und Verstörung offenbart sie Brüche und Risse, entlarvt sie Gewaltverhältnisse und enthüllt, was passiert, wenn es weitergeht.

Die Apokalyptik zielt, so kriegerisch ihre Bilder sein mögen, auf Frieden und nicht auf Krieg, auf Zuversicht und nicht auf Defätismus. Aber sie ist realistisch in der Einschätzung, dass der Weg zum Frieden kein harmonischer Sommerspaziergang, sondern ein Höllenritt sein kann. Ob man sich Gewalt entscheidet, um der Gewalt Einhalt zu bieten, so wie die Alliierten sich zum Krieg gegen Nazi-Deutschland entschieden, oder ob man sich gegen Gewalt entscheidet, so wie Gandhi sich zum passiven Widerstand gegen die britische Kolonialmacht entschied – es gibt keinen unmittelbaren Frieden. Der Ausgang ist ungewiss. Gewiss ist in beiden Fällen. Es gibt eine Eskalation der Gewalt, es gibt Tote, die den Frieden nicht erleben."[91]

---

[90] Vgl. Schäfer, Ludwig, a. a. O., S. 5.
[91] Prantl, Heribert: Den Frieden gewinnen. Die Gewalt verlernen, Heyne, München, 2024, S. 30 f.

## 2 Die Chronik der dokumentierten Weckrufe …

**Was sonst noch wichtig ist**
Die Entstehungszeit des Johannes-Evangelium ist umstritten, einige Wissenschaftler datieren sie auf das Jahr 70 v. Chr., andere auf das Jahr 95 n. Chr. Sie gilt als eine Durchhalteschrift für Christen in der Verfolgung. Zum geschichtlichen Hintergrund existiert eine Vermutung[92], dass die Offenbarung des Johannes am Ende des ersten Jahrhunderts für die vom römischen Staat verfolgte Kirche in Kleinasien geschrieben worden.

## Weckruf: Sintflut

„Durch die Menschen ist die Erde voller Gewalttat." So sprach ER und beschloss: „Nun will ich sie zugleich mit der Erde verderben." Nur anderthalb Zeilen aus dem Zweitausend Jahre alten Neuen Testament. Erzählt wird, dass Gott nur Noah verschonte - ein frommer Mann und ohne Tadel – der auf dessen Geheiß die Arche baute. In der überlebte Noah mit seiner Familie und den von IHM, dem Herrn, ausgewählten Tieren als einzige die apokalyptische Überschwemmung der Erde. 40 Tage und 40 Nächte ergossen sich die Regengüsse. „Und das Gewässer nahm überhand, und wuchs so sehr, dass alle hohen Berge bedeckt wurden. Alles, was einen lebendigen Odem hatte, das starb. Und das

---

[92] Die Ereignisse, die dann in dem Buch dargestellt werden, schildern einerseits die bedrohliche Gegenwart und andererseits zeigen sie, dass der Sieg durch Christus errungen worden ist und im Himmel bereits ein wunderbarer Gottesdienst gefeiert wird. Die Offenbarung formuliert Bilder der Hoffnung für jene Christen, die in Zeiten persönlicher Anfeindungen ihrem Glauben treu geblieben sind. Verortet wird das Buch am Ende des 1. Jh. n. Chr. in Kleinasien, im westlichen Teil der heutigen Türkei. Das Gebiet gehörte damals zum Römischen Reich. Kaiser Domitian, der von 81 bis 96 n. Chr. regierte, versuchte seine Herrschaft durch eine rigorose Religionspolitik durchzusetzen. Als erster römischer Kaiser forderte er von allen seinen Untertanen, schon bei Lebzeiten als Gott verehrt zu werden. Diesen Kaiserkult setzte er mit aller Härte durch. Die Christen, eine kleine Minderheit in dieser Gegend, gerieten dadurch in einen schweren Gewissenskonflikt. Ihr Glaube an Gott duldete keine Kompromisse. https://www.die-bibel.de/bibeln/wissen-zur-bibel/inhalt-und-aufbau-der-bibel/neues-testament/offenbarung/, Zugriff am 04. November 2023.

Gewässer stund auf Erden hundertfünfzig Tage."[93] Dann ging das Wasser zurück. Die Taube kam mit einem Olivenzweig zurück und verhieß, das Übel hat ein Ende.

**Wer?**
Lukas und Matthäus in ihren Evangelien im Neuen Testament

**Wann?**
Für die Zeit der Sintflut können wir genauso wenig eine Aussage machen, wie zum Wo. Deshalb nennen wir hier die Jahre, in denen die 27 Schriften des Neuen Testaments, also auch die Evangelien von Lukas und Matthäus, mit der Erzählung über die Sintflut entstanden: 50 bis 120 n. Chr.

**Wo?**
Es gibt eine Fülle von Vermutungen, welche Überflutungen im Altertum quasi Pate für die Sintflutgeschichte gestanden haben. Wir verzichten auf eine Auflistung der vielen Nennungen und sagen salomonisch: in der Erzählung war der der Ort überall, denn überflutet wurde die ganze Erde.

**Wie der Weckruf wirkte und wirkt?**
Die Botschaft der Sintflut hat noch heute eine gewaltige Sprengkraft!

Die Mehrheit auch der Nicht-Kirchgänger kennt die schaurige Geschichte von der Strafe des Herrn, der Arche und von der Rettung ihrer „Besatzung" um ihren Erbauer, Noah.

Interessant ist, dass Überflutungen als Folge böser menschlicher Taten in fast allen Kulturkreisen (außer in Afrika) dokumentiert sind. Berichte finden sich unter anderem im babylonischen Gilgamesch-Epos und der altis-

---

[93] Schäfer, Michael, Ludwig, a. a. O., S. 14.

ländischen Edda-Saga. Erwähnt werden auch Zeugnisse aus Indien, China und bei den altamerikanischen Indianern.[94]

Die Sintflutgeschichte – so können wir das im Ergebnis unserer Recherchen mit gutem Gewissen einstufen – ist *der Erste universelle Weckruf in der Menschheitsgeschichte!*

Für Heribert Prantl, den wir dazu in der Einleitung ausführlich zitiert haben, steht die Erzählung als Gleichnis für einen toleranten gerechten Gott.

Wir haben in unserem Buch „Mit Kapital die Schöpfung retten" die Botschaft so übersetzt, dass es für die Menschheit eine zweite Chance gibt, aber eben nur diese eine. So ist auch die Deutung der Friedensbewegung: Die erste Chance gab es. Die großen Kriege haben alle schon stattgefunden, mit gewaltigen Opferzahlen und Zerstörungen.

Der nächste, es wäre der Dritte und nukleare Weltkrieg, wäre auch der Letzte. Das muss verhindert werden, genauso wie die ökologische Katastrophe.

Auch in Bertold Brechts Gleichnis vom großen Karthago, das drei Kriege führte, können wir einen Bezug zur Sintflut erkennen. Angesichts der Anzeichen einer Remilitarisierung der jungen Bundesrepublik warnte der Dichter, der sich für die DDR entschieden hatte, vor einem Dritten Weltkrieg – und richtete am 26. September 1951 einen mahnenden „Brief an die deutschen Künstler und Schriftsteller". Er endete mit folgenden drei Sätzen:

„Das große Karthago führte drei Kriege. Es war noch mächtig nach dem ersten, noch bewohnbar nach dem zweiten. Es war nicht mehr auffindbar nach dem dritten."[95]

---

[94] Vgl. https://www.welt.de/geschichte/article235085102/Flutkatastrophen-Was-hinter-den-vielen-Mythen-von-der-Sintflut-steckt.html, Zugriff am 02. Juli 2024.
[95] https://www.deutschlandfunk.de/vor-70-jahren-als-bertolt-brecht-den-offenen-brief-an-die-100.html, Zugriff am 02. Juli 2024.

## Weckruf: Bergpredigt

Der Text bezeugt, dass das Ende der Welt und das unseres eigenen Lebens nahe bevorsteht, und ruft deshalb angesichts dieses nahen Endes zur Umkehr, zur Buße und zum Glauben an die Güte Gottes auf.[96]

Ihren Namen verdankt er nach christlicher Überlieferung dem Ort, an dem Jesus von Nazareth sie gehalten haben soll. Mit dem „Berg der Seligpreisungen" könnte eine Erhebung am Nordrand des Sees Genezareth im heutigen Nordisrael gemeint sein. An diesem Ort soll Jesus aus der Schar seiner Jünger auch die zwölf Männer bestimmt haben, die als Apostel die christliche Lehre verkünden sollen.

Die Predigt selbst ist ein Textabschnitt des Matthäus-Evangeliums im Neuen Testament, wo die Lehrsätze von Jesus von Nazareth zusammengefasst sind. Den ihm auf den Berg gefolgten Jüngern legt Jesus den in der Tora offenbarten Willen Gottes neu aus.

**Wer?**
Jesus, aufgeschrieben von Matthäus, einem der zwölf Jünger[97]

**Wann?**
100 n. Chr.

**Wo?**
Am See Genezareth, im (heutigen) Nordisrael

---

[96] Vgl. Reden die unsere Welt veränderten. Mit einem Vorwort von Simon Sebag Montefiore, Insel Verlag Berlin, 2019.
[97] Manche Bibelforscher halten die Bergpredigt eher für eine Zusammenstellung von Aussprüchen durch frühchristliche Autoren als für eine tatsächlich bei einer bestimmten Gelegenheit gehaltene Predigt, vgl. a. a. O., S. 14.

## 2 Die Chronik der dokumentierten Weckrufe …

**Wie der Weckruf wirkte und wirkt?**
Die Bergpredigt hat schon in ihrer Zeit nicht nur das Christentum, sondern weit darüber hinaus das Denken anderer Religionen und philosophischer Strömungen beeinflusst.

Sie ist die erste und wirkmächtigste der fünf großen Reden Jesu im Matthäus-Evangelium. Bekannte Redewendungen wie „sein Licht unter den Scheffel stellen" oder „Perlen vor die Säue werfen" haben hier ihren Ursprung. Programmatisch hält die Bergpredigt fest, wie das Zusammenleben im hier und jetzt anbrechenden Reich Gottes aussehen soll. In der von Kriegen, Flucht und Verfolgung geprägten damaligen Zeit postuliert sie eine Gerechtigkeit, die mehr ist als buchstabengetreue Erfüllung der Gebote. Ihr Maß sei die bedingungslos geschenkte und stets versöhnungsbereite Barmherzigkeit Gottes. „Selig, die arm sind vor Gott; denn ihnen gehört das Himmelreich." So beginnt die Bergpredigt. Selig, die arm sind? Das dürften sich besonders jüdische Gelehrte gefragt haben. Denn nach dem Verständnis vieler Juden in der damaligen Zeit belohnte Gott die Gerechten materiell. War man arm, so aus dem Grund, dass man Gott nicht gefalle. Jesus spricht in seiner Predigt mit einiger Radikalität Wahrheiten aus, die dem herrschenden Denken zuwider waren. Auf poetische Weise fasst er viele seiner Lehren in seinem „Grundsatzprogramm" zusammen.[98]

Für viele Millionen Menschen weltweit, Christen und Nichtchristen, ist auch aktuell die Bergpredigt der Kern der christlichen Lehre, und zwar mit dem Fokus auf die christliche Grundhaltung zu Krieg und Frieden. Die Worte aus Matthäus 5,3 –11 – „Selig, die den Frieden stiften; denn sie werden Söhne Gottes genannt werden" – prägten die Friedensbewegung in Deutschland, die 1983 gegen die

---

[98] Vgl. https://www.bibelwerk.at/bergpredigt, https://www.horeb.org/programm/news-beitraege/details/news/die-bergpredigt/, Zugriffe am 01. Mai 2024.

Entscheidung des Bundestages über die Durchführung des NATO-Doppelbeschlusses protestierte.

Der Aufruf in der Bergpredigt, nicht nur die Nächsten zu lieben, sondern auch die Feinde, ist eine zentrale, aber auch kontrovers diskutierte Grundlage der christlichen Friedensethik. Im Widerspruch zum Glaubensgrundsatz steht allerdings, dass die Herrschenden den Christen seit Jahrhunderten befehlen, sich in Kriegen gegenseitig zu töten und Geistliche die Waffen dafür segnen. Obwohl ebenso lange bekannt ist, dass Kriege nur dann beendet werden können, wenn die Kriegsparteien miteinander reden.

„Eine weithin akzeptierte Lösung hatte die Frage nach dem richtigen Verhältnis von Christen zur staatlichen Gewalt in der Theorie des gerechten Krieges von Augustinus gefunden. Demnach galten für den Krieg, sollte dieser als legitim gelten, klar definierte Kriterien, wie etwa die, dass er sich nur gegen vom Feind begangenes Unrecht richten, oder dass er nur von legitimen Autoritäten angeordnet werden dürfe. Letztendliches Ziel eines gerechten Krieges müsse stets die Wiederherstellung des Friedens sein (‚bellum geritur, ut pax adquiratur'), was die Versöhnung mit dem vormaligen Feind einschloss. Vernichtungskriege waren von vornherein als ungerecht anzusehen. Unter Frieden verstand Augustinus dabei vor allem eine legitime Rechtsordnung."[99]

Zwei aktuelle Kriege im direkten zeitlichen und sachlichen Kontext zu diesem Buch zeigen allerdings, dass es zu den Grundprinzipien des Augustinus keinen Konsens zwischen den prägenden Protagonisten der derzeitigen Weltordnung gibt. Das betrifft sogar die neuerliche Infra-

---

[99] Warneke, Tim: Noah und Kassandra. Dimensionen der Bedrohung und Perspektiven der Rettung in der Mentalität der westdeutschen Friedensbewegung 1979–1984, Inauguraldissertation, Philosophische Fakultät der Ruprechts-Karls-Universität Heidelberg, 2017, S. 536.
https://archiv.ub.uni-heidelberg.de/volltextserver/23269/1/Dissertation%20Druckversion%202017.pdf, Zugriff am 01. Mai 2024.

gestellung des längst geklärt geglaubten Prinzips über der Nichteinsatz nuklearer Waffen.[100]

## Weckruf: Der Kalliasfrieden

Dieser bedeutete nach antiken Quellenangaben das vorläufige Ende der Perserkriege für Griechenland im 5. Jahrhundert v. Chr. Er soll 449/448 v. Chr. von dem Athener Kallias zwischen dem Attisch-Delischen Seebund und dem Perserreich unter Großkönig Artaxerxes I. ausgehandelt worden sein. Der Kalliasfrieden gilt als der erste dokumentierte Friedensschluss in der Geschichte der Menschheit.

**Wer?**
Kallias (um 500 v. Chr. – 432 v. Chr.), Staatsmann und Diplomat aus Athen[101]

**Wann?**
449/448 v. Chr.

**Wo?**
Griechenland

**Wie der Weckruf wirkte und wirkt?**
Im Friedensvertrag wurde den kleinasiatischen Griechenstädten Autonomie zugesichert. Persischen Truppen wurde untersagt, sich bis auf drei Tagesmärsche der griechischen Küste zu nähern. Für persische Schiffe wurde in der Ägäis

---

[100] Wir werden uns im Unterkapitel 2.11, das sich im Kern mit dem sogenannten Kassandra-Syndrom beschäftigt, noch einmal der Bergpredigt zuwenden. Unsere Kernfrage dazu lautet, warum grundlegende Regeln zum weltumspannenden friedlichen Miteinander – zum alternativlosen Erfordernis und zum Wie der Umsetzung – wie sie in der Bergpredigt moralisch normiert worden sind, auch 2.000 Jahre nach deren Verkündigung ungehört bleiben.
[101] https://www.hellenicaworld.com/Greece/Person/de/KalliasII.html, Zugriff am 04. November 2023.

eine Sperrzone festgelegt, in die sie nicht vordringen durften. Athen verpflichtete sich, den Besitzstand des Perserreichs zu respektieren.

## 2.5 Mittelalter (300/600 – 1500)

Mittelalter – diese Epoche steht bei den meisten Menschen für Dunkelheit, Krieg, Zerstörung und Seuchen. Nach den prosperierenden für hohes zivilisatorisches Niveau stehenden Riesenreichen der Antike quasi ein Rückfall in die „Steinzeit".

Aber das ist nur die halbe Wahrheit. Das Mittelalter steht auch für das Erblühen der Städte, für die Gründung der ersten Universitäten in Paris, Bologna oder Oxford, für den Aufstieg von Handel und Handwerk und für viele technische Erfindungen zur Verbesserung der Produktivität: Wind- und Wassermühlen, Räderpflug, Kummet, Hufeisen, Spinnrad und der Trittwebstuhl.[102]

Die Kreuzzüge und der Hundertjährige Krieg sind Symbole für die schwarze Seite des Mittelalters. Die Produktion von Kriegswaffen wurde in genau dieser Epoche zum ersten Mal in der Menschheitsgeschichte industrialisiert. Dafür stehen die Erfindung des Schießpulvers und der Feuerwaffen. Ein unheilvoller Quantensprung. Manifestiert auch durch einen neuen Begriff: *Waffenschmiede*.[103]

„Geachtet wegen ihres kunstvollen und zudem privilegierten Handwerks zogen *Waffenschmiede* von Dienstherr zu Dienstherr und verkauften ihre Leistungen. Vor großen Feldzügen wurden Waffen in großen Mengen benötigt und von Waffenschmieden in regelrechten Fertigungsketten

---

[102] https://www.planet-wissen.de/geschichte/mittelalter/leben_im_mittelalter/index.html, Zugriff am 17. Juni 2024.
[103] https://mittelalter.fandom.com/de/wiki/Schmied, Zugriff am 17. Juni 2024.

hergestellt. So arbeiteten Verhüttung und Eisenerzeugung, Schmiede und Schleiferei Hand in Hand."[104]

Der mittelalterliche Terminus hat bis heute Bestand. Er steht aber längst nicht mehr für handwerkliche Fertigungsketten, sondern für Großkonzerne. Wohl jeder kennt noch aus dem Geschichtsunterricht den „Kanonenkönig Krupp". Der in Essen beheimatete Konzern war zu Zeiten des Ersten Weltkriegs die weltweit größte *Waffenschmiede* und erzielte märchenhafte Profite und traurige Berühmtheit, weil er seine Kanonen an beide großen Kriegsparteien zugleich verkaufte.[105]

Krupp – jetzt Thyssen Krupp – gehört auch heute zu den ganz Großen der Branche. Im Ranking der deutschen Rüstungsunternehmen steht der Konzern an Platz drei. Davor Airbus und Rheinmetall, danach Kraus-Maffei Wegmann und Diehl.[106] Letztgenannter international aufgestellter Konzern hat seinen Sitz in Nürnberg. Die Stadt war neben Augsburg schon im Mittelalter ein Rüstungsstandort von Weltgeltung. Diese doch eher traurige Tradition hat Deutschland gewahrt. Im Weltranking der Rüstungsexporteure steht es aktuell mit einem Anteil von 5,6 Prozent am Gesamtvolumen des Waffenexports auf Platz fünf.

## Was die Epoche aus der Perspektive der Weckrufe grundsätzlich prägt

Aus europäisch-asiatischer Perspektive ist das Mittelalter ein Zeitalter ständiger Kriege mit hunderttausenden Toten und gewaltigen Zerstörungen. Markant sind die Hunnenkriege unter König Attila (441–453), bei denen die zentralasiati-

---

[104] Ebenda

[105] https://www.handelsblatt.com/politik/international/krupp-im-ersten-weltkrieg-kanonen-fuer-die-front/6480140.html, Zugriff am 18. Juni 2024

[106] https://www.produktion.de/schwerpunkte/ruestungsindustrie/das-sind-die-10-groessten-deutschen-ruestungsunternehmen-236.html, Zugriff am 18. Juni 2024

schen Reiterkrieger bis weit nach Westen vorstießen. Für die Expansion der Hunnen sollen Dürren in deren Siedlungsgebieten an der Donau die entscheidende Ursache gewesen sein.[107] Die Expansion begann um 350 und gilt auch als Völkerwanderung. Die germanischen Stämme, Vandalen, Westgoten, Goten, waren hoffnungslos unterlegen und flohen Richtung Rom. Für die Epoche stehen auch die Kreuzzüge, die sich zwischen 1095 bis 1291 in erster Linie gegen islamistische Länder im Nahen Osten richteten.

Zwischen 1237 bis 1240 eroberten die Mongolen unter Batu Khan die Fürstentümer des Rus. Diese Invasion wird auch als Mongolensturm bezeichnet.[108] Erobert wurden damals sehr bedeutende Städte wie Susdal, Wladimir, Rjasan und Kiew.

Ab 1300 begann die Ausbreitung des Osmanischen Reiches. Ein markanter Höhepunkt war die Schlacht auf dem Amselfeld 1384 mit dem Sieg der Türken über Serbien und Bosnien.

1303 beginnt eine klimatisch bedingte Kaltzeit[109] mit sintflutartigem Regen und Überschwemmungen, Missernten und tausenden Hungertoten in Europa.[110]

Der sogenannte „Hundertjährige Krieg" (1337–1453) begründete die Eigenstaatlichkeit von Frankreich und Großbritannien. Er steht aber auch – makaber und zynisch – für die immer bessere „Fähigkeit" des modernen

---

[107] Peters, U, Die Germanen. Geschichte in Lebensbildern, marix Verlag, Wiesbaden, 2014, S. 23.

[108] Frankopan, Peter, a. a. O., S. 407 f.

[109] A. a. O., S. 374 f.

[110] „Es ergossen sich nämlich vom Himmel Regenmassen, Wasser brach aus der Erde hervor, Flüsse zerstörten die Dämme, Quellen und Gießbäche strömten aus der Erde, die Flüsse erhoben ihre Wasser, so dass sie über ihre Ufer traten, nicht nur die Saaten und viele Pflanzen auf den Feldern, sondern auch die Äcker selbst und die Wege vernichteten." Vgl. Curt Weikinn: Quellentexte zur Witterungsgeschichte Mitteleuropas von der Zeitwende bis zum Jahre 1850. In: Hydrographie, 1: Zeitwende bis 1500, Berlin 1958, S. 210, zit. nach Hans-Rudolf Bork u. a.: Landschaftsentwicklung in Mitteleuropa. Wirkungen des Menschen auf Landschaften (Perthes Geographie Kolleg). Gotha 1998, S. 243.

## 2 Die Chronik der dokumentierten Weckrufe …

Homo sapiens, in immer größeren Dimensionen zu töten: Mit dem Einsatz schwerer Artillerie wurde die Schlacht von Castillon im Jahr 1453 zur ersten kriegerischen Auseinandersetzung, die durch den Einsatz von Schießpulver entschieden wurde. Frankreich besiegte am Ende des Hundertjährigen Krieges die Engländer, die damit außer Calais alle Gebiete auf dem Festland verloren.

Prägend für die Epoche waren auch das starke Wachstum der Bevölkerung[111] und eine deutliche Zunahme der der Städte.[112] Die immer größeren Dimensionen der wirtschaftlichen Betätigung manifestierten sich in der Zerstörung natürlicher Ressourcen und zunehmender Umweltverschmutzung.

Im Jahr 1347 brachten Handelsschiffe aus dem Reich der Mongolen den Erreger der Pest nach Europa. Ihm fielen in den folgenden fünf Jahren 25 Millionen Menschen zum Opfer, rund ein Drittel der damaligen Einwohner des Kontinents. Erst 500 Jahre später wurde der „Schwarze Tod" endgültig besiegt. Die Pandemie gilt auch aus heutiger Perspektive als die größte in der gesamten Menschheitsgeschichte.[113] Am Corona-Virus starben im Vergleich dazu von 2020 bis 2023 weltweit 7 Millionen Menschen.[114]

---

[111] Wirtschaftliche Expansion, landwirtschaftliche Produktion und Bevölkerungswachstum in vielen Teilen Asiens, Afrikas, Nord- und Südamerikas und Europas. Dort nahm die Bevölkerung zwischen 800 und 1200 sehr stark zu. Frankopan, Peter: Zwischen Erde und Himmel, Rowohlt Berlin Verlag GmbH, 2023, S. 390 f.

[112] Die Zahlen liegen nur für größere Städte vor: Paris etwa 200.000, London 50.000, Venedig, Mailand um 100.000. Großräumiges Abholzen von Wäldern zugunsten landwirtschaftlicher Flächen, für Brenn, Köln etwa 35.000, Einwohnermaterial im Handwerk für Hausbau, Schiffen, Heizmaterial, vgl. Jankrift, Kay Peter: Brände, Stürme, Hungersnöte. Katastrophen in der mittelalterlichen Lebenswelt, Stuttgart, 2003.

[113] https://www.nationalgeographic.de/geschichte-und-kultur/2022/06/der-schwarze-tod-ursprung-der-pest-aufgedeckt, Zugriff am 28. April 2024.

[114] https://www.zeit.de/wissen/gesundheit/corona-zahlen-europa-weltweit-aktuell-karte, Zugriff am 28. April 2024.

## Entdeckungen:

- 1492 Entdeckung Amerikas durch Christopher Kolumbus, Beginn kolonialer Ausbeutung und Zerstörung einheimischer Hochkulturen in Südamerika[115]

## Erfindungen:

- 1390: erste deutsche Papiermühle [116]
- 1450: Johannes Gutenberg erfindet den Buchdruck und druckt als erstes die nach ihm benannte Gutenberg-Bibel[117]
- Leonardo da Vinci (1452–1519): italienischer Maler, Bildhauer, Architekt, Anatom, Mechaniker, Ingenieur und Naturphilosoph. Er gilt als einer der berühmtesten Universalgelehrten aller Zeiten und war auch ein genialer Erfinder. Zugeschrieben werden ihm der Panzer, das Schaufelradboot und der Hubschrauber.[118]

---

[115] Sechzig Jahre nach seiner ersten Landung auf dem heutigen Haiti von rund 300.000 Menschen der ursprünglichen Bevölkerung wenige Hundert verblieben. 98 Prozent der Bäume vernichtet. Vgl. https://www.linksnet.de/artikel/48067, Zugriff am 06. Oktober 2023.

[116] 1450 bereits zehn Papiermühlen in Deutschland; mit dem Buchdruck stieg die Nachfrage nach Papier stark an; weil das italienische Papier um zwei Drittel billiger war als Pergament, druckte Gutenberg 150 seiner 180 Bibeln auf Papier, https://www.planet-wissen.de/technik/werkstoffe/papier/index.html, Zugriff am 12. Oktober 2023.

[117] Bis 1500 waren in Deutschland 265 Druckorte entstanden, davon 62 auf deutschsprachigem Gebiet. Nach Schätzungen 27.000 bis 40.000 Ausgaben mit insgesamt etwa 10 Mio. Exemplaren.
Vgl. Janzin, Marion, Güntner, Joachim: Das Buch vom Buch, Schlütersche Verlagsgesellschaft mbH& Co. KG, Hannover, 2007, S. 119.

[118] Ludovico Sforza im Jahr 1481, ein Herzog aus Mailand, brauchte für seine Streitigkeiten mit der Republik Venedig neue Kriegsmaschinen. Da Vinci ließ Sforza in einem Bewerbungsschreiben von seinen Erfindungen in der Militärtechnik wissen. So kam es dazu, dass Sforza da Vinci mit dem Bau von Kriegsmaschinen beauftragte, darunter auch den ersten Panzer, Explosivstoffe, wassergekühlte Läufe, Schrappnellmörser, vgl. Roeck, B., Leonardo der Mann, der alles wissen wollte. Biografie, Verlag C.H.Beck, München, 2019, S. 143.

## 2 Die Chronik der dokumentierten Weckrufe …

- Brille (um 1300): erste Sehhilfe durch Prisma, Linsen und geschliffenes Glas[119]
- Martin Behaim: 1492/93 erster Globus, gebaut in Nürnberg, allerdings noch ohne Amerika, das zu dieser Zeit bekanntlich noch gar nicht entdeckt war
- Um 1510 mit der Taschenuhr der erste tragbare Zeitmesser, das sogenannte „Nürnberger Ei"

## Dokumentation der Weckrufe (Mittelalter)

**Das wichtigste Ereignis für die Akzeptanz und Verbreitung der Weckrufe zur existenziellen Bedrohung der Menschheit**

### Weckruf: Erfindung des Buchdrucks

**Wer?**
Johannes Gutenberg (um 1400 –1468)

**Wann?**
1450

**Wo?**
Mainz

**Wie der Weckruf wirkte und wirkt?**
Wir haben die Erfindung des Buchdrucks in unsere Chronik aufgenommen, obwohl sie im eigentlichen Sinne kein Weckruf ist. Aber sie war eben nicht nur eine Revolution in der Buchproduktion. Denn Vervielfältigung, das war bis zu diesem Zeitpunkt das Abschreiben von Hand, im Regel-

---

[119] https://events.unifr.ch/gouters/de/askascientist/erfindmittelalter.html, Zugriff am 20. April 2024.

fall Lebenswerk und -zweck von Mönchen, die hinter ihren Klostermauern dieser Tätigkeit nachgingen.

Nach Einführung des Buchdrucks konnte jeder Weckruf massenhaft verbreitet werden – eine unabdingbare Voraussetzung für ihre Kenntnisnahme.

Gutenbergs Buchdruck breitete sich schnell in Europa und später in der ganzen Welt aus.

Der Erfinder setzte seine bahnbrechende Innovation erstmals mit dem Druck der Gutenberg-Bibel um, ein Meilenstein für die Verbreitung des Christentums.

Aus heutiger Sicht gehört die Erfindung des Buchdrucks zu einer der wichtigsten Erfindungen in der Geschichte der Menschheit. Sie war ein Quantensprung der Zivilisation, denn nun war Wissen für alle grundsätzlich möglich. Praktisch sieht das noch deutlich anders aus. Die Chancengerechtigkeit steht in vielen Ländern nur auf dem Papier.

1997 wurde Gutenbergs Buchdruck vom US-Magazin *Time* zur bedeutendsten Erfindung des zweiten Jahrtausends gewählt. 1999 kürte das amerikanische A&E Network den Mainzer zum „Mann des Jahrtausends".[120]

## Der wichtigste Weckruf zur ökologischen Bedrohung

### Weckruf: Die apokalyptischen Reiter

Sammlung von Holzschnitten zuerst mit dem deutschen, kurz danach mit dem lateinischen Text der Johannes-Offenbarung.[121] Die 15 Blätter folgen diesem Text und stehen als Vorboten des nahenden Weltuntergangs.[122]

---

[120] https://www.stern.de/panorama/wissen/johannes-gutenberg--seine-beweglichen-lettern-machten-wissen-fuer-alle-zugaenglich-30476280.html, Zugriff am 06. Juni 2024.

[121] Druckwerk mit 15 Holzschnitten.

[122] https://www.ziereis-faksimiles.de/faksimiles/albrecht-duerer-die-apokalypse, Zugriff am 15. September 2023.

## 2 Die Chronik der dokumentierten Weckrufe ...

**Wer?**
Albrecht Dürer (1471–1528)

**Wann?**
1498

**Wo?**
Nürnberg

**Wie der Weckruf wirkte und wirkt?**
Die Holzschnitte[123] hatten neben ihrer künstlerischen Qualität vor allem deshalb so großen Erfolg, weil sie genau den Zeitgeist trafen. In einer von Endzeiterwartungen geprägten Periode mit schlimmen Katastrophen wie Pestepidemien, Kriegen, politischen und religiösen Umwälzungen war das Interesse an apokalyptischen Themen groß. Aufgrund der für damalige Zeiten hohen Auflage sind noch etliche Exemplare des Offenbarungszyklus erhalten.

**Was sonst noch wichtig ist**
Mit seinen apokalyptischen Reitern wurde Dürer weit über die Grenzen seiner Heimatstadt bekannt. Der Zyklus verschaffte ihm bis an sein Lebensende beträchtliche Einkünfte. Ab 1515 stellte er wegen der großen Nachfrage professionelle Formschneider ein. Der Vertrieb der Grafiken lag in Dürers Eigenregie. Sogenannte „Reisediener" verkauften die Drucke beispielsweise auf Messen.

---

[123] Dürer hatte das große Format gewählt, weil er erkannte, dass Visionen, die das ganze Zeitalter erregten und mit deren Verwirklichung gerechnet wurde, sich auch äußerlich großartig zu manifestieren haben. Vgl. Musper, Heinrich Theodor: Albrecht Dürer, Du Mont Verlag, Köln, 2003, S. 32.

## Der wichtigste Weckruf zur militärischen Bedrohung

## Weckruf: Aufruf zum Kreuzzug von Papst Urban II.

**Wer?**
Papst Urban II, (gest. 29. Juli 1099)

**Wann?**
27. November 1095

**Wo?**
Clermont

**Wie der Weckruf wirkte und wirkt?**
Nach dem Aufruf zum Kreuzzug gegen die Moslems zur Befreiung der heiligen Stätten Jerusalems folgten Jahrhunderte der Zerstörung im Namen des christlichen Glaubens.[124] Von 1091 bis 1296 forderten die Kreuzzüge rund eine Millionen Tote.

Der päpstliche Ruf zu den Waffen erforderte eine theologische Neubewertung des Krieges. Diese war vom Denken des Augustinus (354 –430) geprägt: Für ihn waren weltliche Macht und kriegerische Gewalt in der post-paradiesischen Welt ein notwendiges Übel, aber immer sündhaft. Ein Krieg sei gerecht, wenn er zur eigenen Verteidigung oder zur Befreiung eines unschuldig in Not Geratenen geführt wird. Für Augustinus gehörte dazu die Befreiung des Heiligen Landes.[125]

---

[124] Ausspruch Arnaud Amaury, Beauftragter von Papst Innozenz III. bei der Schlacht bei Beziers am 21.07.1209, „Caedite eos. Novit enim Dominus qui sunt eius." Zuschreibung von Caesarius von Heisterbach: Dialogus miraculorum, *distinctio V, capitulum XXI*. „Tötet sie. Der Herr wird die Seinen schon erkennen.", Zugriff am 22. September 2023.

[125] https://www.kath.ch/newsd/urban-ii-der-erfinder-der-kreuzzuege/, Zugriff am 22. September 2023.

**Was sonst noch wichtig ist**
Für die große Akzeptanz des Aufrufs zu den Kreuzzügen war der versprochene Ablass für begangene Sünden maßgeblich.

## Weitere Weckrufe zur militärischen Bedrohung

### Weckruf: Das Trompetensignal von Hejnal

In Krakau war es Brauch, dass der Stadtwächter von dem höheren Turm der Marienkirche in Krakau mit einem Trompetensignal, dem Hejnał, das Zeichen zum Öffnen oder zum Schließen der Stadttore gab und die Einwohner vor Gefahren warnte. Im Jahr 1241 näherten sich die Tataren der Stadt. Der Wächter bemerkte das und schlug Alarm, so dass die Einwohner die Stadttore noch rechtzeitig schließen konnten. Sein Signal konnte er jedoch nicht zu Ende spielen, weil er von einem Tatarenpfeil durchbohrt wurde. Zur Erinnerung an dieses Ereignis bricht bis heute die Melodie immer an der Stelle ab, an welcher der mutige Stadtwächter vor vielen Jahrhunderten beim Warnen vor der Gefahr getötet wurde.[126]

**Wer?**
Unbekannter Turmwächter

**Wann?**
1241

**Wo?**
Krakau

---

[126] https://visitmalopolska.pl/de/-/hejnal, Zugriff am 04. Mai 2024.

### Wie der Weckruf wirkte und wirkt?
Die wiederholten Einfälle der Mongolen in Europa verwüsteten ganze Landstriche und Städte.

1238 zerstörten die Mongolen Moskau, 1241 schlugen sie ein deutsch-polnisches Heer in der (ersten) Schlacht bei Liegnitz.

## Weckruf: Lehre vom gerechten Krieg (bellum iustum)

### Wer?
Thomas von Aquin (ca. 1225 –1274)

### Wann?
Zwischen 1266 und 1273

### Wo?
Italien

### Wie der Weckruf wirkte und wirkt?
Thomas von Aquin entwickelte eine Lehre vom gerechten Krieg. Danach ist es zulässig, sich vor einem militärischen Angriff mit militärischen Mitteln zu verteidigen: Theorie des gerechten Krieges.

Thomas von Aquin definierte Bedingungen des gerechten (gerechtfertigten) Krieges, die nur so weit erlaubt und gerecht seien, wie sie „die Armen und den ganzen Staat vor den Anschlägen der Feinde schützen" (Verteidigungskrieg). Sie müssen so geführt werden, dass sie zum Frieden führen. Dazu gehört die Einhaltung von Verträgen mit dem Feind. Geheimhaltung und Kriegslisten waren ausdrücklich erlaubt.[127]

---

[127] https://www.uni-muenster.de/imperia/md/content/philosophischesseminar/mitglieder/siep/seminar/gerechterkrieg/gerechterkrieg.pdf, Zugriff am 04. Mai 2024.

Seit dem frühen Mittelalter gab es Bemühungen, friedensorientierte Rechtsnormen aufzustellen und Rechtsinstrumente wie das Fehderecht zu entwickeln, um Konflikte einzudämmen, Verbrechen zu verhindern und die Eskalation von Streitfällen zu Kriegen von vornherein zu vermeiden. Ab dem 14. Jahrhundert nahm der Begriff „kriec" die klassisch-antike bzw. moderne Bedeutung an.[128]

Wolfram von Eschenbach großartiges Epos „Willehalm" ist ein Beispiel für die zunehmenden Kritik an der Kreuzzugspolitik. Diese verlor in Europa ab 1200 zunehmend an Unterstützung.[129]

## 2.6 Neuzeit (1500–1914)

**Kurzcharakteristik der Epoche**

Mit dem 16. Jahrhundert beginnt die als Neuzeit bezeichnete historische Epoche, die an das Mittelalter anschließt. Als Ereignisse, die den Übergang zur Neuzeit markieren, gelten die Eroberung des Byzantinischen Reichs durch die Türken 1453, die Erfindung des Buchdrucks um 1455, die Entdeckung Amerikas 1492, womit das Zeitalter des europäischen Kolonialismus begann, die Vertreibung des Islam aus Europa durch die spanische Reconquista 1492, Luthers Thesenanschlag zu Wittenberg 1517.

---

[128] Semantisch Unterscheidung klassisch-lateinisch bellum, d. h. dem von einer staatlichen Autorität dirigierten und von einem Staatsganzen getragenen militärischen Unterfangen, und mittelhochdeutschen kriec bzw. dem mittellateinischen guerra als Streit, Kampf mit der Waffe, kriegerischer Konflikt zwischen zwei Männern, d. h. meistens zwei Rittern oder Herrschaften, differenziert werden. „Friede und militärische Gewaltanwendung zumindest bis zum Ende des 15. Jahrhunderts kein ausschließliches Gegensatzpaar bilden konnten", weil „kein staatliches Gewaltmonopol existierte", Hohmann, Stefan: Friedenskonzepte. Die Thematik des Friedens in der deutschsprachigen politischen Lyrik des Mittelalters, Köln/Weimar/Wien 1992 (Ordo 3), S. 445 f.

[129] https://www.academia.edu/111926173/Krieg_im_Mittelalter_und_seine_Kritik_in_literarischen_Werken_des_deutschsprachigen_Raumes?uc-g-sw=42913029, Zugriff am 04. April 2024.

Der Sieg des Bolschewiki in Russland 1917 bildet die Periodengrenze zwischen der Neueren Geschichte und der Neuesten Geschichte.[130]

Das 17. Jahrhundert war in Europa von Kriegen um religiöse und dynastische Konflikte mit dem Dreißigjährigen Krieg als Höhepunkt geprägt. Er verwüstete und entvölkerte den Kontinent.[131] Die mittelalterliche Feudalordnung löste sich weiter auf, Nationalstaaten wurden souverän und die deutsche Kleinstaaterei entstand. Auf die zweite türkische Belagerung von Wien reagierte das „Christliche Abendland" mit einer großen militärischen Koalition.

Durch die Schaffung und den Ausbau von Kolonialreichen errang Europa im 18. Jahrhundert Vorrangstellung in der Welt. Großbritannien war am mächtigsten mit seiner Vorreiterrolle im Welthandel und der Industrialisierung. Durch die Vernetzung Europas mit der Welt hatten europäische Konflikte vielfach weltweite Auswirkungen. Europäische Handelsgesellschaften spielten im globalen Handel eine große Rolle, wobei es ihnen gelang, regional oder sektoral Handelsmonopole mit Waffengewalt aufzubauen und zu verteidigen. Das 19. Jahrhundert war geprägt durch einen globalen Wandel, dessen Umfang, Tiefe und Dynamik keine historische Periode zuvor erlebt hatte; den Beginn der Moderne. Unter dem Einfluss der Ideen der Französischen Revolution erstritt das Bürgertum größere wirtschaftliche und gesellschaftliche Freiheiten; Verfassungen wurden eingeführt, die die Rechtsbeziehung zwischen Bürger und Staat definiert. Politische Parteien wurden gegründet und Ideologien formuliert.

---

[130] https://www.wissen-digital.de/Neuzeit, Zugriff am 15. Dezember 2023.
[131] Vgl. https://www.ieg-ego.eu/de/threads/buendnisse-und-kriege/krieg-1450-1789, Zugriff am 14. November 2023.

## Was die Epoche aus der Perspektive der Weckrufe grundsätzlich prägt

- Mit dem Beginn der Industrialisierung beginnt auch die globale Umweltzerstörung Die zweite Hälfte des 16. Jahrhunderts wird von extremen Kälteperioden geprägt, wobei der Winter des Jahres 1573 der kälteste Winter des Jahrhunderts war.[132] Die klimatischen Bedingungen auf dem Höhepunkt der kleinen Eiszeit führten zu Ernteausfällen, denen Hungersnöte und Seuchen folgten.[133]
- Zerstörerische kriegerische Konflikte durch die Spaltung der Christenheit Europas im Zuge der Reformation. Weitere Kriege gab es im Zuge der Ausdehnung des Osmanischen Reiches um das Mittelmeer zu einer Großmacht mit mehrheitlich muslimischer Bevölkerung.
- Es entstehen im 16. und 17. Jahrhundert koloniale Weltreiche mit den Kolonialmächten Spanien, Portugal, England, Niederlande und Frankreich. Damit wurden die Industrialisierung deutlich befördert.
- Nach zahlreichen europäischen Kriegen begann sich ein Gleichgewicht von fünf europäischen Großmächten zu formen, das bis zum Ersten Weltkrieg Europa prägte. Entstehung von Nationalstaaten.
- Die Epoche der Aufklärung ist eine Zeit des Umbruchs und des neuen Denkens. Blinder Glaube an religiöse Dogmen wird durch rationales Denken ersetzen. Das

---

[132] Mauelshagen, Franz: Klimageschichte der Neuzeit, 2010, Wissenschaftliche Buchgesellschaft, Darmstadt, S. 65.
[133] Während der Kleinen Eiszeit traten häufig sehr kalte, lang andauernde Winter und niederschlagsreiche, kühle Sommer auf. Mitte des 17. Jahrhunderts und auch bis zur Mitte des 19. Jahrhunderts drangen in den Alpen zweimal die Gletscher vor und zerstörten Gehöfte und Dörfer, Waldinger, M., Wintersteller. F. Studie Wirtschaftliche Effekte langfristigen Klimawandels: Lehren aus der Kleinen Eiszeit https://Studie www.ifo.de/DocDL/sd-2022-05-waldinger-klimawandel-kleineeiszeit.pdf, Zugriff am 11. Dezember 2023.

sind entscheidende Voraussetzungen für Revolutionen in Wissenschaft und Technik.

### Ereignisse

- 1525 Bauernkriege
- 1541 Reformation in Genf durch Calvin:
- 1545 –1563 Konzil von Trient. Beginn Reform der der katholischen Kirche und Gegenreformation (1558 –1603)
- 1618 –1648 Dreißigjähriger Krieg
- 1648 Westfälischer Friede in den Städten Münster und Osnabrück
- um 1750 Beginn der industriellen Revolution
- 1815 Niederlage Napoleons in der Schlacht von Waterloo
- 1825 Eröffnung der ersten öffentlichen Eisenbahn in England, die neben Gütern erstmals auch Personen beförderte
- 1871 Gründung des Deutschen Reiches

### Entdeckungen

- Nikolaus Kopernikus, 1473 –1543, revolutioniert das Weltbild: die Erde befinde sich nicht im Mittelpunkt des Weltalls, sondern bewegt sich um die Sonne herum[134]
- 1498: Vasco da Gama Entdeckung Indiens

---

[134] Kopernikus über die Kreisbewegungen der Weltkörper heliozentrische Weltbild zeigt die Erde als „gewöhnlichen" Planeten und die Menschen ohne einzigartige Rolle der Mitte des Universums. Das widersprach der kirchlichen Weltanschauung und bedrohte die Vormachtstellung der Kirche in der Gesellschaft. Kopernikus behielt seine Forschungen über 30 Jahre lang für sich. Erst kurz vor seinem Tod veröffentlichte er seine Manuskripte als Buch namens „Über die Kreisbewegungen der Weltkörper". Die Kirche bezeichnete das Werk von Kopernikus als Ketzerei, Martin Luther nannte Kopernikus einen Narren. Jahre später wurde Galileo Galilei verhaftet, von der Kirche unter Hausarrest gestellt und gezwungen zu sagen, die Erde bewege sich nicht. 1616 setzt der Papst das Werk auf den Index der verbotenen Bücher. Erst 1835 wurde es von der katholischen Kirche wieder freigegeben, https://www.planet-wissen.de/natur/weltall/sonne/sonne-nikolaus-kopernikus-100.html, Zugriff am 15. Oktober 2023.

## 2 Die Chronik der dokumentierten Weckrufe …

- 1606: Johannes Kepler entdeckte die Gesetzmäßigkeiten, nach denen sich Planeten um die Sonne bewegen und stellt das kirchliche Weltbild infrage[135]
- 1820: François Arago (1786–1853): Entdeckung der Magnetisierung von Eisen durch einen stromdurchflossenen Leiter
- 1831: Joseph Henry (1797–1878) entdeckt unabhängig von Faraday die elektromagnetische Induktion und baut den ersten Elektromotor
- 1863: John Tyndall (1820–1893) weist auf die Möglichkeit des anthropogenen Treibhauseffektes hin
- 1896: Antoine Henri Becquerel (1852–1908) entdeckt die Radioaktivität

### Erfindungen

- Galileo Galilei, 1564–1642, entwickelt die Methode, die Natur durch die Kombination von Experimenten, Messungen und mathematischen Analysen zu erforschen, und wurde damit einer der wichtigsten Begründer der neuzeitlichen exakten Naturwissenschaften
- 1510: Peter Henlein erfindet die Taschenuhr, tragbare Zeitmesser – eine Revolution
- 1569: Mercator schuf die Weltkarte mit den wachsenden Breiten. Sie ermöglichte Schiffen den konstanten Kurs und revolutionierte die Seefahrt.
- 1640: Galileo Galilei erfindet die Pendeluhr. Die damit mögliche zuverlässigere Zeitmessung war die Voraussetzung für naturwissenschaftliche und technische Fortschritte.
- 1686: Leibniz, Entwicklung der Endloskette zur Erzförderung im Bergbau
- 1690: Erste Dampfmaschine

---

[135] Am 27. Dezember 1571 in Stuttgart geboren. Er arbeitete als kaiserlicher Hofmathematiker in Prag und fand drei Planetengesetze, die bis heute seinen Namen tragen.

- 1700: Isaac Newton stellt den von ihm entwickelten Spiegelsextanten vor und revolutioniert die Navigation in der Seefahrt
- 1707: Dampfschiff
- 1710: Bohrmaschine
- 1764: Spinnmaschine Spinning Jenny
- 1769: Hochdruckdampfmaschine, James Watt, Schottland
- 1804: Dampflokomotive, Revolution im Transportwesen, Meilenstein der Industrialisierung
- 1855: Das Bessemer-Verfahren ermöglicht die Massenproduktion von Stahl.
- 1879: Thomas Edison erfindet die Glühbirne
- 1895: Wilhelm Conrad Röntgen entdeckt die Röntgenstrahlen. Damit revolutionierte er nicht nur die Medizin.
- 1886: erste Automobile mit Verbrennungsmotor
- 1897: Rudolf Diesel erfindet den nach ihm benannten Motor, der rasch auch große militärische Bedeutung bekommt (Schiffsdiesel, Panzermotoren).
- 1900: Ferdinand Graf von Zeppelin baut das erste Luftschiff

## Dokumentation der Weckrufe (Neuzeit)

### Der wichtigste Weckruf zur ökologischen Bedrohung

### Weckruf: Erschütternde Bilder vom Elend des englischen Proletariats

„Die Lage der arbeitenden Klasse in England" – erster Weckruf zum Zusammenhang von industrieller Revolution und ökologischer Zerstörung der Erde.

**Wer?**
Friedrich Engels (1820 –1895)

## 2 Die Chronik der dokumentierten Weckrufe …

**Wann?**
1845

**Wo?**
England

**Wie der Weckruf wirkte und wirkt?**
Engels beschreibt in seinem Frühwerk sehr detailliert, fast schon naturalistisch, wie der Kapitalismus in seinen Anfängen mit dem neuen Industrieproletariat menschenverachtend umging und nicht zuletzt auch deren Lebensumwelt zerstörte. Stellvertretend dafür stehen die beiden folgenden Zitate:

> „Zu den schlechtesten dieser Städte gehört Bolton, elf Meilen nordwestlich von Manchester gelegen. Wie überall ist der ältere Teil der Stadt besonders verfallen. Ein schwarzes Wasser, von dem man zweifelt, ob es ein Bach oder eine lange Reihe stinkender Pfützen ist. (Es) fließt hindurch und trägt das Seinige dazu bei, die ohnehin nicht reine Luft vollends zu verpesten."[136]

> „In einem ziemlich tiefen Loche … liegen in zwei Gruppen etwa 200 Cottages meist mit gemeinschaftlichen Rückwänden für je zwei Wohnungen, worin zusammen an 4.000 Menschen, fast lauter Iren, wohnen. Die Cottages sind alt, schmutzig und von der kleinsten Sorte, die Straßen uneben, holprig und zum Teil ungepflastert und ohne Abflüsse; eine Unmasse Unrat, Abfall und ekelhafter Kot liegt zwischen stehenden Lachen überall herum, die Atmosphäre ist durch die Ausdünstungen derselben verpestet und durch den Rauch von einem Dutzend Fabrikschornsteinen verfinstert."[137]

---

[136] Engels, Friedrich: Die Lage der arbeitenden Klasse in England, MEW, Dietz, Berlin, 1963.
[137] Engels, Friedrich, a. a. O., S. 292.

Das Thema Umweltzerstörung greift Friedrich Engels auch in seinem 1877 erschienenen „Anti-Dühring" auf:

„Erstes Erfordernis der Dampfmaschine und Haupterfordernis fast aller Betriebszweige der großen Industrie ist verhältnismäßig reines Wasser. Die Fabrikstadt aber verwandelt alles Wasser in stinkende Jauche. Sosehr also die städtische Konzentrierung Grundbedingung der kapitalistischen Produktion ist, sosehr strebt jeder einzelne industrielle Kapitalist stets von den durch sie notwendig erzeugten Städten weg und dem ländlichen Betrieb zu. Dieser Prozess kann in den Bezirken der Textilindustrie von Lancashire und Yorkshire im einzelnen studiert werden; die kapitalistische Großindustrie erzeugt dort stets neue Großstädte dadurch, dass sie fortwährend von der Stadt aufs Land flieht."[138]

„Große Industrie und industriell betriebene große Agrikultur wirken zusammen. Wenn sie sich ursprünglich dadurch scheiden, dass die erste mehr die Arbeitskraft des Menschen, letztere mehr direkt die Naturkraft des Bodens verwüstet und ruiniert, so reichen sich später im Fortgang beide die Hand, in dem das industrielle System auf dem Land auch die Arbeiter entkräftet, und Industrie und Handel ihrerseits der Agrikultur die Mittel zur Erschöpfung des Bodens verschaffen."[139]

Klärwasser, giftige Chemikalien, Düngemittel und andere industrielle Abwässer verseuchten die Flüsse. Die Böden wurden mit Blei, Cadmium und Quecksilber verseucht.[140]

---

[138] Engels, Friedrich: Anti-Dühring, in: MEW, Band 20, Dietz Verlag Berlin, 1975, S. 275 f.
[139] Marx, Karl / Engels, Friedrich: Das Kapital 3, MEW, Bd. 25, Dietz, Berlin 1963, S. 631.
[140] https://www.planet-wissen.de/natur/umwelt/umweltverschmutzung/pwieindustriellerevolutionundumweltverschmutzung100.html, Zugriff am 10. Dezember 2023.

## 2 Die Chronik der dokumentierten Weckrufe ...

Das beste Zeugnis für die Aktualität der Analysen von Marx und Engels zum direkten Zusammenhang von kapitalistischer Produktionsweise und globaler Umweltzerstörung finden Sie im nächsten Kapitel mit unserem (fiktiven) Interview mit Marx, Engels und Papst Franziskus. Die Aussagen von Franziskus gipfeln in folgender Schlussfolgerung:

„Ebenso wie das Gebot ‚du sollst nicht töten' eine deutliche Grenze setzt, um den Wert des menschlichen Lebens zu sichern, müssen wir heute ein ‚Nein zu einer Wirtschaft der Ausschließung und der Disparität der Einkommen' sagen. Diese Wirtschaft tötet."[141]

### Der wichtigste Weckruf zur militärischen Bedrohung

### Weckruf: Zweiter Fenstersturz zu Prag

Der zweite Fenstersturz zu Prag gilt als Auslöser des Dreißigjährigen Krieges. Mit ihm eskalierte der Religionskrieg zwischen Katholiken und Protestanten. Der Konflikt um die Hegemonie im Heiligen Römischen Reich und in Europa begann als Religionskrieg und endete als Territorialkrieg.[142]

**Wer?**
Die überwiegend protestantischen Stände protestieren mit dem Fenstersturz gegen die ständige Verletzung ihrer verbrieften Religionsrechte.

**Wann?**
23. Mai 1618

---

[141] Papst Franziskus: Evangelii gaudium. Die Freude des Evangeliums, Adlerstein Verlag, Wiesmoor, 1. Auflage 2015, These 53, S. 33.
[142] Vgl. Münkler, Heribert: Der Dreißigjährige Krieg, 2017, Rowohlt Berlin GmbH Verlag.

**Wo?**
Prag

**Wie der Weckruf wirkte und wirkt?**
Einer der längsten und blutigsten Kriege in der Menschheitsgeschichte verwüstete große Teile Mitteleuropas. Von ca. 18 Millionen Menschen, die 1618 lebten, verlor ein Drittel ihr Leben.[143] In manchen Gebieten starben zudem bis zu 70 Prozent der Bevölkerung an Hungersnöten und Seuchen. Ganze Landstriche wurden verwüstet und entvölkert. Einige der vom Krieg betroffenen Gebiete haben sich erst nach einem Jahrhundert von den Folgen des Krieges erholt.[144]

Die Bevölkerungszahl der Deutschen ging um ein Drittel zurück, erst im 18. Jahrhundert wurde die Zahl aus dem Jahr 1618 wieder erreicht.[145]

**Was sonst noch wichtig ist**
Der Dreißigjährige Krieg hat vielfältige Spuren in Kunst und Alltagsleben hinterlassen. So im Kinderlied „Maikäfer flieg" mit dem ihm zugeordneten Reim: „Bet, Kinder, bet, / Morgen kommt der Schwed', / Morgen kommt der Ochsenstern, / Der wird die Kinder beten lehren. / Bet, Kinder, bet."

Das Lied steht laut dem Kunsttheoretiker Bazon Brock symbolhaft für eine kollektive Niederlage der Deutschen und blieb im kulturellen Gedächtnis haften.[146]

---

[143] https://www.dreissigjähriger-krieg.de/opfer.html, Zugriff am 11. Dezember 2023.

[144] Vgl. Schmidt. Georg: Die Reiter der Apokalypse. Geschichte des Dreißigjährigen Krieges, München, 2018, S. 672.

[145] Der Kaiser Ferdinand II. nimmt wegen Geldmangels für den Krieg Wallensteins Angebot an, auf eigene Kosten durch Kontributionen eine Armee aufzustellen. Unter dem Motto „Der Krieg ernährt den Krieg" zwingt Wallenstein alle Bewohner der Gebiete, durch die seine Armee kommt, zu zahlen. Davor trugen die Kriegsherren die Kosten des Krieges und die Bevölkerung musste Naturalien liefern. Vgl. Münkler, Heribert: Der Dreißigjährige Krieg, Rowohlt Berlin GmbH Verlag, 2017, S. 280 f.

[146] Lotta Wieden: Altes Kinderlied. Maikäfer, flieg! In: FAZ. 12. April 2015, https://www.faz.net/aktuell/gesellschaft/altes-kinderlied-maikaefer-flieg-13522509.html, Zugriff am 12. November 2023.

## Weckrufe zur ökologischen Bedrohung

### Weckruf: Nostradamus' apokalyptische Prophezeiungen von Ereignissen in der Zukunft

**Wer?**
Nostradamus (1503–1566)[147]

**Wann?**
1555

**Wo?**
Frankreich

**Wie der Weckruf wirkte und wirkt?**
Ein Ereignis, das Nostradamus 1555 in Vers 35 seiner ersten Centurie vorausgesagt haben soll, machte ihn berühmt. 1559 kam bei einem Turnier mit Pferd und Lanze König Heinrich II. ums Leben.

Nostradamus wurde mit seinen Vorhersagen reich. In der Nacht auf den 02. Juli 1566, als wieder die Sterne über dem französischen Städtchen Salon funkeln, verstirbt der „König der Propheten" – anderthalb Jahre früher, als er selbst vorhergesagt hatte.[148]

Nostradamus hat auch für das Jahr 2024, in dem wir an diesem Buch schreiben, Voraussagen getroffen: „Die tro-

---

[147] Nostradamus 1555: *„Was mir durch Gottes Wesenheit und astronomische Konstellationen zur Kenntnis gebracht wurde, soll zum allgemeinen Nutzen der Menschheit werden … Man muss auch in Betracht ziehen, dass die Ereignisse letztlich ungewiss sind und dass alles regiert und verwaltet wird von der unbegreiflichen Macht Gottes."* https://www.bistum-trier.de/glaube-und-seelsorge/glaube-im-dialog/weltanschauungen-sekten/m-article/Nostradamus-und-seine-okkulten-Prophezeiungen/, Zugriff am 04. April 2024.
[148] https://www.stern.de/lifestyle/nostradamus--der-schwarzseher-3511486.html, Zugriff am 04. April 2024.

ckene Erde wird noch dürrer werden, und es wird große Überschwemmungen geben."[149]

Die Geschäfte mit den Prophezeiungen liefen weit über den Tod des „Propheten" hinaus sehr gut. Im 17. Jahrhundert gab es Neuausgaben des Nostradamus, die mit der Jahreszahl seines Todes – 1566 – datiert wurden.

## Weckruf: Kommunistisches Manifest: „Proletarier aller Länder, vereinigt euch!"

Aufruf zur Beseitigung einer Gesellschaftsformation, dem Kapitalismus, dessen Existenz und Entwicklung die Zerstörung der menschlichen Lebensbedingungen und der natürlichen Ressourcen der Erde zur Bedingung hat. Die bisherige Menschheitsgeschichte wird als Geschichte von Klassenkämpfen gesehen. Das ist im Kapitalismus der Kampf zwischen Bourgeoisie und Proletariat.[150]

### Wer?
Karl Marx (1818 –1883)
Friedrich Engels (1820 –1895)[151]

### Wann?
21. Februar 1848

### Wo?
England

---

[149] https://www.hna.de/welt/prophet-weltuntergang-nostradamus-vorhersagen-2024-prophezeiung-zr-92752996.html, 12. April 2024.

[150] Marx, Karl, Engels, Friedrich: Manifest der Kommunistischen Partei, Dietz Verlag Berlin, 1981, S. 83.

[151] Beide schließen sich 1847 dem „Bund der Gerechten", dem späteren „Bund der Kommunisten" an. Ein loser, unbedeutender politischer Zusammenschluss, der größtenteils aus emigrierten Künstlern und Intellektuellen bestand. Beiden 1847 den Auftrag, jenem ein Parteiprogramm zu schreiben. Nach dem auf einem Kongress Ende 1847 beschlossenen Grobentwurf erscheint dieses bereits im Februar 1848 unter dem Titel „Manifest der kommunistischen Partei".

## 2 Die Chronik der dokumentierten Weckrufe …

**Wie der Weckruf wirkte und wirkt?**
Entlarvung der zerstörerischen Rolle des Kapitals, das Kriege anzettelt und Umwelt für Profit zerstört. Die im Manifest und weiteren Schriften zu lesende Fundamentalkritik am Kapitalismus war immer auch eine systematische Kritik an der Umweltzerstörung. Die Analyse des Kapitalismus erweist sich als zentraler Ansatzpunkt, um die aktuelle Klimakatastrophe zu verstehen und angemessen zu handeln.[152]

Das Manifest hatte großen Einfluss auf die in der zweiten Hälfte des 19. Jahrhunderts entstehenden Massenbewegungen des Proletariats. Es kam überall zur Gründung von Parteien und Gewerkschaften. Das Kapital wurde ein Bestseller. Mit fortschreitender Industrialisierung spitzten sich die Konflikte zwischen Kapital und Arbeit, zwischen Eigentümern und Eigentumslosen zu.[153] Die Argumente von Klassenkampf, Entfremdung und Ausbeutung erschienen plausibel.[154]

1871/72 kam das Kommunistische Manifest in das Bewusstsein einer breiten Öffentlichkeit in Deutschland. Die Staatsanwaltschaft legte die Kampfschrift als „Beweismittel" der Anklage im Prozess gegen die prominenten Sozialdemokraten Karl Liebknecht und August Bebel wegen angeblichen Hochverrats vor.

Der Aufruf zum Kampf gegen das Kapital wurde in über 200 Sprachen übersetzt. Die einzige erhaltene erste handschriftliche Seite des Manuskripts wurde 2013 in das UNESCO-Weltdokumentenerbe aufgenommen. Nach

---

[152] https://sozialismus.ch/theorie/2019/theorie-was-marx-ueber-umweltzerstoerung-zu-sagen-hat/, Zugriff am 20. April 2024.

[153] Um 1870 löste eine Streikwelle einen Gewerkschafts-„Gründungsboom" aus. Nach und nach wurden die Gewerkschaften von den Unternehmen als Vertragspartner anerkannt. Und sie erkämpften erste Erfolge: 1871 setzten die Berliner Maurer den Zehn-Stunden-Tag durch. Zwei Jahre später wurde mit dem Allgemeinen Deutschen Buchdruckertarif der erste nationale Tarifvertrag eingeführt. Vgl. https://www.planet-wissen.de/gesellschaft/organisationen/gewerkschaften/gewerkschaften-geschichte-100.html, Zugriff am 20. Dezember 2023.

[154] https://vorwaerts.de/geschichte/warum-marx-und-engels-1848-das-kommunistische-manifest-schrieben, Zugriff am 20. Dezember 2023.

der Bibel mit fünf Milliarden verkauften Exemplaren, den „Worten des Vorsitzenden Mao Tse-Tung" mit einer Milliarde, dem Koran mit 800 Millionen ist das „Kommunistische Manifest" mit 500 Millionen das Buch mit der viertgrößten Auflage weltweit.[155]

Die Autoren dieses Buches halten den Kapitalismus und mithin auch die bürgerliche Demokratie für reformbar. Unser 2022 erschienenes Buch „Mit Kapital die Schöpfung retten" trägt den Untertitel „Es gibt nur *Eine* zweite Chance: Erneuerte soziale Markt- und Kreislaufwirtschaft."

## Weckrufe zur militärischen Bedrohung

### Weckruf: „Ritter, Tod und Teufel"

Ein Kupferstich von Albrecht Dürer, einer der drei „Meisterstiche" des Künstlers.

**Wer?**
Albrecht Dürer (1471 –1528)

**Wann?**
1513

**Wo?**
Deutschland

**Wie der Weckruf wirkte und wirkt?**
In diesem Kupferstich von Albrecht Dürer folgt der Reiter als christlicher Ritter furchtlos dem Weg zu seinem Seelenheil. „Er steht für den aufrechten Christenmenschen, der

---

[155] https://de.statista.com/statistik/daten/studie/1241403/umfrage/top-10-der-meistverkauften-buecher/, Zugriff am 20. Dezember 2023.

sich nicht vor Teufel und Tod im Kampf gegen das Böse fürchtet."[156]

## Weckruf: Die Feldpredigt im deutschen Bauernkrieg

„Es will Gott nicht, dass ihr Fried mit den gottlosen Fürsten machet!" Das ist ein Weckruf für einen gerechten Krieg, für einen Aufstand gegen Unterdrückung und Rechtlosigkeit: „Die Feldpredigt" im Deutschen Bauernkrieg.[157]

Der radikale Reformator Thomas Müntzer hatte sich, anders als Luther, auf die Seite der Bauern geschlagen. Hier der Kernsatz aus einer Predigt auf dem Schlachtfeld bei Frankenhausen am 15. Mai 1525: „Es will Gott nicht, daß ihr Fried mit den gottlosen Fürsten machet!" „Was seind aber die Fürsten? Sie seind nichts dann Tyrannen, schinden die Leut, unser Schweiß und Blut vertön sie mit Hoffieren, mit unnützer Pracht, mit Huren und Buben."[158]

**Wer?**
Thomas Müntzer (1489 –1525)

**Wann?**
15. Mai 1525

**Wo?**
Frankenhausen

---

[156]https://www.karlundfaber.de/de/auktionen/291/druckgrafik/2910320/, Zugriff am 10. November 2023.
[157]Vgl. Goertz, Hans-Jürgen: Thomas Müntzer Revolutionär am Ende der Zeiten, Verlag C.H.Beck, München, 2015, S. 211.
[158]DOKUMENTE AUS DEM DEUTSCHEN BAUERNKRIEG Beschwerden Programme Theoretische Schriften Verlag Philipp Reclam jun. Leipzig 1974 Printed in German Democratic Republic (DDR) 1974, S. 170 – 172.

### Wie der Weckruf wirkte und wirkt?

Der „Bauernkrieg" war die früheste politisch-soziale Massenbewegung im deutschen Sprachraum, mit Tod und Verwüstungen in weiten Teilen Deutschlands.

Die wichtigsten Forderungen lauteten: Aufhebung der Leibeigenschaft, freie Wahl der Pfarrer, bessere Lebensbedingungen, das Recht auf Jagd und Fischfang, Reduzierung der Frondienste.[159] Die Bauern, 80 Prozent der Bevölkerung, finanzierten mit ihren Abgaben den Adel und die Geistlichkeit, waren aber gleichzeitig politisch völlig rechtlos.

„Die mit dem Bauernkrieg verbundenen Ziele und Werte wie Freiheitsrechte oder Mitbestimmung und der Wunsch nach demokratischen Entscheidungsprozessen haben nichts von ihrer Aktualität verloren", sagte Ministerpräsident Winfried Kretschmann am 17. Oktober 2023 in Stuttgart zur Landesausstellung „500 Jahre Bauernkrieg".[160]

### Weckruf: „De Jure Belli ac Pacis libri tres"

Der Verfasser, der niederländische Gelehrte Hugo Grotius, begründete das aufgeklärte Völkerrecht.[161]

### Wer?
Hugo Grotius (1583 –1645)

### Wann?
1625

---

[159] Vgl. https://www.planet-wissen.de/geschichte/neuzeit/der_bauernkrieg/index.html#Reformation, Zugriff am 11. Dezember 2023.

[160] https://www.baden-wuerttemberg.de/de/service/presse/pressemitteilung/pid/grosse-landesausstellung-500-jahre-bauernkrieg-1, Zugriff am 12. November 2023.

[161] https://www.uni-hamburg.de/newsroom/forschung/2022/0510-fv-5-grotius-uebersetzung.html, Zugriff am 03. Juni 2024.

**Wo?**
Niederlande

**Wie der Weckruf wirkte und wirkt?**
Grotius gilt als einer der intellektuellen Gründungsväter des Souveränitätsgedankens und des aufgeklärten Völkerrechts. Er begründete mit „De Jure Belli ac Pacis libri tres" eine eigenständige systematische Völkerrechtswissenschaft. Die wichtigsten Grundsätze waren die Staatengleichheit und die Gegenseitigkeit.[162]

Erste praktische Anwendung fanden Grotius' Lehren im Westfälischen Frieden (1648).

## Weckruf: „Das Elend und die Schrecken des Krieges"

Der lothringische Zeichner und Kupferstecher Jacques Callot kannte den Krieg aus eigener Anschauung. 1633 veröffentlicht er in Paris 18 Radierungen unter dem Titel „Les Miseres Et Les Mal-Heurs De La Guerre". Kein Zeitgenosse hat das Leid und die Auswüchse des Dreißigjährigen Krieges packender in Szene gesetzt.[163]

**Wer?**
Jacques Callot (1592 –1635)

**Wann?**
1633

**Wo?**
Nancy

---

[162] https://www.ieg-ego.eu/de/threads/crossroads/de/mediainfo/hugo-grotius-158320131645, Zugriff am 03. Juni 2024.
[163] https://www.staatsgalerie.de/de/sammlung-digital/erschiessung-blatt-13-aus-les-miseres-et-les-malheurs-de-la-guerre, Zugriff am 03. Juni 2024.

**Wie der Weckruf wirkte und wirkt?**
Er wollte bewusst die „Mal-Heurs" darstellen, das Unglück und das Elend, das dieser gewaltsamste aller Konflikte des 17. Jahrhunderts über die Menschen gebracht hat. Als er 1633 „Les Miseres" veröffentlicht, ist der Zeichner und Kupferstecher durch seine Arbeiten bereits europaweit bekannt. Später erscheint sein Zyklus mit Versen von Michel de Marolles unter dem Titel „Die großen Schrecken des Krieges" und erfährt Aufmerksamkeit und Anerkennung auf dem ganzen Kontinent.[164]

### Weckruf: „Der Westfälische Friede"

Mit ihm wurde der Dreißigjährige Krieg beendet und der historische bedeutsame Schlussstrich unter Kriege mit ausschließlich religiösen Motiven gezogen.[165]

**Wer?**
Kaiser Ferdinand III., König Ludwig XIV. von Frankreich, Königin Christina von Schweden

**Wann?**
24. Oktober 1648

**Wo?**
Münster, Osnabrück

**Wie der Weckruf wirkte und wirkt?**
Der Westfälische Friede besteht aus zwei Friedensverträgen, die am 24. Oktober 1648 in Münster und Osnabrück geschlossen wurden und den Dreißigjährigen Krieg been-

---

[164] https://www.geo.de/magazine/geo-epoche/bildessay-callots-schrecken-und-jammer-des-krieges-30165356.html, Zugriff am 12. November 2023.

[165] https://www.ndr.de/geschichte/schauplaetze/Erst-verwuestet-dann-verhandelt-375-Jahre-Westfaelischer-Frieden,westfaelischerfrieden108.html, Zugriff am 12. November 2023.

deten. Damit fand der erste große Friedenskongress der Neuzeit seinen Abschluss. Er dauerte fünf Jahre und tagte zeitgleich in Münster und Osnabrück.

„Seine wesentliche Leistung war die Trennung der Kriegstypen und eine Rationalisierung der Kriegsgründe durch deren Ausrichtung auf die Staatsinteressen."[166]

### Weckruf: „Der Abenteuerliche Simplicissimus Teutsch"[167]

Der vermutlich erste Antikriegsroman in der Menschheitsgeschichte gilt als Reaktion auf die Folgen des Dreißigjährigen Krieges. Naturalistische Beschreibungen von Krieg und Zerstörung sind eigebettet in eine Biografie. Unter die Soldaten gerät der Junge mit 14 Jahren, wo er in die Schreibstuben des gewaltigen Gemetzels gelangt. In viele europäische Sprachen übersetzt.

**Wer?**
Hans Jakob Christoffel von Grimmelshausen (um 1621–1676)

**Wann?**
1668

**Wo?**
Deutschland

**Wie der Weckruf wirkte und wirkt?**
Das Werk beschreibt den Lebensweg von Melchior Sternfels von Fuchshaim, der im Dreißigjährigen Krieg als Kind von Soldaten verschleppt wird, es zum Offizier schafft, mehr-

---

[166] Münkler, Heribert: Der Dreissigjährige Krieg, Rohwolt Berlin Verlag GmbH, Berlin, 2017, S. 819.
[167] Gilt als der erste Abenteuerroman und als das wichtigste Prosawerk des Barocks in deutscher Sprache.

fach die Seiten wechselt und schließlich der Welt entsagt und Einsiedler wird. Der Simplicissimus hat stark autobiografische Züge.

Er ist vermutlich der erste in deutscher Sprache geschriebene Bestseller. „Eine abgründige Moralsatire über den Dreißigjährigen Krieg. Ein Literatur- und Lebensdenkmal der seltensten Art", sagte Thomas Mann und weiter: „bunt, wild, roh, amüsant, verliebt und verlumpt, kochend von Leben, mit Tod und Teufel auf Du und Du".[168]

Grimmelshausen selbst erlebte mehrere Neuauflagen und schrieb Fortsetzungen. Unter dem Namen Simplicissimus erschien von 1896 bis 1944 eine satirische Wochenzeitschrift in München, die die wilhelminische Politik, die bürgerliche Moral, die Kirchen, die Beamten, Juristen und das Militär auf's Korn nahm.[169]

Der Roman war auch Inspiration für Bertolt Brechts Drama „Mutter Courage und ihre Kinder", für „Das Treffen in Telgte" von Günter Grass und die Oper „Simplicius Simplicissimus" von Karl Hartmann.[170]

## Weckruf: „Liberté, Égalité, Fraternité", Losung der Französischen Revolution

Die französische Nationalversammlung verabschiedete 1789 die Erklärung der Menschen- und Bürgerrechte, in der „Freiheit, Gleichheit, Brüderlichkeit" eine Kernaussage war.

---

[168] https://dombuchhandlungmuenchen.buchkatalog.de/der-abenteuerliche-simplicissimus-deutsch-9783847720195, Zugriff am 12. November 2023.

[169] https://www.historisches-lexikon-bayerns.de/Lexikon/Simplicissimus, Zugriff am 12. November 2023.

[170] https://www.dw.com/de/der-simplicissimus-erstmals-in-modernem-deutsch/a-4564501, Zugriff am 12. November 2023.

## 2 Die Chronik der dokumentierten Weckrufe ...

**Wer?**
Maximilien de Robespierre (1758 –1794)[171]

**Wann?**
26. August 1789

**Wo?**
Paris

**Wie der Weckruf wirkte und wirkt?**
1793 wurden die Ziele der Revolution, also die Forderung nach Freiheit, Gleichheit, Brüderlichkeit, zur Parole für eine politisch-soziale Wende in nahezu allen europäischen Staaten.[172]

1804 wurde der „Code Civil" oder „Code Napoleon", der das Recht in Frankreich vereinheitlichte, eingeführt. Normiert wurden die Gleichheit der Menschen vor dem Gesetz, die Freiheit des Einzelnen und der Schutz des Eigentums sowie die Trennung von Staat und Kirche. Durch die Napoleonischen Kriege wurde der „Code Civil" auch in großen Teilen Deutschlands zum Gesetz.[173]

Diese drei Worte, „Liberté, Égalité, Fraternité", wurden seit der Französischen Revolution von 1789 zum Symbol nahezu aller Aufstände gegen Unterdrückung und für Gerechtigkeit.

---

[171] Obwohl die Identität der Person, die dieses Motto erstmals ausgesprochen hat, umstritten ist, wird der Satz oft Maximilien de Robespierre zugeschrieben, einem französischen Staatsmann, der sich für das Wahlrecht für alle erwachsenen Männer und die Abschaffung der Sklaverei einsetzte.

[172] https://www.bpb.de/shop/zeitschriften/izpb/menschenrechte-297/8325/kampf-um-die-menschenrechte/, Zugriff am 12. November 2023.

[173] https://www.deutschlandfunk.de/200-todestag-von-napoleon-bonaparte-blutrausch-und-100.html, Zugriff am 03. Juni 2024.

## Weckruf: Die „Marseillaise"

Ein „Kriegslied für die Rheinarmee", dem Oberbefehlshaber und Gouverneur von Straßburg, Graf Luckner, gewidmet.[174] Soldaten aus Marseille sangen das Lied 1792 beim Einzug in Paris, so kam es zum Titel.[175] Das Lied, vor allem der erste Vers, ist an das französische Volk gerichtet. Es ruft zur Mobilisierung auf.

**Wer?**
Claude Joseph Rouget de Lisle (1760 –1836)

**Wann?**
26. April 1792

**Wo?**
Straßburg

**Wie der Weckruf wirkte und wirkt?**
Die Marseillaise, ursprünglich ein revolutionäres Kriegslied, wurde 1793 zur Nationalhymne, geriet aber danach wieder in Vergessenheit.

Erst in der Dritten Französischen Republik avancierte die Marseillaise per Beschluss der Abgeordnetenkammer vom 14. Februar 1879 wieder zur französischen Nationalhymne und blieb dies bis heute, abgesehen von einer kurzen Unterbrechung im Zweiten Weltkrieg während der deutschen Besatzung.[176]

Sie ist zudem das Symbol für den Kampf gegen Unterdrückung und für Freiheit, gesungen von zum Tode Verur-

---

[174] Daher ertönt die Marseillaise noch heute täglich um 12:05 Uhr vom Glockenspiel auf dem Marktplatz in Cham in der Oberpfalz, dem Geburtsort des Grafen.
[175] https://www.br.de/radio/bayern2/sendungen/kalenderblatt/die-marseillaise-wird-komponiert-100.html, Zugriff am 10. Dezember 2023.
[176] https://www.br.de/radio/bayern2/sendungen/kalenderblatt/die-marseillaise-wird-komponiert-100.html, Zugriff am 03. Juni 2024.

teilten, KZ-Häftlingen und ungarischen Freiheitskämpfern beim Volksaufstand in Ungarn im Jahr 1956. Sogar bei den gewaltsam niedergeschlagenen Demonstrationen auf dem Platz des Himmlischen Friedens in Peking erklang 1989 das bekannteste Lied der Welt.[177]

**Weckruf: „Zum ewigen Frieden. Ein philosophischer Entwurf"**

Unter dem Eindruck des sogenannten „Baseler Friedens", der am 05. April 1795 zwischen Preußen und der Französischen Republik geschlossen wurde, sprach Kant sich für die Idee der Entstehung einer Weltordnung als Friedensordnung aus und dafür, dass der Friede zwischen den Staaten im Rahmen des Völkerrechts verwirklicht werden soll.[178]

**Wer?**
Immanuel Kant (1724–1804)

**Wann?**
1795

**Wo?**
Königsberg

**Wie der Weckruf wirkte und wirkt?**
Kants Idee war die Anwendung des „kategorischen Imperativs" als politisches Modell für die Beziehungen der Staaten der Welt. Von der Vernunft geleitete Entscheidungen, die nach Gerechtigkeit trachten, können der Menschheit den Frieden stiften. Dieser ist für Kant ausdrücklich kein

---

[177] https://www.tagesspiegel.de/kultur/herzschlag-der-nation-3676768.html, Zugriff am 01. Dezember 2023.
[178] Immanuel Kant: Zum ewigen Frieden. Mit den Passagen zum Völkerrecht und Weltbürgerrecht aus Kants Rechtslehre. Kommentar von Oliver Eberl und Peter Niesen. Suhrkamp, Frankfurt/M. 2011, S. 237.

Naturzustand, sondern das Ergebnis verantwortungsvoller Politik.

Der Kant'sche Text spielte eine wesentliche Rolle bei der Ausgestaltung der sogenannten „Atlantik Charter", die Franklin D. Roosevelt und Winston S. Churchill im August 1941 verfassten. Auf ihrer Basis gründeten sich die Vereinten Nationen.[179]

Bundeskanzler Scholz wandte sich 2024 gegen die Vereinnahmung von Kant durch Putin bei dessen Rede zum 300. Geburtstag des Philosophen. Der russische Präsident sagte: „Sein Aufruf, den eigenen Verstand zu nutzen, ist höchst aktuell. Für Russland bedeutet das praktisch, dass wir uns von unseren nationalen Interessen leiten lassen."

Scholz bezeichnet das als absurd, weil Kant sich ausdrücklich gegen die Einmischung von Staaten in die Angelegenheiten anderer Länder ausgesprochen habe. Er stellte Putins Worten eine eigene Deutung gegenüber. „Für Kant ist klar: Wer angegriffen wird, der darf sich verteidigen", so der Kanzler mit Verweis auf die Schrift „Zum ewigen Frieden". „Und der soll auch nicht gezwungen sein, sich auf einen Friedensvertrag einzulassen, den der Aggressor mit dem bösen Willen abschließt, den Krieg bei erster günstiger Gelegenheit wieder aufzunehmen."[180]

## Weckruf: „Desastres de la Guerra" – Die Schrecken des Krieges

Das ist der Titel eines Zyklus des spanischen Malers Francisco Goya. Die Bilder beziehen sich auf den Kampf des spanischen Volkes gegen die französische Fremdherrschaft. Ein Bild zeigt eine Heldin dieser Kämpfe, Augustina de

---

[179] https://www.politics-prose.com/book/9781491002810, Zugriff am 25. April 2024.

[180] https://www.deutschlandfunk.de/scholz-kritisiert-putins-kant-deutungen-als-absurd-100.html, Zugriff am 25. April 2024.

## 2 Die Chronik der dokumentierten Weckrufe … 119

Aragón, die durch ihr mutiges Handeln die Wende in der Belagerung von Saragossa herbeigeführt haben soll.[181]

**Wer?**
Francisco Goya (1746–1828)

**Wann?**
1810

**Wo?**
Spanien

**Wie der Weckruf wirkte und wirkt?**
Es heißt, Goya habe, von einem Diener gefragt, warum er „diese Barbareien der Menschen" darstelle, geantwortet: „Um die Menschen für ewig zu mahnen, nie mehr Barbaren zu sein." Das abgründige Bild, das Goya von der menschlichen Natur zeichnet, dürfte angesichts nicht enden wollender Kriege mittlerweile universelle Bedeutung erlangt haben.

„Desastres" wurde nicht mehr zu Lebzeiten Goyas veröffentlicht, sondern erschien erst 1863. Weitere Auflagen folgten bis weit ins 20. Jahrhundert.[182]

1983 komponierte Michael Denhoff ein gleichnamiges Orchesterwerk, das sich auf sieben Bilder des grafischen Zyklus von Goya bezieht. In Anlehnung an dieses Werk entstand für das spanische Fernsehen 1983 eine Serie über den Krieg zwischen Napoleon und den Spaniern.[183]

---

[181] https://museenkoeln.de/portal/bild-der-woche.aspx?bdw=2002_16, Zugriff am 10. Januar 2024.
[182] Ebenda.
[183] https://www.denhoff.de/goya.htm, Zugriff am 10. Juni 2024.

## Weckruf: Gründung der ersten Friedensgesellschaft der Welt, der New York Peace Society

David Low Dodge war ihr erster Vorsitzender. Ein Jahr später, am 14. Juni 1816, wurde in London die English Peace Society gegründet, die erste Friedensgesellschaft Europas.[184]

**Wer?**
David Low Dodge (1774 –1852)

**Wann?**
August 1815

**Wo?**
New York

**Wie der Weckruf wirkte und wirkt?**
„Dem New Yorker David Low Dodge (1774 –1852) ist es als hohe Ehre anzurechnen, dass er in den Vereinigten Staaten von Amerika die frühesten Flugschriften veröffentlichte, die ausdrücklich gegen das Kriegssystem der Nationen gerichtet sind. Außerdem gründete er die weltweit erste Friedensgesellschaft."[185] Nach den Napoleonischen Kriegen bilden sich Anfang des 19. Jahrhunderts erste Friedengesellschaften in England und Frankreich. Ihre Anhänger nennen sich Friedensfreunde. Der Begriff Pazifismus etablierte sich erst Anfang des 20. Jahrhunderts.[186]

---

[184] https://buchshop.bod.de/krieg-ist-mit-der-religion-jesu-christi-unvereinbar-david-low-dodge-9783759730381, Zugriff am 20. Juni 2024.

[185] Siehe ebenda.

[186] https://www.swr.de/swrkultur/wissen/wie-zeitgemaess-ist-pazifismus-swr2-wissen-2023-09-08-104.html#:~:text=Wie%20der%20Frieden%20%22gemacht%22%20werden,vielf%C3%A4ltigen%20und%20bunten%20Friedensbewegung%20etablieren, Zugriff am 14. Juli 2024.

Die Deutsche Friedensgesellschaft (DFG) wurde 1892 in Berlin gegründet und hatte zum Beginn des Ersten Weltkrieges 10.000 Mitglieder, darunter viele Frauen.[187]

## Weckruf: „Frankenstein" – eine literarische Warnung vor der menschlichen Hybris

**Wer?**
Mary Shelley (1797 –1851)

**Wann?**
1818

**Wo?**
England

**Wie der Weckruf wirkte und wirkt?**
„Frankenstein" ist nicht nur ein Schauerroman. Shelley durchbricht das gängige Gut-Böse-Muster, indem sie das Monster als ursprünglich unschuldig und den Wissenschaftler Frankenstein als wahren Urheber der Verbrechen zeichnet. Die eigene Vermessenheit stürzt den Fortschrittsgläubigen und sein Umfeld ins Verderben. Er hat Gott und die Natur mit seinem Experiment herausgefordert. Mit dieser Sichtweise ist der Roman ein starker Weckruf und steht deshalb in unserer Chronik. Als ein Dokument zur menschlichen Hybris, der Selbstüberschätzung und den Machtmissbrauch.[188]

---

[187] Vgl. https://dfg-vk.de/unsere-geschichte/, Zugriff am 20. Juni 2024.

[188] https://www.spiegel.de/geschichte/frankenstein-autorin-mary-shelley-byron-shelley-und-das-monster-a-8026f2ea-8e7b-4655-b264-7f9acc0d71d6, Zugriff am 10. März 2024.

## Weckruf: Genfer Konvention

„Linderung des Loses der Verwundeten und Kranken der bewaffneten Kräfte im Felde."

**Wer?**
12 Staaten

**Wann?**
22. August 1864

**Wo?**
Genf

**Wie der Weckruf wirkte und wirkt?**
Die Genfer Konvention war der erste völkerrechtliche Vertrag, der den Schutz von Verwundeten, die Neutralität des Sanitätspersonals und das Rote Kreuz als Schutzzeichen zum Gegenstand hat. Seither wurde das Recht wegen sich kontinuierlich wandelnder Waffentechnologie und veränderter Methoden der Kriegsführung immer wieder an die neuen Herausforderungen angepasst.[189] Das Internationale Komitee vom Roten Kreuz (IKRK) strebte danach, den Geltungsbereich des Abkommens stets an die neuen Herausforderungen anzupassen. So wurde die Genfer Konvention 1899 auf den Seekrieg ausgedehnt und 1929 die zweite Genfer Konvention über die Behandlung von Kriegsgefangenen abgeschlossen.

Die Bestimmungen der vier Konventionen von 1949 betreffen die Verwundeten und Kranken der bewaffneten Kräfte im Felde (Genfer Abkommen I), die Verwundeten, Kranken und Schiffbrüchigen der bewaffneten Kräfte zur See (Genfer Abkommen II), die Kriegsgefangenen (Gen-

---

[189] https://www.drk.de/das-drk/auftrag-ziele-aufgaben-und-selbstverstaendnis-des-drk/humanitaeres-voelkerrecht-im-kontext-des-drk/genfer-abkommen/, Zugriff am 10. März 2024.

fer Abkommen III) und die Zivilpersonen in Kriegszeiten (Genfer Abkommen IV).[190]

## Weckruf: „Petersburger Erklärung" – das erste Waffenverbot der Geschichte

Die Petersburger Erklärung, auch Petersburger Konvention, vom 11. Dezember 1868 ist ein völkerrechtlicher Vertrag über ein Verbot von explosiven Projektilen mit einem Gewicht von unter 400 Gramm. Die Initiative zum Abschluss der Konvention ging vom russischen Zaren Alexander II. aus.[191]

„Die vertragschließenden Teile, verpflichteten sich, im Kriegsfall gegenseitig darauf zu verzichten, dass seitens ihrer Land- oder Seetruppen Gebrauch gemacht werde von irgendeinem weniger als 400 Gramm schweren Projektil, welches entweder explodierbar oder mit Knall- oder entzündlichen Stoffen geladen ist."[192]

**Wer?**
Alle Staaten Europas und Nordamerikas

---

[190] https://www.bar.admin.ch/bar/de/home/recherche/suchen/suchmaschinenportale/wikimedia/die-genfer-konventionen.html, Zugriff am 10. März 2024.
[191] Vertretern sämtlicher europäischer Staaten und von Nordamerika abgeschlossener völkerrechtlicher Vertrag, wonach Sprenggeschosse aus Handfeuerwaffen aus Humanitätsrücksichten vom Kriegsgebrauch ausgeschlossen sind. Die Haager Friedenskonferenz von 1899 bildete die P. K. weiter, indem sie erklärte, dass das Werfen von Geschossen und Sprengstoffen aus Luftschiffen oder auf anderen ähnlichen neuen Wegen, das Verwenden von Geschossen, deren einziger Zweck ist, erstickende oder giftige Gase zu verbreiten, und endlich die Verwendung von Geschossen, die sich leicht im menschlichen Körper ausdehnen oder platt drücken oder die nicht genug mit einem Hartmantel umhüllt oder mit Einschnitten versehen sind, verboten ist. Leider hat England diese Erklärung überhaupt nicht, die Vereinigten Staaten von Nordamerika nur den ersten Absatz unterschrieben. http://www.zeno.org/Meyers-1905/A/Petersburger+Konvention, Zugriff am 10. Juni 2024.
[192] https://www.fedlex.admin.ch/eli/cc/IX/597_543_597/de, Zugriff am 10. Juni 2024.

**Wann?**
11. Dezember 1868

**Wo?**
Sankt Petersburg

**Wie der Weckruf wirkte und wirkt?**
Das Abkommen stärkte die Position, dass der einzige rechtmäßige Zweck im Kriegsfall die Schwächung der Militärkräfte des Feindes ist. Das ist auch eine Kernaussage der Zentralen Dienstvorschrift der Bundeswehr zum humanitären Völkerrecht in bewaffneten Konflikten.[193]

## Weckruf: „Krieg und Frieden" – Der bedeutendste Antikriegsroman der Weltliteratur

> „Eine vernünftige Erklärung dafür, warum Länder und Völker gegeneinander Krieg führen sollten, gibt es nicht und kann es nicht geben."[194]

**Wer?**
Lew Tolstoi (1828–1910)

**Wann?**
1869

**Wo?**
Russland

---

[193] https://www.bmvg.de/resource/blob/93612/7d6909421eacad4ddc7dcdfdf58d42ca/b-02-02-10-download-handbuch-humanitaeres-voelkerrecht-in-bewaffneten-konflikten-data.pdf, Zugriff am 10. Juni 2024.

[194] https://www.frankfurter-hefte.de/artikel/das-anti-kriegsmuseum-in-berlin-2960/, Zugriff am 10. März 2024.

## 2 Die Chronik der dokumentierten Weckrufe ...

**Wie der Weckruf wirkte und wirkt?**
„Krieg und Frieden" ist gleichermaßen Epochenchronik wie ein Panorama des russischen Lebens. Die ganze Gesellschaft jener Zeit zieht am Leser vorüber, von den höchsten Hof-, Adels- und Militärkreisen bis zu den leibeigenen Bauern und einfachen Soldaten. Der Roman spielt in Petersburger Salons, Moskauer Fürstenhäusern und zeigt das Landleben adliger Familien in der russischen Provinz.

Gleichzeitig werden aber auch die Schlachten von Austerlitz und Borodino, der Brand von Moskau sowie der fluchtartige Rückzug der Franzosen thematisiert. Tolstoi beschreibt das Lagerleben der Soldaten, die Mühsal der langen Märsche, die Qual der Kriegsgefangenen und die wahllose Hinrichtung vermeintlicher Brandstifter. Die ganze unermessliche Vielfalt von Szenen, Ereignissen und Episoden wird auf zweitausend Seiten in breiter Schilderung entrollt und verknüpft. Tolstoi erweckt eine ganze Epoche zu literarischem Leben. Wie kein anderer Schriftsteller Russlands und der ganzen Weltliteratur verkörpert er Fülle, Weite, philosophischen Reichtum, elementare Kraft und nicht zuletzt künstlerische Vollendung. Virginia Woolf hat ihn einmal den größten aller Romanciers genannt und für Somerset Maugham war „Krieg und Frieden" der größte aller Romane.[195]

Für seine geplante Rede vor dem 18. Friedenskongresses in Stockholm 1909 hatte sich Tolstoi folgende Worte notiert: „Menschen, die miteinander in Frieden leben wollen, brauchen keine Kriegsflotte. Die brauchen nur die, die plündern und töten wollen, denn Raub endet immer damit, dass Menschen sich gegenseitig das Leben nehmen."[196]

---

[195] https://www.ndr.de/kultur/buch/Krieg-und-Frieden-Tolstoi-ueber-das-russische-Leben,weltliteratur206.html, Zugriff am 09. Juli 2023.

[196] https://overton-magazin.de/top-story/der-konsequenteste-aller-kriegshasser/ rieg und Frieden, Zugriff am 10. März 2024.

## Weckruf: „Die Waffen nieder!"

Bekanntestes Werk der österreichischen Autorin und Friedensaktivistin Bertha von Suttner. „Ich hatte das Buch geschrieben, um der Friedensbewegung, von deren beginnender Organisation ich erfahren hatte, einen Dienst zu leisten in meiner Art."[197]

**Wer?**
Bertha von Suttner (1843–1914)

**Wann?**
1889

**Wo?**
Dresden

**Wie der Weckruf wirkte und wirkt?**
1905 gab es bereits die 37. Auflage. Gedruckt wurden in erster Linie billige Volksausgaben mit einer Auflagenhöhe von je sechzigtausend. Der Roman wurde in fast alle europäischen Sprachen übersetzt. Suttners Werk gilt als wichtigster Antikriegsroman vor „Im Westen nichts Neues" von Erich Maria Remarque und war ein starkes Signal an die europäische Friedensbewegung.[198]

## Weckruf: „Der Zukunftskrieg"

Geniale Voraussage künftiger Gewaltorgien – 16 Jahre später begann der Erste Weltkrieg.[199]

---

[197] https://www.phil-fak.uni-duesseldorf.de/frauenarchiv/ausstellungen/europa/suttner/waffen.html, Zugriff am 25. April 2024.
[198] Siehe ebenda.
[199] https://e-monos.sozialarchiv.ch/990104070330205526.pdf, Zugriff am 10. März 2024.

## 2 Die Chronik der dokumentierten Weckrufe ...

**Wer?**
Jan Bloch (1836–1902)

**Wann?**
1898

**Wo?**
Sankt Petersburg

**Wie der Weckruf wirkte und wirkt?**
Der Verfasser, der polnische „Eisenbahnbaron" und Bankier Jan Bloch, erkannte die Gefahr, dass die modernen Kriege zu Materialschlachten mit unermesslichen Verlusten an Menschenleben und gewaltigen Zerstörungen würden. Das Buch erschien in der Erstauflage in St. Petersburg unter dem Titel „Der künftige Krieg in technischer, wirtschaftlicher und politischer Hinsicht" (später abgekürzt „Zukunftskrieg"). Bereits 1899 folgte eine Auflage in deutscher Sprache. Bloch galt Ende des 19. Jahrhunderts als einer der einflussreichsten Pazifisten Europas.

Blochs größtes Verdienst sind seine Initiativen gegen Kriege. Er gab den Anstoß zur Haager Friedenskonferenz. In seinem fundamentalen Werk „Der Zukunftskrieg" prognostizierte er die totale Vernichtung durch die industrialisierte Kriegführung. Er plädierte für Rüstungskontrolle sowie für die Schaffung eines internationalen Gerichtshofs.[200]

1901 wurde er für den Friedensnobelpreis nominiert. Verliehen wurde dieser aber an Henry Dunant, Gründer des Internationalen Komitees vom Roten Kreuz.

---

[200] https://zeitschrift-osteuropa.de/hefte/2008/8-10/den-krieg-ueberwinden/, Zugriff am 25. April 2024.

## Weckruf: Haager Landkriegsordnung

Erstmalige Kodifizierung der völkergewohnheitsrechtlich bestehenden Verpflichtungen zur Mäßigung in Kriegen.[201] (Anlage zu dem während der ersten Friedenskonferenz in Den Haag beschlossenen zweiten Haager Abkommen von 1899 „betreffend die Gesetze und Gebräuche des Landkriegs").

**Wer?**
44 Staaten

**Wann?**
1899

**Wo?**
Den Haag

**Wie der Weckruf wirkte und wirkt?**
Die Friedensaktivistin Bertha von Suttner hat folgende Wertung getroffen: „Es ist das erste Mal, seitdem Geschichte geschrieben wird, dass die Vertreter der Regierungen zusammenkommen, um die Mittel zu suchen, der Welt einen dauernden, wahrhaften Frieden zu sichern."[202]

Die Haager Konventionen beruhen auf den Haager Friedenskonferenzen 1899 und 1907, enthalten kriegsvölkerrechtliche Regelungen und sind ein wichtiger Teil des humanitären Völkerrechts.

Die Bestimmungen zur Behandlung von Kriegsgefangenen und von Zivilpersonen sind durch die Genfer Konventionen vom 12. August 1949 abgelöst worden. Der Teil des humanitären Völkerrechts, der die Haager Konven-

---

[201] https://www.1000dokumente.de/pdf/dok_0201_haa_de.pdf, Zugriff am 25. April 2024.
[202] https://www.deutschlandfunkkultur.de/enttaeuschung-fuer-pazifisten-102.html, Zugriff am 25. Mai 2024.

tionen umfasst, wird als Haager Recht bezeichnet, neben dem durch die Genfer Konventionen definierten Genfer Recht.[203]

**Weckruf: Friedensnobelpreis**

Der wichtigste internationale Friedenspreis.[204]

Die Auszeichnung basiert auf dem Testament von Alfred Nobel vom 27. November 1885: Darin bestimmte er, dass derjenige, der am meisten oder am besten für die Verbrüderung der Völker gewirkt hat, für die Abschaffung oder Verminderung der stehenden Heere sowie für die Bildung und Verbreitung von Friedenskongressen, diesen Preis erhalten soll. Bertha von Suttner („Die Waffen nieder") soll Nobel zur Stiftung des Friedenspreises inspiriert haben.[205]

Den ersten Friedensnobelpreis erhielt Henry Dunant.

Er war Gründer des Komitees vom Roten Kreuz und Initiator der Genfer Konvention.

**Wer?**
Henry Dunant (1828–1910)

**Wann?**
1901

**Wo?**
Oslo

---

[203] https://www.humanrights.ch/de/ipf/grundlagen/rechtsquellen-instrumente/humanitaeres-voelkerrecht/haager-abkommen/, Zugriff am 25. April 2024.
[204] Vergabe auch an Personen oder Organisationen, die an einem noch laufenden Friedensprozess beteiligt sind, nicht nur für die abschließende Lösung eines Konflikts.
[205] https://www.deutschlandfunkkultur.de/ethik-der-friedensbegriff-hinter-dem-nobelpreis-100.html, Zugriff am 17. März 2024.

## Wie der Weckruf wirkte und wirkt?

Der Friedensnobelpreis wurde 1960 erstmals auch für den Einsatz für die Menschenrechte vergeben. Ab 2004 wurde auch das Engagement für die Umwelt und eine nachhaltige Entwicklung gewürdigt.

Als erste Frau wurde Bertha von Suttner 1905 mit dem Preis geehrt. 1907 nahm sie an der zweiten Den Haager Friedenskonferenz teil[206] und warnte vor Aufrüstung und einem Vernichtungskrieg. Am 21. Juni 1914, kurz vor Ausbruch des Ersten Weltkriegs, starb sie in Wien. Heute ist ihr „Die Waffen nieder" ein Klassiker. Ihr Bild ziert die österreichische Zwei-Euro-Münze.[207]

Bis 2023 wurde der Friedensnobelpreis 139 Mal vergeben. In erster Linie für den Kampf gegen Krieg, für Frieden und Abrüstung. Wir haben hier die Preisträger ausgewählt, die u. E. einen besonders wichtigen Beitrag zur Erhaltung bzw. auch Schaffung des Friedens, gegen Gewalt und Unterdrückung geleistet haben.

- 1906 amerikanischer Präsident Theodor Roosevelt für Beitrag zur Beendigung des Russisch-Japanischen Krieges
- 1919 amerikanischer Präsident Woodrow Wilson für Beitrag zur Beendigung des Ersten Weltkrieges
- 1929 der amerikanische und französische Außenminister, Kellogg und Briand, für den Briand-Kellogg-Pakt zur völkerrechtlichen Ächtung des Krieges
- 1936 Carl von Ossietzky, Journalist, Schriftsteller, Pazifist, der die verbotene Aufrüstung der Reichswehr entlarvte

---

[206] So beschrieb die österreichische Pazifistin Bertha von Suttner in ihrem Tagebuch am 15. Juni 1907 die Eröffnung der zweiten Friedenskonferenz in Den Haag, zu der sich 250 Delegierte aus 44 Staaten eingefunden hatten.
https://www.deutschlandfunkkultur.de/enttaeuschung-fuer-pazifisten-102.html, Zugriff am 12. Mai 2024.
[207] https://www.sueddeutsche.de/politik/friedensnobelpreistraeger-was-wurde-aus-den-preistraegern-1.1009446, Zugriff am 12. Mai 2024.

## 2 Die Chronik der dokumentierten Weckrufe ...

- 1934 Arthur Henderson, Vorsitzender Genfer Abrüstungskonferenz mit dem Ziel, das Rüstungsniveau zurückzufahren
- Martin Luther King für seinen Kampf gegen die Diskriminierung der Schwarzen
- 1971 Willy Brandt für seine visionäre neue Ostpolitik
- 1973 Henry Kissinger für Waffenstillstands- und Abzugsabkommen mit Nordvietnam mit Verhandlungspartner Lê Đức Thọ
- 1975 Andrei Sacharow für seinen Einsatz für die Menschenrechte in der UdSSR
- 1983 Lech Walesa für seinen Kampf gegen die kommunistische Diktatur in Polen
- 1984 Desmond Tutu für seinen Kampf gegen die Apartheid in Südafrika
- 1985 Internationale Ärzte für die Verhinderung eines Atomkriegs
- 1990 Michael Gorbatschow, dessen Abrüstungsinitiativen und -abkommen mit den USA das Ende des Kalten Krieges einleiteten
- 1993 Nelson Mandela für seinen Kampf gegen die Apartheid in Südafrika
- 1994 Jassir Arafat, Schimon Perez und Jitzchak Rabin für ihren Einsatz zur Lösung des Nahostkonflikts
- 2013 Organisation für das Verbot chemischer Waffen
- 2017 Internationale Kampagne zur Abschaffung von Atomwaffen
- 2023 Narges Mohammadi, für ihren Kampf gegen die Unterdrückung der Frauen im Iran und ihren Kampf für die Unterstützung der Menschenrechte und der Freiheit für alle
- 2024 für die japanische Anti-Kriegs-Bewegung Nihon Hidankyo

## Weckruf: 2. Haager Friedenskonferenz 1907 – Warnung vor Aufrüstung und Vernichtungskrieg

**Wer?**
Russischer Zar Nikolaus II. und Königin Wilhelmina, Niederlande (Einladende)

**Wann?**
1907

**Wo?**
Den Haag

**Wie der Weckruf wirkte und wirkt?**
Bertha von Suttner nahm an der zweiten Den Haager Friedenskonferenz[208] teil und warnte vor Aufrüstung und einem Vernichtungskrieg. Für Bertha von Suttner hatte sich damit die Friedenskonferenz in eine „Kriegsgebrauchskonferenz" verkehrt, und in ihrem Tagebuch machte sie kurz vor Ende der Tagung im Oktober 1907 aus ihrer Enttäuschung keinen Hehl: „Dumme verstockte Menschheit. Im Haag wehren sie sich gegen die Konsequenzen des erwachten Pazifismus. Laut müssen die Völker werden. Die Wahrheit muss man den Leuten sagen, die ganze Wahrheit."

Die Wahrheit war, dass die dritte Haager Friedenskonferenz, die für 1915 vorgesehen war, nicht mehr stattfinden konnte. Denn im August 1914 trat ein, wovor die Pazifisten unermüdlich gewarnt hatten: die Katastrophe des Ersten Weltkriegs. Bertha von Suttner hat sie nicht mehr erlebt.

---

[208] So beschrieb die österreichische Pazifistin Bertha von Suttner in ihrem Tagebuch am 15. Juni 1907 die Eröffnung der zweiten Friedenskonferenz in Den Haag, zu der sich 250 Delegierte aus 44 Staaten eingefunden hatten. Acht Jahre zuvor, vom Mai bis Juli 1899, hatte am selben Ort die erste Friedenskonferenz stattgefunden. https://www.deutschlandfunkkultur.de/enttaeuschung-fuer-pazifisten-102.html, Zugriff am 12. Mai 2024.

Sie starb 71-jährig am 21. Juni 1914, wenige Tage bevor die tödlichen Schüsse in Sarajewo fielen.[209]

**Weckruf: „Zogen einst fünf wilde Schwäne"**

Schnell wurden aus Jubelstimmung Angst und Verzweiflung.

Dieses aus West- und Ostpreußen und dem Memelland stammende Antikriegslied gehört zu den wichtigsten seiner Art überhaupt.[210] Es handelt davon, dass nach der ersten Euphorie nach Ausbruch des Krieges sehr schnell große Ernüchterung einsetzt. Erwähnt wird es erstmals in einer privaten Liedersammlung.[211] Wiederentdeckt wurde es von deutschen Liedermachern in den großen Zeiten der westdeutschen Friedensbewegung der 60er- bis 80er-Jahre des vorigen Jahrhunderts.

**Wer?**
Interpret Hannes Wader, geboren 23. Juni 1942 und das Folk-Duo Zupfgeigenhansl[212]

**Wann?**
1908: erste Erwähnung, 1975: Hannes Wader

**Wo?**
Deutschland

---

[209] https://www.deutschlandfunkkultur.de/enttaeuschung-fuer-pazifisten-102.html, Zugriff am 17. März 2024.
[210] Dieser Weckruf wird im Unterkapitel 2.10 ausführlicher und in einem speziellen inhaltlichen Kontext vorgestellt.
[211] https://www.liederlexikon.de/lieder/zogen_einst_fuenf_wilde_schwaene/#:~:text=Der%20Inhalt%20von%20%22Zogen%20einst,Hochzeit%20winden%2C%20sie%20bleiben%ehelos, Zugriff am 17. März 2024.
[212] Bei unserer Auswahl stützten wir uns in erster Linie auf die folgende Übersicht: https://de.wikipedia.org/wiki/Kategorie:Antikriegslied, Zugriff am 17. März 2024.

**Wie der Weckruf wirkte und wirkt?**
In den 70er- und 80er-Jahren des vorherigen Jahrhunderts war das Lied eine der wichtigsten Hymnen der westdeutschen Friedensbewegung. Am bekanntesten sind die Interpretationen von Hannes Wader und dem Folk-Duo Zupfgeigenhansel.[213]

## 2.7 Zeitgeschichte und Gegenwart (1914 bis heute)

### Was die Epoche aus der Perspektive der Weckrufe grundsätzlich prägt

- Vollständige Zerstörung der menschlichen Zivilisation ist technisch möglich
- Die Weltbevölkerung steigt im Jahr 2023 auf acht Milliarden
- Der Verbrauch der natürlichen Ressourcen wächst exponentiell
- Die Beschleunigung des Klimawandels durch den Menschen mit gravierenden Folgen
- Rasanter Fortschritt von Wissenschaft und Technik
- Rasante Fortschritte bei der Entwicklung der künstlichen Intelligenz
- Epochale Gefahren durch Verschiebung der globalen Kräfteverhältnisse. Der globale Süden bedroht die Vormachtstellung des Westens[214]
- Der Kampf gegen den Klimawandel und für die Erhaltung der natürlichen Lebensbedingungen der Mensch-

---

[213] https://de.wikipedia.org/wiki/Zogen_einst_f%C3%BCnf_wilde_Schw%C3%A4ne, Zugriff am 17. März 2024.
[214] China holt die Weltmacht USA in wirtschaftlicher, politischer und militärischer Stärke ein und baut seinen wirtschaftlichen und politischen Einfluss in den Staaten des globalen Südens durch Schaffung neuer Bündnisse aus.

heit tritt wegen der geopolitischen Verwerfungen zunehmend in den Hintergrund

**Ereignisse**

1. Die zwei verheerendsten Kriege der Geschichte, der Erste und der Zweite Weltkrieg
2. Nach 1945 bis 1999 die längste Zeit ohne große Kriege, aber über 240 regionale und Bürgerkriege
3. Gefahr eines Nuklearkrieges bei der Kubakrise 1963
4. Ölkrise 1973: fossile Brennstoffe wurden zum Mittel der Politik
5. Erste Mondlandung eines Menschen 1968
6. Erste Weltraumstation 1971
7. Wiedervereinigung Deutschlands 1989, Ende des Kalten Krieges, Aufsteigen Chinas zur Weltmacht
8. Zerstörung des World Trade Center 2001 in New York. Ausbreitung des islamistischen Terrorismus
9. Mit Corona die größte weltweite Pandemie von Ende 2019 bis Ende 2022

**Erfindungen**

1. Rasante Entwicklung bei Flugzeugen. Erster Einsatz als Bomber im Ersten Weltkrieg[215]

---

[215] Bedingt durch den Produktionsausfall im Ersten Weltkrieg war der von Personenkraftwagen (Pkw) 1922 mit rund 82.700 Fahrzeugen noch geringfügig niedriger als 1914 im Kaiserreich. Die wirtschaftliche Lage in den ersten Nachkriegsjahren sowie die aufgrund veralteter Produktionsmethoden hohen Kosten ließen keinen ausreichenden Absatzmarkt für Automobile in Deutschland entstehen. Erst mit der verbesserten Wirtschaftslage nach der Inflation und der wesentlich kostengünstigeren Fließbandproduktion stieg die Anzahl der Pkw ab 1924 kontinuierlich an. Zwischen 1924 und 1932 erhöhte sich der Bestand im Deutschen Reich von rund 132.000 auf über 497.000. Im selben Zeitraum stieg die Anzahl der Lastkraftwagen (Lkw) von etwa 30.000 auf über 150.000. Sie bestimmten nunmehr den Gütertransport, an Wirtschaftlichkeit und Schnelligkeit waren sie den Pferdefuhrwerken weit überlegen. https://www.dhm.de/lemo/kapitel/weimarer-republik/alltagsleben/motorisierung.html, Zugriff am 23. Oktober 2023.

2. Erste Panzer 1916
3. Erste Rakete mit Flüssigtreibstoff 1926
4. V2-Bomben mit Raketenantrieb im Zweiten Weltkrieg
5. Entstehung der Luft -und Raumfahrtindustrie. Fähigkeit zum Transport von Massenvernichtungswaffen mit ballistischen Raketen auf Erde und im Weltraum
6. Erster elektronischer Fernseher 1928
7. Erster Computer 1941
8. Erste Atombombe 1945
9. Erste Wasserstoffbombe 1952
10. Erste Künstliche Intelligenz 1952
11. Internet 1969
12. Erstes Mobiltelefon 1973
13. Quantencomputer 2011
14. Ab 2023: Quantensprung bei Künstlerischer Intelligenz: Ist KI die neue Atombombe[216]

## Dokumentation der Weckrufe (Zeitgeschichte und Gegenwart)

### Der wichtigste Weckruf zur ökologischen Bedrohung

### Weckruf: „Die Grenzen des Wachstums" – Der welthistorische Weckruf auf Initiative des „Club of Rome"

> „Die Menschheit hat die Tragfähigkeit der Erde schon vor mindestens zwei Jahrzehnten überschritten."[217]

---

[216] Patsch, Sabine: Der Oppenheimer-Moment des Informationszeitalters, Ein Essay über Schuld und Verantwortung, Tagesspiegel vom 09. August 2023.
[217] Meadows, Dennis, Meadows, Donella, Zahn, Erich, Milling, Peter: Die Grenzen des Wachstums, Rowohlt Taschenbuch Verlag, Hamburg, 1973, S. 17.
Der „Club of Rome" wurde 1968 als Zusammenschluss von Experten verschiedener Disziplinen aus mehr als 30 Ländern 1968 gegründet und veröffentlichte 1972 den Bericht „Die Grenzen des Wachstums. Ein Bericht für das Projekt des Club of Rome zur misslichen Lage der Menschheit".

**Wer?**
Dennis L. Meadows, geboren 07. Juni 1942
Donella Meadows, geboren 13. März 1941
Peter Milling, geboren 07. Oktober 1944
Erich Zahn, 24. Februar 1940

**Wann?**
02. März 1972

**Wo?**
Rom

**Wie der Weckruf wirkte und wirkt?**
Das Buch war Auslöser für praktisch alle Bewegungen gegen die Übernutzung natürlicher Ressourcen. (Weltnaturkonferenz zum Schutz der Biodiversität,[218] Abkehr von fossilen Brennstoffen und Entwicklung erneuerbarer Energien[219], Weltklimarat, UN-Klimarahmenkonvention und Klimakonferenzen und Abkommen zum Klimaschutz, Entstehung der Degrowth-Bewegung[220]. Basis für die Entwicklung von Alternativen zur Wachstumspolitik wie Gemeinwohlwirtschaft, Verursacherprinzip und Kreis- und Rückgewinnungswirtschaft).

---

[218] https://www.greenpeace.de/biodiversitaet/artenkrise/weltnaturkonferenz-cbd, Zugriff am 20. Dezember 2023.

[219] Auf der 28. Weltklimakonferenz (COP28) in Dubai hat sich die Weltgemeinschaft erstmals auf eine Abkehr von Öl, Gas und Kohle geeinigt. https://www.bmuv.de/pressemitteilung/cop28-bekennt-sich-zur-abkehr-von-fossilen-brennstoffen, Zugriff am 20. Dezember 2023.

[220] Die wachstumskritische Bewegung ist eine soziale Bewegung von Wissenschaftlern und Aktivisten, die sich mit Wachstumskritik befassen und das vorherrschende Entwicklungsmodell des Wirtschaftswachstums kritisieren. Im deutschsprachigen Raum wird sie auch als Postwachstumsbewegung bezeichnet. Die Internationale Degrowth-Konferenz 2014 in Leipzig zählte rund 3.000 Teilnehmende und brachte Wachstumskritiker aus Wissenschaft und Gesellschaft zusammen. https://degrowth.info/en/conference/leipzig-2014-3, Zugriff am 22. November 2023.

### Was sonst noch wichtig ist
Weniger bekannt ist, dass die Finanzierung des Projekts durch die Stiftung Volkswagenwerk erfolgte, die insgesamt knapp eine Million DM in das Projekt investierte. Die Bewilligung war ein Wagnis, denn in den eingeholten Gutachten fehlte es nicht an skeptischen Bemerkungen.[221]

Das Buch wurde 30 Millionen Mal verkauft und in 30 Sprachen übersetzt.

Mit dem Buch „Earth for all"[222] wurde eine Bilanz 50 Jahre nach dem Erscheinen von „Die Grenzen des Wachstums" gezogen. Das Fazit lautet, dass die Einschätzungen aus dem Jahr 1972 weitgehend richtig waren. „Wir beginnen wirklich, die sozialen Kosten von Klimaextremen, Umweltverschmutzung und Bodendegradation zu spüren. Das verbleibende globale Kohlenstoffbudget von etwa 300 bis 400 Milliarden Tonnen $CO_2$ wird innerhalb dieses Jahrzehnts aufgebraucht sein, wenn wir mit dem derzeitigen Ausstoß weitermachen. Wir stehen heute vor der realen Gefahr, irreversible Kipppunkte im Erdsystem zu überschreiten, was allen künftigen Generationen einen weniger lebenswerten Planeten bescheren könnte."[223]

## Der wichtigste Weckruf zur militärischen Bedrohung

## Weckruf: Vietnamkrieg

Am 30. April 1975 ging der Angriffskrieg der USA gegen das sozialistische Nordvietnam nach jahrelangen weltwei-

---

[221] https://www.volkswagenstiftung.de/de/veranstaltungen/die-grenzen-des-wachstums-sind-erreicht-wie-geht-es-weiter, Zugriff am 20. Dezember 2023.
[222] Vgl. Dixon – Decleve, Sandrine, Gaffney, Owen, Ghosh, Jayati, Randers, Jorgen, Rockström, Johan, Stoknes, Per Espen: Earth for all, oekom verlag, München, 2022.
[223] Vgl. https://www.sciencemediacenter.de/alle-angebote/rapid-reaction/details/news/50-jahre-limits-to-growth/, Zugriff am 01. Juni 2024.

ten Protesten mit der Einnahme Saigons, der Hauptstadt Südvietnams, zu Ende.

**Wer?**
Völkerrechtlich wurde das Ende des Vietnamkrieges bereits am 27. Januar 1973 mit der Unterzeichnung des sogenannten „Pariser Vertrages" besiegelt. Federführende Unterhändler waren der nordvietnamesische Politiker Le Duc Tho und der amerikanische Sonderbotschafter und spätere Außenminister Henry Kissinger.

**Wann?**
Für das Ende des Krieges stehen zwei Daten:

- 27. Januar 1973: Unterzeichnung des „Abkommen über die Beendigung des Krieges und die Wiederherstellung des Friedens in Vietnam", kurz Pariser Abkommen
- 30. April 1975: Ende des Krieges mit dem Abzug der letzten Amerikaner und der Eroberung Saigons, der Hauptstadt Südvietnams, durch die nordvietnamesische Armee

**Wo?**
Unter Hinweis auf die zwei Daten des Weckrufes sind auch zwei Orte zu nennen. Paris, wo das gleichnamige Abkommen zum Ende des Krieges geschlossen wurde, und Saigon, wo die Niederlage der USA und Südvietnams durch die Einnahme der südvietnamesischen Hauptstadt besiegelt wurde.

**Wie der Weckruf wirkte und wirkt?**
Der Weckruf ist das Ergebnis einer nach dem Zweiten Weltkrieg und bis heute einmaligen Antikriegsbewegung. Zum ersten Mal in der Neuzeit, aber auch in der gesamten Menschheitsgeschichte, wurde ein Krieg in erster Linie durch internationale Massenproteste beendet. Diese

sind die eigentliche Ursache für das Ende des grausamen Krieges der USA gegen Nordvietnam. Auf diese besondere historisch einmalige Weise kamen die beiden dafür maßgeblichen Daten, der 27. Januar 1973 und der 30. April 1975, als Weckrufe in unsere Chronik.

Letztlich waren diese weltweiten Massenproteste auch selbst Weckrufe. Dieses Beispiel beweist, dass es möglich ist, dass Appelle nicht nur erhört werden, sondern in der Folge auch materielle Gewalt entfalten. So mächtig, dass sie einen mörderischen zehn Jahre währenden Krieg in Frieden verwandelt.

Am 30. April 1975 zogen sich die letzten Amerikaner aus Südvietnams Hauptstadt Saigon zurück. Damit ging der 1955 von den USA begonnene Vietnamkrieg zu Ende. Die größte militärische Niederlage in der Geschichte der Vereinigten Staaten hat komplexe Ursachen.

Die Zeitung „Die Welt" analysiert in einem Beitrag vom 23. November 2023 die Gründe, warum die USA diesen Krieg verloren haben. Dabei habe die weltweite öffentliche Meinung, also in erster Linie die machtvolle Protestbewegung gegen den USA-Krieg, die herausgehobene Rolle gespielt.[224]

Mit einer anschwellenden Welle von Demonstrationen protestierten zunächst vor allem junge Amerikaner gegen den Krieg. Der größte Aufmarsch gegen den Krieg fand am 15. Oktober 1969 mit 250.000 Teilnehmern in Washington statt. Die Proteste gegen den Vietnamkrieg bekamen in den 60er-Jahren eine weltweite Dimension. Zentren waren neben den USA in erster Linie Frankreich und Deutschland. Die sogenannte 68er-Bewegung war entscheidend vom Kampf gegen den USA-Krieg in Vietnam geprägt. Es

---

[224] https://www.welt.de/geschichte/article140194483/Vietnamkrieg-Sechs-Gruende-warum-die-USA-in-Vietnam-als-Verlierer-ausgingen.html, Zugriff am 03. Juli 2024, Die Welt, 23. November 2023.

waren vorwiegend junge Leute, in erster Linie Studenten, die gegen die Aggression der USA auf die Straße gingen.

Ein weiterer wichtiger Teil der Bewegung waren die „Vietnam Veterans against the War", bei denen 2.000 USA-Soldaten organisiert waren. Eine herausragende Rolle für den Aufwuchs des zivilen Widerstands spielten die Medien.

Der weltweite Einsatz von Millionen von Menschen hat maßgeblich dazu beigetragen, dass am 27. Januar 1973 in Paris das „Abkommen über die Beendigung des Krieges und die Wiederherstellung des Friedens in Vietnam", kurz Pariser Vertrag, geschlossen wurde. Es wurde von Nordvietnam, den USA und Südvietnam unterzeichnet. Als Unterhändler fungierten Le Duc Tho und der US-amerikanische Sonderbotschafter und spätere Außenminister Henry Kissinger. Beide wurden dafür für den Friedensnobelpreis nominiert. Kissinger nahm ihn am 10. Dezember 1973 in Oslo entgegen. Le Duc Tho lehnte die Verleihung mit der Begründung ab, dass zu diesem Zeitpunkt in Vietnam Südkorea trotz des offiziellen Rückzugs der USA Krieg gegen Nordvietnam führte. Unterstützung kam auch weiterhin von den USA, in erster Linie durch Waffenlieferungen.

Der Vietnamkrieg dauerte von 1955 bis 1975. Kriegsparteien waren Nordvietnam und die auch als „Vietcong" bezeichnete Nationale Front für die Befreiung Südvietnams, die USA und Südvietnam. Wegen der direkt und indirekt beteiligten Supermächte gilt er als Stellvertreterkonflikt im Kalten Krieg. Ab den frühen 1960ern begann die US-Intervention zugunsten Südvietnams, die binnen weniger Jahre zum Krieg ausartete. Es begann das permanente Bombardement Nordvietnams. Auf das kleine Land fielen so viele Bomben wie auf den gesamten pazifischen Raum während des Zweiten Weltkrieges.[225] Die Anzahl an

---

[225] https://www.mdr.de/geschichte/zeitgeschichte-gegenwart/politik-gesellschaft/chronik-vietnamkrieg-100.html, Zugriff am 31. August 2024.

Soldaten und Material wurde laufend erhöht, die Gewalt eskalierte immer weiter.

Am 30. April 1975 endete der Krieg mit der Eroberung der südvietnamesischen Hauptstadt Saigon durch nordvietnamesische Truppen. 1976 wurde Vietnam offiziell unter einer kommunistischen Regierung wiedervereinigt.

Man schätzt die Zahl der vietnamesischen Kriegsopfer auf 1,3 bis über drei Millionen. Zudem starben 58.220 US-Soldaten und 5.264 Soldaten ihrer Verbündeten.

Zudem wurden zwei Millionen Vietnamesen verstümmelt und weitere zwei Millionen durch das Herbizid Agent Orange geschädigt. Während des Vietnamkrieges kamen die Kriegsberichte und Bilder unzensiert in der amerikanischen Öffentlichkeit an: Unverblümte Szenen der Gräuel durch immer brutalere Waffensysteme, wie Napalmbomben und Agent Orange. Diese Chemikalie vergiftete die Menschen und vernichtete die Ernten. Bis heute kommen Babys mit körperlichen Schäden zur Welt und viele Veteranen starben an Krebs als Spätfolge. Zahlreiche Kriegsverbrechen, Vergewaltigungen und Massaker kamen ans Licht, von denen jenes um das Dorf My Lai das bekannteste ist. Das Militär zog nach dem Krieg Konsequenzen daraus, indem es Kriegsberichte und Bilder zensierte.[226]

Der Autor dieser Zeilen erinnert sich daran, dass er am 02. Mai 1975 vor dem Tor seines Berliner Betriebes mit anderen, vor allem jungen Kollegen, eine kleine spontane Veranstaltung organisierte. Wir schwenkten die Fahne der Befreiungsarmee, natürlich auch die rote der Arbeiterklasse und von einem Lautsprecher erschallte ein Lied, dass der „Oktoberklub", größter seiner Art in der DDR und Veranstalter des alljährlichen „Festival des politischen Liedes", unmittelbar nach dem Bekanntwerden der Einnahme von

---

[226] https://www.sozialismus.info/2022/06/opposition-gegen-den-vietnamkrieg-in-den-usa-beispiel-fuer-eine-erfolgreiche-antikriegsbewegung/, Zugriff am 03. Juli 2024.

Saigon am 30. April 1975 geschrieben und aufgenommen hatte. Dessen Refrain lautete:

„Alle auf die Straße
Rot ist der Mai.
Alle auf die Straße
Saigon ist frei."

Mit meinem Jahrgang 1952 sehe ich mich politisch und emotional als Teil der schon erwähnten 68er-Bewegung, die natürlich auch in der DDR von vielen jungen Leuten mit großer Sympathie zur Kenntnis genommen und auch aktiv begleitet wurde. Nicht zuletzt im Rahmen der durchaus wirkmächtigen DDR-Singebewegung.[227]

**Frieden durch Massenproteste –
Vietnam, die einzige Ausnahme?**
Das Ende des Vietnamkrieges zeigt, dass der Wille zu Verhandlungen eine entscheidende, aber keinesfalls die einzige Bedingung dafür ist, Kriege dadurch zu beenden, dass sich die Kontrahenten an einen Tisch setzen. Das Vietnamabkommen war die noch wichtigere Komponente der jahrelangen weltweiten Massenproteste. Diese haben zudem klargestellt, dass die USA der Aggressor sind und sich schwerer Kriegsverbrechen schuldig gemacht haben. Das „Argument", man müsse die „freie Welt" vor der „roten Gefahr schützen", war ad absurdum geführt worden. Denn Primat haben das Selbstbestimmungsrecht der Völker und die Unverletzlichkeit der territorialen Integrität.

Damit waren die klaren Eckpunkte für die Verhandlungen gesetzt. Henry Kissinger war zudem Realpolitiker genug, um die „Zeichen der Zeit" richtig zu deuten.

---

[227] Lesen Sie zu diesem Thema, auch zum „Festival des politischen Liedes", eines der größten seiner Art weltweit, bitte auch den Text im Unterkapitel 2.10 mit der Überschrift „Antikriegslieder".

Es muss in der Tat einiges zusammenkommen, um Frieden durch Verhandlungen zu schaffen. Aber es ist möglich, und das wollen wir am Ende unseres Weckrufs mit einigen Beispielen – gelungenen und gescheiterten – illustrieren. Damit wollen wir auch deutlich dem widersprechen, was der Wissenschaftler Stephan Elbern in seinem Buch „Eine verlorene Kunst. Von Kadesch bis Camp David" zu folgendem Urteil veranlasst hat: „Der Friedensvertrag zur dauerhaften Beilegung von internationalen Konflikten habe heute ausgedient. Die Kunst, die beiderseitigen Interessen durch Verhandlungen auszugleichen ... ist in unserer Zeit verloren gegangen. ... Wir sind hinter das völkerrechtliche und moralische Niveau des Alten Orients zurückgefallen!"[228]

Eine so radikale Schwarz-weiß-Sicht ist nicht zutreffend. Natürlich ist das Ende eines Krieges in der Jetztzeit durch weltweite Massenproteste die Ausnahme und leider nicht die Regel. Aber dieser machtvolle Schlussstrich unter den Vietnamkrieg ist kein Solitär. Es gibt andere Beispiele für den Erfolg, aber auch für den Misserfolg.

**Nordirlandkonflikt**

Zu den Erfolgen gehört das Ende des Nordirlandkonflikts. Am 10. April 1998 schlossen acht nordirische Parteien, das Vereinigte Königreich und Irland in Belfast das sogenannte Karfreitagsabkommen. Es wurde am 22. Mai 1998 der Bevölkerung in Nordirland und in der Republik Irland in zwei getrennten Referenden zur Ratifizierung vorgelegt. Die Ergebnisse waren deutlich: In Nordirland stimmten 71,1 Prozent für die Annahme, in der Republik Irland 94,4 Prozent.[229] Fragil ist der Frieden in Nordirland auch

---

[228] Elbern, Stephan: Frieden. Eine verlorene Kunst. Von Kadesch bis Camp David. Nünnerich-Asmus Verlag, 2014, vgl. in //www.deutschlandfunkkultur.de/wie-kriege-enden-der-friedensvertrag-hat-ausgedient-100.html, Zugriff am 10. Juli 2024.

[229] https://www.bpb.de/kurz-knapp/hintergrund-aktuell/521212/vor-25-jahren-referenden-zum-karfreitagsabkommen/, Zugriff am 10. Juli 2024.

nach dem Karfreitagsabkommen geblieben. Die IRA erklärte erst 2005 ihren gewaltsamen Kampf für beendet. Nach dem Brexit, gegen den die nordirischen Wählerinnen und Wähler mehrheitlich gestimmt hatten, drohte der Konflikt immer wieder neu aufzubrechen.[230]

Doch die meisten Anzeichen deuten auf Stabilität hin. Einer der Autoren hat das bei Recherchen zu diesem Buch im Herbst 2023 in vielen Gesprächen in Irland bestätigt bekommen.

**Dauerkrise in Nahost**
Anders der Konflikt in Nahost. Nach der Gründung des Staates Israel griffen fünf arabische Staaten Israel an, der erste Nahostkrieg begann. Insgesamt sechs Kriege, der Unabhängigkeitskrieg 1948–49, die Suezkrise 1956, der Sechstagekrieg 1967, der Yom-Kippur-Krieg 1973 sowie die Libanon-Kriege 1982 und 2006.[231]

Im September 1993 gab es die Unterzeichnung der Osloer Friedensverträge durch Israels Ministerpräsident Izchak Rabin und PLO-Chef Jassir Arafat. 1994 erhielten sie dafür, zusammen mit dem israelischen Staatspräsidenten Schimon Peres, den Friedensnobelpreis. Das schien vielen Menschen als Beginn einer „Zwei-Staaten-Lösung" und der Hoffnung auf Frieden.

Seit 2009 gab es jedoch keine palästinensische Präsidentenwahl mehr – und bei der letzten Parlamentswahl 2006 siegte die rivalisierende radikalislamische Hamas, die von den USA, der EU und etlichen weiteren Akteuren als Terrororganisation eingestuft wird.

2005 zog sich Israel – gegen den Widerstand vieler Siedler – aus dem Gazastreifen zurück. Seit 2007 hat die

---

[230] https://www.deutschlandfunkkultur.de/wie-kriege-enden-der-friedensvertrag-hat-ausgedient-100.html, Zugriff am 10. Juli 2024.
[231] https://www.rnd.de/politik/nahostkonflikt-suez-krise-jom-kippur-krieg-intifada-ein-ueberblick-der-eskalationen-3WN3DBUQAFGDFBYRQTZJCLLLZE.html, Zugriff am 10. Februar 2024.

Hamas die De-facto-Herrschaft in dem schmalen Küstenstreifen zwischen dem israelischen Kernland und Ägypten, nachdem sie Abbas' Fatah aus dem Gebiet vertrieben hatte. Auf wiederholte Drohungen und Raketenangriffe der Hamas reagierte Israel mit einer Verschärfung der Blockade, die humanitäre Lage im Gazastreifen war schon seit Jahren äußerst prekär. Zu einzelnen Kriegen zwischen der israelischen Armee und der Hamas kam es 2008/2009, 2012 und 2014.[232] Der Oslo-Prozess scheiterte. Spätestens mit den grausamen Attentaten vom 07. Oktober 2023 hat die Hamas ihre Ablehnung des Friedensprozesses eindrücklich unter Beweis gestellt.

Wir sollten hierzu aber einen den jüdischen Historiker Moshe Zimmermann hören, den wir auch in Kapitel 5 zitieren werden:

„Jeder weiß, welche verheerende Rolle im Nahost-Konflikt der religiöse Fundamentalismus spielt; jeder weiß auch, dass es dort um einen Kampf der Kulturen geht, um eine systematische Erziehung zu Intoleranz und Hass, dass die Befriedung der Region nicht das höchste Interesse aller regionalen Mächte und Großmächte ist. Das alles muss mithilfe der internationalen Gemeinschaft und durch die Schaffung eines Sozialisationsmechanismus überwunden werden. Das ist sicher leichter gesagt als getan. Es ist vielmehr eine Mammutaufgabe, aber die Alternative würde lauten: Freie Fahrt für weitere 7. Oktober, Afghanistan, Hiroshima. Was ich in diesem Buch anzubieten versuchte, bezeichne ich als konstruktiven Pessimismus."[233]

## Der Irakkrieg
Auch beim Irakkonflikt gingen am 15. Februar 2003 Millionen von Menschen auf die Straße, um den drohenden

---

[232] https://www.bundestag.de/resource/blob/414962/2571307660709f1ae43468a4c7e2b77a/WD-2-133-06-pdf-data.pdf, Zugriff am10. Juli 2024.
[233] Zimmermann, Moshe: Niemals Frieden? Israel am Scheideweg, Ullstein Buchverlage, Propyläen, Berlin, 2024, S. 186.

Krieg zu verhindern. In Rom protestierten rund drei Millionen, in Madrid etwa 1,5 Millionen. Es wird geschätzt, dass an den weltweit 3.000 Anti-Kriegs-Protesten an diesem Tag rund 36 Millionen Menschen teilnahmen. Die Kritik an den Kriegsvorbereitungen der USA und Großbritanniens trug dazu bei, die größte Antikriegsbewegung seit dem US-Krieg in Vietnam hervorzubringen. Leider erfolglos. Der Irakkrieg, eine Militäroperation der USA, Großbritanniens und einer „Koalition der Willigen," im Irak begann am 20. März 2003 und führte zur Eroberung der Hauptstadt und zum Sturz des damaligen irakischen Diktators Saddam Hussein. Am 01. Mai 2003 erklärte US-Präsident George W. Bush das Ende des Krieges.[234] Bis zum 31. Dezember 2011 wurden die noch verbliebenen 4.000 US-Soldaten aus dem Irak abgezogen.[235] Die Lage im Irak ist keinesfalls stabil, aber es gibt u. E. Grund für die Idee des gerade zitierten Moshe Zimmermann: Es gibt Gründe für diesen konstruktiven Pessimismus.

**Friedensabkommen von Algier Mali 2015**
Das Abkommen von Algier war 2015 zwischen der damaligen malischen Regierung und bewaffneten Gruppen aus Nordmali geschlossen worden. Es galt als wichtiges Instrument auf dem Weg zur Stabilisierung des westafrikanischen Landes. Im August 2020 und im Mai 2021 putschte aber das Militär.

Die derzeitige Junta hatte für März 2024 Wahlen und die Rückkehr zu einer Zivilregierung versprochen. Mali versinkt immer tiefer in Chaos und Gewalt. Lokale Ableger der Terrororganisationen Al-Kaida und Islamischer Staat haben die Kontrolle über einige Gebiete übernommen und zahllose Zivilisten getötet. Die ehemalige Kolonialmacht

---

[234] https://www.welt.de/politik/ausland/article9088461/Bush-inszenierte-den-Abzug-Obama-vollzieht-ihn.html, Zugriff am 10. Februar 2024.
[235] https://www.dw.com/de/usa-beenden-offiziell-irak-krieg/a-15605190, Zugriff am 10. Februar 2024.

Frankreich, die ein Jahrzehnt lang Soldaten entsandt hatte, um die islamistischen Kämpfer zurückzudrängen, zog die Truppen in diesem Jahr ab, nachdem die Junta die russische Söldnertruppe „Wagner" ins Land gelassen hatte.[236]

Mali ist für uns derzeit ein Beispiel des Scheiterns. Aber dennoch darf es *keinen* Konflikt in unserer Zeit geben, für den Verhandlungen ausgeschlossen werden. In Mali setzen wir auf die leider recht schwache 2002 gegründete Afrikanische Union mit ihren 55 Mitgliedsstaaten und denken, dass auch die erweiterte BRICS-Gruppe Potenzial hat, zur Befriedung beizutragen.

**2015 Minsker Abkommen**

Es war Ziel dieses Abkommens, zwischen 2014 und 2015, den Krieg in der Ostukraine zu beenden. Das wurde verfehlt. 2014 hatten sich die Ukraine und die von Russland unterstützten Separatisten auf einen Zwölf-Punkte-Plan, Minsk I, verständigt, der im auf einen Waffenstillstand entlang der Kontaktlinien geeinigt fokussiert war. Diese wurden damit quasi die Grenze zu den Separatistengebieten. Die Vereinbarungen hielten nicht lange. Es kam zu massiver Gewalt von beiden Seiten.

Ein weiteres Abkommen unter dem Namen Minsk II sollte final für Frieden sorgen und den sich verschärfenden Krieg in der Ostukraine beenden. Das Maßnahmenpaket sollte die Vereinbarungen von 2014 umsetzen. Unterzeichnet wurde das Minsker Friedensabkommen 2015 in der belarussischen Hauptstadt Minsk von Russland, der Ukraine, Frankreich und Deutschland. Die kriegerischen Akte gingen danach stark zurück, doch viele Punkte des Abkommens wurden weiterhin nur teilweise umgesetzt.

Die Ukraine hat nach dem Überfall durch Russland 2022 Friedensgesprächen mit Russland nach dem Vorbild

---

[236] https://www.dw.com/de/rebellen-in-mali-k%C3%BCndigen-friedensvertrag-auf/a-64193695, Zugriff am 10. Juli 2024.

von Minsk II eine Absage erteilt. Einem Regierungssprecher zufolge befürchtete die Ukraine, westliche Vertreter könnten versuchen, eine Neuauflage von Minsk II zu erreichen. Dem hat Kiew nun eine Absage erteilt. Präsident Putin hatte das Abkommen vor dem Angriff für gescheitert erklärt.[237]

In unseren folgenden Weckrufen finden sich etliche und kontroverse Überlegungen darüber, wie der Ukraine-Krieg beendet werden soll. An der Formulierung von fairen und pragmatischen Kompromisslinien muss viel schneller gearbeitet werden.

**2016 Friedensabkommen mit den Farin Kolumbien**

Das Friedensabkommen wurde nach vier Jahren Verhandlungen am 23. Juni 2016 von Seiten der Regierung und der *FARC-EP* vereinbart. Die Bekanntgabe des Erfolges und des Datums für den Volksentscheid folgte am 24. August 2016. Einen Monat später, am 26. September 2016, wurde das Abkommen öffentlich in *Cartagena* durch Präsident *Santos* und die *FARC-EP* unterzeichnet. Überraschenderweise stimmte am 02. Oktober 2016 via Volksentscheid eine knappe Mehrheit mit 50,23 Prozent für „Nein" und somit gegen den Friedensvertrag. Hierbei ist zu beachten, dass die Wahlbeteiligung bei 37,4 Prozent lag (nur 13,1 Millionen der 34 Millionen Wahlberechtigten), obwohl dies eine der wichtigsten Abstimmungen in der Geschichte Kolumbiens war.

2018 wurde dann der Rechte Politiker Iván Duque Präsident. Der Gegner des Friedensabkommens hatte keinerlei Interesse an der Wiedereingliederung und missbrauchte sogar Gelder aus dem Friedensfonds.[238] Auch hier scheint

---

[237] Vgl. https://www.dw.com/de/der-gescheiterte-friedensplan-was-steht-im-minsker-abkommen/a-62137699, Zugriff am 10. Juli 2024.
[238] https://taz.de/Abkommen-mit-den-Farc-Guerilla/!5982692/, Zugriff am 10. Juli 2024.

u. a. die Afrikanische Union und die BRICS-Gruppe als Vermittler gefragt zu sein.

**2022 Friedensabkommen für die Krisenregion Tigray**
Der Krieg in Äthiopien begann Anfang November 2020. Fast genau zwei Jahre später kam es zu einer Einigung, die Beobachter in Südafrika als Anfang eines Friedensprozesses werten. Mehr als eine Woche lang hatten die Parteien mit Vertretern der Vereinten Nationen, der USA und der ostafrikanischen Staatengemeinschaft verhandelt. Für Tigray soll demnach wieder die äthiopische Verfassung gelten. Mit dem Abkommen von Anfang November 2022 ist es möglich, dass wieder humanitäre Hilfe nach Tigray kommt, die Region im Norden Äthiopiens, die seit zwei Jahren umkämpft ist. Menschenrechtsorganisationen berichteten über massive Kriegsverbrechen. Beobachter der Vereinten Nationen gehen von mehr als einer halben Million Toten seit Kriegsbeginn aus. Das Ausmaß der Zerstörung sei immens, sagte ein Vertreter der äthiopischen Regierung. Der Konflikt ist nach Angaben des Forschungsinstituts International Crisis Group (ICG) „einer der tödlichsten weltweit".[239]

Im November 2022 kommt es zur Vereinbarung eines Friedensabkommens zwischen der äthiopischen Regierung und der Volksbefreiungsfront von Tigray (TPLF). Dessen Umsetzung machte 2023 Fortschritte. Nach zwei Jahren Krieg sind nach Angaben des Roten Kreuzes erstmals wieder Hilfsgüter in der äthiopischen Region Tigray eingetroffen. Im März 2023 hat das äthiopische Parlament die in der Region Tigray dominante Partei, die Volksbefreiungsfront von Tigray (TPLF), von der Terrorliste des Landes gestrichen.[240]

---

[239] https://www.deutschlandfunk.de/aethiopien-tigray-konflikt-100.html, Zugriff am 10. Juli 2024.
[240] https://www.friedensbildung-bw.de/aethiopien-krieg, Zugriff am 10. Juli 2024.

Hier deuten für uns viele Anzeichen darauf hin, dass die Stabilität von Dauer sein könnte. Ein Beleg dafür, dass Verhandlungen immer lohnend sind, wenn die dort definierten Prämissen – siehe der Beginn dieses kleinen Exkurses – beachtet werden.

## Weckrufe zur ökologischen Bedrohung

### Weckruf: „Früchte des Zorns", ein Roman

> „In den Herzen der Menschen wachsen die Früchte des Zorns und werden schwer, schwer und reif zur Ernte."[241]

**Wer?**
John Steinbeck (1902–1968)

**Wann?**
14. April 1939

**Wo?**
USA

**Wie der Weckruf wirkte und wirkt?**
Der Roman ist ein sozialkritisches Werk über die Folgen der doppelten ökonomischen und ökologischen Katastrophe: der Großen Depression, die auf die Weltwirtschaftskrise von 1929 folgte und der zum Teil menschengemachten Dürre, die Mitte der 1930er-Jahre weite Teile von Oklahoma und Arkansas heimsuchte.

Steinbeck wurde dafür mit dem National Book Award und dem Pulitzer-Preis geehrt. Das Magazin Time zählt

---

[241] Zitiert von Christian Lindner aus dem Roman „Früchte des Zorns" im Deutschlandfunk am 14. April 2019, https://www.deutschlandfunk.de/vor-80-jahren-erschienen-fruechte-des-zorns-erntete-100.html, Zugriff am 10. Juli 2024.

ihn zu den besten 100 englischsprachigen Romanen, die zwischen 1923 und 2005 veröffentlicht wurden. 1962 erhielt der Autor den Nobelpreis für Literatur.

Steinbecks erklärtes Ziel war es, mit „Früchte des Zorns" Empörung über die sozialen und politischen Missstände zu wecken, die von einer ungerechten Wirtschaftsordnung und der Zerstörung der Umwelt hervorgerufen werden.[242]

## Weckruf: Der erste Aktionstag der Umweltbewegung – der „Earth Day"

**Wer?**
Initiator war Senator Gaylord Nelson (1916–2005)

**Wann?**
22. April 1970

**Wo?**
USA

### Wie der Weckruf wirkte und wirkt?
Der Beginn war eine spontane Studentenbewegung. Dem Washingtoner Establishment und der Öffentlichkeit sollte demonstriert werden, dass es in Nordamerika eine Umweltbewegung gab und dass die Natur jetzt über eine starke Lobby verfügen wird.

Seit der Premiere 1970 wird alljährlich der 22. April weltweit als „Earth Day" begangen.

Das Jubiläum des 25. Earth Day wurde am 22. April 1995 als Umweltaktionstag von über 200 Millionen Menschen weltweit begangen. Der Earth Day wird heute in mehr als 150 Ländern begangen. Ziel ist es, die Bürger und insbesondere die jungen Menschen in kreative Umweltprojekte

---

[242] https://dbpedia.org/page/The_Grapes_of_Wrath, Zugriff am 10. Juli 2024.

einzubinden. Bis heute blieben die Earth Days neutral. Sie geben Hilfestellung, vernetzen, schaffen Medienpräsenz für die vielen Umweltinitiativen vor Ort. Am 22. April 1997 wurde zum ersten Mal ein lokaler Earth Day, der Earth Day in Stuttgart, veranstaltet.[243]

„Planet vs. Plastics" – das war das Motto des Earth Day 2024.[244]

**Weckruf: „Live Aid"**

Spendenkonzert für Afrika. Initiator und Organisator war Bob Geldof. Seine Intention war die Unterstützung der Dritten Welt. Mit Live Aid wollte er unmittelbar vor dem G8-Gipfel in Schottland ein Zeichen setzen.[245]

**Wer?**
Bob Geldof, geboren 05. Oktober 1951

**Wann?**
13. Juli 1985

**Wo?**
London, Philadelphia

**Wie der Weckruf wirkte und wirkt?**
Bob Geldof, der irische Musiker, ein Weltstar, war der Initiator von „Live Aid". Das damals größte Rockkonzert aller Zeiten fand zeitgleich in England, im Londoner Wembley Stadion, und den USA, im John F. Kennedy Stadion in Philadelphia, statt. Anlass war die furchtbare Hungersnot

---

[243] https://earthday.de/, Zugriff am 22. November 2023.
[244] Forderung: Reduzierung der Produktion aller Kunststoffe um 60 Prozent bis 2040, https://www.bresser.de/c/de/data/newspages/earth-day/, Zugriff am 01. Juni 2024.
[245] Dieser Weckruf wird im Unterkapitel 2.10 ausführlicher und in einem speziellen inhaltlichen Kontext vorgestellt.

1984/85 in Äthiopien, von der über acht Millionen Menschen betroffen war, von denen eine halbe Millionen starben.

Die beiden Konzerte mit 23 Solokünstlern und Bands wurden weltweit im Fernsehen und Hörfunk übertragen und erreichten so 1,5 Milliarden Zuschauer und Zuhörer.

Unter den Stars waren unter anderen Bryan Adams, The Beach Boys, Bob Dylan, Elton John, Madonna, Tina Turner und Neil Young.

Der mit den Konzerten verbundene weltweite Spendenaufruf erbrachte 213 Millionen DM, die der Hungerhilfe in Afrika zuflossen.[246]

## Weckruf: „Die Reaktorkatastrophe in Tschernobyl"

**Wann?**
26. April 1986

**Wo?**
Tschernobyl, Sowjetunion

**Wie der Weckruf wirkte und wirkt?**
Nach dem bis dato größten atomaren Störfall aller Zeiten wurden 7.000 Quadratkilometer zur Sperrzone erklärt. Etwa 23 Prozent des UdSSR-Staatsgebietes wurden verstrahlt und 40 Prozent der landwirtschaftlichen Nutzfläche radioaktiv verseucht. 135.000 Menschen mussten umgesiedelt werden.[247]

Die wirtschaftlichen Schäden werden weltweit mit 646 Milliarden Euro beziffert. Allein der Sarkophag, der

---

[246] https://www.fr.de/kultur/musik/live-aid-groesste-konzert-rockgeschichte-11153010.html, Zugriff am 21. Dezember 2023.
[247] https://www.greenpeace.de/klimaschutz/energiewende/atomausstieg/tschernobyl-folgen-super-gau, Zugriff am 04. Dezember 2023.

## 2 Die Chronik der dokumentierten Weckrufe ...

2016 über dem Reaktor errichtet wurde, kostete zwei Milliarden Euro.[248]

Nobelpreisträgerin Swetlana Alexijewitsch formulierte in ihrem Buch über den Reaktorunfall „Tschernobyl. Eine Chronik der Zukunft" auch mit Blick auf den zweiten großen Reaktorunfall im Jahr 2011 im japanischen Fukushima Folgendes:

> „Ja, ich denke doch, dass diese Lehren aus diesen beiden Reaktorunfällen ... dazu führen, dass die Menschheit endlich darüber nachdenkt, dass es Zeit ist, aus dem Atomzeitalter auszusteigen ... sonst laufen wir in den Selbstmord hinein, das ist für mich ganz offensichtlich."[249]

### Weckruf: „Der Schwarm"

„Die Yrr haben die Welt für alle Zeiten verändert."[250]

**Wer?**
Frank Schätzing, geboren 28. Mai 1957

**Wann?**
2004

**Wo?**
Deutschland

---

[248] https://foes.de/publikationen/2020/2020-04_FOES_Tschernobyl.pdf, Zugriff am 04. Dezember 2023.
[249] https://www.deutschlandfunkkultur.de/sonst-laufen-wir-in-den-selbstmord-100.html, Zugriff am 04. Dezember 2023.
[250] Schätzing, Frank: Der Schwarm, Fischer Taschenbuch Verlag, Frankfurt am Main, 2004, S. 987.

### Wie der Weckruf wirkte und wirkt?

Im Frühjahr 2004 erschien sein Roman „Der Schwarm" über eine im Meer lebende Spezies, die das Leben auf der Erde bedrohte, die „Yrr".

Er entwickelt ein globales Katastrophenszenario, das auf naturwissenschaftlichen und ökologischen Recherchen basiert und die Frage nach der Rolle des Menschen in der Schöpfung stellt. Sein großartig geschriebener, spannungsgeladener Thriller erreichte eine Gesamtauflage von 4,5 Millionen Exemplaren und wurde weltweit in 27 Sprachen übersetzt.[251] 2022 diente das Buch als Vorlage für eine achtteilige Fernsehserie.

### Weckruf: „Live 8" – „Make Poverty History"

**Wer?**
Bob Geldof, geboren 05. Oktober 1951

**Wann?**
02. Juli 2005

**Wo?**
Tokio, Berlin, London, Paris, Rom Moskau, Johannesburg

### Wie der Weckruf wirkte und wirkt?

Bob Geldof initiierte 2005[252] mit Bono, dem Sänger der irischen Rockgruppe U2, die erste „Live 8" Konzertserie. Am 02. Juli gab es unter diesem Namen Rock-Events an verschiedenen Orten in den G8-Mitgliedsstaaten[253] und

---

[251] https://www.stiftung-meeresschutz.org/themen/buchtipps/der-schwarm/, Zugriff am 15. Juli 2024.

[252] Dieser Weckruf wird im Unterkapitel 2.10 ausführlicher und in einem speziellen inhaltlichen Kontext vorgestellt.

[253] Die Gruppe der sieben wichtigsten westlichen Industriestaaten wurde 1975 unter dem Kürzel G7 als informelle Plattform gegründet. Mitglieder sind bis heute die USA, Japan, die BRD, Großbritannien, Frankreich, Italien und Ka-

in Südafrika. Das Motto lautete „Make Poverty History" – „Macht Armut zur Vergangenheit". Das Ergebnis war eine Petition an die G8-Regierungschefs, die dazu aufforderte, endlich die Armut auf der Welt wirksam zu bekämpfen. Gezeichnet wurde sie von 24 Millionen Menschen.[254]

Bei den Konzerten waren 1,7 Millionen Menschen vor Ort. Etwa drei Milliarden verfolgten das Geschehen per Live-Übertragungen im Fernsehen.

**Weckruf: „Live Earth"**

Acht Konzerte auf sieben Kontinenten mit einem Ziel: Bewusstsein für den Klimawandel schaffen.

**Wer?**
Al Gore, geboren 31. März 1948

**Wann?**
07. Juli 2007

**Wo?**
Sydney, Shanghai, Tokio, Johannesburg, Hamburg, London, Rio, New York und weitere kleinere Spielorte[255]

**Wie der Weckruf wirkte und wirkt?**
Beim Live Earth traten am 07. Juli 2007 150 Künstler auf, darunter Madonna, Genesis und Shakira. Initiiert wurde

---

nada. Von 1998 bis 2014 gehörte auch Russland dazu, deshalb firmierte die Gruppe in dieser Zeit als G8. https://www.bpb.de/kurz-knapp/lexika/lexikon-der-wirtschaft/19583/g-8-staaten/, Zugriff am 28. März 2024.
[254] https://web.archive.org/web/20160304110152/http://www.uni-magdeburg.de/didaktik/projekte_student/Projektseiten/Live_8/Hintergruende.htm, Zugriff am 28. Mai 2024.
[255] Ausführlich wird dieses Ereignis im Unterkapitel 2.10 – „Kunst ist Waffe" – vorgestellt.

das Event von Al Gore, dem ehemaligen US-Vizepräsidenten und überzeugten Umweltaktivisten.

Neben den Konzerten in Sydney, Shanghai, Tokio, Johannesburg, Hamburg, London, Rio und New York gab es etwa 10.000 kleinere Veranstaltungen. 24 Stunden lang wurde musiziert.

Live Earth stellte bisherige Benefiz-Events wie Live Aid und Live 8 in den Schatten.

In den Pausen gab es Aufklärungsfilme in Sachen Klimaschutz. Bedarf daran gab es mancherorts durchaus. Konzertbesucher in Johannesburg und Shanghai waren sich teilweise gar nicht so im Klaren darüber, dass es hier irgendwie um die Umwelt ging.

„Ich glaube nicht, dass die Jugendlichen hier sich für die Umwelt interessieren. Ich versuche nie, Energie zu sparen, ich verbrauche so viel Strom, wie ich kann."

„Jeder isst doch ständig mit Einwegstäbchen und wirft sie hinterher weg. Das ist schlecht für die Umwelt."

Zwei Milliarden Zuschauer waren über Fernsehen und Livestream dabei. Das noch nicht ganz so breitbandige globale Internet kam unter der Last von acht Millionen Streamern reichlich ins Ruckeln.

## Weckruf: „2012"

Diesen Apokalypse-Film mit dem knappen Namen hat Roland Emmerich 2009 gedreht. Er kam im gleichen Jahr in die Kinos. Im besagten Jahr 2012 sterben Milliarden Menschen. Und mit ihnen die Institutionen, die Kulturen, die Glaubenssysteme. In Italien zerbirst der Petersdom. Kurz vorher geht ein Riss durch Michelangelos „Erschaffung des Adam". Das ist die Kernszene des Films: Die Schöpfung wird rückgängig gemacht.[256] Die globale Erwärmung löst

---

[256] https://www.spiegel.de/kultur/kino/blockbuster-2012-hier-entlang-zum-weltuntergang-a-660118.html, Zugriff am 12. November 2023.

einen plötzlichen Umschwung im Klima der Erde aus und verursacht in der ganzen Welt dramatische Katastrophen.

**Wer?**
Roland Emmerich, geboren 10. November 1955

**Wann?**
2009

**Wo?**
USA

**Wie der Weckruf wirkte und wirkt?**
Das Weltuntergangsdrama von Emmerich zählte zu den kommerziell erfolgreichsten Filmen; Einspielergebnis 552 Millionen US-Dollar.

Der Film dominierte das Startwochenende mit Position 1 in den US-amerikanischen Kinos und spielte weltweit in nur vier Tagen das Produktionsbudget von 200 Millionen US-Dollar ein. Nach nur zehn Tagen überschritten die Filmeinnahmen bereits die 450-Millionen-Dollar-Marke und nach 100 Tagen lag das Einspielergebnis bei rund 760 Millionen US-Dollar.

### Weckruf: Reaktorunglück Fukushima

Der entscheidende Impuls für den *endgültigen* Atomausstieg in Deutschland.

**Wer?**
TEPCO (Betreiber)

**Wann?**
11. März 2011 / 30. Juni 2011 / 15. April 2023

**Wo?**
Japan

**Wie der Weckruf wirkte und wirkt?**
Am Nachmittag des 11. März 2011 ereignete sich im Pazifik ein Seebeben, in dessen Folge ein Tsunami die Ostküste Japans traf. Dieser löste eine Unfallserie im Atomkraftwerk Fukushima Daiichi mit Kernschmelzen in drei Reaktorblöcken aus.

Dabei kam es zu erheblichen Freisetzungen von Radionukliden in die Umwelt. Der katastrophale Unfall in Fukushima ist neben Tschernobyl bis heute der einzige, der in die höchste Stufe 7 der Internationalen Bewertungsskala für nukleare Ereignisse (INES) eingeordnet wurde.

Neben technischen Schwächen der Anlage spielten menschliche und kulturelle Faktoren bei der Entstehung und Bewältigung des Unfalls eine entscheidende Rolle. Japanische und internationale Expertenteams kamen zu dem Schluss, dass es sich bei Fukushima weniger um eine Naturkatastrophe als vielmehr um ein „menschengemachtes" Ereignis handelte.

Der Betreiber TEPCO hat seit dem Nuklearunfall umfangreiche Maßnahmen ergriffen, um die Blöcke 1–4 des Atomkraftwerks Fukushima Daiichi in einem kontrollierten Zustand zu halten und die Freisetzung von Radionukliden zu minimieren. Gleichzeitig dienen diese Maßnahmen der Vorbereitung der späteren Stilllegung. Die gesamte Stilllegung wird nach aktuellen Schätzungen 30 bis 40 Jahre dauern.[257]

In der Bundesrepublik Deutschland wurde nach der Katastrophe von Fukushima am 30. Juni 2011 im Deutschen Bundestag der endgültige Ausstieg aus der friedlichen Nutzung der Kernspaltung zur Energiegewinnung beschlossen.

---

[257] https://www.base.bund.de/DE/themen/kt/unfaelle/fukushima/fukushima_node.html, Zugriff am 14. Juli 2024.

## 2 Die Chronik der dokumentierten Weckrufe ...

Am 15. April 2023 wurden die letzten drei Atomkraftwerke vom Netz genommen.

### Weckruf: „Diese Wirtschaft tötet"

**Wer?**
Papst Franziskus, geboren am 17. Dezember 1936

**Wann?**
2013

**Wo?**
Vatikan

**Wie der Weckruf wirkte und wirkt?**

> „Ebenso wie das Gebot ‚du sollst nicht töten' eine deutliche Grenze setzt, um den Wert des menschlichen Lebens zu sichern, müssen wir heute ein ‚Nein' zu einer Wirtschaft der Ausschließung und der Disparität der Einkommen sagen. Diese Wirtschaft tötet."[258]

Im Apostelbrief „Evangelii Gaudium. Die Freude des Evangeliums" schreibt der Papst: „Heute spielt sich alles nach den Kriterien der Konkurrenzfähigkeit und nach dem Gesetz des Stärkeren ab, wo der Mächtige den Schwächeren zunichtemacht ... Als Folge dieser Situation sehen sich große Massen der Bevölkerung ausgeschlossen und an den Rand gedrängt: ohne Arbeit, ohne Aussichten, ohne Ausweg.
Der Mensch an sich wird wie ein Konsumgut betrachtet, das man gebrauchen und dann wegwerfen kann.[259]

---

[258] Papst Franziskus: Evangelii gaudium. Die Freude des Evangeliums Adlerstein Verlag, Wiesmoor, 1. Auflage, S. 33.
[259] Ebenda, S. 33.

## Weckruf: Pariser Weltklimakonferenz

Erstmals gibt es eine konkrete Aussage zu einem Klimaziel: verbindlicher Beschluss zur Reduzierung des weltweiten $CO_2$-Ausstoßes, um Erderwärmung auf 1,5 Grad Celsius zu begrenzen.

**Wer?**
197 Staaten

**Wann?**
2015

**Wo?**
Paris

**Wie der Weckruf wirkte und wirkt?**
Bei der UN-Klimakonferenz in Paris (Frankreich) im Dezember 2015 einigten sich 197 Staaten auf ein neues, globales Klimaschutzabkommen. Das Abkommen trat am 04. November 2016 in Kraft, nachdem es von 55 Staaten, die mindestens 55 Prozent der globalen Treibhausgase emittieren, ratifiziert wurde. Mittlerweile haben 180 Staaten das Abkommen ratifiziert (Stand September 2018), darunter auch die Europäische Union (EU) und Deutschland (Ratifikation am 05. Oktober 2016).[260]

**Weckrufe der Weltklimakonferenzen seit 1979**[261]

- Es begann 1979 mit dem Klimatreffen in Genf, seit 1995 gibt es die UNO-Weltklimakonferenzen

---

[260] https://www.bmwk.de/Redaktion/DE/Artikel/Industrie/klimaschutz-abkommen-von-paris.html, Zugriff am 09. Juli 2024.
[261] Wir dokumentieren in diesem Weckruf zur Pariser Klimakonferenz von 2015 eine kleine Bilanz bisheriger Konferenzen dieses Formats.

- 1997, also erst 25 Jahre nach dem Manifest des „Club of Rome" wurde mit dem Kyoto-Protokoll ein rechtlich verbindliches Übereinkommen zum Klimaschutz verabschiedet und 2005 von 191 Staaten ratifiziert. Mit dem Kyoto-Protokoll verpflichteten sich 37 Industrienationen dazu, ihre Treibhausgasemissionen zwischen 2008 und 2012 um 5,2 Prozent im Vergleich zu 1990 zu reduzieren. Zudem wurde der internationale Emissionshandel eingeführt.[262]
- Als die USA, die für einen großen Teil des $CO_2$-Emissionen verantwortlich sind, und Kanada ausschieden, hielten viele Beobachter das Kyoto-Protokoll für gescheitert. Doch die Emissionen der verbleibenden Industrieländer sanken bis 2012 tatsächlich deutlich, um 20 Prozent im Vergleich zu 1990. Damit wurden die ursprünglichen Ziele um das Fünffache übertroffen. Die Europäische Union allein hatte den $CO_2$-Ausstoß bis 2012 um 19 Prozent reduziert, Deutschland um 23 Prozent.
- Im selben Zeitraum waren allerdings die Treibhausgasemissionen weltweit um rund 38 Prozent angestiegen. Das Abkommen reicht nicht aus, um den Anstieg der Erderwärmung langfristig zu begrenzen, denn „der Vertrag beinhaltet Verpflichtungen für Länder, die insgesamt gerade einmal für 24 Prozent der weltweiten $CO_2$-Emissionen standen."

---

[262] Im Jahr der Veröffentlichung des Berichts des „Club of Rome" 1972 fand im schwedischen Stockholm die erste internationale Konferenz zur Umwelt des Menschen statt. Bei diesem ersten Umweltgipfel verabschiedete die Konferenz eine Erklärung für 26 Prinzipien zur Bewahrung und Verbesserung der menschlichen Umwelt sowie einen Handlungsplan mit 109 Empfehlungen für internationale Umweltmaßnahmen und gründete das Umweltprogramms der Vereinten Nationen (UNEP). Die erste Weltklimakonferenz (WCC) fand schließlich 1979 in Genf statt. Neun Jahre später wurde das Intergovernmental Panel on Climate Change (IPCC), auch bezeichnet als Weltklimarat, gegründet, der 1990 seinen ersten Sachstandsbericht zum Klimawandel veröffentlichte. 1991 kam erstmals das Internationale Verhandlungskomitee (INC) zusammen.

## Bilanz der Klimakonferenzen: jahrzehntelange Verhandlungen, richtige Ziele und unzureichende Ergebnisse

- 1992, Rio de Janeiro: Grundlagendiskussion
- 1995, Berlin: Start UN-Klimagespräche
- 1997, Kyoto: Verpflichtung Industrieländer zu Emissionsminderung
- 1998, Buenos Aires: Einigung auf Inhalt Kyoto-Protokoll
- 2009, Kopenhagen: Verpflichtung der Industrieländer, 100 Mrd. USD für Klimaschutzaufgaben an Entwicklungsländer zu zahlen
- 2010, Cancún: Anerkennung der 2-Grad-Celsius-Obergrenze
- 2011, Durban: Verpflichtung aller Länder zur Emissionsminderung
- 2012, Doha: Verlängerung des Kyoto-Protokolls
- 2015, Paris: Klimaabkommen 1,5-Grad-Celsius-Ziel
- 2021, Glasgow: Beschleunigung des Kohleausstiegs
- 2022, Ägypten: Einigung auf einen Fond zur Kompensation von Schäden und Verlusten für vulnerable Staaten
- 2023, Dubai: EU-Zusage über 400 Mio. Euro für Fonds für Klimaschäden und -verluste

## Weckruf: Enzyklika „Laudato si. Über die Sorge für das gemeinsame Haus"

„Die Erde, unser Haus, scheint sich immer mehr in eine unermessliche Mülldeponie zu verwandeln."[263]

**Wer?**
Papst Franziskus, geboren 17. Dezember 1936

---

[263] Laudato si, a. a. O., These 21, S. 36 ff.

## 2 Die Chronik der dokumentierten Weckrufe ...

**Wann?**
2015

**Wo?**
Vatikan

**Wie der Weckruf wirkte und wirkt?**
In seiner Enzyklika „Laudatio si. Über die Sorge für das gemeinsame Haus" stellt der Papst fest:

> „Dass Menschen die biologische Vielfalt in der göttlichen Schöpfung zerstören, dass Menschen die Unversehrtheit der Erde zerstören, indem sie Klimawandel verursachen, indem sie die Erde von ihren natürlichen Wäldern entblößen oder ihre Feuchtgebiete zerstören, dass die Menschen anderen Menschen Schaden zufügen und sie krank machen, indem sie die Gewässer der Erde, ihren Boden und ihre Luft mit giftigen Substanzen verschmutzen – all das sind Sünden."[264]

> „Es wird uns nicht nützen, die Symptome zu beschreiben, wenn wir nicht die menschliche Wurzel der ökologischen Krise erkennen.[265] Die Menschheit ist aufgerufen, sich der Notwendigkeit bewusst zu werden, Änderungen im Leben, in der Produktion und im Konsum vorzunehmen, um diese Erwärmung oder zumindest die menschlichen Ursachen, die sie hervorrufen und verschärfen, zu bekämpfen."[266]

---

[264] Papst Franziskus: Laudatio si. Über die Sorge für das gemeinsame Haus, S. 23, Verlag Katholisches Bibelwerk, Stuttgart, 3. Auflage, 2015.
[265] Laudato si. a. a. O., These 101, S. 95.
[266] Laudato si, a. a. O., These 23, S. 37.

## Weckruf: „Die Regierung muss die existenzielle Bedrohung der ökologischen Krise anerkennen und den Klimanotstand ausrufen"

So lautet die Kernforderung im ersten Aufruf von „Extinction Rebellion". Diese radikale Umweltschutzbewegung hat das erklärte Ziel, mit dem Mittel des zivilen Ungehorsams Maßnahmen von Regierungen gegen das Massenaussterben von Tieren, Pflanzen und Lebensräumen sowie die drohende Vernichtung des menschlichen Lebens als Folge der Klimakrise zu erzwingen.[267]

### Wer?
Roger Hallam, geboren 04. Mai 1966

### Wann?
31. Oktober 2018

### Wo?
Großbritannien

### Wie der Weckruf wirkte und wirkt?
Die Bewegung tritt ein für eine „verbindende inklusive Welt, in der Wert auf faire Prozesse und gemeinschaftliche Entscheidungsfindung gelegt wird."[268]

Gewaltfreier ziviler Ungehorsam als zentrale Protestform soll den Druck auf Regierungen erhöhen und sie dazu bewegen, auf gerechte Art und Weise auf die ökologische Krise und den Klimanotstand zu reagieren.

---

[267] https://rebellion.global/de/about-us/, Zugriff am 10. Oktober 2023.
[268] https://extinctionrebellion.de/og/mannheim/-unsere-forderungen/, Zugriff am 10. Oktober 2023.

## Weckruf: IPCC-Sonderbericht über Ozean und Kryosphäre

Die Weltmeere, das sind mehr als 70 Prozent der Fläche unseres Planeten, sind ein zentraler Bestandteil des globalen Ökosystems und Biodiversität – ohne sie wäre das Leben auf der Erde in seiner heutigen Form nicht möglich. Die Ozeane absorbieren einen großen Teil der Kohlendioxid-Emissionen.[269]

**Wer?**
Weltklimarat IPCC

**Wann?**
September 2019

**Wo?**
New York

**Wie der Weckruf wirkte und wirkt?**
Im März 2023 wurde nach 20 Jahren Verhandlungen ein Internationales Hochseeschutzabkommen, der Vertrag über die „Biodiversität jenseits nationaler Hoheitsgewalt" („Marine Biodiversity Beyond National Jurisdiction", kurz BBNJ), abgeschlossen.[270] Ein Ergebnis des Berichts aus 2019.

Bis 2024 soll ein rechtlich verbindliches Abkommen zur Reduktion von Meeresmüll und Umweltbelastung ausgehandelt werden.[271]

---

[269] https://www.umweltbundesamt.de/themen/klima-energie/klimawandel/weltklimarat-ipcc/sonderbericht-ueber-ozean-kryosphaere#warum-wurde-dieser-sonderbericht-vom-ipcc-erstellt, Zugriff am 01. Juni 2024.

[270] https://www.auswaertiges-amt.de/de/aussenpolitik/regelbasierte-internationale-ordnung/voelkerrecht-internationales-recht/einzelfragen/meeresschutz/2547884, Zugriff am 01. Juni 2024.

[271] https://www.bundesregierung.de/breg-de/themen/nachhaltigkeitspolitik/abkommen-gegen-plastikmuell-2009376, Zugriff am 01. Juni 2024.

## Weckruf: „Make love, not $CO_2$"

Die weltweit bisher größte Protestaktion für wirksamere Maßnahmen gegen die Erderwärmung fand am 20. September 2019 statt. Das „Make love not $CO_2$" war eine der Hauptlosungen.[272]

**Wer?**
Fridays for Future[273]

**Wann?**
20. September 2019

**Wo?**
Weltweit

**Wie der Weckruf wirkte und wirkt?**
Die bis heute (Stand Juli 2024) größte Demonstration von Fridays for Future am 20. September 2019 hatte in Berlin 270.000 Teilnehmer. Deutschlandweit gingen 1,4 Millionen Menschen auf die Straße.[274]

Der Name des Weckrufs vom 20. September 2019 knüpft an den berühmten Satz der Friedensbewegung in den 60er- bis 80er-Jahren des vorigen Jahrhunderts an: „Make love, not war".

---

[272] In weiteren europäischen Hauptstädten demonstrierten jeweils zwischen 10.000 und 100.000 Menschen, darunter in Paris, London und Brüssel. Auch in Barcelona, in Athen, dem südafrikanischen Johannesburg, in Kapstadt oder dem indischen Delhi gingen viele Menschen auf die Straße. Allein in Australien folgten 300.000 Menschen dem Protestaufruf. https://www.zeit.de/politik/2019-09/klimastreik-fridays-for-future-klimaschutz-live, Zugriff am 12. November 2023.
[273] Streikbewegung von Schülern für Klimaschutz, die 2016 von der 16-jährigen Greta Thunberg in Oslo initiiert wurde und sich zu einer generationenübergreifenden weltweiten Bewegung entwickelte.
[274] Vgl. https://fridaysforfuture.de/forderungen/100-tage/, Zugriff am 21. November 2022.

Nicht zuletzt die machtvollen Aktionen von Fridays for Future in einer starken Allianz mit allen großen Umweltschutzverbänden, Gewerkschaften und Parteien führten am 24. März 2021 zu einem Gerichtsurteil, das das Attribut historisch verdient: Der Erste Senat des Bundesverfassungsgerichts entschied, dass die Regelungen des Klimaschutzgesetzes vom 12. Dezember 2019 über die nationalen Klimaschutzziele mit Grundrechten, vor allem den Freiheitsrechten, unvereinbar sind. Die Richter monierten vor allem, dass im Gesetz keine Maßnahmen zur Emissionsminderung über das Jahr 2030 hinaus festgelegt wurde. Das Urteil betraf eine von Greenpeace und weiteren Umweltschutzverbänden unterstützte Klage von neun jungen Menschen.[275]

Weitere Forderungen von Fridays For Future Deutschland betreffen die Verabschiedung eines 1,5-Grad-konformen $CO_2$-Budgets als verbindliche Grundlage eines Reduktionspfades, den Kohleausstieg bis 2030, den Einbaustopp fossiler Verbrennungsmotoren ab 2025 und die Zahlung von jährlich mindestens 14 Milliarden Euro für die internationale Klimafinanzierung, um Entwicklungsländer im Kampf gegen den Klimawandel zu unterstützen.[276]

## Weckruf: „Der neunte Arm des Octopus" – Band 1 der dreiteiligen Öko-Thriller-Reihe

Der Inhaber der gleichnamigen Drogeriekette, Dirk Rossmann, veröffentlichte im Jahr 2020 den ersten Band einer „Öko-Thriller"-Reihe zum Thema ökologische Bedrohung.[277]

---

[275] https://www.bundesverfassungsgericht.de/SharedDocs/Pressemitteilungen/DE/2021/bvg21-031.html, Zugriff am 12. November 2023.
[276] https://fridaysforfuture.de/forderungen/, Zugriff am 12. November 2023.
[277] Rossmann, Dirk: Der neunte Arm des Octopus, Bastei Lübbe, Köln, 2020.

**Wer?**
Dirk Rossmann, geboren 07. September 1946

**Wann?**
2020, 2021, 2023

**Wo?**
Deutschland

### Wie der Weckruf wirkte und wirkt?
Nach dem großen Erfolg des ersten Bandes engagierte Rossmann[278] mit Ralf Hoppe einen erfahrenen Ko-Autoren. Mit ihm schrieb er die Fortsetzungen „Der Zorn des Octopus" (2021) und „Das dritte Herz des Octopus" (2023).[279] Auch diese Bücher wurden Bestseller.[280]

Der Autor nutzt die Filialen seines Unternehmens als Verkaufsfläche. Rossmanns Kundenzeitschrift veröffentlichte Vorabdrucke.

Rossmann hat ein riesiges Marketingbudget zur Verfügung. Zudem besitzt Rossmann Anteile an dem Verlag, der seine Romane herausgibt: Bastei Lübbe, populäre Belletristik. Mit Groschenromanen wurde der 1949 gegründete, heute börsennotierte Verlag groß. Kritiker sprechen von „Milliardärs-Dreigroschenweltrettungsroman."[281]

---

[278] Dieser Weckruf wird im Unterkapitel 2.10 ausführlicher und in einem speziellen inhaltlichen Kontext vorgestellt.
[279] Eine Geschichte um die Frage, ob die Spezies Mensch in Gefahr gerät, die Umwelt zu vernichten und die Erde unbewohnbar zu machen. Eine Allianz der Supermächte China, Russland und USA versucht, mit radikalen Maßnahmen, die tief in das Leben der Menschen eingreifen, eine durch den Klimawandel ausgelöste Katastrophe abzuwenden.
[280] https://www.buechertreff.de/buchreihe/138039-klima-allianz-dirk-rossmann-reihenfolge, Zugriff am 10. Juli 2024.
[281] https://www.sueddeutsche.de/wirtschaft/dirk-rossmann-rossmann-buchmarkt-marketing-buecher-1.6303862, Zugriff am 10. Juli 2024.

## Weckruf: „Wann hören wir endlich auf, uns etwas vorzumachen"

**Wer?**
Jonathan Franzen, geboren 17. August 1959

**Wann?**
2020

**Wo?**
USA

**Wie der Weckruf wirkte und wirkt?**
Jonathan Franzen, weltberühmter amerikanischer Schriftsteller, ist ein prominenter Vertreter der Zweifler an der Möglichkeit, den Klimawandel aufzuhalten.

In seinem Essay stellt er fest, dass die Aufrufe aus den 90er-Jahren zum kollektiven Handeln gegen den Klimawandel ergebnislos waren. Dieser Ansatz sei gescheitert und würde auch zukünftig scheitern.[282]

Franzens Skepsis spielt den Gegnern von Klimaschutzmaßnahmen wie Unternehmen, die mit dem Ende fossiler Brennstoffe am meisten verlieren, in die Hände. Die Verursacher von 70 Prozent aller weltweiten Kohlendioxidemissionen sind etwa hundert große Kohle-, Öl-, und Gaskonzerne. Diese versuchen mit Scheinaktivitäten und konstruierten Vorwänden, einschneidende Maßnahmen zu verhindern.

Das wiederum bestätigt die Zweifel von Franzen daran, dass die erforderlichen Schritte zum Klimaschutz vor allem in den entwickelten Ländern überhaupt und rechtzeitig realisiert werden.[283]

---

[282]Vgl. Franzen, Jonathan: Wann hören wir auf, uns etwas vorzumachen? Rowohlt Taschenbuchverlag Hamburg, 2020.
[283]Vgl. Schäfer, Ludwig, a. a. O., S. 49 f.

## Weckruf: „Jeder Mensch": Forderung nach Erweiterung der Grundrechte in der EU-Charta

**Wer?**
Ferdinand von Schirach, geboren 12. Mai 1964

**Wann?**
29. März 2021

**Wo?**
Deutschland

**Wie der Weckruf wirkte und wirkt?**
Schirach fordert in seinem Essay, dass die EU-Bürger ein verbrieftes Anrecht auf eine gesunde Umwelt, faire Produkte und den Schutz vor Manipulation durch Digitalkonzerne haben.[284] Diese Notwendigkeit ergäbe sich aus den neuen Herausforderungen der Gegenwart und der Zukunft wie Klimawandel, Digitalisierung und Schaffung künstlicher Intelligenz.

Er würdigt die historische Bedeutung der Unabhängigkeitserklärung Amerikas als Vorbild für die Charta der Europäischen Menschenrechte, die aber zum Schutz der menschlichen Existenz vor den Gefahren der Gegenwart nicht mehr ausreiche.[285]

## Weckruf: „Unsere Welt neu denken"

**Wer?**
Maja Göpel, geboren 27. Juni 1976

---

[284] Vgl. von Schirach, Ferdinand: Jeder Mensch, Luchterhand Literaturverlag, München, 2012.
[285] von Schirach, a. a. O., S. 18 f.

## 2 Die Chronik der dokumentierten Weckrufe …

**Wann?**
2021

**Wo?**
Deutschland

**Wie der Weckruf wirkte und wirkt?**
Maja Göpel, eine meinungsstarke Wissenschaftlerin und Autorin, fordert den radikalen Umbau unseres Wirtschaftssystems. Aktuell organisiere sich „der Mensch seine Wirtschaft nicht als Kreislauf, sondern als gigantisches, inzwischen weltweit installiertes Förderband, bei dem zunächst Rohstoffe und Energie aufgeladen, unterwegs in Güter verwandelt und hinten als Geld einerseits und Müll andererseits wieder abgeladen werden."[286]

„Eine Wirtschaftsweise, die in einer begrenzten Welt mit endlichen Ressourcen auf stetes Wachstum setzt, ist nicht nachhaltig. Es gilt neu zu verhandeln, was den Wohlstand der Menschen übermorgen ausmacht. Dafür brauchen wir neue Begriffe und Konzepte, die ausdrücken, was wir künftig wichtig finden. Planetenzerstörung darf nicht mehr Wachstum heißen. Reine Geldvermehrung nicht länger Wertschöpfung. Grenzen des Wachstums sollten Überwindung der ökologischen und sozialen Schadschöpfung heißen."[287]

**Weckruf: „Mit Kapital die Schöpfung retten"**

Ein Weckruf angesichts der drohenden Gefahr irreversibler Zerstörung von Natur und Umwelt. Aufruf zur Abkehr vom Wachstumswahn und Wende zum Erhalt und Schutz der natürlichen Ressourcen durch die Etablierung einer

---

[286] Göpel, Maja: Unsere Welt neu denken. Eine Einladung, Ullstein Taschenbuch, Berlin, 2021.
[287] Göpel, a. a. O., S. 83.

neuen Kreislaufwirtschaft. Kritik an der einseitigen Konzentration auf den Kampf gegen den Klimawandel.[288]

**Wer?**
Michael Schäfer, geboren 03. Januar 1952
Joachim Ludwig, geboren 07. September 1950

**Wann?**
28. Oktober 2022, Buchveröffentlichung

**Wo?**
Berlin

**Wie der Weckruf wirkte und wirkt?**

> „Die biblische Prophezeiung der Apokalypse droht real zu werden ... Aber die halbherzigen Maßnahmen zur Verhinderung des Untergangs konzentrieren sich zudem nur auf die drohende Klimakatastrophe. Gewaltiges Gefährdungspotential haben aber der ruinöse Raubbau an den dramatisch schrumpfenden irdischen Ressourcen und die Vermüllung weiter Teile der Erde."[289]

Die noch so nie so komplex vorgenommene Bestandsaufnahme zur ökologisch determinierten existenziellen Bedrohung des irdischen Lebens kommt zu folgendem Fazit: Zeitgleich mit dem Beginn der industriellen Revolution vor rund 200 Jahren, also mit der Geburtsstunde des Kapitalis-

---

[288] Buchpräsentation mit Thüringer Ministerpräsidenten Bodo Ramelow, Stephanie Otto, Vorstandsvorsitzende der Berliner Stadtreinigung, das europaweit größte *kommunale* Abfallwirtschaftsunternehmen, Ludger Rethmann, Vorstandsvorsitzender und Mitinhaber von Remondis, größtes *privates* Rückgewinnungsunternehmen in Deutschland und eines der größten weltweit, Nora Sophie Griefahn, Ko-Gründerin und geschäftsführende Vorständin von Cradle to Cradle (NGO) vgl. https://unternehmerin-kommune.de/rezensionen/mit-kapital-die-schoepfung-retten/, Zugriff am 12. November 2023.
[289] Vgl. Schäfer, Michael, Ludwig, Joachim: Mit Kapital die Schöpfung retten, Springer Gabler, Wiesbaden, 2022.

mus, begann auch die massive globale Zerstörung unserer natürlichen Lebensbedingungen.

Das setzt sich bis heute fort, das Tempo hat sogar noch zugenommen. Der Lösungsvorschlag der Autoren: nicht mit einem neuen Gesellschaftsmodell, sondern innerhalb des kapitalistischen Systems, allerdings gründlich reformiert, wollen sie die Schöpfung retten. Ihre Idee für das *wie* der ökonomischen und politischen Umsetzung ist revolutionär und zugleich verblüffend einfach.[290]

Das Erfordernis für eine konsequente Kreislaufwirtschaft wurde im Bericht des Club of Rome „Zur Lage der Menschheit" erstmals mit dem Aufzeigen der existenzbedrohenden Dimension unlimitierten und unkontrollierten Wachstums begründet.

Michael Schäfer hat dazu in „Mit Kapital die Schöpfung retten" eine völlig neue Bestimmung des Begriffs Kreislaufwirtschaft[291] entwickelt, den neuen Begriff „Rückgewinnungswirtschaft" geprägt und diesen 2024 definiert.[292]

**Weckruf: Weltklimabericht IPCC 2023**

„Der $CO_2$-Ausstoß ist viel zu hoch."[293]

Die Weltklimaberichte sind eine wichtige periodische Bestandsaufnahme, die wir im Folgenden skizzieren. Für uns hat jeder dieser Berichte einen Weckrufstatus. Gleich-

---

[290] Vgl. https://unternehmerin-kommune.de/rezensionen/mit-kapital-die-schoepfung-retten/ Zugriff am 12. November 2023.
[291] https://wirtschaftslexikon.gabler.de/definition/kreislaufwirtschaft, Zugriff am 10. Juli 2024.
[292] https://wirtschaftslexikon.gabler.de/definition/rueckgewinnungswirtschaft-126139, Zugriff am 10. Juli 2024 – Ko-Autor dieser Definition ist Gerd Walter.
[293] Laut Emissions-Gap-Report 2023 reichen die bisherigen Maßnahmen der Länder nicht aus. Die nächsten sechs Jahre sind kritisch für das Einhalten der globalen Klimaziele. Die Staaten müssen Emissionen drastisch reduzieren. https://www.unep.org/resources/emissions-gap-report-2023, Zugriff am 29. November 2023.

wohl belassen wir es hier bei der exemplarischen Nennung für das Jahr 2023.[294]

**Wer?**
Weltklimarat IPCC

**Wann?**
20. März 2023

**Wo?**
Genf

**Wie der Weckruf wirkte und wirkt?**
Der Weltklimarat (ICPP) und die Weltklimakonferenzen sind letztlich zwei Seiten einer Medaille. Schon 1979 gab es das erste große internationale Treffen zum Klimathema in Genf. Neun Jahre später wurde der ICPP gegründet, 1994 die UN-Klimarahmenkonvention verabschiedet. 1995 fand in Rio de Janeiro die erste Weltklimakonferenz statt. Seitdem findet alljährlich der sogenannte Welt-Klimagipfel statt. Im Jahr 2023 gab es die COP2 in Dubai.

Der Weltklimarat (Intergovernmental Panel on Climate Change, IPCC) ist eine zwischenstaatliche Einrichtung. Sie wurde im November 1988 vom Umweltprogramm der Vereinten Nationen (UNEP) und der Weltorganisation für Meteorologie (WMO) etabliert. Ziel ist es, unter diesem Dach die Erkenntnisse alle seriösen Forschungen zum Klimawandel zusammenzutragen, zu bewerten und Lösungsvorschläge zu erarbeiten. Sitz des IPCC-Sekretariats ist das schweizerische Genf. Mitglieder sind 195 Länder, vertreten durch die Regierungen. Über 190 Organisationen sind als Beobachter des IPCC verzeichnet.

---

[294] Das ist beim Redaktionsschluss des Buches – 15. Juli 2024 – der aktuellste Bericht. Syntheseberricht zum Sechsten IPCC-Sachstandsbericht (AR6), Version vom 11. Juli 2023, https://www.de-ipcc.de/250.php, Zugriff am 10. Januar 2024.

Der Weltklimarat erstellt im Regelfall alle sechs Jahre einen Sachstandsbericht. Davon liegen bisher sechs vor. 1990 erschien das erste dieser Gutachten. 2023 begann der siebente Sachstandszyklus, dessen Bericht 2029 zu erwarten ist.

Diese Bestandsaufnahmen gelten nach dem Urteil renommierten Akademie als belastbarste Zusammenschau des internationalen Erkenntnisstandes. Dafür steht auch die Auszeichnung des IPCC mit dem Friedensnobelpreis im Jahr 2007. Dieser ging zu gleichen Teilen auch an den ehemaligen US-Vizepräsidenten Al Gore, der ebenfalls für sein umweltpolitisches Engagement geehrt wurde.

Daneben ist der Weltklimarat auch Herausgeber von Sonderberichten. Bis 2023 hat der IPCC 14 dieser Spezialgutachten herausgegeben. Im neuen Sachstandszyklus ist die Veröffentlichung eines Sonderberichts „Klimawandel und Städte" (Climate Change and Cities) geplant.

**Weckruf: UNESCO – Weltwasserbericht der Vereinten Nationen 2023**[295]

Prognose für 2050: „Drei Milliarden Menschen ohne Zugang zu sauberem Wasser".

**Wer?**
UNO / UNESCO

**Wann?**
22. März 2023

**Wo?**
New York

---

[295] https://unesdoc.unesco.org/ark:/48223/pf0000384657_ger, Zugriff am 11. Dezember 2023.

## Wie der Weckruf wirkte und wirkt?

Vom 22. bis 24. März 2023 fand unter dem Dach der Vereinten Nationen in New York die erste Weltwasserkonferenz seit 1977 statt. Vorgestellt wurde der Weltwasserbericht 2023, den die UNESCO im Auftrag der Vereinten Nationen erstellt hatte. Dazu erläuterte Ulla Burchardt, Vorstandsmitglied der Deutschen UNESCO-Kommission[296]:

„Die Weltgemeinschaft hat sich mit der Nachhaltigkeitsagenda 2030 ehrgeizige Ziele gesetzt, auch für das Menschenrecht auf Wasser- und Sanitärversorgung. Die Laufzeit der Agenda ist zur Hälfte vorbei. Der UNESCO-Weltwasserbericht zieht eine verheerende Zwischenbilanz. Zwei Milliarden Menschen haben weiter keinen Zugang zu sicherer Trinkwasserversorgung und 3,6 Milliarden keinen Zugang zu einer sicheren Abwasserentsorgung. Um die Wasser-Ziele der Agenda 2030 zu erreichen, bräuchten wir viermal so große Anstrengungen. Angesichts begrenzter Finanzmittel müssen wir koordiniert vorgehen und zum Beispiel beim Klimaschutz immer auch Wasser-Fragen mitdenken. In Europa stehen wir bei Wasser-Partnerschaften schon gut da. In Anbetracht zunehmender Dürre- und Starkregen-Ereignisse und der nach wie vor inakzeptablen Nitratkonzentrationen im Grundwasser brauchen wir aber schnell noch deutlich mehr dieser Partnerschaften."

## Weckruf: EU-Gesetz zur Bekämpfung der weltweiten Entwaldung und Waldschädigung infolge von Produktion und Verbrauch in der EU

„Es ist der Beginn einer neuen Zeitrechnung: Statt Versprechen von Unternehmen schützt jetzt endlich ein Gesetz die Wälder dieser Welt vor Abholzung für unseren EU-Konsum."[297]

---

[296] https://www.unesco.de/kultur-und-natur/wasser-und-ozeane/un-weltwasserbericht-2023-partnerschaften-und-zusammenarbeit, Zugriff am 10. Juli 2024.
[297] https://www.bmel.de/DE/themen/wald/waelder-weltweit/entwaldungsfreie-Lieferketten-eu-vo.html, Zugriff am 12. November 2023.

**Wer?**
Europäisches Parlament

**Wann?**
31. Mai 2023

**Wo?**
Brüssel

**Wie der Weckruf wirkte und wirkt?**
Um Klimawandel und Artenschwund entgegenzuwirken, müssen Unternehmen künftig sicherstellen, dass für Produkte, die in der EU verkauft werden, Wälder weder abgeholzt noch geschädigt wurden.

Entwaldung und Waldschädigung sind Hauptursachen für Klimawandel und den Verlust biologischer Vielfalt. Die Ernährungs- und Landwirtschaftsorganisation der Vereinten Nationen schätzt, dass von 1990 bis 2020 420 Millionen Hektar Wald abgeholzt wurden. Eine Fläche, die größer ist als die Europäische Union. 178 Millionen Hektar Wald mehr abgeholzt als neu angepflanzt oder regeneriert – eine Fläche, die dreimal so groß ist wie Frankreich.[298]

### Weckruf: „Earth Overshoot Day" 2023

Wieder ein paar Tage früher

Der globale "Earth Overshoot Day" war 1971 der 25. Dezember, 1999 der 26. September. Sechs Jahre später, im Jahr 2005, hat sich der Tag auf den 27. August verschoben. Von Jahr zu Jahr – mit Ausnahme der Zeit der COVID-19-Pandemie – rückte dieses Datum nach vorne.[299]

---

[298] https://ec.europa.eu/commission/presscorner/detail/de/ip_22_7444, Zugriff am 12. Mai 2024.
[299] Siehe auch der separate Weckruf zum ersten „Earth Overshoot Day".

**Wer?**
Global Footprint Network (GFN)[300]

**Wann?**
02. August 2023

**Wo?**
Weltweit

**Wie der Weckruf wirkte und wirkt?**
Ab dem 02. August 2023 sind weltweit alle natürlichen Ressourcen, die die Erde in einem Jahr regenerieren kann, erschöpft. Deutschland habe seine Ressourcen bereits am 04. Mai 2023 erschöpft, so die Berechnungen des Global Footprint Networks (GFN) zum „Earth Overshoot Day" (Erdüberlastungstag/Welterschöpfungstag).

Auf globaler Ebene hat die Menschheit mit dem 02. August 2023 alles Fleisch, Fisch, Getreide und alle Wälder, die der Planet in einem Jahr produzieren und erneuern kann, aufgebraucht. In den folgenden Monaten werde der wohlhabendere Teil der acht Milliarden Menschen umfassenden Weltbevölkerung nicht nachhaltige Ressourcen auf Pump verbrauchen und dabei Abfälle – vor allem $CO_2$-Emissionen – produzieren, die nicht angemessen bewältigt werden können. Diese Situation hat schwerwiegende Folgen für die Umwelt, das Klima und unsere Zukunft.[301]

Seit Anfang der 1970er-Jahre befinde sich die Menschheit in einem ökologischen Defizit, so die Berechnungen der amerikanischen Denkfabrik Global Footprint Network, die auf der Grundlage von Daten der Vereinten Nationen

---

[300] Das Global Footprint Network, 2003 gegründet, Non-Profit-Organisation im Umweltbereich, internationale Denkfabrik, analysiert ökologischen Fußabdruck, Buchhaltungssystem für natürliche Ressourcen.

[301] https://www.ardalpha.de/wissen/umwelt/nachhaltigkeit/earth-overshoot-day-welterschoepfungstag-klima-oekologischer-fussabdruck-100.html, Zugriff am 10. Juli 2024.

den jährlichen Bericht „Earth Overshoot Day" veröffentlicht.[302]

Es gibt große Unterschiede beim ökologischen Fußabdruck.

Würden alle Menschen so leben wie in den USA, bräuchte es 5,1 Erden, wie in China 2,4 Erden, wie in Deutschland drei Erden. „Das unterstreicht die besondere Verantwortung der Industrienationen und stark emittierenden Schwellenländer."[303]

## Weckruf: António Guterres auf UNO-Klimagipfel in New York

„Menschheit hat mit klimaschädlichen Aktivitäten das Tor zur Hölle aufgestoßen."[304]

**Wer?**
UN-Generalsekretär António Guterres, geboren 30. April 1949

**Wann?**
20. September 2023

**Wo?**
New York

---

[302] https://unric.org/de/020823-erdueberlastungstag2023/, Zugriff am 10. Juli 2024.
[303] https://www.faz.net/aktuell/wirtschaft/erdueberlastungstag-menschheit-hat-ressourcen-der-erde-fuer-2023-verbraucht-19070912.html, Zugriff am 02. November 2023.
[304] https://unric.org/de/guterres-menschheit-hat-mit-klimaschaedlichen-aktivitaeten-das-tor-zur-hoelle-aufgestossen/, Zugriff am 12. November 2023.

## Wie der Weckruf wirkte und wirkt?

Diesen alarmierenden Satz sagte der UNO-Generalsekretär auf dem UNO-Klimagipfel, der am Rande der UNO-Vollversammlung in New York stattfand.

Bereits in seiner Rede auf der Weltklimakonferenz (COP 27) hatte António Guterres Ende 2022 in Ägypten ähnlich pointiert die Alarmglocke geläutet: „Wir sind auf dem Highway zur Klimahölle mit dem Fuß auf dem Gaspedal."[305] Die COP 27 stellte zur Illustration fest, dass sich im vergangenen Jahrzehnt die Erderwärmung um ein Drittel gegenüber den 1990er-Jahren beschleunigt habe.

Laut des „Faktenpapiers zum Klimawandel 2022" vom Deutschen Klima-Konsortium genügen alle bisherigen Zusagen der Regierungen für Emissionsminderungen lediglich für eine Begrenzung der Erderhitzung auf rund 2,1 °C. Um die Pariser Klimaziele zur Eindämmung der Klimakatastrophe noch mit einer 50 %igen Wahrscheinlichkeit erreichen zu können, dürften bis 2100 nur noch 380 Milliarden Tonnen $CO_2$ emittiert werden. Ausgehend von den Werten aus 2022, wird diese Menge bereits in neun Jahren erreicht sein![306]

## Weckruf: „Letzte Generation" – Ultima Ratio?

> „Raus aus der politischen Ohnmacht – rein in ehrliche Klimapolitik."[307]

---

[305] „Entweder gibt es einen solidarischen Klimavertrag oder einen Vertrag zum kollektiven Selbstmord." https://unric.org/de/cop27guterres21112022/, Zugriff am 12. November 2023.

[306] https://www.stiftung-meeresschutz.org/klimakatastrophe/, Zugriff am 11. November 2023.

[307] 2.800 Menschen wurden von Wissenschaftlern zu Protesten gegen den Klimawandel befragt: Wie viel Verständnis sie für die Proteste haben, ob sie diese unterstützen, ob sie sie legitim finden und ob sie dafür sind, dass die Bundesregierung „den Klimawandel entschiedener bekämpfen soll". Das Ergebnis zeigt eine klare Beliebtheitsrangfolge der Protestformen: Wer nach Demos gefragt wurde, unterstützt die Klimaproteste am stärksten (43,7 Punkte), https://www.

## 2 Die Chronik der dokumentierten Weckrufe ...

**Wer?**
Protestblockaden der „Letzten Generation" in Deutschland

**Wann?**
2023

**Wo?**
Deutschland

**Wie der Weckruf wirkte und wirkt?**
Die „Letzte Generation" fordert einen gerechten Ausstieg aus Öl, Gas und Kohle bis spätestens 2030. Die Bundesregierung soll sich von der Bevölkerung helfen lassen und einen Gesellschaftsrat einberufen, der Maßnahmen erarbeitet, wie wir sozial gerecht bis 2030 fossilfrei werden.[308]

Eine Umfrage zu Protestformen ergab Folgendes: Wer nach Demos gefragt wurde, unterstützt die Klimaproteste am stärksten (43,7 Prozent), bei Straßenblockaden ist die Zustimmung deutlich geringer (25,5 Prozent). Angriffe auf Kunstwerke finden sogar noch weniger Unterstützung (21,7 Prozent).[309]

### Weckruf: „Global Tipping Points Report" (Bericht über globale Kipppunkte)

**Wer?**
200 Forschende aus aller Welt

---

zeit.de/gesellschaft/zeitgeschehen/2023-06/klimaaktivismus-klimaschutz-schaden-letzte-generation, Zugriff am 15. November 2023.

[308] Vgl. https://letztegeneration.org/pm/protestmarsch-und-offener-brief-an-kanzler-scholz-beenden-sie-unseren-protest-herr-scholz-werden-sie-ehrlich/, Zugriff am 12. November 2023.

[309] https://www.zeit.de/gesellschaft/zeitgeschehen/2023-06/klimaaktivismus-klimaschutz-schaden-letzte-generation, Zugriff am 12. November 2023.

**Wann?**
06. Dezember 2023

**Wo?**
Dubai

**Wie der Weckruf wirkte und wirkt?**
Kipppunkte stellen einige der größten Risiken für die lebenserhaltenden Systeme der Erde und die Stabilität unserer Gesellschaft dar.[310] In einem bislang einmaligen Vorhaben hat ein großes internationales Forschungsteam auf der Weltklimakonferenz (COP 28) Ende 2023 in Dubai einen umfassenden Bericht über Kipppunkte im Erdsystem und ihre potenziellen Auswirkungen sowie Möglichkeiten für gesellschaftliche Veränderungen veröffentlicht. Mehr als 200 Forschende aus aller Welt haben an dem „Global Tipping Points Report" mitgewirkt. Der über 500 Seiten umfassende Bericht ist ein maßgeblicher Leitfaden zum aktuellen Wissensstand über Kipppunkte. Er beschreibt Möglichkeiten zur Beschleunigung dringend benötigter Veränderungen und skizziert Optionen, wie die Politik die Risiken und Chancen von Kipppunkten besser steuern kann.

Sina Loriani vom Potsdam-Institut für Klimafolgenforschung (PIK), einer der Hauptautoren des Berichts, erklärt:

> „Dieser Bericht ist der bisher umfassendste Überblick über Kipppunkte im Erdsystem. Das Überschreiten von Kipppunkten kann grundlegende und mitunter abrupte Veränderungen auslösen, die das Schicksal wesentlicher Teile unseres Erdsystems für die nächsten Hunderte oder Tausende von Jahren unumkehrbar bestimmen könnten. Diese Kipppunkt-Risiken sind potenziell verheerend und sollten

---

[310] https://www.pik-potsdam.de/de/aktuelles/nachrichten/500-seiten-200-forschende-global-tipping-points-report-liefert-umfassende-bewertung-von-kipppunkten-deren-risiken-und-gesellschaftlichen-chancen, Zugriff am 10. Juli 2024.

## 2 Die Chronik der dokumentierten Weckrufe ...

mit Blick auf heutige und künftige Generationen sehr ernst genommen werden, trotz der verbleibenden wissenschaftlichen Unsicherheiten."[311]

Fünf große Kippsysteme laufen bereits Gefahr, bei der derzeitigen globalen Erwärmung ihren jeweiligen Kipppunkt zu überschreiten, so die Forschenden in ihrem Bericht: Der grönländische und der westantarktische Eisschild, die subpolare Wirbelzirkulation im Nordatlantik, Warmwasserkorallenriffe und einige Permafrost-Gebiete. Wenn die globale Erwärmung auf 1,5 °C ansteigt, könnten mit borealen Wäldern, Mangroven und Seegraswiesen drei weitere Systeme in den 2030er-Jahren vom Kippen bedroht sein.[312]

Der Bericht macht einmal mehr deutlich, dass die weltweiten Anstrengungen zum Stopp der Erderwärmung keinesfalls ausreichend sind, um die existenziellen Bedrohungen für den Bestand der Menschheit abzuwenden.

### Weckruf: Mahnung an den G/7-Gipfel 2024

„Wir spielen mit unserem Planeten russisches Roulette".
„Wir brauchen eine Ausfahrt vom Highway zur Klima-Hölle."[313]

---

[311] https://at.scientists4future.org/2024/02/18/global-tipping-points-report-fuenf-kippsysteme-im-erdsystem-schon-jetzt-gefaehrdet-doch-es-gibt-auch-positive-gesellschaftliche-kippunktepotsdam-institut-fuer-klimafolgenforschung/, Zugriff am 09. Juli 2023.

[312] https://at.scientists4future.org/2024/02/18/global-tipping-points-report-fuenf-kippsysteme-im-erdsystem-schon-jetzt-gefaehrdet-doch-es-gibt-auch-positive-gesellschaftliche-kippunktepotsdam-institut-fuer-klimafolgenforschung/, Zugriff am 10. Juli 2024.

[313] https://www.stuttgarter-zeitung.de/inhalt.kohlendioxidwerte-steigen-schneller-als-je-zuvor-menschheit-rast-auf-dem-highway-zur-klima-hoelle.146fb056-9ec4-4e05-9eff-2dad2ee48aab.html, Zugriff am 08. Juni 2024.

**Wer?**
UN-Generalsekretär António Guterres, geboren 30. April 1949

**Wann?**
05. Juni 2024

**Wo?**
New York

**Wie der Weckruf wirkte und wirkt?**
Der eingangs zitierte Satz lässt an Deutlichkeit und gebotener Zuspitzung nichts zu wünschen übrig. Guterres sagte ihn in einer Rede unmittelbar vor dem Gipfel der G7 in Italien (13. bis 15. Juni 2024). Seine Intention war es, die Regierungschefs nachdrücklich in ihre Pflicht zu nehmen, endlich radikale Maßnahmen gegen den Klimawandel zu ergreifen. Auslöser für seine Mahnung war der Bericht des EU-Klimawandeldienstes COPERNICUS vom Mai 2024. Dort wurde mitgeteilt, dass dieser Mai der zwölfte Monat in Folge sei, in dem die globale Durchschnittstemperatur Monat für Monat einen Rekordwert erreichte. Damit liegt die globale Durchschnittstemperatur 1,63 Grad Celsius über dem vorindustriellen Wert. Das Ziel, die Erderwärmung auf einen Zuwachs von maximal 1,5 Grad gegenüber dem Vorindustriewert zu senken, rückt in immer weitere Ferne.[314]

---

[314] https://www.derstandard.de/story/3000000223033/highway-in-die-klimahoelle-zwoelfter-heissester-monat-in-folge-gemessen, Zugriff am 10. Juli 2024.

## Weckrufe zur militärischen Bedrohung

### Weckruf: „We not shoot, you not shoot!"

Weihnachtsfriede an der Front: Am Heiligen Abend des Jahres 1914 wurden ganz spontan alle Kriegshandlungen an der flämischen Westfront mitten im Ersten Weltkrieg eingestellt. Deutsche, französische, britische und belgische Soldaten feierten auf dem Schlachtfeld gemeinsam Weihnachten. „Frieden bricht aus mitten im Krieg", sagte Bischof Gothart Magaard an Heiligabend im Schleswiger Dom. „Todfeinde legen ihre Waffen nieder und feiern gemeinsam Weihnachten."[315]

„We not shoot, you not shoot!" riefen die Deutschen. Die Todfeinde kamen aus den Gräben, zunächst zögerlich, und treffen sich unbewaffnet im Niemandsland. Am Ende sollen es 100.000 Soldaten, darunter auch Offiziere, gewesen sein, die sich vom Frieden infizieren ließen."[316]

**Wer?**
Britische, deutsche, französische und belgische Soldaten

**Wann?**
24. Dezember 1914

**Wo?**
Front in Belgien im Ersten Weltkrieg

---

[315] https://www.nordkirche.de/nachrichten/nachrichten-detail/nachricht/wenn-mitten-im-krieg-ploetzlich-frieden-herrscht, Zugriff am 20. Juni 2024.
[316] Prantl, a. a. O., S. 97 f.

**Wie der Weckruf wirkte und wirkt?**
Zur Erinnerung an den 100. Jahrestags des Kriegsausbruchs hat der Verein „Flanders Peace Fields" dieses Ereignis als Neuauflage des Spiels von 1914 nachgespielt.[317]

Michael Jürgs hat die Szene in seinem Buch „Der kleine Frieden im großen Krieg" festgehalten. Erst gab es Päckchen mit Schokoladenkuchen. In Ploegsteert schnitt ein britischer Friseur deutschen Soldaten die Haare. Andernorts entdeckten britische Kämpfer einen deutschen Koch wieder, den sie aus London kannten. Der Höhepunkt folgte am nächsten Tag: Britische und deutsche Soldaten veranstalteten im flämischen Mesen ein Fußballspiel.[318]

Wenn die Mächtigen an den Schalthebeln den Frieden nicht schaffen wollen, sind es in der Geschichte noch immer mächtige Volksmassen gewesen, die sich mit Erfolg gegen Gewalt und Willkür durchgesetzt haben.

## Weckruf: „Das Feuer"

Ein Kriegstagebuch. Gilt als Vorläufer von „Im Westen nichts Neues" (Remarque).

**Wer?**
Henry Barbusse (1873–1935)

**Wann?**
1916[319]

---

[317] https://www.berliner-zeitung.de/archiv/belgien-im-ersten-weltkrieg-fussball-fuer-den-frieden-li.964936, Zugriff am 20. Juni 2024.
[318] Vgl. Jürgs, M., Der kleine Frieden im Großen Krieg: Westfront 1914: Als Deutsche, Franzosen und Briten gemeinsam Weihnachten feierten. Bertelsmann Verlag, 2003.
[319] Erschienen während des Krieges (Vorabdruck in der Zeitschrift L'Œuvre; Buchausgabe bei Edition Flammarion in Paris Ende November 1916.

**Wo?**
Paris

**Wie der Weckruf wirkte und wirkt?**

„Erst wenn der Geist des Krieges besiegt ist, wird es keinen Krieg mehr geben."[320]

Die Notizen von Henry Barbusse sind eine „ungeschminkte Schilderung der Schrecken des Krieges aus Sicht eines einfachen Soldaten. Das Buch hat sich „mit einer explosiven Kraft in die Zeit geschleudert" (Stefan Zweig). Es machte schon bei seinem Erscheinen mitten im Weltkrieg Geschichte, wurde ein Klassiker der realistischen Literatur seines Jahrhunderts.[321]

Der Antikriegsroman wurde in mehr als 60 Sprachen übersetzt und 1917 nachträglich mit dem Prix Goncourt für 1914 ausgezeichnet. Die erste deutsche Übersetzung erschien 1917 in Zürich.[322] Das Buch wurde bis Kriegsende 250.000 Mal verkauft.

Das DDR-Fernsehen produzierte 1958 ein gleichnamiges Fernsehspiel.

## Weckruf: „Dekret über den Frieden" – Frieden ohne Annexionen und Kontributionen

Noch in der Nacht der Machtübernahme durch die Bolschewiki verabschiedete der II. Allrussische Kongress der Räte das von Lenin verfasste Dekret zum Austritt aus dem „imperialistischen Krieg" mit dem Angebot zu einem Frieden ohne Annexionen und Kontributionen. Daraufhin folgten

---

[320] Prantl, a. a. O., S. 197.
[321] http://www.unionsverlag.com/info/title.asp?title_id=1210, Zugriff am 17. März 2024.
[322] https://www.wissen.de/lexikon/barbusse-henri-das-feuer, Zugriff am 17. März 2024.

Verhandlungen mit dem Kriegsgegner Deutschland. Am 03. März 1918 schloss Sowjetrussland mit Deutschland, Österreich-Ungarn, Bulgarien und der Türkei in Brest-Litowsk einen Sonderfrieden, bei dem es große Gebiets- und Bevölkerungsverluste hinnehmen musste.[323]

**Wer?**
Wladimir I. Lenin (1870 –1924), Verfasser

**Wann?**
26. Oktober 1917 (08. November 1917 nach Greg. Kalender)

**Wo?**
Petrograd (Namensänderung nach 1914 aus Sankt Petersburg in Petrograd)

**Wie der Weckruf wirkte und wirkt?**
Die Dekrete „über den Frieden" „über Grund und Boden" und „über die Rechte der Völker Russlands" waren die wichtigsten Verlautbarungen der bolschewistischen Führung Russlands. Die Revolution und die Machtübernahme der Bolschewiki waren zentrale Weichenstellungen zur Beendigung des Ersten Weltkriegs.[324]

Die heutige russische Führung sieht in der Revolution im Februar und Oktober 2017 eine Verschwörung. Nach Meinung des russischen Historikers Piwowarow (bis April 2015 Direktor des INION, Institut für Sozial- und Geisteswissenschaften) sei Lenin für den Kreml ein Verräter, weil

---

[323] https://www.dhm.de/lemo/bestand/objekt/flugblatt-dekret-ueber-den-frieden-petrograd-26-oktober-1917.html, Zugriff am 10. März 2024.
[324] https://www.bpb.de/shop/zeitschriften/izpb/sowjetunion-i-1917-1953-322/189545/der-sieg-der-bolschewiki/, https://www.bpb.de/shop/zeitschriften/izpb/sowjetunion-i-1917-1953-322/189545/der-sieg-der-bolschewiki/, Zugriff am 10. März 2024.

er im Friedensvertrag von Brest-Litowsk auf Land und Leute verzichtet habe.[325]

**Weckruf: „Versailler Vertrag"**

**Wer?**
Der Friedensvertrag von Versailles, unterzeichnet am 28. Juni 1919 von von Deutschland und 27 alliierten und assoziierten Nationen. Andere Länder, wie z. B. die USA oder China, schlossen in besonderen Verträgen Frieden mit Deutschland.[326] Ratifiziert am 20. Januar 1920, beendete er den Ersten Weltkrieg offiziell. Deutschland durfte nicht an den Verhandlungen über den Vertrag teilnehmen, musste den Vertrag aber annehmen.

**Wann?**
28. Juni 1919

**Wo?**
Versailles

**Wie der Weckruf wirkte und wirkt?**
Der Friedensvertrag von Versailles wurde am 28. Juni 1919 zwischen dem Deutschen Reich einerseits sowie Frankreich, Großbritannien, den Vereinigten Staaten und ihren Verbündeten andererseits geschlossen und beendete den Ersten Weltkrieg auf völkerrechtlicher Ebene. Der Friedensvertrag war auf der Pariser Friedenskonferenz 1919 im Schloss von Versailles von den Alliierten und Assoziierten Mächten ohne Beteiligung Deutschlands ausge-

---

[325] https://taz.de/Historiker-ueber-Oktoberrevolution/!5457823/, Zugriff am 10. März 2024.
[326] https://www.kas.de/de/web/geschichte-der-cdu/kalender/kalender-detail/-/content/unterzeichnung-des-versailler-friedensvertrages-10.01.1920-in-kraft-, Zugriff am 12. März 2024.

handelt worden. Seine Unterzeichnung war zugleich der Gründungsakt des Völkerbunds.

Der Erste Weltkrieg endete im November 1918 mit der militärischen Niederlage Deutschlands und seines Bündnispartners Österreich-Ungarn. Der Waffenstillstand von Compiègne hatte die Kampfhandlungen beendet, nicht aber den Kriegszustand.

Weltweit starben rund neun Millionen Soldaten und mehr als sechs Millionen Zivilisten.[327]

„Die deutsche Delegation durfte an den Verhandlungen in Versailles nicht teilnehmen, sondern konnte erst nach der Bekanntgabe des Vertragsinhalts am 07. Mai 1919 durch schriftliche Eingaben wenige Nachbesserungen erwirken. Der Vertrag konstatierte die alleinige Verantwortung Deutschlands und seiner Verbündeten für den Ausbruch des Weltkriegs und verpflichtete es zu Gebietsabtretungen, Abrüstung und Reparationszahlungen an die Siegermächte. Nach ultimativer Aufforderung unterzeichnete Deutschland den Vertrag unter Protest im Spiegelsaal von Versailles. Nach der Ratifizierung und dem Austausch der Urkunden trat er am 10. Januar 1920 in Kraft."[328]

Der Historiker Christopher Clark sagt:

„Ohne den Ersten Weltkrieg wäre Hitler, wäre Stalin, wäre der Holocaust, wäre der Gulag nicht vorstellbar gewesen. Der Erste Weltkrieg war die Giftdosis, die ein ganzes Jahrhundert vergiftete. Was Europa sich da angetan hat: Dieser Krieg hat das ganze Jahrhundert verstellt."[329]

---

[327] https://www.dhm.de/lemo/kapitel/erster-weltkrieg, Zugriff am 22. November 2023.

[328] https://rlp.museum-digital.de/tag/70328, Zugriff am 22. November 2023.

[329] https://www.deutschlandfunk.de/vor-100-jahren-das-attentat-von-sarajewo-und-der-weg-in-den-102.html, Zugriff am 22. November 2023.

## Weckruf: Gründung Völkerbund zur Sicherung von Frieden

„Jede Kriegshandlung eines Mitglieds sollte als Angriff gegen alle Bündnismitglieder gewertet werden."[330]

**Wer?**
Gründungsmitglieder waren 32 alliierte Staaten, die Siegermächte des Ersten Weltkrieges und weitere Staaten

**Wann?**
28. Juni 1919, 10. Januar 1920 in Kraft getreten

**Wo?**
Versailles, Pariser Friedenskonferenz. Gründung des Völkerbunds, dessen Satzung als Artikel 1 bis 26 Bestandteil des Versailler Vertrags wurde

**Wie der Weckruf wirkte und wirkt?**
Der Völkerbund war eine zwischenstaatliche Organisation mit Sitz in Genf. Er wurde von den 32 Siegermächten des Ersten Weltkriegs gegründet und nahm am 10. Januar 1920 seine Arbeit auf. Sein Ziel, den Frieden durch schiedsgerichtliche Beilegung internationaler Konflikte, internationale Abrüstung und Rüstungskontrolle und ein System der kollektiven Sicherheit dauerhaft zu sichern, konnte er nicht erfüllen. Nach dem Zweiten Weltkrieg und der Gründung der Vereinten Nationen (UNO) beschlossen die verbliebenen 34 Mitglieder am 18. April 1946 einstimmig, den Völkerbund mit sofortiger Wirkung aufzulösen.

---

[330] https://www.bpb.de/kurz-knapp/hintergrund-aktuell/302479/vor-100-jahren-gruendung-des-voelkerbundes/, Zugriff am 22. November 2023.

## Weckruf: „Die Skatspieler"

Das Bild, Öl und Collage auf Leinwand (110 × 87), ist seit 1995 im Bestand der Deutschen Nationalgalerie, Berlin. Es stellt drei im Ersten Weltkrieg schwer verletzte Krüppel dar, die nach dessen Ende in einem Lokal Skat spielen.[331]

### Wer?
Otto Dix (1891–1969)

### Wann?
1920

### Wo?
Dresden, Galerie Arnold

### Wie der Weckruf wirkte und wirkt?
Diese brutale Darstellung des Krieges vor mehr als 100 Jahren hat an Aktualität nichts verloren.

## Weckruf: „Der Träger des Faschismus ist keine kleine Kaste"

Rede von Clara Zetkin auf der Sitzung des Erweiterten Exekutivkomitees der Kommunistischen Internationale (EKKI) Moskau

### Wer?
Clara Zetkin (1857–1933)

### Wann?
20. Juni 1923

---

[331] Dieser Weckruf wird im Unterkapitel 2.10 ausführlicher und in einem speziellen inhaltlichen Kontext vorgestellt.

## 2 Die Chronik der dokumentierten Weckrufe ...

**Wo?**
Moskau

**Wie der Weckruf wirkte und wirkt?**
Sie stellte fest: „... der Träger des Faschismus ist nicht eine kleine Kaste, sondern es sind breite soziale Schichten, große Massen, die selbst bis in das Proletariat hineinreichen." Clara Zetkins Worte sind auch heute aktuell:

> „Der Faschismus wurde ein Asyl für politisch Obdachlose, für sozial Entwurzelte, für Existenzlose und Enttäuschte ... Nur wenn wir verstehen, dass der Faschismus eine zündende, mitreißende Wirkung auf breite soziale Massen ausübt, die die frühere Existenzsicherheit und damit häufig den Glauben an die Ordnung von heute schon verloren haben, werden wir ihn bekämpfen können."[332]

### Weckruf: Das weltweit erste Anti-Kriegs-Museum

Am 01. Oktober 1925 wurde in Berlin, in der Parochialstraße 29, das weltweit erste Anti-Kriegs-Museum eröffnet. Im Jahr 1933 wurde es durch die Nazis zerstört. 1982 gab es in Berlin die Neueröffnung.[333]

**Wer?**
Gründer war Ernst Friedrich (1894–1967), einer der wenigen Kriegsdienstverweigerer im Deutschland von 1914.

**Wann?**
1925 / 1982

---

[332] https://www.rosalux.de/news/id/50572/clara-zetkin-die-erste-analytikerin-des-faschismus, Zugriff am 23. November 2023.
[333] Wir danken Dr. Siegfried Baur für seine Unterstützung bei unseren Recherchen. Der Historiker gehört zu dem um Tommy Spree versammelten Team von rund zwanzig Menschen, die mit großem Engagement im Ehrenamt den Betrieb des Museums ermöglichen.

**Wo?**
Berlin

**Wie der Weckruf wirkte und wirkt?**
1925 war das Museum das weltweit erste seiner Art. Sein Gründer, Ernst Friedrich, war auch Autor des Buches „Krieg dem Kriege". Es erschien 1924 in vier Sprachen. Bis 1930 erreichte es zehn Auflagen mit 50.000 Exemplaren und galt zu dieser Zeit als das am weitesten verbreitete pazifistische Werk in Europa.[334] Das Manifest fand weltweite Beachtung und gilt als historisches Schlüsseldokument gegen den Militarismus. Bis heute erreichte die Auflage eine halbe Million Exemplare. Es wurde in zwanzig Sprachen übersetzt.

Verfasst ist der Text in der deutschen Ausgabe auch in Französisch, Englisch und Holländisch. Getragen wird das Buch aber von Bildern: Über 200 Seiten Schwarz/Weiß-Kriegs-Fotografien mit viersprachigen Kommentaren von Ernst Friedrich. Ergänzt um die Abdrucke von Plakaten und Dokumenten.

„Das Buch", so schrieb Kurt Tucholsky unter seinem Pseudonym Ignaz Wrobel in der „Weltbühne", „das fast zweihundert der entsetzlichsten und grausigsten Dokumente wiedergibt, sollten wir bestellen und verbreiten. Und zwar sollten wir es nicht nur unsern Freunden zeigen, Denen, die schon Pazifisten sind, also nicht den alten Fehler wiederholen, der so oft gemacht wird: Missionare nach Rom zu schicken. – sondern wir sollten es den Gegnern zeigen. In Versammlungen, in Schulen, in Vereinen, an Stammtischen – dieses Grauen kennt ja keiner von Denen."[335]

---

[334] https://www.anarchismus.at/texte-antimilitarismus/332-ein-portrait-, Zugriff am 28. Juni 2024.
[335] Tucholsky schreibt in seiner Rezension weiter: „Diese Photographien der Schlachtfelder, dieser Abdeckereien des Krieges, die Photographien der Kriegsverstümmelten gehören mit zu den fürchterlichsten Dokumenten, die mir je unter die Augen gekommen sind (…) Wer das sieht und nicht schaudert, der ist kein Mensch". (Weltbühne 22. Jahrg. 1926 Bd. 1, S. 312). https://archive.org/

## 2 Die Chronik der dokumentierten Weckrufe ...

Im Jahr 2024 war der 100. Jahrestag des Erscheinens des Buches „Krieg dem Kriege" von Museumsgründer Ernst Friedrich. Das Jubiläum wurde im „Anti-Kriegs-Museum" würdig begangen – u. a. mit einer Ausstellung „100 Jahre Krieg dem Kriege" in der Peace-Gallery des Anti-Kriegs-Museums.

Ein Höhepunkt war die Neuausgabe von „Krieg dem Kriege" in der Herausgeberschaft des Anti-Kriegs-Museums. Es beginnt mit den folgenden Sätzen Ernst Friedrichs:

> „Menschen aller Länder! Ich, der ich *Deutscher* fälschlich werd' genannt statt einfach: Mensch. Ich rufe nach des Nordens kalter Zone und hin nach Afrika und nach Amerika, nach Asien und nach Europa. All' überall, wo Ohren sind zu hören, ruf' ich zwei Worte nur und dies sind: M e n s c h und L i e b e."[336]

1933 wurde das Anti-Kriegs-Museum von den Faschisten zerstört und von der SA als Sturmlokal genutzt. Umbenannt in „Richard-Fiedler-Haus" war es als SA-Folterkammer berüchtigt.

Friedrich emigrierte nach Brüssel, wo er 1936 ein zweites Anti-Kriegs-Museum eröffnete,[337] das 1940 beim Einmarsch der Deutschen Truppen zerstört wurde.

Nach dem Zweiten Weltkrieg nahm Ernst Friedrich seine Friedensarbeit wieder auf und betrieb auf einer von ihm „Ile de la Paix" genannten Insel bei Paris ein Zentrum des Friedens und der internationalen Verständigung. Sein Motto war und blieb: „Ich kenne keine Feinde".

---

details/DieWeltbhne22-11926/page/312/mode/2up, Zugriff am 14. September 2024.
[336] Friedrich, Ernst: Krieg dem Kriege, Anti-Kriegs-Museum (Hrsg.), Berlin, 2024, S. 5.
[337] https://www2.hu-berlin.de/ausstellungskritik/anti-kriegs-museum/, Zugriff am 28. Juni 2024.

Am 15. Todestag von Ernst Friedrich, dem 02. Mai 1982, wurde das Anti-Kriegs-Museum auf Initiative seines Enkels, Tommy Spree, in Berlin wiedergegründet. Zunächst war es in Kreuzberg am Hebbel-Theater beheimatet. Seit 1998 ist die Brüsseler Straße 21 im Berliner Wedding sein Sitz. Dieser Standort hat eine große symbolische Kraft. Nur 200 Meter vom Museum entfernt erstreckt sich der Virchow-Campus mit dem Deutschen Herzzentrum. Er ist der größte der vier Standorte der weltberühmten Charité, größtes Universitäts-Klinikum in Europa. Anti-Kriegs-Museum und Charité – beide stehen für Menschlichkeit und Bewahrung des Lebens, also das Gegenteil von Krieg und Zerstörung. Daran knüpfte Wiedergründer Tommy Spree, von Beruf Geschichtslehrer, bei der Neueröffnung 1982 an: „Im 20. Jahrhundert fanden die zwei schlimmsten Kriege der Menschheit statt. Schon der erste wurde in Berlin organisiert. Da hat mein Großvater gemeint, dort müsse es wenigstens ein Museum gegen den Krieg geben."[338]

Das für jeden offene Museum ist heute als gemeinnützige Organisation anerkannt und finanziert sich weitgehend durch Spendengelder. Sein Betrieb wird durch derzeit zwanzig ehrenamtliche friedensbewegte Mitarbeiter mit großer Leidenschaft und Sachkunde gewährleistet. Geöffnet ist es täglich von 16 bis 20 Uhr. Der Eintritt ist frei. Sich kraftvolle Argumente gegen den Krieg verschaffen zu können, darf – so die Philosophie des Hauses – keine monetären Schranken haben.

Unter dem auf der Fassade prangenden Namen „Anti-Kriegs-Museum" steht in der Brüsseler Straße 21 der Untertitel „Aus der Geschichte der Friedensbewegung. Von Laotse bis Willy Brandt". Das ist eine schöne und bemerkenswerte Verbindung zu unserer Chronologie der Weckrufe. Auch wir schlagen mit unseren 185 Weckrufen die

---

[338] https://www.frankfurter-hefte.de/artikel/das-anti-kriegsmuseum-in-berlin-2960/, Zugriff am 28. Juni 2024.

## 2 Die Chronik der dokumentierten Weckrufe ...

Brücke von den Appellen der Kassandra und von Laotse aus der Frühgeschichte – hier beginnt unsere Dokumentation der schriftlich überlieferten Appelle zur existenziellen Bedrohung des Lebens auf unserem Planeten – bis zu Willy Brandt. Dessen Rede anlässlich der Verleihung des Friedensnobelpreises ist einer der Weckrufe in unserer Dokumentation. Im Fazit-Kapitel 5 würdigen wir ihn als einen der größten Friedensaktivisten des 20. Jahrhunderts. Willy Brandt und Ernst Friedrich kannten sich.

Das Berliner Anti-Kriegs-Museum sieht sich nicht als passiver Chronist, sondern setzt aktiv Impulse für eine Welt ohne Krieg: Durch Friedensarbeit im Museum, durch Ausstellungen zum Thema „Krieg & Frieden" in der für alle Kunstschaffenden offenen Peace-Gallery, durch die Teilnahme an der „Woche der Brüderlichkeit" und an der „Langen Nacht der Museen"; durch die Betreuung von Schüler- und Studenten- und auch Soldaten-Gruppen;[339] durch Vortrags- und Diskussions-Runden sowie Buch-Präsentationen mit Pazifisten, Politikern, Philosophen, Künstlern, Besorgten und Menschenfreunden.

Im Leitbild des Museums wird formuliert: „Wir sind eine Gruppe von pazifistisch engagierten, gleichwohl parteiunabhängigen Friedensbewegten verschiedener Nationen, unterschiedlicher Weltanschauungen und Religionen. Uns vereint der Gedanke der Völkerverständigung, des selbstbestimmten und friedlichen Zusammenlebens aller Völker."[340]

Das Anti-Kriegs-Museum wurde im Jahr 2011 mit dem Bundesverdienstkreuz ausgezeichnet.

---

[339] Letzteres nimmt eine Tradition Ernst Friedrichs auf, der eingangs seines Museums die Besucher informierte: „Eintritt für Menschen 10p f. – für Soldaten frei". Dies ist eine Aussage von Dr. Siegfried Baur, von ihm am 12. September 2024 autorisiert.
[340] https://anti-kriegs-museum.de/ueber-uns/#3, Zugriff am 15. September 2024.

## Weckruf: Film „Panzerkreuzer Potemkin"

Die über siebenminütige Sequenz, in der Soldaten auf der Hafentreppe von Odessa Zivilisten töten, zählt zu den berühmtesten Szenen der Filmgeschichte.[341]

**Wer?**
Sergej Eisenstein (1898 – 1948)

**Wann?**
21. Dezember 1925

**Wo?**
Die Uraufführung war im Moskauer Bolschoi-Theater

**Wie der Weckruf wirkte und wirkt?**
„Panzerkreuzer Potemkin" war der offizielle Film zur der Jubiläumsfeier der Revolution des Jahres 1905. Er gilt als einer der einflussreichsten und besten Filme aller Zeiten und machte Eisenstein weltberühmt.

Seine Aufführung im Deutschland der Weimarer Republik war begleitet von Zensurmaßnahmen und Verboten. In Teilen der USA wurde er als „Blaupause für Meuterei" auf den Index gesetzt. In Großbritannien war er bis 1954 von der Leinwand verbannt.[342]

Auf der 55. Berlinale wurde 2005 eine restaurierte, ungekürzte Version aufgeführt.

---

[341] Die bekannteste Szene ist das Massaker auf der Treppe zum Hafen von Odessa, wo zaristische Soldaten in rhythmischem Schritt eine endlos lang erscheinende Treppe hinunter marschieren, während sie in eine Menschenmenge feuern, die auf der Treppe zu fliehen versucht. Dabei entgleitet einer verletzten Kinderschwester der Kinderwagen und trudelt hinunter, ohne aufgehalten zu werden, vgl. https://www.bpb.de/system/files/dokument_pdf/Filmheft_PANZERKREUZER_POTEMKIN.pdf , Zugriff am 14. Februar 2024.

[342] https://www.marx21.de/panzerkreuzer-potemkin-sergej-eisenstein-film-revolution/, Zugriff am 14. Februar 2024.

## 2 Die Chronik der dokumentierten Weckrufe ...

### Weckruf: „Der große Krieg der weißen Männer"

Kurt Tucholsky nannte es „Das beste deutsche Kriegsbuch".[343]

1927 (bis 1957) „Streit um den Sergeanten Grischa"[344] bis „Die Zeit ist reif". Schicksal des russischen Kriegsgefangenen Paprotkin nach Flucht aus einem Lager in Litauen.

**Wer?**
Arnold Zweig (1887–1968)

**Wann?**
1927

**Wo?**
Deutschland

**Wie der Weckruf wirkte und wirkt?**
Der Zyklus „Der große Krieg der weißen Männer" umfasst folgende Bände: „Der Streit um den Sergeanten Grischa" (1927), „Junge Frau von 1914" (1931), „Erziehung vor Verdun" (1935), „Einsetzung eines Königs" (1937), „Die Feuerpause" (1954), „Die Zeit ist reif" (1957).

Die englische Erstausgabe des ersten Teils erschien 1927. Die Bände wurden in fast alle europäischen Sprachen übersetzt.[345]

> „Die Geschichte Grischas hat die parabolische Ausdruckskraft einer Romanfabel, die man, ohne zu übertreiben, meisterhaft nennen darf. Dieser gutmütige Russe ist einer

---

[343] https://pocketbook.de/de_de/der-streit-um-den-sergeanten-grischa-9783841204455, Zugriff am 12. Juli 2024.
[344] https://www.aufbau-verlage.de/aufbau-digital/der-streit-um-den-sergeanten-grischa/978-3-8412-0445-5, Zugriff am 14. Februar 2024.
[345] https://www.weltbild.at/artikel/buch/berliner-ausgabe-2-der-streit-um-den-sergeanten-grischa_14375354-1, Zugriff am 14. Februar 2024.

von den Millionen einfacher Menschen, die im Labyrinth des Krieges herumirren und von einer Last von Problemen erdrückt werden, die sie überhaupt nicht begreifen." (Marcel Reich-Ranicki[346])

## Weckruf: „Kunst ist Waffe"

Rede von Friedrich Wolf vor dem Arbeitertheaterbund[347]

**Wer?**
Friedrich Wolf (1888–1953)

**Wann?**
1928

**Wo?**
Berlin

### Wie der Weckruf wirkte und wirkt?

„Kunst ist Waffe" – dies war das Fazit einer Rede, die Friedrich Wolf im April 1928 vor dem Arbeitertheaterbund in Berlin gehalten hat.[348] Für ihn gehörten Künstlertum, gesellschaftliche Verantwortung und Parteinahme für Frieden und Menschenrechte untrennbar zusammen. Seine Rede wurde 1928 auch als Broschüre veröffentlicht.

Friedrich Wolf war ein deutscher „Arzt für Homöopathie und Naturheilkunde", Schriftsteller und Dramatiker. Der charismatische Redner „war den Faschisten dreifach

---

[346] https://www.rosalux.de/fileadmin/rls_uploads/pdfs/Veranstaltungen/2014/grischa.pdf, Zugriff am 14. Februar 2024.
[347] Dieser Weckruf wird im Unterkapitel 2.10 ausführlicher und in einem speziellen inhaltlichen Kontext vorgestellt.
[348] Wolf, Friedrich: Kunst ist Waffe, Reclam Universalbibliothek, Bd. 436, Reclam Verlag, Leipzig, 1969.

verhasst: Er ist Kommunist, er ist Jude und er ist ein revolutionärer Schriftsteller" (Sergej Tretjakow).[349]

Die berühmtesten Stücke von Wolf sind „Die Matrosen von Cattaro" (1930) und „Professor Mamlock" (1934). Für die DEFA schrieb er das Drehbuch für den Film „Der Rat der Götter", der 1950 in die Kinos kam.

### Weckruf: Briand-Kellogg-Pakt

**Wer?**
Aristide Briand (1862–1932), französischer und Frank Billings Kellogg, amerikanischer Außenminister (1856–1937)

**Wann?**
27. August 1928

**Wo?**
Paris

**Wie der Weckruf wirkte und wirkt?**
Bis zum Ersten Weltkrieg besaß jeder souveräne Staat das Recht, nach eigenem Ermessen Krieg führen zu dürfen. Durch den 1919 gegründeten Völkerbund wurde dieses Recht lediglich eingeschränkt, ein aus nationalen Interessen geführter Angriffskrieg galt auch weiterhin als nicht völkerrechtswidrig. Erst das von Aristide Briand und Frank Billings Kellogg ausgearbeitete Abkommen zur Friedenssicherung legte den Grundstein für die völkerrechtliche Ächtung des Kriegs. Am 27. August 1928 wurde es in Paris abgeschlossen und nach seinen Initiatoren benannt. Die 15 Unterzeichnerstaaten verpflichteten sich, auf den Krieg

---

[349] http://www.zeichen-der-erinnerung.org/namen-%C2%B7-schicksale-%C2%B7-lebenslaeufe/deportierte-fluechtlinge/friedrich-wolf/, Zugriff am 10. Februar 2024.

als Mittel zur Lösung internationaler Streitfälle zu verzichten. Bis 1929 schlossen sich insgesamt 63 Länder dem Pakt an. Der Pakt war die rechtliche Grundlage der Nürnberger Prozesse 1945/46.

## Weckruf: „Denkmal des Krieges":

Keine Helden, nur Überlebende.
 Die Holzskulptur von Ernst Barlach im Dom zu Magdeburg zeigt nicht Helden, nur Überlebende. Sechs Soldaten, schlotternd in zu große Uniformen gehüllt, haben sich um ein Kreuz versammelt.

### Wer?
Ernst Barlach (1870–1938)

### Wann?
1929

### Wo?
Magdeburg

### Wie der Weckruf wirkte und wirkt?
Barlachs zentrales Thema war der Krieg.[350] Er polarisierte damit auf extreme Weise. Er war einer der am meisten gefeierten, aber auch am meisten angefeindeten Künstler der Weimarer Republik.

---

[350] https://www.ernst-barlach-stiftung.de/fileadmin/Sonstiges/EBS_Objekt_des_Monats_April.pdf, Zugriff am 10. Februar 2024.

## Weckruf: „Im Westen nichts Neues"

„Ich dachte immer, jeder Mensch sei gegen den Krieg, bis ich herausfand, dass es welche gibt, die dafür sind, besonders die, die nicht hingehen müssen."[351]

**Wer?**
Erich Maria Remarque (1898–1970)

**Wann?**
1929

**Wo?**
Deutschland

**Wie der Weckruf wirkte und wirkt?**
Der Roman schildert die Erlebnisse des jungen Soldaten Bäumer, der sich im Ersten Weltkrieg direkt von der Schulbank an die Front meldet. Er erlebt den Tod aller seiner Freunde und den Zusammenbruch seiner jugendlichen Welt in dem unvorstellbaren Grauen des Schützengrabens.

Der Roman ist ein leidenschaftlicher Weckruf gegen den Krieg. Das bekannteste und einflussreichste Buch von Remarque wurde zum bis dahin größten Erfolg der deutschen Literaturgeschichte. Nach sechs Monaten war bereits eine halbe Million Exemplare verkauft, im Juni 1930 erreichte die Auflage die Millionengrenze. Übersetzt wurde es in 50 Sprachen und 20 Millionen Mal verkauft. Es gilt als das Antikriegsbuch des 20. Jahrhunderts.[352]

Alle Bücher Remarques wurden bei der Bücherverbrennung der Nazis am 10. Mai 1933 in Berlin Opfer der Flammen. NS-Schlägertrupps im Auftrag des Gauleiters Joseph

---

[351] https://www.deutschlandfunk.de/gasangriff-granaten-und-graeueltaten-100.html, Zugriff am 12. November 2023.
[352] https://www.remarque.uni-osnabrueck.de/iwnn.htm, Zugriff am 12. April 2024.

Goebbels hatten schon die deutsche Erstaufführung des Hollywood-Antikriegsfilms „Im Westen nichts Neues" in Berlin verhindert. Der Film hatte zwei Oscars gewonnen.

Im Jahr 2022 gab es die erste deutsche Verfilmung, die 2023 mit vier Oscars ausgezeichnet wurde.

## Weckruf: „Nie wieder Krieg"

**Wer?**
Stephan Heym (1913 – 2001)

**Wann?**
1930

**Wo?**
Chemnitz

**Wie der Weckruf wirkte und wirkt?**
Das pazifistische Gedicht „Nie wieder Krieg!" erschien am 01. Februar 1930 in der Chemnitzer Tageszeitung „Volksstimme" und ist die früheste bekannte Veröffentlichung Stefan Heyms.[353]

## Weckruf: „Manifest gegen die Wehrpflicht und die militärische Ausbildung der Jugend"

**Wer?**
Albert Einstein, Bertrand Russel, Romain Rolland und andere

**Wann?**
1930

---

[353] https://www.stefan-heym-gesellschaft.de/allgemein/vor-85-jahren-stefan-heyms-frueheste-veroeffentlichung/ Zugriff am 12. November 2023.

## 2 Die Chronik der dokumentierten Weckrufe ...

**Wo?**
Deutschland

**Wie der Weckruf wirkte und wirkt?**
„Militärische Ausbildung ist Schulung von Körper und Geist in der Kunst des Tötens. Militärische Ausbildung ist Erziehung zum Kriege … Wir erklären, dass jeder, der aufrichtig den Frieden will, für die Abschaffung der Militarisierung der Jugend kämpfen und den Regierungen das Recht absprechen muss, den Staatsbürgern die Wehrpflicht aufzuerlegen."[354]

Bereits 1925 gab es ein Anti-Wehrpflicht-Manifest, das unter anderem von Albert Einstein unterzeichnet wurde.

1993 wurde in Berlin ein Appell, ein „Manifest gegen die Wehrpflicht und das Militärsystem", veröffentlicht. Es gab Übersetzungen in 25 Sprachen. Verbreitet wurde es vom Verein „Gandhi-Informations-Zentrum" (Berlin).[355]

Der deutsche Verteidigungsminister hat 2024 ein „Neues Modell" für die 2011 ausgesetzte Wehrpflicht zur Diskussion gestellt. Laut einer Umfrage sprachen sich 52 Prozent für eine Wiedereinführung der Wehrpflicht aus.[356]

---

[354] https://www.polsoz.fu-berlin.de/polwiss/forschung/sozialkunde/politikdidaktik/Team/miething/Bartolf_-Miething-_2020_---Das-Manifest-gegen-die-Wehrpflicht.pdf, Zugriff am 25. April 2024.

[355] Vier historische internationale Manifeste : 1. die von Romain Rolland und Stefan Zweig verfasste und von Rabinranath Tagore solidarisch unterstützte „Erklärung der Unabhängigkeit des Geistes" 1919 für eine Internationale der Intellektuellen, 2. das 1925 von Hans Kohn angeregte und von der War Resisters' International (WRI) 1926 verbreitete „Anti-Conscription Manifesto", 3. Joint Peace Council 1930 veröffentlichte „Manifest gegen die Wehrpflicht und die militärische Ausbildung der Jugend", 4. der „Nobel Prizes Manifesto Appeal" von Nobelpreisträger*innen aus dem Jahr 1981, https://www.friedenskooperative.de/friedensforum/artikel/das-manifest-gegen-die-wehrpflicht, Zugriff am 25. April 2024.

[356] https://de.statista.com/statistik/daten/studie/1294895/umfrage/wiedereinfuehrung-der-wehrpflicht/, Zugriff am 12. Juni 2024.

# Weckruf: „Der Sinn des Hitlergrußes"

Vom „Erfinder" der Fotomontage.

**Wer?**
John Heartfield (1891 – 1968)[357]

**Wann?**
1932

**Wo?**
Berlin

**Wie der Weckruf wirkte und wirkt?**
John Heartfield gilt als der Erfinder der Fotomontage. Seine wohl bekannteste ist die über den „Sinn des Hitlergrußes" aus dem Jahr 1932. Sie zeigt Hitler, der mit hochgestrecktem Arm seine Hand nach hinten aufhält. Dort steht ein riesiger Unternehmer, der ihm Geldscheine reicht. Der dazugehörige Text lautet: „Millionen stehen hinter mir."[358]

Heartfields Fotomontagen entlarvten die kapitalistische Gesellschaft und den Faschismus und warnten vor dem Krieg. Sie wurden massenhaft vervielfältigt und verbreitet, in linken Zeitungen und Zeitschriften, auf Plakaten und Buchumschlägen.[359]

---

[357] Vgl. Herzfelde, Wieland, Heartfield, John: VEB Verlag der Kunst Dresden, 1962 und 1971.
[358] https://www.deutschlandfunk.de/kunst-als-waffe-100.html, Zugriff am 01. Februar 2024.
[359] Bekannte Arbeiten: *„Ein Schlachtfeld mit Toten. Auf den Toten: eine Hyäne mit Zylinder und Kriegsorden um den Hals. Darunter die Worte: „Krieg und Leichen – immer noch Hoffnung der Reichen." Entstanden 1932.*

## 2 Die Chronik der dokumentierten Weckrufe ...

### Weckruf: „Nie wieder Friede"[360]

Antikriegskomödie über die überbordende Kriegsbereitschaft einer soeben noch friedliebenden Gesellschaft.

**Wer?**
Ernst Toller (1893–1939) deutscher Schriftsteller, Dramatiker und Revolutionär[361]

**Wann?**
1936

**Wo?**
London

**Wie der Weckruf wirkte und wirkt?**
Im Olymp streiten Napoleon und Franziskus von Assisi, ob die Menschen eher zum Krieg oder zum Frieden neigen. Wer von beiden recht hat, soll sich in dem irdischen Kleinstaat Dunkelstein erweisen, wo soeben eine große Feier des Friedens stattfindet.[362]

„... Ein Lehr- und Lernstück für die Erziehung der Jugend zu Friedensliebe, Friedfertigkeit, Friedensgesinnung, wie es in Verfassungen einiger Bundesländer verankert ist. Mit Ernst Toller und seinem Theaterstück kann man die

---

[360] In englischer Sprache und mit einer Ouvertüre von Hanns Eisler und Liedern von Herbert Murrill am Gate Theatre in London uraufgeführt.
[361] Seinerzeit bekanntester lebender Dramatiker deutscher Sprache. Vorsitzender der Bayerischen USPD und führend an der Münchener Räterepublik beteiligt; Festungshaft (1920–1924); Pazifist ohne organisatorische Bindung, allerdings formal Mitglied der „Gruppe Revolutionärer Pazifisten" (seit 1926); 1933 Emigration in die Schweiz, 1934 nach Großbritannien, 1937 in die USA; Freitod in New York, https://www.lehmanns.de/shop/literatur/68384796-9783759744050-nie-wieder-friede, Zugriff am 25. April 2024, vgl. https://www.ernst-toller.de/person/, Zugriff am 25. April 2024.
[362] https://overton-magazin.de/top-story/nie-wieder-friede/, Zugriff am 25. April 2024.

Friedenspädagogik strukturieren. Mit seinem Engagement gegen Faschismus und Krieg ist er zu einer zentralen Symbolfigur des 20. Jahrhunderts und des deutschsprachigen Exils geworden. Vielleicht sollte ein Schulfach oder ein Unterrichtsschwerpunkt *Frieden* eingeführt werden."[363]

„Er gehörte zu den ersten aus Deutschland ausgebürgerten Autoren, seine Bücher wurden im Mai 1933 auf den Scheiterhaufen vor den deutschen Universitäten verbrannt, sein Besitz beschlagnahmt, die Aufführungen seiner Stücke verboten."[364]

Die bittere Komödie über Militarismus und Antipazifismus aus dem Jahr 1936 wurde als Taschenbuch im März 2024 bei edition pace neu aufgelegt. „Nach neun Jahrzehnten sollten wir die verbrannten Bücher wieder unter die Leute bringen, denn der Militarismus scheint unausrottbar zu sein" (Peter Bürger, Herausgeber edition pace).

## Weckruf: „Stell Dir vor, es ist Krieg und keiner geht hin"

Das geflügelte Wort nimmt Bezug auf den Weihnachtsfrieden an der Front 1914: „Einen solchen Frieden von unten gab es noch nie in der Geschichte eines Krieges. Es hat niemals wieder einen gegeben."[365]

---

[363] Prantl, a. a. O., S. 198 f.

[364] Vgl. Ernst Toller. Sämtliche Werke. Kritische Ausgabe. Im Auftrag der Ernst-Toller-Gesellschaft hg. von D. Distl, M. Gerstenbräun, T. Hoffmann, J. Jordan, S. Lamb, P. Langemeyer, K. Leydecker, S. Neuhaus, M. Pilz, K. Reimers, Ch. Schönfeld, G. Scholz, R. Selbmann, Th. Unger und I. Zanol , Bd. 1, 2015, Wallstein-Verlag ‚Göttingen.

[365] Prantl, H., Den Frieden gewinnen. Die Gewalt verlernen, Wilhelm Heyne Verlag München, 2024. S. 99 f.

## 2  Die Chronik der dokumentierten Weckrufe …

**Wer?**
Carl Sandburg (1878–1967), Dichter, Romanautor, Journalist und Historiker, Pulitzerpreisträger, Kriegskorrespondent im Ersten Weltkrieg

**Wann?**
1936

**Wo?**
USA, im Gedichtbuch „The People, Yes" veröffentlicht

**Wie der Weckruf wirkte und wirkt?**
Der Satz wurde erst Anfang der 80er-Jahre in Deutschland durch die Antikriegsbewegung geradezu legendär.[366]
Dieses Zitat auf Hauswänden, Plakaten, auf Flugblättern und als Graffiti gehört zur Friedensbewegung wie die weiße Taube auf blauem Grund.[367]
Der Hamburger Designer Johannes Hartmann machte die pazifistische Parole 1981 bekannt – und wurde vom Riesenecho völlig überrascht.[368]

**Weckruf: „Death of a loyalist Soldier" - „Loyalistischer Soldat im Moment des Todes"**

Das Foto wurde zu Beginn des Spanischen Bürgerkriegs aufgenommen.

**Wer?**
Robert Capa (1913–1954)

---

[366] Im deutschsprachigen Raum wurde die Zeile „Sometime they'll give a war and nobody will come" (übersetzt mit: „Stell dir vor, es ist Krieg und keiner geht hin"), aus seinem Gedicht „The People, Yes" bekannt, gelegentlich fälschlicherweise Bertolt Brecht zugeschrieben.
[367] https://www.spiegel.de/geschichte/graffiti-stell-dir-vor-es-ist-krieg-und-keiner-geht-hin-a-1062067.html, Zugriff am 25. April 2024.
[368] https://stell-dir-vor.johanneshartmann.de/, Zugriff am 25. April 2024.

**Wann?**
1936

**Wo?**
Spanien

### Wie der Weckruf wirkte und wirkt?

„Robert Capa, der eigentlich André Friedmann hieß, stammte aus einer jüdischen Familie in Budapest, engagierte sich früh politisch links und musste deshalb Ungarn verlassen. Er emigrierte nach Deutschland, 1933 nach Paris und später in die USA. Gleich eines seiner ersten Kriegsbilder „Loyalistischer Soldat im Moment des Todes" ging um die Erde und machte den 22-jährigen weltberühmt: Am 23. September 1936 erschien die Aufnahme aus dem Spanischen Bürgerkrieg zuerst in der französischen Zeitschrift „Vu", am 12. Juli 1937 im US-Magazin „Life". In unzähligen weiteren Publikationen war der legendäre Schnappschuss danach zu sehen."[369]

Einer der berühmtesten Kriegsfotografen zeigte im Krieg keine Waffen und harte Helden, sondern Menschen. Bilder von Kriegen des 20. Jahrhunderts vermitteln Eindruck vom Schrecken der Schlachtfelder. Über seinen Beruf sagte er: „Der brennendste Wunsch eines Kriegsfotografen ist der nach Arbeitslosigkeit."[370]

Capa wurde 1954 in Vietnam von einer Mine getötet.

---

[369] https://www.aerzteblatt.de/archiv/105889/Koerperbilder-Robert-CaPa-(1913-1954)-Im-Angesicht-des-Todes, Zugriff am 12. Juli 2024.

[370] https://www.berliner-zeitung.de/kultur-vergnuegen/berlin-sommer-1945-robert-capa-fotografierte-den-abschied-und-die-rueckkehr-ins-leben-li.103808, Zugriff am 01. Februar 2024.

## Weckruf: „No pasarán – Sie kommen nicht durch"

Am 19. Juli 1936 rief die spanische Kommunistin Dolores Ibárruri, genannt La Pasionaria, über Radio Madrid zur Verteidigung der Demokratie auf.[371]

**Wer?**
Dolores Ibárruri (1895 – 1989)

**Wann?**
19. Juli 1936

**Wo?**
Madrid

**Wie der Weckruf wirkte und wirkt?**
Mit dem Putsch des Militärs gegen die Zweite Spanische Republik hatte der spanische Bürgerkrieg begonnen.[372]

Dolores Ibárruri lieh sich einen französischen Schlachtruf aus dem Ersten Weltkrieg aus. Wir zitieren aus ihrem Rundfunkappell:

> „Arbeiter! Bauern! Antifaschisten! Patriotische Spanier! … Erhebt euch gegen den faschistischen Militäraufstand und verteidigt die Republik, verteidigt die Freiheit und die demokratischen Errungenschaften des Volkes! Es lebe die Volksfront! Es lebe die Einheit aller Antifaschisten! Es

---

[371] https://www.srf.ch/kultur/gesellschaft-religion/grosse-reden-no-pasaran-der-schlachtruf-zum-widerstand, Zugriff am 22. November 2023.

[372] Die Sowjetunion unter Stalin liefert Panzer, Flugzeuge und andere Waffen an die Republikaner. Geschätzt zwischen 200.000 und 500.000 Toten. Schnelle Hilfe erhielt die Volksfrontregierung von fünf internationalen Brigaden mit sozialistischer Ausrichtung. Ungefähr 5.000 dieser 35.000 Freiwilligen waren Deutsche, meist politische Flüchtlinge, https://www.bpb.de/kurz-knapp/hintergrund-aktuell/231078/vor-80-jahren-beginn-des-spanischen-buergerkriegs/, Zugriff am 22. November 2023.

lebe die Republik des Volkes! Die Faschisten werden nicht durchkommen! No pasarán!"[373]

Der Spanische Bürgerkrieg gilt als Auftakt zum Zweiten Weltkrieg. Ab 1936 kämpften faschistische Truppen drei Jahre lang gegen die Zweite Spanische Republik, unterstützt vom faschistischen Italien und dem nationalsozialistischen Deutschland. 40.000 Freiwillige aus über 50 Ländern kämpften in internationalen Brigaden an der Seite der linken Volksfront-Regierung.

**Weckruf: „Guernica"**

Gemalte Mahnung gegen Krieg.

**Wer?**
Pablo Picasso (1881–1973)

**Wann?**
1937

**Wo?**
Frankreich

**Wie der Weckruf wirkte und wirkt?**
Das Bild ist das bekannteste Anti-Kriegs-Gemälde des 20. Jahrhunderts.

Es entstand als Reaktion auf die Zerstörung der spanischen Stadt Guernica durch den Luftangriff der deutschen Legion Condor, die während des Spanischen Bürgerkrieges auf Seiten Francos kämpfte.

Von der „Kraft der Künste" zeugt ein Ereignis aus dem Jahre 2003. Im Vorraum des Sitzungssaales des UN-Sicher-

---

[373] https://www.srf.ch/kultur/gesellschaft-religion/grosse-reden-no-pasaran-der-schlachtruf-zum-widerstand, Zugriff am 22. November 2023.

heitsrats in New York hängt eine Kopie von Picassos „Guernica". Als US-Außenminister Powell dort im Februar 2003 seine Gründe für einen Krieg gegen den Irak erläuterte, wurde das Gemälde verhängt. Picassos bildhafter Aufschrei gegen den Krieg war offenkundig kein angemessener Hintergrund für das Vorhaben der USA, neues Leid mit Lügen über die Welt zu bringen.[374]

### Weckruf: „Große Illusion"

Der Film ist ein Plädoyer für Menschlichkeit und gilt als cineastisches Meisterwerk. Ohne ausgedehnte Kriegsszenen thematisiert Jean Renoir Menschen als Leidtragende des Krieges.[375]

**Wer?**
Jean Renoir (1894–1979)

**Wann?**
1937

**Wo?**
Frankreich

**Wie der Weckruf wirkte und wirkt?**
Der Film wurde für den Oscar nominiert und beim Filmfestival von Venedig 1937 mit dem National Board of Review Award sowie 1939 mit dem Preis der New Yorker Filmkritikervereinigung ausgezeichnet.

---

[374] https://wissenschaft-und-frieden.de/artikel/kunst-gegen-den-krieg-kunst-fuer-den-frieden/, Zugriff am 22. November 2023.
[375] https://www.deutschlandfunk.de/filmregisseur-jean-renoir-patron-des-franzoesischen-kinos-100.html, Zugriff am 12. Januar 2024.

## Weckruf: Der Beginn des Zweiten Weltkriegs

Mit einem angeblichen polnischen Überfall auf den „Sender Gleiwitz" produzierte Deutschland den Kriegsgrund.

**Wer?**
Adolf Hitler (1889–1945)

**Wann?**
01. September 1939

**Wo?**
Deutschland

**Wie der Weckruf wirkte und wirkt?**
Der Zweite Weltkrieg, 1939 bis 1945, war der zweite global geführte Krieg sämtlicher Großmächte im 20. Jahrhundert.

Einzigartig in der Geschichte ist der geplante Massenmord durch industrielle Vernichtung von Millionen Juden als ein Kriegsziel.

Bei den Kampfhandlungen zu Lande, auf See und im Luftkrieg wurden mehr als 60 Millionen Menschen getötet.[376]

## Weckruf: Richard Sorges Warnungen vor dem deutschen Blitzkrieg gegen die Sowjetunion 1941

**Wer?**
Richard Sorge (1895–1944), Journalist, Wissenschaftler, Agent des sowjetischen Militärgeheimdienstes

**Wann?**
15. Juni 1941

---

[376] Vgl. https://www.lpb-bw.de/kriegsende-zweiter-weltkrieg, Zugriff am 04. Dezember 2023.

**Wo?**
Japan

**Wie der Weckruf wirkte und wirkt?**
1941 übersandte Sorge mehrere Telegramme nach Moskau über die Vorbereitung der Aggression gegen die UdSSR. In der Depesche vom 15. Juni nannte er sogar den genauen Termin des Angriffs, „in aller Frühe". Stalin ignorierte diese Informationen.[377]

## Weckruf: Die Gründung der Anti-Hitler-Koalition

Die UdSSR, die USA und Großbritannien waren für vier Jahre enge Verbündete.

**Wer?**
Großbritannien, Sowjetunion und USA und weitere Staaten

**Wann?**
1941/1942

**Wo?**
Washington, Pearl Harbour

**Wie der Weckruf wirkte und wirkt?**
Die Anti-Hitler-Koalition war ein Militärbündnis aus den drei alliierten Hauptmächten Großbritannien, Sowjetunion und USA und weiterer Staaten, die sich im Zweiten Weltkrieg gegen das Deutsche Reich, das faschistische Italien und das Kaiserreich Großjapan verbündeten. Aus der Anti-Hitler-Koalition gingen 1945 die Vereinten Nationen hervor.

---

[377] https://www.nd-aktuell.de/artikel/62413.der-meisterspion-ueber-jeden-verdacht-erhaben.html, Zugriff am 04. Dezember 2023.

Die eigentliche Gründung der Anti-Hitler-Koalition mit dem Eigennamen „Vereinte Nationen" fand nach dem japanischen Angriff auf Pearl Harbor und der Kriegserklärung Deutschlands und Italiens an die Vereinigten Staaten im Dezember 1941 statt.

Die Anti-Hitler-Koalition zerbrach bald nach Ende des Krieges. Damit begann die Ära des Kalten Krieges.

## Weckruf: „Der aufhaltsame Aufstieg des Arturo Ui"

Theaterstück von Bertolt Brecht.

**Wer?**
Bertolt Brecht (1898–1956)

**Wann?**
1941

**Wo?**
Finnland

**Wie der Weckruf wirkte und wirkt?**
„Arturo Ui" ist eine der bekanntesten und bissigsten Satiren über einen politischen Tyrannen. In einer Parabel werden die Machtergreifung und der Machtausbau Adolf Hitlers in die Gangsterwelt transferiert. Vorbild ist das Verbrechermilieu in den USA. Die Hauptfigur Arturo Ui soll Hitler darstellen, hat jedoch auch Züge von Gangsterboss Al Capone.[378]

---

[378] https://www.schauspiel-leipzig.de/spielplan/a-z/der-aufhaltsame-aufstieg-des-arturo-ui/, Zugriff am 12. April 2024.

Brecht schreibt eine Satire über eine Gesellschaft, die sich nach Schutz und damit nach einem starken Mann sehnt – und so faschistische Verhältnisse schafft.[379]

Ekkehard Schall (1930–2005), den Brecht 1952 aus der Provinz ans Berliner Ensemble geholt hatte, spielte den Ui, die Rolle seines Lebens, zu DDR-Zeiten mehr als 500 Mal.[380]

**Weckruf: „Normandie-Njemen" – russisch:** *Нормандия-Неман*

Gründung der einzigen militärischen Einheit eines der westlichen Alliierten, Frankreich, mit der sowjetischen Armee.

**Wer?**
Der Beschluss zur Schaffung dieser französischen Jagdfliegerstaffel wurde von den Regierungen der Sowjetunion und des Freien Frankreichs unter Führung von Charles de Gaulle gefasst.

**Wann?**
März 1942

**Wo?**
Frankreich / Sowjetunion

**Wie der Weckruf wirkte und wirkt?**
Die Fliegerstaffel wurde aufgrund einer im „März 1942 getroffenen Vereinbarung zwischen der sowjetischen Regierung und der Regierung des Freien Frankreichs unter Füh-

---

[379] https://www.die-deutsche-buehne.de/kritiken/wer-oder-was-ist-arturo-ui/, Zugriff am 25. April 2024.
[380] https://www.sn.at/kultur/kunst/20-jahre-arturo-ui-mit-martin-wuttke-2431759, Zugriff am 25. April 2024.

rung von Charles de Gaulle gebildet."[381] Am 25. November 1942 trafen die ersten 15 französischen Piloten und 40 Mechaniker in der UdSSR ein und wurden mit den sowjetischen Jagdflugzeugen vertraut gemacht (Jak-1, später auch Jak-3, und Jak-9). In das Geschwader wurden 17 sowjetische Techniker integriert. Normandie-Njemen wurde als Teil des 18. Gardefliegerregiments offiziell in die Rote Armee eingegliedert. Kommandant wurde Major Jean Louis Tulasne. Zu ersten Luftkämpfen mit deutschen Flugzeugen kam es am 16. April bei Moschaisk.[382]

Mit der Entsendung weiterer französischer Piloten wurde Normandie-Njemen zum Jagdfliegerregiment. Die Zahl der Flieger erreichte fast 100. Das technische Personal wurde vollständig durch sowjetische Mechaniker ersetzt.

„1944 nahm das Regiment an der Operation Bagration teil. Am 28. November 1944 wurde der Einheit nach den schweren Kämpfen am Fluss Njemen der Ehrentitel ‚Normandie-Njemen' verliehen. Insgesamt flog die französische Fliegereinheit bis zur deutschen Kapitulation 1945 5.062 Einsätze und zerstörte bei 869 Luftkämpfen 273 gegnerische Flugzeuge. 42 französischen Piloten kamen bei den Kämpfen ums Leben. 79 erhielten hohe sowjetische Auszeichnungen, vier davon (Marcel Albert, Jacques André, Roland de la Poype und Marcel Lefevre) den Titel Held der Sowjetunion. Bei Beendigung der Kämpfe bestand das Fliegerregiment aus den drei Staffeln ‚Rouen', ‚Le Havre' und ‚Cherbourg'."[383]

---

[381] Anm.: Die Fakten zum Wirken des Weckrufs wurden dem Wikipediabeitrag zum Stichwort und der ausführlichen Darstellung in der genannten Quelle des französischen Verteidigungsministeriums entnommen, https://de.wikipedia.org/wiki/Normandie-Njemen, Zugriff am 05. Juli 2024.

[382] https://www.cheminsdememoire.gouv.fr/index.php/de/normandie-njemen-franzoesische-jagdflugzeuge-der-ostfront, Zugriff am 05. Juli 2024.

[383] https://de.wikipedia.org/wiki/Normandie-Njemen, Zugriff am 05. Juli 2024.

„Am 16. Oktober 1944 beginnt die Offensive gegen Preußen."[384] An einem einzigen Tag habe das Regiment mit seinen Jak-3 29 Flugzeuge abgeschossen, ohne selbst einen Verlust zu erleiden. „Nach einer Woche Kampf überschreiten die ersten sowjetischen Soldaten die deutschen Linien. Viele Operationen richten sich gegen die feindlichen Nachschubgebiete."[385]

Am 19. Februar 1945 erhielt das Regiment den Rotbannerorden, am 05. Juni den Alexander-Newski-Orden. Nach Kriegsende wurde Normandie-Njemen zunächst nach Moskau verlegt. Am 11. Juni begann die Rückkehr nach Frankreich, am 20. Juni 1945 trafen die verbliebenen 41 Piloten mit ihren Jak-3-Flugzeugen in Le Bourget (Paris) ein. Eines der Flugzeuge kann heute noch im Musée de l'Air et de l'Espace besichtigt werden.

2012 wurde das Geschwader bei den französischen Luftstreitkräften neu aufgestellt und trägt bis heute den Traditionsnamen Normandie-Njemen.

Für uns steht Normandie-Njemen mit großer Symbolkraft dafür, dass bei großen Bedrohungen über alle ideologischen Barrieren hinweg engste Kooperationen geboten und auch möglich sind.[386] Diese Bedrohung war im Zweiten Weltkrieg das nach Weltherrschaft strebende Hitlerdeutschland. Heute fordern die geopolitische Instabilität, die Realität neuer Kriege und die ökologischen Bedrohungen den Schulterschluss. Die Sicherheit und das Überleben der Menschheit ist nur durch enge vertrauensvolle und gleichberechtigte Kooperationen aller Staaten zu gewährleisten, auch denen, die sich derzeit noch feindlich gegenüberstehen.

---

[384] https://www.cheminsdememoire.gouv.fr/index.php/de/normandie-njemen-franzoesische-jagdflugzeuge-der-ostfront, Zugriff am 05. Juli 2024.

[385] Ebenda, Zugriff am 05. Juli 2024.

[386] Die abschließende Bewertung des sowjetisch-französischen Projekts einschließlich der filmischen Würdigung ist eine eigene Darstellung des Autors.

Dafür steht Normandie-Njemen wie kein zweites Beispiel aus dem Zweiten Weltkrieg. 1961 wurde dieser gelebten und erfolgreichen Waffenbrüderschaft mit dem Film Normandie-Njemen – selbstredend eine sowjetisch-französische Ko-Produktion – ein künstlerisches Denkmal gesetzt.

## Weckruf: „Wenn ich wüsste, dass morgen die Welt unterginge, würde ich heute noch mein Apfelbäumchen pflanzen." [387]

**Wer?**
Pfarrer Karl Lotz

**Wann?**
05. Oktober 1944

**Wo?**
Deutschland (Rundbrief an die Vertrauensleute der Bekennenden Kirche von Kurhessen-Waldeck)

**Wie der Weckruf wirkte und wirkt?**
*„Wenn ich wüsste, dass morgen die Welt unterginge, würde ich heute noch mein Apfelbäumchen pflanzen."* – Was für eine Kraft in nur fünfzehn Worten.[388] Die epochale Wirkung aber kommt aus deren Zuwidmung zu Martin Luther. Gleich nach dem Ende des Zweiten Weltkrieges erlangte der Spruch deutschlandweite Popularität. Danach hat fast ein halbes Jahrhundert lang vermutlich jeder aufgeklärte Zeitgenosse im deutschsprachigen Raum „Stein und Bein darauf geschworen", dass dieser Weckruf vom größten Reformator der Neuzeit (1500 – 1914), von Martin Luther, stammt. Die allermeisten lernten ihn als Postkarte oder

---

[387] https://www.luther2017.de/martin-luther/geschichte-geschichten/luther-und-das-apfelbaeumchen/index.html, Zugriff am 05. Januar 2024.
[388] Dieser Weckruf wird im Unterkapitel 2.9 ausführlich vorgestellt.

in Buchform kennen. Der Apfelbaum oder auch nur ein Zweig mit prallen Früchten, dazu der Spruch in einer der geläufigen altdeutschen Schriften. Der Stil, die Schrift, der symbolträchtige Sinn – wer sonst als Martin Luther konnte der Autor dieser Zeilen sein!

Die große positive Resonanz auf das vermeintliche Lutherwort hat wohl in erster Linie damit tun, dass es nach dem Ende der furchtbaren Weltkriegskatastrophe – Deutschland hatte sie vom Zaun gebrochen und lag nun besiegt in Schutt und Asche – den Menschen Hoffnung gab.[389] So steht es auch in dem Rundbrief von Pfarrer Karl Lotz vom 05. Oktober 1944 an die Vertrauensleute der Bekennenden Kirche von Kurhessen-Waldeck, der so abschließt: „Lassen Sie bitte mein Schreiben angesichts der gespannten Lage unseres Volkes nicht verdrießen. Wir müssen uns wohl nach dem *Luther-Wort* richten: und wenn morgen die Welt unterginge..."[390] So kam es wohl als kraftvolle Metapher des großen Reformators in die Welt.

Der prägnante unter die Haut gehende Satz beginnt mit dem drohenden Szenario. Es lässt es dabei aber nicht bewenden. Das Pflanzen des Apfelbaumes ist das Signal, dass es Grund zum Optimismus gibt. Dafür steht aber nicht das Reich Gottes *nach* der Katastrophe. Der frisch gepflanzte Apfelbaum wächst in einer irdischen Welt. So haben die Menschen die Metapher damals verstanden. Deshalb begleitete dieser Satz den schnellen Wiederaufbau in der alten Bundesrepublik, im Westen Deutschlands, als Mutmacher.

---

[389] https://www.luther2017.de/martin-luther/geschichte-geschichten/luther-und-das-apfelbaeumchen/index.html, Zugriff am 05. Januar 2024.
[390] Schloemann, Martin: Luthers Apfelbäumchen? Ein Kapitel deutscher Mentalitätsgeschichte seit dem Zweiten Weltkrieg. Vandenhoek und Ruprecht Verlag. Göttingen, 1994, S. 29.

## Weckruf: Beginn des nuklearen Wettrüstens zwischen den USA und der UdSSR

Es begann schon mitten im Zweiten Weltkrieg.

**Wer?**
USA und UdSSR

**Wann?**
16. Juli 1945 bis 12. August 1953

**Wo?**
Versuchsgelände in den USA und der UdSSR und in den japanischen Städten Hiroshima und Nagasaki

**Wie der Weckruf wirkte und wirkt?**
Es war schon mitten im Zweiten Weltkrieg absehbar, dass die Allianz der USA, Großbritanniens, später auch Frankreichs, auf westlicher Seite, und der UdSSR auf östlicher Seite, nach dem Ende des Zweiten Weltkriegs keinen Bestand haben würde.

Schon in Jalta im Februar 1945 – noch ohne Frankreich – wurde die Aufteilung der Welt in zwei Hemisphären, den Westen und den Osten, grundsätzlich besiegelt. Gleichwohl war das westliche Denken, vor allem das der USA, von Dominanzdenken geprägt. Dafür steht wie kein zweites Beispiel der apokalyptische, von den USA begonnene Wettlauf mit der UdSSR um ein Atomwaffenmonopol. Dafür stehen diese sechs Daten:

1. **16. Juli 1945:** Erster erfolgreicher USA-Atombombentest in der Wüste von New Mexico
2. **06. August 1945:** Erster Abwurf einer USA-Atombombe auf die japanische Stadt Hiroshima im Rahmen des Krieges mit Japan

3. **09. August 1945:** Zweiter Abwurf einer USA-Atombombe auf die japanische Stadt Nagasaki
4. **29. August 1949:** Erster erfolgreicher UdSSR-Atombombentest auf dem Versuchsgelände Semipalatinsk in Kasachstan
5. **01. November 1952:** Erster erfolgreicher USA-Wasserstoffbombentest auf den Marshallinseln im Pazifik
6. **12. August 1953:** Erster erfolgreicher UdSSR-Wasserstoffbombentest auf dem Versuchsgelände Semipalatinsk in Kasachstan

Mit dem letzten Test in Kasachstan war das nukleare Patt hergestellt. Es begann die lange Phase des Kalten Krieges mit der These vom „Gleichgewicht des Schreckens", die leider bis heute andauert. Wir haben das im Kapitel 1 mit der Statistik über die nuklearen Sprengköpfe belegt. Die USA und die UdSSR haben weiterhin und mit großem Abstand zu den anderen sieben Nuklearstaaten die größte Menge an Sprengköpfen, und das Patt zwischen beiden Staaten besteht weiter.

## Weckruf: „Potsdamer Abkommen" – nach Beendigung des Zweiten Weltkrieges

Beschlüsse, Vereinbarungen und Absichtserklärungen der drei Großmächte und Frankreich.

**Wer?**
Siegermächte im Zweiten Weltkrieg

**Wann?**
17. Juli bis zum 02. August 1945

**Wo?**
Potsdam

## Wie der Weckruf wirkte und wirkt?

„Es ist nicht die Absicht der Alliierten, das deutsche Volk zu vernichten oder zu versklaven. Die Alliierten wollen dem deutschen Volk die Möglichkeit geben, sich darauf vorzubereiten, sein Leben auf einer demokratischen und friedlichen Grundlage von neuem wiederaufzubauen. Wenn die eigenen Anstrengungen des deutschen Volkes unablässig auf die Erreichung dieses Zieles gerichtet sein werden, wird es ihm möglich sein, zu gegebener Zeit seinen Platz unter den freien und friedlichen Völkern der Welt einzunehmen."[391]

Das Potsdamer Abkommen bestimmte Abrüstung und Entmilitarisierung, Verbot der NSDAP, Außerkraftsetzung aller in der NS-Zeit erlassenen Gesetze, Aburteilung der Kriegsverbrecher und Entfernung aller Nationalsozialisten aus den öffentlichen Ämtern.[392]

Mit dem Ende der Naziherrschaft und der Besetzung und Aufteilung Deutschlands durch die alliierten Streitkräfte entstand eine bipolare Welt. Die Allianz sich gegenüberstehender Ideologien hatte nur so lange Bestand, wie es galt, einen gemeinsamen Feind zu bezwingen.[393]

Eine neue Konfrontation mit der Sowjetunion, die zum Kalten Krieg zwischen Ost und West führte, begann. Damit rückte in der alten Bundesrepublik die Auseinandersetzung mit Hitlerdeutschland und den NS-Verbrechen in den Hintergrund.[394]

---

[391] Mitteilung über die Dreimächtekonferenz von Berlin (Konferenz von Potsdam), 02. August 1945, https://www.1000dokumente.de/index.html?c=dokument_de&dokument=0011_pot&object=translation&l=de, Zugriff am 02. Juni 2024.

[392] Ebenda.

[393] https://www.bpb.de/themen/nationalsozialismus-zweiter-weltkrieg/dossier-nationalsozialismus/39613/der-beginn-der-bipolaritaet/, Zugriff am 02. Juni 2024.

[394] https://www.sueddeutsche.de/politik/75-jahre-potsdamer-abkommen-historiker-interview-1.4985248, Zugriff am 21. Mai 2024.

## 2 Die Chronik der dokumentierten Weckrufe …

### Weckruf: Gründung der Vereinten Nationen / Verkündung UN-Charta am 26. Juni 1945 in New York

Bis heute das wichtigste multilaterale Forum für den internationalen Austausch.

**Wer?**
50 Gründungsmitglieder

**Wann?**
26. Juni 1945 Unterzeichnung, 24. Oktober 1945 in Kraft getreten

**Wo?**
San Francisco

**Wie der Weckruf wirkte und wirkt?**
Die UN-Charta legte Grundregeln des staatlichen Handelns fest, um ein stabiles und sicheres internationales System zu gewährleisten. Basis der Zusammenarbeit sind die Prinzipien der souveränen Gleichheit aller Mitgliedstaaten sowie das System der kollektiven Sicherheit. Dieses sieht konfliktpräventive, friedenssichernde und friedensdurchsetzende Maßnahmen vor.[395]

Nachdem der Völkerbund den Zweiten Weltkrieg nicht verhindern konnte, sollte eine neue, stärkere Weltorganisation geschaffen werden, um den brüchigen Weltfrieden künftig besser sichern zu können.[396]

### Weckruf: Nürnberger Prozesse

Verfahren des Internationalen Militärgerichtshofs gegen Hauptverantwortliche der NS-Verbrechen.

---

[395] https://dgvn.de/un-im-ueberblick/geschichte-der-un, Zugriff am 21. Mai 2024.
[396] https://dgvn.de/un-im-ueberblick/geschichte-der-un, Zugriff am 21. Mai 2024.

**Wer?**
Internationaler Militärgerichtshof

**Wann?**
20. November 1945 bis 01. Oktober 1946

**Wo?**
Nürnberg

**Wie der Weckruf wirkte und wirkt?**
Das Statut des Gerichtshofs sah diverse Tatbestände vor: „Verbrechen gegen den Frieden", „Kriegsverbrechen" und „Verbrechen gegen die Menschlichkeit". Unter Kriegsverbrechen fielen demnach u. a. das Misshandeln oder die Ermordung von Kriegsgefangenen. Als Verbrechen gegen die Menschlichkeit galten Verbrechen an der Zivilbevölkerung, etwa die Ermordung oder die Deportation zur Zwangsarbeit oder die Verfolgung aus rassistischen, politischen oder religiösen Gründen. Zudem schufen die Alliierten einen neuen, bislang im internationalen Recht nicht vorgesehenen Straftatbestand: die „Vorbereitung und Durchführung eines Angriffskriegs".[397]

Insgesamt wurden von Gerichten der Siegermächte in Deutschland und anderen Ländern wegen NS-Verbrechen etwa 50.000 bis 60.000 Personen verurteilt.

Im Nürnberger Prozess gegen die Hauptkriegsverbrecher wurden 24 ranghohe NS-Entscheidungsträger angeklagt.

Zwölf Angeklagte wurden zum Tode durch den Strang verurteilt. Sieben Angeklagte erhielten langjährige oder lebenslange Haftstrafen. Drei Angeklagte wurden freigesprochen. Im Urteil wurden ferner das Führerkorps der NSDAP,

---

[397] https://www.bpb.de/kurz-knapp/hintergrund-aktuell/318965/20-november-1945-beginn-der-nuernberger-prozesse/, Zugriff am 10. Juli 2024.

die Gestapo sowie die SS und der SD als verbrecherische Organisationen eingestuft.[398]

**Weckruf: Erste Internationale Radfernfahrt für den Frieden**

Drei Jahre nach Kriegsende, am 01. Mai 1948, fand sie zum ersten Mal statt.[399]

**Wer?**
Begründer waren die Sportjournalisten Zygmunt Weiss (Polen) und Karel Tocl (Tschechoslowakei).

**Wann?**
Die erste Fahrt startete am 01. Mai 1948.

**Wo?**
Warschau nach Prag

**Wie der Weckruf wirkte und wirkt?**
Das größte und bedeutendste Amateurradrennen der Welt wurde zunächst nur in Polen und der Tschechoslowakei ausgetragen. 1952 wurde auch die DDR integriert. Offizielles Symbol für die Friedensfahrt wurde Pablo Picassos weiße Friedenstaube. Die Tour sollte nicht nur ein Sportereignis sein, sondern auch eine Demonstration für den Weltfrieden.

Das letzte Rennen wurde 2006 von Deutschland, Österreich und Tschechien ausgetragen.

---

[398] Vgl. https://www.lpb-bw.de/nuernberger-prozesse#c53919, Zugriff am 10. Juli 2024.
[399] https://www.mdr.de/geschichte/ddr/politik-gesellschaft/sport/friedensfahrt-radsport-radfahren-100.html, Zugriff am 12. Juni 2024.

## Weckruf: „Friedenstaube"

Friedenssymbol – Plakat für den Weltfriedenskongress im April 1949 in Paris[400]

**Wer?**
Pablo Picasso (1881–1973)

**Wann?**
Januar 1949

**Wo?**
Paris

**Wie der Weckruf wirkte und wirkt?**
Für den Weltfriedenskongress 1949 in Paris wurde von Pablo Picasso die Silhouette einer Taube entworfen und lithographiert. 1955 erhielt er dafür den Weltfriedenspreis.

Seine Taube wurde ein weltweites Symbol für die Friedensbewegung.

## Weckruf: Friedensgebot im deutschen Grundgesetz

> „Das Verbot des Angriffskrieges und von friedensstörenden Handlungen, die geeignet sind und in der Absicht vorgenommen werden, das friedliche Zusammenleben der Völker zu stören".[401]

**Wer?**
Parlamentarischer Rat

---

[400] https://www.mdr.de/geschichte/ddr/politik-gesellschaft/friedenstaube-symbol-lied-frieden-erika-schirmer-picasso-100.htm, Zugriff am 12. Juni 2024.

[401] https://www.humanistische-union.de/publikationen/vorgaenge/189-vorgaenge/publikation/das-friedensgebot-des-grundgesetzes-anspruch-und-wirklichkeit-nach-sechzig-jahren/, Zugriff am 10. März 2024.

**Wann?**
23. Mai 1949

**Wo?**
Bonn

**Wie der Weckruf wirkte und wirkt?**
In der Schlusssitzung des Parlamentarischen Rats am 23. Mai 1949 wurde das Grundgesetz als Verfassung der Bundesrepublik Deutschland von allen Abgeordneten sowie den Ministerpräsidenten der elf Länder unterzeichnet und anschließend feierlich verkündet.

Die zentralen Elemente des Friedensgebotes des Grundgesetzes sind folgende:

1. Die Präambel, in der es heißt, dass das „Deutsche Volk", „von dem Willen beseelt, als gleichberechtigtes Glied in einem vereinten Europa dem Frieden der Welt zu dienen", sich kraft seiner verfassungsgebenden Gewalt dieses Grundgesetz gegeben hat.
2. Die Bindungen an „Recht und Gesetz" (Art. 20 Abs. 3 GG) und an die „allgemeinen Regeln des Völkerrechts" (Art. 25 GG), wozu auch das völkerrechtliche Gewaltverbot gehört.
3. Das Verbot des Angriffskrieges und von friedensstörenden Handlungen, die geeignet sind und in der Absicht vorgenommen werden, das friedliche Zusammenleben der Völker zu stören (Art. 26 Abs. 1 Satz 1 GG); der Auftrag an den Gesetzgeber zur Pönalisierung aller Verstöße gegen dieses verfassungsrechtliche Verdikt (Art. 26 Abs. 1 Satz 2 GG) sowie die Genehmigungspflichtigkeit „zur Kriegsführung bestimmter Waffen" (Art. 26 Abs. 2 GG).[402]

---

[402] Ebenda.

Weckruf: „Das große Karthago führte drei Kriege.
Es war noch mächtig nach dem ersten,
noch bewohnbar nach dem zweiten.
Es war nicht mehr auffindbar nach dem dritten."

Brief an die deutschen Künstler und Schriftsteller[403]

**Wer?**
Bertolt Brecht (1898–1956)

**Wann?**
1951

**Wo?**
Deutschland

**Wie der Weckruf wirkte und wirkt?**
Angesichts erster Anzeichen zur Remilitarisierung der jungen Bundesrepublik warnte Bertolt Brecht in einem „Brief an die deutschen Künstler und Schriftsteller" und beschwor mit dem Gleichnis zum Schicksal der Stadt Karthago im Römischen Reich die drohende Gefahr eines Dritten Weltkrieges.[404]

Die DDR-Tageszeitung „Neues Deutschland" druckte den Brief auf der ersten Seite ab.

Er wurde zudem als Flugschrift mit dem Aufdruck „Senden Sie diesen Brief an Ihre Bekannten in Westdeutschland." vieltausendfach verteilt.

„Die Wirkung war ungeheuer", so Werner Mittenzwei in seiner 1986 in Ost-Berlin erschienenen Brecht-Biografie: „Die Schlusssätze sagten sich die Leute auf der Straße."

---

[403] https://www.nd-aktuell.de/artikel/1180270.menschheitsgeschichte-als-kriegsgeschichte-totentanz-in-den-frieden.html, Zugriff am 12. November 2023.
[404] https://www.deutsche-digitale-bibliothek.de/item/QCTTWBZIGQPZTIWLTUFL63XAK5XLLYA6, Zugriff am 12. November 2023.

„Werden wir Krieg haben?", fragt Brecht und liefert gleich die Antwort: „Wenn wir zum Krieg rüsten, werden wir Krieg haben. Werden Deutsche auf Deutsche schießen? Die Antwort: Wenn sie nicht miteinander sprechen, werden sie aufeinander schießen."[405]

## Weckruf: Russel-Einstein-Manifest

Es wird auf das absolute und nicht wieder gut zu machende Unglück hingewiesen, das ein nuklearer Krieg zur Folge hätte.[406]

**Wer?**
Bertrand Russel (1872–1970), Albert Einstein (1879–1955)

**Wann?**
09. Juli 1955

**Wo?**
London

**Wie der Weckruf wirkte und wirkt?**
Die Erklärung gilt als Auslöser der Pugwash-Bewegung. In dieser kanadischen Stadt trafen sich im Juli 1955 erstmals 22 Naturwissenschaftler, vorwiegend Atomphysiker, aus zehn Ländern.

---

[405] https://www.deutschlandfunk.de/vor-70-jahren-als-bertolt-brecht-den-offenen-brief-an-die-100.html, Zugriff am 12. November 2023.
[406] https://www.atomwaffena-z.info/fileadmin/user_upload/pdf/russell_einstein_manif.pdf, Zugriff am 22. November 2023.

## Weckruf: „Mainauer Deklaration"

Appell der Nobelpreisträger gegen Kriege[407]

**Wer?**
Otto Hahn (1879–1968), Max Born (1882–1970)

**Wann?**
15. Juli 1955

**Wo?**
Mainau am Bodensee

**Wie der Weckruf wirkte und wirkt?**
Die Mainauer Deklaration (auch Mainauer Kundgebung) war ein gemeinsamer Appell von Nobelpreisträgern, die im Jahr 1955 an der Tagung der Nobelpreisträger in Lindau teilnahmen und zu deren Abschluss vor dem Einsatz von Nuklearwaffen warnten. Die Deklaration wurde am 15. Juli 1955 auf der Insel Mainau präsentiert. Zu diesem Zeitpunkt hatten 18 anwesende Nobelpreisträger die Erklärung unterzeichnet. Innerhalb eines Jahres stieg die Zahl der Unterzeichner auf 52.

Die gemeinsame Erklärung wurde von den beiden deutschen Physiknobelpreisträgern Otto Hahn und Max Born initiiert.[408]

Die Lindauer Nobelpreisträgertagungen finden seit 1951 jährlich statt. Ihr Ziel ist es, Nobelpreisträger und junge Wissenschaftler zusammenzubringen, um den wissen-

---

[407] Otto Hahn, Mitinitiator beim Lindauer Nobelpreisträgertreffen im Sommer 1955 für Mainauer Deklaration. Unterzeichner neben Werner Heisenberg und Max Born 15 weitere Nobelpreisträger. Mit 52 Unterzeichnern weltweit ist die Erklärung das gewichtigste Dokument eines Friedensappells durch Wissenschaftler, https://www.lindau-nobel.org/de/geschichte/, Zugriff am 02. Juni 2024.

[408] https://www.mpg.de/18359046/otto-hahn-und-die-mainauer-deklaration, Zugriff am 02. Juni 2024.

schaftlichen Austausch über Generationen, Kulturen und Disziplinen hinweg zu fördern.

## Weckruf: „Göttinger Erklärung"

Gegen eine atomare Aufrüstung und eine Stationierung von Atomwaffen[409]

**Wer?**
Carl Friedrich von Weizsäcker (1912–2007), zu den Mitunterzeichnern gehören die Nobelpreisträger Otto Hahn, Max Born und Werner Heisenberg.

**Wann?**
12. April 1957

**Wo?**
Göttingen

**Wie der Weckruf wirkte und wirkt?**
Das „Göttinger Erklärung" war ein Aufruf gegen eine atomare Aufrüstung und eine Stationierung von Atomwaffen und erfuhr eine breite Beachtung. Der öffentliche Druck war so stark, dass die Bundesrepublik Deutschland auf Atomwaffen verzichtete. Nach dieser Erklärung wurde das Atomgesetz im Dezember 1959 entsprechend geändert.

---

[409] https://www.uni-goettingen.de/de/die+g%C3%B6ttinger+erkl%C3%A4rung+1957/54319.html, Zugriff am 22. November 2023.

## Weckruf: Erster „Antikriegstag" in der Bundesrepublik Deutschland[410]

„Wir wollen ohne Waffen und Atombomben auskommen."[411]

**Wer?**
Gewerkschaften, Friedensinitiativen

**Wann?**
01. September 1957

**Wo?**
Frankfurt am Main

### Wie der Weckruf wirkte und wirkt?
Der Jahrestag des Überfalls der deutschen Wehrmacht auf Polen und damit des Beginns des Zweiten Weltkriegs wurde in Deutschland 1957 zum ersten Mal als Antikriegstag begangen.

Die Vereinten Nationen (UNO) rufen zum 21. September 2001 den Internationalen Tag des Friedens aus. „Eigentlich sollte ja angesichts des Zustands der Welt jeder Tag ein Weltfriedenstag sein oder werden."[412]

In der Sowjetischen Besatzungszone wurde am 01. September 1946 ein „Weltfriedenstag der Jugend" begangen. Seit Beginn der 1950er-Jahre war in der DDR der 01. September der Weltfriedenstag.

---

[410] https://www.verdi.de/ueber-uns/idee-tradition/jahrestage-gedenktage/++co++d136bb0e-b559-11e1-7184-0019b9e321e1, Zugriff am 24. Mai 2024.
[411] https://www.unsere-zeit.de/stoppen-wir-den-krieg-4794025/#more-4794025, Zugriff am 19. November 2023.
[412] Prantl, a. a. O., S. 32.

## Weckruf: Beginn der Ostermarsch-Bewegung

Der Auftakt war in Großbritannien.

**Wer?**
Britische und deutsche Friedensaktivisten

**Wann?**
1958

**Wo?**
Großbritannien

**Wie der Weckruf wirkte und wirkt?**
Der erste Ostermarsch fand 1958 in Großbritannien statt und ging von London zum Raketenforschungszentrum Aldermaston. Initiator war die britische „Campaign for Nuclear Disarmament". Sie war auch das Vorbild für eine von Parteien unabhängige Bewegung in der alten Bundesrepublik, die bis heute besteht.

Der erste dreitägige Ostermarsch im Jahr 1960 war ein Sternmarsch von Hamburg, Bremen, Hannover und Braunschweig zum Raketenübungsplatz Bergen-Hohne.[413]

## Weckruf: „Die Brücke"

Der erste deutsche Nachkriegsfilm, der eine klare Position gegen den Zweiten Weltkrieg bezog und zugleich einer der stärksten Antikriegsfilme, die je gedreht wurden.[414]

---

[413] Die Bewegung entwickelte sich zur permanenten „Kampagne für Abrüstung" (1963) und schließlich zur gesellschaftskritisch argumentierenden „Kampagne für Demokratie und Abrüstung" (1968) und einer Massenbewegung, https://www.atomwaffena-z.info/initiativen/geschichte-der-anti-atom-bewegung, Zugriff am 22. November 2023.

[414] https://moocit.de/index.php/Die_Br%C3%BCcke_-_Bernhard_Wicki;_1959;_Bundesrepublik_Deutschland, Zugriff am 20. Mai 2024.

Wicki zeigt, wie die deutsche Jugend im Nationalsozialismus zu einem Heldenwahn erzogen wird, der sie konsequent in den politisch missbrauchten „Tod fürs Vaterland" führt.

**Wer?**
Bernhard Wicki (1919–2000)

**Wann?**
1959

**Wo?**
Deutschland

**Wie der Weckruf wirkte und wirkt?**
Bernhard Wicki: „Ich habe in den Jahren seit der *Brücke* Tausende von Briefen von jungen Männern bekommen, die mir schrieben, dass sie auch aufgrund meines Films den Kriegsdienst verweigert haben."[415]

**Weckruf: „Schwerter zu Pflugscharen"**

Skulptur gegen den Krieg

**Wer?**
Jewgeni Wiktorowitsch Wutschetitsch (1908–1974), sowjetischer Bildhauer

**Wann?**
1959

**Wo?**
Vor dem UN-Gebäude in New York

---

[415] https://www.kino-zeit.de/film-kritiken-trailer/die-brucke, Zugriff am 14. Oktober 2023.

**Wie der Weckruf wirkte und wirkt?**
Die Skulptur vor dem UN-Gebäude in New York ist ein weltweit bekanntes Symbol für den Friedenskampf und ein Geschenk des sowjetischen KPdSU-Vorsitzenden Nikita Chruschtschow an die UNO. Dieser bezeichnete sie als Symbol für den Wunsch seines Landes nach friedlicher Koexistenz mit dem Westen.[416] Der Titel geht auf eine Bibelstelle zurück: Micha 4,1-4: „Sie werden ihre Schwerter zu Pflugscharen und ihre Spieße zu Sicheln machen. Kein Volk wird gegen das andere das Schwert erheben, und sie werden fortan nicht mehr lernen, Krieg zu führen."[417]

## Weckruf: Sowjetunion zündet die größte jemals getestete Wasserstoffbombe

**Wer?**
Andrej Dmitrijewitsch Sacharow (1921–1989), Konstrukteur

**Wann?**
30. Oktober 1961

**Wo?**
Sowjetunion

**Wie der Weckruf wirkte und wirkt?**
Andrej Dmitrijewitsch Sacharow (1921–1989) hatte die sowjetische Wasserstoffbombe maßgeblich entwickelt. Er trat nach der Explosion gegen jegliche Nuklearwaffen und für eine ausschließlich friedliche Nutzung der Atomener-

---

[416] https://www.hdg.de/lemo/bestand/360grad/360gradobjekt-schwerter-zu-pflugscharen.html, Zugriff am 12. November 2023.
[417] https://www.bibleserver.com/LUT/Micha4 %2C1-4, Zugriff am 12. November 2023.

gie ein.[418] Die Zündung der Bombe am 30. Oktober 1961 gilt als die stärkste jemals vom Menschen verursachte Explosion. Der Atompilz erreichte kurzfristig eine Höhe von ca. 64 Kilometern. Die Sprengkraft der Bombe war 3.800 Mal stärker als die der Hiroshima-Bombe.[419]

Auch unter dem Eindruck dieses „Versuchsinfernos" kam es 1963 zu einem „begrenzten Atomteststoppvertrag". Er wurde am 05. August in Moskau von der UdSSR, den USA und Großbritannien unterschrieben und verbot alle oberirdischen Versuche sowie solche unter Wasser.

1968 folgte der Atomwaffensperrvertrag, der die Verbreitung von Atomwaffen verhindern soll. Ein erneutes atomares Wettrüsten in den 80er-Jahren beantworten Millionen Menschen mit Protestdemonstrationen. Ende der 80er-Jahre unterzeichnen die USA und die Sowjetunion den INF-Vertrag über die Abschaffung einiger atomarer Mittelstreckenwaffen und 1991 einen Vertrag zur Verringerung strategischer Waffen.[420]

2019 ziehen sich die USA aus dem INF-Vertrag zurück, 2023 droht Russland, im Ukrainekrieg Atomwaffen einzusetzen.[421]

---

[418] Der Friedensnobelpreisträger von 1975, der russische Physiker Andrej Dmitrijewitsch Sacharow (1921–1989), war maßgeblich an der Entwicklung der sowjetischen Wasserstoffbombe beteiligt. Da er über die Folgen seiner Arbeit für die Zukunft der Menschheit besorgt war, versuchte er, auf die Gefahren des atomaren Wettrüstens aufmerksam zu machen. Einen Teilerfolg erzielte er, als 1963 der Vertrag über das Verbot von Kernwaffenversuchen unterzeichnet wurde.

[419] https://www.atomwaffena-z.info/glossar/begriff/zar-bombe, Zugriff am 02. Dezember 2023.

[420] https://www.atomwaffena-z.info/geschichte/ruestungskontrolle/atomteststoppvertraege, Zugriff am 02. Dezember 2023.

[421] https://www.bundestag.de/dokumente/textarchiv/2019/kw05-aktuelle-stunde-us-atomwaffen-589964, Zugriff am 17. März 2024.

## Weckruf: Die Erfindung der Neutronenbombe

„Symbol für die Perversion menschlichen Denkens"[422]

**Wer?**
Samuel Cohen (1921 – 2010)

**Wann?**
1962

**Wo?**
USA

**Wie der Weckruf wirkte und wirkt?**
Der amerikanische Physiker Samuel Cohen gilt als „Vater der Neutronenbombe", die 1962 erfolgreich getestet wurde. Diese Waffe sollte große Mengen von energiereichen Neutronen freisetzen, gepanzerte Einheiten oder unterirdische Ziele ohne Probleme durchdringen und alles Leben vernichten ohne größere Zerstörungen anzurichten. Egon Bahr nannte sie ein „Symbol für die Perversion menschlichen Denkens".[423] US-Präsident Jimmy Carter plante deren Stationierung in Europa. Besonders in Westdeutschland gab es dagegen großen Widerstand. 1981 bestellte Präsident Ronald Reagan 700 Neutronen-Sprengköpfe, um die Überlegenheit der sowjetischen Panzertruppen in Europa auszugleichen. Nach massiven Protesten in Europa wurde die Stationierung der Waffen abgesagt. Die USA haben ihre Neutronen-Sprengköpfe für Raketen und Artilleriegeschosse 1992 außer Dienst gestellt, der letzte wurde 2003 zerstört.[424]

---

[422] https://www.spiegel.de/wissenschaft/technik/atomwaffen-im-kalten-krieg-was-wurde-aus-der-neutronenbombe-a-1070009.html, Zugriff am 12. Juli 2024.
[423] https://www.spiegel.de/wissenschaft/technik/atomwaffen-im-kalten-krieg-was-wurde-aus-der-neutronenbombe-a-1070009.html, Zugriff am 12. Juli 2024.
[424] Ebenda.

Frankreich testete im Jahr 1980 erfolgreich eine Neutronenbombe und auch die Sowjetunion entwickelte und testete damals eine eigene Version.[425]

Der Erfinder lobte selbst im Alter von 80 Jahren, im Jahr 2010, diese perverse Waffe: „Sie ist die einzige Atomwaffe der Geschichte, die in der Kriegführung sinnvoll ist. Wenn der Krieg vorbei ist, ist die Welt noch intakt."[426]

### Weckruf: „Bomber"

Ein universales Bild von der Gewalt des Krieges.

**Wer?**
Gerhard Richter, geboren 09. Februar 1932

**Wann?**
1963

**Wo?**
Deutschland

### Wie der Weckruf wirkte und wirkt?
Der graue Fotorealismus im Gemälde der „Bomber" von 1963 ist keinem Krieg eindeutig zuzuordnen. „Es ist ein Sinnbild der Zerstörung, der Gewalt. Der schmale Abstand zwischen den abgeworfenen Feuerkörpern enthält schon das Desaster, das sie anrichten werden."[427]

---

[425] https://www.atomwaffena-z.info/glossar/begriff/neutronenbombe, Zugriff am 14. März 2024.

[426] https://www.spiegel.de/wissenschaft/technik/atomwaffen-im-kalten-krieg-was-wurde-aus-der-neutronenbombe-a-1070009.html, Zugriff am 14. März 2024.

[427] https://www.weltkunst.de/ausstellungen/2022/10/gerhard-richter-bomber-bild-des-tages, Zugriff am 16. Mai 2024.

## 2 Die Chronik der dokumentierten Weckrufe ...

## Weckruf: „Jetzt bin ich zum Tod geworden, zum Zerstörer von Welten."[428]

„Man hat mich gefragt, ob man mit Atombomben in einer einzigen Nacht 40 Millionen US-Amerikaner in den 20 größten Städten töten kann. Leider muss ich sagen: Ja!" (Oppenheimer[429])

### Wer?
Robert Oppenheimer (1904–1967) – „Vater der Atombombe"[430]

### Wann?
1965

### Wo?
USA

### Wie der Weckruf wirkte und wirkt?
„Jetzt bin ich zum Tod geworden, zum Zerstörer von Welten."[431] Oppenheimer gilt als „Vater der Atombombe", verurteilte jedoch ihren weiteren Einsatz, nachdem er die Folgen der Atombombenabwürfe auf Hiroshima und Nagasaki

---

[428] Aus der „Bhagavad Gita", einer zentralen Heiligen Schrift des Hinduismus, J. Robert Oppenheimer im NBC-Interview 1965. atomicarchive.com, vgl. https://www.nzz.ch/feuilleton/oppenheimer-christopher-nolans-monumentales-werk-ueber-den-vater-der-atombombe-ld.1747918, Zugriff am 22. Dezember 2023.

[429] https://www.deutschlandfunk.de/atomare-ruestung-der-sturz-des-physikers-j-robert-100.html, Zugriff am 22. Dezember 2023.

[430] https://www.icanw.de/fakten/auswirkungen/hiroshima-und-nagasaki/, Zugriff am 22. November 2023.

[431] Aus der „Bhagavad Gita", einer zentralen Heiligen Schrift des Hinduismus, J. Robert Oppenheimer im NBC-Interview 1965. atomicarchive.com, vgl. https://www.nzz.ch/feuilleton/oppenheimer-christopher-nolans-monumentales-werk-ueber-den-vater-der-atombombe-ld.1747918, Zugriff am 22. Dezember 2023.

gesehen hatte. Er trat gegen den Einsatz von Atomwaffen und atomares Wettrüsten mit der Sowjetunion ein.[432]

Einstein: „Ich weiß nicht [, welche Waffen in einem dritten Weltkrieg zur Anwendung kommen]. Aber ich kann Ihnen sagen, was sie im Vierten benutzen werden: Steine."[433]

## Weckruf: „The War Game"

Fiktive filmische Reportage über einen Atombombenangriff auf englische Städte und seine schrecklichen Auswirkungen auf die Bevölkerung. Anstelle konventioneller Dokumentation ein filmisches Inferno.

### Wer?
Peter Watkins, geboren 29. Oktober 1935

### Wann?
13. April 1966

### Wo?
England

### Wie der Weckruf wirkte und wirkt?
Der Film will die alle Vorstellungen übersteigenden Zerstörungen eines Atomkriegs bewusst machen, die öffentliche Meinung aufrütteln und zu einer moralisch-politischen Stellungnahme auffordern.[434] Der Film wurde mit einem „Oscar" ausgezeichnet.

---

[432] https://www.geo.de/wissen/weltgeschichte/robert-oppenheimer--der-vater-der-atombombe-33665320.html, Zugriff am 22. November 2023.

[433] Asked what weapons would be used in a Third World War, he made this characteristic reply: „I don't know. But I can tell you what they'll use in the fourth – rocks." Aus einem Interview „Einstein At Seventy" von Alfred Werner in Liberal Judaism 16 (April – Mai 1949), https://www.forum-einstein.org/zitate.html, Zugriff am 21. Dezember 2023.

[434] https://www.filmpodium.ch/film/165780/the-war-game, Zugriff am 10. Februar 2024.

## Weckruf: Schweden feiert 150 Jahre Frieden mit Gründung von SIPRI

Das 1966 gegründete Stockholm International Peace Research Institute (SIPRI) ist ein wissenschaftliches Institut zur Erforschung von gewaltsamen Konflikten, Sicherheit und Frieden.

**Wer?**
Tage Erlander (1901–1985)
 Das 1966 gegründete Stockholm International Peace Research Institute (SIPRI) ist ein wissenschaftliches Institut zur Erforschung von gewaltsamen Konflikten, Sicherheit und Frieden. SIPRI bietet politischen Entscheidungsträgern, Forschern und Medien Analysen und Empfehlungen an, die auf offenen Quellen basieren. Sitz ist Stockholm mit Niederlassungen in Peking und Washington, DC.

**Wann?**
06. Mai 1966

**Wo?**
Stockholm

**Wie der Weckruf wirkte und wirkt?**
Das SIPRI wirkt in erster Linie über seine jährlichen Berichte. In dem aus dem Jahr 2024 wird eine Steigerung der Rüstungsausgaben von 2022 zu 2023 um 6,8 Prozent dokumentiert. Das ist ein Anstieg wie seit zwölf Jahren nicht mehr. Der Report wurde am 22. April 2024 veröffentlicht. Infolge der zahlreichen Kriege und Konflikte wurden 2023 etwa 2,4 Billionen Dollar für Rüstungsgüter ausgegeben.
 Die europäischen Staaten haben ihre Waffenimporte zwischen 2019 und 2023 fast verdoppelt. Ein Grund ist der Krieg in der Ukraine. Hauptexporteur für Kriegsgeräte

sind laut des Berichts die USA mit 42 Prozent aller Waffenlieferungen, die an 107 Länder gehen, gefolgt von Frankreich.[435]

### Weckruf: Der „Höllensturz in Vietnam"

Antikriegsbild des bekannten DDR-Malers Willi Sitte

**Wer?**
Willi Sitte (1921–2013)

**Wann?**
1966–1967

**Wo?**
DDR

**Wie der Weckruf wirkte und wirkt?**
In höchster Bildform eine berührende Ehrung des Freiheitskampfes gegen die US-amerikanische Aggression.[436]

### Weckruf: „Weltfriedenstag" der katholischen Kirche

Er wird seit 1968 jedes Jahr am 01. Januar weltweit gefeiert und ist verbunden mit der Weltfriedensbotschaft des Papstes.[437]

**Wer?**
Papst Paul VI. (1897–1978)

---

[435] https://www.deutschlandfunknova.de/beitrag/sipri-bericht-waffenimporte-in-europa-haben-sich-verdoppelt, Zugriff am 21. Mai 2024.
[436] https://www.nd-aktuell.de/artikel/1158824.willi-sitte-sittes-welt.html, Zugriff am 25. April 2024.
[437] https://www.vivat.de/magazin/jahreskreis/weitere-gedenk-und-feiertage/weltfriedenstag/, Zugriff am 02. November 2023.

**Wann?**
01. Januar 1968

**Wo?**
weltweit

**Wie der Weckruf wirkte und wirkt?**
2024 lautete das Thema „Künstliche Intelligenz und Frieden". Papst Franziskus mahnte „wachsam zu sein und sich dafür einzusetzen, dass mit der KI nicht eine Logik der Gewalt und Diskriminierung auf Kosten der Schwächsten und Ausgegrenzten entsteht".[438]

**Weckruf: „Give peace a chance"**

Antikriegslied von John Lennon, britischer Musiker, Komponist und Friedensaktivist, sowie Yoko Ono[439]

**Wer?**
John Lennon, (1940 – 1980)

**Wann?**
01. Juni 1969

**Wo?**
Montreal

**Wie der Weckruf wirkte und wirkt?**
Das weltbekannte Antikriegslied wird bis heute auf Friedenskundgebungen gesungen.[440]

---

[438] https://www.vaticannews.va/de/papst/news/2023-08/papst-franziskus-botschaft-welt-frieden-kuenstliche-intelligenz.html, Zugriff am 10. Mai 2024.

[439] Dieser Weckruf wird im Unterkapitel 2.10 ausführlicher und in einem speziellen inhaltlichen Kontext vorgestellt.

[440] https://www.spiegel.de/geschichte/john-lennon-und-yoko-ono-wie-give-peace-a-chance-entstand-a-1269769.html, Zugriff am 25. April 2024.

## Weckruf: Die wichtigsten Verträge zur nuklearen Rüstungsbeschränkung

Nichtverbreitung! Recht auf friedliche Nutzung! Verpflichtung zur Abrüstung!

**Wer?**
Atommächte USA, Russland, Frankreich, Vereinigtes Königreich und China

**Wann?**
5. März 1970–2021[441]

**Wo?**
New York

### Wie der Weckruf wirkte und wirkt?
Das Vertragswerk beruht auf drei Säulen: Der Nichtverbreitung von Kernwaffen über die fünf Atommächte USA, Russland, Frankreich, Vereinigtes Königreich und China hinaus. Diese fünf Länder waren die einzigen Atommächte, als das Abkommen verhandelt wurde. Dem Recht auf friedliche Nutzung der Kernenergie für alle Vertragsstaaten. Der Verpflichtung der Atommächte auf nukleare Abrüstung (allerdings ohne konkrete Zeitvorgabe).

Am 03. Januar 2022 bekräftigten die Staats- und Regierungschefs der fünf Nuklearwaffenstaaten, dass ein Atomkrieg niemals geführt werden darf und nicht gewonnen werden kann. Damit bestätigten sie die sogenannte „Reagan-Gorbatschow-Formel" zur Nichtdurchführbarkeit eines Atomkriegs. Die positiven Impulse, die von einer solchen Erklärung hätten ausgehen können, wurden durch den völker-

---

[441] https://www.boell.de/de/2023/08/18/nukleare-ruestungskontrolle-die-wichtigsten-vertraege, Zugriff am 24. Mai 2024.

## 2 Die Chronik der dokumentierten Weckrufe ...

rechtswidrigen russischen Angriffskrieg gegen die Ukraine konterkariert.[442]

> **Die wichtigsten Verträge zur Abrüstung bzw. Rüstungsbegrenzung 1970–2021**
>
> - *1987: INF-Vertrag*
>   Bei diesem Vertrag einigten sich die USA und Russland auf den Verzicht von bodengestützten nuklearen Mittelstreckensystemen. Russland und die USA haben 2019 den Vertrag gekündigt.
> - *1996: Verbot über- oder unterirdischer Nukleartests*
>   Nur Frankreich, das Vereinigte Königreich und Russland haben als Atommächte diesen Vertrag ratifiziert. Die meisten Atommächte halten sich allerdings im 21. Jahrhundert an ein Testmoratorium, mit der Ausnahme Nordkoreas.
> - *2010: New-START-Vertrag*
>   Bei diesem Vertrag einigten sich die USA und Russland auf Obergrenzen für ihre nuklearen Langstreckensysteme. Russland hält sich seit 2023 nicht mehr an seine Vertragsverpflichtungen.
> - *2021: Atomwaffenverbotsvertrag*
>   Verbot des Besitzes, der Entwicklung und Weitergabe von Kernwaffen. 68 Staaten haben den Vertrag bis August 2023 ratifiziert, darunter allerdings keine der Atommächte.

## Weckruf: „Wandel durch Annäherung"

Erstes Treffen des Bundeskanzlers Willy Brandt mit dem DDR-Ministerpräsidenten Willi Stoph.

**Wer?**
Bundeskanzler der BRD Willy Brandt (1913 – 1992)

---

[442] https://www.auswaertiges-amt.de/de/aussenpolitik/sicherheitspolitik/abruestung-ruestungskontrolle/nukleare-abruestung-und-nichtverbreitung/nvv-node, Zugriff am 24. Mai 2024.

**Wann?**
19. März 1970

**Wo?**
Erfurt

**Wie der Weckruf wirkte und wirkt?**
Der erste Besuch eines Bundeskanzlers in der DDR gilt als historischer Beginn der Ost-West-Entspannungspolitik in Europa und beendete eine lange Periode der „Eiszeit" seit dem 13. August 1961 zwischen den Blöcken NATO und Warschauer Vertrag, hatte also weit über das Verhältnis der beiden deutschen Staaten sogar eine weltpolitische Dimension.[443]

Die Verträge von Moskau und Warschau, die den Status Quo in Europa anerkennen, werden im August und Dezember 1970 unterzeichnet. 1971 folgt das Viermächteabkommen über Berlin, das die Lage der geteilten Stadt stabilisiert. In diesem Rahmen wird der umstrittene deutsch-deutsche Grundlagenvertrag ausgehandelt, mit dessen Unterzeichnung am 21. Dezember 1972 die Bundesrepublik und die DDR offiziell Beziehungen zueinander aufnehmen.[444] Das Erfurter Treffen gilt als historischer Beginn der Annäherungspolitik. Diese fand in der Wiedervereinigung Deutschlands am 03. Oktober 1990 ihren Höhepunkt.[445]

Brandt wurde von der CDU/CSU-Opposition für seine neue Ostpolitik angefeindet und als Verräter beschimpft.

---

[443] https://www.deutschlandfunk.de/vor-50-jahren-erstes-treffen-von-willy-brandt-und-willi-100.html, Zugriff am 17. März 2024.

[444] https://vorwaerts.de/geschichte/gipfeltreffen-erfurt-als-willy-brandt-ans-fenster-musste, Zugriff am 22. Oktober 2023.

[445] https://willy-brandt.de/ausstellungen/veranstaltungen/50-jahre-erfurter-gipfeltreffen/, Zugriff am 22. Oktober 2023.

## 2 Die Chronik der dokumentierten Weckrufe …

### Weckruf: Kniefall von Willy Brandt am Ehrenmal für die Helden des Warschauer Ghettos

**Wer?**
Bundeskanzler der BRD Willy Brandt (1913 – 1992)

**Wann?**
07. Dezember 1970

**Wo?**
Warschau

**Wie der Weckruf wirkte und wirkt?**
Gilt als eine der größten politischen Gesten des 20. Jahrhunderts. Willy Brandt wird 1970 „Mann des Jahres" im Time-Magazin. Ihm wird 1971 der Friedensnobelpreis verliehen.

### Weckruf: „Der Krieg darf kein Mittel der Politik sein"[446]

Rede Willy Brandt zur Verleihung des Friedensnobelpreises

**Wer?**
Bundeskanzler der BRD Willy Brandt (1913 – 1992)

**Wann?**
11. Dezember 1971

**Wo?**
Oslo

---

[446] https://www.willy-brandt-biografie.de/quellen/bedeutende-reden/rede-friedensnobelpreises-1971/, Zugriff am 17. März 2024.

## Wie der Weckruf wirkte und wirkt?

Vortrag des Bundeskanzlers Willy Brandt zum Thema „Friedenspolitik in unserer Zeit" in der Universität Oslo am 11. Dezember 1971 anlässlich der Verleihung des Friedensnobelpreises.[447]

> „Der Krieg darf kein Mittel der Politik sein. Es geht darum, Kriege abzuschaffen, nicht nur, sie zu begrenzen. Kein nationales Interesse lässt sich heute noch von der Gesamtverantwortung für den Frieden trennen."

Brandt zitiert Immanuel Kant:

> „Die Menschen werden eines Tages vor der Wahl stehen, entweder sich zu vereinigen unter einem wahren Recht der Völker oder aber ihre ganze in Jahrtausenden aufgebaute Zivilisation mit ein paar Schlägen wieder zu zerstören; und so wird die Not sie zu dem zwingen, was sie besser längst aus freier Vernunft getan hätten."

> „Unsere gesamteuropäische Politik kann über die jahrhundertealten Identitäten von Nationen und Staaten nicht hinweggehen. Wir müssen vielmehr ein Gleichgewicht zwischen den Staaten und Staatengruppen schaffen und wahren, in dem die Identität und die Sicherheit eines jeden von ihnen geborgen sein kann. Ein solches Gleichgewicht muss aber mehr sein als nur ein ausgewogenes System militärischer Machtmittel".

---

[447] Vortrag des Bundeskanzlers Willy Brandt zum Thema „Friedenspolitik in unserer Zeit" in der Universität Oslo am 11. Dezember 1971 anlässlich der Verleihung des Friedensnobelpreises, https://www.willy-brandt-biografie.de/wp-content/uploads/2019/09/WB_Rede_Nobelpreis_1971.pdf, Zugriff am 22. November 2023.

## 2 Die Chronik der dokumentierten Weckrufe …

### Weckruf: „The Terror of War"

Auch „Accidental Napalm und Napalm Girl" genannt, ist ein Foto des vietnamesischen Fotografen Nick Út.[448]

**Wer?**
Nick Út, geboren 29. März 1951

**Wann?**
08. Juni 1972

**Wo?**
Trảng Bàng, Vietnam

**Wie der Weckruf wirkte und wirkt?**
Das Foto zeigt die damals neunjährigen Phan Thị Kim Phúc kurz nach einem Napalm-Angriff südvietnamesischer Flugzeuge auf den Ort Trảng Bàng.

Das Foto gilt als Medienikone und machte den Fotografen weltbekannt. Nick Út erhielt den Pulitzer-Preis. Das schwer verletzte Opfer wurde vom Fotografen ins Krankenhaus gebracht. Damit rettete er dem Mädchen das Leben. Phan Thi Kim Phúc ist heute Friedensbotschafterin.[449]

### Weckruf: Schlussakte von Helsinki – Meilenstein für Ost-West-Friedenssicherung

Die Konferenz über Sicherheit und Zusammenarbeit in Helsinki war der entscheidende Schritt zur Beendigung des Kalten Krieges.

---

[448] https://theconversation.com/accidental-napalm-turns-50-the-generation-defining-image-capturing-the-futility-of-the-vietnam-war-175050, Zugriff am 10. Februar 2024.

[449] https://www.stern.de/politik/ausland/kim-phuc--so-ging-es-mit-dem-napalm-maedchen-weiter-31930202.html, Zugriff am 10. Februar 2024.

**Wer?**
35 Staaten: fast alle europäischen Länder, die USA und Kanada

**Wann?**
03. – 07. Juli 1973: Konferenz über Sicherheit und Zusammenarbeit
01. August 1975: Unterzeichnung der Schlussakte
1973–1975

**Wo?**
Helsinki

**Wie der Weckruf wirkte und wirkt?**
An der Konferenz über Sicherheit und Zusammenarbeit (KSZE), die am 03. Juli 1973 in Helsinki begann und am 01. August 1975 endete,[450] nahmen auf Ebene der Außenminister 35 Länder teil, darunter die sieben Warschauer Vertragsstaaten, 15 Nato-Mitglieder und 13 Neutrale. Damit waren bis auf Albanien und Andorra alle Staaten Europas vertreten. Hinzu kamen die USA und Kanada.[451] Das Treffen in der finnischen Hauptstadt war die erste multilaterale Ost-West-Konferenz nach dem Ende des Zweiten Weltkriegs.[452] Der Warschauer Pakt hatte eine solche gesamteuropäische Veranstaltung bereits 1966 vorgeschlagen.[453]

---

[450] Die Eröffnungs- und Abschlusskonferenz fanden in Helsinki statt. Für die Verhandlungen zur Formulierung der KSZE-Schlussakte war Genf der Tagungsort, vgl.: https://www1.wdr.de/stichtag/stichtag4980.html, Zugriff am 19. September 2023.
[451] https://www.hdg.de/lemo/kapitel/geteiltes-deutschland-krisenmanagement/konfrontation-und-annaeherung/ksze.html, Zugriff am 19. September 2024.
[452] https://www.fes.de/feshistory/blog/50-jahre-ksze-auftakt, Zugriff am 19. September 2024.
[453] https://www.bpb.de/kurz-knapp/hintergrund-aktuell/210407/45-jahre-schlussakte-von-helsinki/, Zugriff am 19. September 2024.

## 2 Die Chronik der dokumentierten Weckrufe ...

Die am 01. August 1975 in der finnischen Hauptstadt von den Staats- und Regierungschefs der 35 KSZE-Länder verabschiedete Schlussakte enthält einen Prinzipienkatalog, in dem die Teilnehmerstaaten ihre Gleichheit und die Achtung der Souveränität betonen. Weitere politisch (aber nicht rechtlich) verbindliche Grundsätze sind die Unverletzlichkeit der Grenzen und die Achtung der territorialen Integrität. Gleichzeitig bekennen sich die Staaten zur Achtung der Menschenrechte. Das Dokument enthält auch Vereinbarungen über die Zusammenarbeit in Wirtschaft und Wissenschaft, in humanitären Fragen und zur Entwicklung der Kontakte zwischen den Menschen.[454]

Wichtige Stationen auf dem Weg zur KSZE waren die maßgeblich von Bundeskanzler Willy Brandt[455] initiierten und geprägten Ostverträge sowie das Berlin-Abkommen der vier Siegerstaaten des Zweiten Weltkriegs:

- Moskauer Vertrag zwischen Bundesrepublik und Sowjetunion vom 12. August 1970
- Warschauer Vertrag zwischen Bundesrepublik und Polen vom 07. Dezember 1970
- Viermächte-Abkommen zum Status Berlins vom 03. September 1971
- Grundlagenvertrag zwischen Bundesrepublik und DDR vom 21. Dezember 1972

Vom 19. – 21. November 1990 fand in der französischen Hauptstadt eine KSZE-Folgekonferenz statt. Dort wurde der Kalte Krieg für beendet und die Demokratie zur verbindlichen Staatsform in Europa erklärt.[456]

---

[454] Vgl.: https://www.bundesregierung.de/breg-de/aktuelles/50-jahre-ksze-2199604, Zugriff am 19. September 2024.
[455] Brandt war von 1969 bis 1974 Bundeskanzler, von 1966 bis 1969 Bundesaußenminister. Vgl.: https://willy-brandt.de/, Zugriff am 19. September 2024.
[456] https://www.bpb.de/kurz-knapp/lexika/das-europalexikon/177089/konferenz-ueber-sicherheit-und-zusammenarbeit-in-europa-ksze/, Zugriff am 19. September 2024.

Am Abschlusstag verkünden die Staats- und Regierungschefs der 34 KSZE-Staaten[457] feierlich die „Charta von Paris für ein neues Europa".[458] In diesem Dokument wird u. a. festgeschrieben, dass das Zeitalter der Konfrontation und der Teilung Europas zu Ende gegangen sei und ein neues der Demokratie, des Friedens und der Einheit begonnen habe.[459]

Aus der KSZE ging 1995 die Organisation für Sicherheit und Zusammenarbeit in Europa (OSZE) hervor. Diese besteht aktuell (September 2024) aus 57 Teilnehmerstaaten und hat ihren Sitz in Wien. Da die OSZE nach dem Konsensprinzip beschließt, wird die Zustimmung aller benötigt. Die Beschlüsse sind politisch bindend, aber nicht rechtlich.

Die Wintertagung der Parlamentarischen Versammlung der OSZE fand am 23./24. Februar 2023 in Wien unter dem Generalthema „Ein Jahr danach: Russlands anhaltender Krieg gegen die Ukraine" statt. Trotz Protesten der Mehrheit der Mitgliedsstaaten ließ das Gastgeberland Österreich russische Vertreter teilnehmen.[460]

## Weckruf: Erster Weltkrieg

Urkatastrophe des 20. Jahrhunderts

**Wer?**
George F. Kennan (1904–2005)

---

[457] Am 03. Oktober 1990 gab es die offizielle Vereinigung der beiden KSZE-Staaten DDR und BRD. Damit sank die KSZE-Mitgliederzahl von 35 auf 34.

[458] https://www.bundestag.de/resource/blob/189558/21543d1184c1f627412a3426e86a97cd/charta-data.pdf, Zugriff am 19. September 2024.

[459] Ebenda, Zugriff am 19. September 2024.

[460] https://www.fes.de/feshistory/blog/50-jahre-ksze-auftakt, Zugriff am 19. September 2024.

## 2 Die Chronik der dokumentierten Weckrufe ...

**Wann?**
1979

**Wo?**
USA

**Wie der Weckruf wirkte und wirkt?**
Laut Kennan (Historiker und Diplomat) ist der Erste Weltkrieg die „Urkatastrophe" des 20. Jahrhunderts. Die folgenden Jahrzehnte, die Krisen und das Scheitern der Demokratien, der Aufstieg der Diktaturen, der Zweite Weltkrieg als grauenhaftester aller Kriege sind ohne den Ersten Weltkrieg nicht erklärbar. Insofern ist es tatsächlich eine Schlüsselfrage, wer für diese Urkatastrophe verantwortlich war.[461]

Kennan hat eine zentrale Deutungsperspektive auf den Ersten Weltkrieg geliefert. „Seine Metapher der „great seminal catastrophe" verfolgt eine doppelte Strategie: Zum einen wird der Erste Weltkrieg als Kontinuitätsbruch der Weltgeschichte herausgehoben und zum anderen in eine Linie mit dem Zweiten Weltkrieg als *großer Katastrophe* gestellt. Kennan imaginiert den Ersten Weltkrieg in diesem Sprachbild als Samen, der zwei Jahrzehnte später aufgeht und die Katastrophe erst im vollen Umfang sichtbar macht."[462]

Er wurde 1982 mit dem Friedenspreis des Deutschen Buchhandels ausgezeichnet. Die Laudatio hielt Carl Friedrich von Weizsäcker.[463]

---

[461] https://www.kas.de/de/web/die-politische-meinung/artikel/detail/-/content/urkatastrophe-des-20.-jahrhunderts, Zugriff am 22. November 2023.
[462] https://link.springer.com/chapter/10.1007/978-3-476-05335-0_18, Zugriff am 22. November 2023.
[463] https://www.friedenspreis-des-deutschen-buchhandels.de/alle-preistraeger-seit-1950/1980-1989/george-f-kennan, Zugriff am 22. November 2023.

## Weckruf: „Aufstehn! Für den Frieden"

Größte Anti-Kriegs-Demonstrationen in Deutschland seit Ende des Zweiten Weltkriegs mit über einer Million Teilnehmer[464]

**Wer?**
Breites Bündnis von Gegnern des NATO-Doppelbeschlusses

**Wann?**
10. Juni 1982

**Wo?**
Bonn und in weiteren westdeutschen Städten

**Wie der Weckruf wirkte und wirkt?**
Allein im Bonner Hofgarten demonstrierten 500.000 Menschen gegen den NATO-Doppelbeschluss. Es ist die größte Friedensdemonstration in der Geschichte der Bundesrepublik.[465]

## Weckruf: „Der 8. Mai war ein Tag der Befreiung"

Rede Richard von Weizsäcker zum 40. Jahrestag der Befreiung[466]

**Wer?**
Richard von Weizsäcker (1920–2015)

---

[464] https://www.swr.de/swrkultur/wissen/deutsche-friedensbewegung-was-bleibt-vom-pazifismus-100.html, Zugriff am 02. Juni 2024.

[465] https://www.swr.de/swrkultur/wissen/archivradio/bonner-friedensdemo-gegen-den-nato-gipfel-100.html, Zugriff am 28. März 2024.

[466] https://www.bundespraesident.de/SharedDocs/Reden/DE/Richard-von-Weizsaecker/Reden/1985/05/19850508_Rede.html, Zugriff am 28. März 2024.

**Wann?**
08. Mai 1985

**Wo?**
Bonn

**Wie der Weckruf wirkte und wirkt?**
Richard von Weizsäcker war der erste Bundespräsident, der den 08. Mai 1945 einen „Tag der Befreiung"[467] nannte. In seiner Rede zum 40. Jahrestag des Endes des Zweiten Weltkrieges im Bundestag in Bonn erklärte er, dass der 08. Mai kein Tag der Niederlage, sondern ein Tag der Befreiung von dem menschenverachtenden System der nationalsozialistischen Gewaltherrschaft gewesen sei.[468]

Seine Bitte an die Jugend: „Lassen Sie sich nicht hineintreiben in Feindschaft und Hass gegen andere Menschen … Lernen Sie miteinander zu leben und nicht gegeneinander."[469]

Seine Rede markierte einen Wendepunkt in der deutschen Erinnerungspolitik.

**Weckruf: „Das gemeinsame Haus Europa"**

„Wir alle sind Passagiere an Bord des Schiffes Erde, und wir dürfen nicht zulassen, dass es zerstört wird. Eine zweite Arche Noah wird es nicht geben."[470]

**Wer?**
Michail Gorbatschow (1931–2022)

---

[467] Prantl, a. a. O., S. 164.
[468] Richard von Weizäcker, Bundespräsident 1985 in https://www.tagesspiegel.de/politik/ein-tag-der-befreiung-die-grosse-rede-8138263.html, Zugriff am 23. November 2023.
[469] Prantl, a. a. O., S. 242.
[470] https://www.spiegel.de/politik/perestroika-ist-eine-revolution-a-d51e39b9-0002-0001-0000-000013524569, Zugriff am 12. April 2024.

**Wann?**
10. April 1987

**Wo?**
Prag (Prager Rede)[471]

**Wie der Weckruf wirkte und wirkt?**
Die Idee vom gemeinsamen Haus Europa von Michail Gorbatschow wurde zu einem der erfolgreichsten Instrumente in der Bemühung um Abrüstung und Vertrauensbildung zwischen den Blöcken. Im Buch „Perestroika. Die zweite russische Revolution" interpretiert er sie als durch Einsicht in die Notwendigkeit der Vernunft begründeten, für alle Europäer geltenden politischen kategorischen Imperativ.

> „Kurzum, wir in der sowjetischen Führung sind zu dem Schluss gekommen, dass ein neues politisches Denken vonnöten ist. Darüber hinaus ist die sowjetische Führung mit Nachdruck bestrebt, dieses neue Denken praktisch umzusetzen, insbesondere in der Abrüstung. Und hier liegt der Grund für die außenpolitischen Initiativen, mit denen wir uns in ehrlicher Absicht an die Welt gewandt haben ... Wir alle sind Passagiere an Bord des Schiffes Erde, und wir dürfen nicht zulassen, dass es zerstört wird. Eine zweite Arche Noah wird es nicht geben."[472]

Auf der Pariser Gipfelkonferenz, der „Konferenz für Sicherheit und Zusammenarbeit in Europa" (KSZE) im November 1990 hatten alle Mitglieder der Nato, des Warschauer Paktes und die zwölf blockunabhängigen Staaten Europas eine „Charta für ein neues Europa" verabschiedet. Präsident Michail Gorbatschow sprach von einem „ge-

---

[471] https://www.bpb.de/shop/zeitschriften/apuz/archiv/535236/michail-gorbatschow-und-die-engere-sozialistische-gemeinschaft/, Zugriff am 14. Juli 2024.
[472] https://www.spiegel.de/politik/perestroika-ist-eine-revolution-a-d51e3 9b9-0002-0001-0000-000013524569, Zugriff am 12. April 2024.

meinsamen Haus Europa". Russland sollte darin mit gleichen Rechten und Pflichten wohnen. Der institutionelle Rahmen wäre eine politisch und materiell gestärkte und zu einem kollektiven Sicherheitssystem weiterentwickelte KSZE.[473]

Nach seiner Amtseinführung verkündete er, dass die UdSSR das „Streben nach militärischer Überlegenheit" aufgegeben habe. Die Streitkräfte würden ausschließlich der Landesverteidigung dienen. 1987 unterschrieben US-Präsident Ronald Reagan und Michael Gorbatschow in Washington den INF-Vertrag. Der Vertrag verbot alle landgestützten konventionellen und nuklearen Raketen mit einer Reichweite von zwischen 500 und 5.500 Kilometern. Es war ein bahnbrechendes Abkommen, in dessen Folge eine ganze Gattung von Atomwaffen vernichtet wurde.

Für seine herausragende weltpolitische Leistung bekam er den Friedensnobelpreis.

## Weckruf: „Non violence"

Skulptur vor dem Hauptsitz der Vereinten Nationen

**Wer?**
Der schwedische Bildhauer Carl Fredrik Reuterswärd (1934–2016)

**Wann?**
1988

**Wo?**
New York

---

[473] https://taz.de/Der-enttaeuschte-Traum-vom-gemeinsamen-Haus-Europa/!5315226/, Zugriff am 12. April 2024.

### Wie der Weckruf wirkte und wirkt?

Die Skulptur der Pistole mit dem Knoten im Lauf trägt den Namen „Non Violence".[474] Geschaffen hat sie der schwedische Bildhauer Carl Fredrik Reuterswärd als Friedenssymbol.

Eine Replik davon schenkte er Bundeskanzler Schröder für dessen Nein zum Irak-Krieg. „Damit hat die deutsche Regierung den Knoten im Lauf des Revolvers in die Tat umgesetzt", sagte Literatur-Nobelpreisträger Günter Grass in seiner Laudatio im Jahr 2005.[475]

### Weckruf: Aachener Friedenspreis

Größte städtische Friedensorganisation Deutschlands

**Wer?**
Aachener Friedenspreis ist der Name eines 1988 gegründeten Vereins und der von ihm verliehenen Auszeichnung

**Wann?**
1988

**Wo?**
Aachen

### Wie der Weckruf wirkte und wirkt?

Mit seinen ersten beiden Preisträgern stellte sich der Aachener Friedenspreis in die Tradition der deutschen Friedensbewegung. Pfarrer Werner Sanß repräsentierte die Friedensbewegung von den 1950er- bis zu den 1980er-Jahren, Pfarrerin Jutta Dahl war eine prominente Aktivistin gegen die Stationierung von Cruise-Missiles im Hunsrück.

---

[474] https://nonviolence.com/about/the-knotted-gun/, Zugriff am 10. April 2024.
[475] https://www.spiegel.de/kultur/gesellschaft/skulptur-schroeders-verknotete-pistole-a-370807.html, Zugriff am 12. November 2023.

Einer der Anlässe für die Gründung war die stark umstrittene Auszeichnung Henry Kissingers mit dem Karlspreis 1987.

Der Verein erstattete im November 2006 – unter Berufung auf das Weißbuch der Bundeswehr – Strafanzeige gegen Bundeskanzlerin Angela Merkel und Verteidigungsminister Franz Josef Jung wegen der „Vorbereitung der Bundeswehr auf Angriffskriege". Der Verein initiierte damit eine breite Berichterstattung. Die Generalstaatsanwaltschaft lehnte eine Verfolgung der in der Strafanzeige erhobenen Vorwürfe ab.[476]

Der Aachener Friedenspreis wurde als Bürgerinitiative zur wahrscheinlich mitgliederstärksten städtischen Friedensorganisation in Deutschland.[477]

## Weckruf: Erstmalige Verleihung des „Erich-Maria-Remarques-Friedenspreises" der Stadt Osnabrück

Auszeichnung für belletristische, journalistische und wissenschaftliche Arbeiten zu Themen „innerer und äußerer Frieden."[478] Grundidee war das Motto des in Osnabrück geborenen Schriftstellers Erich Maria Remarque „Mein Thema ist der Mensch dieses Jahrhunderts, die Frage der Humanität", an dessen pazifistisches Engagement damit erinnert wird.

### Wer?

Lew Kopelew (1912–1997), russischer Literaturwissenschaftler, Menschenrechtler, Träger Friedenspreis des Deutschen Buchhandels

---

[476] http://www.ag-friedensforschung.de/themen/Bundeswehr/weissbuch-anzeige.pdf, Zugriff am 12. April 2024.

[477] https://www.aixpaix.de/aachen/25-jahre-afp-20130508.html, Zugriff am 12. April 2024.

[478] https://friedensstadt.osnabrueck.de/de/was-wir-machen/erich-maria-remarque-friedenspreis/, Zugriff am 24. Mai 2024.

**Wann?**
1991

**Wo?**
Osnabrück

**Wie der Weckruf wirkte und wirkt?**
Weitere Preisträger waren die Nobelpreisträgerin Swetlana Alexejewitsch (2001) und Ljudmila Jewgenjewna Ulitzkaja (2023). Sie lebt im Exil in Berlin und ist eine der wichtigsten zeitgenössischen Schriftstellerinnen Russlands mit sehr kritischer Haltung zum sowjetischen und russischen Regime.

## Weckruf: „Soldaten sind Mörder"

Klage vor dem Bundesverfassungsgericht zu einem Tucholsky-Wort

**Wer?**
Bundesverfassungsgericht BRD

**Wann?**
07. November 1995

**Wo?**
Karlsruhe

**Wie der Weckruf wirkte und wirkt?**
Der Erste Senat des BVG gibt den Verfassungsbeschwerden der vier verurteilten Pazifisten statt. Er verkündet am 07. November 1995, dass der Ausspruch *„Soldaten sind Mörder"* weiterhin nur als Beleidigung strafbar sei, wenn damit eindeutig ein einzelner Soldat oder speziell etwa die Bundeswehr herabgesetzt werde.

## 2 Die Chronik der dokumentierten Weckrufe ...

Eine Verurteilung sei jedoch ausgeschlossen, wenn die Äußerung als generelle Kritik an „Soldatentum und Kriegshandwerk" zu verstehen sei. Solch eine allgemeinpolitische Aussage werde durch das Grundrecht auf freie Meinungsäußerung gedeckt.

Schon 1931 schrieb Kurt Tucholsky unter seinem Pseudonym *Ignaz Wrobel* Folgendes:

„Da gab es vier Jahre lang ganze Quadratmeilen Landes, auf denen war der Mord obligatorisch, während er eine halbe Stunde davon entfernt, ebenso streng verboten war. Sagte ich: Mord? Natürlich Mord. Soldaten sind Mörder."[479]

Der verantwortliche Redakteur Carl von Ossietzky wurde daraufhin 1932 wegen „Beleidigung der Reichswehr" angeklagt, jedoch freigesprochen mit der Begründung, dass keine konkreten Personen gemeint gewesen seien und eine unbestimmte Gesamtheit nicht beleidigt werden könne.[480]

1931 gab es deswegen eine Anklage gegen den Herausgeber der „Weltbühne", Carl von Ossietzky. Beleidigung der Reichswehr lautet der Vorwurf.

Der Freispruch am 01. Juli 1932 wurde damit begründet, dass mit dem Zitat keine konkreten Personen angesprochen würden und eine unbestimmte Gesamtheit könne man nicht beleidigen.

„Es ist falsch", schreibt Ossietzky, „wenn man annimmt, dass es sich um die Diffamierung eines Standes handelt; es handelt sich um die Diffamierung des Krieges."[481]

---

[479] https://www.br.de/radio/bayern2/sendungen/kalenderblatt/0408-kurt-tucholsky-soldaten-sind-moerder-friedensbewegung-100.html, Zugriff am 14. Februar 2024.
[480] https://wissenschaft-und-frieden.de/artikel/tucholsky-und-die-soldatenehre/, Zugriff am 14. Juli 2024.
[481] https://www1.wdr.de/stichtag/stichtag-534.html, Zugriff am 14. Februar 2024.

## Weckruf: Ottawa-Konvention

Der 1999 in Kraft getretene völkerrechtliche Vertrag verbietet Einsatz, Lagerung, Herstellung und Weitergabe von Antipersonen-Minen und verpflichtet die Mitgliedsstaaten zur Opferhilfe.

**Wer?**
121 Unterzeichnerstaaten

**Wann?**
1997 Unterzeichnung, 1999 in Kraft getreten

**Wo?**
Ottawa

**Wie der Weckruf wirkte und wirkt?**
Die Konvention zählt über 160 Mitgliedsstaaten, darunter Deutschland. Wichtige Länder wie die USA, Russland und China fehlen. Sie trat 1999 in Kraft – nach einem langen und erfolgreichen Kampf durch die internationale Zivilgesellschaft. Noch im gleichen Jahr erhält die Kampagne den Friedensnobelpreis.

2003 gründeten Mitglieder der Ottawa-Konvention für das Verbot von Landminen die Koalition für das Verbot von Streumunition. Rasch wuchs diese Koalition zu mehr als 350 Mitgliedsorganisationen an. Submunition aus Streumunition wurde millionenfach im Irak 2003, im Libanon 2006 und in Georgien 2008 eingesetzt.[482]

---

[482] 1999: 88 kontaminierte Staaten, 110 Millionen Minen, 155 Millionen Antipersonenminen, jährlich etwa
20.000 Minenopfer, https://www.landmine.de/ottawa-konvention/geschichte-der-internationalen-kampagnen/, Zugriff am 22. Mai 2024.

## Weckruf: „Humanitäre Intervention NATO in Jugoslawien"

Der Angriff der NATO-Staaten gegen die Bundesrepublik Jugoslawien (1992 – 2003 gebildet von Serbien, Montenegro)[483] im Jahr 1999 war der erste völkerrechtswidrige Einsatz militärischer Gewalt in Europa nach Ende des Kalten Krieges. Dieser Krieg führte zur gewaltsamen Veränderung von Grenzen durch die nachfolgende Abspaltung des Kosovo von Serbien.[484]

**Wer?**
NATO

**Wann?**
24. März 1999

**Wo?**
Bundesrepublik Jugoslawien

**Wie der Weckruf wirkte und wirkt?**
Die „Androhung und Anwendung" zwischenstaatlicher Gewalt ist nach Artikel 2 Absatz 4 der UN-Charta verboten. Dagegen verstieß die rot-grüne Bundesregierung mit der Bereitstellung deutscher Truppen, ebenso gegen das Grundgesetz und den 4+2-Vertrag zur Herbeiführung der deutschen Einheit.

Bis heute versuchen die Nato-Staaten, dies mit der Behauptung zu rechtfertigen, der Krieg sei „unvermeidbar" gewesen. Und zwar als humanitäre Intervention zur Unterbindung der – ohne Frage schwerwiegenden – serbischen

---

[483] https://wissenschaft-und-frieden.de/artikel/selektivitaet-und-doppelte-standards/, Zugriff am 12. Mai 2024.

[484] https://wissenschaft-und-frieden.de/artikel/selektivitaet-und-doppelte-standards/, Zugriff am 12. Mai 2024.

Menschenrechtsverletzungen gegen die Albaner im Kosovo.[485]

„Die rot-grüne Regierung führte Deutschland 1999 zum ersten Mal nach dem Zweiten Weltkrieg, wieder in einen Krieg, den Jugoslawienkrieg, den sie aber nicht Krieg, sondern „Humanitäre Intervention" nannte. Aber das Menschenrechtspathos wurde im Verlauf der Kriegswochen schal, es hielt den Bildern des Leids, das die Nato-Raketen anrichteten, nicht stand: Bilder von Kindern, die von Nato-Splitterbomben zerrissen wurden, Bilder von zerstörten Sanatorien."[486]

## Weckruf: Gründung West-Eastern Divan Orchestra – für eine friedliche Lösung im Nahostkonflikt

**Wer?**
Daniel Barenboim, geboren 15. November 1942
Edward Said (1935–2003)
Bernd Kauffmann, geboren 30. Dezember 1944

**Wann?**
1999

**Wo?**
Weimar

**Wie der Weckruf wirkte und wirkt?**

„Im Jahr 1999 gründeten Edward Said und ich das West-Eastern Divan Orchestra, das aus Musikern aus Israel, Palästina und anderen arabischen Ländern besteht – aus einer Region, in denen das offene Ohr allzu oft durch das gezo-

---

[485] https://taz.de/Zehn-Jahre-Kosovokrieg/!5165840/, Zugriff am 12. Mai 2024.
[486] Prantl, a. a. O., S. 152 f.

gene Schwert ersetzt worden ist.[487] Nun, fast zwei Jahrzehnte später, haben wir hoffentlich ein Orchester, das Ihre Aufmerksamkeit verdient. Und das zeigt, dass Menschen, die einander zuhören – sowohl musikalisch und allgemein – gemeinsam mehr erreichen können." [488]

Während des Workshops fanden sich Menschen zusammen, die einander stets nur durch die Brille des Kriegs betrachtet hatten, um als Kollegen zusammen zu leben und zu arbeiten. Durch das gegenseitige Zuhören in Proben und Diskussionen überwanden sie tiefe politische und ideologische Gräben.[489]

Der Mitbegründer, Daniel Barenboim, ist als einziger Mensch auf der Welt gleichzeitig israelischer und palästinensischer Staatsbürger.[490]

Höhepunkt am 08. August 2024 in der Berliner Waldbühne mit Daniel Barenboim und Anna-Sophie Mutter als Solistin.

Erstmals gab es im Jahr 2003 ein Konzert in einem arabischen Land, in Rabat in Marokko. Im August 2005 fand ein vielbeachtetes Konzert in Ramallah im Westjordanland statt, das in vielen Ländern live im Fernsehen übertragen wurde. 2014 gab es einen Auftritt in Doha (Katar), 2014 in Abu Dhabi.[491]

---

[487] Dieser Weckruf wird im Unterkapitel 2.10 ausführlicher und in einem speziellen inhaltlichen Kontext vorgestellt.

[488] https://www.barenboimsaid.de/de/akademie/geschichte/west-eastern-divan-orchestra, Zugriff am 10. Januar 2024.

[489] https://www.barenboimsaid.de/de/akademie/geschichte/west-eastern-divan-orchestra, Zugriff am 10. Januar 2024.

[490] Barenboim hat seinen Lebensmittelpunkt vor allem in Berlin. Dort war er von 1992 bis 2023 künstlerischer Leiter und Generalmusikdirektor der Staatsoper Unter den Linden.

[491] https://www.deutschlandfunkkultur.de/west-eastern-divan-orchestra-in-ramallah-100.html, Zugriff am 10. Januar 2024.

## Weckruf: „Holocaust Mahnmal" des weltbekannten jüdischen Architekten

Im ersten Jahr kamen über 3,5 Millionen Besucher.

**Wer?**
Peter Eisenman, geboren 11. August 1932

**Wann?**
10. Mai 2005

**Wo?**
Berlin

**Wie der Weckruf wirkte und wirkt?**
Das aus 2.711 quaderförmigen Betonstelen bestehende Mahnmal wurde auf einer rund
19.000 m² großen Fläche südlich des Brandenburger Tors errichtet. Im ersten Jahr kamen über 3,5 Millionen Besucher, und es ist bis heute insbesondere für die Besucher der Stadt ein zentraler Ort der Mahnung und des Erinnerns.[492]

Das Holocaust-Mahnmal erinnert in der historischen Mitte Berlins an die rund sechs Millionen Juden, die unter Adolf Hitler und den Nationalsozialisten ermordet wurden.

## Weckruf: Internationale Kampagne zur Abschaffung von Atomwaffen (ICAN)

ICAN wurde 2007 bei der Konferenz des Atomwaffensperrvertrags in Wien im Zusammenschluss mit anderen Organisationen ins Leben gerufen und in zwölf Ländern

---

[492] https://www.berlin.de/sehenswuerdigkeiten/3560249-3558930-holocaust-mahnmal.html, Zugriff am 12. November 2023.

gestartet.[493] Im Dezember 2022 hatte sie 650 Mitgliedsorganisationen in 110 Ländern.

**Wer?**
Tilman Ruff, Dave Sweeney, Dimity Hawkins, Bill Williams (Gründer)

**Wann?**
2007

**Wo?**
Melbourne

**Wie der Weckruf wirkte und wirkt?**
ICAN setzt sich für Abschaffung aller Atomwaffen ein. Dazu vernetzt die Kampagne Organisationen, die sich weltweit für dieses Ziel einsetzen.

ICAN warb in den letzten Jahren mit zahlreichen Aktionen für die Unterstützung eines Vertrags zum völkerrechtlichen Verbot von Atomwaffen. Am 07. Juli 2017 stimmten 122 Staaten der Vereinten Nationen für einen entsprechenden Vertrag. Die bisher bekannten Atommächte haben nicht an den Verhandlungen teilgenommen.

Für ihr Engagement wurde ICAN am 06. Oktober 2017 der Friedensnobelpreis verliehen.[494]

## Weckruf: „Oslo-Übereinkommen"

Abkommen gegen Streumunition

---

[493] https://www.icanw.de/unsere-geschichte/ican-international/, Zugriff am 22. Mai 2024.
[494] https://www.sueddeutsche.de/politik/reaktionen-auf-friedensnobelpreis-dieser-nobelpreis-ist-auch-eine-ohrfeige-fuer-die-bundesregierung-1.3697525, Zugriff am 22. Mai 2024.

**Wer?**
111 Staaten haben den Vertrag ratifiziert.

**Wann?**
01. August 2010

**Wo?**
Oslo

**Wie der Weckruf wirkte und wirkt?**
Das Übereinkommen über Streumunition („Oslo-Übereinkommen") ist ein völkerrechtlicher Vertrag zum Verbot des Einsatzes, der Entwicklung, der Herstellung, des Erwerbs, der Lagerung und der Weitergabe von Streumunition. Er ist seit 01. August 2010 in Kraft.[495]

Streuwaffen töten im Krieg, und töten auch, wenn der Krieg schon lange vorbei ist.

Das Streumunition-Übereinkommen, das der Außenminister Steinmeier einst gerühmt und dann Bundespräsident Steinmeier fünfzehn Jahre später verleugnet hat, ist Teil des Kriegsvölkerrechtsrechts, das seit dem „Petersburger Abkommen" von 1868 von dem Grundsatz geleitet wird, dass die Erfordernisse des Krieges vor denjenigen der Humanität zurücktreten müssen.[496]

**Weckruf: „Empört euch!"**

Die junge wie die alte Generation soll sich davon ermutigen lassen, zu sagen „Das passt uns nicht, wir wollen die Welt ändern", sagt Hessel.

---

[495] https://www.auswaertiges-amt.de/de/aussenpolitik/sicherheitspolitik/abruestung-ruestungskontrolle/uebersicht-konvalles-node/streumunition-node, Zugriff am 24. Mai 2024.
[496] Prantl, a. a. O., S. 160 f.

## 2 Die Chronik der dokumentierten Weckrufe ...

**Wer?**
Stephane Hessel (1917–2013)

**Wann?**
2010

**Wo?**
Frankreich

**Wie der Weckruf wirkte und wirkt?**
Die Schrift „Empört euch!" ruft auf, sich auf das zu besinnen, was die Résistance der Nachwelt auf den Weg geben wollte: Dass es bei aller Kompromissbereitschaft Momente gibt, wo offene und kollektive Verweigerung notwendig wird. Ausgehend vom Grundmotiv der Resistance – der Empörung – fordert er die Verantwortlichen in Politik und Wirtschaft und die Intellektuellen, die ganze Gesellschaft auf, sich gegen die Diktatur der Finanzmärkte zu wenden.

„Man wagt es uns zu sagen der Staat könne die Kosten der sozialen Errungenschaften nicht mehr tragen. Aber wie kann heute das Geld dafür fehlen, da doch der Wohlstand so viel größer ist als zur Zeit der Befreiung, als Europa in Trümmern lag? Doch nur deshalb, weil die Macht des Geldes – die so sehr von der Résistance bekämpft wurde – niemals so groß, so anmaßend, so egoistisch war wie heute, mit Lobbyisten bis in die höchsten Ränge des Staates ... Noch nie war der Abstand zwischen den Ärmsten und den Reichsten so groß."[497]

„Das im Westen herrschende Maximierungsdenken hat die Welt in eine Krise gestürzt, aus der wir uns befreien müssen. Wir müssen radikal mit dem Rausch des „Immer noch mehr" brechen, indem die Finanzwelt, aber auch Wissenschaft und Technik die Flucht nach vorn angetreten

---

[497] Hessel, Stephane: Empört Euch! Ullstein Buchverlage Berlin. 2011, S. 9.

haben. Es ist höchste Zeit, dass Ethik, Gerechtigkeit, nachhaltiges Gleichgewicht unser Anliegen werden.[498]

Das Manifest wurde in nur einem Jahr mehr als eine Million Mal verkauft.

## Weckruf: „Wer wir waren"

> „Wir sehen uns selbst dabei zu, wie wir Tag für Tag Nachrichten über Klimawandel und Artensterben konsumieren und doch an unserem Verhalten nicht das Geringste ändern."[499]

### Wer?
Roger Willemsen (1955–2016)

### Wann?
2016

### Wo?
Deutschland

### Wie der Weckruf wirkte und wirkt?
Am 24. November 2016 erschien das Buch „Wer wir waren" von Roger Willemsen. Postum, denn der Autor war am 07. Februar 2026 seinem Krebsleiden erlegen. Das Buch ist eine eindringliche Warnung vor der Unfähigkeit oder dem mangelnden Willen des Menschen der Gegenwart, gegen die unübersehbaren Gefahren für die Menschheitsexistenz zu kämpfen.[500]

> „Ich sehe uns in dieser Zeit stehen, wie die Leute auf Fotos, die vor zehn Jahren in den Zeitschriften erschienen, als die

---

[498] A. a. O., S. 20.
[499] Willemsen, Roger: Wer wir waren, Fischer Verlag GmbH. Frankfurt am Main, 2016, S. 16.
[500] Willemsen, ebenda.

## 2 Die Chronik der dokumentierten Weckrufe ... 275

Abgebildeten noch nicht wussten, dass sie ihr Haus verlieren, von der Dürre vertrieben, vom Krieg versehrt, in die Nervenklinik eingewiesen, auf Entzug gesetzt, von der Insolvenz ereilt werden würden. So stehen wir da, resistent gegen das Unheil."[501]

Willemsen war einer von Deutschlands bekanntesten Intellektuellen: Autor, Publizist, Moderator, Produzent und leidenschaftlicher Förderer aller Ausdrucksformen von Kunst und Kultur. Er prägte das Fernsehen, die deutschen Bühnen, er machte Radio und schrieb Bücher, die fast ausnahmslos zu Bestsellern wurden.[502]

### Weckruf: Vorlesung von Kazuo Ishiguro zur Verleihung des Nobelpreises für Literatur

„Mein 20. Jahrhundert und andere kleine Erkenntnisse."[503]

**Wer?**
Kazuo Ishiguro, geboren 08. November 1954

**Wann?**
07. Dezember 2017

**Wo?**
Stockholm

**Wie der Weckruf wirkte und wirkt?**
In seiner Rede bei der Verleihung des Literatur-Nobelpreises am 07. Dezember 2017 in Stockholm zieht Kazuo Ishiguro eine fatale Bilanz. Für ihn sei die Zeit seit dem Fall der

---

[501] Siehe a. a. O.
[502] https://rwstiftung.de/roger-willemsen/, Zugriff am 18. Mai 2023.
[503] Kazuo Ishiguro: Was vom Tage übrigblieb, Blessing, München, Neuausgabe 3/2021.

Berliner Mauer eine „Epoche der Selbstgefälligkeit und der vertanen Gelegenheiten." Das bezieht er in erster Linie darauf, dass eine „gigantische Ungleichheit in der Verteilung von Vermögen und Chancen zugelassen" wurde. Etwas zu pauschal erscheint mir seine Aussage, dass dies sowohl für die intranationale wie die nationale Ebene gelte. Denn im Kern geht es um die weiter zunehmenden Unterschiede zwischen erster und dritter Welt zugunsten der Industrieländer. Für letztere gilt, dass auch in den einzelnen Staaten die Ungerechtigkeit bei der Verteilung und der Chancen zugunsten der wenigen Reichen und Superreichen weiter zugenommen hat. Das habe in eine Gegenwart geführt, in der sich rechtsextreme Ideologien und völkische Nationalismen rasant ausbreiten. „Vorläufig scheint uns jede progressive, einigende Vision zu fehlen. Stattdessen zerfallen selbst die reichen Demokratien des Westens in rivalisierende Lager, die erbittert um Macht und Ressourcen streiten."[504]

## Weckruf: „Der Einsatz von Atomenergie zu Kriegszwecken ist unmoralisch"

Papstrede in Hiroshima

**Wer?**
Papst Franziskus, geboren 17. Dezember 1936

**Wann?**
24. November 2019

**Wo?**
Hiroshima

---

[504] Kazuo Ishiguro: Mein 20. Jahrhundert und andere kleine Erkenntnisse, Vorlesung zur Verleihung des Nobelpreises für Literatur am 07. Dezember 2017 in Stockholm, in: Ishiguro, Kazuo: Was vom Tage übrigblieb, Blessing, München, Neuausgabe 3/2021, S. 314 f.

## Wie der Weckruf wirkte und wirkt?

Papst Franziskus besuchte Nagasaki und Hiroshima, die Orte der USA-Atombombenabwürfe von 1945, und sagte bei einer Rede in Hiroshima Folgendes: „Der Einsatz von Atomenergie zu Kriegszwecken ist heute mehr denn je ein Verbrechen. Der Einsatz von Atomenergie zu Kriegszwecken ist unmoralisch, wie ebenso der Besitz von Atomwaffen unmoralisch ist … Wir werden darüber gerichtet werden."[505] Franziskus äußerte sich besorgt über die derzeitige „Erosion des Multilateralismus". Es gelte, in Pflugscharen, statt in Schwerter zu investieren, auch um der UN-Nachhaltigkeitsziele 2030 willen.[506]

Seit Beginn des Ukrainekriegs hat Russland wiederholt erklärt, dass ein Zusammenstoß zwischen Nato- und russischen Streitkräften in einen Atomkrieg münden könne.

US-Präsident Biden: Washington sei auf alles vorbereitet, was Russland tun könnte. „Jeder Einsatz von Nuklearwaffen ist völlig inakzeptabel und hätte schwerwiegende Konsequenzen."[507]

## Weckruf: „Wir erleben eine Zeitenwende"

Kanzlerrede zum Überfall Russlands auf die Ukraine am 22. Februar 2022

**Wer?**
Olaf Scholz, geboren 14. Juni 1958

**Wann?**
27. Februar 2022

---

[505] https://www.vaticannews.va/de/papst/news/2019-11/papst-franziskus-japan-hiroshima-ansprache-atombombe.html, Zugriff am 22. November 2023.
[506] https://www.domradio.de/artikel/franziskus-ist-ein-friedenspapst-kriegerischen-zeiten, Zugriff am 22. November 2023.
[507] https://www.swp-berlin.org/10.18449/2022A63/, Zugriff am 15. Juni 2024.

**Wo?**
Berlin

### Wie der Weckruf wirkte und wirkt?
Die sogenannte Zeitenwende-Rede war eine Regierungserklärung des deutschen Bundeskanzlers Olaf Scholz bei einer Sondersitzung des Deutschen Bundestags anlässlich des russischen Überfalls auf die Ukraine.

„Mit dem Überfall auf die Ukraine hat der russische Präsident Putin kaltblütig einen Angriffskrieg vom Zaun gebrochen – aus einem einzigen Grund: Die Freiheit der Ukrainerinnen und Ukrainer stellt sein eigenes Unterdrückungsregime infrage. Das ist menschenverachtend. Das ist völkerrechtswidrig. Das ist durch nichts und niemanden zu rechtfertigen ... Wir erleben eine Zeitenwende. Und das bedeutet: Die Welt danach ist nicht mehr dieselbe wie die Welt davor. Im Kern geht es um die Frage, ob Macht das Recht brechen darf, ob wir es Putin gestatten, die Uhren zurückzudrehen in die Zeit der Großmächte des 19. Jahrhunderts oder ob wir die Kraft aufbringen, Kriegstreibern wie Putin Grenzen zu setzen. Das setzt eigene Stärke voraus."[508]

Dazu merkte Heribert Prantl in seinem 2024 erschienenen Buch „Den Frieden sichern" Folgendes an:

„Es gab keine Zeitenwende, und es gibt sie nicht. Es war und ist dieser Begriff der Versuch, Grausamkeit zu beschreiben und dem Entsetzen darüber Ausdruck zu geben. Und es ist dies das Schlüsselwort für die Rückkehr der Politik ins Militärische ... Die einzige Zeitenwende, die diesen Namen verdienen würde, wäre der Augenblick, in dem die

---

[508] Wir zitieren aus der Regierungserklärung, die Bundeskanzler Olaf Scholz am 27. Februar 2022 vor dem Deutschen Bundestag gehalten hat, https://www.bundesregierung.de/breg-de/aktuelles/regierungserklaerung-von-bundeskanzler-olaf-scholz-am-27-februar-2022-2008356, Zugriff am 27. Februar 2024.

Gezeiten der Gewalt ein Ende hätten, der Menschheitstraum sich erfüllte und der ewige Friede einkehrt."[509]

## Weckruf: Sondersitzung der UN-Vollversammlung:

Verurteilt die russische Aggression in der Ukraine und fordert von der Russischen Föderation den Abzug aller Streitkräfte aus dem Territorium der Ukraine.

**Wer?**
UN-Vollversammlung

**Wann?**
02. März 2022

**Wo?**
New York

**Wie der Weckruf wirkte und wirkt?**
Die Dringlichkeits-Sondersitzung war erst die elfte seit der Gründung der Vereinten Nationen. Sie trat zusammen, nachdem es im UNO-Sicherheitsrat nicht gelungen war, eine Resolution zur Verurteilung des Russischen Angriffskrieges zu verabschieden.[510]

Die UNO-Vollversammlung verurteile in ihrer Sondersitzung „aufs Schärfste" die Aggression Russlands und bekräftigt das Engagement der internationalen Gemeinschaft für die Souveränität, Unabhängigkeit, Einheit und territoriale Integrität der Ukraine. Der Text wurde von 141 Ländern angenommen. Nur fünf UN-Mitgliedsstaaten stimmten dagegen.[511]

---

[509] Prantl, a. a. O., S. 9. Die ausführliche Befassung mit diesem Thema haben Sie bereits im Kapitel 1 zur Kenntnis genommen.
[510] https://press.un.org/en/2022/ga12407.doc.htm, Zugriff am 12. Mai 2024.
[511] https://www.eeas.europa.eu/eeas/un-general-assembly-demands-russian-federation-withdraw-all-military-forces-territory-ukraine_und_en, Zugriff am

## Weckruf: „Oppenheimer"

Ein Film über den Zwiespalt zwischen militärischem Auftrag einen Angreifer zu besiegen und dem Primat der Humanität.

### Wer?
Christopher Nolan, geboren 1970

### Wann?
2023

### Wo?
USA

### Wie der Weckruf wirkte und wirkt?
Nolan erzählt die Geschichte einer globalen Verwüstung, die uns immer noch bedroht.

> „Oppenheimer – ein zwischen politischem Auftrag und humanistischem Denken tief Gespaltener. Für ihn war es legitim, sogar unumgänglich, die erschreckendste Massenvernichtungswaffe zu schaffen, um den Faschismus zu bekämpfen. Nachdem die von ihm konstruierten Atombomben in Hiroshima und Nagasaki mehrere Hunderttausend Menschenleben gefordert hatten, fühlte er aber Blut an seinen Händen kleben."[512]

Der Film basiert auf der 2005 mit dem Pulitzer-Preis ausgezeichneten Biografie über Robert Oppenheimer: „American Prometheus", dt. „J. Robert Oppenheimer – Die Biografie") über den „Vater der Atombombe".

---

12. Mai 2024.

[512] https://www.profil.at/kultur/paradoxe-intervention-christopher-nolans-kino-atomoper-oppenheimer/402532342, Zugriff am 10. Februar 2024.

Mit Einnahmen von über einer Milliarde Dollar und 13 Oscar-Nominierungen war „Oppenheimer" Favorit bei der Oscar-Preisverleihung 2024. Sieben Oscars hat er gewonnen.[513]

### Weckruf: „Manifest für den Frieden"[514]

Sahra Wagenknecht und Alice Schwarzer warnen vor einer Eskalation im Ukraine-Krieg durch Waffenlieferungen des Westens – der Krieg müsse stattdessen am Verhandlungstisch beendet werden.[515]

**Wer?**
Sahra Wagenknecht, geboren 16. Juli 1969
Alice Schwarzer, 03. Dezember 1942, deutsche Politikerinnen

**Wann?**
10. Februar 2023

**Wo?**
Deutschland

**Wie der Weckruf wirkte und wirkt?**
Die Petition wurde von fast einer Million Menschen online unterschrieben.
Der 93-jährige Philosoph Jörg Habermas fordert, der Westen möge energischer auf Verhandlungen drängen.

---

[513] https://www.merkur.de/leben/buchtipps/verkaufserfolge-kai-bird-buch-oscar-favorit-oppenheimer-beschert-biograf-zr-92876047.html, Zugriff am 10. Februar 2024.
[514] https://www.ndr.de/nachrichten/info/sendungen/kommentare/Kommentar-Manifest-fuer-den-Frieden-ist-weder-naiv-noch-unmoralisch,manifestfuerdenfrieden100.html, Zugriff am 04. Juni 2024.
[515] https://www.aliceschwarzer.de/thema/manifest-fuer-frieden-340049, Zugriff am 04. Juni 2024.

Kritik kam von den Regierungsparteien, der CDU/CSU und mehrheitlich auch von den etablierten Medien. Negativ waren auch Reaktionen aus der Ukraine: „Die Petition enthält weder eine scharfe Verurteilung der russischen Aggression noch Forderungen nach der Wiederherstellung der territorialen Integrität der Ukraine oder nach der Bestrafung von Kriegsverbrechern."[516]

## Weckruf: „Was ich noch zu sagen hätte. Vermächtnis einer Pazifistin."

Politisches Testament von Antje Vollmer[517]

### Wer?
Antje Vollmer (1943–2023)

### Wann?
23. Februar 2023

### Wo?
Deutschland

### Wie der Weckruf wirkte und wirkt?
Beim Anblick eines Militärtransportes voller Panzer in Richtung Osten stellt Antje Vollmer sich in ihrem politischen Testament vor, dass zur gleichen Zeit Militärtransporte voller russischer Kampfpanzer von Ost nach West fahren. Dass für Ante Vollmer diese Vision verstörend ist, kann ich als Vertreter der gleichen Generation sehr gut nachvollziehen. Auch mir war die Angst vor einem Ost-West-Krieg in

---

[516] https://www.m100potsdam.org/manifest-fuer-frieden-aber-ohne-die-ukraine-faktencheck-der-russischen-luegen-in-europa/, Zugriff am 04. Juni 2024.
[517] https://www.antje-vollmer.de/index_htm_files/Vermaechtnis%20PDF.pdf, Zugriff am 01. Juni 2024.

Europa und der Welt immer gegenwärtig, deshalb kann ich die folgenden Sätze ohne Wenn und Aber unterschreiben:

„Alles, wogegen ich mein Leben lang politisch gekämpft habe, war mir in diesem Moment präsent als eine einzige riesige Niederlage ... Warum nur fand ausgerechnet Europa, dieser Kontinent mit all seinen historischen Tragödien und machtpolitischen Irrwegen nicht die Kraft, zum Zentrum einer friedlichen Vision für den bedrohten Planeten zu werden? Die große Vorleistung des Gewaltverzichts in der Reaktion auf das Freiheitsbestreben der Völker des Ostblocks galt als nahezu selbstverständlich ... wer die Welt retten wollte, musste ein festes Bündnis zwischen Friedens– und Umweltbewegung anstreben ... wir hatten dieses Zukunftsbündnis greifbar in den Händen."[518]

### Weckruf: „Im Westen nichts Neues"

Vier Oscars für deutschen Antikriegsfilm

**Wer?**
Edward Berger, geboren 1970

**Wann?**
12. März 2023

**Wo?**
Los Angeles

**Wie der Weckruf wirkte und wirkt?**
Bei der Oscar-Verleihung 2024 für die neue deutsche Verfilmung des gleichnamigen Buches von Erich Maria Remarque „Im Westen nichts Neues" unter der Regie von Ed-

---

[518] https://www.emma.de/artikel/antje-vollmer-mein-vermaechtnis-340209, Zugriff am 14. Juli 2014.

ward Berger wurde der Film vier Mal ausgezeichnet – unter anderem als bester internationaler Film.[519]

## Weckruf: „Verteidigungspolitische Richtlinien 2023"

„Der Krieg ist mit Putins brutalem Angriff gegen die Ukraine nach Europa zurückgekehrt."

**Wer?**
Boris Pistorius, geboren 14. März 1960, Verteidigungsminister BRD

**Wann?**
09. November 2023

**Wo?**
Bundeswehrtagung

**Wie der Weckruf wirkte und wirkt?**

„Der Krieg ist mit Putins brutalem Angriff gegen die Ukraine nach Europa zurückgekehrt. Damit hat sich die Bedrohungslage verändert. Deutschland muss als bevölkerungsreichstes und wirtschaftlich starkes Land in der Mitte Europas das Rückgrat der Abschreckung und kollektiven Verteidigung in Europa sein. Die ersten Verteidigungspolitischen Richtlinien seit über einer Dekade sind Antwort auf diese neue Realität".[520]

Diese Neuorientierung hat nicht nur unter überzeugten Pazifisten kritische Reaktionen ausgelöst. Dafür stehen Sa-

---

[519] https://www.ndr.de/kultur/film/Oscars-2023-Im-Westen-nichts-Neues-ist-bester-internationaler-Film,oscarsgala102.html, Zugriff am 14. Juli 2024.
[520] https://www.bmvg.de/resource/blob/5701724/5ba8d8c460d931164c7b00f49994d41d/verteidigungspolitische-richtlinien-2023-data.pdf, Zugriff am 04. Juni 2024.

rah Wagenknecht, Alice Schwarzer, Jürgen Habermaas und Heribert Prantl, den wir dazu zitieren:

„Am 09. November 2023, ausgerechnet an einem 9. November wurde mit den neuen Verteidigungspolitischen Richtlinien die deutsche Kriegstüchtigkeit vom deutschen Verteidigungsminister und seinem Generalinspekteur ausgerufen ... Der 9. November erzählt von hellen und dunklen Tagen der deutschen Geschichte ... Das zeigt eine Geschichtsblindheit, die erklärt, warum man mit dem Wort „Krieg" so scheinbar unbefangen um sich wirft. Noch größer wäre der Skandal, wenn die Veröffentlichung der Kriegsertüchtigungsrichtlinien ganz bewusst auf diesen Tag gelegt worden wäre ..."[521]

## Weckruf: Sicherheitsratsresolution 2712 zum Schutz der Bevölkerung im Gazakrieg

Alle Parteien müssen ihren völkerrechtlichen Verpflichtungen, einschließlich des humanitären Völkerrechts, insbesondere im Hinblick auf den Schutz von Zivilpersonen, vor allem der Kinder, nachkommen.[522]

**Wer?**
UN-Sicherheitsrat

**Wann?**
15. November 2023

**Wo?**
New York

---

[521] Prantl, a. a. O., S. 157 f.
[522] https://www.un.org/Depts/german/sr/sr_23/sr2712.pdf, Zugriff am 10. Februar 2024.

### Wie der Weckruf wirkte und wirkt?

Der israelische Botschafter bei den Vereinten Nationen, Gilad Erdan, räumte zwar ein, dass Israel sich über die Aufforderung der Resolution in Richtung der Hamas, alle im Gazastreifen festgehaltenen Geiseln freizulassen, freue. Doch vom Rest zeigte er sich entmutigt: „Unabhängig davon, was der Rat beschließt, wird Israel weiterhin im Einklang mit dem Völkerrecht handeln, während die Hamas-Terroristen die Resolution nicht einmal lesen, geschweige denn befolgen werden", erklärte er und bezeichnete die Resolution als „realitätsfern und bedeutungslos".[523]

Der Sicherheitsrat hat diese Resolution, in der auch die sofortige und bedingungslose Freilassung der Geiseln gefordert wird, mit 14 Stimmen bei Stimmenthaltung der Vereinigten Staaten angenommen.[524]

## Weckruf: Verfahren gegen Israel wegen Verstoß gegen die Völkermordkonvention vor dem Internationalen Gerichtshof (IGH)

**Wer?**
Regierung Südafrika

**Wann?**
29. Dezember 2023

**Wo?**
Den Haag

---

[523] https://taz.de/Israels-Reaktion-zur-UN-Resolution/!5973468/, Zugriff am 10. Februar 2024.
[524] https://unric.org/de/gaza-sicherheitsrat-verabschiedet-resolution-die-sofortigen-waffenstillstand-waehrend-des-ramadans-fordert/, Zugriff am 02. Juli 2024.

### Wie der Weckruf wirkte und wirkt?
Aufgrund des Antrags Südafrikas hat der Gerichtshof ein Verfahren wegen des Verdachts der Verletzung des Übereinkommens über die Verhütung und Bestrafung des Völkermordes (UN-Völkermordkonvention) in Gaza durch die Militäroperationen seit dem 07. Oktober 2023 eingeleitet. Daneben beantragte es die Anordnung einstweiliger Verfügungen zur Verhinderung eines Genozids in Gaza durch Israel.[525]

## Weckruf: „Russland darf den Krieg nicht gewinnen"

Strategisch muss Russland eine parlamentarische Demokratie werden.

### Wer
Alexander Nawalny (1976 – 2024)

### Wann?
30. September2022: Antikriegsstellungnahme / 16. Februar 2024: Tod im Straflager

### Wo?
Jamolo-Nenez, Sibirien

### Wie der Weckruf wirkte und wirkt?
Alexander Nawalny profilierte sich ab 2011 zu einem scharfen Kritiker der Putin-Diktatur. Er deckte schwere Delikte staatlicher Korruption auf und formierte eine Oppositionsbewegung. Kandidaturen für das Amt des Moskauer Oberbürgermeisters und später des Präsidenten wurden ihm verweigert. Im August 2020 wurde auf ihn in Russland ein schwerer Giftanschlag verübt. Seine lebensgefährliche

---
[525] https://www.amnesty.de/israel-internationaler-gerichtshof-voelkermord-klage-hintergrundinformationen, Zugriff am 10. Juni 2024.

Erkrankung wurde in Deutschland behandelt. Er wusste, dass ihm bei der Rückkehr nach Russland langjährige Haft droht. Dennoch reiste er Anfang 2021 nach Moskau ein. Dort wurde er sofort inhaftiert und zu langjährigen Haftstrafen verurteilt.

Trotz schwerer Repressalien übte Nawalny aus seiner Haft mehrfach scharfe Kritik am russischen Angriffskrieg gegen die Ukraine. Gleich zu Beginn verurteilte er in einer Erklärung die von Präsident Putin befohlene Mobilmachung. Deshalb wurde er ein weiteres Mal in Isolationshaft verlegt.

Eine seiner letzten mutigen Antikriegs-Stellungnahmen wurden in einem Beitrag in der „Frankfurter Allgemeinen Sonntagszeitung" veröffentlicht. Wir zitieren auszugsweise aus dem von „Spiegel online" referierten Bericht vom 30. September 2022[526]: „Partei des Krieges ist die gesamte Elite, das Machtsystem, das den imperialen russischen Autoritarismus erst hervorbringt." Propaganda und Gehirnwäsche funktionierten, doch Bewohner von Großstädten und junge Wähler stünden dem Krieg auch kritisch gegenüber. Es gehe strategisch darum, „aus Russland eine parlamentarische Demokratie zu machen." Der Westen sollte dies so deutlich wie möglich machen. Etwa indem er die Aufhebung von Sanktionen an solche Bedingungen knüpft. Das russische Volk müsse nicht dazu gezwungen werden, es brauche aber ein klares Signal und eine Erklärung, warum diese Option nötig und besser sei.

Die Ansicht, dass Russland den Krieg nicht gewinnen dürfe und die Ukraine ein unabhängiger und demokratischer Staat bleiben müsse, sei richtig. Aber selbst bei einer schmerzhaften militärischen Niederlage würde Putin einen erneuten Zyklus mit Provokationen und Krieg beginnen.

---

[526] https://www.spiegel.de/ausland/alexej-nawalny-ueber-ukrainekrieg-russland-muss-eine-parlamentarische-republik-werden-a-f830241a-f066-496f-b248-6ca836dfe454, Zugriff am 24. Juli 2024.

Deswegen sei die Frage nach einem parlamentarisch verfassten Nachkriegsrussland so wichtig. Selbst Teilen der derzeitigen russischen Eliten könne man vermitteln, dass dieses Modell ihnen auf längere Sicht mehr nutze.

„Harmonie, Verständigung und Rücksicht auf die Interessen der ganzen Gesellschaft sind das Zukunftsmodell für Russland." Am 22. Oktober 2024 erschien postum weltweit die Autobiografie von Alexej Nawalny. „Es ist sein letztes Vermächtnis, geschrieben mit Hilfe seiner Frau Julija."[527] In Deutschland kam das 540-seitige Buch beim S. Fischer Verlag, Frankfurt am Main, heraus.

## Weckruf: Krieg ist „eine Absurdität und eine Niederlage"

Aufrufe zu Friedensverhandlungen in Ukraine, Nahost

### Wer?
Papst Franziskus, geboren 17. Dezember 1936

### Wann?
31. März 2024

### Wo?
Rom

### Wie der Weckruf wirkte und wirkt?
Papst Franziskus erteilte in Rom vor zehntausenden Menschen den Segen „Urbi et orbi" und verurteilte in sehr deutlichen Worten die anhaltenden Kriege gegen die Ukraine und im Gazastreifen. „Krieg ist eine Absurdität und eine Niederlage", so Franziskus.[528]

---

[527] https://www.zdf.de/nachrichten/panorama/nawalny-autobiografie-patriot-100.html, Zugriff am 23. Oktober 2024.
[528] https://orf.at/stories/3353133/, Zugriff am 01. Mai 2024.

Auf die Frage eines Journalisten des schweizerischen Rundfunks RSI hat Papst Franziskus die Ukraine zum „Mut zur weißen Fahne" aufgerufen. Diese Formulierung sei unglücklich gewesen. Der Papst habe nicht die Kapitulation gegenüber dem Aggressor-Staat Russland gemeint, sondern die Bereitschaft zu Verhandlungen, betonte der Pressesprecher des Vatikans. Ausdrücklich sagte der Papst, dass Verhandeln niemals eine Kapitulation ist.[529]

## Weckruf: „Den Frieden gewinnen. Die Gewalt verlernen."

### Wer?
Heribert Prantl, geboren 30. Juli 1953

### Wann?
17. April 2024

### Wo?
München

### Wie der Weckruf wirkte und wirkt?
Wir haben in der Einleitung zu diesem Buch[530] geschrieben, dass der Titel aus der Feder eines der bekanntesten deutschen Publizisten, Heribert Prantl, wie durch eine Fügung genau dann erschien, als wir letzte Hand an unser „Last Call" legten. Wir haben es gleich nach Erscheinen gelesen und viele Gedanken gefunden, die bereits in unserem Rohmanuskript standen. Aber es gab auch gute neue Argumente und Fakten, die folgerichtig den Weg in unser Buch fanden.

---

[529] https://www.dbk.de/presse/aktuelles/meldung/stellungnahme-zur-interview-aeusserung-von-papst-franziskus-zum-krieg-gegen-die-ukraine, Zugriff am 01. Mai 2024.
[530] Prantl, Heribert: Den Frieden gewinnen. Die Gewalt verlernen, Wilhelm Heyne Verlag, München, 2024.

Für uns ist das Buch einer der wichtigsten Weckrufe für die Erhaltung des Friedens seit vielen Jahren. Deshalb steht es in unserer Chronik.

Kriege beginnen mit Lügen! Das ist eine alte Weisheit. Wir erleben deren Revitalisierung allerdings bei jedem Konflikt neu. Aber Kriege beginnen auch mit einer polarisierenden ideologisch geprägten sprachlichen Verrohung. Diesen Befund illustriert Prantl unter anderem mit der nimmermüde von Bundesverteidigungsminister Boris Pistorius vorgetragenen „Formel von der Kriegstüchtigkeit", erstmals formuliert im Herbst 2023. Seitdem immer wieder pointiert gegen die leider noch zu spärliche Kritik verteidigt: „Der Verteidigungsminister rückt nicht von seiner Formulierung ab, die Bundeswehr müsse ‚kriegstüchtig' werden."[531]

**Weckruf: Neue Rüstungsspirale –
die Kriege in der Ukraine und Nahost**

**Wer?**
Kongress USA

**Wann?**
21. April 2024

**Wo?**
Washington

**Wie der Weckruf wirkte und wirkt?**
Nach Monaten gab der US-Kongress am 17. April 2024 ein Hilfspaket in Höhe von 95 Milliarden US-Dollar für die Ukraine frei. Davon sollen 61 Milliarden Dollar als Dar-

---

[531] https://www.zeit.de/politik/2023-11/bundeswehr-boris-pistorius-verteidigungspolitik-kriegstuechtigkeit, Zugriff am 16. Juli 2024.

lehen gewährt werden. Präsident Selenskyj: „Das ist eine Entscheidung, die uns das Leben rettet".[532]

2023 erreichten die weltweiten Militärausgaben mit 2,44 Billionen US-Dollar (rund 2,28 Billionen Euro) erneut einen Höchststand. Gegenüber 2022 investierten die Staaten inflationsbereinigt 6,4 Prozent mehr in Waffen. 2023 stiegen die Rüstungsausgaben bereits das neunte Jahr in Folge und betragen 2,3 Prozent des globalen Bruttoinlandsprodukts.[533]

## Weckruf: „Asche"

Ein Theaterstück der Literatur-Nobelpreisträgerin Elfriede Jelinek.

### Wer?
Elfriede Jelinek, geboren 1946

### Wann?
26. April 2024 (Uraufführung)

### Wo?
Münchener Kammerspiele

### Wie der Weckruf wirkte und wirkt?
Die Leser und Zuschauer der Romane, Essays, Gedichte und Dramen von Elfriede Jelinek schätzen ihre Sprachgewalt und die Brisanz ihrer Themen. Sie will die Welt verändern. Deshalb spitzt sie zu, polarisiert und provoziert. Im Jahr 2004 wurde sie mit dem Nobelpreis für Literatur geehrt.

---

[532] https://www.tagesschau.de/ausland/usa-ukraine-116.html, Zugriff am 02. Juni 2024.

[533] https://www.tagesschau.de/ausland/amerika/usa-kongress-abstimmung-ukraine-hilfen-100.html, Zugriff am 14. Juli 2024.

## 2 Die Chronik der dokumentierten Weckrufe …

Auch in ihrem jüngsten Werk, „Asche", bleibt sie ihrer sarkastisch-analytischen Weltsicht treu.

„Aus dem zutiefst persönlichen Text über den Verlust ihres geliebten Mannes entwickelt sie wie ein Gleichnis die Angst vor dem drohenden Ende der menschlichen Zivilisation. Jelinek setzt sich mit den großen Schöpfungsmythen auseinander: Was ist die Welt, wie ist sie entstanden, warum ist der menschliche Körper so störanfällig, und warum waren wir Menschen auf diesem Planeten nur so unerträgliche ‚böse Gäste', die nun bald abtreten müssen? Bloß: wohin? Weil die Götter uns nicht mehr wollen und ‚die Menschen der Erde nicht gehorsam waren, sondern nur ihren Führern', erlaubt sich Elfriede Jelinek ein tragikomisches Gedankenspiel: Wieso nicht gleich eine unverbrauchbare Parallelerde schaffen? Ein nie alterndes, nie erkrankendes Ganzes mit einem vollkommenen Körper? Wäre doch praktisch. Man hätte auch das Meer besser von vornherein aus Plastik hergestellt, so hätte man sich viel erspart …"[534]

„Geschwür Mensch".[535] Diese Spezies hat ihren Lebensraum, mit ziemlicher Sicherheit irreparabel, zerstört. Die Erde wird sich mit einem „unmittelbar bevorstehenden Weltenbrand schon in Kürze ihres Verderbers entledigen"[536]. Daran lässt Jelinek keinerlei Zweifel. Der Titel des Stückes steht dafür symbolhaft. Die Dramatikerin stellt klar: Die Verantwortung für dieses Schicksal trägt ganz allein der Mensch. Die von ihm verursachte barbarische Zerstörung der Natur lässt keinen anderen Ausgang, so das Fazit von Sven Riklefs in seiner Rezension im Deutschlandfunk am 27. April 2024.

---

[534] https://www.rowohlt-theaterverlag.de/aktuelles/urauffuehrung-von-elfriede-jelineks-neuem-stueck-asche, Zugriff am 30. April 2024.
[535] https://www.deutschlandfunk.de/asche-von-elfriede-jelinek-in-regie-von-falk-richter-an-muenchner-kammerspielen-dlf-d96b9e4b-100.html, Zugriff am 30. April 2024.
[536] Ebenda.

„Da die Menschen sich nicht ändern, muss sich also die Natur ändern, schleunigst, wir müssen das nicht, weil wir es nicht können. Das unterscheidet uns voneinander. Das ist unsre Natur. Keiner will sich ändern, der andre dort drüben soll es tun."[537]

Das ist die Pointierung im Manuskript von Elfriede Jelinek.

Ist es mit ausverkauften Vorstellungen auf der Bühne des renommierten Theaters der bayerischen Landeshauptstadt aber schon ein Weckruf mit universaler Bedeutung? Diese Frage haben wir uns natürlich gestellt – und sie positiv beantwortet. Die Literaturnobelpreisträgerin Elfriede Jelinek ist weit über den derzeitigen lokalen Rezeptionsrahmen des neuen Stückes eine Autorin, die weltweit Gehör findet. Nicht nur bei direkten Lesern und Zuschauern. Dank ihres herausragenden Rufes hat die Autorin eine globale Medienpräsenz. Über ihre Bücher und Stücke wird in den tradierten wie den sozialen Medien umfangreich reflektiert. Das wird bei „Asche" erst recht so sein. Wir meinen, dass die Verknüpfung des persönlichen Verlustes mit dem Schicksal der Zivilisation ein ganz besonderes Erweckungspotenzial hat. Sagt uns Elfriede Jelinek damit doch auch, dass jede individuelle Existenz die Endlichkeit in sich trägt. Gegen den Tod auch des geliebtesten Menschen ist kein Kraut gewachsen. Gegen das Erlöschen des irdischen Lebens in Gänze aber schon. Diese Perspektive könnte Mut machen: Der Einsatz für die Menschheit ist eine lohnende Sache. Auf dieser Ebene ist Erfolg möglich. Wir hoffen auf diese ganz besondere Mobilisierungskraft.

---

[537] https://www.rowohlt-theaterverlag.de/aktuelles/urauffuehrung-von-elfriede-jelineks-neuem-stueck-asche, Zugriff am 30. April 2024.

## Weckruf: Die Walpurgisnacht in Goethes Faust – auch ein Weckruf?

Eine Draufsicht im Jahr 2024 auf den Geist eines unsterblichen Goethewerks.[538]

**Wer?**
Manfred Osten, geboren 19. Januar 1938[539]

**Wann?**
01. Mai 2024

**Wo?**
Köln, Deutschlandfunk

**Wie der Weckruf wirkte und wirkt?**
Lesen Sie dazu bitte den Exkurs in Abschn. 2.10 unter der Überschrift: „Eine Draufsicht des Jahres 2024 auf eines der Größten Dramen der Weltgeschichte – Die Walpurgisnacht in Goethes Faust – auch ein Weckruf?"

## Weckruf: SIPRI-Jahresbericht 2024

„Aufrüstung scheint jetzt das Gebot der Stunde zu sein."

**Wer?**
Stockholmer Institut für Internationale Friedensforschung (Stockholm International Peace Research Institute (SIPRI)

**Wann?**
17. Juni 2024

---

[538] Dieser Weckruf wird im Unterkapitel 2.10 ausführlicher und in einem speziellen inhaltlichen Kontext vorgestellt.
[539] Osten, Manfred: Die Welt, ein großes Hospital. Goethe und die Erziehung des Menschen zum humanen Krankenwärter, Wallstein, Göttingen, 2021 – Das Buch war Thema einer Sendung im Deutschlandfunk am 01. Mai 2024.

**Wo?**
Stockholm

### Wie der Weckruf wirkte und wirkt?
Am 01. Juli 1966 beschloss das schwedische Parlament die Gründung eines Friedensforschungsinstituts als unabhängige Stiftung. Das Institut gibt seitdem Jahresberichte zu seinen wichtigsten Forschungsergebnissen heraus.

In dem Report 2024, vorgelegt am 17. Juni in Stockholm, wird formuliert, dass Aufrüsten das Gebot der Stunde zu sein scheint: Je angespannter die Weltlage, desto mehr gewinnen Nuklearwaffen wieder an Bedeutung, heißt es im Bericht des „Stockholm International Peace Research Institute" (SIPRI). Zwar sei die Zahl atomarer Sprengköpfe insgesamt zurückgegangen, rechnet Analyst Dan Smith vor. Doch das hänge ausschließlich damit zusammen, dass Altbestände abgebaut würden.

Er schaut mit Sorge auf die Zahl der einsatzbereiten atomaren Waffen. Etwa 2.100 befänden sich in höchster Einsatzbereitschaft. Die Zahl akut verfügbarer Waffen habe zuletzt wieder leicht zugenommen, sagt er. „Das ist eine relativ neue Entwicklung seit zwei bis drei Jahren. Und das hat sich 2023 fortgesetzt", sagte Smith.[540]

Die meisten dieser akut einsatzbereiten Waffen besitzen die USA und Russland. Neu sei, dass auch China in Friedenszeiten atomare Sprengköpfe in hoher Einsatzbereitschaft halte. Überhaupt sei China das Land, das seine Bestände am schnellsten aufrüste, berichtet der Experte.

Neben dem Streben Chinas, eine Großmacht zu werden, sei auch der wirtschaftliche Aufschwung des Landes ein Grund, weshalb das Land seit knapp 30 Jahren seine Militärausgaben kontinuierlich steigere. Insgesamt neun Länder besitzen Atomwaffen: Die USA und Russland, Großbritan-

---

[540] https://www.tagesschau.de/ausland/europa/sipri-atomwaffen-108.html, Zugriff am 14. Juli 2024.

nien, Frankreich, China, Indien, Pakistan, Nordkorea und Israel.

Alle Staaten würden ihre Bestände weiter modernisieren, glaubt SIPRI-Analyst Smith. „Da geht es um mehr Präzision, um größere Reichweiten oder mehr Sprengköpfe pro Rakete. Atomwaffen sollen besser versteckbar sein, um sie so überlebensfähiger zu machen"[541], sagt Smith.

Großbritannien habe etwa eine neue Generation von U-Booten bestellt, nachdem das Land zuvor eine neue Generation von Raketen bestellt habe: „Das ist ein fortlaufender Prozess, die Bestände stehen niemals still."[542]

Laut dem SIPRI-Bericht modernisieren die genannte neun Atommächte ihre Kernwaffenarsenale weiter. Zwar ging der globale Bestand an Atomsprengköpfen nach SIPRI-Schätzungen von Anfang 2022 bis Anfang 2023 um knapp 200 auf schätzungsweise 12.512 weiter zurück. Dafür steige die Zahl der einsatzfähigen Atomwaffen. Und zwar um 86 auf schätzungsweise 9.576.[543].

## Weckruf: Von 776 v. Chr. bis heute: Olympische Spiele – Der stärkste Weckruf für Frieden

„Der Olympische Gedanke ist das wichtigste Symbol des Friedens in einer Welt, die von vielen Konflikten und Leidtragenden durchzogen ist. Er ermöglicht, Menschen aus aller Welt zusammenzubringen, wo sie einander mit Respekt, Toleranz und gegenseitigem Verständnis begegnen. Diese grundlegenden Elemente bilden das Fundament für eine friedvolle Welt."

---

[541] Ebenda.
[542] https://www.tagesschau.de/ausland/europa/sipri-atomwaffen-108.html, Zugriff am 14. Juli 2024.
[543] https://www.deutschlandfunk.de/zahl-der-einsatzbereiten-atomwaffen-steigt-100.html, Zugriff am 02. Juni 2024.

(Rede von UNO-Generalsekretär Antonio Guterres, 21. November 2023, zur Olympia-Resolution der UNO-Vollversammlung[544])

**Wer**

- Könige Iphitos von Elis, Kleosthenes von Pisa und Lykurgos von Sparta (nach einer Sage)
- Pierre de Coubertin (1863–1937)
- Pierre de Coubertin, Initiator der Spiele 1896
- Antonio Guterres, geboren 30. April 1949
- Emmanuel Macron, geboren 21. Dezember 1977

**Wann?**

- 776 v. Chr.: Erste Spiele
- 16. bis 23. Juni 1894: Gründung des IOC
- 06. bis 15. April 1896: Erste Olympische Spiele der Neuzeit
- 21. November 2023: Resolution der UNO-Vollversammlung zu den Olympischen Sommerspielen 2024 in Paris
- 26. Juli 2024: Eröffnung XXXIII. Olympische Sommerspiele der Neuzeit, 11. August Abschluss

**Wo?**

- Olympia, Halbinsel Peloponnes, Griechenland
- Paris
- Athen
- New York
- Paris

---

[544] https://olympics.com/de/paris-2024/die-spiele/olympische-paralympische-spiele/olympischer-frieden, Zugriff am 24. Juli 2024.

## Wie der Weckruf wirkte und wirkt?
## Antike:

„Aus der frommen Forderung, sich anlässlich der Spiele sämtlicher ‚Handgreiflichkeiten' (griechisch: ékécheiria) zu enthalten und Waffenruhe zu wahren erwuchs die Verordnung des Gottesfriedens. Mit diesem wurde die Unverletzlichkeit der Besucher sowie der ausrichtenden neutralen Stadt Elis gewährleistet. Gleichzeitig waren Todesurteile auszusetzen und Rechtsstreitigkeiten zu vertagen. Historisch lässt sich die Einrichtung des Gottesfriedens auf das Jahr 476 v. Chr. zurückführen.

Die Sanktionen sollen hart und konsequent gewesen sein. Historisch ist belegt, dass ein Friedensbruch im Regelfall den Ausschluss von folgenden Spielen zur Folge hatte. Auch immense Geldbußen werden erwähnt. Davon sei 420 v. Chr. Sparta betroffen worden."[545]

„Der durch den Festfrieden ausgerufene Waffenstillstand verbot Kampfhandlungen auf dem Territorium des Stadtstaates, dem das Heiligtum jeweils zugeordnet war. Die schamloseste Zuwiderhandlung begingen die Eleer selbst, als sie 364 v. Chr. das damals von den Arkadern geleitete Heiligtum während des Kultfestes angriffen."[546]

„Die ékécheiria während der antiken Olympischen Spiele bedeutete zunächst nur den Schutz der unmittelbar am Festgeschehen Beteiligten und sicherte ihnen eine unbehelligte Reise nach Olympia und zurück."[547]

---

[545] Vgl. Wegner, Ullrich: Olympische Götterspiele. Wettkampf und Kult, Jan Thorbecke Verlag, Ostfildern, 2004, S. 92.
[546] Sinn, Ullrich: Das antike Olympia. Götter, Spiel und Kunst, Verlag C.H.Beck oHG, München, 2004, S. 104.
[547] Prof. Dr. Lämmer: Der sogenannte olympische Friede in der griechischen Antike, https://www.bisp-surf.de/Record/PU198507003050, Zugriff am 24. Juli 2024.

„Keine militärische Auseinandersetzung hat aufgehört, weil die Spiele ausgetragen wurden. Da genügt ein Blick auf den Peloponnesischen Krieg und die vielen lokalen Konflikte. ékécheiria bedeutete keinen Stopp von Kriegen, es war lediglich verboten, die Region von Elis, in der der Austragungsort Olympia liegt, mit Waffen zu betreten. Durch die große Anzahl von bis zu 40.000 Athleten und durch das internationale Interesse an dem antiken Event war davon auszugehen, dass eine Friedenssogwirkung zum Zeitpunkt der Olympischen Spiele zu spüren war." [548]

Diese Aussagen zu den antiken Olympischen Spielen sind nicht nur von historischem Interesse. Sie zeigen u. E. auch, dass es dringend nötig ist, die weltumspannende Aufmerksamkeit, die den Olympischen Spielen der Neuzeit bis heute gewidmet wird, viel stärker für aktive Friedensmaßnahmen zu nutzen. Appelle allein reichen nicht!

Dafür steht auch, dass die antiken Spiele 1.100 Jahre lang ohne eine einzige Unterbrechung gefeiert wurden.

**Neuzeit:** Ende des 19. Jahrhunderts wurden die Olympischen Spiele der Antike für die Neuzeit quasi neu „erfunden". Maßgeblicher Initiator war Baron Pierre de Coubertin. Der Historiker und Sportenthusiast war vom antiken Vorbild so begeistert, dass er die zugrunde liegende Idee wieder zum Leben erwecken wollte. Für ihn stand der friedliche Wettstreit junger Menschen aus aller Herren Länder im Mittelpunkt. Zu dieser Idee gehörte für ihn auch, dass während der Spiele die Waffen ruhen sollten. Dafür sollten die Olympischen Spiele eine Aufforderung und ein Weckruf zugleich sein. Mit dieser Intention wurde 1894 das Internationale Olympische Komitee (IOC) gegründet. Coubertin war zunächst dessen Generalsekretär, von 1896 bis 1925 dessen Präsident. 1896 fanden in Athen die ersten Olympischen Spiele der Neuzeit statt. Damit begann die

---

[548] https://www.domradio.de/artikel/historiker-ueber-frieden-und-krieg-bei-olympischen-spielen, Zugriff am 24. Juli 2024.

einzigartige Erfolgsgeschichte dieser weltweiten Sportbewegung.

Coubertin hatte durchaus die antike Friedenspflicht im Blick, als er den Gedanken entwickelte, internationale sportliche Wettkämpfe planmäßig in den Dienst der Völkerverständigung und des Friedens zu stellen[549]:

> „Wie könnte man das Menschheitsgeschlecht besser ehren als dadurch, dass man seinetwegen in regelmäßig festgesetzten Abständen das vorübergehende Aufhören aller Streitigkeiten, Meinungsverschiedenheiten und Missverständnisse verkündet! ... Ich meinerseits würde es sogar begrüßen, wenn mitten im Kriege die gegnerischen Armeen einen Augenblick ihre Kämpfe unterbrächen, um Spiele der Muskelkraft auf loyale und ritterliche Weise zu begehen."[550]

Leider fand diese großartige Idee nicht den uneingeschränkten Widerhall, den sich der Baron erhofft hatte. Im Unterschied zu den antiken mussten bei den modernen Olympischen Spielen seit 1894 drei dieser Ereignisse wegen des Ersten bzw. Zweiten Weltkriegs abgesagt werden. Seit 1945 gab es keine Ausfälle.

Aber es gab seitdem brutale schmutzige Kriege und Olympische Spiele:

- Von 1954 bis 1962 den Krieg Frankreichs in Algerien – der längste und opferreichste Krieg nach dem Zweiten Weltkrieg gegen eine um die Unabhängigkeit kämpfende Freiheitsbewegung.[551] Während der Zeit dieses Krieges fanden Olympische Sommerspiele 1956 in Melbourne

---

[549] Lämmer, Manfred: Die antiken Olympischen Spiele Modell oder Mythos? S. 44, zit. nach https://www.nomos-elibrary.de/10.5771/9783896659552-31.pdf?download_chapter_pdf=1&page=28, Zugriff am 24. Juli 2024.

[550] Vgl. Pierre de Coubertin: Der Olympische Gedanke. Reden und Aufsätze, Köln 1966, S. 10, 152–154, vgl. https://www.olympischeerziehung.de/media/modul/m1_4_2.pdf, Zugriff am 03. August 2024.

[551] https://www.bpb.de/themen/europa/frankreich/505860/der-algerienkrieg/, Zugriff am 11. Juli 2024.

und 1960 in Rom und Winterspiele 1956 in Cortina d'Ampezzo und 1960 in Squaw Valley statt. Daran nahm Frankreich ohne Sanktionen teil.
- Von 1965 bis 1973 tobte der USA-Krieg in Vietnam, der größte, opferreichste und schmutzigste Krieg seit 1945 bis heute. In dieser Zeit haben die USA an den Sommerspielen 1968 in Mexico-Stadt, 1972 in München und an den Winterspielen 1968 in Grenoble und 1972 in Sapporo ohne Sanktionen teilgenommen.
- Während der Olympischen Sommerspiele 2024 tobt der russische Angriffskrieg gegen die Ukraine. Deshalb darf Russland laut IOC-Beschluss nicht an den Spielen teilnehmen.
- Es ist auch Krieg im Gazastreifen. Israel führt ihn im Rahmen seines legitimen Rechts auf Selbstverteidigung nach dem feigen, unfassbar brutalen Hamas-Überfall auf Israel am 07. Oktober 2023. Aber unter dem Krieg im Gazastreifen leiden in erster Linie unschuldige Menschen aus Palästina, in erster Linie Kinder und Frauen. Es gibt Belege für zahlreiche Verletzungen des Kriegs- und Völkerrechts durch Israel. Der Chefankläger am Internationalen Strafgerichtshof für Menschenrechte in Den Haag hat am 20. Mai 2024 Haftbefehle gegen Israels Regierungschef Netanyahu und Verteidigungsminister Gallant sowie gegen drei Hamas-Anführer wegen des begründeten Verdachts auf Kriegsverbrechen und Verbrechen gegen die Menschlichkeit beantragt.[552] Olympische Sanktionen hatte das nicht zur Folge.

Wohl auch unter dem Eindruck des gerade beendeten Kalten Krieges und der endlich realen Hoffnung auf eine dauerhafte Welt ohne Krieg ergriff das Internationale Olympische Komitee (IOC) im Jahr 1992 die Initiative

---

[552] https://www.tagesschau.de/ausland/asien/istgh-haftbefehl-netanyahu-sinwar-102.html, Zugriff am 29. Juli 2024.

## 2 Die Chronik der dokumentierten Weckrufe ...

zur Wiederbelebung des Olympischen Friedens.[553] Seitdem werden von der UNO vor Beginn der Olympischen Spiele Resolutionen verabschiedet.

Für die Spiele 2024 in Paris wurde von der UNO-Vollversammlung am 21. November 2023 mit 118 Ja-Stimmen und zwei Enthaltungen die Resolution mit dem Titel: „Aufbau einer friedlichen und besseren Welt durch Sport und das Olympische Ideal" beschlossen.[554]

Die damit verbundene Hoffnung hat sich nicht erfüllt. Angesichts der neuerlichen fatalen Ko-Existenz von Olympia und Krieg richtete Papst Franziskus folgende Botschaft an die Olympischen Spiele 2024 in Paris:

> „Die Olympischen Spiele können, wenn sie echte Spiele bleiben, daher ein außergewöhnlicher Ort der Begegnung zwischen den Völkern sein, selbst zwischen den am meisten verfeindeten. Die fünf ineinander verschlungenen Ringe stellen diesen Geist der Geschwisterlichkeit dar, der das olympische Ereignis und den sportlichen Wettkampf im Allgemeinen kennzeichnen muss ... Ihrem Wesen entsprechend sind die Olympischen Spiele friedenstiftend und nicht kriegsschürend ... In diesem Geist hat die Antike sehr weise während der Spiele eine Waffenruhe ausgerufen, und die Moderne ist regelmäßig bemüht, diese glückliche

---

[553] https://www.dosb.de/sonderseiten/news/news-detail/news/turin-2006-praesentation-von-initiativen-zur-olympischen-waffenruhe-herausgabe-neuer-un-resolution, Zugriff am 29. Juli 2024.

[554] Die UNO erkennt „die Grundprinzipien der Olympischen Charta" an, „fordert die Mitgliedstaaten nachdrücklich dazu auf, den Olympischen Waffenstillstand einzuhalten", um „die sichere Durchreise, den Zugang und die Teilnahme der Athleten, Offiziellen und aller anderen akkreditierten Personen, die an den Olympischen und Paralympischen Spielen teilnehmen, zu gewährleisten und durch andere geeignete Maßnahmen zur sicheren Organisation der Spiele beizutragen"(...), „fordert alle Mitgliedstaaten auf, mit dem Internationalen Olympischen Komitee und dem Internationalen Paralympischen Komitee bei ihren Bemühungen zusammenzuarbeiten, den Sport als Instrument zur Förderung des Friedens, des Dialogs und der Versöhnung in Konfliktgebieten während und nach den Olympischen und Paralympischen Spiele zu nutzen". https://olympics.com/de/paris-2024/die-spiele/olympische-paralympische-spiele/olympischer-frieden, Zugriff am 29. Juli 2024.

Tradition aufzugreifen. In diesen unruhigen Zeiten, in denen der Weltfrieden ernsthaft bedroht ist, wünsche ich mir inständig, dass alle es sich zu Herzen nehmen, diese Waffenruhe einzuhalten, in der Hoffnung auf eine Lösung der Konflikte und die Rückkehr der Eintracht."[555]

In Paris treffen sich 10.500 Athleten aus 206 Ländern zum friedlichen und fairen Wettstreit.[556]
Sie schließen Freundschaft im Olympischen Dorf und zeigen, es geht!
IOC-Präsident Thomas Bach formulierte in seiner Eröffnungsrede am 26. Juli 2024 in Paris Folgendes:

„Nun sind wir Teil von einem Event, das die Welt in Frieden vereint … In einer Welt, die von Kriegen und Konflikten zerrissen ist, können wir dank dieser Solidarität heute Abend alle zusammenkommen und die Athleten von 206 Nationalen Olympischen Komitees und dem IOC-Flüchtlingsteam vereinen."[557]

Seit 2010 gibt es die Olympischen Jugendspiele. Die ersten wurden vom 14. bis 26. August 2010 in Singapur durchgeführt.

„Sie sollen junge Athletinnen und Athleten darin bestärken, ihren im Leistungssport eingeschlagenen Weg auf der Basis ethischer Werte wie Exzellenz, Freundschaft und Respekt sowie fundamentaler Prinzipien wie Universalität, Nachhaltigkeit und ohne jegliche Diskriminierung fortzusetzen."[558]

---

[555] https://www.osservatoreromano.va/de/news/2024-07/ted-030/eine-grosse-chance-fuer-frieden-und-geschwisterlichkeit.html, Zugriff am 27. Juli 2024.

[556] https://www.teamdeutschland.de/paris-2024, Zugriff am 29. Juli 2024.

[557] https://www.sueddeutsche.de/sport/sommerspiele-in-paris-olympia-eroeffnungsfeier-als-knallbuntes-spektakel-im-regen-dpa.urn-newsml-dpa-com-20090101-240726-930-184776, Zugriff am 29. Juli 2024.

[558] https://www.dosb.de/leistungssport/jugendspiele/olympische-jugendspiele, Zugriff am 24. Juli 2024.

## Weckruf: Friedensnobelpreis 2024 für die japanische Anti-Kriegs-Bewegung Nihon Hidankyo

**Wann?**
11. Oktober 2024

**Wo?**
Oslo

**Wie der Weckruf wirkte und wirkt?**
1954 vereinten sich verschiedene japanische Friedensbewegungen unter dem Namen „Japan Council Against A and H-Bombs" und sammelten über 35 Millionen Unterschriften für die Abschaffung von Atomwaffen.[559] Zwei Jahre später entstand in Japan die Hibakusha-Bewegung. Als Hibakusha werden die Überlebenden der Atombombenabwürfe auf Hiroshima und Nagasaki im August 1945 bezeichnet. Im Jahr 1956 gründeten lokale Hibakusha-Verbände zusammen mit Opfern von Atomwaffentests im Pazifik die Japan Confederation of A- und H-Bomb Sufferers Organizations. Dieser Name wurde auf Japanisch zu Nihon Hidankyo abgekürzt. Sie wurde zur größten und einflussreichsten Hibakusha-Organisation in Japan.[560]

Die Verkündung über die Preisverleihung an diese Anti-Kriegs- und Opferorganisation, erfolgte am 11. Oktober 2024 in Oslo. Wir interpretieren die Entscheidung des Nobelpreiskomitees als deutliche Antwort auf die wachsende Kriegsgefahr. Sowohl der russische Angriffskrieg gegen die Ukraine als auch der Krieg in Gaza und inzwischen dem ge-

---

[559] In 1954 vereinten sich japanische Friedensbewegungen unter dem Namen „Japan Council Against A and H-Bombs" und sammelten über 35 Millionen Unterschriften für die Abschaffung von Atomwaffen. https://www.atomwaffena-z.info/initiativen/geschichte-der-anti-atom-bewegung, Zugriff am 15. Oktober 2024
[560] Ebenda, Zugriff am 15. Oktober 2024

samten Nahen Osten haben das Potenzial, einen nuklearen Weltbrand zu entfachen.

„Die Atommächte modernisieren und rüsten ihre Arsenale auf; neue Länder bereiten sich offenbar auf den Erwerb von Atomwaffen vor; und es wird mit dem Einsatz von Atomwaffen im laufenden Krieg gedroht. In diesem Moment der Menschheitsgeschichte lohnt es sich, uns daran zu erinnern, was Atomwaffen sind: die zerstörerischsten Waffen, die die Welt je gesehen hat. Nächstes Jahr ist es 80 Jahre her, dass zwei amerikanische Atombomben schätzungsweise
120.000 Einwohner von Hiroshima und Nagasaki töteten. Eine vergleichbare Zahl starb in den folgenden Monaten und Jahren an Verbrennungen und Strahlenschäden. Die heutigen Atomwaffen haben eine weitaus größere Zerstörungskraft. Sie können Millionen Menschen töten und hätten katastrophale Auswirkungen auf das Klima. Ein Atomkrieg könnte unsere Zivilisation zerstören. Durch persönliche Zeugenaussagen hat Nihon Hidankyo umfangreiche Aufklärungsarbeit über die katastrophalen humanitären Folgen des Einsatzes von Atomwaffen geleistet."[561] Die Organisation hat zwei Hauptziele. Das erste besteht darin, die sozialen und wirtschaftlichen Rechte aller Hibakusha zu fördern, auch derjenigen, die außerhalb Japans leben. Zweitens soll erreicht werden, dass sich die Katastrophe, die den Hibakusha widerfuhr, niemals wiederholt.

Kern der Vision von Alfred Nobel sei die Überzeugung, dass engagierte Menschen einen Unterschied machen können. Mit der Verleihung des diesjährigen Friedensnobelpreises an Nihon Hidankyo ehre das norwegische Nobelkomitee alle Überlebenden, die sich trotz körperlichen Leidens und schmerzhafter Erinnerungen dafür entschieden haben, sich für den Frieden zu engagieren. Die Entscheidung, Ni-

---

[561] https://www.nobelprize.org/prizes/peace/2024/nihon-hidankyo/facts/, Zugriff am 15. Oktober 2024

hon Hidankyo den Friedensnobelpreis für das Jahr 2024 zu verleihen, sei gleichsam im Testament von Alfred Nobel verankert.[562]

**Eine notwendige Anmerkung zum Schluss**
An dieser Stelle – Sie mussten in diesem Kapitel schon sehr viel Text mit noch mehr Zahlen und Fakten bewältigen – nur eine kurze Anmerkung zum letzten Weckruf in unserer Chronik. Solange die nuklearen Waffenbestände in den Dimensionen bestehen, dass damit die Erde gleich mehrfach in Schutt und Asche gebombt werden könnte, ist ein wirklicher Frieden nicht vorstellbar. Es reicht auch nicht, um im Bild eines der künstlerischen Weckrufe zu bleiben, dass der Lauf der Pistole nur verknotet wird. Sie muss verschwinden.

Wir brauchen endlich, das hatte Heribert Prantl in seinem Buch nicht im Blick, wieder ernsthafte Abrüstungsverhandlungen. Zuvorderst der zwei Atomwaffen-Supermächte, den USA und Russland. Sie haben die aktuelle Statistik zur Zahl der Sprengköpfe bei den neun Atomstaaten noch in Erinnerung. Solange diese Bestände bestehen, wird deren Nutzung immer eine Option bleiben.

## 2.8 Starke Persönlichkeiten – starke Weckrufe. Mut bei Gefahr für Freiheit, das Leben und das öffentliche Ansehen

In diesem Unterkapitel dokumentieren wir Weckrufe aus der Jetztzeit, deren Veröffentlichung mit großen Risiken verbunden war.[563]

---

[562] Ebenda, Zugriff am 15. Oktober 2024
[563] Um Dopplungen zu vermeiden haben wir diese Weckrufe im Unterkapitel 2.8 nicht in unsere Chronik aufgenommen, die wir in den Unterkapiteln 2.2 bis

Das ist eine exemplarische Auswahl. Niemand kennt alle Namen der Menschen, die nicht nur in der großen Öffentlichkeit, sondern oft im kleinen Kreis zu Menschlichkeit und Versöhnung aufgerufen und das mit ihrem Leben bezahlt haben. Der Soldat, der sich weigerte, an einer Massenerschießung mitzuwirken und dazu auch seine Kameraden aufrief, wurde in der deutschen Wehrmacht im Zweiten Weltkrieg standrechtlich erschossen! Sein Name findet sich allenthalben in der Liste der in diesem schauerlichen Gemetzel gefallenen deutschen Soldaten, es waren 5.533.000 Gestorbene in einem von Deutschland vom Zaun gebrochenen Angriffskrieg.[564]

Vollständigkeit ist bei dieser Dokumentation kein Ziel, das angestrebt werden muss. Es ist doch das Einzelschicksal, das uns aufmuntert – oder verstört. Zuletzt Cillian Murphy, der in der Oppenheimer-Verfilmung von Christopher Nolan die Titelfigur verkörpert. Dieser Dreistundenabend im Kinopalast am Zoo in Berlin ist mir in seiner Verstörtheit, ebenso seinem Aufruf zum Handeln nach vielen Monaten noch sehr gegenwärtig. Emotional berührt mich noch immer, dass ich dieses Gefühl mit allen anderen im ausverkauften großen Saal geteilt habe.

Karl Liebknecht, Mahatma Gandhi, Leo Trotzki, Sophie und Hans Scholl, Anne Frank, Claus Graf Schenk von Stauffenberg, Anna Politkowskaja und Anja Niedringhaus – sie stehen in den folgenden Seiten für viele bekannte, noch mehr aber unbekannte Menschen, die für eine gute Sache viel gewagt, und dafür mit ihrem Leben bezahlt haben. Vor allen wollen wir uns mit unserem Buch verneigen.

Das Leben ist der höchste Preis. Nelson Mandela musste ihn nicht zahlen. Aber er hat vor seinem Richter 1964 – der

---

2.7 dokumentiert haben. In der Gesamtliste im Anhang sind sie aber enthalten. In dieser chronologischen Übersicht finden sich alle Weckrufe dieses Buches.

[564] https://de.statista.com/statistik/daten/studie/1055110/umfrage/zahl-der-toten-nach-staaten-im-zweiten-weltkrieg/, Zugriff am 30. August 2024.

## 2 Die Chronik der dokumentierten Weckrufe …

Staatsanwalt hatte die Todesstrafe beantragt – gesagt, „ich bin auch bereit für meine Sache zu sterben".

Wir leben in einem Rechtsstaat und können unsere Meinung frei äußern. Aber ich kenne persönlich Menschen, die dieses Recht in Anspruch genommen haben, und samt ihrer Nächsten in der Familie im Internet verbal hingerichtet wurden. Mit denen möchte ich nicht tauschen. Das ist demütigend, deprimierend, man kann sich nicht wehren. Man weiß, man hat sich auf dem Boden des Grundgesetzes bewegt. Man weiß, man war moralisch und hatte Argumente, die es wert waren, geprüft zu werden.

Es scheint, wir verlernen es mehr und mehr, einen kultivieren Diskurs zu führen. Dass eine andere Sicht als die gewohnte allein nur deshalb diffamiert wird, tut mir weh. Schade, dass das schöne Wort vom Querdenken nicht mehr hoffähig ist. Ohne diese Fähigkeit wären viele der wichtigsten Erfindungen in der Menschheitsgeschichte nicht gemacht worden. Die schöne Geschichte vom fallenden Apfel in Newtons Garten, der ihn zum Gravitationsgesetz inspirierte, gehört ausdrücklich in diese Kategorie.

Lesen Sie jetzt über Menschen, die couragiert waren, das Richtige, das Menschliche, laut und deutlich zu artikulieren.[565] Es geht ums Eingemachte, um die Tatsache, dass unsere globale Existenz sehr real militärisch und ökologisch bedroht wird. Dafür sollten wir öfter den „Arsch in der Hose haben". Diesen Satz habe ich in meinem Berliner Arbeitszimmer geschrieben. Dort darf ich das so sagen!

---

[565] Die hier dokumentieren Weckrufe betreffen nur die Jetztzeit, also die Epoche von 1914 bis heute. Darauf haben wir uns bewusst konzentriert. Denn zu diesen Menschen und diesen Taten besteht bei den meisten von uns noch eine persönliche Nähe. Wir haben sie im Kino oder Fernsehen gesehen. Wir kennen Zeitzeugen, die die Protagonisten sogar persönlich kannten. Denn gerade das fördert Empathie. Ich habe etliche Jahre in einem Haus mit dem Sohn von Hilde und Hans Coppi in einem Berliner Mehrfamilienhaus gewohnt. Hans, der Sohn von Hilde und Hans, wurde im berüchtigten Gefängnis Berlin-Plötzensee geboren. Dort wurden seine Eltern, beide Mitglieder der Widerstandsgruppe „Rote Kapelle", auch hingerichtet, Hans Coppi am 22. Dezember 1942, seine Frau Hilde am 05. August 1943.

# Weckruf: Die Abstimmungen über die Kriegskredite im Deutschen Reichstag am 04. August und am 02. Dezember 1914

Am 02. Dezember 1914 war Karl Liebknecht der einzige Abgeordnete im Deutschen Reichstag, der gegen die Kriegskredite stimmte.

**Wer?**
Karl Liebknecht (1871 – 1919)

**Wann?**
02. Dezember 1914

**Wo?**
Deutscher Reichstag, Berlin

**Wie der Weckruf wirkte und wirkt?**
Die zwei Abstimmungen über die Kriegskredite im Deutschen Reichstag 1914 waren am 04. August und am 02. Dezember. Die Kriegsbegeisterung der allermeisten Menschen war damals überwältigend. Vor diesem Hintergrund wurden die heiligen Antikriegsschwüre der deutschen Sozialdemokratie in kürzester Zeit zur Makulatur. Selbst Karl Liebknecht hob bei der ersten Abstimmung am 04. August zustimmend seine Hand.

Für Wortbruch und Opportunismus steht bis heute das Verhalten der SPD-Fraktion im Deutschen Reichstag. In den Jahren davor hatte sich die deutsche Sozialdemokratie nahezu unisono als Antikriegspartei apostrophiert. Angesichts der aufgeheizten nationalistischen Stimmung und der euphorischen Kriegsbegeisterung verrieten (manche auch verdrängten) die SPD-Abgeordneten ihre hehren Prinzipien. Bei der ersten Abstimmung am 04. August 1914 stimmten alle anwesenden Fraktionsmitglieder (122) geschlossen dafür. Zwei Abgeordnete verließen allerdings zuvor den Saal, um sich dieser Schmach nicht auszusetzen. Bei der Abstimmung über einen weiteren Kredit am 02. Dezember 1914 aber stimmte Karl Liebknecht – im August hatte er sich noch der Fraktionsdisziplin gebeugt und mit Ja gestimmt – als einziger Abgeordneter aller im Reichstag vertretenen Parteien – dagegen.

„Meine Abstimmung zur heutigen Vorlage", so Liebknecht bei der Reichstagssitzung am 02. Dezember 1914, „begründe ich wie folgt: Es handelt sich um einen imperialistischen Krieg, einen Krieg um die kapitalistische Beherrschung des Weltmarktes, um die politische Beherrschung wichtiger Siedlungsgebiete für das Industrie- und Bankkapital. Es handelt sich vom Gesichtspunkt des Wettrüstens um einen von der deutschen und österreichischen Kriegspartei gemeinsam im Dunkel des Halbabsolutismus und der Geheimdiplomatie hervorgerufenen Präventivkrieg."[566]

Eine denkwürdige Entscheidung! Dafür wurde er als Vaterlandsverräter geächtet und diffamiert.[567] Am 15. Januar 1919 wurde er nicht zuletzt wegen seiner kompromisslosen Antikriegshaltung zusammen mit Rosa Luxemburg von militaristischen Schergen feige ermordet.

## Weckruf: „Ich betrachte mich als Soldat, allerdings als Friedenssoldat"

Ziviler Ungehorsam, gewaltfreier Widerstand[568]

### Wer?
Mahatma Gandhi (1869–1948)

---

[566] Liebknecht, Karl: Ausgewählte Reden, Briefe und Aufsätze, Berlin 1952, S. 281–283.

[567] https://www.bundestag.de/webarchiv/textarchiv/2014/kw31_reichstagsprotokolle-284830 Zugriff am 20. Mai 2024.

[568] http://www.nonviolent-resistance.info/exhibitions/eng/gandhi/pg39.htm, Zugriff am 17. März 2024.

**Wann?**
10. Dezember 1931

**Wo?**
Genf, Rede Mahatma Gandhi Victoria Hall

**Wie der Weckruf wirkte und wirkt?**
Gandhi war das Vorbild für Martin Luther King, mit friedlichen Mitteln gegen den Rassismus in den USA und den Vietnamkrieg zu kämpfen. „Gandhis Methode des gewaltfreien Widerstands ... wurde ein Leitbild unserer Bewegung. Geist und Motivation kamen von Christus, von Gandhi kam die Methode."[569]

Satyagraha – so lautete der Name der von Mahatma Gandhi entwickelten Strategie im Kampf um die Unabhängigkeit Indiens von der britischen Kolonialherrschaft. Dafür stehen die Begriffe ziviler Ungehorsam und gewaltfreier Widerstand. Das inspirierte weltweit die großen Bewegungen gegen Krieg und für Gerechtigkeit.

„Wir werden auf jeden Fall friedlich bleiben, weil wir wissen, dass nur friedlicher Widerstand funktionieren kann." Das sagte 2022 Lina Johnsen, Sprecherin der Klimaaktivistengruppe „Letzte Generation", in einem Radiointerview.[570]

Gandhi rief 1942 die „Quit India"-Bewegung ins Leben, die einen vollständigen britischen Rückzug forderte. Gandhi wurde bis 1944 inhaftiert.

Weil er nach der Unabhängigkeit Indiens und der Abtrennung Pakistans als muslimischen Staat auch für die Rechte der Muslime in Indien eintrat, wurde er von mili-

---

[569] https://www.welt.de/debatte/die-welt-in-worten/article11502690/Gandhis-Methoden-halfen-die-Welt-zu-veraendern.html, Zugriff am 17. März 2024.

[570] https://www.evangelische-zeitung.de/ueber-den-erfolg-von-gewaltlosem-widerstand, Zugriff am 12. März 2024.

tanten Hindus als Verräter bezeichnet und am 30. Januar 1948 von einem fanatischen Hindu erschossen.[571]

**Weckruf: Leo Trotzki: Hitlers Sieg bedeutet Krieg gegen UdSSR**

Hitler werde sich nicht auf die Vernichtung seiner Gegner in Deutschland beschränken.[572]

**Wer?**
Leo Trotzki (1879–1940)

**Wann?**
28. Dezember 1931

**Wo?**
Emigration

**Wie der Weckruf wirkte und wirkt?**
Neben Lenin zählte Trotzki wegen seines Beitrags zum Erfolg des Umsturzes und als militärischer Führer im Bürgerkrieg zu den wichtigsten Führern der Oktoberrevolution.

Trotzki war der einzige unter den Repräsentanten und Führern in der internationalen Arbeiterbewegung, der den wahren Charakter der faschistischen Gefahr verstanden und einen Aktionsplan entwickelt hatte, mit dem Hitler hätte besiegt werden können. Er schrieb von seiner isolierten türkischen Verbannungsinsel im Marmarameer, um die KPD wachzurütteln. Die Machtergreifung Hitlers war absehbar und damit auch der Vernichtungsfeldzug gegen alle Kontrahenten, vor allem gegen die deutschen Kommu-

---

[571] https://www.history.com/this-day-in-history/gandhi-assassinated, Zugriff am 17. März 2024.
[572] https://www.marxists.org/deutsch/archiv/trotzki/1931/12/hitlerkrieg.html, Zugriff am 17. März 2024.

nisten. Er warnte auch vor den schädlichen Auswirkungen der Politik Stalins für die deutschen Arbeiter und die ganze Welt.[573] Trotzki übte offen Kritik an den Entscheidungen der Bolschewiki und persönlich an Stalin.

Im Oktober 1927 wurden Trotzki und Sinowjew aus dem Zentralkomitee und der kommunistischen Partei der Sowjetunion ausgeschlossen.

Trotzki wurde unter dem Vorwurf von konterrevolutionären Umtrieben verhaftet, nach Kasachstan deportiert und im Februar 1929 aus der Sowjetunion ausgewiesen.

Einem Großteil seiner politischen Mitstreiter wurde im Zuge der ersten großen Welle der stalinistischen „Säuberungs"-Maßnahmen in der Sowjetunion der Prozess gemacht. Die meisten wurden zum Tode verurteilt und hingerichtet.

Trotzki verfasste seinen Weckruf in seinem Exil auf einer türkischen Insel im Marmarameer im August 1932. Später ging er nach Mexiko, wo er bis zu seiner von Stalin befohlenen Ermordung am 21. August 1940 im Exil lebte.[574]

## Weckruf: „Leningrader Sinfonie"

Das bedeutendste Musikstück im 20. Jahrhundert gegen den Krieg. Aufgeführt 1942 in Leningrad und Moskau unter Lebensgefahr beim Artilleriebeschuss und den Bombenabwürfen deutscher Truppen.

### Wer?
Dmitri Schostakowitsch (1915–1975)

---

[573] Vgl. http://revolution.anticapitalista.com/pdf/reader5.pdf, Zugriff am 17. März 2024.
[574] https://dlf.uzh.ch/sites/stalindigital/2021/09/02/machtkampf/, Zugriff am 22. Juli 2024.

## 2 Die Chronik der dokumentierten Weckrufe ...

**Wann?**
1942

**Wo?**
Sowjetunion

**Wie der Weckruf wirkte und wirkt?**
Dmitri Schostakowitsch gehört zu den wichtigsten Komponisten des 20. Jahrhunderts. Seine 7. Sinfonie, viel bekannter als „Leningrader Sinfonie", entstand vor dem Hintergrund der deutschen Belagerung der gleichnamigen Stadt. Nach dem Überfall auf die Sowjetunion am 22. Juni 1941 rückten die Truppen der Wehrmacht sehr schnell vor. Die Blockade Leningrads begann schon am 08. September 1941 und dauerte bis zum 27. Januar 1944, also 872 Tage. In dieser Zeit verloren 1,1 Millionen Einwohner ihr Leben. 90 Prozent davon verhungerten. Die Einschließung der Stadt durch die deutschen Truppen mit dem Ziel, die Leningrader Bevölkerung systematisch verhungern zu lassen, gilt als eines der eklatantesten Kriegsverbrechen der deutschen Wehrmacht während des Kriegs gegen die Sowjetunion.

Schostakowitsch wurde am 25. September 1906 in St. Petersburg, dem späteren Leningrad, geboren. Ihm lag das Schicksal seiner Geburts- und Heimatstadt besonders am Herzen. So entstand die Sinfonie auch als Signal an die Einwohner, dem gnadenlosen Druck der Belagerer zu widerstehen und im Kampf gegen den Aggressor zu siegen. Am 01. Oktober 1941 wurde Schostakowitsch mit seiner Familie aus Leningrad ausgeflogen. Die Sinfonie schrieb er in Kuibyschew zu Ende. Dort wurde sie am 05. März 1942 vom dorthin evakuierten Moskauer Orchester des Bolschoi-Theaters unter Leitung von Samuil Samossud uraufgeführt. Die Moskauer Erstaufführung am 29. März fand unter lebensgefährlichen Umständen statt. Doch selbst ein Luftalarm konnte angesichts der fesselnden Musik die Zuhörer nicht dazu bewegen, die Schutzräume aufzusuchen. Schostakowitschs Wunsch nach einer Aufführung in Leningrad ging kurze Zeit später in Erfüllung: Ein Sonderflugzeug konnte die vollständige Orchesterpartitur nach Leningrad einfliegen. Die dortige Erstaufführung gab es am 09. August 1942 mit den wenigen noch lebenden Mitgliedern des Radioorchesters Leningrad und weiteren Musikern.

Am 22. Juni 1942 dirigierte in London Sir Henry Wood die Sinfonie. Arturo Toscanini leitete die erste Aufführung der Sinfonie in den Vereinigten Staaten. Sie fand am 19. Juli 1942 in New York mit dem NBC Symphony Orchestra statt. Die deutsche Erstaufführung mit den Berliner Philharmonikern unter dem Dirigat von Sergiu Celibidache war in der Staatsoper Unter den Linden in Berlin im Dezember 1946.[575]

Die Leningrader Sinfonie gilt zu Recht auch als Symbol für die historische Leistung der Sowjetunion im Zweiten Weltkrieg gegen Weltunterjochungswahn des deutschen Faschismus. Geschätzt starben im Zweiten Weltkrieg 70 Millionen Menschen, Soldaten und Zivilisten. Davon waren 24 Millionen Bürger der Sowjetunion, rund 34 Prozent.[576] Diesen Blutzoll beim Sieg gegen die Barbarei darf die Welt nie vergessen.

## Weckruf: Tagebuch der Anne Frank

„Oh ja, ich will nicht umsonst gelebt haben, wie die meisten Menschen. Ich will den Menschen, die um mich herum

---

[575] https://de.wikipedia.org/wiki/7._Sinfonie_(Schostakowitsch), Zugriff am 17. Juli 2024.

[576] https://de.statista.com/statistik/daten/studie/1055110/umfrage/zahl-der-toten-nach-staaten-im-zweiten-weltkrieg/, Zugriff am 17. Juli 2024.

leben und mich doch nicht kennen, Freude und Nutzen bringen. Ich will fortleben, auch nach meinem Tod."[577]

Erschütternden Aufzeichnungen, die hauptsächlich in einem Amsterdamer Hinterhaus entstanden, wo sich die jüdische Familie Frank vor den Nazis versteckte, bis sie im August 1944 entdeckt und deportiert wurde.

**Wer?**
Anne Frank (1929–1945)

**Wann?**
1942 bis 1944

**Wo?**
Niederlande

**Wie der Weckruf wirkte und wirkt?**
Anne Frank starb am 12. Juni 1945 im Alter von fünfzehn Jahren im KZ Bergen-Belsen. Ihr Tagebuch ist eines der berühmtesten Dokumente der Zeitgeschichte. Es erschien in über 30 Millionen Exemplaren, wurde in 70 Sprachen übersetzt und mehrfach verfilmt.

2009 wurde das Tagebuch von der UNESCO in das Weltdokumentenerbe aufgenommen.

---

[577] Tagebucheintrag, 05. April 1944. Edition Mirjam Pressler (Version d) unter Berücksichtigung der Fassung von Otto H. Frank (Version c), Verlag Fischer 2013.

## Weckruf: „Auf uns sieht das deutsche Volk! Von uns erwartet es die Brechung des nationalsozialistischen Terrors aus der Macht des Geistes!"

Flugblatt der Widerstandsgruppe „Weiße Rose" aus dem Jahr 1943[578]

**Wer?**
Sophie Scholl (1921 – 1943)

**Wann?**
1943

**Wo?**
Deutschland

**Wie der Weckruf wirkte und wirkt?**
Die Studentin war Mitglied in der studentischen Widerstandsgruppe „Weiße Rose", die gegen die faschistische Barbarei und den Krieg in der Illegalität kämpfte.

Sie wurde im Februar 1943 verhaftet und am 22. Februar vom Volksgerichtshof unter dessen Vorsitzenden Roland Freisler zusammen mit ihrem Bruder, Hans Scholl zum Tode verurteilt. Die Geschwister, Hans 24-jährig, Sophie 21-jährig, wurden noch am selben Tag hingerichtet.[579] Beide Widerstandskämpfer stehen symbolhaft für den Kampf gegen die Nazibarbarei. Ihr Widerstand zeigt bis heute, dass es trotz gnadenloser Repressionen auch das „andere Deutschland" in der NS-Diktatur gab.

---

[578] https://www.weisse-rose-stiftung.de/widerstandsgruppe-weisse-rose/flugblaetter/vi-flugblatt-der-weissen-rose/, Zugriff am 05. Juli 2024.
[579] https://www.dhm.de/lemo/biografie/sophie-scholl, Zugriff am 02. Juni 2024.

## 2 Die Chronik der dokumentierten Weckrufe ...

### Weckruf: Stauffenberg-Attentat auf Hitler

Stauffenberg gehörte dem „Kreisauer Kreis" an. Diese Verschwörer- und Widerstandsgruppe aus Militärs und Zivilisten wollte die sofortige Beendigung des Krieges und der Judenverfolgung.

**Wer?**
Claus Schenk Graf von Stauffenberg (1907–1944)

**Wann?**
20. Juli 1944

**Wo?**
Deutschland

**Wie der Weckruf wirkte und wirkt?**
Das Attentat vom 20. Juli 1944 war der bedeutendste Umsturzversuch des militärischen Widerstandes in der Zeit des Nationalsozialismus. Claus Schenk Graf von Stauffenberg und die weiteren Mitglieder der Widerstandsgruppe scheiterten mit ihrem Versuch, Adolf Hitler mit einem Bombenanschlag zu ermorden. Das Ziel, den Zweiten Weltkrieg und die nationalsozialistische Herrschaft zu beenden, wurde nicht erreicht.[580]

In der Gedenkstunde an den Widerstand vom 20. Juli 1944 sagte Bundeskanzler Scholz im Jahr 2023: „Wir denken heute, 79 Jahre später, voller Bewunderung an den Mut dieser Männer und Frauen", so der Kanzler. „Viele von ihnen bezahlten mit ihrem Leben. Ihr Vermächtnis erinnert uns: Es ist und bleibt eine wichtige Aufgabe, unsere Freiheit und Demokratie zu schützen."[581]

---

[580] https://www.bundesarchiv.de/DE/Content/Dokumente-zur-Zeitgeschichte/19440720-hitlerattentat.html, Zugriff am 02. Juni 2024.
[581] https://www.bundesregierung.de/breg-de/themen/erinnern-und-gedenken/gedenken-20-juli-1944-2203534, Zugriff am 02. Juni 2024.

## Weckruf: „I have a dream"

Martin Luther King hält seine berühmte Rede beim Marsch auf Washington.[582]

**Wer?**
Martin Luther King (1929 – 1968)

**Wann?**
28. August 1963

**Wo?**
Washington

**Wie der Weckruf wirkte und wirkt?**
In seiner Bürgerrechtsansprache vor dem Lincoln Memorial sagte er: „Ich habe einen Traum: dass eines Tages auf den roten Hügeln Georgias die Söhne ehemaliger Sklaven und die Söhne ehemaliger Sklavenhalter sich gemeinsam an den Tisch der Brüderlichkeit werden setzen können."[583]

Diesem Tag, dem 28. August 1963, und diesem Traum hat Bob Dylan sein Lied „The times they are changin" gewidmet. Es wurde zur Hymne der Protestbewegung.

Präsident John F. Kennedy traf sich mit Martin Luther King. Das Gesetz zur Aufhebung der Rassentrennung wurde nach Kennedys Ermordung als „Civil Rights Act" 1964 verabschiedet. Martin Luther King erhielt 1964 den Friedensnobelpreis.[584]

---

[582] Reden die unsere Welt veränderten. Mit einem Vorwort von Simon Sebag Montefiore, Insel Verlag Berlin, 2019, S. 184.

[583] https://www.deutschlandfunk.de/i-have-a-dream-106.html, Zugriff am 14. März 2024.

[584] https://www.deutschlandfunk.de/50-jahre-gleichberechtigung-die-aufhebung-der-100.html, Zugriff am 14. März 2024.

Martin Luther King ist als prägende Kraft der US-amerikanischen Bürgerrechtsbewegung in die Geschichte eingegangen. Sein gewaltfreier Widerstand gegen Ungerechtigkeit, seine Erfolge für die Gleichberechtigung und sein selbstloser Einsatz wirken bis heute fort.[585]

Wir haben ihm hier ein kleines Denkmal gesetzt. Nicht zuletzt wegen seines gewaltfreien Widerstands gegen den grausamen US-amerikanischen Krieg in Vietnam.

**Weckruf: „Die auf der Hautfarbe basierende Spaltung ist vollkommen künstlich und wenn sie verschwindet, wird auch die Herrschaft von Menschen einer Hautfarbe über die einer anderen verschwinden."**

Nach dieser Rede wurde Nelson Mandela zu lebenslanger Haft verurteilt.[586]

**Wer?**
Nelson Mandela (1918–1913)

**Wann?**
20. April 1964

**Wo?**
Südafrika, Rede vor Gericht

---

[585] https://www.brot-fuer-die-welt.de/themen/martin-luther-king/, Zugriff am 14. März 2024.
[586] Reden die unsere Welt veränderten. Mit einem Vorwort von Simon Sebag Montefiore, Insel Verlag Berlin, 2019, S. 193.

### Wie der Weckruf wirkte und wirkt?
Weil er den bewaffneten Kampf gegen die Apartheidpolitik unterstützte, kam Mandela vor Gericht. Der Staatsanwalt forderte die Todesstrafe; die Richter verurteilten den „Terroristen" 1964 zu lebenslanger Haft.[587]

> „Ich habe gegen die weiße Vorherrschaft gekämpft, und ich habe gegen schwarze Vorherrschaft gekämpft. Ich habe das Ideal der Demokratie und der freien Gesellschaft hochgehalten. Das ist ein Ideal, für das ich zu leben und das ich zu verwirklichen hoffe. Doch, Euer Ehren, wenn es sein soll, bin ich auch bereit, für dieses Ideal zu sterben."[588]

Nach seiner Haftentlassung am 11. Februar 1990[589] verhinderte Mandela das weltweit befürchtete Blutbad am Kap. In dramatischen Gesprächen steuerte Mandela den Machtwechsel von der weißen Minderheit hin zur schwarzen Mehrheit. Statt Rassenkrieg erzielte er eine Verhandlungslösung.[590] Nelson Mandela wurde 1994 Präsident von Südafrika.

### Weckruf: „Beyond Vietnam"

Bekannteste Antikriegsrede von Martin Luther King.

### Wer?
Martin Luther King (1929 – 1968)

---

[587] Mandelas Lebenskraft war unerschütterlich. Nach seiner Verurteilung 1964 schrieb er in Haft eine Examensarbeit für einen Fernkurs an der Universität London – obwohl ihm die Hinrichtung drohte, https://www.spiegel.de/geschichte/nelson-mandela-und-sein-kampf-gegen-die-apartheid-a-1218047.html, Zugriff am 17. März 2024.

[588] Reden die unsere Welt veränderten. Mit einem Vorwort von Simon Sebag Montefiore, Insel Verlag Berlin, 2019, S. 194.

[589] https://www.bpb.de/kurz-knapp/hintergrund-aktuell/305010/vor-30-jahren-nelson-mandela-wird-aus-der-haft-entlassen/, Zugriff am 16. Juli 2024.

[590] https://www.spiegel.de/geschichte/nelson-mandela-und-sein-kampf-gegen-die-apartheid-a-1218047.html, Zugriff am 17. März 2024.

## 2 Die Chronik der dokumentierten Weckrufe …

**Wann?**
04. April 1967

**Wo?**
Riverside Church New York

**Wie der Weckruf wirkte und wirkt?**

„Beenden Sie alle Bombenangriffe in Nord- und Südvietnam, legen Sie ein Datum fest, an dem wir alle ausländischen Truppen gemäß dem Genfer Abkommen von 1954 aus Vietnam entfernen werden."[591]

„Mein Gewissen lässt mir keine andere Wahl". Er beschreibt

„die grausame Ironie, Negro und white boys auf der Fernsehmattscheibe zu sehen, wie sie zusammen töten und sterben für eine Nation, die unfähig gewesen ist, sie nebeneinanderzusetzen in derselben Schule. Und so sehen wir ihnen zu, wie sie in brutaler Solidarität Hütten eines armen Dorfes niederbrennen, aber wir realisieren, dass sie in Chicago kaum in einem Viertel wohnen würden. Ich kann nicht still sein angesichts so einer grausamen Manipulation der Armen."[592]

Erste Reaktionen auf Kings Rede waren überwiegend negativ. „Washington Post" und „New York Times" kritisierten das Statement. Es habe Kings Nutzen für seine Sache, sein Land und sein Volk geschmälert, und zwar durch eine vereinfachte und fehlerhafte Sicht auf die Situation.[593]

---

[591] https://de.alphahistory.com/Vietnamkrieg/Martin-Luther-King-jenseits-von-Vietnam-1967/, Zugriff am 25. April 2024.
[592] Prantl, a. a. O., S. 91.
[593] Vgl. https://kinginstitute.stanford.edu/encyclopedia/beyond-vietnam, Zugriff am 17. März 2024.

Am 04. April 2968 wurde Martin Luther King in Memphis, Tennessee (USA) ermordet.

## Weckruf: „Wie ich mir die Zukunft vorstelle. Gedanken über Fortschritt, friedliche Koexistenz und geistige Freiheit"

Das berühmte Essay von Andrej Sacharow erschien am 22. Juli 1968 in der „New York Times".[594]

**Wer?**
Andrej Sacharow (1921 – 1989), sowjetischer Atomphysiker, Entwickler der Wasserstoffbombe, Friedensnobelpreis 1975, berühmter Menschenrechtler der Sowjetunion

**Wann?**
22. Juli 1968

**Wo?**
Sowjetunion

**Wie der Weckruf wirkte und wirkt?**
Sacharow forderte den Verzicht auf militärische Konfrontation und die Annäherung der zwei rivalisierenden politischen Systeme, Sozialismus und Kapitalismus.

„Ein Atomkrieg kann nicht mehr (in den Worten von Carl von Clausewitz) als Fortsetzung der Politik mit anderen Mitteln bezeichnet werden. Er wäre ein Mittel des universellen Selbstmords". Das Essay machte Sacharow weltbekannt. Es erschien zunächst im sowjetischen Untergrundverlag „Samisdat".[595]

---

[594] https://www.dissidenten.eu/laender/russland/biografien/andrei-sacharow/andrei-sacharow-teil-2, Zugriff am 16. Juli 2024.
[595] Ebenda.

Sacharow wurde sofort aus dem sowjetischen Establishment ausgeschlossen. Schon im August entband man ihn von der unter Geheimhaltung stehenden Arbeit im „Spezialobjekt Arsamas 16".

Das Essay „Wie ich mir die Zukunft vorstelle", erschien 1969 bei Diogenes in Zürich in deutscher Sprache mit einem Vorwort des weltbekannten Schweizer Schriftstellers Max Frisch.[596]

1973 vollzog Sacharow öffentlich den Bruch mit der kommunistischen Idee. 1980 wurden ihm alle staatlichen Auszeichnungen aberkannt. Er wurde aus der UdSSR ausgewiesen.[597]

Seit 1988 wird der Sacharow-Preis für geistige Freiheit (höchste Auszeichnung der Europäischen Union für Bemühungen im Bereich der Menschenrechte) vergeben.

### Weckruf: Nobelpreisrede für Abrüstung, Frieden und Menschenrechte

„Streitfragen dürfen keinesfalls durch Krieg entschieden werden."[598]

**Wer?**
Andrej Sacharow (1921 – 1989)

**Wann?**
10. Dezember 1975, vorgetragen von seiner Frau Jelena Bonner

---

[596] https://www.diogenes.ch/leser/titel/andrej-d-sacharow/wie-ich-mir-die-zukunft-vorstelle-9783257014204.html, Zugriff am 16. Juli 2024 – Hinweis: Das Buch wird auf Domain des Verlages mit einem Erscheinungsdatum 01. Januar 1968 ausgewiesen. M. E. muss die Jahreszahl 1969 lauten, denn das Essay wurde erst Mitte 1968 erstmals veröffentlicht.

[597] https://www.dissidenten.eu/laender/russland/biografien/andrei-sacharow/andrei-sacharow-teil-2, Zugriff am 17. März 2024.

[598] https://www.nobelprize.org/prizes/peace/1975/sakharov/lecture/, Zugriff am 25. Mai 2024.

**Wo?**
Oslo

**Wie der Weckruf wirkte und wirkt?**

„Vieles spricht dafür, dass die Menschheit an der Schwelle der zweiten Hälfte des 20. Jahrhunderts stehend, in eine besonders entscheidende und kritische historische Ära eintrat. Es gibt Atomraketen, die im Prinzip in der Lage sind, die Welt, die gesamte Menschheit zu vernichten; das ist die größte Gefahr, die unsere Zeit bedroht. Dank wirtschaftlicher, industrieller und wissenschaftlicher Fortschritte, sind sogenannte ‚konventionelle' Waffen ebenfalls ungleich gefährlicher geworden, ganz zu schweigen von den chemischen Stoffen und bakteriologischen Kriegsinstrumenten."[599]

Sacharow hatte in der Sowjetunion die größte Wasserstoffbombe der Welt gebaut. Sie wurde 1961 auf einem Testgelände tatsächlich auch gezündet. Die Explosion sprengte alle bisherigen Dimensionen. Angesichts der alle gekannten Dimensionen übersteigenden zerstörerischen Testexplosion wurde er – ähnlich wie sein amerikanischer Kollege Oppenheimer – ein Gegner der Nuklearwaffen. Er erklärt 1973 öffentlich seinen Bruch mit der kommunistischen Idee in Interviews mit westlichen Medien.

Am 08. Januar 1980 erließ das Präsidium des Obersten Sowjets ein Dekret mit der Anordnung, Sacharow alle staatlichen Auszeichnungen abzuerkennen und ein zweites Dekret über seine Ausweisung aus Moskau. Erst 1986 darf er aus seiner Verbannung in Gorki in die sowjetische Hauptstadt zurückkehren.

---

[599] https://www.zeit.de/1976/02/reform-nicht-revolution, Zugriff am 25. Mai 2024.

## 2 Die Chronik der dokumentierten Weckrufe ...

### Weckruf: „Frieden schaffen ohne Waffen"

„Berliner Appell" einer unabhängigen Friedensbewegung in der DDR

**Wer?**
Robert Havemann (1910–1982)
Rainer Eppelmann, geboren 1943

**Wann?**
25. Januar 1982

**Wo?**
Berlin

**Wie der Weckruf wirkte und wirkt?**
Am 25. Januar 1982, wurde der „Berliner Appell – Frieden schaffen ohne Waffen" veröffentlicht. Die beiden Verfasser, der Dissident Robert Havemann und der oppositionelle Pfarrer der Berliner Samaritergemeinde Rainer Eppelmann, forderten in acht Punkten Grundlagen einer dauerhaften Friedensordnung ein.

Der Berliner Appell war die erste programmatische Erklärung, die von verschiedenen Gruppen und Strömungen der unabhängigen Friedensbewegung der DDR gemeinsam getragen wurde. Zahlreiche Menschen unterzeichneten den Aufruf.[600]

Um diese Friedensordnung zu schaffen, sei es notwendig, alle Atomwaffen aus Europa zu verbannen, beide deutsche Staaten zu entmilitarisieren und aus ihren politischen Blö-

---

[600] Den Verfassern des Appells geht es um eine dauerhafte Grundlage einer Friedensordnung und nicht um einen Frieden als Abwesenheit von Krieg. Sie treten für eine Politik ein, die nicht lediglich die Vertagung des Krieges im Blick hat, sondern substanzielle Entspannung anstrebt. Etwa 80 Personen, überwiegend aus der Berliner Friedensbewegung, gehören zu den Erstunterzeichnern. Quelle: Robert-Havemann-Gesellschaft/ RH 343, Seite 1 von 2, https://www.jugend opposition.de/node/150380, Zugriff am 11. März 2024.

cken herauszulösen. Darüber hinaus sollten militaristische Propaganda verboten und der Wehrkundeunterricht abgeschafft werden. Die DDR sah sich als einziger deutscher Friedensstaat, der aufgrund der Bedrohung durch die Feinde im kapitalistischen Ausland gezwungen war, wehrhaft und kampfbereit zu sein. Dem Motto „Der Friede muss bewaffnet sein", stand der Berliner Appell eindeutig entgegen. Zum Abschluss des Dokuments forderten Eppelmann und Havemann die DDR-Bürger auf, ihre Zustimmung zu diesem Appell durch ihre Unterschrift zu bekräftigen.[601]

Die SED-Führung versuchte vergebens, die Verbreitung des Berliner Appells zu verhindern. Etliche Unterzeichner wurden gedrängt, ihre Unterschriften zurückzuziehen.[602]

## Weckruf: „Für Stanislav Petrow, den Mann, der die Welt rettete"

Späte Ehrung für einen mutigen Offizier der sowjetischen Armee.

**Wer?**
Stanislaw Petrow (1939 – 2017)

**Wann?**
26. September 1983

**Wo?**
Sowjetunion

**Wie der Weckruf wirkte und wirkt?**
Petrow war Leiter der Satellitenüberwachung in einem geheimen Raketenfrühwarnzentrum der Sowjetunion in der

---

[601] https://www.havemann-gesellschaft.de/aktuelles/aus-dem-archiv/frieden-schaffen-ohne-waffen-40-jahre-berliner-appell/, Zugriff am 11. März 2024.
[602] Siehe ebenda.

Nähe von Moskau. Das war eine hochmoderne Anlage, die mit fünf Satelliten die USA scannten, mit dem Ziel zu erkennen, ob und wann von dort ein Atomangriff zum Beispiel durch einen Raketenstart begonnen wird.

Bei seinem Dienst gab es am 26. September 1983 einen Alarm, der einen amerikanischen Nuklearangriff meldete. Er hätte diese Information sofort an die militärische und politische Führung weiterleiten müssen. Diese hätte mit hoher Wahrscheinlichkeit einen sowjetischen Gegenschlag ausgelöst. Da Petrov an der Zuverlässigkeit der Daten zweifelte, leitete er den Alarm nicht weiter. Damit hat er das vorgeschriebene Ablaufprotokoll ignoriert. Deshalb wird er mit stark reduzierten Pensionsbezügen aus der Armee entlassen.

Erst 1993, neun Jahre nach seinem Ausscheiden aus dem Dienst und drei Jahre nach dem Ende der Sowjetunion, wird Petrows große Tat bekannt. Er erhält Ehrungen, unter anderem von UN-Generalsekretär Kofi Annan, der ihm eine kleine Statue mit einer Weltkugel zukommen lässt, darauf die Worte: „To Stanislav Petrov, The Man Who Saved the World."[603]

## Weckruf: Mit Erpressung sollte das Ja des UNO-Sicherheitsrat für den Irakkrieg erreicht werden

Eine mutige britische Übersetzerin lancierte eine brisante E-Mail an die Medien.

**Wer?**
Katharine Gun, geboren 1974

**Wann?**
2003

---

[603] https://www.geo.de/wissen/weltgeschichte/stanislaw-petrow--der-mann--der-die-welt-vor-der-atomaren-katastrophe-bewahrte-33859352.html, Zugriff am 21. März 2024.

**Wo?**
England

### Wie der Weckruf wirkte und wirkt?

Die USA planen Anfang 2003 eine Invasion im Irak, um Diktator Saddam Hussein zu stürzen. Sie standen unter massivem Rechtfertigungsdruck. US-Außenminister Colin Powell präsentierte am 05. Februar 2003 vor dem UN-Sicherheitsrat vorgebliche „Beweise" für irakische Massenvernichtungswaffen, die sich später als falsch herausstellten.

Die Britin Kathrin Gun, Übersetzerin im Dienst des britischen Government Communications Headquarters, bekam in dieser brisanten Situation eine E-Mail zur Kenntnis, in der die US-amerikanische National Security Agency (NSA) die britische Regierungskommunikationszentrale GCHQ um Hilfe beim Abhören in der UNO bat. Mitglieder im Sicherheitsrat sollten erpresst werden, damit sie für den Irakkrieg stimmen.[604]

Katharine Gun bewies großen Mut, als sie diese Nachricht an Medien zur Veröffentlichung lancierte.

Deshalb wurde sie wegen Geheimnisverrat angeklagt. Am ersten Verhandlungstag, das war der 25. Februar 2004, wurde das Verfahren gegen sie eingestellt. 2004 erhielt sie den Sam Adams Award, eine Auszeichnung für Whistleblower.

---

[604] Frank Koza vom US-Geheimdienst NSA schrieb eine Topsecret-Mail und bat seine Kollegen des britischen GCHQ um illegale Amtshilfe: „Wie ihr inzwischen wohl wisst, startet die Agency eine Abhörwelle gegen UNO-Sicherheitsratsmitglieder (minus GB und USA natürlich) ...". Gewünscht sei „die ganze Bandbreite an Informationen", die helfen könnten, einen Krieg gegen den Irak durchzusetzen. Erpresst werden sollten sechs stimmberechtigte Uno-Mitglieder. Die spielte Katharine Gun der Zeitung „The Observer" zu. Am 21. November 2019 kam der Spielfilm „Official Secrets" zu Katharine Guns couragierter Aktion in die deutschen Kinos, https://www.spiegel.de/geschichte/official-secrets-katharine-gun-und-der-irak-krieg-die-whistleblowerin-a-1292907.html, Zugriff am 22. März 2024.

Der Polit-Thriller „Official Secrets" (Kinostart: 21. November 2019) basiert auf der wahren Geschichte von Kathrin Gun.[605]

## Weckruf: Ermordung für Enthüllungen über den Krieg in Tschetschenien und über Korruption im russischen Verteidigungsministerium

Die russische Investigativjournalistin Anna Politkowskaja wurde ermordet.

**Wer?**
Anna Politkowskaja (1958–2006)

**Wann?**
07. Oktober 2006

**Wo?**
Moskau

**Wie der Weckruf wirkte und wirkt?**
1999 übernahm Anna Politkowskaja für die unabhängige Moskauer Zeitung „Novaja Gazeta" den Job als Sonderkorrespondentin im zweiten Tschetschenienkrieg. Von dort aus schrieb sie auch über die Verbrechen der russischen Armee sowie über Folter, Mord und Korruption im Kriegsgebiet.

Weltweit galt sie als gute und investigative Journalistin, in Russland hingegen wurde sie als sogenannte „Feindin des russischen Volkes" betrachtet. Sie erhielt Morddrohungen und sah sich deshalb gezwungen, einige Zeit nach Österreich zu fliehen. Als sie 2002 zurückkehrte, wurde sie

---

[605] https://www.deutschlandfunk.de/whistleblowerin-katharine-gun-ich-wuerde-es-wieder-tun-100.html, Zugriff am 22. März 2024.

vom russischen Militär verhaftet und stundenlang ausgehorcht.[606]

Am 07. Oktober 2006 wurde sie in ihrem Wohnhaus in Moskau erschossen.

Die Auftraggeber und Täter konnten – was erwartbar war – nicht ermittelt werden. So war es auch bei den Morden an der Menschenrechtlerin Natalja Estemirowa, dem Politiker Boris Nemzow und den Giftanschlägen auf den Menschenrechtler Wladimir Kara-Mursa und den Anti-Korruptionsaktivisten Alexej Nawalny.[607]

## Weckruf: Gegen die totale Überwachung der Welt durch die amerikanische National Security Agency (NSA)

Im Juni 2013 veröffentlichte der britische „Guardian" Informationen, die ihnen von dem ehemaligen Systemadministrator Edward Snowden zugespielt worden waren. Die USA stellten unmittelbar danach einen Haftbefehl wegen Spionage gegen ihn aus.[608]

### Wer?
Edward Snowden, geboren 21. Juni 1983

### Wann?
05. Juni 2013

### Wo?
Interview mit Norddeutschem Rundfunk

---

[606] https://www.geo.de/geolino/mensch/2587-rtkl-weltveraenderer-anna-stepanowna-politkowskaja, Zugriff am 16. Juli 2024.

[607] https://www.amnesty.de/allgemein/pressemitteilung/russland-jahrestag-mord-journalistin-anna-politkowskaja, Zugriff am 20. Juli 2024.

[608] https://www.theguardian.com/world/2013/jun/09/edward-snowden-nsa-whistleblower-surveillance, Zugriff am 03. März 2024.

## 2 Die Chronik der dokumentierten Weckrufe ...

**Wie der Weckruf wirkte und wirkt?**
Die Enthüllungen des amerikanischen Whistleblowers entlarvten das Ausmaß der weltweiten Überwachungs- und Spionagepraktiken der amerikanischen Geheim- und Sicherheitsdienste und lösten die „NSA-Affäre" aus.[609]

Edward Snowden 2014 im Interview mit dem Norddeutschen Rundfunk über die totale Überwachung weltweit: „Man könnte jede E-Mail auf der ganzen Welt lesen. Von jedem, von dem man die E-Mail-Adresse besitzt, kann man den Verkehr auf jeder Webseite beobachten, auf jedem Computer, jedem Laptop, den man ausfindig macht. Es ist eine einzige Anlaufstelle, über die man an alle Informationen der NSA gelangt."[610] Snowden erhielt mehrfach Auszeichnungen von nichtstaatlichen Organisationen, unter anderem auch den „Alternativen Nobelpreis" (2014). Um sich der strafrechtlichen Verfolgung in den USA zu entziehen, lebt Snowden seit 2013 im Exil in Moskau. Westlichen Staaten hatten seine Asylsuche abschlägig beschieden.[611]

## Weckruf: Ein Krieg, der länger geht als der Erste und Zweite Weltkrieg zusammen

Antikriegs-Fotografie – Anja Niedringhaus bezahlte dafür mit ihrem Leben:

> „Seit zehn Jahren bin ich in Afghanistan – ein Krieg, der länger geht als der Erste und Zweite Weltkrieg zusammen."

---

[609] https://cdn.netzpolitik.org/wp-upload/Ueberwachtes-Netz-Markus-Beckedahl-Andre-Meister.pdf, Zugriff am 03. März 2024.
[610] https://www.presseportal.de/pm/69086/2648795, Zugriff am 03. März 2024.
[611] https://www.zdf.de/nachrichten/politik/edward-snowden-moskau-exil-100.html, Zugriff am 03. März 2024.

**Wer?**
Anja Niedringhaus (1965–2014)

**Wann?**
04. April 2014

**Wo?**
Jugoslawien, Kuweit, Libyen, Irak, Palästina, Afghanistan

**Wie der Weckruf wirkte und wirkt?**
Ihre Bilder mahnen zum Frieden. Ein Junge, der einen Drachen steigen lässt, ein Bild von einem Panzer in unmittelbarer Nähe zu spielenden Kindern am Wasser; ein afghanischer Junge fährt in Kabul Karussell – in den Händen ein Maschinengewehr.

Anja Niedringhaus wurde am 04. April 2014 in Banda Khel in Afghanistan bei ihrer Berichterstattung über die Präsidentenwahl erschossen. Die Kamera, die die Reporterin umhängen hatte, als sie erschossen wurde, ist in einer Ausstellung im Kölner Käthe-Kollwitz-Museum zu sehen. Direkt daneben die letzten Bilder, die auf dem Chip waren: Soldaten, die sie freundlich anlächeln. Ihren Mut bezahlte sie mit dem Leben.

Sie fotografierte die Bombenanschläge auf die Zentrale des Internationalen Roten Kreuzes in Bagdad, auf das Hauptquartier der italienischen Sicherheitskräfte in Nasiriya und im irakischen Abu-Ghuraib-Gefängnis sowie die irakischen Wahlen im Jahr 2005. Niedringhaus erhielt für Fotoberichterstattung aus dem Irak – als erste deutsche Frau – zusammen mit neun AP-Kollegen den Pulitzerpreis 2005. Im selben Jahr wurde ihr auch ein Preis für Mut, der „Courage in Journalism Award" der International Women's Media Foundation (IWMF), verliehen. 2008 bekam sie die „Goldene Feder" für herausragende Reportagen als Frau in Krisengebieten.

„Anja Niedringhaus arbeitete in Konfliktgebieten auf der ganzen Welt und riskierte häufig ihr Leben, um Geschichten zu erzählen. Aber sie wollte nie als ‚Kriegsfotografin' bezeichnet werden. Sie hat nicht über einen Krieg berichtet, nicht über ein Land, sie berichtete über das Volk."[612]

## Weckruf: „Wie konntet ihr es wagen, meine Träume und meine Kindheit zu stehlen mit euren leeren Worten?"

Rede von Greta Thunberg auf dem UN-Klimagipfel[613]

**Wer?**
Greta Thunberg, geboren 2003

**Wann?**
23. September 2019

**Wo?**
UN-Klimagipfel in New York

**Wie der Weckruf wirkte und wirkt?**
Die Umweltaktivistin nutzte die große Tribüne einer UN-Klimakonferenz, um anzuklagen. Dafür hatte sie alle guten Gründe auf ihrer Seite, denn die Staatengemeinschaft reagierte tatsächlich mehr als halbherzig auf die großen planetaren Bedrohungen.

„Menschen leiden, Menschen sterben, ganze Ökosysteme brechen zusammen", stelle Thunberg fest. „Wir stehen am Anfang eines Massenaussterbens und alles, worüber ihr re-

---

[612] https://www.deutschlandfunk.de/fuenfter-todestag-von-anja-niedringhaus-mit-kriegsfotos-100.html, Zugriff am 10. November 2023.
[613] https://www.zeit.de/zett/2019-09/how-dare-you-greta-thunberg-haelt-emotionale-rede-beim-un-klimagipfel, Zugriff am 11. März 2024.

den könnt, ist Geld und die Märchen von einem für immer anhaltenden wirtschaftlichen Wachstum ... Wie konntet ihr es wagen, meine Träume und meine Kindheit zu stehlen mit euren leeren Worten?"[614]

Angela Merkel antwortete auf der Klimakonferenz auf die leidenschaftlichen Worte Thunbergs: „Wir alle haben den Weckruf der Jugend gehört."[615]

**Weckruf: „Nationale Interessen":**
**„Nur Entspannungspolitik könnte**
**die Kriegsgefahr in Europa verringern."**

Ein Buch gegen den politischen „Mainstream"[616]

**Wer?**
Klaus von Dohnanyi, geboren 23. Juni 1928

**Wann?**
2022

**Wo?**
Deutschland

**Wie der Weckruf wirkte und wirkt?**
In seinem Buch „Nationale Interessen" vertritt er eine umstrittene These wider den Mainstream: „Viele Europäer erkennen inzwischen, was bei einer Verteidigung Europas durch die USA auf europäischem Boden herauskäme: ein erneut total zerstörtes Europa, aber ein völlig unbeschä-

---

[614] Ebenda.
[615] https://www.zeit.de/news/2019-09/23/thunbergs-wut-merkels-versprechen-und-ein-ueberraschungsgast, Zugriff am 11. März 2024.
[616] Dohnanyi, Klaus: Nationale Interessen. Orientierung für deutsche und europäische Politik in Zeiten globaler Umbrüche, Siedler Verlag, München, 2022, S. 118.

digtes US-Amerika. Europa hat eben andere Erfahrungen: Wir wissen, dass wir in einem Krieg mit Russland sogar als Sieger nur der Verlierer sein könnten. Nur Entspannungspolitik könnte die Kriegsgefahr in Europa verringern. Entspannung muss deshalb zum Grundsatz auch der NATO-Politik gegenüber Russland werden. Das muss Deutschland im eigenen Interesse mutig vorantreiben. Und die NATO muss das endlich zu ihrer europäischen Hauptaufgabe machen."[617]

Dafür wurde er als „Putin-Versteher" bezeichnet und seine Aussage zur gegenwärtigen Außenpolitik als Zumutung. Eine „wertebasierte Außenpolitik", wie sie die Regierungskoalition verfolgt, ist für den Pragmatiker von Dohnanyi dabei eher hinderlich. „Das war noch nie erfolgreich – und das wird auch in Zukunft nicht erfolgreich sein. Wir werden nicht in der Lage sein, die Systeme zu ändern", schreibt er als letzte Zumutung.[618]

## Weckruf: „Bilder von Bombardierung der Geburtsklinik in Mariupol"

**Wer?**
Jewhen Maloljetka, geboren 1987

**Wann?**
2022/2023

**Wo?**
Mariupol, Ukraine

---

[617] A. a. O., S. 118.
[618] https://www.deutschlandfunkkultur.de/dohnanyi-nationale-interessen-buchkritik-100.html, Zugriff am 11. März 2024.

### Wie der Weckruf wirkte und wirkt?

Seine Aufnahmen sind in den Dokumentarfilm „20 Tage in Mariupol" eingegangen, der 2023 auf dem Sundance Film Festival Premiere hatte und den Publikumspreis „World Cinema Documentary" erhielt. Sein Foto von der schwangeren Frau, die aus der bombardierten Entbindungsanstalt gerettet wurde und dann mit ihrem Kind verstarb, erhielt den „World Press Photo"-Preis.

Nach Beginn der russischen Invasion im Februar 2022 war Maloljetka einer der wenigen ukrainischen Journalisten, die in einem Team der Nachrichtenagentur AP im besetzten Mariupol den ständigen Beschuss der russischen Streitkräfte im Bild festhielten. Am 11. März befanden sie sich in einem Krankenhaus und machten Fotos.[619]

Der Dokumentarfilm zeigt diese 20 Tage, in denen die AP-Journalisten die Gräueltaten der russischen Invasion dokumentieren.

Im Jahr 2022 wurde seine Arbeit während der Belagerung von Mariupol mit dem Knight International Journalism Award, dem Visa d'or News Award, dem Prix Bayeux Calvados-Normandie gewürdigt. Außerdem Auszeichnungen aus Italien, Deutschland, Norwegen, Vereinigten Staaten.[620]

---

[619] https://www.dw.com/de/evgeniy-maloletka-wir-haben-kriegsverbrechen-dokumentiert/a-65396640, Zugriff am 01. Februar 2024.
[620] https://www.evgenymaloletka.com/about, Zugriff am 01. Februar 2024.

## 2.9 Unklare Herkunft, falsche Zuwidmung – aber große Wirkung

„Gott, gib mir die Gelassenheit, Dinge hinzunehmen, die ich nicht ändern kann, den Mut, Dinge zu ändern, die ich ändern kann, und die Weisheit, das eine vom anderen zu unterscheiden."

Dieses geflügelte Wort ist mein Favorit. Ich habe es vor Augen, wenn ich diesen und viele andere Texte schreibe. Den Spruch habe ich mit Tesa-Film an die Unterkante meines Monitors geklebt. Links davon hängen die Passbilder meiner beiden Enkelkinder. Die Worte und die Fotos sind meine Richtschnur beim Setzen von Prioritäten: „Erstens Opa". So steht es auf meiner Visitenkarte. Zweitens: Immer noch versuchen, die Welt zu verbessern. Zum Beispiel, indem ich diese Geschichte der Weckrufe zur Bedrohung der Schöpfung schreibe.

Die Urheberschaft der klugen Bewertungs- und Entscheidungshilfe ist nicht eindeutig belegt. Bei meinen Internetrecherchen gab es mehrere Treffer bei Reinhold Niebuhr. Das war ein einflussreicher protestantischer Theologe aus den USA. Er lebte von 1892 bis 1971. Aber selbst eine seriöse Quelle aus der christlichen Fraktion von Niebuhr äußert Zweifel: „Der Verfasser ist umstritten."[621]

„Glaube nie einer Statistik, die Du nicht selbst gefälscht hast."

---

[621] https://7wochenohne.evangelisch.de/node/1297, Zugriff am 04. November 2023.

Urheber dieses weltweit verbreiteten Satzes – so lesen wir bei Christian Fahrenbach[622] – ist nicht der zumeist genannte Winston Churchill (1874–1965). Dabei passen sie zu dem schlitzohrigen Zigarrenraucher – er lenkte als Premierminister von 1940 bis 1945 und von 1951 bis 1955 die Geschicke Großbritanniens – wie die berühmte Faust aufs Auge.

Fahrenbach hat gründlich recherchiert. Sein Fazit lautet: „In gefühlt zwei Dritteln von Statistik-Einführungsseminaren, in der Hälfte aller Talkrunden und bei gut einem Fünftel aller Stammtisch-Debatten kann man mit diesem Kracher punkten. Zugeschrieben wird der Spruch üblicherweise Winston Churchill, aber so einfach ist das alles nicht. Tatsächlich gibt es wohl keine Primärquelle, die beweist, dass der ehemalige britische Premier den Satz je gesagt hat."

Für die Monatsschrift des Statistischen Landesamts Baden-Württemberg hat Werner Barke sich auf die Suche nach dem wahren Urheber gemacht. Er schrieb Verlage von Zitat-Kompendien genauso an wie die britische Times, und er belegt viele Beispiele für die Verwendung des Spruchs im Zweiten Weltkrieg: die meisten aber auf Seite der Nationalsozialisten! Deshalb Barkes These: Vermutlich habe Nazi-Propagandaminister Joseph Goebbels für die Verbreitung des Spruchs gesorgt.

Aus dieser Erkenntnis hat Fahrenbach eine umwerfende Empfehlung für die nächste Party-Diskussion über die Glaubwürdigkeit einer Statistik abgeleitet. Im Stil des gendergeprägten „neuen" politischen Wohlverhaltens kann es nur eine Reaktion geben: Ein wutentbrannter Schrei in die Richtung des Partygastes, der diesen Satz zum Besten gegeben hat: „Wenn Du hier braunes Gedankengut durch die

---

[622] Christian Fahrenbach, Kanal Fundstücke, 22. Februar 2016, Zugriff am 04. Oktober 2023.

Gegend schleuderst, bin ICH raus!" Danach ist sofort im Eilschritt der Raum zu verlassen.[623]

„Die Grenzen des Wachstums"

Das Buch mit diesem Titel erschien 1972, wurde in 30 Sprachen übersetzt und bis heute über 30 Millionen Mal verkauft. Wer aber kennt die Namen der Autoren: Donella und Denis Meadows und Jörgen Randells? Selbst das weltweit renommierte Massachusetts Institute of Technology (MIT), unter dessen Dach die Studie entstand, wird in diesem Kontext so gut wie nie erwähnt.

Diesen wichtigsten Weckruf der Neuzeit kennen unzählige Menschen nur als „*Bericht des Club of Rome: Zur Lage der Menschheit.*" Der renommierte Friedenspreis des Deutschen Buchhandels ging für diesen Report an das exklusive Netzwerk vorwiegend reicher und kluger Leute. Der Club war aber doch „nur" Auftraggeber dieser Studie. Die Verfasser spielten in der weltweiten öffentlichen Wahrnehmung so gut wie keine Rolle. Selbst die Tatsache, dass die Volkswagenstiftung den Bericht mit einer Millionen DM finanziert hatte, wurde kaum erwähnt.

Die kenntnisreiche visionäre Botschaft basiert natürlich auf den Kompetenzen der drei Forscher vom MIT. Aber die bis heute wirkende gewaltige Kraft kam vom Initiator. Ausgerechnet ein Club, in dem man die Prediger und Apologeten des grenzenlosen Wachstums – bis dato die kapitalistische Heilslehre schlechthin – vermuten musste, mit einer Kehrtwende um 180 Grad? Reichtum schließt Klugheit ja nicht aus. Vermutlich aber war der Treiber die praktische Erkenntnis, dass auch die eigene steinreiche Sippe zugrunde geht, wenn die Endlichkeit unseres Heimatplaneten weiter ignoriert wird.

---

[623]Christian Fahrenbach, Kanal Fundstücke, 22. Februar 2016, https://www.piqd.de/fundstuecke/von-wegen-churchill-wer-hat-s-gesagt-glaube-nur-der-statistik-die-ich-selbst-gefalscht-habe, Zugriff am 04. Oktober 2023.

Dass 1972 ausgerechnet die Jünger der unbegrenzten Möglichkeiten zum Maßhalten aufriefen, ist das eigentlich Aufsehen erregende am Weckruf des „Club of Rome". Ihre ebenso fundierte wie verstörende Faktenbasis war unanfechtbar und kannte nur eine Konsequenz. Schluss mit dem Wachstumswahn! Das war nicht mehr das öffentliche Predigen von Wasser der heimlichen Weintrinker oder der Ruf des Hurenbocks nach Keuschheit. Deshalb die globale Resonanz! Deshalb erstmals die Farbe Grün in der gesellschaftlichen Diskussion! Deshalb die neuen Worte Umweltschutz und Nachhaltigkeit in politischen Programmen nicht nur von Splitterparteien!

Viel zu wenig, viel zu langsam, aber immerhin die richtige Richtung.

> „Wenn ich wüsste, dass morgen die Welt unterginge, würde ich heute noch mein Apfelbäumchen pflanzen."

Als wir für unsere Dokumentation die Menschheitsepoche vom Ende des Mittelalters bis zum Ersten Weltkrieg unter die Lupe nahmen, waren wir sicher, dass wir beim großen Reformator *den* Weckruf schlechthin finden würden. Klar war auch, dass es keine der 95 Thesen war, die er am 31. Oktober 1517 an die Tür der Schlosskirche in Wittenberg geschlagen haben soll. Das lag wegen der inhaltlichen Konzentration auf den Ablasshandel auf der Hand.

Deshalb recherchierten wir intensiv im Internet und der Berliner Staatsbibliothek. Den herausragenden Luther-Weckruf aber fanden wir nicht.

Also machten wir uns auf die Suche nach einem Experten, der alle Veröffentlichungen Luthers mit ihren zentralen Gegenständen und Kernaussagen im Blick hat. Wir fanden ihn mit Dr. Jochen Birkenmeier, Direktor der Stiftung Lutherhaus Eisenach. Er vermutete schon beim ersten langen Telefonat, dass sich der Reformator mit diesem Thema explizit nicht befasst habe. Seine auf profunden Kenntnissen

## 2 Die Chronik der dokumentierten Weckrufe ... 343

beruhende Annahme hat er uns wenige Tage später schriftlich bestätigt: „Einen Weckruf im Sinne Ihres Buchprojekts hat es aus meiner Sicht von Martin Luther nicht gegeben. Christliche Autoren der Antike, des Mittelalters und der Neuzeit warnten – in der Tradition Jesus – jeweils nur vor dem Jüngsten Gericht und riefen entsprechend zur Umkehr auf (bekannt sind etwa die Strafpredigten Savonarolas). Eine ‚Gefährdung der Schöpfung' durch den Menschen findet sich bei Luther aber nicht, zumal kein Autor des Mittelalters und der Frühen Neuzeit es für denkbar gehalten hätte, dass Menschen in der Lage sein könnten, die Schöpfung des allmächtigen und allwissenden Gottes zu gefährden. Das Ende der Welt und die Neuschöpfung derselben ist ja Teil der Heilsgeschichte, die bereits vor der Schöpfung der Welt als Teil des göttlichen Ratschlusses feststand. ‚Weckrufe' im modernen Sinne kommen dann meines Wissens erst am Übergang zum 19. Jahrhundert auf. Zum Beispiel Shelleys ‚Frankenstein' als moderne Fassung des Prometheus-Mythos und Warnung vor den Folgen menschlicher Hybris."

> „Wenn Sie Luther integrieren wollen, empfehle ich Ihnen, die Geschichte des bekannten – falschen – Lutherzitats zum „Apfelbäumchen" näher zu betrachten, das genau in Ihr Themenspektrum passt. Näheres dazu finden Sie bei M. Schloemann: Luthers Apfelbäumchen. Ein Kapitel deutscher Mentalitätsgeschichte seit dem Zweiten Weltkrieg. Göttingen 1994."[624]

Dem hochgeschätzten Luther-Kenner verdanken wir ein falsches Lutherzitat? Wer es so verkürzt, hat von Dialektik keine Ahnung, und vom Anliegen unseres Buches hat er auch nichts begriffen. Denn in unserer Dokumentation

---

[624] Die Telefonate und die E-Mail-Korrespondenz des Autors mit Dr. Jochen Birkenmeyer gab es Anfang September 2023. Wir bedanken uns an dieser Stelle für die wertvolle Unterstützung.

ist der Hinweis von Dr. Jochen Birkenmeier wie der Stein des Weisen. Der prägnante unter die Haut gehende Satz beginnt mit dem uns drohenden Szenario. Es lässt es dabei aber nicht bewenden. Das Pflanzen des Apfelbaumes ist nicht nur das biblische „Fürchtet Euch nicht". Es ist vor allem das Signal, dass es Hoffnung gibt. Das ist aber nicht das Reich Gottes *nach* der Katastrophe. Der frisch gepflanzte Apfelbaum wächst in einer irdischen Welt. Wir verstehen das so, dass sie vor dem drohenden Untergang noch eine letzte Chance hat.

*„Wenn ich wüsste, dass morgen die Welt unterginge, würde ich heute noch mein Apfelbäumchen pflanzen."* – Was für eine Kraft in nur fünfzehn Worten. Die epochale Wirkung aber kommt aus deren Zuwidmung zu Martin Luther. Fast ein halbes Jahrhundert lang hat vermutlich jeder aufgeklärte Zeitgenosse im deutschsprachigen Raum „Stein und Bein" darauf geschworen, dass dieser Weckruf vom größten Reformator der Neuzeit (1500–1914), Martin Luther, stammt. Die allermeisten lernten ihn als Postkarte oder in Buchform kennen. Der Apfelbaum oder auch nur ein Zweig mit prallen Früchten, dazu der Spruch in einer der geläufigen altdeutschen Schriften. Der Stil, die Schrift, der symbolträchtige Sinn – wer sonst als Martin Luther konnte der Autor dieser Zeilen sein!

Luther hat eine gewaltige Menge an Schriften hinterlassen. Deren vollständige Aufarbeitung ist bis heute nicht abgeschlossen. Deshalb ist die späte „Entdeckung" des Lutherwortes, das genaue Datum ist der 05. Oktober 1944, ein halbes Jahrhundert nach den 95 Thesen an der Schlosskirche zu Wittenberg, kein Grund, an dessen „Echtheit" zu zweifeln (s. ⊙ Abb. 2.1).

Das Wissen über ein Lutherwort, das keines war, verdanken wir Martin Schloemann. Der evangelische Theologe hat der Herkunft und der Verbreitung des Apfelbäumchens Jahrzehnte seines Lebens gewidmet und ist kundig wie kein

**Abb. 2.1** „Beer is Made by Men, Wine by God". Natürlich kann auch bei diesem Spruch keinerlei Zweifel daran bestehen, dass er nur von Martin Luther stammen kann … Könnten wir ihn befragen, würde er sich auf jeden Fall zum Inhalt bekennen und anmerken, dass er den Satz genauso gesagt hätte. Das Foto habe ich im Mai 2024 vor einer Weinhandlung in Tbilissi aufgenommen
Foto und Rechte: Michael Schäfer

Zweiter.[625] Er betrieb systematische Quellenstudien und verband sie mit Befragungen hunderter Zeitzeugen. Die

---

[625] Nach der Promotion in Münster 1960 und Habilitation in Bochum 1972 war Martin Schloemann (1931–2022) von 1974 bis 1996 Inhaber des Lehrstuhls für Historische und Systematische Theologie an der Universität Wuppertal.

Forschungsergebnisse erschienen 1994 als Buch[626], dem wir die folgenden Belege (bei weitem nicht vollständig) für die große gesellschaftliche Wirkung entnommen haben.[627]
Der erwähnte erste Hinweis auf die vermeintliche Autorenschaft Luthers „findet sich in einem internen maschinenschriftlichen Rundbrief des Pfarrers Karl Lotz (Hersfeld) vom 5. Oktober 1944 an die Vertrauensleute der Bekennenden Kirch von Kurhessen-Waldeck, der so abschließt: Lassen Sie sich bitte mein Schreiben angesichts der gespannten Lage unseres Volkes nicht verdrießen. Wir müssen uns wohl nach dem Luther-Wort richten: Und wenn morgen die Welt unterginge, so wollen wir heute noch unser Apfelbäumchen pflanzen."[628]

Für die massenhafte Kenntnisnahme per „Ätherwelle" – der Rundfunk hatte damals mangels Fernsehens eine Hörerschaft im hoch zweistelligen Millionenbereich – sorgte wenige Jahre später, 1950, Thilo Koch, eine westdeutsche Journalistenikone. Er bezog sich in einer Sendung des Nordwestdeutschen Rundfunks (NWDR) auf das Apfelbäumchen und Luthers Autorenschaft. Einer der Hörer war der berühmte Dichter Gottfried Benn. Er wurde vom vermeintlichen Luther-Wort zu folgenden Versen inspiriert, die er mit der Frage „Was meinte Luther mit dem Apfelbaum?" überschrieb.

> Mir ist es gleich – auch Untergang ist Traum –
> ich stehe hier in einem Apfelgarten
> und kann den Untergang getrost erwarten –
> ich bin in Gott, der außerhalb der Welt

---

[626] Schloemann, Martin: Luthers Apfelbäumchen? Ein Kapitel deutscher Mentalitätsgeschichte seit dem Zweiten Weltkrieg. Vandenhoek und Ruprecht Verlag. Göttingen, 1994.

[627] Diese Belege stammen aus dem Schloemann-Buch und werden bei wörtlichen Zitierungen aus dem Buch mit Fußnoten dokumentiert. Wir empfehlen die komplette Lektüre des faktenreichen und gut geschriebenen Buches. Es ist antiquarisch für kleines Geld zu haben.

[628] Ebenda, S. 28.

noch manchen Trumpf in seinem Skatblatt hält –
wenn morgen die Welt zu Bruche geht,
ich bleibe ewig sein und sternestet –
meinte er das, der alte Biedermann
u. blickt noch einmal seine Käte an?
und trinkt noch einmal einen Humpen Bier
u. schläft bis es beginnt – frühmorgens vier?[629]

Für den Durchbruch des Apfelbäumchenwortes sogar bis in die literarische Hochkultur eines Gottfried Benn, macht Schloemann die Atombombe, den Kalten Krieg und den Koreakrieg verantwortlich. Diese Ereignisse „haben die Angst vor einer Weltkatastrophe und damit auch die apokalyptischen Erwartungen sehr verstärkt."[630]

Schloemann beschrieb mit vielen Beispielen den überaus häufigen, von manchen schon bald als inflationär empfundenen Gebrauch des Apfelbäumchenwortes in den 50er-Jahren. Für dessen Dominanz, ja schon Übermächtigkeit im kirchlichen Zusammenhang, zitiert er folgende Zeilen des evangelischen Hamburger Landesbischoffs Theodor Knolle aus dem Frühjahr 1954:

„Seit einigen Jahren wird ein Wort von Luther in Predigten und Rundfunkansprachen bis hin zur Tagung des Lutherischen Weltbundes in Hannover wieder und wieder zitiert: (...) Es tritt so häufig auf, dass es sich beinahe bei jedem dritten Rundfunksprecher wiederholt, so dass ich es als Rundfunkreferent in Manuskripten gestrichen habe. Das Zitat hat offenbar eine geradezu magische Anziehungskraft, nicht nur deswegen, weil es bisher völlig unbekannt war, sondern darum, weil es eine Aussage enthält, die eine ganz bestimmte Zeitnot zusammengefasst und in sie hineingesprochen ist."[631]

---

[629] Ebenda, S. 52.
[630] Ebenda, S. 75.
[631] Ebenda, S. 77.

„Von vielen Predigern und anderen am Verkündungsgeschehen der Kirche Beteiligten wird also ein Satz begierig aufgegriffen und weitergegeben, der aussagekräftig ist, für unverbraucht gehalten wird und dabei als reformatorisch legitimiert gilt. Er eignet sich für die alle so sehr, weil er die als äußerst bedrohlich erlebte Lage trifft und weil er für sie eine nach vorn weiterhelfende Botschaft enthält,"

fasst Schloemann die Wirkmacht des vermeintlichen Lutherwortes zusammen.[632]

1958 nahm Westdeutschland erstmals an einer Weltausstellung teil, die in Brüssel stattfand. Dies brachte das Wort vom Apfelbäumchen auch auf die internationale Bühne. „Auf drei größeren, in der Eingangshalle gegeneinander versetzt hängenden Wänden war es unübersehbar zwölfmal zu lesen – in den Sprachen Flämisch, Französisch, Englisch und Deutsch, darunter deutlich der Name – Martin Luther".[633] Der Satz des Reformators war das weltweit beachtete Motto der deutschen Ausstellung und erreichte nicht nur die protestantischen Hochburgen auf dem Globus.

In Westdeutschland wiederum avancierte es in Baden-Württemberg zum Thema des „Besinnungsaufsatzes" im zentralen Abitur des Schuljahres 1958/59.

Mit den „Grenzen des Wachstums", dem Manifest des Club of Rome aus dem Jahr 1972, schließt sich der Kreis in unserem kleinen Exkurs. Zwei Weckrufe mit großer Gewalt und weltweiter Wirkung. Der eine durch den „falschen" Urheber, der andere wegen der Schubkraft eines elitären Clubs, dem man alles andere als die globale Beerdigung des Wachstumsfetisch zugetraut hatte.

Die Apokalypse, dem Club of Rome sei es gedankt, bekam ihre naturwissenschaftliche Begründung. Die wieder-

---

[632] Ebenda, S. 78.
[633] Ebenda, S. 97.

um sorgte für einen weiteren „Qualitätssprung in der Verwendungsgeschichte des Apfelbäumchenwortes."[634]

1980 wurde es sogar vom legendäre schwedischen Sozialdemokraten Olof Palme in einem Interview gebraucht:

> „Der Zukunftsglaube schwindet. Nicht nur in unserem Land, sondern in ganz Westeuropa. Martin Luther sagte einmal: Wenn ich wüsste, dass die Welt morgen unterginge, würde ich gleichwohl ein Apfelbäumchen pflanzen. Das ist ein ausgezeichneter Gedanke. Gerade, wenn die Welt auf dem Wege zu einem großen Krieg ist, dann muss man vom Frieden sprechen … muss man sagen, dass es Hoffnung gibt."[635]

Selbst über den „Eisernen Vorhang" schaffte es das Apfelbäumchen: Auf der Hauptversammlung beim evangelischen Kirchentag vom 07. – 10. Juli 1983 in Dresden war das Pflanzen dieses Baumes mit ausdrücklichem Bezug auf das „Lutherwort" ein Höhepunkt.[636]

Zwei Monate später, in der Nacht vom 24. zum 25. September, setzte der damals 39-jährige evangelische Pfarrer Friedrich Schorlemmer das Friedenssymbol der westdeutschen Friedensbewegung „Schwerter zu Pflugscharen" ähnlich eindrucksvoll in Szene wie es zuvor beim Kirchentag in Dresden mit dem Apfelbäumchen geschehen war.

Vor zweitausend begeisterten Menschen ließ der Wittenberger Seelsorger in der Nacht vom 24. zum 25. September 1983 in seiner Lutherstadt Wittenberg ein Schwert umschmieden. „Das Hoffnungszeichen ging um die Welt. Und in der Stasi-Zentrale konnte man es nicht fassen, dass man sich von einem Pfarrer hatte vorführen lassen wie einst die

---

[634]Ebenda, S. 187.
[635]Ebenda, S. 195 f.
[636]Ebenda, S. 200 f.

Kirche am gleichen Ort von Martin Luther."⁶³⁷ Friedrich Schorlemmer, einer der bekanntesten DDR-Bürgerrechtler, wurde am 16. Mai 1944 in Wittenberge geboren. Der Theologe und Autor vielgelesener Bücher starb am 09. September 2024 in Berlin.

In dem Nachruf, aus dem ich gerade zitiert habe, fand ich nicht nur den Hinweis auf den Schmiedeakt in Wittenberg anno 1993. Dort wurde auch das Lutherwort: „Lasset die Geister aufeinanderprallen, aber die Fäuste haltet stille" erwähnt. Diese zwei Zeilen entsprechen nicht in allen Facetten unseren Prämissen für einen Weckruf. Aber ein sprachgewaltiger Appell für den Frieden – mit einer Wortmächtigkeit, wie sie neben Luther nur wenige andere so dauerhaft entfalten konnten – ist es allemal. Und zum „Apfelbäumchen" passt er erst recht. Da ich die Primärquelle im weltweiten Netz nicht finden konnte, konsultierte ich wieder Dr. Jochen Birkenmeier, Direktor der Stiftung Lutherhaus Eisenach. Nachfolgend zitiere ich aus seiner Antwort:

„Das Zitat stammt aus Luthers Schrift ‚Ein Brief an die Fürsten zu Sachsen von dem aufrührerischen Geist' (Eyn brieff an die Fürsten zu Sachsen von dem auffrurischem geyst) von 1524. Es ist in der Weimarer Ausgabe zu finden (WA 15, 219,1.9 f.). Das Zitat ist allerdings in der häufig zitierten Form stark zusammengekürzt, wie das Original zeigt.

‚Man lasse die geyster auff eynander platzen und treffen. Werden ettlich ynn des verfüret / Wolan / so gehets noch rechtem kriegs laufft. Wo eyn streyt und schlacht ist / da müssen ettlich fallen und wund werden / Wer aber redlich ficht / wird gekrönet werden. Wo sie aber wöllen mehr thun denn mit dem wort fechten / wöllen auch brechen

---

⁶³⁷ „Tod von Friedrich Schorlemmer. Prediger für Freiheit und Frieden", Robert Die, Tagesspiegel, Berlin, 11. September 2024, S. 18.

und schlahen mit der faust / da sollen E.F.G. zu greyffen / Es seyen wyr odder sie / und stracks das land verbotten und gesagt. Wyr wöllen gerne leyden und zusehen das yhr mit dem wort fechtet / das die rechte lere beweerd werde / Aber die faust halltet stille / denn das ist unser ampt / odder hebt euch zum lande aus.'"

Inhaltlich gehört der Text, so die Einordnung von Dr. Birkenmeier, zur Auseinandersetzung mit Thomas Müntzer im Vorfeld des Bauernkriegs.[638]

Luther plädiert für einen geistigen „Schlagabtausch". Er wollte Gewalt verhindern.

Unser Lutherexperte hat die beiden Textstellen markiert, die für die Kurzfassung des Lutherwortes im Nachruf auf Friedrich Schorlemmer stehen. Das sind für mich auch die Kernaussagen und diese wiederum spiegeln genau die Überzeugungen und Handlungen des Friedrich Schorlemmer, der zu Recht ein Friedenskämpfer genannt werden darf.[639]

Ich möchte am Ende dieses kleinen Einschubs zu einem jetzt *echten* Lutherwort noch die Begründung dafür liefern, warum mir diese Zeilen „nach Redaktionsschluss" ganz besonders am Herzen liegen. Die meisten von Ihnen werden sich an die große Demonstration erinnern, die am 04. November 1989 auf dem Berliner Alexanderplatz stattfand,

---

[638] Meine ausführliche E-Mailanfrage richtete ich an den profunden Lutherkenner am 11. September 2024, seine Antwort kam schon zwei Stunden später. Dafür an dieser Stelle ein ebenso großes wie herzliches Dankeschön.

[639] Die Nachricht vom Tod Friedrich Schorlemmers erreichte mich in der Endphase der Lektorierung und hat mich sehr berührt. Ich habe ihn mehrfach zu längeren Gesprächen getroffen. Er war im Podium einiger von mir initiierter und geleiteter Veranstaltungen, und nicht zuletzt hat er einen wichtigen Beitrag für mein Standardwerk „Kommunalwirtschaft" (2014) geleistet. Die zweite Auflage ist Ende 2023 bei Springer Gabler erschienen und enthält einen ausführlichen Exkurs unter dem Titel „Daseinsvorsorge – das abendländische Verständnis aus christlicher Sicht". Dazu hat von evangelischer Seite Friedrich Schorlemmer einen profunden Beitrag geleistet. Den katholischen „Teil" hat der Moraltheologe Matthias Möhring-Hesse beigesteuert. Beide saßen im Podium einer Veranstaltung in der „Leucorea" in der Lutherstadt Wittenberg, deren Initiator ich war.

fünf Tage vor dem Fall der Berliner Mauer. Die fast eine Millionen Menschen hörten gebannt und mit großer Zustimmung auch der Rede von Friedrich Schorlemmer zu.

> „Mit frohem Gesicht stand (er) auf der aus Holzlatten gezimmerten Bühne auf einem LKW und rief den hoffnungsvollen Massen einen Spruch von Martin Luther zu: *Lasset die Geister aufeinanderprallen, aber die Fäuste haltet Stille*".[640]

Der mutige aufrechte kluge evangelische Pfarrer aus der Lutherstadt Wittenberg hat mit dieser Rede, diesem Lutherwort und vielen anderen Mahnungen auf großen Bühnen wie in kleiner Runde maßgeblich dazu beigetragen, dass die Revolution in der DDR eine **Friedliche** war. Dieses Attribut hatte niemals zuvor ein gravierender Umschwung in den deutschen Landen. Das wird hoffentlich unser Erdendasein und das der Generationen danach prägen und das Gedenken an Friedrich Schorlemmer wachhalten.

Er hat zugleich an die seit fast zweitausend Jahren andauernde Diskussion zur Haltung der christlichen Kirchen zum Frieden angeknüpft. Denn die „unauflösbare Spannung zwischen radikalem Anspruch und der kompromissbereiten Suche nach Regeln zur Unterscheidung zwischen legitimer und illegitimer Gewalt" prägt schon seit den Anfängen die christliche Friedensdiskussion.

> „Eine erste, bis heute grundlegende Reflexion über die Bedingungen eines gerechten Krieges (bellum iustum) hat der heilige Augustinus (354–430) vorgelegt. Krieg ist demnach dann und nur dann gerecht, wenn er erstens dem Frieden dient, zweitens sich gegen begangenes Unrecht wendet, drittens von der legitimen Autorität angeordnet wird und sich viertens die Kriegsführung auf das unbedingt erforderliche Maß an Gewalt beschränkt ... Vernichtung

---

[640] Tod von Friedrich Schorlemmer, a. a. O.

## 2 Die Chronik der dokumentierten Weckrufe ... 353

und Versklavung des Gegners, wie es damals als Ziel der Kriegsführung üblich war, lehnt Augustinus ab und fordert neben der klassischen Rechtfertigung eines gerechten Krieges auch die rechte Gesinnung der Kriegsführenden (intentio recta) ... Besonders einflussreich war die Weiterentwicklung dieser Reflexionen durch Thomas von Aquin, dessen Lehre vom gerechten Krieg über Jahrhunderte das entscheidende ethische Referenzsystem für kirchliche Stellungnahmen zu militärischer Gewalt bildete ... Neu an seiner Lehre ist insbesondere das Prinzip des Doppeleffekts, demzufolge jede in einem Krieg angewendete Waffe, jede Maßnahme und jede Form der Kriegsführung den Anforderungen einer ethischen Güterabwägung genügen muss: Die Opfer und Kosten eines Krieges dürfen insgesamt betrachtet nicht größer sein als nötig und nicht schwerer wiegen als das Gute, das durch den Einsatz militärischer Gewalt erreicht werden soll. Die Bedingungen sittlich erlaubter Kampfhandlungen wurden in späteren Schriften immer wieder präzisiert."[641]

Zurück zum Apfelbäumchen und dessen symbolisches Pflanzen beim Evangelischen Kirchentag im Juli 1983 in Dresden. Dieses Ritual wurde auch am 21. Mai 1989 bei der Schlussfeier der Europäischen Ökumenischen Versammlung „Friede in Gerechtigkeit" in Münster gepflegt. Die dazugehörige Rede hielt der berühmte Physiker und Philosoph Carl Friedrich von Weizsäcker. Und natürlich endete er mit der hoffnungsfrohen Metapher des großen Reformers.[642]

1994 erschien Martin Schloemanns Buch unter dem Titel „Luthers Apfelbäumchen?"

Der Mythos über das vorgebliche Lutherwort war damit aber noch lange nicht zu Ende.

---

[641] https://ordosocialis.de/wp-content/uploads/Friedensethik.pdf.
[642] Schloemann, a. a. O., S. 215.

Dass Luther und seine Thesen auch heute noch inspirieren und hinterfragt werden, zeigt beispielhaft ein Ergebnis unserer Recherchen. Wir stießen auf ein in der Oktoberausgabe 2017 der Zeitschrift UNTERNEHMERIN KOMMUNE erschienenes Interview mit Dr. Reiner Haseloff, Ministerpräsident von Sachsen-Anhalt. Auf die Frage, was für ihn die drei wichtigsten unter den 95 Thesen seien, sagte der in Wittenberg beheimatete Ministerpräsident Folgendes:

„Drei aus 95. Das man hier gewinnt, ist genauso unwahrscheinlich wie bei 6 aus 49. Deshalb treffe ich eine ganz persönliche, mithin auch subjektive Auswahl. In These 62 sagt Luther: ‚Der Schatz der Kirche, aus dem der Papst den Ablass austeilt, besteht nicht aus weltlichen Gütern, sondern aufgrund des Evangeliums. Aber die Vergebung der Sünden durch Jesus Christus ist der wahre Schatz der Kirche.' Das ist für mich, übersetzt ins Hier und Heute, ein ganz starkes Plädoyer für Ideale, für Werte, die man nicht in Cent und Euro messen kann, ein Votum gegen die zunehmende Verbetriebswirtschaftlichung unseres Daseins.

Aus These 73 ist mir der folgende Satz besonders wichtig: ‚Der Papst will vielmehr den Bannstrahl gegen diejenigen schleudern, die unter dem Vorwand des Ablasses auf Betrug hinsichtlich der heiligen Liebe und Wahrheit sinnen'. Diese Zeilen bezeugen, dass es schon damals, vor 500 Jahren, die Unsitte gab, Texte bewusst oder vorsätzlich falsch oder unzulässig vereinfacht wiederzugeben. Luther war eben nicht gegen Ablass, sondern er wandte sich ausdrücklich nur gegen dessen Missbrauch.

Bei der Nachfrage nach der dritten, noch fehlenden These sagte Haseloff: „Hier greife ich nicht in das Luthersche Reservoir. Im Jahr 2008 habe ich eine eigene, die 96. These vorgeschlagen: ‚Höre nie auf, quer zu denken!' Diesem Credo, es ist für mich eine Lebensmaxime, werde ich auch fürderhin folgen. Deshalb wurde es vor neun Jahren – ich

## 2 Die Chronik der dokumentierten Weckrufe ...

war zu dieser Zeit noch Wirtschaftsminister – symbolisch an die Wittenberger Schlosskirche geschlagen."[643]

In einem weiteren Interview, das ich im Mai 2024 mit dem Ministerpräsidenten führte, kamen wir noch einmal auf dieses Thema zurück. Ich fragte ihn, ob er wegen der inzwischen diskreditierenden Konnotation des altehrwürdigen Begriffs „Querdenken" diese These 96 noch einmal so formulieren würde. Seine Antwort:

„Ich mag den Begriff des Querdenkens in seiner ursprünglichen Form sehr. Als Wissenschaftler, als Politiker, als Reiner Haseloff. Aber wegen des bewussten Missbrauchs ist er diskreditiert worden. Es gibt Verwirrung, ob und wie man ihn verwendet. Deshalb würde ich meine 96. These aus dem Jahr 2017 heute anders formulieren. Vielleicht so: Höre nie auf, etwas konstruktiv in Frage zu stellen."[644]

Was unsere Beispiele lehren? Bedeutsame Inhalte – und diese Klasse haben alle vier hier vorgestellten Geschichten – entfalten nicht gleichsam automatisch ihre Wirkungskraft. Es bedarf der richtigen Umstände. Dazu gehört – das zeigen das Apfelbäumchenwort und das Statistik-Bonmot – sogar der handfeste Irrtum. Selbst das Finden der Wahrheit muss nicht das Ende der Botschaft und ihrer Kraft sein. Wir glauben gern, was wir glauben wollen. Ob wir uns auch danach richten, ist wieder eine ganz andere Frage.

Allerdings sind wir uns sicher, dass auch im Jahr 2024, in dem wir diesen Exkurs zu Papier bringen, sehr viele Menschen auf die Frage nach dem Verfasser des Apfelbäumchenwortes im Brustton der Überzeugung antworten: „Martin Luther!"

---

[643] „Höre nie auf, quer zu denken!" Interview mit dem Ministerpräsidenten des Landes Sachsen-Anhalt, Dr. Reiner Haseloff, UNTERNEHMERIN KOMMUNE, Fachzeitschrift für kommunalwirtschaftliches Handeln, Berlin, Ausgabe Oktober 2017.

[644] https://unternehmerin-kommune.de/wortmeldungen/gespraech-mit-mp-dr-haseloff/, Zugriff am 30. August 2024.

## 2.10 „Kunst ist Waffe", mit einem Exkurs über die Janusköpfigkeit wirkmächtiger Weckrufe

Friedrich Wolf (1888–1953). Kommunist, Arzt, Schriftsteller und Dramatiker. Als Künstler war er immer auch Kämpfer. Deshalb und natürlich auch wegen seiner jüdischen Herkunft musste er 1933, gleich nach der Machtergreifung der Nazis, mit seiner Familie in die Sowjetunion emigrieren. 1943 gehörte er dort zu den Mitbegründern des Nationalkomitees Freies Deutschland.1945 kehrte er nach Deutschland, in die damalige sowjetische Besatzungszone, zurück. Dort war er bis 1949 Mitgründer der DEFA (bis 1989 das einzige große Spielfilmstudio), der deutschen Sektion der internationalen Schriftstellervereinigung P.E.N. und der Deutschen Akademie der Künste in Ostberlin. Von 1949 bis 1951 war er erster Botschafter der DDR in Polen.

Aus dem umfangreichen künstlerischen Werk Wolfs ragen die Dramen „Cyankali" – ein leidenschaftlicher künstlerischer Appell gegen den Abtreibungsparagrafen 218 – „Die Matrosen von Cattaro" – eine Würdigung des deutschen Matrosenaufstandes für den Frieden im Jahr 1918, „Professor Mamlock" – eine bedrückende Dokumentation der 1933 begonnenen systematischen Vertreibung und Vernichtung der Juden – und „Der Rat der Götter" – hier machte er die verbrecherische Mitwirkung des deutschen Chemiekonzerns IG Farben am nazistischen Massenmord von sechs Millionen Juden zum Thema.

„Cyankali" erschien 1929 und war schon ein Jahr später auch als Film Auslöser leidenschaftlicher und kontroverser Debatten. Das Theaterstück zum Aufstand der „Matrosen von Cattaro" erlebte seine Uraufführung im November 1930 an der Berliner Volksbühne. Seine Weltpremiere feierte „Professor Mamlock" 1934 am Jüdischen Theater Kaminski in Warschau. Verfilmt wurde das Drama gleich zweimal: 1938 in der Sowjetunion und 1961 in der DDR, dort in der Regie des Sohnes des Autors, Konrad Wolf, einer der erfolgreichsten DEFA-Regisseure überhaupt.[645]

„Rat der Götter" war von vornherein als Filmdrama konzipiert. Inszeniert wurde es von Kurt Maetzig, neben Konrad Wolf der wohl bekannteste und erfolgreichste DEFA-Regisseur, und hatte 1950 seine Uraufführung.

Schon diese wenigen Fakten aus dem Leben und Schaffen von Friedrich Wolf zeigen, dass der Mann sehr genau wusste, warum er das Wort „Kunst ist Waffe" prägte. Es war das Fazit seiner berühmten Rede vor dem Arbeitertheaterbund in Berlin 1928.[646] Dort legte er dar, dass für ihn Künstlertum, und gesellschaftliche Verantwortung und ja, auch Parteinahme für Frieden und Menschenrechte untrennbar zusammengehören. So hat es Friedrich Wolf gelebt und sah sich damit in der Tradition weltberühmter Künstler wie Emile Zola, Leo Tolstoi und Ulrich von Hutten.

Wir nennen aus den ersten vier Epochen nur wenige Beispiele von Kunstwerken mit Weckrufcharakter, die zudem dem Verständnis von der Kunst, die eine Waffe ist, *uneingeschränkt* gerecht werden.[647]

Den größten Stellenwert in unserem Exkurs hat die Epoche von 1914 bis heute. Mit der exponentiellen Zunahme der Menschheitsbedrohung gab es auch einen bis dato nie gekannten Aufwuchs an Weckrufen.

Dass wir die Jetztzeit in den Mittelpunkt stellen, ist dem Impuls von Friedrich Wolf geschuldet. Für uns gehört er wegen dieser Haltung, aber ebenso wegen der Qualität

---

[645] Konrad Wolf und Markus Wolf, langjähriger Chef der Auslandsspionage der DDR, waren die Kinder aus der zweiten Ehe von Konrad Wolf mit Else Dreibholz, die 1922 geschlossen wurde und bis zu seinem Tode bestand.
[646] Wolf, Friedrich: Kunst ist Waffe, Reclam Universalbibliothek, Bd. 436, Reclam Verlag, Leipzig, 1969.
[647] Neben der Nennung von Titel und Künstler gibt es für jedes Werk nur wenige Sätze. Ausführlicher haben wir die Werke in den Unterkapiteln 2.2 bis 2.7 dokumentiert.

seiner Texte zu den wichtigsten deutschen Dichtern des 20. Jahrhunderts. Leider ist er heute fast vergessen.

Ähnliche gravierende gesellschaftliche Wirkungen wie Wolf hat eine Generation später in Deutschland nur noch **Rolf Hochhuth** (1931–2020) entfaltet. Mit dem Stück „Der Stellvertreter", uraufgeführt 1963 in Berlin, machte er zum ersten Mal das Schweigen und damit auch die moralische Mitverantwortung der Katholischen Kirche an der Shoa zum Thema. Das Stück wurde ein Welterfolg.

1978 erschien seine Erzählung „Eine Liebe in Deutschland". Sie war wegen ihres historischen Bezugs zu vier Todesurteilen, die der damalige Ministerpräsident Baden-Württembergs, Hans Filbinger, als Marinerichter 1943 bis 1945 gefällt hatte, Auslöser für dessen Rücktritt.

Ähnlich brisant auch sein 1993 in Berlin uraufgeführtes Stück „Wessis in Weimar" über das destruktive Wirken der Treuhand bei der Privatisierung der DDR-Wirtschaft, die für Hochhuth in erster Linie eine neokoloniale Inbesitznahme zulasten der Bürger Ostdeutschlands war. Im Stück wird auch die Ermordung des damaligen Treuhandchefs Detlev Rohwedder thematisiert. Der allgemeine Aufschrei der etablierten Politik, dass der Dichter das Attentat moralisch gerechtfertigt habe, ist absurd, zeigt aber, dass der Dramatiker wie immer seine Finger in die Wunde gelegt hatte.

Schon im Mai 1965 hatte Hochhuth in seinem Essay „Der Klassenkampf ist nicht zu Ende" im Spiegel Kritik an der gesellschaftlichen Situation in der Bundesrepublik geübt und seine Auffassung bekräftigt, dass Schriftstellern eine politische Funktion zukomme. Wenige Wochen später gab es dazu die ebenso aufsehenerregende wie primitive Antwort des damaligen Bundeskanzlers Ludwig Erhard. In einer Rede vor dem Wirtschaftstag der CDU/CSU in Düsseldorf am 09. Juli 1965 sprach dieser Schriftstellern wie Hochhuth das Recht auf Einmischung in sozialpolitische Themen wie folgt ab: „Die sprechen von Dingen, von denen sie von Tuten und Blasen keine Ahnung haben. ...

Nein, so haben wir nicht gewettet. Da hört der Dichter auf, da fängt der ganz kleine Pinscher an."

Hochhuths Bekenntnis erinnert Sie an das eingangs erwähnte Credo von Friedrich Wolf in der Rede zur Gründung der Arbeitertheaterbundes 1928 in Berlin? Diese Parallele gibt es tatsächlich. Das zeigen die folgenden Auszüge aus der Wolfschen Ansprache, die er 37 Jahre vor dem Hochhuth-Essay im Spiegel gehalten hat:

„Da, am 15. Januar 1898, erschien in der Tageszeitung „L' Aurore" jener berühmte Brief des Dichters Emile Zola an den Präsidenten, jener unsterbliche Brief J' accuse …! ich klage an! … es ging um die eine Frage, um die ewig brennende Frage: kann auf die Dauer die Wahrheit unterdrückt werden?"[648]

„1905 erhob der gefeierte Dichter Leo Tolstoi plötzlich seine Stimme und sandte an den ‚Bruder Zaren' den berühmten Brief ‚Ich kann nicht schweigen'. Der Dichter als Zeitgewissen! Der Dichter als Seher! Schon seit Kassandras politischer Vorhersage von Trojas Fall wird sein ‚Kassandraruf' nicht ernstgenommen und verhöhnt. Man sagt: Dichter, bleib bei deiner Feder!"[649]

Diese Selbstbeschränkung war auch für den jungen Friedrich Schiller keine Option. Es sei kein Zufall gewesen, so Wolf, dass dieser in der Aufbruchstimmung der Aufklärung wie auch andere junge dramatische Dichter aus ihrer ersten Empfindungsfrische mit einem politischen Weltanschauungsdrama begannen „… Schiller in den Räubern vorausempfindend und vorwegnehmend die Französische Revolution … hier steht der Dichter auf Vorposten … hier ist er Zeitgewissen! Hier ist seine Kunst Waffe auf dem Vormarsch!"[650]

---

[648] A. a. O., S. 5.
[649] A. a. O., S. 6.
[650] A. a. O., S. 15.

## „Kunst ist Waffe" – ein paar wenige Beispiele aus den ersten vier Epochen der Menschheitsgeschichte

### Vor- und Frühgeschichte (2,5 Mio. v. Chr. – 800/500 v. Chr.) / Antike (800/500 v. Chr. – 300/600 n. Chr.)

„Der Ruf der Kassandra"
Er gilt als die erste dokumentierten Warnung gegen Krieg und Zerstörung, ist der erste überlieferte Weckruf, unter anderem als Mythos in Stücken von Homer, Aischylos ab 700 v. Chr.

Der Fall Trojas wurde von antiken Autoren zwischen 1334 und 1135 v. Chr. datiert. Kassandrarufe – der unerhörte Weckruf aus der antiken Mythologie: der Fluch des Gottes.

### Mittelalter (300/600 – 1500)

„Die apokalyptischen Reiter"
Albrecht Dürers (1441 – 1528) Sammlung von Holzschnitten erschien in Nürnberg 1498 zuerst mit dem deutschen, kurz danach mit dem lateinischen Text der Offenbarung.[651]
Er folgte sehr getreu dem Text der Johannes-Offenbarung.

Der große Erfolg des Werkes basiert auf der künstlerischen Meisterschaft, trifft aber auch den damaligen Zeitgeist.

---

[651] Dürer hatte das große Format gewählt, weil er erkannte, dass Visionen, die das ganze Zeitalter erregten und mit deren Verwirklichung gerechnet wurde, sich auch äußerlich großartig zu manifestieren haben. Vgl. Musper, Heinrich Theodor: Albrecht Dürer, Du Mont Verlag, Köln, 2003, S. 32.

## Neuzeit (1500–1914)

### „Ritter, Tod und Teufel"

Albrecht Dürer (1441–1528) hat nach den Holzschnitten der „Apokalyptischen Reiter" im Jahr 1498 mit „Ritter, Tod und Teufel" im Jahr 1513 einen weltbekannten Kupferstich geschaffen, in dem die Figur des Ritters und der Tod im Zentrum stehen. Er steht für einen Soldaten, dessen Leben im Kriegsdienst, im Kampf gegen das Böse stand.[652]

### „Schrecken und Jammer des Krieges"

Der lothringische Zeichner und Kupferstecher Jacques Callot (1592–1635) veröffentlichte 1633 in Paris 18 Radierungen unter dem Titel „Les Miseres Et Les Mal-Heurs De La Guerre".

Berühmt wird der Zyklus mit Versen von Michel de Marolles (1600–1681) unter dem Titel „Die großen Schrecken des Krieges".[653]

### „Der abenteuerliche Simplicissimus Teutsch"

Hans Jakob Christoffel von Grimmelshausen (um 1622–1676) war ein deutscher Schriftsteller. 1668 erschien sein weltbekannter Roman „Der abenteuerliche Simplicissimus Teutsch", der das Grauen des Dreißigjährigen Krieges schildert.[654]

---

[652] https://www.karlundfaber.de/de/auktionen/291/druckgrafik/2910320/, Zugriff am 10. November 2023.

[653] https://www.geo.de/magazine/geo-epoche/bildessay-callots-schrecken-und-jammer-des-krieges-30165356.html, Zugriff am 12. November 2023.

[654] https://www.aufbau-verlage.de/die-andere-bibliothek/der-abenteuerliche-simplicissimus-deutsch/978-3-8218-6224-8, Zugriff am 12. November 2023.

## Exkurs 1

### Die Marseillaise – das berühmteste Lied der Welt

Wohl kein Lied hat in der Weltgeschichte – und zwar bis heute – im Kampf für Frieden und mutigen progressiven Aufbruch eine so überragende Rolle gespielt wie die Marseillaise. Sie wurde von Claude Joseph Rouget de Lisle in der Nacht auf den 26. April 1792 während der französischen Kriegserklärung des Ersten Koalitionskrieges im elsässischen Straßburg verfasst. Das Lied erhielt den Namen Marseillaise, weil es von Freiwilligen aus dieser französischen Stadt am 30. Juni 1792 beim Einzug in Paris gesungen wurde.

Das Lied, vor allem der erste Vers, ist ein Aufruf zum Freiheitskampf an das französische Volk:

| | |
|---|---|
| *Allons enfants de la Patrie,* | Auf, Kinder des Vaterlandes, |
| *Le jour de gloire est arrivé!* | Der Tag des Ruhmes ist gekommen! |
| *Contre nous de la tyrannie* | Gegen uns ist der Tyrannei |
| *L'étendard sanglant est levé.* | Blutiges Banner erhoben. |
| *Entendez-vous dans les campagnes* | Hört ihr auf den Feldern |
| *Mugir ces féroces soldats?* | Diese wilden Soldaten brüllen? |
| *Ils viennent jusque dans vos bras* | Sie kommen bis in eure Arme, |
| *Égorger vos fils, vos compagnes.* | Um euren Söhnen, euren Gefährtinnen die Kehlen durchzuschneiden.[655] |

Die Hymne erfreute sich bald großer Bekanntheit und Beliebtheit und wurde auf allen größeren Bürgerfesten der jungen Republik intoniert. 1793 beschloss der Nationalkonvent, dass sie auf allen öffentlichen Veranstaltungen gesungen wird. Das gleiche Gremium erklärte das Lied am 14. Juli 1795, also am Jahrestag des Sturms auf die Bastille, zum „französischen Nationalgesang".[656] 1879 wurde das Lied per Gesetz zur französischen Nationalhymne.

---

[655] https://www.frankreich-info.de/themen/politik/marseillaise, Zugriff am 21. Mai 2024.
[656] Ebenda.

## 2 Die Chronik der dokumentierten Weckrufe ...

Aber schon zuvor war sie Fanal des Kampfes und schließlich auch des Sieges der französischen Revolution von 1789 gegen die europäische Monarchie. Er hielt als Erster Koalitionskrieg – er dauerte von 1792 bis 1797 – Einzug in die Geschichtsbücher.

Die Französische Revolution, die das absolutistische Herrschaftssystem beendete, hatte die Potentaten Europas aufgeschreckt. Sie schmiedeten ein Bündnis, um ihre Pfründe zu verteidigen. Zu Recht fürchteten sie, dass der Funke von der Erstürmung der Bastille auf den ganzen Kontinent überspringen könnte.

Nach anfänglichen Erfolgen der Alliierten ging die französische Revolutionsarmee 1792/93 zur Gegenoffensive über und besetzte Gebiete der Gegner, darunter Teile der Niederlande und des Rheinlandes.

Stefan Zweig hat es mit seiner Sprachgewalt auf einmalige Weise geschafft, die elektrisierende Wirkung der neuen Revolutions- und Freiheitshymne zu beschreiben:

„Der erste große Sieg der Marseillaise ist Paris. Am 30. Juli marschiert das Bataillon in Paris durch die Faubourgs ein, die Fahne voran und das Lied. Tausende und Zehntausende stehen und warten in den Straßen, um sie festlich zu empfangen, und wie die Marseiller nun anrücken, fünfhundert Männer, gleichsam aus einer Kehle zum Taktschritt das Lied singend und immer wieder singend, horcht die Menge auf. Was ist das für eine herrliche, hinreißende Hymne, welche die Marseiller da singen? Was für ein Fanfarenruf dies, der in alle Herzen fährt, begleitet vom prasselnden Trommelschlag, dies ‚Aux armes, citoyens!' Zwei Stunden später, drei Stunden später, und schon klingt der Refrain in allen Gassen wider. Vergessen ist das ‚ca ira', vergessen die alten Märsche, die abgebrauchten Couplets: die Revolution hat ihr Lied gefunden."[657]

---

[657] Zweig, Stefan: Sternstunden der Menschheit, in: Zweig Stefan, Ausgewählte Werke, Dörfler Verlag, Eggolsheim, 2013, S. 131.

Die Marseillaise, auf den ersten Blick ein martialischer Kampfgesang, ist bis heute ein Symbol der Freiheit, des Kampfes gegen Unterdrückung und Gewalt.

„Gut 70.000 Menschen singen die Hymne bei einem Fußballspiel im Londoner Wembley-Stadion, als wäre sie eine Ode an den Frieden. Die Marseillaise, die französische Nationalhymne, ist zum Lied der Völkerverständigung geworden, zur Freiheitsbotschaft der Staatengemeinschaft des Westens."[658]

Nicht einfach „nur" ein Synonym für eine definierte Staatlichkeit, sondern das Freiheitslied schlechthin, das von Menschen weltweit intoniert wird. Es erklang sogar 1989 auf dem Platz des himmlischen Friedens bei den gewaltsam niedergeschlagenen Demonstrationen für mehr Freiheit und Demokratie.

Das bekannteste Lied, die bekannteste Hymne der Welt.

### „Desastres de la Guerra"
Der bekannte spanische Maler Francisco Goya (1746 – 1828) schuf die Radierungen „Die Schrecken des Krieges" zwischen 1810 und 1814.

### „Warnung vor menschlicher Hybris"
Mary Shelley (1797 – 1851) hat den Roman „Frankenstein" geschrieben, der 1818 veröffentlicht wurde.

### „Krieg und Frieden"
Der wohl berühmteste Roman der Weltliteratur aus der Feder des russischen Schriftstellers Leo Tolstoi (1828 – 1910) erschien 1869.

---

[658] Prosinger, Wolfgang: Tagesspiegel online vom 18. November 2015, https://www.tagesspiegel.de/kultur/herzschlag-der-nation-3676768.html, Zugriff am 21. Mai 2024.

"Die Waffen nieder"
Das Buch ist das bekannteste Werk der österreichischen Autorin und Friedensaktivistin Bertha von Suttner (1843–1914), es erschienen 1889.

## Zeitgeschichte und Gegenwart (1914 bis heute)

### Ab jetzt mit gewaltiger, oft globaler Wirkungsmacht!

Diese hoffentlich nicht letzte Epoche in der Menschheitsgeschichte bedeutet für das Thema „Kunst ist Waffe" – aus unserer Perspektive gegen die existenzielle ökologische und militärische Bedrohung des irdischen Lebens – einen Quantensprung. Zum ersten Mal in unserer Historie kann kreative Kraft weltumspannende Wirkung entfalten. Dafür steht der Begriff Globalisierung. Er wurde in den 60er-Jahren des vergangenen Jahrhunderts geprägt und bezeichnet die weltweite Vernetzung praktisch aller Elemente unserer zivilisatorischen Existenz. Dabei geht es im Kern und im direkten Zusammenhang mit der dominierenden kapitalistischen Produktionsweise um die weltweite Arbeitsteilung bei der Wertschöpfung.

Die Interaktion von Basis und Überbau muss hier nicht erklärt werden. Es ist in dieser Dialektik folgerichtig, dass neben der Wertschöpfung auch alle weiteren Bereiche des gesellschaftlichen Lebens eine globale Dimension bekommen. Das gilt auch für Kultur und Kunst. Zum einen im ideellen Sinne, zum anderen aber auch als Ware. Die globale Verbreitung eines Blockbusters aus einem der großen Studios in Hollywood ist im ökonomischen Sinne auch eine Wertschöpfung. Einspielergebnisse in der Dimension von Milliarden Dollar sind selbstverständlich geworden.

Intellektuelle und emotionale Wirkungen nicht mehr nur im regionalen oder nationalen Rahmen, sondern in einer weltweiten Dimension – das ist für die Wirkmächtigkeit eine ganz neue Qualität. Ob diese zuvor nie gekannte Reichweite dieser Weckrufe das Potenzial hat, die suizidale Dimension menschlichen Handels schnellstmöglich zu beenden? Niemand kann und wird diese Frage mit einem klaren Ja oder Nein beantworten. Was bleibt, ist unsere Hoffnung. Wenn wir sie nicht hätten, wäre dieses Buch nicht geschrieben worden.

Die Globalisierung der Weckrufverbreitung geht einher mit einer viel größeren Fundierung und Differenzierung der Analysen zur Bedrohung des Lebens. Wir sind wissenschaftlich in der Lage, die Ursachen für die planetaren Fehlentwicklungen in allen Details zu beschreiben. Und für das Umsteuern verfügen wir über hervorragend wirkende Therapien und haben die allerbesten Instrumente. Beide liegen auf Abruf. Aber worauf warten wir eigentlich noch ...?

Aus der Globalisierung, dem gewaltigen Zuwachs an Erkenntnissen und dem exponentiellen Wachstum der Gefahren folgen auch Quantensprünge bei der Zahl der Weckrufe. Es ist unmöglich, jeden einzelnen dieser mahnenden Appelle auch nur zu erfassen, geschweige denn in einem Buch darzustellen. Wir haben uns schon in der übergreifenden Dokumentation der Weckrufe auf die herausragenden Beispiele konzentriert. Das tun wir auch bei der Darstellung der Wortmeldungen aus der Kunst. Im Zentrum stehen Beispiele, die in den meisten Fällen auch eine grenzüberschreitende Wirkung entfalten. Am wichtigsten sind wegen ihrer großen Reichweite die Kinofilme und seit einiger Zeit auch Streams. Es folgen die Lieder und gleich dahinter literarische Werke, die zu Bestsellern avancierten.[659] Mit diesen

---

[659] Das große Wirkungspotenzial der Genre Literatur, vor allem aber Musik und Film, hat bei unserer Auswahl immer zuerst eine künstlerische Dimension. Es basiert aber zugleich auf der Marktmacht der US-amerikanisch dominierten Unterhaltungsindustrie. Von den weltweit zehn größten Medien- und Wissensunternehmen kommen sieben aus den USA, davon die drei umsatzstärksten: Google mit 284, Meta mit 125 und Comcast mit 112 Milliarden Euro im Jahr. Weitere Giganten, die die Film- und Musikbranche prägen, sind Amazon, Apple,

drei Genres wird unsere *Tour d'Horizon* durch die Jahre 1914 bis heute enden.

Beginnen werden wir mit besonders herausragenden Werken der bildenden Kunst und der Dramatik. Weltgeltung ist auch hier das wesentliche Kriterium. Die Reichweite der Kunstwerke aus diesen Bereichen ist gegenüber Film, Buch und Lied deutlich geringer. Die Beispiele sind ausführlich in der Chronik der Weckrufe (◉ Abschn. 2.2) dokumentiert. Hier nennen wir nur die Titel, die Künstler und das Entstehungsjahr.

Wegen der herausragenden Bedeutung für unser Weckrufverständnis widmen wir einen Exkurs zwei Kunstwerken von Otto Dix aus dem Jahr 1920 und Giorgi Ochiauri aus dem Jahr 1985. Ein zweiter Exkurs gilt dem Projekt TRANSFORMATION oder Kunst aus „Müll" in der Tiroler Gemeinde Kössen.

Ein weiterer ist Johann Wolfgang von Goethe mit seinem Faust 1 und dem Historiker Manfred Osten gewidmet, der mit seiner klugen Deutung der Walpurgisnacht selbige zu einem der wirkmächtigsten Weckrufe der Literatur erhoben hat.

Unser Buch erscheint in deutscher Sprache. Deshalb ist es legitim, dass wir einen zusätzlichen Akzent bei Weckrufen aus diesem Sprachraum setzen, wobei auch hier deren Kraft und künstlerische Meisterschaft das dominierende Kriterium ist.

---

Microsoft, Warner Bros., Netflix, Paramount, Sony. Alles klangvolle Namen, nur ein Unternehmen, Sony, kommt nicht aus den USA, sondern aus Japan. Auf diesen Zusammenhang von Kunst und Profit gehen wir in diesem Unterkapitel bei den Antikriegsliedern und dem Exkurs 3 am Ende ein.

## Bildende Kunst[660]

### Skulpturen und Bilder

- Ernst Barlach (1870–1938): Denkmal des Krieges, 1929
- Hans Grundig (1901–1958): Das tausendjährige Reich, 1938
- Fritz Cremer (1906–1993): Figurengruppe KZ-Gedenkstätte Buchenwald, 1958, „Aufsteigende" – den um ihre Freiheit kämpfenden Völkern gewidmet (Park UNO-Hauptquartier New York)
- Pablo Picasso (1881–1973): Guernica, 1937, Taube, 1949
- Jewgeni Wiktorowitsch Wutschetitsch (1908–1974): Schwerter zu Pflugscharen, 1959, Statue Mutter Heimat ruft, 1967
- Gerhard Richter, geboren 1932: Bomber, 1963
- Willi Sitte (1921–2013): Höllensturz in Vietnam, 1967
- Werner Tübke (1929–2004): Frühbürgerliche Revolution in Deutschland, 1976 bis 1987
- Carl Fredrik Reuterswärd (1934–2016): Non Violence, 1988
- Peter Eisenman, geboren 11. August 1932: Holocaust Mahnmal, 2005

### Antikriegsfotografie

- John Heartfield (1891–1968): Der Sinn des Hitlergrußes, 1932
- Robert Capa (1913–1954): Death of a loyalist Soldier, 1936
- Huynh Cong Ut (Nick Út), geboren am 26. März 1951: The Terror of War, 1972

---

[660] Die hier nur mit den Namen der Künstler, dem Titel des Kunstwerks und dessen Fertigstellung genannten Werke (Skulpturen, Bilder und Fotografien) sind alle im Unterkapitel 2.2 ausführlich als Weckrufe dokumentiert.

- Anja Niedringhaus (1965–2014): Zivilisten auf der Flucht, 2003
- James Nachtwey, geboren 14. März 1948: Die Kosten des Krieges, 2022
- Jewhen Maloljetka, geboren 1987: Bilder von der Bombardierung der Geburtsklinik in Mariupol, 2022

# Exkurs 2

**„Die Skatspieler" und „Das Denkmal der Versöhnung"**
Otto Dix malte „Die Skatspieler" im Jahr 1920. Giorgi Ochiauri beendete die Arbeit an seiner Bronzeskulptur 1985. Dazwischen liegen 65 Jahre, das sind drei Generationen. Beide Kunstwerke aber atmen denselben Geist, und es sind ebenso beeindruckende wie verstörende Weckrufe.

Das Bild, Öl und Collage auf Leinwand (110 × 87), ist seit 1995 im Bestand der Deutschen Nationalgalerie, Berlin. Es stellt drei im ersten Weltkrieg schwer verletzte Krüppel dar, die nach dessen Ende in einem Lokal Skat spielen. Das Bild von Otto Dix (1891–1969) entstand 1920 und wurde in der Galerie Arnold in Dresden vorgestellt.

Dix gilt als einer der bedeutendsten deutschen Maler und Grafiker des 20. Jahrhunderts. Vor allem mit seinen brutalen Darstellungen des Krieges erregte der im Thüringischen Gera geborene Künstler weltweites Aufsehen.

Aus diesen Werken ragt „Die Skatspieler" besonders heraus. Auslöser für dieses Kunstwerk war eine Szene, die Dix nach Ende des Ersten Weltkrieges in einem Dresdner Kaffeehaus gesehen hatte: In einem Hinterzimmer spielten drei Kriegsversehrte unter Zuhilfenahme ihrer Prothesen Skat. Dieses verstörende Erlebnis hat Dix in seinem Bild nachgestaltet. Die Collage aus Ölgemälde und Spielkarten, Notgeld und Tageszeitungen reflektiert die Situation der vom Krieg verkrüppelten Männer. Ihre Körper funktionieren nur noch mit diesen künstlichen „Ersatzteilen".

Die Bilder und Radierungen von Dix beschreiben die Wahrheit des Krieges. In den Zeiten der Hitlerdiktatur wurden sie als „wehrkraftzersetzend" und „entartet" diffamiert. In diese Kunstwerke flossen auch eigene Erlebnisse ein. Dix diente ab 1915 als Soldat im Ersten Weltkrieg in der deutschen Armee. 1918 wurde er verletzt und aus dem Kriegsdienst entlassen. Die Verwundung blieb ohne bleibende körperliche Schäden.[661] Die seelischen Traumata aber blieben. Bis ins hohe Alter wurde er von Albträumen aus dieser Zeit heimgesucht.[662]

Das „Denkmal der nationalen Versöhnung" von Giorgi Ochiauri (1927 – 2017) entstand von 1981 bis 1985. Das Skulpturenensemble ist dem Gedenken an die im Zweiten Weltkrieg bei der Verteidigung ihrer Heimat gegen den Überfall der deutschen Hitlerfaschisten gefallenen georgischen Soldaten gewidmet.

Die Gruppe mit einer 18 Meter hohen Bronzestatue als Mittelpunkt wurde 1985 im Vake-Park in Tbilissi aufgestellt. Auf dem Gipfel eines Hügels befindet sich heute nur noch diese Statue, die als „Mutter des Ortes" an die Opfer des Zweiten Weltkriegs erinnert. Die Figuren der Soldaten, die für uns den eigentlichen Weckruf darstellen, wurden später in der georgischen Stadt Gori am Fuße einer alten Festungsruine aufgestellt.

Anders als die tradierte Heldenverehrung in der UdSSR – dafür steht das monumentale sowjetische Ehrenmal im Treptower Park in Berlin, das an die Rote Armee und deren Sieg über den deutschen Faschismus im Zweiten Weltkrieg erinnert – hat der georgische Künstler Giorgi Ochiauri das Leid der Kämpfer zum Thema gemacht, die ihre Heimat gegen den Angriff des faschistischen Deutschlands verteidigt haben.

---

[661] https://artinwords.de/otto-dix-biografie-lebenslauf/, Zugriff am 19. Juni 2024.
[662] https://recherche.smb.museum/detail/962482/die-skatspieler, Zugriff am 19. Juni 2024.

## 2 Die Chronik der dokumentierten Weckrufe ...

Bei den künstlerischen Botschaften von Otto Dix und Giorgi Ochiauri sehen wir eine bemerkenswerte Übereinstimmung: Auch ein sogenannter „gerechter Krieg", wie er zur Verteidigung des Vaterlandes geführt wird, ist ein bestialischer grausamer Krieg. Es macht den Verlust nicht leichter, wenn ein Mensch in einem Angriffskrieg – das war die Vorlage für „Die Skatspieler" von Otto Dix – oder bei der Abwehr eines Aggressors wie bei Giorgi Ochiauri – getötet oder schwer verletzt wurde.

Wer die Krüppel auf dem Bild von Otto Dix aus dem Jahr 2020 sieht, oder jene, die Giorgi Ochiauri 1985 in Bronze gegossen hat, der kann keine Begeisterung für Kriege empfinden. Die starke Kraft, die von beiden Kunstwerken ausgeht, kann aber sehr wohl dafür mobilisieren, sich für eine Welt des friedlichen Miteinanders zu engagieren.[663]

Otto Dix war ein leidenschaftlicher Kämpfer gegen den Krieg. Das gilt auch für Giorgi Ochiauri. Der Georgier war auch ein glühender Streiter für die Unabhängigkeit Georgiens nach dem Zusammenbruch des sowjetischen Staatenbundes. 1990/91 gehörte er als Abgeordneter dem Obersten Rat Georgiens an und war in dieser Eigenschaft Mitunterzeichner des Gesetzes zur Wiederherstellung der staatlichen Unabhängigkeit Georgiens am 09. April 1991.

---

[663] Michael Schäfer, einer der Autoren dieses Buches, hat im Jahr 2002 im Otto-Dix-Haus in Gera – dieser Stadt ist er besonders verbunden, denn sie war die Heimat von vier Familiengenerationen mütterlicherseits – den limitierten Druck von „Die Skatspieler" erworben. Das Bild hat er wegen seiner ausgeprägten pazifistischen Grundhaltung erworben, denn es hat ihn darin bestärkt, sich noch mehr für das „Friede auf Erden" zu engagieren.
22 Jahre später, im Mai/Juni 2024, war ich mit meiner Frau in Georgien. Bei unserer dritten Reise in dieses wunderbare Land, dessen Bewohner die Ideale von Frieden und Freiheit hochhalten, hat er die Skulpturengruppe am Fuße der Festungsruine in Gori entdeckt. Schon mit dem ersten Blick stellte sich der Bezug zu den „Skatspielern" von Otto Dix ein. Ich war mir sicher, beide Künstler, der deutsche Otto Dix und der georgische Giorgi Ochiauri waren bei der Schaffung ihrer Werke gleichen Sinnes: „Kunst ist Waffe". Mit dieser Intention haben sie ein Gemälde und eine Skulpturengruppe zu „Weckrufen" gemacht. Mir war klar, diese beiden Aufrufe müssen nicht nur in unser Buch. Sie müssen es – trotz des Abstands von 65 Jahren, zwei Generationen – in enger Nachbarschaft, im Miteinander des Kampfes für Frieden.

**Fotodokumentation**

Die Fotos 2.1 bis 2.4 (aufgenommen am 05. Juni 2024 in Gori, Georgische Republik von Michael Schäfer) zeigen das Skulpturenensemble, das als Weckruf gegen jedwede Art von Krieg verstanden werden muss. Die großflächig in einem Kreis angeordnete Gruppe kann aussagefähig nicht in einem einzelnen Foto erfasst werden. Die vier Motive (◉ Abb. 2.2, ◉ Abb. 2.3 und ◉ Abb. 2.4) geben jedoch einen guten Einblick in die Inhalte und die künstlerische Ausführung der Bronzefiguren von Giorgi Ochiauri.

Die Figurengruppe in Gori mahnt uns, aus dem verheerenden Zweiten Weltkrieg die Lehre zu ziehen „Nie wieder Krieg".

Wir wissen, dass diese Mahnung nicht die gewünschte Wirkung zeigte.

## 2 Die Chronik der dokumentierten Weckrufe ...

**Abb. 2.2** (2 Bilder) Mit der Figur im Bild links beginnt die Gruppe. Die Kriegsschlacht zur Verteidigung hat noch nicht begonnen. Der Kämpfer ist stark und körperlich unversehrt. Das Schwert ruht noch auf seinen Knien. Noch könnte der Krieg verhindert werden, wenn der Aggressor seine Angriffsabsichten aufgeben würde. Dass dies nicht stattfand, wissen wir aus der Realität des Überfalls Hitlerdeutschlands auf die Sowjetunion im Jahr 1941 und das zeigen auch die beiden Figuren rechts im nachfolgenden Bild mit ihren schweren Verwundungen

**Abb. 2.3** Dieses Desaster eines Angriffskrieges, dem 27 Millionen Menschen aus der Sowjetunion – alle unter diesem Dach lebenden Völker mussten diesen furchtbaren Blutzoll entrichten – zum Opfer fielen, wird von den Figuren symbolisiert, die auf diesen beiden Bildern zu sehen sind

**Abb. 2.4** Der Krieg ist zu Ende. Die Opfer unermesslich. Aber das Schwert mit der Spitze nach unten ist eine klare Botschaft: „Nie wieder Krieg"

Dafür stehen die beiden Fotos, die der Autor einige Tage nach seinem Besuch in Gori machte (◉ Abb. 2.6 und ◉ Abb. 2.5). Junge Leute in der Hauptstadt Tblissi demonstrieren gegen Gewalt: „Art Against War". Da ist es wieder, das Wort von Friedrich Wolf: Kunst ist Waffe.

## 2 Die Chronik der dokumentierten Weckrufe ...

**Abb. 2.5** Es sind in erster Linie junge Menschen, Georgier, die sich in den Mai- und Junitagen des Jahres 2024 allabendlich vor dem Gebäude der georgischen Volksvertretung treffen. Die Stimmung ist erhaben, feierlich, ja sie ist auch fröhlich, sie ist aber vor allem friedlich. Wir haben diese Stimmung am 05. Juni auf unserer Georgienreise genossen und die Chance genutzt, mit einigen der Demonstranten die Stimmung und die Intentionen dieser Mahnwache zu erkunden. Es geht diesen Menschen um Frieden und Freiheit. Genau diese Ziele verfolgen wir auch mit unserem Buch. Sie haben sich über unser Interesse gefreut und dass wir das Geschehen fotografieren. Es ist ihr Anliegen, das haben sie klar artikuliert, dass möglichst viele solcher Bilder um die Welt gehen und Zeugnis von der friedlichen Willensbekundung ablegen. Es geht diesen Menschen um Frieden und um Freiheit. Genau diese Ziele verfolgen wir auch mit unserem Buch.
Foto und Rechte: Michael Schäfer

**Abb. 2.6** Zu den friedlichen Demonstranten vor dem Parlamentsgebäude gehörte auch dieser Musiker. Ich habe ihn mit seinem Motto „Art Against War" fotografiert, denn er verkörpert mit seiner Aktion genau das Motto dieses Unterkapitels: „Kunst ist Waffe". Für mich als Autore und Fotograf so etwas wie eine Fügung, sechs Wochen vor der Abgabe unseres Buchmanuskripts an unseren Verlag Springer Gabler in Wiesbaden. In einer Pause wechselte ich ein paar Sätze mit dem Künstler. Ob ich fotografieren darf? Er verstand diese Frage zunächst nicht. „Natürlich dürfen Sie. Deshalb stehen wir doch hier. Wir wollen Aufmerksamkeit wecken für unsere Forderungen. Hoffentlich hat ihr Buch viele Leser". Und mit einem scherzhaften Lächeln ergänzte er: Es dürfen alle fotografieren, auch die, die meinen Geigenkasten übersehen …". Natürlich hatten wir einen Lari-Schein[664] übrig. Für eine gute Sache und für die richtig gute Musik.
Foto und Rechte: Michael Schäfer

---

[664]Lari ist die georgische Währung, Kurzzeichen: GEL. Drei GEL sind rund ein Euro (Stand 27. Oktober 2024). https://wise.com/de/currency-converter/eur-to-gel-rate, Zugriff am 27. Oktober 2024.

## Exkurs 3

### „TRANSFORMATION" - oder Sperrmüll zu Kunst. Ein Projekt aus der Tiroler Gemeinde Kössen in Österreich

Es begann mit einer Hochwasserkatastrophe, Anfang Juni 2013. Nach tagelangem Starkregen trat die schon in normalen Zeiten wildfließende Ache im engen Hochgebirgstal in der Tiroler Gemeinde Kössen über ihre Ufer. 450 Häuser wurden zerstört bzw. beschädigt. Ein Viertel der 4.000 Einwohner waren unmittelbar betroffen. Verlust an Hab und Gut, körperliche Verletzungen, seelische Verwundungen. Ähnliche Bilder wie im August 2021 im Landkreis Ahrweiler, in Regionen von Rheinland-Pfalz, Nordrhein-Westfalen, in Belgien und weiteren angrenzenden Ländern. Nur das Ausmaß der Schäden war dort noch deutlich größer. 220 Menschen, 184 davon in Deutschland, verloren ihr Leben. Der Klimawandel ist in Mitteleuropa angekommen. Die schaurigen Bilder sind Signale. Das sich ändernde Klima „produziert" in dichterer Folge Katastrophen mit immer größerer Zerstörungskraft.

Nach der Flut in Kössen wurden dort die Dämme um anderthalb Meter erhöht und der Flusslauf geändert. Da der geplante neue Lauf eine ehemalige Mülldeponie kreuzen sollte, musste diese (Volumen: 50.000 Kubikmeter) komplett ausgehoben werden. Ansonsten hätte die Ache in ihrem neuen Bett mit ihrer hohen Fließgeschwindigkeit gefährliche Deponiestoffe ausgespült.[665]

Die mit dem Aushub der Deponie im Jahr 2013 geförderten Erd- und Geröllmassen wurden für die Uferbefestigungen genutzt. Was blieb war der Müll: Knochen, Papier, Holz, Glas, Plastik, Gummi, Betonteile und alle Arten von Metall.

---

[665] Für die Müllablagerung wurde offiziell von 1920 bis 1985 eine ehemalige Kiesgrube genutzt. Später wurde Erde aufgefüllt, denn seit 2004 – ein Jahr früher als in Deutschland – sind in Österreich Hausmülldeponien verboten. Folgerichtig verwandelte sich die Deponie mit dem Auffüllen von Erde zur Wiese.

Hier kommt Leo de Romedis ins Spiel. Der Künstler lebt seit Anfang der 60er-Jahre des vorigen Jahrhunderts in Kössen und ist Initiator des Kunstprojekts TRANSFORMATION. Er hatte die Idee, den aus der Deponie geborgenen Schrott künstlerisch „umzuwidmen". Für die Umsetzung dieses kühnen originellen Plans versammelte Romedis 2014 eine Gruppe von 20 Künstlern aus fünf europäischen Ländern in seiner Heimatgemeinde. Sie sichteten das Material und gestalteten aus den verwertbaren Fundstücken 2015, also schon ein Jahr später, in einer mehrwöchigen Session 23 Plastiken, jede für sich ein einmaliges Kunstwerk.

Den Prozess beschreibt Romedis so:

> „Wir schauten mit geschultem und liebevollem Blick auf das ans Licht Gebrachte und zogen uns einige Karten aus diesem Müllkartenspiel. Wir wollten verantwortlich mit dem früher Nützlichen, prozesshaft Gealterten umgehen und allen interessierten Betrachtern eine Fährte zur Kunst legen. Wir suchten mit unseren Werken das richtige Maß im Umgang mit dem Vergangenen, Gegenwärtigen und Künftigen. Wir nahmen uns Zeit, um schöpferisch Neues aus Altem zu kreieren und achteten auf angemessene Rücksicht gegenüber den Fundstücken. In aller Bescheidenheit sollen unsere künstlerischen Erfindungen ein Wachwerden und Dankbarsein im Umgang mit unserer Erde ausstrahlen."[666]

So entstand TRANSFORMATIONEN. Den Untertitel „Sperrmüll zu Kunst" habe ich erfunden.

Die Kunstwerke werden seitdem auf einem zweieinhalb Kilometer langen Rundweg entlang der Ache in einer ständigen Freiluftausstellung präsentiert. Wir haben sie uns seit

---

[666] Zitiert nach: Schäfer, Ludwig, Mit Kapital die Schöpfung retten, Springer Gabler, Wiesbaden, 2022, S. 72.

## 2 Die Chronik der dokumentierten Weckrufe ...

2015 bis heute etliche Male angeschaut.[667] Jede dieser Plastiken hat viel Zeit und ungestörte Aufmerksamkeit verdient.

Die Künstlerschar um Leo de Romedis hat erreicht, was Sinn und Ziel war. Nachdenken! Über die Bedrohungen der Schöpfung, und was man dem entgegensetzen kann.

Mit unserem Buch können wir das Anliegen der Künstler mit ihren Kössener TRANSFORMATIONEN in viele Köpfe und Herzen bringen. Wer sich anrühren lässt und die uns drohende Gefahr in seiner Seele spürt, der wird hoffentlich zur Gegenwehr alles tun, was in seinen Kräften liegt. Mülltrennen, zur Demo von „Fridays for Future" gehen oder in ein Startup investieren, das aus einer Idee zur Rückgewinnung von Stoffen, die derzeit in einer Müllverbrennungsanlage enden, ein wirtschaftliches Verfahren entwickelt. Nachwachsende Rohstoffe sind auch nicht schlecht.

Hartmut Brinkmann, Jahrgang 1938, ist Mitbegründer des 2010 ins Leben gerufenen Vereins „Kulturstammtisch", heute „Kulturschmiede Kaiserwinkl". Er hat sich auch bei TRANSFORMATIONEN engagiert und sagt dazu Folgendes:

> „Die Förderung der Bildung und Kreativität der Menschen ist die beste Zukunftssicherung unserer Gesellschaft. Eine Königsdisziplin der Kreativität ist die Kunst. Auch diese, die ausgelöst durch ein Jahrhunderthochwasser, aus Fundstücken einer 65 Jahre alten Mülldeponie entstanden ist, und zum sorgfältigen Umgang mit unserer Welt nachhaltig mahnen soll. Kultur ist, wie wir unter Einsatz unserer Intelligenz und Kreativität leben. Genau das passierte bei den TRANSFORMATIONEN. Deshalb findet die Initiative nicht nur in der Kunstszene weit über die Grenzen Tirols Beachtung."[668]

---

[667] Das Projekt hat Michael Schäfer, einer der Autoren, zusammen mit seiner Frau bei einem Urlaub in Tirol im Jahr 2015 entdeckt. Wir sind regelmäßig im idyllischen „Kaiserwinkel". Und jedes Mal ist der Rundweg durch die Kunstwerke aus Schrott ein unverzichtbarer Teil unseres Aufenthaltes.

[668] Zitiert nach: Schäfer, Ludwig, Mit Kapital die Schöpfung retten, Springer Gabler, Wiesbaden, 2022, S. 73.

Diese Aufmerksamkeit hat sie verdient. Wir wünschen uns, dass Sie, liebe Leser, diese kraftvolle Idee und ihre atemberaubenden künstlerischen Resultate weiterverbreiten. Am besten auf dem ganzen Erdenrund. Denn die Botschaft betrifft jeden der acht Milliarden Bewohner. An sie ist auch das folgende Gedicht adressiert, das Brinkmanns Sohn Stefan, inspiriert von TRANSFORMATION, geschrieben hat:

LIMITIERTE ZUKUNFT[669]
VORGESTERN ABGELAUFEN.
GESTERN ENTSORGT.
KAUFEN SIE HEUT NOCH
EIN MORGEN.

24 STUNDEN GARANTIERT!
...ZERBRECHLICH DIE ZUKUNFT...
ÜBERMORGEN VERALTET,
VERGESSEN.

NÄCHSTE WOCHE,
EINE RETROSPEKTIVE.
NOSTALGIE PUR, DIESES
GESTERN.

VORGESTERN GAB ES NOCH
SO VIELE TRÄUME...
DIE WURDEN WOHL AUCH MIT
ENTSORGT.

---

[669] Dieses Gedicht entdeckten wir im Kunstpark Kössen auf einer Stele. Brinkmann, Jahrgang 1975, ist ein deutscher Lyriker, auch bekannt unter dem Pseudonym „Nachtpoet". Näheres über ihn und seine Werke unter www.nachtpoet.de. Stefan Brinkmann, Autor und Rechteinhaber, hat uns die kostenfreie Veröffentlichung seines Gedichts in unserem Buch erlaubt. Denn natürlich liegt es in seinem Interesse, wie dem seines Vaters, dass die TRANSFORMATIONEN in Kössen und das dazu geschriebene und gedruckte Wort möglichst viele Menschen dazu motiviert, für die Bewahrung der Schöpfung aktiv zu werden.

## 2 Die Chronik der dokumentierten Weckrufe …

JETZT NOCH IM ANGEBOT:
LIMITIERTE ZUKUNFT!
SICHER SCHON BALD
AUSVERKAUFT.

### Dramatik

- Friedrich Wolf (1888–1953): Die Matrosen von Cattaro, 1930, Professor Mamlock. 1934, Der Rat der Götter (Drehbuch), 1950
- Bertolt Brecht (1898–1956): Mutter Courage und ihre Kinder, 1938, Der aufhaltsame Aufstieg des Arturo Ui, 1941
- Friedrich Dürrenmatt (1921–1990): Die Physiker, 1962
- Rolf Hochhuth (1931–2020): Der Stellvertreter, 1963
- Elfriede Jelinek, geboren 1946: Asche, 2024

### Literatur

- Bertha von Suttner (1843–1914): Die Waffen nieder, 1889
- Henry Barbusse (1873–1935): Das Feuer, 1916
- Arnold Zweig (1887–1968): Romanzyklus „Der große Krieg der weißen Männer"
- Erich Maria Remarque (1898–1970): Im Westen nichts Neues, 1929
- Stefan Heym (1913–2001): Nie wieder Krieg!, 1930
- Carl Sandburg (1878–1967): Stell Dir vor, es ist Krieg und keiner geht hin, 1936
- John Steinbeck (1902–1968): Früchte des Zorns, 1939
- Anne Frank (1929–1945): Tagebuch, 1944
- Wassili Grossmann (1905–1964): Stalingrad, 1946
- Frank Schätzing, geboren 1957: Der Schwarm, 2004
- Stéphane Hessel (1917–2013): Empört euch, 2010
- Roger Willemsen (1955–2016): Wer wir waren, 2016
- Jonathan Franzen, geboren 1959: Wann hören wir auf, uns etwas vorzumachen, 2020

- Manfred Osten, geboren 1938: Die Welt ein großes Hospital. Goethe und die Erziehung des Menschen zum Humanen, 2021
- Ferdinand Schirach, geboren 1964: Jeder Mensch, 2021
- Dirk Rossmann, geboren 1946: Der neunte Arm des Octopus, 2020, Der Zorn des Octopus, 2021, Das dritte Herz des Octopus

## Exkurs 4

### Eine Draufsicht des Jahres 2024 auf eines der Größten Dramen der Weltgeschichte – Die Walpurgisnacht in Goethes Faust – auch ein Weckruf?

„Information und Musik". Mit dieser Sendung zwischen 7 und 9 Uhr entschleunigt mich der Deutschlandfunk an Sonn- und Feiertagen regelmäßig auf ein Tempo, das diesen Ruhepunkten im sonst angespannten Lebenslauf das Besondere gibt. So auch am 01. Mai 2024. Michael Köhler, der Moderator, interviewt den Kulturhistoriker Manfred Osten[670]. Zwölf Minuten, 46 Sekunden.[671] Kein Radiogespräch darf an den „normalen" Tagen mehr als drei Minuten dauern ...

Mitten im Werden des Buchs zur Chronik der existenziellen Weckrufe sind meine Sinne für dieses Thema in Dauerspannung. Manfred Osten interpretiert die „Walpur-

---

[670] Manfred Osten, geboren am 19. Januar 1938 im mecklenburgischen Ludwigslust, hat in seinem breiten wissenschaftlichen und publizistischen Schaffen immer wieder Akzente als Goetheforscher gesetzt. In Essays und Büchern, u. a. in Zusammenarbeit mit einem der bekanntesten deutschen Philosophen, Peter Sloterdijk, blickte er aus heutiger Perspektive auf das Werk des größten deutschen Dichters und zeigt, dass dieser auch als Universalgelehrter, in erster Linie mit seinem wissenschaftlich basierten Naturverständnis, weit und treffsicher in die Zukunft geschaut hat. Zuletzt ist von ihm erschienen: Osten, Manfred: Die Welt ein großes Hospital. Goethe und die Erziehung des Menschen zum Humanen Krankenwärter, Wallstein Verlag, Göttingen, 2021

[671] https://www.deutschlandfunk.de/goethes-walpurgisnacht-manfred-osten-kulturwissenschaftler-dlf-22b2d7b9-100.html, Zugriff am 01. Mai 2024.

gisnacht im Harzgebirge in der Gegend von Schierke und Elend" in Gothes Faust, Teil 1.[672] Er kennt unseren Nationaldichter wie kein Zweiter. Er argumentiert plausibel, ist überzeugend. Schon nach den ersten Sätzen ist mir klar, diese Szene aus unserem Nationalepos ist *auch* ein imposanter Weckruf.

Goethes Beschreibung der Hexenfeier auf dem Blocksberg zeige, so Manfred Osten, dass die menschliche Gier nach dem „sofort und gratis" ein Irrweg sei. Die „hedonistische Spaß- und Konsumgesellschaft sei mit dem Beginn der industriellen Revolution nur durch den exzessiven Verbrauch der fossilen Ressourcen ermöglicht worden". Aus den „vorherigen Epochen des Strebens sei damit eine Epoche des Forderns geworden". Dafür stehe der „auf Dauer gestellte Konsum mit dem Prinzip gratis". Das sei ein Mephistophelisches Szenario, von dem aber der Teufel selbst sage, dass es auf Dauer nicht gut gehen kann.[673]

Genauso kann, ja so muss man, die folgenden Worte von Mephistopheles in der Walpurgisnacht-Szene lesen:

„Fasse wacker meinen Zipfel!
Hier ist so ein Mittelgipfel
Wo man mit Erstaunen sieht,
Wie im Berg der Mammon glüht."[674]

Das ist der Eintritt in eine Welt, in der Besitz das Maß aller Dinge ist.

---

[672] Goethe, Faust, Der Tragödie erster Teil, Reclams Universalbibliothek Band 1, Verlag Philipp Reclam jun., Leipzig, 1963.
[673] https://www.deutschlandfunk.de/goethes-walpurgisnacht-manfred-osten-kulturwissenschaftler-dlf-22b2d7b9-100.html, Zugriff am 01. Mai 2024.
[674] Goethe, Faust, Der Tragödie erster Teil, Reclams Universalbibliothek Band 1, Verlag Philipp Reclam jun., Leipzig, 1963, S. 131.

„Ich tret heran und führe dich herein, ...
Man tanzt, man schwatzt, man kocht, man trinkt, man liebt
Nun sage mir, wo es was Bessers gibt?"⁶⁷⁵

Völlerei und Müßiggang als Lebensideal?

„Zum Jüngsten Tag fühl ich das Volk gereift,
Da ich zum letztenmal den Hexenberg ersteige,
Und weil mein Fäßchen trübe läuft,
So ist die Welt auch auf der Neige."⁶⁷⁶

Das ist der Untergang: „Herr die Not ist groß. Die ich rief, die Geister, werd ich nun nicht los."⁶⁷⁷

Manfred Osten hat Recht. Selbst der Teufel ist sich sicher, dass aus dem Credo der Hexenfeier in der Walpurgisnacht nur der Untergang der Zivilisation folgen kann. „In der Tat", so Osten, „sind es Mephistos Helfer Habebald, Raufebold, Haltefest, mit denen Faust tödliche Spiele gegenüber der Natur treibt. Agieren sie doch bereits als Vorreiter einer ökologischen Katastrophe: Sie vernichten uralte Bäume (vgl. Verse 11320–11335). Ja, es sind die Bäume, mit denen Goethe das gewagt hat, was jetzt, im 21. Jahrhundert im Zeichen der Klimakrise eine unerwartete Renaissance erlebt: eine Begeisterung für die Bäume, für den Wald."⁶⁷⁸

Johann Wolfgang Goethe ist 1832 in Weimar gestorben. Er hat den Beginn der industriellen Revolution, das Wachsen und Werden dieser „Haben, Haben-Gesellschaft", ihren durch nichts gezügelten Beginn miterlebt. Sein Faust 1, das wohl wichtigste Werke der deutschen Literatur aller Zeiten, erschien im Jahr 1808. Es gilt heute als eine der internatio-

---

⁶⁷⁵ Ebenda, S. 136.
⁶⁷⁶ Ebenda, S. 137.
⁶⁷⁷ https://www.gedichte7.de/der-zauberlehrling.html, Zugriff am 01. Mai 2024.
⁶⁷⁸ Osten, Manfred: Die Welt ein großes Hospital. Goethe und die Erziehung des Menschen zum Humanen Krankenwärter, Wallstein Verlag, Göttingen, 2021, S. 83.

nal meistverbreiteten Dichtungen, wurde in 180 Sprachen übersetzt.[679]

Nicht jeder, der es liest, wird die Walpurgisnacht auf Anhieb so deuten, wie es Manfred Osten am 01. Mai 2024 im Deutschlandfunk getan hat. Aber dessen „Übersetzung" ins Hier und Heute ist schlüssig. Johann Wolfgang von Goethe hat vor mehr als 200 Jahren Gewichtiges zum heutigen Dilemma gesagt. Dass selbst dem Teufel klar ist, dass diese Art von menschlichem Treiben nicht gut gehen kann, ist ein starkes Argument für die sofortige Kehrtwende.

Nachzulesen in Einhundertachtzig Sprachen. Wenn das kein gewaltiger globaler Weckruf ist, was dann?!

**Marlene Dietrich, Pete Seeger, Leonard Cohen, Bob Dylan und auch Wecker, Wader, Wenzel – großartige Künstler und ihre Lieder für den Frieden**

Antikriegslieder sind aus der Weckrufperspektive unseres Buches zusammen mit den großen Kinofilmen zur militärischen und ökologischen Bedrohung die wirkmächtigsten Genre. Im Sinne der Überschrift zu diesem Unterkapitel sind es auch die schärften künstlerischen Waffen.

Bei den Songs, mit denen wir uns jetzt befassen wollen, dominieren Rock- und Folkmusik. Bevor wir einige der wichtigsten Lieder aus den letzten Jahrzehnten vorstellen, widmen wir uns einem einzigartigen Klangkörper der sogenannten „ernsten Musik", den Sie an dieser Stelle bestimmt nicht erwarten. Die Rede ist vom **„West-Eastern Divan Orchestra"**. Der Name ist von dem "West-östlichen Divan" abgeleitet, einer Gedichtsammlung, zu der Johann Wolfgang von Goethe von dem persischen Dichter Hafis und dessen Dīwān, einer Gedichtsammlung, inspiriert wurde. Er steht für den Anspruch, dass die Völker im Nahen Osten endlich zu einem friedlichen Miteinander kom-

---

[679] https://www.gutefrage.net/frage/goethes-faust-wurde-der-auch-ins-englische-uebersetzt, Zugriff am 01. Mai 2024.

men. Davon sind wir beim Schreiben dieser Zeilen gefühlt Lichtjahre entfernt. Dem barbarischen Gemetzel von Hamas-Terroristen am 07. Oktober 2023 in Israel fielen 1.139 Menschen zum Opfer, darunter 695 Zivilisten. Seitdem herrscht auf dem Gazastreifen Krieg. Israel musste sich wehren. Das steht außer Frage. Aber wieder sterben neben den direkt Kriegführenden vor allem Unschuldige, in erster Linie Kinder und Frauen. Inzwischen sollen es insgesamt mehr als 35.000 Tote auf palästinensischer Seite sein.[680] Dass die Hamas die zivilen Toten nicht nur billigend in Kauf nimmt, sondern mit der Allokation seiner militärischen Kräfte in zivilen Infrastrukturen sogar provoziert, ist Teil der traurigen Realität dieses neuen Krieges in Nahost.

Araber und Juden. Das bedeutet aber doch nicht per se Hass und Krieg. Das Gegenteil, Freundschaft, Freude und Frieden, ist möglich. Das zeigt und dafür steht das Orchester des West-Östlichen Divans. Das Ensemble wurde 1999 in Weimar im Rahmen der Europäischen Kulturhauptstadt von dem argentinisch-israelischen Dirigenten Daniel Barenboim, dem in Palästina geborenen amerikanischen Literaturwissenschaftler Edward Said sowie dem damaligen Generalbeauftragten der Europäischen Kulturhauptstadt, Bernd Kauffmann, gegründet. Es besteht seit Gründung immer zu gleichen Teilen aus israelischen und arabischen Musikern im Alter von 14 bis 25 Jahren. Das heißt, es gibt eine ständige Rotation, die „Alten" gehen, die „Jungen" kommen, die Idee pflanzt sich inzwischen über eine ganze Generation von Musikern fort. Immer neue Künstler, aber immer die gleiche Erfahrung harmonischen Musizierens mit den völkerverbindenden Meisterwerken von Beethoven, Brahms, Mozart, Sibelius oder Tschaikowski. So werden unüberbrückbar scheinende Hassgrenzen überwunden.

---

[680] Stand 20. Mai 2024, https://de.statista.com/statistik/daten/studie/1417316/umfrage/opferzahlen-im-terrorkrieg-der-hamas-gegen-israel/ Zugriff am 20. Mai 2024.

## 2 Die Chronik der dokumentierten Weckrufe ... 389

Mit diesem Erfolgsrezept trifft man sich einmal im Jahr für eine Arbeits- und anschließende Aufführungsperiode. Der Ort dafür war 1999 und 2000 Weimar. Seit 2001 ist das Orchester in Sevilla beheimatet. 2007 wurde es mit dem Praemium Imperiale Grant for Young Artists ausgezeichnet. Der Mitbegründer, Daniel Barenboim, ist als einziger Mensch auf der Welt gleichzeitig israelischer und palästinensischer Staatsbürger.[681]

Das Orchester zeigt das kreative friedlich-musikalische Miteinander mit Auftritten auf der ganzen Welt. Eines der Höhepunkte im Jahr 2024 war das Konzert am 08. August auf der Berliner Waldbühne unter dem Dirigat von Daniel Barenboim und Anna-Sophie Mutter als Solistin im Konzert für Violine und Orchester D-DUR, op. 77 von Johannes Brahms.

2003 musizierte das Orchester mit einem Konzert in Rabat (Marokko) erstmals in einem arabischen Land. Im August 2005 fand ein vielbeachtetes Konzert in Ramallah im Westjordanland statt, das in vielen Ländern live im Fernsehen übertragen wurde. 2014 gastierte das Ensemble in Doha (Katar), 2014 in Abu Dhabi. In Israel oder Ägypten konnte der Klangkörper noch nicht auftreten.[682] Es müssen sich in Israel und in den arabischen Ländern endlich die Kräfte durchsetzen, die das Existenzrecht von Israelis und Palästinensern – und dazu gehört auch deren jeweilige Eigenstaatlichkeit – anerkennen. Gebraucht werden pragmatische Lösungen. Das seit einem Vierteljahrhundert bestehende gemeinsame israelisch-arabische Orchester könnte dafür nicht ein Vorbild, es könnte sogar ein *Weckruf* sein.

Nach einem klassischen Auftakt folgen jetzt Rock, Folk und Pop. Für uns ist das kein großer Schritt. Wir unter-

---

[681] Barenboim hat seinen Lebensmittelpunkt vor allem in Berlin. Dort war er von 1992 bis 2023 künstlerischer Leiter und Generalmusikdirektor der Staatsoper Unter den Linden.
[682] Vgl. dazu auch https://de.wikipedia.org/wiki/West-Eastern_Divan_Orchestra, Zugriff am 09. April 2024.

scheiden nicht nach E- und U-Musik, sondern nach guter und schlechter. Die Antikriegslieder, die wir jetzt vorstellen, sind samt und sonders ganz großartige Kunstwerke.[683] Mit dem Thema „Musiker gegen militärischen Zerstörungswahn" ließe sich ein ganzes Buch füllen. Wir müssen uns auf einige besonders prominente Beispiele beschränken.

„**And the Band Played Waltzing Matilda**" – dieser Song des australischen Folksängers Eric Bogle wurde 1971 veröffentlicht. Er erzählt von einem jungen Soldaten, der mit „Waltzing Matilda" – das Lied ist das bekannteste Volkslied Australiens und gilt als heimliche Hymne des Landes – in den Krieg marschiert. Als er schwer verletzt zurückkehrt, wird das Lied wieder gespielt, und er stellt die Frage, warum er überhaupt marschiert ist. Noch viel erfolgreicher als das Original waren Coverfassungen von Joan Baez und den irischen Bands The Pogues und The Dubliners.

„**Anthem**" – „diesen „schmerzlich schönen Song auf den Riss in allem hat der Poet und Sänger Leonard Cohen gedichtet. Zehn Jahre lang hat er an dem Stück gearbeitet und es am Ende schlicht Anthem genannt, Hymne. Man fragt sich, warum er es nicht Lament genannt hat, Klage … Seine Bestandsaufnahme über den Zustand der Welt ist niederschmetternd:

> Ah, the wars they will be fought again
> The holy dove, she will be caught again
> Bought and sold, and bought again
> The dove is never free.[684]

---

[683] Bei der nachfolgenden Auswahl von A bis Z haben wir uns auf eine Übersicht gestützt, die als Wikipedia-Artikel vorliegt. Ergänzende Informationen zu den aus dieser umfangreichen Darstellung generierten Songs haben wir mit Internetrecherchen zu dem jeweiligen Lied generiert. Diese Recherchen haben wir nicht einzeln dokumentiert, denn die Fakten sind allgemein und umfassend verfügbar und unterliegen keinem Urheberrecht. Die genutzten Fundstellen sind nach unserer Bewertung belastbar. https://de.wikipedia.org/wiki/Kategorie:Antikriegslied, Zugriff am 19. März 2024.

[684] Den Hinweis auf den Cohen-Song und diese vier Textzeilen fand ich bei Heribert Prantl, a. a. O., S. 27. Die deutsche Übersetzung lautet wie folgt: Ach, die

## 2 Die Chronik der dokumentierten Weckrufe … 391

Veröffentlicht wurde das Lied 1992 auf dem Studioalbum „Future", Zukunft. Dass sie nach Cohens Überzeugung nur trüb sein kann, wissen wir schon nach diesen vier Zeilen. Aber noch deprimierender ist für mich, dass die Taube – es kann natürlich nur jene aus der Arche sein, die Pablo Picasso zum Symbol für den Frieden gemacht hat, und dies mit der hoffnungsvollen Akzentuierung, dass sie diesen erfliegen wird – nach Coens Meinung ihre Mission niemals erfüllen kann. Eine deprimierende Prognose für einen wie mich, der mit dem Lied „Kleine weiße Friedenstaube" und dessen Hoffnung groß geworden ist.[685]

Geschrieben wurde das vierstrophige Lied 1949 von der Kindergärtnerin Erika Schirmer[686] aus dem Thüringischen Nordhausen, inspiriert von der Picasso-Taube.

„Fliege übers große Wasser, über Berg und Tal, bringe allen Menschen Frieden, grüß sie tausendmal" – das ist die dritte Strophe.

Ich bin mir sicher, dass nahezu jedes Kind, das in der DDR[687] in den Kindergarten und in die Schule gegangen

---

Kriege, sie werden immer wieder geführt werden / Die heilige Taube, sie wird immer wieder gefangen werden / Gekauft und verkauft, und wieder gekauft / Die Taube ist nie frei.

[685] Geschrieben wurde das vielstrophige Lied von der Kindergärtnerin Erika Schirmer aus Nordhausen im Jahr 1948, inspiriert von der Picasso-Taube. Hier die dritte Strophe: „Fliege übers große Wasser, über Berg und Tal, bringe allen Menschen Frieden, grüß sie tausendmal", vgl.: https://www.ddr-museum.de/de/blog/2017/kleine-weisse-friedenstaube, Zugriff am 03. September 2024.

[686] Am 06. Oktober 2016 erhielt Erika Schirmer für ihr Wirken für Frieden, Humanität und Werteerziehung – dazu gehört zweifellos auch ihr berühmtes Lied von der „weißen Friedenstaube" – das Bundesverdienstkreuz am Bande. Vgl. https://www.ddr-museum.de/de/blog/2017/kleine-weisse-friedenstaube, Zugriff am 15. September 2024.

[687] Das Lied, so sagt es der Blog, aus dem wir schon zitiert haben, soll auch über die DDR hinaus bekannt geworden sein. Ich machte dazu bei meinem Physiotherapeuten, Alexander Bartlick, geboren 1982 im damaligen Westberlin, am 13. September 2024 eine Stichprobe. Mit positivem Ergebnis. Schon nach den ersten Tönen, die ich auf der Pritsche liegend intonierte, kam die Reaktion: „Ja, das kenn' ich." Alexander Bartlick wird Ihnen im Kapitel 5 noch einmal begegnen, dort im Zusammenhang mit Willy Brandt, *dem* Mann des Friedens.
Das Friedenstaubenlied aus der DDR war sicher auch ein Impuls für die mächtige westdeutsche Friedensbewegung der 70er- und 80er-Jahre. Umgekehrt haben

ist, dieses Lied kennt und auch ein paar Textzeilen mit der richtigen Melodie singen kann. Ich selbst kann noch immer alle vier Strophen auswendig und treffe auch beim Singen die richtigen Töne.

„Kleine weiße Friedenstaube" – Ein kraftvoller Ohrwurm, im allerbesten Sinne!

Ich habe bei meinen Kindern nachgefragt, auch bei etlichen Freunden und Bekannten mit der skizzierten DDR-Sozialisation – allen war die Musik noch im Kopf, ein paar Worte ebenso und die Stimmung zum Lied war unisono positiv: Man mochte es, hat es gern gesungen.

Lange her, dachte ich, und war mir sicher, dass im Jahr 2024 keiner mehr aus der jungen und mittleren Generation das Lied kennt. Da hatte ich mich gründlich geirrt, wie die folgende kleine Geschichte zeigt:

In Magdeburg, der Landeshauptstadt von Sachsen-Anhalt, besteht seit 1996 das politisch-satirische Kabarettensemble „Zwickmühle". Es ist in diesem Bundesland das erste private in diesem Genre. Gegründet wurde es von Hans-Günther Pölitz, Kabarettist und Autor. Das Ensemble ist beliebt, erfolgreich und erhielt schon mehrere Satirepreise. Überregional bekannt wurde die „Magdeburger Zwickmühle" mit ihrem TV-Kabarett „Die 3 von der Zankstelle". Es wurde von 1999 bis 2009 vierteljährlich live

---

wir im Osten Deutschlands dieser Bewegung eine Menge an Inspirationen zu verdanken. Beispielsweise viele unter die Haut gehenden Lieder, von denen wir einige in diesem zweiten Kapitel von „Last Call" dokumentiert haben. Mir fällt auch Petra Kelly ein. Der ihr gewidmete abendfüllenden Dokumentarfilm – „Petra Kelly – Act Now" – hatte dieser Tage, am 12. September 2024, Premiere. Dazu gehört auch die Erkenntnis, dass es keine guten und bösen Nuklearwaffen gibt. Das hatte selbst Generalsekretär Erich Honecker begriffen. Sehr zum Ärger des „Großen Bruders" in Moskau sagte er in einer Rede mit Bezug auf den NATO-Doppelbeschluss zur Stationierung US-amerikanischer Atomraketen in der Bundesrepublik, dass „dieses Teufelszeug" von deutschem Boden verschwinden müsse, und meinte damit *alle* – die amerikanischen *und* die sowjetischen. Vgl. https://www.mdr.de/geschichte/ddr/politik-gesellschaft/aufstieg-erich-ho necker-sed-chef-100.html, Zugriff am 15. September 2024.

aus der Spielstätte in der Landeshauptstadt im MDR-Fernsehen übertragen.

Seit 1996 gibt es in jeder Spielzeit mehrere Ensembleprogramme in Eigenproduktion, dazu Gastspiele, Lesungen und verschiedene Talkformate. Pro Spielzeit stemmt das kleine Team immerhin 200 Veranstaltungen. Das ist viel, aber das ist auch auf höchstem Niveau, wie die Süddeutsche Zeitung feststellt: „Und es gibt es doch noch: das politische Kabarett. So ganz ohne Nonsens, fern aller Peinlichkeiten der handelsüblichen Comedy-Kasperl."

Die „Zwickmühle" gastiert in ganz Deutschland und dem deutschsprachigen Ausland, vor allem regelmäßig in der Schweiz.[688]

In der Spielzeit 2024/25 läuft das neue Programm „Lasst uns in Frieden – eine satirische Fürbitte", das am 05. September 2024 mit viel Applaus Premiere hatte.

Zum Abschluss jeder Aufführung wird *unsere* „kleine weiße Friedenstaube" eingespielt, ist damit Höhepunkt und Finale. Die Reaktionen im Publikum sind eine Mischung aus Überraschung und Begeisterung. Sie zeigen, dass das Konzept der beiden Autoren, Hans-Günther Pölitz und Thomas Müller, aufgegangen ist, auf die Popularität und positive Kraft des Liedes zu bauen – heute, fast am Ende des ersten Viertels des 21. Jahrhunderts, 75 Jahre nachdem das Lied geschrieben wurde. Denn das Gros der Zuschauer aus allen Altersgruppen kennt das Lied.

Davor wird die bereits erwähnte berühmte Hymne von Hans Hartz aus dem Jahr 1982 „Die weißen Tauben sind müde" gesungen. Mit diesem neuen Refrain, getextet vom „Zwickmühlen"-Gründer Pölitz:

---

[688] https://www.zwickmuehle.de/, Zugriff am 14. September 2024.

„Die weißen Tauben sind müde
Sie fliegen kraftlos hin und her.
Der Ölzweig fiel aus ihren Schnäbeln
Er wurde ihnen viel zu schwer.
Der Himmel ist jetzt voller Drohnen
Sie sind so viel wie nie vorher
Und ihre Flügel werden breiter
Und täglich kommen immer mehr.
Nur weiße Tauben sieht man nicht mehr."

Diese neuen Textzeilen nehmen die Resignation auf, die den verstörenden Hartz-Song schon im Jahr 1982 prägte. Zu Recht, denn leider hat sich seitdem nichts geändert. Die Welt ist nicht friedlicher geworden, im Gegenteil.

Bei dieser Grundstimmung will Pölitz den Kabarettabend aber nicht enden lassen. Deshalb schrieb er auch neue letzte Verse für die „kleine weiße Friedenstaube". Diese Zeilen sind Sehnsucht, Hoffnung und auch ein wenig Zuversicht:

„Kleine weiße Friedenstaube lass uns nicht im Stich!
Jeden Tag schau ich zum Himmel, hoff' ich sehe Dich."

Mit diesem „es ist noch nicht alles verloren" endet das Programm.

Für die Interpretation wurde ein Kind mit einer guten, aber noch nicht ausgebildeten Stimme gesucht. Die Wahl fiel auf Elisabeth Maria Adolf aus der Gemeinde Biederitz, unweit von Magdeburg. Das Lied wurde am 17. August 2024 in der Spielstätte der „Zwickmühle" aufgenommen und wird in den Aufführungen eingespielt Abb. 2.7. zeigt die im Jahr 2015 geborene Sängerin. Am Klavier: Hans-Günther Pölitz, Kabarettgründer und einer der beiden Autoren von „Lasst uns in Frieden – eine satirische Fürbitte". Die Sängerin war mit Begeisterung dabei, das Publikum im Jahre 2024 reagiert positiv und wird, so meine Gewissheit, auch aktiviert, sich für das „Friede auf Erden" zu engagieren.

## 2 Die Chronik der dokumentierten Weckrufe … 

**Abb. 2.7** Elisabeth Maria Adolf singt die „Kleine weiße Friedenstaube" mit einer neuen Strophe, begleitet von Hans Günther Pölitz. Foto und Rechte: Gabriel Adolf

Nicht nur das 1948 von Pablo Picasso geschaffene Symbol, sondern auch das 1949 entstandene Lied über diese „kleine weiße Friedenstaube" haben über Generationen ihre Kraft bewahrt – das macht Hoffnung!

1963 erschien von Bob Dylan in seinem Studioalbum „The Freewheelin'" das Lied **„Blowin' in the Wind"**. In einem Ranking der weltweit verbreiteten Zeitschrift für Rock-, Folk- und Weltmusik „Rolling Stone" aus dem Jahr 2004 lag der Titel auf Platz 14 der 500 besten Songs aller Zeiten.

Die Platte verkaufte sich millionenfach. Topplätze in den Charts erreichten aber auch viele Coverversionen, so von Peter, Paul & Mary, Joan Baez, The Hollies, Neil Young und Stevie Wonder. Die mit Abstand erfolgreichste Liedfassung war erstaunlicherweise deutschsprachig und erschien 1964 unter dem Titel „Die Antwort weiß ganz allein der Wind". Die Interpretin: der in Berlin-Schöneberg geborene deutsche Weltstar Marlene Dietrich. Ihre Frage, wieviel Unheil noch geschehen muss, damit die Menschheit Vernunft annimmt, fand ein weltweites Echo.

In allen seinen Varianten wurde das Dylan-Original ein weltumspannender Weckruf gegen Krieg und inhumane Hochrüstung.

Bob Dylan und Marlene Dietrich stehen für viele andere Weltstars, die mit ihrer Popularität und mit unter die Haut gehenden Liedern gegen Rüstungswahn und Krieg ansangen. Und ähnlich wie bei Dylans „Blowin' in the Wind" wurden die erfolgreichsten Antikriegslieder vielfach gecovert.

**„Brothers in Arms"** erschien 1985 von der britischen Rockband Dire Straits. Geschrieben hatte es der Frontmann, Mark Knopfler, unter dem Eindruck des Falkland-Krieges. In der letzten Strophe bringt Knopfler den Irrsinn von Kriegen so auf den Punkt: „We're fools to make war – On our brothers in arms" – „Wir sind Narren, Krieg zu führen, gegen unsere Brüder".

**„Civil War"** von der amerikanischen Rockband Guns N' Roses erschien 1990 und brandmarkte Kriege als menschliche Perversionen, die „die Reichen füttern und die Armen begraben".

## 2 Die Chronik der dokumentierten Weckrufe ...

„Eve of Destruction" aus dem Jahr 1965 war der einzige Welthit des US-amerikanischen Sängers Barry McGuire. Das Lied bezog sich explizit auf den schmutzigen Krieg der USA in Vietnam, war aber auch übergreifend ein Aufruf gegen die Sinnlosigkeit des Tötens, gegen den Kalten Krieg und die permanente Bedrohung durch ein nukleares Inferno.

„Give Peace a Chance" von John Lennon und Yoko Ono gilt als das Antikriegslied schlechthin. Aufgenommen wurde es am 01. Juni 1969 in einem Hotelzimmer und war der Höhepunkt einer mehrwöchigen Friedensaktion, die das Beatle-Mitglied und seine japanische Frau nach ihrer Hochzeit am 20. März 1969 gestartet hatten. Die Platte erschien am 04. Juli, also schon einen Monat nach dem spontanen Mitschnitt der Session, deren Akteure sich auf dem riesigen Bett „drapiert" hatten. Neben dem frisch vermählten Ehepaar waren auch Allen Ginsberg und Petula Clarc zugegen. Bis heute begleitet der Song nahezu jede größere Veranstaltung von Friedensaktivisten auf der ganzen Welt.

„Grândola, Vila Morena" – deutsch: Grândola, braungebrannte Stadt – ist ein berühmtes portugiesisches Kampflied. Komponiert und getextet wurde es von dem Liedermacher José Afonso. Der Song war die Hymne der Nelkenrevolution in Portugal 1974. Warum wir ihn in unseren Exkurs berühmter Antikriegslieder einreihen? Weil er in der ganzen Welt bekannt ist, bis heute gesungen wird, er für den Sieg der Demokratie über eine Diktatur steht, und weil er den dreizehnjährigen Krieg Portugals in seinen drei afrikanischen Kolonien beendete. Ein Antikriegslied, das tatsächlich erhört wurde!

Das Lied war quasi ein Weckruf im „Doppelpack". Mit ihm formierte sich die die Bewegung zum Sturz des Diktators António de Oliveira Salazar, der in Portugal von 1932 bis 1968 als Präsident bzw. Ministerpräsident die Macht ausübte. 1933 begründete er seine Diktatur mit der euphemistischen Überschrift „Estado Nuvo" – Neuer Staat. In Wahrheit war das ein konservativ-autoritäres Einparteiensystem, repressiv nach innen, ebenso wie nach außen, in den portugiesischen Kolonien. 1968 setzte Marcelo Caetano die Diktatur für den schwer erkrankten Salazar, der 1970 starb, fort.

Zum anderen war Grândola, Vila Morena auch im ursprünglichen Wortsinne ein Weckruf. Die Zeitung República hatte am 24. April in wenigen, nur für Eingeweihte verständlichen Sätzen kryptisch vermeldet, dass das Musikprogramm der Nacht Besonderes bieten werde.

Am 25. April 1974 um 0.25 Uhr wurde im katholischen Rundfunksender Rádio Renascença zunächst die erste Strophe verlesen: „Grândola, braungebrannte Stadt, Heimat der Brüderlichkeit. Das Volk ist es, das am meisten bestimmt in dir, o Stadt."

Anschließend wurde das Lied zweimal in voller Länge abgespielt, gesungen von José Afonso. Für die konspirativ vorinformierten Soldaten und Zivilisten des Movimento das Forças Armadas (MFA) war es das vereinbarte Zeichen für den Beginn des Aufstands. Als die Truppen des MFA, die gegen 5.30 Uhr auf der Avenida da Liberdade in Lissabon ihre ersten Ziele, strategisch wichtige Einrichtungen wie das Heeresministerium, ansteuerten, säumten schon Tausende von Menschen die Straßen. Für die Revolutionäre war die überschäumende Begeisterung der Bevölkerung Bestätigung und Anfeuerung. Die ersten roten Nelken – im April haben sie in Lissabon Saison – tauchten auf. Mit ihnen wurden die Uniformen der Soldaten und ihre Gewehrläufe geschmückt. Das gab dem Aufstand den Namen: „Nelkenrevolution". Knapp 18 Stunden nach der Ausstrahlung des Liedes war die Diktatur gestürzt. Damit war auch der 1961 begonnene dreizehnjährige Kolonialkrieg Portugals beendet. Angola, Mosambik und Portugiesisch-Guinea erhielten als eine der letzten Länder Afrikas endlich ihre Unabhängigkeit.

José Afonso schrieb das Lied bereits 1964. Im Text geht es um die Solidarität der Landarbeiter im Alentejo und be-

## 2 Die Chronik der dokumentierten Weckrufe … 399

schwört die Werte der französischen Revolution: Gleichheit (igualdade) und Brüderlichkeit (fraternidade).[689, 690]

1971 veröffentlichte John Lennon in seinem zweiten Soloalbum – „Imagine" – den gleichnamigen Song. Der musikalische Appell gegen Krieg, Habgier und Hunger in der Welt „avancierte zur Hymne der Friedensbewegung schlechthin"[691]:

> „Stell Dir vor, es gibt keinen Himmel und keine Hölle. Stell Dir vor, es gibt keine Staaten und keine Religion, nichts wofür man tötet oder stirbt. Stell Dir vor, es gibt keinen Besitz, keine Habgier, keinen Hunger. Stell Dir vor, alle Menschen leben in Frieden und in einer brüderlichen Gemeinschaft auf dieser Erde." Lennons Botschaft: „dann, ja dann werden alle Menschen in Frieden leben".[692]

Die Single „Imagine" und das Album werden zum größten kommerziellen Erfolg in Lennons Solo-Karriere. Alleine die Single erreicht Verkaufszahlen von annähernd zwei Millionen Exemplaren und wird in den Folgejahren von über zweihundert Künstlerinnen und Künstlern neu vertont.[693]

„**Universal Soldier**" stammt aus der Feder der kanadischen Liedermacherin Buffy Sainte-Marie und wurde 1964 in ihrem wenig beachteten Debütalbum veröffentlicht. Zum Welthit wurde das Lied erst ein Jahr später in der Version des britischen Rock- und Folksängers Donovan. In Deutschland wurden Cover-Versionen von Bettina Wegner und Juliane Werding bekannt.

---

[689] https://www.algarve-entdecker.com/2014/04/die-nelkenrevolution-und-ihre-lieder/, Zugriff am 30. August 2024.

[690] https://de.wikipedia.org/wiki/Gr%C3%A2ndola,_Vila_Morena#, Zugriff am 30. August 2024; bei den Fakten zu diesem Lied der Nelkenrevolution stützten wir uns auf eigene Kenntnisse und nahmen ergänzend die hier angeführten beiden Quellen zur Kenntnis.

[691] Prantl, a. a. O., S. 228.

[692] Ebenda, S. 228.

[693] https://de.wikipedia.org/wiki/Imagine_(Lied), Zugriff am 02. Mai 2024.

Für uns steht der Text der kanadischen Singer-Songwriterin wie kein zweiter für das Anliegen unseres Buches. Macht er doch deutlich, dass der Wahnsinn des Krieges und der dazu in Umlauf gebrachten „Begründungen" die Menschheit durch alle fünf Epochen ihrer Existenz begleitet haben.

„**War**" – unter diesem Titel gibt es gleich zwei Welthits gegen den Krieg.

Der erste erschien 1969 aus der Feder von Norman Whitfield und Barrett Strong von der US-amerikanischen Band Temptations als Protest gegen den Vietnamkrieg. Zu einem der weltweit bekanntesten Antikriegssongs wurde er aber erst in der 1970 veröffentlichten Version des amerikanischen Sängers Edwin Starr. In dieser Fassung folgte auf das laut gerufene „War!" (der Sprechgesang „What is it good for? Absolutely nothing!" (Wofür ist er gut? Für absolut nichts!), der zu einem prägnanten Spruch der Antikriegsbewegung wurde.[694]

Der zweite musikalische und weltweit gehörte Weckruf unter dem Titel „War" erschien 1976. Interpret war Bob Marley. Der berühmteste Reggae-Sänger aller Zeiten nahm ihn mit seiner Band The Wailers auf. Marley entnahm den Text einer Passage aus der Rede Haile Selassies. Der letzte Kaiser Äthiopiens hatte sie am 04. Oktober 1963 vor der Vollversammlung der Vereinten Nationen in New York gehalten. Selassie stellt klar, dass es in Afrika keinen Frieden geben wird bis die Philosophie, in der eine Rasse gegenüber der anderen bevorzugt wird, endgültig und dauerhaft abgeschafft ist und die fundamentalen Menschenrechte für alle Bürger gleichermaßen garantiert sein werden.[695]

Unter dem Buchstaben „W" müssen wir mit „**Where Have All the Flowers Gone**" noch ein weltberühmtes Anti-

---

[694] https://de.wikipedia.org/wiki/War, Zugriff am 17. März 2024.
[695] https://www.boeckler.de/de/magazin-mitbestimmung-2744-des-kaisers-rede-als-reggae-19088.html, Zugriff am 17. März 2024.

## 2 Die Chronik der dokumentierten Weckrufe ...

kriegslied erwähnen, das für unser Buch gleich in doppelter Weise herausragende Bedeutung hat.

Zum einen, weil es in der Interpretation des deutschen Weltstars Marlene Dietrich als einziges deutsches Lied in die Phalanx der fast nur englisch geprägten Welt der Antikriegslieder geschafft hat. Das Stück wurde bereits 1955 durch den weltbekannten amerikanischen Liedermacher Pete Seeger geschrieben. Aber diese Version blieb über die Grenzen der USA hinaus eher unbeachtet. Das änderte sich erst 1962. Da veröffentlichte Marlene Dietrich ihre tief berührende Interpretation in deutscher Sprache. Und in genau dieser Fassung – wohl ein einmaliges Ereignis in der Liederwelt – trat der Song seinen weltweiten Siegeszug an. In dessen Sog gab es weitere Interpretationen von internationalen Stars aus dem englischen Sprachraum. Künstler wie Peter, Paul and Mary und Jona Baez sangen natürlich wieder englisch.

Deutsche Berühmtheiten wie Hildegard Knef, Udo Lindenberg, Hannes Wader und Juliane Werding coverten den Song wiederum in der Fassung von Marlene Dietrich. Jede dieser Interpretationen war ein großer Erfolg.

Zum zweiten steht „Where Have All the Flowers Gone" – und mindestens ebenso wichtig die Marlene-Dietrich-Version „Sag' mir, wo die Blumen sind" – auch für das zentrale Thema unseres Buches: Warum werden die nachdrücklichen, die verstörenden, die unter die Haut gehenden Weckrufe, die seit Jahrtausenden ertönen, nicht erhört? Das genau ist auch die finale Frage am Ende jeder Strophe: Wann wird man je verstehn?

Sie erinnern sich an den Beginn unserer Tour d'Horizon: Bob Dylan *und* Marlene Dietrich mit „Blowin' in the Wind" und dem Refrain in Englisch und in Deutsch: „The answer is blowin' in the wind" – „Die Antwort weiß ganz allein der Wind".

Weltumspannende Antikriegssongs – aufrüttelnd und emotional wie kaum eine andere Kategorie von Weckrufen – dieses Genre konnten wir hier nur skizzieren. Begonnen hat unsere kleine Reise mit A wie „And the Band Played Waltzing Matilda". Folglich muss sie mit Z enden. Dafür steht als einziger deutscher Originaltitel in dieser natürlich auch subjektiven Auswahl ein aus West- und Ostpreußen und dem Memelland stammendes Antikriegslied unter dem Titel **„Zogen einst fünf wilde Schwäne"**. Erwähnt wird es erstmals 1908 in einer privaten Liedersammlung.

Mit lakonischer Melancholie zeigen Text und Melodie die allgemeine Ernüchterung nach vielen Kriegen. Ziehen die Menschen zu deren Beginn noch siegesgewiss und mit Abenteuerlust in den Kampf („stolz und kühn"), bleiben am Ende Tod und Verwüstung und „Frauen, die den Brautkranz zur Hochzeit nicht mehr winden können".

Deutschlandweit bekannt wurde der Song aber erst als eine der wichtigsten Hymnen der deutschen Friedensbewegung in den 70er- und 80er-Jahren des vorherigen Jahrhunderts.

Dafür haben Hannes Wader und das Folk-Duo Zupfgeigenhansel gesorgt, beides Ikonen der (west)deutschen Liedermacherszene, die sich immer auch als ein Bündnis für den Kampf um den Frieden verstanden hat.[696]

Unter den deutschsprachigen Künstlern hat es nur Marlene Dietrich geschafft, mit „Sag' mir, wo die Blumen sind" ein Antikriegslied zu einem Welthit zu machen. Rock und Pop werden nun einmal ganz maßgeblich englischsprachig geprägt. Die größten Hits kamen und kommen in erster Linie aus den USA und Großbritannien. Das liegt am künstlerischen Potenzial, es liegt aber in fast noch stärkerem Maße an der Marktmacht der US-amerikanisch dominierten Unterhaltungsindustrie. Von den weltweit zehn größten Medien- und Wissensunternehmen kommen sieben aus den USA, davon die drei umsatzstärksten: Google

---

[696] https://de.wikipedia.org/wiki/Zogen_einst_f%C3%BCnf_wilde_Schw%C3%A4ne, Zugriff am 17. März 2024.

## 2 Die Chronik der dokumentierten Weckrufe ...

mit 284, Meta mit 125 und Comcast mit 112 Milliarden Euro im Jahr. Weitere Giganten, die die Film- und Musikbranche prägen, sind Amazon, Apple, Microsoft, Warner Bros. Netflix, Paramount, Sony. Alles klangvolle Namen, nur ein Unternehmen, Sony, kommt nicht aus den USA, sondern aus Japan.

Diese „Top Ten" repräsentieren einen Jahresumsatz von mehr als einer Billion Euro, das ist deutlich mehr als die verbleibenden 90 Konzerne im Ranking der 100 größten Unterhaltung- und Internetkonzerne insgesamt umsetzen. Gegen dieses Markt- und Marketingpotenzial ist buchstäblich kein Kraut gewachsen.[697] Deshalb dominieren Songs aus den USA und England die internationalen Charts und generieren Filme „Made in USA" die weltweit größten Zuschauerzahlen.[698] Es gibt in Europa, Asien und Afrika großartige Künstler – in Qualität und Anspruch oft sogar besser als ihre US-amerikanischen Kollegen – die aber eher selten und nur mit der Macht der genannten Vermarktungsstrategen im Rücken – ein Massenpublikum erreichen.[699]

Mit Blick auf die globale Bedrohung des Lebens auf der Erde sollte die Übermacht großer Konzerne nicht nur kritisiert werden. Ihre globale Dominanz kann und muss für die gute Sache genutzt werden. Was spricht dagegen,

---

[697] Mit Taylor Swift schaffte es 2024 erstmals eine Künstlerin, die von den global agierenden Unterhaltungskonzernen vermarktet wird, auf die Bestenliste der Superreichen, die regelmäßig vom USA-Magazin „Forbes" präsentiert wird. Im Ranking der Milliardäre vom 02. April 2024 steht Swift mit 1,1 Milliarden Dollar Vermögen auf Platz 14. Sie sei die erste Musikerin, die dieses Geld nahezu ausschließlich mit Einnahmen aus ihrem künstlerischen Schaffen, also nicht in erster Linie mit Werbeverträgen, verdient habe, https://www.t-online.de/unterhaltung/musik/id_100378096/-forbes-liste-wie-taylor-swift-zur-milliardaerin-wurde.html, Zugriff am 08. April 2024.
[698] Unter den Top 100 des Jahres 2022 im Ranking des Instituts für Medien- und Kommunikationspolitik finden sich unter den größten zehn immerhin schon zwei Konzerne mit Sitz in der Volksrepublik China: Bytedance an Nr. 4 und Tencent an Nr. 7: vgl. https://www.mediadb.eu/rankings/intl-medienkonzerne-2022.html, Zugriff am 08. April 2024.
[699] Einer von ihnen, Bob Marley, gehört zu diesen wenigen, und hat es damit auch in unser kleines Ranking der wichtigsten Antikriegslieder geschafft.

wenn sich künstlerische Meisterschaft und Marktmacht mit der Intention „verbünden", Menschen auf allen Kontinenten mit Weckrufen zur Rettung der Zivilisation zu erreichen? So geschehen am 13. Juli 1985. Bob Geldof, der irische Musiker, ein Weltstar, war der Initiator von **„Live Aid"**. Das damals größte Rockkonzert aller Zeiten fand zeitgleich in England, im Londoner Wembley Stadion, und den USA, im John F. Kennedy Stadion in Philadelphia, statt. Anlass war die furchtbare Hungersnot 1984/85 in Äthiopien, von der über acht Millionen Menschen betroffen waren, von denen eine halbe Millionen starben. Und natürlich ging es um viel mehr als nur um die monetäre Hilfe zur Linderung der Hungersnot. Denn dieses furchtbare Martyrium stand ja im engsten Zusammenhang mit dem Bürgerkrieg, der von 1974 bis 1991 in Äthiopien tobte. Im Zentrum stand damals die Unabhängigkeitsbewegung in der Provinz Eritrea.

Die beiden Live-Aid-Konzerte wurden weltweit im Fernsehen und Hörfunk übertragen und erreichten so 1,5 Milliarden Zuschauer und Zuhörer.

Bob Geldof holte mit seiner Initiative und Zugkraft buchstäblich alles auf die beiden Bühnen, was in der Welt-Rockmusikszene Rang und Namen hatte. Unter den insgesamt 23 Solokünstlern und Bands waren unter anderen Bryan Adams, The Beach Boys, Bob Dylan, Elton John, Madonna, Tina Turner und Neil Young. Der mit den Konzerten verbundene weltweite Spendenaufruf erbrachte 213 Millionen DM, die der Hungerhilfe in Afrika zuflossen.

Geldof initiierte noch einmal, im Jahr 2005, diesmal gemeinsam mit Bono, dem Sänger der irischen Rockgruppe U2, eine ähnliche Aktion. Am 02. Juli gab es unter den Namen **„Live 8"** Rockkonzerte an zehn Orten der G8-Mitgliedsstaaten[700] und in Südafrika. Das Motto lautete „Make Poverty History" – „Macht Armut zur Vergangenheit". Gesammelt wurden nicht wie 1985 Spendengelder, sondern Unterschriften. Im Ergebnis überreichten die Initiatoren den Regierungschefs der G8 eine Petition, die dazu aufforderte, endlich die Armut auf der Welt wirksam zu bekämpfen. Gezeichnet von 24 Millionen Menschen.

Bei den Konzerten waren 1,7 Millionen Menschen vor Ort. Geschätzt drei Milliarden verfolgten das Geschehen per Live-Übertragungen im Fernsehen.

„**Live Earth**" – übertraf diese Dimensionen am 07. Juli 2007 noch einmal: Acht Konzerte auf sieben Kontinenten, ein Ziel: Bewusstsein für den Klimawandel schaffen. Beim Live Earth traten am 07. Juli 2007 Madonna, Genesis, die Red Hot Chili Peppers, Shakira und viele andere Stars auf. Initiiert wurde das Event von Al Gore, dem ehemaligen US-Vizepräsidenten.[701]

Er eröffnete in Sydney diese größte Musikveranstaltung aller Zeiten. 150 Künstler traten auf acht Konzerten weltweit auf. Über Fernsehen und Livestreams waren zwei Milliarden Menschen Augen- und Ohrenzeugen. Bespielt wurden alle sieben Kontinente, denn sogar die Antarktis war dabei.[702]

Koordinierte weltweite Aktionen stehen auch für die internationale ökologische Initiative „**Fridays for Future**", die von der schwedischen Klimaaktivistin Greta Thunberg

---

[700] Die Gruppe der sieben wichtigsten westlichen Industriestaaten wurde 1975 unter dem Kürzel G7 als informelle Plattform gegründet. Mitglieder sind bis heute die USA, Japan, die BRD, Großbritannien, Frankreich, Italien und Kanada. Von 1998 bis 2014 gehörte auch Russland dazu, deshalb firmierte die Gruppe in dieser Zeit als G8, https://www.bpb.de/kurz-knapp/lexika/lexikon-der-wirtschaft/19583/g-8-staaten/, Zugriff am 28. März 2024.

[701] https://www.deutschlandfunk.de/vor-10-jahren-live-earth-das-groesste-konzert-aller-zeiten-100.html, Zugriff am 09. Juli 2024.

[702] https://www.deutschlandfunk.de/vor-10-jahren-live-earth-das-groesste-konzert-aller-zeiten-100.html, Zugriff am 09. Juli 2024. Der ausgezeichnete Bericht anlässlich des 10. Jahrestages von Live Earth wurde am 07. Juli 2017 im Deutschlandfunk gesendet. Autor war Christoph Spittler.

im Jahr 2018 angestoßen wurde. Die zunächst sehr große Resonanz gerade unter jungen Menschen, deren Schicksal durch den Klimawandel in ganz besonderer Weise bedroht wird, stagniert bzw. ist leider sogar rückläufig. Man stelle sich vor, es gelänge, eine Allianz gegen die nuklearen und ökologischen Weltbedrohungen zu schmieden, die aus engagierten jungen Menschen aus aller Herren Länder und den Weltstars von Bühne und Leinwand bestünde. Dieses Bündnis von politisch Engagierten und Künstlern mit globaler Reichweite könnte sich nicht „nur" punktuell wie Live Aid" oder „Live 8", sondern mit regelmäßigen Aktionen weltweit Gehör verschaffen. Genau das ist unser Verständnis von „Kunst ist Waffe" – nicht solitär, nicht temporär, sondern auf Dauer. Kultivierter Dauerdruck von Millionen. Nur das wird diejenigen beeindrucken, die an den Schalthebeln der Macht sitzen.

Mit dieser Intention hat sich auch das deutsche Antikriegslied schon seit den 60er-Jahren des vorigen Jahrhunderts immer wieder Gehör verschafft. Aus neuerer Zeit stehen dafür Songs wie beispielsweise von Konstantin Wecker, **„Sage nein"** (2018) oder „Es ist an der Zeit". Letzteres ist aus der Feder von Hannes Wader und erschien bereits 1980. Sehr schnell wurde es zu einer Hymne der Friedensbewegung. Im Gegensatz zu manch anderem leider zu Unrecht vergessenen Lied aus dieser Zeit bekam es 2003 noch einmal große Popularität. Gemeinsam interpretierten es Reinhard Mey, Hannes Wader und Konstantin Wecker am 15. Februar 2003 in Berlin auf einer Demonstration gegen den Irakkrieg.

Nicht zuletzt wegen dieser langwährenden Beliebtheit nannte es Konstantin Wecker das „beste deutsche Friedenslied überhaupt".[703]

---

[703] https://de.wikipedia.org/wiki/Es_ist_an_der_Zeit_(Lied), Zugriff am 28. März 2024.

## 2 Die Chronik der dokumentierten Weckrufe ...

Großen Anklang fanden auch **„Nein, meine Söhne gebe ich nicht"** (1984) von Reinhard Mey, und **„Die weißen Tauben sind müde"** von Hans Hartz (1982).

Der Titel des Hartz-Songs steht über einem Kapitel des 2024 von Heribert Prantl erschienenen Buches „Den Frieden gewinnen".

Prantl schreibt:

„Die weißen Tauben sind müde – Es sind nur ein paar Zeilen ... aber sie schildern die neuere Geschichte der Friedensbewegung, sie schildern, was passiert ist, seit die Tauben nicht mehr fliegen ... Der Refrain ist kein guter, kein hoffnungsvoller. Er geht so: *Jedoch die Falken fliegen weiter, sie sind so stark wie nie vorher. Und ihre Flügel werden breiter; und täglich kommen immer mehr* ... Die großmächtigen Demonstrationen für Rüstungskontrolle und Abrüstung sind Jahrzehnte her ... Der Sticker mit der weißen Taube auf blauem Grund war damals, am Beginn der 80er Jahre, der Mitgliedsausweis einer pazifistischen Massenbewegung."[704]

Aus dieser traurigen, ja niederschmetternden Bestandsaufnahme folgt Heribert Prantl: „Wir brauchen eine neue Friedensbewegung, eine neue Entspannungspolitik und keinen dritten Weltkrieg; es wäre der letzte."[705]

Die Skepsis, die wir schon 1982 bei Hans Hartz hörten, prägt 40 Jahre später auch das Lied **„Ich bin ein sturer Pazifist"** (2022) von Wenzel. Das Lied wurde am 20. April 2022, also zwei Monate nach Beginn des russischen Aggressionskrieges gegen die Ukraine, auf dem YouTube-Kanal des Künstlers veröffentlicht.[706] Skepsis, Trotz: Wo ist die einst so machtvolle Volksbewegung für den Frieden geblieben? Aber gottlob keine Resignation.

---

[704] Prantl, a. a. O., S. 145.
[705] Ebenda, S. 143.
[706] https://wenzel-im-netz.de/pazifist-2/, Zugriff am 28. März 2024.

Hier der vollständige Text:[707]

Ich bin ein alter, sturer Pazifist.
Man weiß, wie dumm und wie gefährlich das doch ist.
Drum werde ich hierzulande streng gedisst,
Man nennt mich einfach nur noch Lumpenpazifist.
Denn für die Kühnen, die stets einen an der Waffe,
Bin ich nichts weiter als ein linker, kranker Affe.
Sie aber wollen kämpfen, hoch zu Rosse
So wie ein deutsches Siegerdenkmal in der Gosse.
Weil nur durch Kriege auch das Böse ende.
Es leben Freiheit, Panzer und die Dividende!
Und die Moral – die macht uns kühn und stark und wunderschön!
Nur wer bewaffnet ist, lebt angenehm!
Ich bin ein alter, weißer Pazifist.
Mich hasst fast jeder deutsche Journalist.

---

[707] Wenzel schickte mir den Text am 12. Mai 2024 für die Veröffentlichung in diesem Buch und gab mir am 02. September 2024 als Rechteinhaber auch die ausdrückliche Genehmigung zum Abdruck in „Last Call".
Die von mir ausgewählten Antikriegslieder sind ja deshalb mobilisierend, weil sie in geradezu idealer Weise drei Dinge vereinen: aufrüttelnde Texte, unter die Haut gehende Vertonungen und leidenschaftliche Interpretationen von Künstlern wie Wenzel, die genau das leben, was sie vortragen, also von A bis Z glaubwürdig sind. Die Texte dieser Lieder sind inhaltlich und poetisch im besten Sinne Kunstwerke. Man erinnere sich in diesem Zusammenhang, dass Bob Dylan, der in meiner Darstellung prominent vertreten ist, 2016 den Nobelpreis für Literatur erhielt.
Ich hätte gern neben „Ich bin ein sturer Pazifist" von Wenzel einige für mich besonders markante Texte von Antikriegsliedern in diesem Buch veröffentlicht. Denn unser Buch will ja genau das, was auch Intention der Liedermacher ist: Aufrütteln und mobilisieren. Deshalb kann ich mir gut vorstellen, dass es den Künstlern gefallen hätte, mit ihren poetischen Appellen vertreten zu sein. Diese Annahme reicht aber nicht. Ich hätte jeden einzelnen Künstler bzw. dessen Agentur oder Verlag um eine explizite Abdruckgenehmigung bitten müssen. Das obliegt allein den Autoren – nicht den Verlagen – die diesen Aufwand schlicht nicht leisten können. Deshalb steht Wenzel mit seinem Liedtext – poetisch, sarkastisch, zu Recht auch wütend – für all' die Liedermacher, die aus gerade genanntem Grund in „Last Call" leider nicht zu Wort kommen. Der aufrechte Künstler hat es verdient. Die ihn von Lew Hohmann gedrehte Doku gibt davon Zeugnis. Sie wurde vom RBB produziert und am 04. Oktober 2023 erstmals gesendet. Wer diesen großartigen Film verpasst, wird in der ARD-Mediathek fündig, https://www.rbb-online.de/doku/u-w/wenzel-glaubt-nie-was-ich-singe.html, zugriff am 03. September 2024.

## 2 Die Chronik der dokumentierten Weckrufe ...

Weil die begreifen diese Welt viel schneller,
Für sie bin ich ein Intellektueller.
Der deutsche Geist war bisher immer klar geblieben.
Und nur wer gut ist, kann auch richtig siegen.
Der Krieg ist schließlich Vater von fast allen Dingen.
Und Hippies wolln nur kiffen, vögeln oder singen.
Wer nachgibt, der ist niemals zukunftskünftig,
Denn alle Hoffnungen sind unvernünftig.
Ein kriegstüchtiges Volk, das kann ja niemals untergehn!
Nur wer bewaffnet ist, lebt angenehm!

Ich überschreite längst die Frist als Zivilist
Und bleib trotz Krieg und Krisen Pazifist.
So geht es dem, der keinen Krieg vergisst.
Und der allergisch gegen Uniformen ist.
Ich passe nichts ins Bild, nicht in die Zeit.
Ach, sperrt mich weg, es tut mir wirklich leid.
Wie heißt es immer wieder nach den Amokläufen:
Man trotzt dem Tod nur noch mit Waffenkäufen.
Schützt Euch vor mir und Meinesgleichen und unserer
Hinterlist.
Ich bin ein sturer nur, ich bin ein böser nur,
Ich bin ein alter weißer Lumpenpazifist.

Wenzel ist einer *der* Lichtgestalten der aufrechten und couragierten deutschen Liedermacherzunft. Er darf nicht nur, er muss in einem Atemzug mit Reinhard Mey, Hannes Wader, Konstantin Wecker, Dieter Süverkrüp oder Franz Josef Degenhardt genannt werden.

Leider ist er als Ostdeutscher (geboren 1955 in Kropstädt bei Wittenberg, Sachsen-Anhalt) auch im Jahr 34 der 1990 vollzogenen deutschen Einheit in den „alten" Bundesländern weit weniger bekannt als die genannten westdeutschen Künstler. Dieses Schicksal teilt er mit ostdeutschen Liedermachern wie Reinhold Andert, Gerhard

Gundermann, Gerulf Pannach, Barbara Thalheim, Gerhard Schöne oder Bettina Wegner.[708]

Diese Namen stehen nicht nur für hohe künstlerische Meisterschaft und politische Wirkmächtigkeit. Sie stehen auch – wenngleich in unterschiedlicher Ausprägung – für aufrechte kritische Haltungen gegenüber den gesellschaftlichen Verhältnissen. In der DDR, in Deutschland, in der Welt. Dass man deswegen auch aus der DDR ausgebürgert wurde oder einen Ausreiseantrag stellte, ist kein alleiniges Kriterium für Maß und Konsequenz in der Auseinandersetzung mit dem herrschenden undemokratischen System. Die, die gingen, konnten mit der rigiden Beschränkung

---

[708] Als einer der Autoren dieses Buches ist Michael Schäfer mit der „deutsch-deutschen" Liedermacherszene seit Jahrzehnten geradezu leidenschaftlich verbunden. Insofern fühlt er sich kundig genug zu werten, dass die ostdeutschen Jünger dieses Genres *deutschlandweit* über selbiges bestens und ohne geografisch-politische Differenzierung Bescheid wissen und damit der westdeutschen Fangemeinde um einiges voraus sind. Dies liegt nicht zuletzt an einer Institution, die in der DDR Kultstatus hatte. Gemeint ist das „Festival des politischen Liedes" eine der größten Musikveranstaltungen in der DDR. Es wurde vom Oktoberklub begründet und fand zwischen 1970 und 1990 jedes Jahr im Februar als offizielle Veranstaltung der FDJ in Ost-Berlin statt. Die Organisation des Festivals erfolgte zu großen Teilen ehrenamtlich. Künstler aus 60 Ländern traten auf, darunter Prominente wie Mikis Theodorakis, Miriam Makeba, Quilapayún, Inti-Illimani, Silvio Rodríguez, Mercedes Sosa, Canzoniere delle Lame und Pete Seeger. Natürlich war dieses Festival für die DDR *auch* ein Instrument der ideologischen Einflussnahme. Und der schon genannte Oktoberklub, einer seiner Gründer, Hartmut König, war auch Sekretär des FDJ-Zentralrats, hat dabei eine wichtige Rolle gespielt. Charakteristisch für den Klub und für viele seiner Mitglieder aber ist auch und vor allem dessen und deren Ambivalenz: Zunehmend Kritisches, die Wirklichkeit vs. Schönfärberei in den Mittelpunkt rückende Texte, wurden gerade in den 80er-Jahren zunehmend prägend. Markante Gesichter waren immer weniger Hartmut König, sondern kritische Geister wie Tamara Danz, Barbara Thalheim, Jürgen Walter und in den 70er-Jahren auch Bettina Wegner. Auch die Größen aus der westdeutschen Liedermacherszene waren regelmäßige Gäste des Festivals. Natürlich wurde versucht, deren Auftritte politisch zu instrumentalisieren.
Zur Wahrheit gehört auch, dass Künstler aus der DDR, die dem Staat besonders kritisch gegenüberstanden – dafür stehen Bettina Wegner und Wolf Biermann – der Zugang zum Festival verwehrt war. Das ist ein Makel; das hohe künstlerische Niveau der Reihe steht gleichwohl außer Frage. Sie avancierte recht schnell nach ihrer Etablierung zur wichtigsten Veranstaltung ihrer Art in Europa und einer der wichtigsten weltweit (siehe dazu auch https://de.wikipedia.org/wiki/Festival_des_politischen_Liedes, Zugriff am 17. März 2024).

ihres Künstlertums, Bespitzelung, ja auch Inhaftierungen nicht leben.[709] Die, die blieben, sind mitnichten Feiglinge, Opportunisten. Ihr Credo lautete in nahezu allen Fällen, dass sie aus dem pervertierten Realsozialismus wieder einen mit menschlichem Antlitz machen wollten. So wie es 1968 in der CSSR Menschen wie Vaclav Hável oder Alexander Dubček versucht hatten, selbst angesichts der sowjetischen Panzer auf dem Wenzelsplatz beim Einmarsch der Warschauer Vertragsstaaten am 21. August 1968.

Diese Grundhaltung schloss die Bereitschaft ein, mit Pressionen – in erster Linie starke Einschränkungen im künstlerischen Schaffen von Zensur bis zu Auftrittsverboten zu leben – und dabei erhebliche Risiken einzugehen. Dafür stehen unter den DDR-Liedermachern beispielhaft, denn es sind nicht die einzigen, auf die diese Charakterisierung zutrifft, Gerhard Schöne und Wenzel.[710]

Folgerichtig gehörten beide am 18. September 1989 zu den Erstunterzeichnern einer Petition von DDR-Künstlern, die von der Führung eine radikale Umkehr zu mehr Demokratie, ja zu einer generellen gesellschaftlichen Reform des Sozialismus forderten. Wenzel war einer der Hauptautoren dieses Textes,[711] der zu einer Zeit veröffentlicht wurde, als niemand auch nur ahnen konnte, dass schon wenige Wochen später mit dem Mauerfall am 09. November 1989 das komplette Ende der DDR auf der Tagesordnung stand.

Gerhard Schöne, engagierter evangelischer Christ, war in seinem ganzen Künstlerdasein auch ein Streiter für den Frieden. In der DDR oft unter dem Dach der Kirchen, im gemeinsamen Deutschland auf jedem seiner Konzerte und

---

[709] Dafür stehen Bettina Wegner und Wolf Biermann, die in der DDR im zynischen Wortsinn ja tatsächlich mundtot gemacht wurden – für einen Akteur der darstellenden Kunst ist das ja tatsächlich die „Höchststrafe".

[710] Das war auch die Grundhaltung vieler namhafter DDR-Künstler außerhalb der Liedermacher-, Rock- und Popszene. Beispielhaft nennen wir hier die Schriftsteller Christa Wolf, Stefan Heym, Christoph Hein oder Günter de Bruyn.

[711] https://de.wikipedia.org/wiki/Hans-Eckardt_Wenzel#cite_note-3, Zugriff am 20. Mai 2024.

auf vielen Kirchentagen. Dafür steht beispielhaft das 1993 veröffentlichte Stück „Wer wird über Charlie Chaplin lachen, ist die Erde ein Stück Dreck im All?". Zuletzt habe ich es mit meiner Frau am 13. September 2024 auf der Freilichtbühne in Berlin-Friedrichshagen gehört, wo er bei strömenden Regen ein wunderbares Konzert gab.

Wer unter Gefahr Kritik übt, bleibt dieser Grundhaltung erst recht unter bürgerlich-demokratischen Bedingungen treu. Das trifft neben Schöne auch für Wenzel zu, vermutlich sogar genetisch codiert. Die von ihm seit 1990 erschienen Alben, es sind mehr als 40, zeugen davon.[712]

Seine aufrechte Haltung, oft gegen den sogenannten „Zeitgeist", gerät zunehmend unter Mainstream-Beschuss: Wie kann man im April 2022, also gleich nach Beginn des russischen Krieges gegen die Ukraine, ein Lied mit dem klaren Bekenntnis „Ich bin ein sturer Pazifist" veröffentlichen? Denn genau zu diesem Zeitpunkt fand die Forderung nach Wiedererlangung der deutschen Kriegstüchtigkeit immer stärker Eingang in die Leitartikel der etablierten Medien und die Reden der meisten der „angesagten" deutschen Politiker. Die Generalschelte der sogenannten Leitmedien gegen Wenzel blieb zu diesem Zeitpunkt noch aus.

Angesagte Protagonisten der „Veröffentlichten Meinung" – bekanntlich nicht identisch mit der öffentlichen Meinung, dem „vox populi"[713] – aber wurden sehr mo-

---

[712] Die meisten davon liegen in meinem CD-Schrank. Ich habe sie samt und sonders mehrfach gehört. Mein Urteil ist mithin wie man heute sagt „belastbar".

[713] Auf meinem Abiturzeugnis der Salzmannschule Schnepfenthal aus dem Jahr 1970 steht beim Fach Latein eine zwei. Mein Lehrer, Walter Schmiga, wurde 1990 von den Hörern des DDR-Umbruchsenders schlechthin, „DT 64", zum Lehrer des Jahres gewählt. Für seine aufrechte Haltung, schon lange vor der friedlichen Revolution, aber auch als der Prototyp des idealen Lehrers. Er hat uns mit den unregelmäßigen Stammformen gequält. Er hat uns aber auch Latein im römischen Kontext beigebracht. Lebendige Geschichte in der damaligen antiken Sprache. Das „vox populi", so haben wir es bei ihm gelernt, heißt eigentlich „vox populi, vox Dei". Seneca der Ältere (54 v. Chr. bis 39 n. Chr.) hat das wie folgt „übersetzt": „Glaube mir, die Sprache des Volkes ist heilig." Im heutigen Duden steht zur Bedeutung des „vox pouli, vox Dei": „Die öffentliche Meinung hat

## 2 Die Chronik der dokumentierten Weckrufe ...

bil, als Wenzel als einer der ersten die Petition von Sahra Wagenknecht und Alice Schwarzer unterschrieb, die am 10. Februar 2023 unter dem Titel „Manifest für den Frieden" veröffentlicht wurde. Sie beginnt wie folgt:

> „Heute ist der 352. Kriegstag in der Ukraine (10.2.2023). Über 200.000 Soldaten und 50.000 Zivilisten wurden bisher getötet. Frauen wurden vergewaltigt, Kinder verängstigt, ein ganzes Volk traumatisiert. Wenn die Kämpfe so weitergehen, ist die Ukraine bald ein entvölkertes, zerstörtes Land. Und auch viele Menschen in ganz Europa haben Angst vor einer Ausweitung des Krieges. Sie fürchten um ihre und die Zukunft ihrer Kinder. *Die von Russland brutal überfallene ukrainische Bevölkerung braucht unsere Solidarität.*"[714]

Daraus ziehen die Autorinnen den folgenden Schluss:

> „Es ist zu befürchten, dass Putin spätestens bei einem Angriff auf die Krim zu einem maximalen Gegenschlag ausholt. Geraten wir dann unaufhaltsam auf eine Rutschbahn Richtung Weltkrieg und Atomkrieg? Es wäre nicht der erste große Krieg, der so begonnen hat. Aber es wäre vielleicht der letzte.
>
> Die Ukraine kann zwar – unterstützt durch den Westen – einzelne Schlachten gewinnen. Aber sie kann gegen die größte Atommacht der Welt keinen Krieg gewinnen. Das sagt auch der höchste Militär der USA, General Milley. Er spricht von einer Pattsituation, in der keine Seite militärisch siegen und der Krieg nur am Verhandlungstisch beendet werden kann. Warum dann nicht jetzt? Sofort!

---

großes Gewicht", https://www.duden.de/rechtschreibung/vox_populi_vox_Dei, Zugriff am 20. Mai 2024.

[714] https://www.change.org/p/manifest-f%C3 %BCr-frieden, Zugriff am 20. Mai 2024. Diesen Satz haben wir bewusst hervorgehoben. Es ist die eindeutige und nicht interpretierbare Verurteilung des russischen Angriffskrieges, was von den ideologisch getriebenen „Kritikern" des Manifests gern unterschlagen wird.

Verhandeln heißt nicht kapitulieren. Verhandeln heißt, Kompromisse machen, auf beiden Seiten. Mit dem Ziel, weitere Hunderttausende Tote und Schlimmeres zu verhindern. Das meinen auch wir, meint auch die Hälfte der deutschen Bevölkerung. Es ist Zeit, uns zuzuhören!"[715]

50 Prozent der deutschen Bevölkerung: Das ist die Hälfte, und sie steht für den Grundsatz „Vox Populi, Vox Dei", des Volkes Stimme ist die Stimme Gottes! In der „veröffentlichen Meinung" in den sogenannten Leitmedien und in den Aussagen der Regierungsparteien und der CDU/CSU kommen diese 50 Prozent aber entweder gar nicht oder nur vereinzelt vor.[716]

Folgerichtig ernten Menschen wie Rolf Mützenich, Heribert Prantl, Alice Schwarzer, Sahra Wagenknecht und eben auch der Liedermacher Wenzel heftigsten Widerspruch von ARD, ZDF, FAZ und fast allen weiteren angesagten „Meinungsmachern" und ebenso – abgesehen von wenigen Einzelstimmen – von SPD, Bündnis 90/Die Grünen, FDP und CDU/CSU.

Bei Wenzel hat seine Unterschrift unter die Wagenknecht-Schwarzer-Petition Folgen bis heute. Denn natürlich lässt es der Liedermacher nicht bei seiner Signatur vom 10. April 2023 bewenden. Wie immer sind seine Auftritte eine Melange aus seinen Liedern und seinen Meinungsäußerungen zum Zeitgeschehen. So auch am 31. Januar 2024

---

[715] https://www.change.org/p/manifest-f%C3%BCr-frieden, Zugriff am 20. Mai 2024.

[716] Es gibt nur wenige Prominente, die sich anders artikulieren. Sie „passen" – leider – in eine sehr kurze Fußnote: Am 15. März 2024 regte der Vorsitzende der SPD-Bundestagsfraktion in einer Rede vor dem Deutschen Bundestag an, den Ukrainekrieg einzufrieren und mit diesem Status quo Verhandlungen zu beginnen. Am 17. April 2024 erschien das neue Buch von Heribert Prantl „Den Frieden gewinnen. Die Gewalt verlernen". Dort fordert einer der namhaftesten deutschen Publizisten, über Jahrzehnte *das* Gesicht der „Süddeutschen Zeitung", ebenfalls die umgehende Aufnahme von Friedensgesprächen. Beide Wortmeldungen vs. die tradierte veröffentlichte Meinung wurden von selbiger in der übergroßen Mehrheit verrissen.

## 2 Die Chronik der dokumentierten Weckrufe ...

bei seinem Konzert im Leipziger Werk II. Das Haus ist mit fast 500 Zuschauern ausverkauft. Es gibt – wie bei jedem seiner Konzerte – großen Applaus, etliche Zugaben. Das kann man getrost als Zustimmung zu seinen Liedern und seinen gesellschaftspolitischen Befunden werten.

Die Veranstalter sehen das anders. Geschäftsführerin Katrin Gruel hat ihren Umut über „Wenzelsche Verharmlosungen und Tabubrüche" am 10. April 2024 zum Thema einer E-Mail an den Liedermacher gemacht. Sie kritisiert Aussagen von Wenzel zum Gendern, seine vorgebliche „Relativierung des russischen Krieges gegen die Ukraine" und wirft ihm Aussagen vor, die man als Glorifizierung der DDR missverstehen könne. Und zieht folgendes Fazit:

> „Wir müssen deutlich machen, dass die getroffenen Aussagen und vermeintlichen Scherze unserem Selbstverständnis als Haus und soziokulturellem Zentrum konträr entgegenstehen und für uns trotz allem Verständnis von Kunstfreiheit nicht akzeptabel sind."

Mit diesem Fazit müsse man einen bereits vereinbarten weiteren Auftritt von Wenzel im Dezember 2024 in Frage stellen.[717]

Wenzel hat auf diese E-Mail in einem „Offenen Brief" geantwortet, den er am 04. Mai 2024 an das Team von Werk II adressiert und auf seiner Homepage veröffentlicht hat.[718]

Warum kommt die Geschichte in unser Buch? Auch unter den Bedingungen einer funktionierenden Demokratie müssen oft Zivilcourage und Mut mobilisiert werden,

---

[717] Die Fakten in allen Einzelheiten würden den Rahmen unseres Buches sprengen. Deshalb bieten wir via Link die Möglichkeit der detaillierten Information. Nach unseren ergänzenden Recherchen gibt die MDR-Dokumentation das Geschehen sachgerecht wieder, https://www.mdr.de/nachrichten/sachsen/leipzig/leipzig-leipzig-land/wenzel-werkzwei-veranstaltung-brief-kultur-news-100.html, Zugriff am 20. Mai 2024.
[718] https://wenzel-im-netz.de/offener-brief/, Zugriff am 20. Mai 2024.

um Meinungen in die Öffentlichkeit zu tragen, die nicht dem übermächtigen „Zeitgeist" entsprechen.[719] Jeder von uns kennt Menschen, die in den sozialen Medien ihre Meinung gesagt haben, und von einem „Shitstorm" überrollt wurden. Zumeist von einer Minderheit, die für sich aber die Deutungshoheit nicht nur beansprucht, sondern auch durchsetzen will.

Dieses Muster sehen wir auch in der Reaktion auf den Auftritt von Wenzel im Januar 2024 im Werk II. Wir wundern uns schon, dass das Team vom Werk II urteilt, dass Aussagen von Wenzel zum Beispiel zum Ukrainekrieg nicht durch den Artikel 5 des Grundgesetzes, dem Recht auf freie Meinungsäußerung, gedeckt seien. Die Suche nach Frieden ist sogar ein Gebot unserer Verfassung.

Neben den Liedermachern hat auch die deutsche Rock- und Popszene sich des Friedensthemas mit Songs angenommen, die weite Verbreitung und große Akzeptanz gefunden haben. Dafür stehen beispielhaft die Lieder **„Wozu sind Kriege da"** (1981) von Udo Lindenberg und Pascal Kravetz, **„99 Luftballons"** (1983) von Nena und **„Besuchen Sie Europa, solange es noch steht"**. Letztgenannter Song – die Band „Geier Sturzflug" [720] hat ihn 1983 in ihrem Al-

---

[719] Bis heute steht dafür als Beispiel das Verhalten der SPD-Fraktion im Deutschen Reichstag bei der Abstimmung zur Bewilligung der Kriegskredite für den Ersten Weltkrieg 1914. In den Jahren davor hatte sich die deutsche Sozialdemokratie nahezu unisono als Antikriegspartei apostrophiert. Angesichts der aufgeheizten nationalistischen Stimmung und der euphorischen Kriegsbegeisterung verrieten (mache auch verdrängten) die SPD-Abgeordneten ihre hehren Prinzipien. Bei der ersten Abstimmung am 04. August 1914 stimmten alle anwesenden Fraktionsmitglieder (122) geschlossen dafür. Zwei Abgeordnete verließen allerdings zuvor den Saal, um sich dieser Schmach nicht auszusetzen. Bei der Abstimmung über einen weiteren Kredit am 02. Dezember 1914 aber stimmte Karl Liebknecht – im August hatte er sich noch der Fraktionsdisziplin gebeugt und mit Ja gestimmt – als einziger Abgeordneter aller im Reichstag vertretenen Parteien – dagegen. Eine denkwürdige mutige Entscheidung! Dafür wurde er als Vaterlandsverräter geächtet und diffamiert, https://www.bundestag.de/webarchiv/textarchiv/2014/kw31_reichstagsprotokolle-284830 Zugriff am 20. Mai 2024.

[720] Geier Sturzflug war eine der erfolgreichsten Bands der „Neuen Deutschen Welle" (NDW). Die 1979 in Bochum gegründete Band brillierte mit ihren zu-

## 2 Die Chronik der dokumentierten Weckrufe … 417

bum „Heiße Zeiten" veröffentlicht –bezieht sich auf den sogenannten NATO-Doppelbeschluss aus dem Jahr 1979, der die Stationierung neuer atomwaffenfähiger Mittelstreckenraketen in Mitteleuropa zum Gegenstand hatte. Dagegen formierte sich seinerzeit in der damaligen BRD eine mächtige Friedensbewegung, deren Proteste 1983 mit vielen Großdemonstrationen ihren Höhepunkt hatten.

Der Text hat nichts von seiner Aktualität eingebüßt. Denken Sie nur an die Politiker, dafür steht nicht zuletzt der französische Staatspräsident Emanuel Macron, die ernsthaft in Erwägung ziehen, NATO-Truppen in der Ukraine gegen die russischen Invasoren einzusetzen. Namhafte Militärexperten sind sich einig, dass eine solche Entscheidung die Gefahr einer nuklearen Eskalation dieses Krieges zumindest auf dem europäischen Kontinent dramatisch vergrößern würde. Das mögliche Szenario macht den Song und dessen Titel aus dem Jahr 1983 heute genauso aktuell wie er damals war. Folgt man Macron, sollte man die Aufforderung zum Besuch des „alten Kontinents" schleunigst umsetzen!!!

Chanson, Schlager, Lied – Holger Biege vereinte als einer der erfolgreichsten DDR-Künstler alle drei Genre. 1978 und 1979 wurde er von den Lesern der größten DDR-Jugendzeitschrift, „Neues Leben", zum „Interpreten des Jahres" gewählt. Zu lyrischen inhaltlich anspruchsvollen Texten, die meisten von Werner Karma, schrieb er die unverwechselbare Musik, die er mit seiner ebenso unverwechselbaren Stimme vorträgt.

1983 kehrte der Künstler nach einem Konzertaufenthalt in West-Berlin nicht in die DDR zurück und lebte danach in der Nähe von Oldenburg. Biege hat mit seiner Hymne „Reichtum der Welt" seine Angst um die massiv bedrohte – militärisch wie ökologisch – Existenz unseres Planeten so

---

gespitzten politischen Texten. Ihr zweiter großer NDW-Hit war „Bruttosozialprodukt".

nachhaltig und emotional berührend artikuliert, dass er mit diesem Lied in unser Buch *musste*.[721] Seine damalige – das Lied wurde 1979 veröffentlicht – Frage, ob der Reichtum der Welt Morgen noch vorhanden ist, ist heute, 2024, noch genauso berechtigt.

Obwohl es im ganz strengen Sinne kein Antikriegslied ist, haben wir in unseren Kanon auch den Titel: „Über sieben Brücken musst du gehen" der DDR-Rockband „Karat" aus der Feder von Ed Swillms (Musik) und Helmut Richter (Text) aufgenommen. 1980 besuchte Peter Maffay die Gruppe Karat bei einem Konzert in der hessischen Landeshauptstadt Wiesbaden und bat, den Titel nachspielen zu dürfen. Der Song erlangte in Maffays Version schnell eine noch größere Bekanntheit. Es verkaufte sich über zwei Millionen Mal.

Symbolträchtig auch die Veranstaltung „Die Macht der Musik" in der Leipziger Peterskirche anlässlich des 25. Jahrestages der Leipziger Montagsdemonstrationen von 1989. Gäste der Podiumsdiskussion waren neben Altkanzler Helmut Schmidt auch Helmut Richter, Peter Maffay sowie Kurt Masur. Masur war es dann auch, der „Über sieben Brücken musst du geh'n" anstimmte. Warum dieser erfolgreichste Song der DDR-Rockgeschichte für uns *auch* ein Antikriegssong ist? Diese sieben Brücken sind für uns *auch* die sieben Plagen der Apokalypse. Sie sind ebenso das Synonym für die biblischen sieben mageren und die sieben fetten Jahre. Denn nach der Asche folgt auch im Text des Karat-Songs der helle Schein.

Das steht für uns und für unser Buch als Hoffnung. Für das Leben auf unserem Planeten, für eine Welt ohne Krieg.

Ist das nicht auch die Botschaft des Liedes, mit dem Deutschland im Jahr 1982 zum ersten Mal den Eurovision Song Contest (ESC) gewonnen hat: **„Ein bisschen Frie-**

---

[721] Die Verse sind von Fred Gertz, einem der bekanntesten und erfolgreichsten DDR-Liedertexter, aufgenommen hat Holger Biege das Lied mit der Horst-Krüger-Band.

## 2 Die Chronik der dokumentierten Weckrufe ... 419

den", gesungen von der damals 17-jährigen Nicole, komponiert von Ralf Siegel.[722] Ausgetragen wurde dieser Wettbewerb im englischen Harrogate.

Der angeblich minimierte Anspruch im Titel des Liedes[723] wurde aus der Friedensbewegung auch kritisch kommentiert: Ws gehe um den ganzen, nicht nur um ein bisschen Frieden. Grundsätzlich ist jeder Krieg einer zu viel. Aber angesichts der Realitäten damals wie heute muss es doch ganz praktisch das wichtigste Ziel sein, die Welt Schritt für Schritt sicherer und damit auch friedlicher zu machen. Genau das singt Nicole im Refrain ihres Liedes.

Es fällt aus heutiger Perspektive auf, dass die meisten der von uns ausgewählten deutschen Antikriegslieder aus (West-)Deutschland in den 80er-Jahren des vorigen Jahrhunderts veröffentlicht wurden. Bewusst haben wir nur die ausgewählt, die als Hymnen der Friedensbewegung Massenwirkung entfalteten. Zum einen im Sinne von Zuspruch und Akzeptanz, was sich nicht zuletzt in hohen Verkaufszahlen manifestierte. Über den Ladentisch gingen zunächst noch Schallplatten. Erst 1982 begann, übrigens von Deutschland aus, der Siegeszug der CD. Zum anderen hatten wir die große mobilisierende Wirkung dieser musikalisch-politischen Bekenntnisse im Blick.

Vermutlich werden sich nur die Älteren daran erinnern, dass in den 80er-Jahren nach dem NATO-Doppelbeschluss vom 12. Dezember 1979 zur Aufstellung neuer mit Atomsprengköpfen bestückten Mittelstreckenraketen in Westeuropa eine Massenbewegung entstand. (West)deutscher Höhepunkt war der 22. Oktober 1983. An diesem Tag gingen bundesweit bei den „Volksversammlungen für den Frieden" etwa 1,3 Millionen Menschen auf die Straße. Mehr als eine halbe Million von ihnen allein im Bonner Hofgarten. Auch

---

[722] Deutschland war 1956 zum ersten Mal beim ESC vertreten. Bei inzwischen 69 Teilnahmen gab es nur zwei Siege. Nach Nicole schaffte das im Jahr 2010 nur noch Lena Meyer-Landrut.
[723] Der Text stammt aus der Feder von Bernd Meinunger.

in Hamburg, Berlin und Süddeutschland demonstrierten die Menschen gegen die geplante Stationierung neuer Vernichtungswaffen. Zwischen den geplanten Standorten Stuttgart und Neu-Ulm bildeten die Rüstungsgegner eine 108 Kilometer lange Menschenkette. Auf diesen Großdemonstrationen wurden die Hymen der deutschen Friedensbewegung enthusiastisch gesungen. Ihre Interpreten liefen bei den Aufmärschen in der ersten Reihe oder gaben davor und danach Konzerte.

Diese Friedensaktionen hatten schon in der Nachkriegszeit begonnen. Im Frühjahr 1958 versammelten sich im Bundesgebiet mehrere Hunderttausend Menschen. Sie protestierten gegen den am 25. März im Bundestag gefasstem Beschluss zur Aufrüstung. Die Demonstration in Hamburg am 17. April mit 120.000 Teilnehmern war die größte in der westdeutschen, bis Ende der 50er-Jahre reichenden Nachkriegsgeschichte. Unmittelbar danach begann die bis heute währende Ostermarschbewegung. Das war eine große und damals von fast allen Parteien befehdete Vereinigung von Menschen, die sich unter dem Eindruck des gerade verlorenen barbarischsten und größten Krieges der Menschheitsgeschichte gegen die Remilitarisierung der Bundesrepublik formierten. Diese dezidiert pazifistische Bewegung – „Nie wieder Krieg, von und in Deutschland" – kann man sich ohne die wirkmächtigen Liedermacher jener Zeit schlichtweg nicht vorstellen. Dafür stehen mit ihrer ebenso frühen wie starken Politisierung Franz Josef Degenhardt, Dieter Süverkrüp, Hans Dieter Hüsch, Dietrich Kittner, Floh de Cologne, Zupfgeigenhansel oder Wolfgang Neuss. Deren Laufbahn als Liedermacher begann Anfang bis Mitte der 60er-Jahre. Die politische Mobilisierung war ihre Mission. Dazu wollten sie ihre Kraft nicht nur in Konzertsälen, sondern vor allem auch auf der Straße entfalten.

Degenhardt, Süverkrüp und Hüsch gerieten schon wegen ihrer Sympathien für die DKP sehr rasch unter das Verdikt der kleinbürgerlich geprägten westdeutschen Nachkriegsgesellschaft. Dort lebte der das dritte Reich prägende fanatische Antikommunismus ungebremst weiter. Denn der alte Feind, das war ja auch der neue. Kein Geringerer als Winston Churchill soll es mit dem Satz „Wir haben das falsche Schwein geschlachtet" auf den Punkt gebracht haben. Nicht Hitler, sondern Stalin hätte dran glauben müssen ..."[724]. Für die Barden des Anfangs bedeutete das Verdikt mediale Ausgrenzung. Ihre Lieder wurden in den damals noch dominierenden öffentlich-rechtlichen Medien nicht gespielt. Für Blätter wie die Bildzeitung – der Slogan: „Bild macht Meinung für Millionen"[725] war nicht Größenwahn, sondern traurige Realität – waren sie Vaterlandsverräter: Ihr Kampf gegen die Wiederaufrüstung spiele Ostberlin und Moskau in die Karten.

Auch für die drei ganz Großen der (west)deutschen Liedermacherei, Reinhard Mey, Hannes Wader und Konstantin Wecker, begann das musikalisch-politische Engagement in den 60er-Jahren. Sie waren weniger als Degenhard & Co. mit politischen Parteien verzahnt und bewahrten sich damit Unabhängigkeit.[726] Noch wichtiger für ihren gesellschaftlichen Status aber war, dass sie im weitesten Sinne Songs übers Leben machten. Reinhard Mey sang über ehrenwerte Klempner oder Gärtner als Mörder. 2009 erschien seine Doppel-Live-CD „Danke liebe gute Fee". Dort sind „Pöter" sein Thema, „Männer im Baumarkt oder „Die Abendpantolette". Unter den 24 Songs ist aber auch **„Kai"**, ein tief anrührendes Antikriegslied. Dort klagt er an, dass Politiker in ihren Komfortstuben Truppenkontingent für Truppenkontingent in Konfliktgebiete entsenden, in denen

---

[724] Ob dieser Satz tatsächlich im Juli 1952 bei oder am Rande einer Unterhausdebatte gefallen ist, kann bis heute nicht belegt werden. Aber es gibt eine Reihe seriöser Historiker, die dies für realistisch halten.

[725] 1982 erreichte die Bild-Zeitung mit mehr als Fünf Millionen täglicher Auflage den höchsten Wert in ihrer gesamten Zeitungsgeschichte.

[726] Lediglich Wader war kurzzeitig mit einer Partei verbunden, in den 70er-Jahren war er DKP-Mitglied. Da er sich kaum öffentlich engagierte, ist diese Mitgliedschaft kein Widerspruch zu der getroffenen Aussage einer Parteiunabhängigkeit.

sie nicht willkommen sind. Damit werde aus Gewalt neue Gewalt, wobei es doch darauf ankomme, endlich aus diesem Teufelskreis herauszukommen!

Auch wenn es kein Antikriegslied ist, wollen wir an dieser Stelle ein weiteres Lied von Reinhard Mey nennen, das er schon 1974 veröffentlicht hat, und das neben „Über den Wolken" auch zu seinen bekanntesten gehört: *„Es gibt keine Maikäfer mehr".* Erst beim Lesen des Textes im Jahr 2024 bei meinen Recherchen zu den künstlerischen Weckrufen fiel mir auf, dass dieses Lied die zweite globale Menschheitsbedrohung betrifft, die Thema unseres Buches: die irreparable Vernichtung unserer natürlichen Umwelt. Denn Mey stellt am Ende seines Liedes die bange Frage, ob das Verschwinden der Maikäfer nicht davon künden könne, dass uns Menschen in Bälde das gleiche Schicksal blüht.

Das Lied wurde vor 50 Jahren geschrieben. Der Begriff des „Menschgemachten Artensterbens" war noch nicht „erfunden". Heute ist er in aller Munde, und zwar wegen dieser hier dokumentierten verstörenden Wahrheit:

„Die Weltnaturschutzunion IUCN konstatiert den Tier- und Pflanzenarten im Rahmen der Internationalen Roten Liste Schlimmes: Von den insgesamt 147.500 erfassten Arten finden sich fast 41.500 in Bedrohungskategorien und damit mehr Arten als jemals zuvor. Das Artensterben gilt neben der Klimakrise als die größte Bedrohung für unseren Planeten und unser eigenes Leben."[727]

Es kann keinen Zweifel geben: Reinhard Mey hat dieses Szenario vorausgesehen. Sein Lied ist Beleg und Metapher zugleich.

Wie bei Mey finden wir auch bei Hannes Wader eine große thematische Bandbreite. Von ihm ist eben nicht nur die schon erwähnte Hymne der Friedensbewegung, „Es ist an der Zeit". Er besang auch seine „erste Liebe" oder seinen Aufbruch, an der Seite von Mey in den „Olymp der Lieder-

---

[727] https://www.wwf.de/themen-projekte/artensterben, Zugriff am 23. April 2024.

macher". Er profilierte sich auch mit neuen Interpretationen alter deutscher Volkslieder und war damit zusammen mit Zupfgeigenhansel Vorreiter bei der Wiederentdeckung traditionellen Liedguts in der deutschen Folkszene.

Und Konstantin Wecker? Unter den „drei Großen aus dem Westen" ist er ganz sicher der Vielseitigste: Vom Protestsong über den Jazz bis hin zum musikalischen Leiter und Komponisten bei Aufführungen von Faust I und Faust II zu den Festspielen in Bad Hersfeld. Daneben ist er wohl auch der schillerndste. Nur drei Stichworte: 1966 Gefängnishaft wegen eines Einbruchdiebstahls, Anfang der 70er-Jahre Darsteller im „Krankenschwesternreport" und weiteren Pornofilmen, im Jahr 2000 Verurteilung zu 20 Monaten Gefängnis auf Bewährung wegen Drogensucht und -kriminalität.

Aber Wecker wurde auch immer politischer, konsequenter, ja auch – im positiven Sinne – radikaler. Dafür stehen „Es ist an der Zeit" (2020) und das schon erwähnte „Sage nein" (1993).

Die schon erwähnten Großdemonstrationen am 22. Oktober 1983 in Deutschland gegen das drohende nukleare Inferno waren die größten Aufmärsche gegen den Krieg in Westdeutschland seit Ende des Zweiten Weltkriegs. Deutsche Liedermacher waren nicht nur Teil dieses Kampfes, sie waren musikalische Anführer. Politischer Widerstand und Antikriegskunst – zwei Seiten einer Medaille!

Dann der 09. November 1989. Die Mauer fällt. An diesem Tag und den folgenden Wochen ist gefühlt das ganze Land von Bodensee bis Rügen auf den Beinen. „Deutschland einig Vaterland". Geschafft haben das die Protagonisten der *Friedlichen Revolution* in der DDR mit ihrer Losung „Wir sind das Volk".

Ein Lied, das schon 1987 veröffentlicht wurde, hat es geschafft, zur Hymne dieser bewegten Tage, Wochen und Monate zu werden, die am 03. Oktober 1990 mit der Vereinigung von DDR und BRD ihren völkerrechtlichen Abschluss fanden.

Marius Müller-Westernhagen hat diesen unter die Haut gehenden Song geschrieben und 1987 veröffentlicht: „**Freiheit**". Bis heute gibt es kein Konzert mit diesem Ausnahmemusiker, der von Rock über Pop bis zur Liedermacherei alle Genres repräsentiert, das nicht mit diesem Lied endet. Freiheit im umfassenden Wortsinn – so interpretieren wir die Botschaft von Westernhagen – kann nur vom Volk errungen werden. Das gilt auch für den Frieden. Wenn die Mehrheit der Menschen auf unserem Planeten ihn will, dann wird es ihn geben. „Stellt Euch vor, es gibt Krieg, und keiner geht hin" – dieses geflügelte Wort wird nur so zur Wirklichkeit. Allerdings, davon handelt das Lied von Westernhagen, gehört zum Frieden unbedingt auch die Freiheit. Das sind für ihn und für uns zwei Seiten *einer* Medaille!

Die Jahre nach der Wiedervereinigung waren in Deutschland nicht die Zeit großer politischer Bewegungen. Das Land beschäftigte sich mit dem konfliktreichen Zusammenwachsen von Ost und West, es hatte 2008/2009 eine große Wirtschafts- und Finanzkrise zu verdauen, es wurde immer wieder paralysiert von islamistischem Terror und hatte ab 2015 Flüchtlingsströme in einem zuvor nie gekannten Ausmaß zu bewältigen. „Kunst als Waffe" war kein Thema, wohl auch wegen diffuser Frontlinien, aber diese Ursachenforschung ist nicht unser Thema.

Erst lange 36 Jahre später, am 20. September 2019, mobilisierte das Menschheitsthema Klimawandel deutschlandweit bei der bislang größten Kundgebung von „Fridays for Future" wieder eine siebenstellige Zahl von Menschen, 1,4 Millionen. Allein in Berlin, eine von 500 Städten, in denen Demonstrationen stattfanden, waren es 250.000. Das war am Welttag dieser Bewegung, die zum Klimastreik aufgerufen hatte. Mobilisiert hatten nicht wie 1983 deutsche Liedermacher. Stattdessen gab es die gewaltige Mobilisierungskraft des Internets mit seinen sozialen Medien und

## 2 Die Chronik der dokumentierten Weckrufe …

Plattformen, auf denen rund 50 Millionen der Deutschen aktiv sind. Die meisten auf Facebook und Instagram. Dort und auf allen anderen von Relevanz wie Pinterest, TikTok und X sind auch die meisten der Organisatoren solcher Demonstrationen vertreten, eine hohe zweistellige Zahl von Fridays for Future über NABU bis Ver.di.[728]

Die am 20. September 2019 erreichte Mobilisierungskraft nahm danach deutlich ab. Beim Klimastreik am 15. September 2023 demonstrierten nur noch 250.000 Menschen deutschlandweit. Ein Rückgang um fast 80 Prozent. In Berlin waren gerade einmal 18.000 Menschen dabei, 72 Prozent weniger als 2019[729].

Je größer die Gefahr, umso weniger Menschen zeigen Flagge? Das Titanic-Syndrom, in der aktualisierten Version für das 21. Jahrhundert? Oder fehlen einfach nur die charismatischen Liedermacher, die wir gerade in wenigen Sätzen vorgestellt haben?

Mey, Wader, Wecker, Wenzel. Sie stehen seit über 60 Jahren auf der Bühne. Geboren 1942 (Mey und Wader), 1947 (Wecker), 1955 (Wenzel). In ihren Konzerten bekommen sie Applaus von vorwiegend Gleichaltrigen, später als 1960 ist kaum einer geboren. Die Allermeisten sind „Grandparents for Future" und Pazifisten dazu. Die bekommen von ihren Liedermacher-Ikonen Bestätigung. Überzeugen muss sie keiner mehr.

Die Generationen, um die es eigentlich geht, sind nicht im Saal. Welche Sänger könnten heute mit welchen Liedern die Jahrgänge ab 1990 aufwärts auf die größten deutschen Versammlungsplätze singen? Oder müssen wir auch künstlerisch in ganz anderen neuen Dimensionen denken?

---

[728] Die Zahl basiert auf einer Bitkom-Erhebung aus dem Jahr 2023, https://www.bitkom.org/Presse/Presseinformation/Mehr-als-50-Millionen-Deutsche-nutzen-soziale-Medien, Zugriff am 29. März 2024.

[729] Die Polizei nannte 12.500, die Veranstalter 24.000, wir haben diese Werte gemittelt, https://fridaysforfuture.de/klimastreik/, Zugriff am 29. März 2024.

„Kunst als Waffe!" Gibt es sie, die zündende Melodie, den aufrüttelnden Text, hinter denen sich auch heute Millionen versammeln würden? Ob die Komponisten, die Dichter, die Interpreten wenigstens schon geboren sind?

„Die Antwort weiß ganz allein der Wind!"

### Kinofilme/Streams

Lassen wir die wichtigsten Antikriegsfilme zum Abschluss und ausnahmsweise im Schnelldurchgang Revue passieren. Wir nehmen an, dass Sie die meisten kennen. Zudem haben wir diesen Streifen auch jeweils einen eigenen Weckruf gewidmet.[730]

- Sergej Eisenstein (1898 – 1948): Panzerkreuzer Potemkin, 1925 Uraufführung am 21. Dezember 1925 in Moskauer Bolschoi – Theater. Mehrfach als einer der einflussreichsten und besten Filme aller Zeiten ausgezeichnet. Auf der 55. Berlinale 2005 in restaurierter (Berliner Fassung) wieder gezeigt.[731]
- Lewis Milestone (1895 – 1980): Im Westen nichts Neues, 1930, Verfilmung des gleichnamigen Romans von Erich Maria Remarque
- Jean Renoir (1894 – 1979): Große Illusion, 1937
- Bernhard Wicki (1919 – 2000): Die Brücke, 1959
- Oliver Stone, geboren 1946: Platoon, 1986
- Peter Watkins, geboren 1935: The War Game
- Francis Ford Coppola, geboren 1937: Apocalypse Now, 1979
- Steven Spielberg, geboren 1946: Schindlers Liste
- Edward Berger, geboren 1970: Im Westen nichts Neues, 2022. Dieser Film steht beispielhaft auch für die Katego-

---

[730] Diese Weckrufe finden Sie im Unterkapitel 2.2.

[731] https://www.kulturstiftung-des-bundes.de/de/magazin/magazin_5/irrfahrten_zur_neuen_berliner_fassung_des_eisenstein_films.html, Zugriff am 14. Februar 2024.

rie Streams. Er wurde von Netflix produziert, kam dann exklusiv in die Kinos und konnte danach bei Netflix gestreamt werden.
- Christopher Nolan, geboren 1970: Oppenheimer, 2023

## Exkurs 5

**Über die Janusköpfigkeit wirkmächtiger Weckrufe**
Bereits im umfangreichen Text zu den „Antikriegsliedern" hatten wir auf die Janusköpfigkeit vieler Weckrufe in der „Jetztzeit" hingewiesen. Die prägende Wirtschaftsordnung dieser Epoche ist nun einmal der Kapitalismus, und das wird mit großer Sicherheit auch auf absehbare Zeit so bleiben. Aus dieser Perspektive ist es fast ein Naturgesetz, dass der moralische Anspruch und die Generierung von Profiten oft zwei Seiten einer Medaille sind. Wer die kommerzielle Komponente ausschließt, nimmt in Kauf, dass die angestrebte Wirkung nicht erzielt werden kann.

Mit Blick auf die globale Bedrohung des Lebens auf der Erde sollte die Übermacht der großen Medienkonzerne nicht nur kritisiert werden. Ihre globale Dominanz kann und muss für die gute Sache genutzt werden. Was spricht dagegen, wenn sich künstlerische Meisterschaft und Marktmacht mit der Intention „verbünden", Menschen auf allen Kontinenten mit Weckrufen zur Rettung der Zivilisation zu erreichen, so wie es beim schon erwähnten „Live Earth" 2007 der Fall war.[732]

Diese Janusköpfigkeit ist auch den nun folgenden „Fällen" eigen. Sie stehen exemplarisch für das Geschäft mit der Angst. Das eine geht nicht ohne das andere. Primat muss doch haben, die Massen dafür zu mobilisieren, sich den

---

[732] https://www.deutschlandfunk.de/vor-10-jahren-live-earth-das-groesste-konzert-aller-zeiten-100.html, Zugriff am 09. Juli 2024.

existenziellen Bedrohungen mit Kraft und Begeisterung entgegen zu stemmen.

Für diese zwei Seiten einer Medaille stehen auch viele Kriegsfilme und die cineastischen Szenarien des Weltuntergangs.

Der Film „Platoon" von Oliver Stone ist ein Klassiker des Genres der Antikriegsfilme mit großer Wirkung durch die schonungslose Darstellung des Wahnsinns des Krieges am Beispiel Vietnam. Nicht zuletzt wegen der vier verliehenen Oscars ist das Publikum in die Kinos geströmt. Die Rückseite des Januskopfes zeigt sich beim Einspielergebnis von 138 Millionen US-Dollar. Ähnliches gilt für einen weiteren Film über den Vietnamkrieg – „Apokalypse Now" – von Regisseur Francis Ford Coppola. Auch dort haben vier Oscarauszeichnungen maßgeblich zum kommerziellen Erfolg (150 Millionen Dollar) beigetragen.

Ein typisches Beispiel für kommerziell einträgliche Weltrettungsfilme ist „Armageddon" von Michael Bay. Die USA retten die menschliche Spezies und die 554 Millionen US-Dollar machen „Armageddon" zum kommerziell erfolgreichsten Film 1998. Der Weltuntergang in Roland Emmerichs Film „2012" ist dann schon fast pures Geldverdienen mit der Angst. Nach nur 100 Tagen waren 760 Millionen US-Dollar eingespielt.

Auch ein Film aus dem Jahr 2023 mit seiner brandaktuellen künstlerischen Warnung vor einem Atomkrieg, „Oppenheimer", hat dieses zweite Gesicht mit Einnahmen von einer Milliarde US-Dollar. Wir finden, die weltweite positive Resonanz wiegt das mehr als auf. Und wir nehmen Christopher Nolan ab, dass er diesen künstlerisch herausragenden Film mit der Intention gedreht hat, die Menschen für die Gefahr einer nuklearen Katastrophe zu sensibilisieren.

Auch in der Belletristik finden sich zahlreiche Titel, gern unter der Überschrift Thriller, einsortiert, die mit mehr oder weniger literarischer Qualität mit Untergangsszenarien viel Geld verdienen. Zu den jüngsten Beispielen im deutschen Sprachraum kann man die inzwischen dreiteilige Öko-Thriller-Reihe von Dirk Rossmann zählen: 2020 der „Neunte Arm des Octopus", 2021 „Der Zorn des Octopus", 2023 „Das dritte Herz des Octopus". Der Drogerie-Milliardär setzt sich glaubhaft für Klimaschutz und internationale Entwicklungsprojekte ein.

Bei der Vermarktung seiner Octopusreihe nutzt er geschickt die Vorteile seines deutschlandweiten Filialunternehmens, um die Botschaft seiner Bücher auf Verkaufsflächen und in Kundenzeitschriften zu verbreiten. Vermutlich wegen der hervorragenden Auflagenzahlen der Octopus-Reihe hat Dirk Rossmann seine Anteile am Herausgeberverlag 2023 von bis dato drei auf 20,31 Prozent aufgestockt.

Wir hoffen sehr, dass die vielen Millionen Zuschauer und Leser nicht nur die Spannung schätzen, sondern auch aktiviert werden, sich für die Bewahrung der bedrohten Schöpfung einzusetzen. Wenn das so ist, können wir damit leben, wenn Autoren, Verleiher, Produzenten und nicht zuletzt die Aktionäre gut verdienen.

## 2.11 Warum wir so „schwerhörig" sind? Versuch einer populärwissenschaftlichen Erklärung

Wir haben uns über zwei Jahre lang damit befasst, existenzielle Weckrufe zur Bedrohung unserer menschlichen Existenz auf diesem Planeten aufzustöbern. Die 185 Appelle, die wir als die wichtigsten auserkoren haben, lassen in ihrer Deutlichkeit keine Wünsche offen. Sie haben die Kraft, Emotionen auszulösen und zu mobilisieren. Aber die Realität um uns herum zeigt ein anderes Bild. Ein Krieg in Europa, bei dem mit der Anwendung von Atomwaffen schon gedroht wurde. Der andere direkt vor unserer kontinentalen Haustür hat ein großes Expansionspotenzial.

Und die ökologischen Reparaturbemühungen sind weiter viel geringer als der Zuwachs an Bedrohung.

Warum also vermögen es die Weckrufe trotz ihrer Kraft nicht, das suizidale Verhalten der Menschheit grundlegend zu ändern? Mit dem Wissen über die wichtigsten Weckrufe, den umfangreichen Recherchen zu diesem Thema und den Erkenntnissen unserer irischen Erkundungen wollten wir *eine* schlüssige Antwort liefern.

Aber unser Fazit lautet: Es gibt sie nicht, diese *eine* Erklärung. Stattdessen bekommen Sie von uns ein paar Denkanstöße.

In den ersten vier Epochen der Menschheitsgeschichte gab es objektive Erkenntnisprobleme. Der Mensch war nicht in der Lage, die Phänomene der Natur zu verstehen, ihre Ursachen zu erkennen und bewusst auf sie zu reagieren. Gefahren wurden erst in der unmittelbaren Konfrontation bewusst. Dann reagierte „Mensch", gewann oder verlor.

Das hat sich im Hier und Heute radikal geändert. Wir kennen das Unheil. Wir wissen, warum es uns bedroht. Und wir verfügen über alle Instrumente, um die Welt auf ewig friedlich und gesund zu machen.

Das Paradoxon der Apokalypse im lange währenden christlichen Glaubensverständnis bestand darin, dass der Untergang der Menschheit *zugleich* auch der Beginn des „Reichs Gottes" war. Warum also sollte man handeln, wenn dem Desaster das Paradies folgt.

Das ist heute schon deshalb anders, weil der Gottesglauben massiv schwindet. Vielleicht deshalb fürchten sich zwei Drittel der Deutschen vor der Zukunft. Sie glauben, dass „die Zukunft auf jeden Fall schlechter wird als die Gegenwart", und dass unsere Kinder es schlechter haben werden als wir selbst. Das ist kein ausschließlich deutsches Phänomen, aber hierzulande besonders stark ausgeprägt.[733]

Die Dominanz des Negativen führt im Regelfall zu Angst, aber nicht zum Handeln. Wir haben alle die Bilder von Flugzeugabstürzen im Kopf. Daraus basiert das Bewusstsein, dass solche Katastrophen besonders schlimm sind. Selbst Menschen mit großer Flugangst steigen dennoch in den Airbus. 2023 gab es weltweit 37,7 Milliarden Flüge. Das sind noch weniger als der bisherige Spitzenwert 2019, 46,8 Milliarden. Aber die Kurve steigt seit 2022, nach dem Ende der Corona-Pandemie, wieder steil an.[734] Fast alle wissen, dass der motorisierte Individualverkehr mit seinen immensen $CO_2$-Emissionen ein starker Treiber der Erderwärmung ist. Trotzdem wird in Berlin Jahr für Jahr die Zahl der zugelassenen Autos größer, und es sind überwiegend Verbrenner.

Wenn die Dominanz des Negativen – und dazu gehören die täglichen Meldungen über Umweltdesaster von Australien bis zur Schweiz – und die damit verbundene eher diffuse Angst kein besseres Verhalten erzeugt, brauchen wir für die Abwendung der Weltbedrohungen Regeln, die auch sanktioniert werden.

„Die Publikation *Umweltdelikte* bereitet die Entwicklung der Umweltstraftaten in Deutschland anhand der Polizei- und Gerichtsstatistiken auf. Die Auswertung von 2010 bis 2020 unter Ergänzung der Daten für 2021 zeigt, dass die insgesamt bekannt gewordenen Fälle von Umweltstraftaten um drei Prozent gesunken ist."[735]

---

[733] https://www.welt.de/wirtschaft/article250594220/Finanzielle-Sorgen-Zwei-Drittel-der-Deutschen-haben-Zukunftsangst.html, Zugriff am 12. Mai 2024.
[734] https://de.statista.com/statistik/daten/studie/411620/umfrage/anzahl-der-weltweiten-fluege/, Zugriff am 18. Juli 2024.
[735] https://www.umweltbundesamt.de/publikationen/umweltdelikte-2021-auswertung-von-statistiken, Zugriff am 12. November 2023.

Wer die Realitäten unseres Rechtssystems kennt – viel zu geringe Kapazitäten für Strafverfolgung und Vollzug des Umweltrechts – kann über solche „Erfolgsmeldungen" nur lachen. Leider tragen sie aber dazu bei, uns für die realen Gefahren weniger sensibel zu machen.

Sind wir also auch heute Opfer des „Kassandra-Syndrom?"

> „Ob der Untergang der Titanic, der Brand von Notre Dame, die Verbreitung des Covid-19-Virus, die Balkankriege oder der Völkermord von Ruanda, die Flüchtlingskrise, privates oder kollektives Scheitern: allen diesen Ereignissen liegt dieselbe Grundstruktur zugrunde. Alle hätten vermieden werden können, wenn man genauer hingeschaut und schneller reagiert hätte. Alle diese ‚Tragödien' oder ‚Katastrophen' wurden allein durch unser Versagen ermöglicht. Die Verantwortung liegt also bei uns – wir selbst sind die Akteure unsers ‚Schicksals'.
>
> Doch selbst im Fall deutlich erkennbarer Signale verfügen wir über erstaunliche Fähigkeiten des Ausblendens. Weder Treibeisschollen noch Eisbergwarnungen vermochten die Titanic von ihrem Kurs abzubringen. Man rauschte ‚full speed' ins Verderben. Das ‚Kassandra-Syndrom' beherrscht nach wie vor unseren Alltag und diejenigen, die Warnungen aussprechen, leben gefährlich. Nicht nur Whistleblower wie Edward Snowden oder Chesley Manning, die man als Verräter und Nestbeschmutzer diffamierte."[736]

Dass viele Warnungen, die uns erreichen, keine unmittelbare Relevanz für unseren Alltag haben, ist eine wichtige Erklärung für die zu geringe Wirkung der vielen Weckrufe. Selbst der näher gekommene Krieg ist letztlich weit weg. Er wird schon dort bleiben. Fliegeralarm, zerbombte Häuser – aber nicht bei uns.

---

[736] https://www.deutschlandfunkkultur.de/kassandra-syndrom-warum-warnungen-so-oft-in-den-wind-100.html, Zugriff am 12. Mai 2024.

## 2 Die Chronik der dokumentierten Weckrufe …

Der Mix aus Kassandra-Syndrom – wir wollen den Mahnern einfach nicht glauben – der Fähigkeit unseres Gehirns zur Verdrängung und das Phänomen, dass wir auf akute Gefahren effektiv reagieren, langfristige Bedrohungen aber in das untere Drittel der Aufgabenliste packen, ist nach unserem populärwissenschaftlichen Verständnis der Hauptgrund für die allgemeine Schwerhörigkeit.

Dazu kommt die offenbar sehr stabile genetische Codierung, sich immer mehr anzueignen, als gebraucht wird. In der in Relation zur Neuzeit extrem langen Existenz als Jäger und Sammler war dieses Verhalten der Schlüssel zum Überleben. Heute sind fast überall auf der Welt Supermärkte bis kurz vor Mitternacht auf und 24-Stunden-Läden bieten sogar rund um die Uhr an, was man zum Leben braucht. Aber das höher, schneller stärker ist für viele noch immer ein starker Antrieb.

Der moderne Mensch bevölkert seit rund 300.000 Jahren unsere Erde. Wir glauben den Evolutionsbiologen, dass sich seine genetische Ausstattung bis heute nur marginal geändert hat. Aber können wir uns wirklich immer noch darauf berufen, dass uns in der heutigen Welt etwas antreibt, was wir erworben haben, als uns das Jagdglück nicht alle Woche hold war? Natürlich nicht. Es muss Schluss sein mit solchen Erklärungsmustern: „Hier stehe ich, Ich kann nicht anders", war doch ganz anders gemeint!!![737] Mit der damaligen Standhaftigkeit Martin Luthers müssen wir heute für den Erhalt unserer irdischen Existenz kämpfen.

Um unsere Schwerhörigkeit zu beenden, brauchen wir keinen Akustiker. Wir müssen „nur" unser Verhalten endlich den realen Erfordernissen anpassen. Das tut nicht weh und ist nicht mit Askese verbunden. Es braucht Verantwor-

---

[737] „Hier stehe ich. Ich kann nicht anders." Diesen berühmten Satz sagte am 16. April 1521 Martin Luther in Worms. Dort weilte er, um am Rande des Reichstages seine revolutionären theologischen Thesen zu verteidigen, https://www.pro-medienmagazin.de/vor-500-jahren-hier-stehe-ich-ich-kann-nicht-anders/, Zugriff am 18. Juli 2024.

tung, Vernunft, Empathie und klare sanktionsbewehrte Regeln. Mehr dazu in Kapitel 5.

## 2.12 Epilog

Beim Schreiben dieses Epilogs am 01. September 2024 haben die ersten verbürgten schriftlichen Überlieferungen zur Menschheitsgeschichte rund 6.000 Jahre „auf dem Buckel". Lediglich 0,2 Prozent der rund zweieinhalb Millionen Jahre währenden Menschheitsgeschichte sind also einigermaßen verlässlich hinterlegt. Beim „Rest" müssen wir uns auf Ausgrabungen, auf geologische Abdrücke, genetische Codes verlassen. Und darauf, dass Archäologen, Historiker, Physiker, Chemiker und Biologen im engen interdisziplinären Schulterschluss alle verfügbaren Fakten konsistent zusammengefügt und nach wissenschaftlichen Kriterien logisch und plausibel interpretiert haben.

2,5 Millionen Jahren Mensch. Davon sind 2.494.500 Jahre frei von Kriegen, 99,99 Prozent unserer Geschichte also ohne militärische Auseinandersetzungen, jedenfalls im barbarischsten Sinne, also der weitgehenden Vernichtung ganzer Stämme, Völker und Ethnien.

Diese Zahlen finden ihre Reflektion auch in unseren Weckrufen. Der erste große Krieg und der erste dokumentierte Friedensschluss stehen in unserer erstmalig zusammengestellten Chronik mit den Daten 3500 und 1259 vor Christus ganz am Anfang. Sie sind Symbol dafür, dass für uns Menschen (leider) *beides* möglich ist.

Diese „Gleichwertigkeit" haben wir seit dem ersten großen Krieg vor rund fünfeinhalbtausend Jahren viel zu lange akzeptiert. Selbst dann noch, als wir alle wussten, dass der nächste große Krieg ein nuklearer und unser aller Ende sein wird.

In unserer Chronik der Weckrufe findet sich unter der laufenden Nummer 88 der erste Antikriegstag, der 1957 in der alten Bundesrepublik von der damals erstarkenden Friedensbewegung begangen wurde. In der sowjetischen Besatzungszone, der späteren DDR, gab es bereits 1946, am 01. September, den Weltfriedenstag. Er war Mahnung anlässlich des faschistischen deutschen Überfalls auf Polen an diesem Datum im Jahr 1939. Er war zugleich der Appell zum „nie wieder Krieg" – generell und erst recht nicht von deutschem Boden!

Diese Botschaft wurde in der DDR von deren Gründung bis zu deren Ende am 03. Oktober 1990 Jahr für Jahr verkündet. In meiner Wahrnehmung war die DDR – unstrittig eine Diktatur – nach ihren Grundsätzen und auch mit wichtigen politischen Handlungen, ein Friedensstaat. Dafür steht mit hoher Symbolkraft die sehr frühe völkerrechtliche Anerkennung der im Ergebnis des Zweiten Weltkrieges entandenen Grenze zu Polen als Oder-Neiße-Friedensgrenze. Polen und die DDR schlossen dazu am 06. Juli 1950 das Görlitzer Abkommen. Mit diesen Impulsen bin ich zum Pazifisten jener Färbung geworden, der Widerstand akzeptiert, wenn man ungerecht und grundlos angegriffen wird.

Im gerade genannten Weckruf haben weitere wichtige Gedenktage dieser Art ein gemeinsames Dach gefunden. Der am 30. November 1981 von der Generalversammlung der Vereinten Nationalen proklamierte Weltfriedenstag, der zunächst immer auf den zweiten Dienstag im September fiel. 2001 bekam er mit der UNO-Resolution 55/282 ein festes Datum. Seitdem wird der „International Day of Peace" alljährlich am 21. September begangen.

Schließlich gab auch die katholische Kirche[738] dem „Frieden auf der Erde für die Menschen, auf denen sein Wohlgefallen ruht" (Lukas 2,14)[739] ein Datum. Seit 1967 wird,

---

[738] https://www.unesco-berlin.de/news/1/351144/nachrichten/1.-september-%E2 %80 %93-weltfriedenstag-in-deutschland.html, Zugriff am 01. September 2024.

[739] https://www.bibleserver.com/de/verse/Lukas2 %2C14, Zugriff am 01. September 2024.

einem Aufruf von Papst Paul VI. folgend, der 01. Januar als Weltfriedenstag gefeiert. 2024 lautete das Motto „Künstliche Intelligenz und Frieden".[740]

Unsere erstmalige Dokumentation der existenziellen Weckrufe zu den beiden großen Bedrohungen der Schöpfung, die das Kapitel 2 prägt, umfasst 185 Weckrufe. Diese Zahl ist insofern *objektiv*, weil wir für die Selektion zu Beginn des Kapitels Kriterien definiert haben. Sie ist auch subjektiv, weil zwei Menschen mit ihren sozialen moralisch-ethischen Prägungen diese Auswahl getroffen haben.

Die Verteilung der Weckrufe auf die einzelnen Epochen war mit dem guten alten Dreisatz schnell ausgerechnet, vgl. ☉ Tab. 2.1

Der daraus folgende „Merksatz" klingt nur auf den ersten Blick profan: Je kürzer die Epochen, umso größer die Zahl der Weckrufe. Diese Korrelation hat etliche Gründe. Der zweitwichtigste ist der, dass die Möglichkeiten der Kommunikation und damit auch der Appellation ab der Neuzeit geradezu explodiert sind.

Die mit Abstand aber größte Priorität hat die Tatsache, dass die Gefährdung des irdischen Lebens mit Beginn der industriellen Revolution Mitte des 19. Jahrhunderts in einer nie für möglich gehaltenen Dimension zugenommen hat. In diesem Trend gab es noch einmal einen Quantensprung ab Ende des Zweiten Weltkriegs. Je größer die Gefahr, umso größer auch die Zahl der Warnungen und Appelle, umso größer auch deren Wirkungspotenzial. Die Fakten wurden immer unwiderlegbarer und damit auch erdrückender. Für die real mögliche und unumkehrbare Vernichtung der Schöpfung durch einen nuklearen Weltbrand oder durch die ökologische Selbstzerstörung, oder gar die Interaktion beider Szenarien.

---

[740] https://weltkirche.katholisch.de/artikel/46810-weltfriedenstag-2024-befasst-sich-mit-kuenstlicher-intelligenz, Zugriff am 01. September 2024.

## 2 Die Chronik der dokumentierten Weckrufe ...

Tab. 2.1 Zahl und prozentualer Anteil der Weckrufe nach Epochen

| Epoche | Zahl der Weckrufe | Prozent zu Gesamtzahl |
|---|---|---|
| Vor- und Frühgeschichte (2,5 Mio. – 800/500 v. Chr.) | 5 | 2,70 % |
| Antike (800/500 v. Chr. – 300/600 n. Chr.) | 4 | 2,16 % |
| Mittelalter (300/600–1500) | 5 | 2,70 % |
| Neuzeit (1500–1914) | 25 | 13,51 % |
| Jetztzeit (ab 1914) | 146 | 78,92 % |

Mit unserem Gegensteuern ist es wie mit dem Fortschritt. Beide haben das Tempo einer Schnecke. Das ist der Befund des zweiten Kapitels. Es endet es mit der Frage, „warum wir so schwerhörig sind".

Und es macht neugierig auf Kapitel 4. Dort berichten wir darüber, was wir in Irland zur Akzeptanz einer ganz anderen Weckrufkategorie praktisch erkundet haben. Das „Last Call" in den dortigen Pubs vor dem letzten Pint funktioniert perfekt. Mit diesem „Mechanismus" müssen wir die Akzeptanz jener Weckrufe erhöhen, die unsere Tatkraft gegen das endgültige Verderben mobilisieren sollen.

# Literatur

Bergdolt, Klaus: Der Schwarze Tod in Europa, C.H.Beck, München, 1994.

Diamond, Jared: Der dritte Schimpanse, S. Fischer, Frankfurt am Main, 2007.

Dixon, Decleve, Sandrine, Gaffney, Owen, Ghosh, Jayati, Randers, Jorgen, Rockström, Johan, Stoknes, Per Espen: Earth for all, oekom verlag, München, 2022.

Dohnanyi, Klaus: Nationale Interessen. Orientierung für deutsche und europäische Politik in Zeiten globaler Umbrüche, Siedler Verlag, München, 2022.

Dokumente aus dem Deutschen Bauernkrieg. Beschwerden, Programme, Theoretische Schriften, Reclam, Leipzig, 1974.

Eck, Werner: Roms Wassermanagement im Osten. Staatliche Steuerung des öffentlichen Lebens in den römischen Provinzen? Kasseler Universitätsreden, Kassel 2008.

Engels, Friedrich: Anti-Dühring, in: MEW, Band 20, Dietz, Berlin, 1975.

Engels, Friedrich: Die Lage der arbeitenden Klasse in England, MEW, Dietz, Berlin, 1963.

Engels, Friedrich: Der Ursprung der Familie, des Privateigentums und des Staats, in: MEW, Bd. 21, Dietz, Berlin, 1962.

Frankopan, Peter: Zwischen Erde und Himmel, Klima – eine Menschheitsgeschichte, Rowohlt, Berlin, 2023.

Franzen, Jonathan: Wann hören wir auf, uns etwas vorzumachen? Rowohlt Taschenbuchverlag, Hamburg, 2020.

Goethe, Johann Wolfgang von: Faust, Der Tragödie erster Teil, Reclams Universalbibliothek, Band 1, Reclam, Leipzig, 1963.

Goertz, Hans-Jürgen: Thomas Müntzer Revolutionär am Ende der Zeiten, C.H.Beck, München, 2015.

Göpel, Maja: Unsere Welt neu denken. Eine Einladung, Ullstein Taschenbuch, Berlin, 2021.

Hahn, Dietrich (Hrsg.): Otto Hahn – Begründer des Atomzeitalters. Eine Biografie in Bildern und Dokumenten. List Verlag, München, 1979.

Harari, Yuval Noah: Eine kurze Geschichte der Menschheit, Pantheon, München, 2015.

Herzfelde, Wieland, Heartfield, John: VEB Verlag der Kunst Dresden, Dresden, 1962 und 1971.

Hessel, Stéphane Frédéric: Empört Euch! Ullstein Buchverlage GmbH, Berlin, 2011.

Ishiguro, Kazuo: Was vom Tage übrigblieb, Blessing, München, Neuausgabe 3/2021.

Jankrift, Kay Peter: Brände, Stürme, Hungersnöte. Katastrophen in der mittelalterlichen Lebenswelt, Stuttgart, 2003.

Janzin, Marion, Güntner, Joachim: Das Buch vom Buch, Schlütersche Verlagsgesellschaft mbH& Co. KG, Hannover, 2007.

Jürgs, Michael: Der kleine Frieden im Großen Krieg: Westfront 1914: Als Deutsche, Franzosen und Briten gemeinsam Weihnachten feierten, C. Bertelsmann, München, 2003.

Kant, Immanuel: Zum ewigen Frieden. Mit den Passagen zum Völkerrecht und Weltbürgerrecht aus Kants Rechtslehre. Kommentar von Oliver Eberl und Peter Niesen. Suhrkamp, Frankfurt/M., 2011.

King, Martin Luther: Bürgerrechtsansprache vor dem Lincoln Memorial, 28. August 1963, in: Reden die unsere Welt veränderten. Mit einem Vorwort von Simon Sebag Montefiore, Insel Verlag, Berlin, 2019.

Knapp, Gerhard Peter: Friedrich Dürrenmatt – Die Physiker: Grundlage und Gedanken zum Verständnis des Dramas, Diesterweg, Frankfurt am Main, 1985.

Krause, Johannes, Trappe, Thomas: Hybris. Die Reise der Menschheit zwischen Aufbruch und Scheitern, Propyläen, Berlin, 2021.

Liebknecht, Karl: Ausgewählte Reden, Briefe und Aufsätze, Dietz, Berlin, 1952.

Marx, Karl: Kapital I, MEW 23, Dietz, Berlin, 1960.

Marx, Karl, Engels, Friedrich: Das Kapital 3, MEW, Dietz, Berlin, 1963.

Marx, Karl, Engels, Friedrich: Manifest der Kommunistischen Partei, Dietz, Berlin, 1981.

Mauelshagen, Franz: Klimageschichte der Neuzeit, Wissenschaftliche Buchgesellschaft, Darmstadt, 2010.

Meadows, Dennis, Meadows, Donella, Zahn, Erich, Milling, Peter: Die Grenzen des Wachstums, Rowohlt Taschenbuch Verlag, Hamburg, 1973.

Milger, Peter: Die Kreuzzüge, C. Bertelsmann, München, 2000.

Musper, Heinrich Theodor: Albrecht Dürer, Du Mont, Köln, 2003.

Münkler, Herfried: Der Dreißigjährige Krieg, Rowohlt, Berlin, 2017.

Nissen, Hans J: „Geschichte Alt-Vorderasiens" 1999/2012, Wissenschaftsverlag Oldenbourg, München, 1999.

Nunn, Astrid: Der alte Orient, Buchgesellschaft Darmstadt, 2012.

Osten, Manfred: Die Welt ein großes Hospital. Goethe und die Erziehung des Menschen zum humanen Krankenwärter, Wallstein Verlag, Göttingen, 2021.

Papst Franziskus: Laudatio si. Über die Sorge für das gemeinsame Haus, Verlag Katholisches Bibelwerk GmbH, 3. Auflage, Stuttgart, 2015.

Papst Franziskus: Evangelii Gaudium. Die Freude des Evangeliums, Adlersteinverlag, Wiesmoor, 1. Auflage, 2015.

Papst Franziskus: Leben. Meine Geschichte in der Geschichte, HarperCollins, Hamburg, 2024.

Prantl, Heribert: Den Frieden gewinnen. Die Gewalt verlernen, Wilhelm Heyne Verlag, München, 2024.

Reden die unsere Welt veränderten. Mit einem Vorwort von Simon Sebag Montefiore, Insel Verlag Berlin, 2019.

Roeck, B., Leonardo der Mann, der alles wissen wollte. Biografie, C.H.Beck, München, 2019.

Rossmann, Dirk: Der neunte Arme des Octopus, Bastei Lübbe, Köln, 2020.

Schäfer, Michael, Ludwig, Joachim: Mit Kapital die Schöpfung retten, Springer Gabler, Wiesbaden, 2022.

Schäfer, Michael: Kommunalwirtschaft, 2. Aktualisierte und erweiterte Auflage, Springer Gabler, 2023.

Schätzing, Frank: Der Schwarm, Fischer Taschenbuch, Frankfurt am Main, 2004.

Schmidt, Georg: Die Reiter der Apokalypse. Geschichte des Dreißigjährigen Krieges, 2018 C.H.Beck, München, 2018.

von Schirach, Ferdinand: Jeder Mensch, Luchterhand Literaturverlag, München, 2012.

von Weizsäcker, Richard: Rede zum 40. Jahrestag des Endes des Zweiten Weltkriegs in Europa, 8. Mai 1985, in: Reden die unsere Welt veränderten. Mit einem Vorwort von Simon Sebag Montefiore, Insel Verlag, Berlin, 2019.

Willemsen, Roger: Wer wir waren, Fischer, Frankfurt am Main, 2016.

Wolf, Friedrich: Kunst ist Waffe, Reclam Universalbibliothek, Bd. 436, Reclam, Leipzig, 1969.

Zimmermann, Moshe: Niemals Frieden? Israel am Scheideweg, Ullstein Buchverlage, Propyläen, Berlin, 2024.

Zweig, Stefan: Sternstunden der Menschheit, in: Zweig Stefan, Ausgewählte Werke, Dörfler Verlag, Eggolsheim, 2013.

# 3

# „Last Call" I: Was wir von „drei alten weißen Männern" fürs Überleben lernen *müssen*

## Ein Interview mit Karl Marx, Friedrich Engels und Papst Franziskus

**Zusammenfassung**
Ein Interview mit den ebenso radikalen wie fundierten Kapitalismuskritikern Karl Marx und Friedrich Engels und Papst Franziskus prägt das folgende Kapitel. Die Antworten auf sieben Fragen sind wortgetreu wichtigen Schriften der Interviewpartner entnommen. Mit ihnen dokumentieren wir eine grundlegende inhaltliche Übereinstimmung über 150 Jahre: Die ungezügelte Profitgier und die kostenlose Nutzung der natürlichen Ressourcen für die kapitalistische Wertschöpfung sind die Hauptgründe für die ökologische Bedrohung des irdischen Lebens.

Die Idee zu diesem einmaligen Interview wurde 2018 geboren. Autor Michael Schäfer weilte in der päpstlichen Akademie und konnte über die Idee auch mit dem Heiligen Vater sprechen.

## 3.1 Prolog

Am 31. August 2018 reiste ich[1] zum „Römischen Forum 2018" in den Vatikan. Die in Italiens Metropole herrschende Gluthitze war mir vertraut aus den zurückliegenden Sommermonaten in Berlin und Brandenburg. Was wir damals vermuteten, haben die folgenden Sommer bestätigt. Hitzetote und Übersterblichkeit in Mittel- und Nordeuropa wurden uns „Nordlichtern" vertraute Begriffe. Es begann aber keine erdgeschichtliche neue Heißzeit! Und es waren auch nicht mehrere wetteranomale „Jahrhundertsommer" hintereinander. Die menschengemachte Klimakatastrophe war im Herzen der alten Welt einfach „nur" angekommen.

Es klingt zynisch. Aber es „passte" zur Reise ins Zentrum der katholischen Weltkirche. Dorthin eingeladen hatten der BDE-Bundesverband der Deutschen Entsorgungs-, Wasser- und Rohstoffwirtschaft e. V., unterstützt vom internationalen Netzwerk der Familienunternehmen (FBN Familiy Business Network) und dem Malteser Hilfsdienst e. V.

Gefolgt waren mehr als 60 Persönlichkeiten, fast durchweg die Inhaber renommierter deutscher Familienunternehmen. Dazu einige Experten, die bis zum 02. September 2018 in der Päpstlichen Akademie über die Umweltenzyklika von Franziskus – sie wurde am 24. Mai 2015 unter dem Titel „Laudato si. Über die Sorge für das gemeinsame Haus" veröffentlicht – und die Folgerungen für das Unternehmertum diskutierten (Laudato si. Über die Sorge für das gemeinsame Haus, Papst Franziskus, Verlag Katholisches Bibelwerk GmbH, Stuttgart, 3. Auflage, 2015).

Am 01. September, dem Weltgebetstag für die Bewahrung der Schöpfung, empfing Papst Franziskus die Teilnehmer zu einer fast zweistündigen Sonderaudienz und ad-

---

[1] Michael Schäfer, einer der Autoren des vorliegenden Buches, war als Professor für Kommunalwirtschaft mit dem Schwerpunkt Daseinsvorsorge einer der Teilnehmer.

ressierte unter anderem die folgende Botschaft: „Jeder von uns trägt eine Verantwortung für die anderen wie auch für die Zukunft unseres Planeten. In ähnlicher Weise hat die Wirtschaft dem Menschen zu dienen, sie soll den Nächsten nicht ausbeuten und seiner Ressourcen berauben. Heute sind wir aufgerufen, die Möglichkeiten zu nutzen, die uns die Technik bei einer guten Verwendung der Ressourcen zur Verfügung stellt, und helfen wir besonders auch den Ländern, die von Armut und Niedergang betroffen sind, diese Wege der Erneuerung zu ihrem eigenen Wohl zu beschreiben."[2]

Die Worte des Papstes in Rom, die Texte seiner „Laudato si" und seines ersten apostolischen Schreibens „Evangelii Gaudium" (Die Freude des Evangeliums), veröffentlicht 2013, gleich zu Beginn seiner Amtszeit, klangen mir seltsam vertraut. Sie erinnerten mich an Texte von Karl Marx und Friedrich Engels, mit denen ich mich als Student und Doktorand in der DDR befasst hatte, und die ich bei meinen späteren Forschungen zur Daseinsvorsorge neuerlich gelesen habe.

Unter dem starken Eindruck der Tage im Vatikan und der Begegnung mit Papst Franziskus habe ich nach meiner Rückkehr wieder einige Bände der in meinem Bücherschrank stehenden Marx-Engels-Gesamtausgabe zur Hand genommen, dazu „Laudato si" und „Evangelii Gaudium". Was mir „vertraut klang", erwies sich beim vergleichenden Lesen als Fakt: Bei Franziskus und Karl Marx und Friedrich Engels finden sich sehr ähnliche Bestandsaufnahmen und Analysen zur brutalen Geiselnahme der Schöpfung mit einem erlogenen ökonomischen Mandat.

Das war eines der sprichwörtlichen „Aha-Erlebnisse". Und daraus erwuchs – in meiner Erinnerung war dabei auch ein guter Tropfen im Spiel – die auf den ersten Blick

---

[2] Quelle: Fotokopiertes Redemanuskript des Papstes, ausgereicht an die Teilnehmer der Privataudienz, S. 3 f.

abenteuerlich-waghalsige Idee eines gemeinsamen Interviews mit diesen drei großen Geistern. Getragen wird dieses Vorhaben von der Substanz und der unfassbaren Einsicht, dass uns schon Marx und Engels in der zweiten Hälfte des 19. Jahrhunderts davor gewarnt haben, dass ein ungezügelter Kapitalismus unser aller Verderben bringen kann. Was wir daraus gelernt haben? Scheinbar nichts. Denn die heutigen Warnungen von Papst Franziskus klingen nicht nur ähnlich. Sie klingen sogar noch bedrohlicher.

Werden sie deshalb besser beachtet? Die Historikerin Annette Kehnel hat große Zweifel: „Der Wille zu Veränderungen oder zu einem Systemwechsel war nur leider noch nie so gering wie heute. Wir kleben am Ist-Zustand wie ein Kaugummi unter der Schulbank. Wir wollen da nicht weg."[3]

Es war also nicht – wie oft vermutet – der Club of Rome mit seinem 1972 unter dem Titel „Die Grenzen des Wachstums" veröffentlichten Bericht zur Lage der Menschheit", der uns zum ersten Mal zu einer grundlegenden Veränderung unserer Wirtschaftsordnung aufforderte.

Es begann – das haben wir in Kapitel 2 ausführlich dokumentiert – mit dem Weckruf der Kassandra. Sie sagte den Untergang des mächtigen Trojas voraus, der tatsächlich ja auch stattgefunden hat. Die Historiker sind sich nur nicht einig, wann das genau passierte. Ihre Angaben umfassen einen Zeitraum von 1334 bis 1135 v. Chr.

Zuerst über den Weckruf der Kassandra hat Homer im „Ilias" geschrieben. Das war um 700 v. Chr. Dieses Datum ist für uns maßgeblich, denn unsere Chronik ist die der *schriftlich* dokumentierten Weckrufe. Homer gilt als erster namentlich bekannter Dichter des Abendlandes und hat auch die „Odyssee" verfasst.

---

[3] „Der Wille zu Veränderungen war noch nie so gering", Kehnel, Annette, Berliner Zeitung, 03. August 2021, S. 22.

## 3  „Last Call" I: Was wir von „drei alten weißen …

Es begann mit Kassandra und „endet" in unserem Buch im Juli 2024. Unsere Chronik der Weckrufe umfasst damit rund 2.700 Jahre und zeigt, dass die schriftlich dokumentierte Menschheitsgeschichte auch die Geschichte immer wiederkehrender Mahnungen ist. Aber erst seit Beginn der industriellen Revolution, also mit der „Geburt" des Kapitalismus, hat die Usurpation unseres Planeten und seiner Ressourcen eine globale und existenzielle Dimension bekommen. Diese letzte, historische kurze Epoche, symbolisieren wir in unserem Interview mit der Trinität von Marx, Engels und Franziskus. Aus deren Weltsichten leiten wir mit der Metapher vom „Last Call" eine Idee ab, deren Umsetzung die 2.700 Jahre lange Ära unerhörter Weckrufe beenden könnte. Das müsste allerdings recht bald sein. Alle objektiven Indikatoren zeigen, dass wir für eine Umkehr, zu einem wirklich konsequenten Handeln zur Abwehr *der existenziellen Bedrohungen, nur noch wenig Zeit haben. Sicher ist, dass die Geschichte der Weckrufe zunächst weiter fortgeschrieben werden muss. Ob es die Trendwende gibt, und wenn ja* wann? Es gibt noch Hoffnung. Für uns stehen die Chancen Fünfzig zu Fünfzig.

Resignation und Ohnmacht basieren auf ignorierten Mahnungen. Aber wie kommt man zum verändernden Handeln? Zum Beispiel mit Marx und seiner elften These über Feuerbach: „Die Philosophen haben die Welt nur verschieden interpretiert, es kömmt drauf an, sie zu verändern."[4] So ähnlich klingt aktuell auch Papst Franziskus: „Die Wirklichkeit steht über der Idee."[5] Was wir folgern: Wenn wir die Welt tatsächlich zum Guten ändern wollen, müssen wir das **Machbare** tun. Aber ganz ohne Träumereien wird es nicht gehen. Radikale Veränderungen der Wirklichkeit – und nur so ist die Schöpfung vor dem alsbald drohenden

---

[4] Thesen über Feuerbach, Marx, Karl, in: Marx/Engels Werke (MEW), Band 3, Dietz Verlag, Berlin 1974, S. 7.
[5] Evangelii gaudium. Die Freude des Evangeliums, Papst Franziskus, Adlerstein Verlag, Wiesmoor, 1. Auflage 2015, S. 106.

Ende zu bewahren – sind die Einheit von gründlicher Analyse, und daraus abgeleiteten kühn-pragmatischen Konzepten. Deren Umsetzung verlangt neben Überzeugungskraft, Mut, Talent zur Organisation allerdings auch den **Glauben** an den Erfolg.

Dafür stehen in unserem Interview real und auch symbolisch Papst Franziskus auf der einen, Karl Marx und Friedrich Engels auf der anderen Seite. Philosophisch sind das – hier Idealismus, da Materialismus – zwei grundverschiedene Welten. Zugleich aber sitzen die drei Männer von gestern und heute in einem Boot. Und das schwimmt in der Wirklichkeit des 21. Jahrhunderts. Die Frage, wer die Welt erschaffen hat, wird angesichts der unfassbaren Bedrohung des lebendigen Seins zweitrangig.

Das möchten wir mit unserem Interview beweisen. Wir befragten keine Geringeren als Karl Marx und Friedrich Engels. Die Begründer des historischen Materialismus und die profundesten Analytiker des Kapitalismus, der seit über zweihundert Jahren prägenden Welt- und Wirtschaftsordnung. Aber wir bekommen ebenso brillante Antworten vom heutigen Papst Franziskus. Sie werden, wie wir, darüber staunen, wie einig sich Religion und Materialismus sind, wenn es um die akute Bedrohung unserer Schöpfung geht. Sie bezweifeln, dass religiöse Botschaften noch relevant und repräsentativ sind? Dann nehmen Sie bitte zur Kenntnis, dass sich von der rund acht Milliarden zählenden Weltbevölkerung etwa 5,4 Milliarden, rund 68 Prozent, zu den fünf großen Weltreligionen bekennen.

Davon sind 2,4 Milliarden Christen: Katholiken, Protestanten, Orthodoxe. Mit 1,4 Milliarden Kirchenmitgliedern dominiert bei den Christen der katholische Glaube.

Dabei sind die grundlegenden Kernbotschaften dieser Weltreligionen weitgehend identisch. Alle wollen eine gerechte, friedliche, die Schöpfung bewahrende Welt. Für den längst überfälligen Schritt vom Wollen zum Machen, müssten wir 68 Prozent der Weltbevölkerung „nur" aktivieren, ihren Glauben auch zu leben. Unsere „alte" abendländische Welt ist schon lange nicht mehr das Maß aller Dinge. Auch deshalb dürfen wir die Möglichkeiten zur Abwendung einer globalen Katastrophe nicht nur mit unseren zunehmend säkularen, atheistischen Maßstäben bewerten.

Der Jenaer Soziologe Hartmut Rosa hat das in einem bemerkenswerten Essay unter dem Titel „Demokratie braucht Religion" begründet.[6] 2023 erschien es bereits in der 8. Auflage. Damit ist es neben der inhaltlichen Bedeutung auch quantitativ ein handfester Weckruf. Die Kernaussage lässt sich wie folgt zusammenfassen:

> „Demokratie bedarf eines hörenden Herzens, sonst funktioniert sie nicht. Ein solches hörendes Herz fällt aber nicht vom Himmel, überhaupt ist diese Haltung in einer Aggressionsgesellschaft besonders schwer einzunehmen. Meine These lautet, dass es insbesondere die Kirchen sind, die über Narrationen, über ein kognitives Reservoir verfügen, über Riten und Praktiken, über Räume, in denen ein hörendes Herz eingeübt und vielleicht auch erfahren werden kann."[7]

Genau deshalb, also auch mit Bezug auf diese beiden Sätze von Hartmut Rosa, war uns Papst Franziskus ein ebenso wichtiger Gesprächspartner wie Karl Marx und Friedrich Engels!

---

[6] Rosa, Hartmut: „Demokratie braucht Religion", Kösel, München, 2023.
[7] A. a. O., S. 52–56.

## 3.2 Wie Marx, Engels und Franziskus im September 2018 im Vatikan symbolisch „zusammenkamen" und die Idee für das gemeinsame Interview geboren wurde

Seit jeher war das Verhältnis der Menschen zu ihrer natürlichen Umwelt eine Frage der Existenz und des Überlebens. Noch vor den ersten uns überlieferten schriftlichen Zeugnissen wurden aus verschiedenen Regionen der Erde Erzählungen über furchtbare Umweltkatastrophen mündlich weitergegeben. Die Menschen schufen sich eine Götterwelt, mit deren Hilfe sie auch versuchten, verheerende Naturereignisse zu erklären, denen sie hilflos gegenüberstanden.

Schon im frühen Schrifttum der Menschheit finden sich Berichte über Naturkatastrophen, die ganze Regionen verwüsteten, Zivilisationen verschwinden ließen. Diese Ereignisse wurden göttlichem Wirken zugeschrieben. Die wissenschaftliche Auswertung dieser religiösen Zeugnisse, aber auch der Sagen und Märchen aus aller Welt, lassen erkennen, dass die Entwicklung der Zivilisation, ihre Ausbreitung über die ganze Erde und der Kampf um das Überleben der Menschen mit gravierenden Eingriffen in die Natur verbunden waren. In der Vergangenheit lokal und regional begrenzt.

Aber erst mit der industriellen Revolution und der weltweiten Ausbreitung der kapitalistischen Produktionsweise bekam die Einbindung der Umwelt in die Wertschöpfung eine globale, zerstörerische Dimension. Das Wasser, die Luft, die Wälder, die Meere – die Usurpation zum Nulltarif bescherte märchenhafte Profite und führte und führt zu irreversiblen Schäden. Heute ist die Menschheit vor die Entscheidung gestellt, diese Prozesse zu stoppen oder das eigene Ende billigend in Kauf zu nehmen. Was über Jahrhunderte verdrängt und in das Reich der Fantasie verbannt wurde, ist in der Jetztzeit zu einer realen Option geworden. Diese lässt sich nicht allein auf den Klimawandel reduzieren, der ein zentraler, aber eben nur ein Teil einer verstörenden, weil weltweiten, Bedrohung ist.

Der Untergang der Welt ist Gegenstand vieler überlieferter Szenarien. Das wohl bekannteste ist die „Offenbarung des Johannes", bekannt auch als die Apokalypse, im letzten Buch des neuen Testaments. Wegen der herausragenden Bedeutung dieser biblischen Verkündigung ist es legitim zu hinterfragen, wie sich die christlichen Kirchen zur katastrophalen und eben auch existenziellen Zerstörung unserer natürlichen Umwelt positionieren. Dass deren Positionen in den Mittelpunkt gerückt werden, hat neben der biblischen Prophezeiung und ihrem herausgehobenen weltanschaulichen Rang zwei weitere Gründe.

Erstens ist das Christentum, wie gerade mit beeindruckenden Zahlen gezeigt, im weltweiten Maßstab noch immer auch eine faktische Macht. Zweitens ist es die wichtigste Religion in jenem Teil der Welt, die man gemeinhin als die erste oder das Abendland bezeichnet und die mit ihrer Produktionsweise den mit Abstand größten Anteil an der Zerstörung unseres Planeten hat.[8]

Es ist mithin gut begründet, dass wir die Positionen der christlichen Kirchen am Beispiel der katholischen Kirche und ihres seit 2013 amtierenden Oberhauptes, Papst Franziskus, darstellen. Dabei stützen wir uns auf zwei Schriften: zum einen auf sein apostolisches Schreiben unter dem Titel

---

[8] Diese sowohl quantitative als auch qualitative Bewertung negiert keinesfalls die Tatsache, dass zunehmend auch einige Entwicklungsländer im Kontext mit ihrer industriellen Expansion erheblich an der Umweltzerstörung beteiligt sind. Ein wichtiger Indikator dafür sind die Kohlendioxidemissionen. Weltweit mehr als die Hälfte gehen aktuell auf das Konto der Volksrepublik China, USA, Indien und Russland. Aus historischer Perspektive liegen die größten Mengen bei den sogenannten Industriestaaten und auch bei einer Betrachtung pro Kopf rangieren diese Länder weit vor Entwicklungs- und Schwellenländern wie China und Indien.

Evangelii gaudium vom 24. November 2013, zum anderen auf die am 24. Mai 2015 erschienene Enzyklika Laudato si.[9]

Außerordentlich wichtig an der Enzyklika sei, so der weltweit renommierte Klimaforscher Hans Joachim Schellnhuber, dass hier die Welt der Religion und die Welt der Wissenschaft zusammengebracht würden. Diese widersprächen sich nicht und könnten nur zusammen der Komplexität der Schöpfung gerecht werden. Die Enzyklika gäbe den Stand der Klimaforschung vollständig korrekt wieder.[10]

Ebenso unstrittig wie die weltanschaulich prägende Rolle des Christentums ist der historische und auch aktuelle Einfluss von Karl Marx und Friedrich Engels auf die Bewertung des modernen industriellen Kapitalismus. Ihre philosophischen und ökonomischen Analysen haben maßgeblich zum Verständnis dieser Produktionsweise beigetragen. Und sie sind genauso Gegenstand von Simplifizierung, Verfälschung und demagogischem Missbrauch geworden, wie das Alte und das Neue Testament.

Parallel zur intensiven Kenntnisnahme der Aussagen des Papstes haben wir folgerichtig auch Arbeiten von Karl Marx und Friedrich Engels zu Themen wie Umwelt und Naturschutz im Kontext mit der kapitalistischen Produktionsweise ausgewertet.[11] Dabei entdeckten wir im inhaltlichen wie methodischen Herangehen bemerkenswerte Ähnlichkeiten

---

[9] Evangelii gaudium. Die Freude des Evangeliums, Papst Franziskus, Adlerstein Verlag, Wiesmoor, 1. Auflage 2015 / Laudato si. Über die Sorge für das gemeinsame Haus, Papst Franziskus, Verlag Katholisches Bibelwerk GmbH, Stuttgart, 3. Auflage, 2015.

[10] Schellnhuber: Enzyklika auf der Höhe der Zeit, Radio Vatikan am 18. Juni 2015 lt. Wikipedia-Recherche am 29. Januar 2019.

[11] Die Kenntnisnahme des Schrifttums von Marx und Engels ist für dieses Buch von herausragender Bedeutung. Für die umfassende Unterstützung danken wir an dieser Stelle vor allem Dr. Gerald Hubmann, der an der Berlin-Brandenburgischen Akademie der Wissenschaften das wissenschaftliche und editorische Jahrhundertprojekt der Marx-Engels-Gesamtausgabe (MEGA) leitet und die Mitwirkung der international renommiertesten Forscher auf diesem Gebiet koordiniert. Wichtige Hinweise erhielten wir auch von Prof. Dr. Thomas Kuczynsky, mit dem wir im Herbst 2018 mehrfach ausführlich sprachen. Auch ihm danken wir für seine Anregungen.

in den Argumentationen von Marx und Engels einerseits und von Papst Franziskus andererseits.

Diese Analogien haben wir in einem (fiktiven) Interview dokumentiert. Unsere gleichlautenden Fragen richteten wir an Papst Franziskus, an Karl Marx und an Friedrich Engels. Die Antworten des Papstes entnahmen wir den schon genannten Quellen – dem Apostelbrief „Evangelii gaudium" und der Enzyklika „Laudato si". Bei den Antworten von Marx und Engels zitieren wir aus der seit 1957 vom Dietz Verlag Berlin verlegten Werkausgabe, MEW: Karl Marx / Friedrich Engels, Werke, Berlin, 1957, und weiteren unveränderte Nachauflagen.

Alle Aussagen sind zusammenhängende Textblöcke aus den jeweiligen Werken; wir haben an keiner Stelle Aussagen aus mehreren Fundstellen „montiert", man könnte auch sagen „passend gemacht", eine leider beim Zitieren gern geübte, aber höchst unseriöse Praxis.

Die Fundstellen sind jeweils am Ende der ausgewählten Zitate bibliografisch dokumentiert.[12]

Unser fiktives Interview mit Marx, Engels und Papst Franziskus ist ein zuvor noch nie praktizierter wissenschaftlicher und publizistischer Ansatz, zentrale weltanschauliche Positionen des Marxismus und des Christentums bezogen auf die existenzielle Bedrohung der Menschheit zu vergleichen. Das Ergebnis darf auch als Aufforderung zum gemeinsamen Handeln wider diese Bedrohung verstanden werden, und es spiegelt nach unserer Überzeugung die Meinung des überwiegenden Teils der gesamten Menschheit.

Wir müssen uns ohne ideologische Schranken endlich der gemeinsamen Verantwortung für diese Welt bewusst werden. Wir sitzen schließlich alle in dem berühmten einen Boot.

---

[12] Die Auswertung des Schrifttums von Marx und Engels in den bereits genannten inhaltlichen Richtungen lag federführend bei Dr. Joachim Ludwig, Ko-Autor dieses Buches, Michael Schäfer hat das Schrifttum von Papst Franziskus für das Interview gesichtet. Gemeinschaftlich erfolgte auf dieser Grundlage die Formulierung der Interviewfragen und die Zuordnung der Antworten.

## 3.3 Zwei Materialisten, ein katholischer Christ – repräsentativ für die Weltmeinung? Das Interview

**Frage 1: Wie wird die Rolle des Menschen bei der Zerstörung von Natur und Umwelt beschrieben?**

- **Marx:**
Große Industrie und industriell betriebene große Agrikultur wirken zusammen. Wenn sie sich ursprünglich dadurch scheiden, dass die erste mehr die Arbeitskraft des Menschen, letztere mehr direkt die Naturkraft des Bodens verwüstet und ruiniert, so reichen sich später im Fortgang beide die Hand, in dem das industrielle System auf dem Land auch die Arbeiter entkräftet, und Industrie und Handel ihrerseits der Agrikultur die Mittel zur Erschöpfung des Bodens verschaffen.
*(Marx, Karl: Kapital, Band 3, in: Marx-Engels-Werke Engels, Dietz Verlag, Berlin 1975, Band 25, S. 821 [Wir verwenden bei den weiteren Zitierungen für die Marx-Engels-Werke die zulässige Abkürzung MEW – Marx-Engels-Werke – Anmerkung der Autoren])*

- **Papst Franziskus:**
Der heilige Johannes Paul II. widmete sich diesem Thema mit zunehmendem Interesse. In seiner ersten Enzyklika bemerkte er: „Der Mensch scheint oft keine andere Bedeutung seiner natürlichen Umwelt wahrzunehmen, als allein jene, die den Zwecken eines unmittelbaren Gebrauchs und Verbrauchs dient." Die Zerstörung der menschlichen Umwelt ist etwas sehr Ernstes, denn Gott vertraute dem Menschen nicht nur die Welt an, sondern sein Leben selbst ist ein Geschenk, das vor verschiedenen Formen des Niedergangs geschützt werden muss. Alle Bestrebungen, die Welt zu hüten und zu verbessern, setzen

vor allem voraus, „dass sich die Lebensweisen, die Modelle von Produktion und Konsum und die verfestigten Machtstrukturen [von Grund auf] ändern, die heute die Gesellschaften beherrschen". Die echte menschliche Entwicklung ist moralischer Art und setzt die vollkommene Achtung gegenüber der menschlichen Person voraus, muss aber auch auf die Welt der Natur achten und „der Natur eines jeden Wesens und seiner Wechselbeziehung in einem geordneten System [...] Rechnung tragen.
*(Laudato si, a. a. O., These 5, S. 23)*
Dass Menschen die biologische Vielfalt in der göttlichen Schöpfung zerstören; dass Menschen die Unversehrtheit der Erde zerstören, indem sie Klimawandel verursachen, indem sie die Erde von ihren natürlichen Wäldern entblößen oder ihre Feuchtgebiete zerstören; dass Menschen anderen Menschen Schaden zufügen und sie krank machen, indem sie die Gewässer der Erde, ihren Boden und ihre Luft mit giftigen Substanzen verschmutzen – all das sind Sünden.
*(Laudato si, a. a. O., These 8, S. 26)*

„Unsere Erde verwandelt sich immer mehr in eine unermessliche Müllhalde."

**Frage 2: Wie würden Sie den Prozess der Umweltzerstörung im Zusammenhang mit der Entwicklung der Industrie- und Agrarproduktion charakterisieren?**

- Papst Franziskus:
Wir müssen auch die Verschmutzung in Betracht ziehen, die durch Müll verursacht wird, einschließlich der gefährlichen Abfälle, die in verschiedenen Gegenden vorhanden sind. Pro Jahr werden hunderte Millionen Tonnen Müll produziert, von denen viele nicht biologisch abbaubar sind: Hausmüll und Gewerbeabfälle, Abbruchabfälle, klinische Abfälle, Elektronikschrott und Industrieabfälle, hochgradig toxische Abfälle und Atommüll. Die Erde, un-

ser Haus, scheint sich immer mehr in eine unermessliche Mülldeponie zu verwandeln. An vielen Orten des Planeten trauern die alten Menschen den Landschaften anderer Zeiten nach, die jetzt von Abfällen überschwemmt werden. Sowohl die Industrieabfälle als auch die in den Städten und in der Landwirtschaft verwendeten chemischen Produkte können im Organismus der Bewohner der angrenzenden Gebiete den Effekt einer Bioakkumulation bewirken, der auch dann eintritt, wenn sich an einem Ort das Vorkommen eines toxischen Elements auf niedrigem Niveau hält. Häufig werden Maßnahmen erst dann ergriffen, wenn die Auswirkungen auf die Gesundheit der Menschen bereits irreversibel sind.
*(Laudato si, a. a. O., These 21, S. 36 ff.)*

- **Marx:**
In der Agrikultur wie in der Manufaktur erscheint die kapitalistische Umwandlung des Produktionsprozesses zugleich als Martyrologie der Produzenten. Das Arbeitsmittel als Unterjochungsmittel, Exploitationsmittel und Verarmungsmittel des Arbeiters. Die gesellschaftliche Kombination der Arbeitsprozesse als organisierte Unterdrückung seiner individuellen Lebendigkeit, Freiheit und Selbständigkeit.
Die Zerstreuung der Landarbeiter über größre Flächen bricht zugleich ihre Widerstandskraft, während Konzentration die der städtischen Arbeiter steigert. Wie in der städtischen Industrie wird in der modernen Agrikultur die gesteigerte Produktivkraft und größre Flüssigmachung der Arbeit erkauft durch Verwüstung und Versiechung der Arbeitskraft selbst. Und jeder Fortschritt der kapitalistischen Agrikultur ist nicht nur ein Fortschritt in der Kunst, den Arbeiter, sondern zugleich in der Kunst, den Boden zu berauben, jeder Fortschritt in Steigerung seiner Fruchtbarkeit für eine gegebne Zeitfrist ist zugleich ein Fortschritt im Ruin der dauernden Quellen dieser Fruchtbarkeit. Je mehr ein Land, wie

die Vereinigten Staaten von Nordamerika z. B., von der großen Industrie als dem Hintergrund seiner Entwicklung ausgeht, desto rascher dieser Zerstörungsprozeß. Die kapitalistische Produktion entwickelt daher nur die Technik und Kombination des gesellschaftlichen Produktionsprozesses, indem sie zugleich die Springquellen allen Reichtums untergräbt: die Erde und den Arbeiter.
*(Das Kapital, Band 1, MEW, Berlin 1975, Band 23, S. 529 f.)*

„In London haben die Exkremente der Konsumtion die Themse verpestet."

**Frage 3: Wie unterscheiden Sie nach den Symptomen und den Ursachen der Umweltprobleme?**

- **Papst Franziskus:**

Es stimmt, dass es noch andere Faktoren gibt (z. B. der Vulkanismus, die Änderungen der Erdumlaufbahn und der Erdrotationsachse, der Solarzyklus), doch zahlreiche wissenschaftliche Studien zeigen, dass der größte Teil der globalen Erwärmung der letzten Jahrzehnte auf die starke Konzentration von Treibhausgasen (Kohlendioxid, Methan, Stickstoffoxide und andere) zurückzuführen ist, die vor allem aufgrund des menschlichen Handelns ausgestoßen werden. Wenn sie sich in der Atmosphäre intensivieren, verhindern sie, dass die von der Erde reflektierte Wärme der Sonnenstrahlen sich im Weltraum verliert. Das wird besonders durch das Entwicklungsmodell gesteigert, das auf dem intensiven Gebrauch fossiler Kraftstoffe basiert, auf den das weltweite Energiesystem ausgerichtet ist. Auch die zunehmende Praxis einer veränderten Bodennutzung hat sich ausgewirkt, hauptsächlich die Abholzung der Wälder zugunsten der Landwirtschaft.
*(Laudato si, a. a. O., These 21, S. 36 ff.)*

Es wird uns nicht nützen, die Symptome zu beschreiben, wenn wir nicht die menschliche Wurzel der ökologischen Krise erkennen. Es gibt ein Verständnis des menschlichen Lebens und Handelns, das fehlgeleitet ist und der Wirklichkeit widerspricht bis zu dem Punkt, ihr zu schaden. Warum sollen wir nicht innehalten, um darüber nachzudenken? Bei dieser Überlegung schlage ich vor, dass wir uns auf das vorherrschende technokratische Paradigma konzentrieren und auf die Stellung des Menschen und seines Handelns in der Welt.
*(Laudato si, a. a. O., These 101, S. 95)*

- **Marx:**
Mit der kapitalistischen Produktionsweise erweitert sich die Benutzung der Exkremente der Produktion und Konsumtion. Unter erstem verstehn wir die Abfälle der Industrie und Agrikultur, unter letztem teils die Exkremente, die aus dem natürlichen Stoffwechsel des Menschen hervorgehn, teils die Form, worin die Verbrauchsgegenstände nach ihrem Verbrauch übrigbleiben. Exkremente der Produktion sind also in der chemischen Industrie die Nebenprodukte, die bei kleiner Produktionsstufe verlorengehn; die Eisenspäne, die bei der Maschinenfabrikation abfallen und wieder als Rohstoff in die Eisenproduktion eingehn etc. Exkremente der Konsumtion sind die natürlichen Ausscheidungsstoffe der Menschen, Kleiderreste in Form von Lumpen usw. Die Exkremente der Konsumtion sind am wichtigsten für die Agrikultur. In Beziehung auf ihre Verwendung findet in der kapitalistischen Wirtschaft eine kolossale Verschwendung statt; in London z. B. weiß sie mit dem Dünger von $4^1/_2$ Millionen Menschen nichts Beßres anzufangen, als ihn mit ungeheuren Kosten zur Verpestung der Themse zu gebrauchen.
*(Das Kapital, Band 3, MEW, Dietz Verlag, Berlin 1975, Band 25, S. 110)*

„Der menschliche Stoffwechsel mit der Natur muss unter gemeinschaftliche Kontrolle."

**Frage 4: Gibt es überhaupt die Möglichkeit, der Zerstörung der Umwelt radikal entgegenzusteuern, und wenn ja, wie müsste das geschehen?**

- Papst Franziskus:
Das Klima ist ein gemeinschaftliches Gut von allen und für alle. Es ist auf globaler Ebene ein kompliziertes System, das mit vielen wesentlichen Bedingungen für das menschliche Leben verbunden ist. Es besteht eine sehr starke wissenschaftliche Übereinstimmung darüber, dass wir uns in einer besorgniserregenden Erwärmung des Klimasystems befinden. In den letzten Jahrzehnten war diese Erwärmung von dem ständigen Anstieg des Meeresspiegels begleitet, und außerdem dürfte es schwierig sein, sie nicht mit der Zunahme extremer meteorologischer Ereignisse in Verbindung zu bringen, abgesehen davon, dass man nicht jedem besonderen Phänomen eine wissenschaftlich bestimmbare Ursache zuschreiben kann. Die Menschheit ist aufgerufen, sich der Notwendigkeit bewusst zu werden, Änderungen im Leben, in der Produktion und im Konsum vorzunehmen, um diese Erwärmung oder zumindest die menschlichen Ursachen, die sie hervorrufen und verschärfen, zu bekämpfen.
*(Laudato si, a. a. O., These 23, S. 37)*

- **Marx:**
Mit seiner (gemeint ist der Mensch – Anm. d. Autoren) Entwicklung erweitert sich dies Reich der Naturnotwendigkeit, weil die Bedürfnisse sich erweitern; aber zugleich erweitern sich die Produktivkräfte, die diese befriedigen. Die Freiheit in diesem Gebiet kann nur darin bestehen, dass der vergesellschaftete Mensch, die assoziierten (frei und bewusst vereinten) Produzenten, diesen ihren Stoffwechsel mit der Natur rational regeln, unter ihre gemein-

schaftliche Kontrolle bringen, statt von ihm als von einer blinden Macht beherrscht zu werden; ihn mit dem geringsten Kraftaufwand und unter den ihrer menschlichen Natur würdigsten und passendsten Bedingungen vollziehen.
*(Das Kapital, Band 3, MEW, Dietz Verlag, Berlin 1975, Band 25, S. 828)*

„Das Buch der Natur ist eines und unteilbar."

**Frage 5: Marx hat gerade argumentiert, dass der Erhalt unserer natürlichen Lebensgrundlagen unter den Bedingungen einer kapitalistischen Produktionsweise nicht möglich sei. Teilen Sie, Papst Franziskus, diese Auffassung?**

- Papst Franziskus:
Mein Vorgänger Benedikt XVI. erneuerte die Aufforderung, „die strukturellen Ursachen der Fehlfunktionen der Weltwirtschaft zu beseitigen und die Wachstumsmodelle zu korrigieren, die allem Anschein nach ungeeignet sind, den Respekt vor der Umwelt zu garantieren. Er erinnerte daran, dass die Welt nicht analysiert werden kann, indem man nur einen ihrer Aspekte isoliert betrachtet, denn „das Buch der Natur ist eines und unteilbar" und schließt unter anderem die Umwelt, das Leben, die Sexualität, die Familie und die sozialen Beziehungen ein. Folglich hängt „die Beschädigung der Natur [...] eng mit der Kultur zusammen, die das menschliche Zusammenleben gestaltet".
*(Laudato si, a. a. O., These 6, S. 24)*
Heute sind wir uns unter Gläubigen und Nichtgläubigen darüber einig, dass die Erde im Wesentlichen ein gemeinsames Erbe ist, dessen Früchte allen zugutekommen müssen. Für die Gläubigen verwandelt sich das in eine Frage der Treue gegenüber dem Schöpfer, denn Gott hat die Welt für alle erschaffen. Folglich muss der gesamte ökologische Ansatz eine soziale Perspektive einbeziehen, welche die Grund-

rechte derer berücksichtigt, die am meisten übergangen werden. Das Prinzip der Unterordnung des Privatbesitzes unter die allgemeine Bestimmung der Güter und daher das allgemeine Anrecht auf seinen Gebrauch ist eine „goldene Regel" des sozialen Verhaltens und das „Grundprinzip der ganzen sozialethischen Ordnung". Die christliche Tradition hat das Recht auf Privatbesitz niemals als absolut und unveräußerlich anerkannt und die soziale Funktion jeder Form von Privatbesitz betont. Der heilige Johannes Paul II. hat mit großem Nachdruck an diese Lehre erinnert und gesagt: „Gott hat die Erde dem ganzen Menschengeschlecht geschenkt, ohne jemanden auszuschließen oder zu bevorzugen, auf dass sie alle seine Mitglieder ernähre".
*(Laudato si, a. a. O., These 93, S. 88 ff.)*
Ebenso wie das Gebot „du sollst nicht töten" eine deutliche Grenze setzt, um den Wert des menschlichen Lebens zu sichern, müssen wir heute ein „Nein zu einer Wirtschaft der Ausschließung und der Disparität der Einkommen" sagen. Diese Wirtschaft tötet. Es ist unglaublich, dass es kein Aufsehen erregt, wenn ein alter Mann, der gezwungen ist, auf der Straße zu leben, erfriert, während eine Baisse um zwei Punkte in der Börse Schlagzeilen macht. Heute spielt sich alles nach den Kriterien der Konkurrenzfähigkeit und nach dem Gesetz des Stärkeren ab, wo der Mächtigere den Schwächeren zunichtemacht. Als Folge dieser Situation sehen sich große Massen der Bevölkerung ausgeschlossen und an den Rand gedrängt: ohne Arbeit, ohne Aussichten, ohne Ausweg. Der Mensch an sich wird wie ein Konsumgut betrachtet, das man gebrauchen und dann wegwerfen kann.
*(Evangelii gaudium. Die Freude des Evangeliums, Papst Franziskus, Adlerstein Verlag, Wiesmoor, 1. Auflage 2015, These 53, S. 33)*

**Frage 6: Eine Frage jetzt nur an Sie, Herr Marx: Sie betonen immer wieder die zentrale Rolle von Gewinn- und Profitmehrung als größte Triebkraft der kapitalistischen Wirtschaftsordnung. Welchen Stellenwert hat hier die kostenlose oder sehr billige Nutzung von natürlichen Ressourcen?**

- Marx:

Welchem Umstand verdankt der Fabrikant (im vorliegenden Fall) seinen Surplusprofit, den Überschuß, den der durch die allgemeine Profitrate regulierte Produktionspreis ihm persönlich abwirft? In erster Instanz einer Naturkraft, der Triebkraft des Wasserfalls, der von Natur sich vorfindet und der nicht wie die Kohle, welche Wasser in Dampf verwandelt, selbst Produkt der Arbeit ist, daher Wert hat, durch ein Äquivalent bezahlt werden muß, kostet. Es ist ein natürlicher Produktionsagent, in dessen Erzeugung keine Arbeit eingeht.
*(MEW, Dietz Verlag, Berlin 1975, Band 25, S. 656)*

**Eine Zusatzfrage an Friedrich Engels. Sie haben die Entwicklung der kapitalistischen Großindustrie in England untersucht und sind dabei auf das interessante Phänomen gestoßen, dass jedenfalls in den Anfängen des Kapitalismus das Prinzip „verbrannte Erde" praktiziert wurde: wenn die Ressourcen vernutzt waren, wanderte die Industrie einfach zum nächsten Standort. Können Sie uns das konkret beschreiben?**

- Engels:

Erstes Erfordernis der Dampfmaschine und Haupterfordernis fast aller Betriebszweige der großen Industrie ist verhältnismäßig reines Wasser. Die Fabrikstadt aber verwandelt alles Wasser in stinkende Jauche. Sosehr also die städtische Konzentrierung Grundbedingung der kapitalistischen Produktion ist, sosehr strebt jeder einzelne industrielle Kapitalist stets von den durch sie notwendig

erzeugten Städten weg und dem ländlichen Betrieb zu. Dieser Prozeß kann in den Bezirken der Textilindustrie von Lancashire und Yorkshire im einzelnen studiert werden; die kapitalistische Großindustrie erzeugt dort stets neue Großstädte dadurch, dass sie fortwährend von der Stadt aufs Land flieht.
*(Friedrich Engels: Anti-Dühring, in: MEW, Band 20, Dietz Verlag, Berlin 1975, S. 275 f.)*

„Der Norden hat sich auch ökologisch gegenüber dem Süden verschuldet."

**Dazu auch an Sie, Heiliger Vater, eine Nachfrage: Friedrich Engels beschreibt die „Wanderung" der Industrie, die nach der Vernutzung der natürlichen Ressourcen immer neue Regionen für die ungehemmte Fortsetzung des Raubbaus erschließt. Das passiert im 19. Jahrhundert auf regionaler und nationaler Ebene. Sehen Sie in der Jetztzeit Parallelen für dieses Vorgehen im globalen Maßstab?**

- Papst Franziskus:
Es gibt eine wirkliche „ökologische Schuld" – besonders zwischen dem Norden und dem Süden – im Zusammenhang mit Ungleichgewichten im Handel und deren Konsequenzen im ökologischen Bereich wie auch mit dem im Laufe der Geschichte von einigen Ländern praktizierten unproportionierten Verbrauch der natürlichen Ressourcen. Der Export einiger Rohstoffe, um die Märkte im industrialisierten Norden zu befriedigen, hat örtliche Schäden verursacht wie die Quecksilbervergiftung in den Goldminen oder die Vergiftung mit Schwefeldioxid im Bergbau zur Kupfergewinnung. Besonders muss man der Tatsache Rechnung tragen, dass der Umweltbereich des gesamten Planeten zur „Entsorgung" gasförmiger Abfälle gebraucht wird, die sich im Laufe von zwei Jahrhunderten angesammelt und eine Situation geschaffen haben, die nunmehr alle Länder der Welt in Mitleidenschaft zieht.

Die Erwärmung, die durch den enormen Konsum einiger reicher Länder verursacht wird, hat Auswirkungen in den ärmsten Zonen der Erde, besonders in Afrika, wo der Temperaturanstieg vereint mit der Dürre verheerende Folgen für den Ertrag des Ackerbaus hat. Dazu kommen die Schäden, die durch die Exportierung fester und flüssiger toxischer Abfälle in die Entwicklungsländer und durch die umweltschädigende Aktivität von Unternehmen verursacht werden, die in den weniger entwickelten Ländern tun, was sie in den Ländern, die ihnen das Kapital bringen, nicht tun können: „Wir stellen fest, dass es häufig multinationale Unternehmen sind, die so handeln und hier tun, was ihnen in den entwickelten Ländern bzw. in der sogenannten Ersten Welt nicht erlaubt ist. Im Allgemeinen bleiben bei der Einstellung ihrer Aktivitäten und ihrem Rückzug große Schulden gegenüber Mensch und Umwelt zurück wie Arbeitslosigkeit, Dörfer ohne Leben, Erschöpfung einiger natürlicher Reserven, Entwaldung, Verarmung der örtlichen Landwirtschaft und Viehzucht, Krater, eingeebnete Hügel, verseuchte Flüsse und einige wenige soziale Werke, die nicht mehr unterhalten werden können."
*(Laudato si, a. a. O., These 51, S. 56 f.)*

„Wir sind mit Fleisch und Blut Teil der Natur."

**Frage 7: Kritiker der Bibel verweisen unter Bezug auf die Rolle des Menschen bei der Zerstörung der Natur auf Gottes Wort, wonach der Mensch sich die Erde unterwerfen solle. Wird damit nicht der zerstörerische Umgang des Menschen mit der Schöpfung gerechtfertigt?**

- Papst Franziskus:
 Wir sind nicht Gott. Die Erde war schon vor uns da und ist uns gegeben worden. Das gestattet, auf eine Beschuldigung gegenüber dem jüdisch-christlichen Denken zu antworten: Man hat gesagt, seit dem Bericht der Genesis, der

einlädt, sich die Erde zu „unterwerfen" (vgl. *Gen* 1,28), werde die wilde Ausbeutung der Natur begünstigt durch die Darstellung des Menschen als herrschend und destruktiv. Das ist keine korrekte Interpretation der Bibel, wie die Kirche sie versteht. Wenn es stimmt, dass wir Christen die Schriften manchmal falsch interpretiert haben, müssen wir heute mit Nachdruck zurückweisen, dass aus der Tatsache, als Abbild Gottes erschaffen zu sein, und dem Auftrag, die Erde zu beherrschen, eine absolute Herrschaft über die anderen Geschöpfe gefolgert wird.
Denn „dem Herrn gehört die Erde" (*Ps* 24,1), ihm gehört letztlich „die Erde und alles, was auf ihr lebt" (*Dtn* 10,14). Darum lehnt Gott jeden Anspruch auf absolutes Eigentum ab: „Das Land darf nicht endgültig verkauft werden; denn das Land gehört mir, und ihr seid nur Fremde und Halbbürger bei mir" (*Lev* 25,23).
Auf diese Weise bemerken wir, dass die Bibel keinen Anlass gibt für einen despotischen Anthropozentrismus, der sich nicht um die anderen Geschöpfe kümmert.
(*Laudato si, a. a. O., These 67, S. 69 f.*)

- **Marx:**
Selbst eine ganze Gesellschaft, eine Nation, ja alle gleichzeitigen Gesellschaften zusammengenommen, sind nicht Eigentümer der Erde. Sie sind nur ihre Besitzer, ihre Nutznießer, und haben sie als boni patres familias den nachfolgenden Generationen verbessert zu hinterlassen.
(*Das Kapital, Band 3, MEW, Dietz Verlag, Berlin 1975, Band 25, S. 784*)

- **Engels:**
Schmeicheln wir uns indes nicht zu sehr mit unsern menschlichen Siegen über die Natur. Für jeden solchen Sieg rächt sie sich an uns. Jeder hat in erster Linie zwar die Folgen, auf die wir gerechnet, aber in zweiter und dritter Linie hat er ganz andre, unvorhergesehene Wirkungen,

die nur zu oft jene ersten Folgen wieder aufheben. Die Leute, die in Mesopotamien, Griechenland, Kleinasien und anderswo die Wälder ausrotteten, um urbares Land zu gewinnen, träumten nicht, daß sie damit den Grund zur jetzigen Verödung jener Länder legten, indem sie ihnen mit den Wäldern die Ansammlungszentren und Behälter der Feuchtigkeit entzogen. Die Italiener der Alpen, als sie die am Nordabhang des Gebirgs so sorgsam gehegten Tannenwälder am Südabhang vernutzten, ahnten nicht, daß sie damit der Sennwirtschaft auf ihrem Gebiet die Wurzel abgruben; sie ahnten noch weniger, daß sie dadurch ihren Bergquellen für den größten Teil des Jahrs das Wasser entzogen .... Und so werden wir bei jedem Schritt daran erinnert, daß wir keineswegs die Natur beherrschen, wie ein Eroberer ein fremdes Volk beherrscht, wie jemand, der außer der Natur steht – sondern daß wir mit Fleisch und Blut und Hirn ihr angehören und mitten in ihr stehn, und daß unsre ganze Herrschaft über sie darin besteht, im Vorzug vor allen andern Geschöpfen ihre Gesetze erkennen und richtig anwenden zu können. *(Dialektik der Natur, Engels, Friedrich: In: MEW, Dietz Verlag, Berlin 1975, Band 20, S. 452 f.)*.

## 3.4 Epilog

**Es gibt Hoffnung auf Erhörung. Aber nur in einem reformierten Kapitalismus und einem kooperativen Miteinander**

1. 1848 erschien das Kommunistische Manifest, 1867 der erste Band des Kapital. Profunde Analysen, noch nie gehörte Visionen. Karl Marx und Friedrich Engels zeigen wissenschaftlich den Zusammenhang zwischen der Entwicklung des Kapitalismus zur vorherrschenden Wirtschafts- und Gesellschaftsordnung mit technischen und

Produktionsfortschritten in nie gekannten Dimensionen und der damit einhergehenden Zerstörung der Natur durch den rücksichtslosen Verbrauch ihrer Ressourcen.
2. Marx und Engels belegen, dass der Drang zur Profitmaximierung der Hauptgrund für den rücksichtslosen Umgang mit der Natur ist. Sie formulieren aber auch eine Alternative: mit der Wiedernutzung von Abfällen der Produktion in Industrie und Landwirtschaft ist es möglich, Geld zu sparen, Gewinne zu erzielen und natürliche Ressourcen zu schonen. Respektvoller Umgang mit der Schöpfung ist nicht zwingend mit Verzicht auf Gewinn verbunden. Gut einhundert Jahre später prägte Ludwig Ehrhard, der „Vater der sozialen Marktwirtschaft", den Begriff des „Maßhaltens". Das war ein klares Bekenntnis dazu, dass der Markt im sozialen wie im ökologischen Sinne einer strengen Regulierung bedarf. Dieses Erfordernis wurde – letztlich bis heute – weitgehend ignoriert. Die Ausplünderung der Natur, die Schändung des gesamten Globus hat unfassbare Ausmaße angenommen. Besteht angesichts dessen Hoffnung für eine Umkehr?
3. Wir glauben, das ist auch das Fazit aus unserem Interview mit drei großen Geistern – zwei aus den Anfängen des Kapitalismus, einer aus dem Heute – daran, dass wir aus dem in großen Teilen pervertierten Kapitalismus einen mit menschlichem Antlitz reformieren können. Wenn wir überleben wollen, ist das ein Muss! Teile der Wirtschaft, vor allem kleine und mittlere Betriebe, und viele Familienunternehmen (darunter auch Große) beweisen schon heute, wie die Herstellung nützlicher Produkte, Effizienz, Gewinn und Bewahrung der Schöpfung Tag für Tag zueinander gebracht werden können. Die konsequente stoffliche Wiederaufbereitung als zentrales Element der Kreislaufwirtschaft zusammen mit der strikten Anwendung des Verursacherprinzips könnte den Gleichklang von unternehmerischen Interessen und dem schonenden Umgang mit der Natur dauerhaft sicherstellen.

4. Papst Franziskus setzt mit seiner Kritik am rücksichtslosen Gewinnstreben von Unternehmen und seinen Appellen zur Rettung der natürlichen Umwelt bedeutsame Impulse zur Bewahrung der Schöpfung. Wir verfügen über das Wissen und die technologischen Kompetenzen, diese Appelle in praktisches Handeln umzusetzen. Dies aber muss, so die nachdrückliche Forderung des Papstes, endlich und weltweit ins Werk gesetzt werden.
5. Der Papst wird mit seinem „diese Wirtschaft tötet" immer verkürzt zitiert. Er hat in unserem Interview ebenso differenziert wie es ein Herr namens Marx in einer Wortmeldung aus dem Jahr 2008 tut: „Ein Kapitalismus ohne Menschlichkeit, Solidarität und Gerechtigkeit hat keine Moral und auch keine Zukunft." Dieses Votum kam nicht aus dem Jenseits, sondern aus dem Mund eines katholischen Kardinals. Er teilt mit dem wichtigsten Ökonomen der Neuzeit den Nachnamen und auch den Bezug zu Trier: Reinhard Marx, Erzbischof von München und Freising war zuvor auch Bischof von Trier, der Stadt, in der Karl Marx 1818 geboren wurde. Gemeinsam haben beide Denker auch den Gegenstand. Es ist der Kapitalismus.

Für den katholischen Bischof sind diese Gemeinsamkeiten Anlass, sein „Kapital" aus dem Jahr 2008 statt eines Vorwortes mit einem Brief zu beginnen: Marx schreibt an Marx, und unter anderem Folgendes: „Ich schreibe Ihnen ... weil mir in letzter Zeit die Frage keine Ruhe lässt, ob es am Ende des 20. Jahrhunderts, als der kapitalistische Westen im Kampf der Systeme den Sieg über den kommunistischen Osten errungen hatte, nicht doch zu früh war, endgültig den Stab über Sie und Ihre ökonomischen Theorien zu brechen."[13] Und weiter: „Ich habe überrascht festgestellt, dass Sie, Herr Marx, bereits vor 150 Jahren vor-

---

[13] Marx, Reinhard: Das Kapital, Pattloch, München, 2008, S. 16.

hergesagt haben, uns stehe die ‚Verschlingung aller Völker in das Netz des Weltmarktes' und damit der internationale Charakter des kapitalistischen Regimes bevor. Sie scheinen ferner mit der Prognose Recht gehabt zu haben, dass von dieser Entwicklung vor allem der Kapitalist profitiert, in dessen Händen sich immer mehr Kapital anhäuft. Das Gefälle zwischen Reich und Arm steigt in den armen wie in den reichen Ländern."[14]

6. Diese Fehlentwicklungen müssen korrigiert werden. Dafür plädiert Reinhard Marx leidenschaftlich. Aber sein Weg ist um 100 Prozent verschieden von jenem, den Karl Marx in seinem Kapital beschrieb. Reinhard Marx bekennt sich rückhaltlos zur katholischen Soziallehre. Er fordert, dass die Globalisierung der Märkte durch eine Globalisierung von Solidarität und Gerechtigkeit ergänzt werden muss.

„Die ausschließliche Ausrichtung des individuellen Handelns am eigenen Vorteil ist keineswegs, wie von Adam Smith vermutet, immer gemeinwohldienlich, sondern häufig schlicht gemeinschaftsschädigend."[15]

In ähnlicher Diktion geißelt Reinhard Marx die Auffassung, dass das Mögliche immer auch das Machbare sein solle und formuliert: „Dem technologischen Imperativ, entspricht dann der ökonomische Imperativ: was Gewinne bringt, darf nicht verhindert werden."[16]

Der Theologe setzt – anders als Karl Marx – auf die Lebenskraft der sozialen Marktwirtschaft. Für ihn ist die mo-

---

[14] Ebenda, S. 20/22.
[15] Ebenda, S. 75.
[16] Ebenda, S. 50.

ralische Forderung nach globaler Solidarität auch ein Gebot der politischen Klugheit.

7. Unsere Geschichte der Weckrufe hat mit dem Erscheinen des Buches kein Ende. Wir hoffen, dass unsere Dokumentation viele Menschen fassungslos macht ob der Jahrtausende währenden Ignoranz. Mit Papst Franziskus und Reinhard Marx sind wir der Meinung, dass der Mensch in der Lage ist – wenn er nur will – dafür zu sorgen, dass das Kapital dem Gemeinwohl dient. Auch in diesem Wirtschaftssystem ist es möglich, schwarze Zahlen zu schreiben und zugleich die Schöpfung mit ihren schönsten, lebensbejahenden Seiten zu bewahren. Wie das gehen muss, schreibt Papst Franziskus im Fazit seiner 2024 erschienenen Autobiografie: „Wie viele Dinge wären in den 80 Jahren meiner Reise durch die Geschichte anders gelaufen, wenn nicht Machtgier die Menschen bewegt hätte, sondern Liebe und Gebet!"[17]

Erziehung zum Frieden geht nur über die Erziehung zur Liebe. Das ist das Fazit dieses Kapitels, es wird auch unser Fazit am Ende dieses Buches sein.

## Literatur

Engels, Friedrich: Anti-Dühring, in: Marx, Karl, Engels, Friedrich, gesammelte Werke, Band 20, Dietz, Berlin, 1975.
Marx, Karl, Engels, Friedrich: Das Kapital, Band 1, gesammelte Werke, Band 23, Dietz, Berlin, 1975.
Marx, Karl, Engels, Friedrich: Das Kapital, Band 3, gesammelte Werke, Band 25, Dietz, Berlin, 1975.
Marx, Reinhard: Das Kapital, Pattloch, München, 2008.
Engels, Friedrich: Dialektik der Natur, in: Marx, Karl, Engels, Friedrich, gesammelte Werke, Band 20, Dietz, Berlin, 1975.

---

[17] Papst Franziskus, a. a. O., S. 267.

Papst Franziskus: Evangelii gaudium. Die Freude des Evangeliums, Adlerstein Verlag, Wiesmoor, 2013.
Papst Franziskus: Laudato si. Über die Sorge für das gemeinsame Haus, Verlag Katholisches Bibelwerk GmbH, Stuttgart, 2015.
Papst Franziskus: Leben. Meine Geschichte in der Geschichte, HarperCollins, Hamburg, 2024.
Prantl, Heribert: Den Frieden gewinnen. Die Gewalt verlernen, Heyne, München, 2024.

# 4

**Der letzte Ruf – „Last Call" oder auch „Last Order" – gehört zur DNA der irischen Pubkultur. Das Ritual funktioniert auch in den traditionellen Pubs auf den anderen britischen Inseln. Warum das so ist, und wie dieser „Mechanismus" für die Akzeptanz der Weckrufe zur Weltrettung genutzt werden kann?**

### Zusammenfassung

Warum wird das „Last Call" – Titel dieses Buches – in den Pubs auf den britischen Inseln diszipliniert und konsequent beachtet? Weshalb wird diese Regel, die „nur" das letzte Bier betrifft, befolgt? Und wieso werden Appelle, bei denen es um unsere eigene irdische Existenz, also ums „Eingemachte" geht, weitgehend ignoriert? Diese Fragen waren Gegenstand einer Recherchereise im Herbst 2023 nach Irland. Über die Ergebnisse berichtet dieses Kapitel. Zentrale Erkenntnis: Regeln müssen einfach sein, sie müssen konsequent kontrolliert, und wenn nötig hart sanktioniert werden. Und es muss immer wieder für die Einsicht geworben werden, dass dies im gemeinsamen Interesse aller liegt.

Dass diese Fragen so authentisch beantwortet werden konnten, war nur möglich, weil sich wissenschaftliches Interesse und persönliche Bezüge – beim Autor begann das mit einer Reise zur Silbernen Hochzeit im Jahr 2000 nach Dublin – auf geradezu ideale Weise mischten.

## 4.1 Prolog

Urlaub hinter dem „Eisernen Vorhang"? Bis zum 09. November 1989 war das für uns Ostdeutsche ein unerfüllbarer Traum. Erst nach dem Mauerfall kamen solche Ferienziele ins Blickfeld. Unser erster Ausflug führte uns 1990 nach Schweden. Das war die sprichwörtliche Liebe auf den ersten Blick. Seither dominieren in unserer Reisechronik alle Länder, die im weiteren Sinne unter den Überschriften Nordeuropa und Britische Inseln zusammengefasst werden: Schweden, Finnland, Norwegen, Island und als einsamer Spitzenreiter Dänemark. Weit oben im Norden, in Jütland, zwischen Tyboron und Lemvig, ist dieses Land seit 2000 mindestens einmal im Jahr unsere zweite Heimat. Von der Terrasse unseres Ferienhauses in Ferring an der Steilküste haben wir einen unverbaubaren Blick gen Westen über die Nordsee. Wäre die Erde eine Scheibe, könnten wir bei sehr guter Sicht und mit einem starken Fernrohr direkt gegenüber das schottische Dundee sehen. Auch Schottland, Irland und Nordirland gehören zu unseren Favoriten.

Vor gut 10.000 Jahren hätten wir uns zu den Schotten zu Fuß aufmachen können. Nach genau 691 Kilometern durchs damalige Doggerland – diese Landfläche verband die britischen Inseln mit Dänemark, den Niederlanden und Deutschland – hätten wir die heutige Universitätsstadt Dundee erreicht. Zwanzig Jahre weniger auf dem Buckel hätten wir das mit unserer guten Kondition, stabilem Schuhwerk und kräftiger Wegzehrung in drei Wochen geschafft.

## 4  Der letzte Ruf – "Last Call" oder auch ...

Newcastle, 300 Kilometer südlich von Dundee, war unser Tor zu unserer zweiten europäischen Traumdestination – Schottland. Das haben wir 1996 mit Freunden entdeckt. In der englischen Hafenstadt landete unsere in Amsterdam bestiegene Fähre. Von dort fuhren wir mit dem eigenen Auto, wegen des erstmaligen Linksverkehrs mit großem Herzklopfen, nach Easdale, unweit von Fort William. Der raue Atlantik, die Löcher, Edinburgh, die Highlands, die großen und kleinen Distilleries. Geizige Schotten haben wir nicht gefunden, aber wegen der großartigen Menschen und der einzigartigen mythischen Landschaft Freundschaft fürs Leben mit diesem Teil Großbritanniens geschlossen.

1998 das erste Mal Irland. Eine Drei-Generationen-Männerreise: Mein Sohn, dessen Opa, zugleich mein Schwiegervater, und ich. Traumhafte Küsten, Berge überall, das satte Grün und warmherzig-geradlinige Menschen auch hier. Pubs, in Dublin, in Cork, aber auch in jedem Dorf. Überall erklangen irgendwann am Abend eine Geige, ein Akkordeon, eine Mundharmonika mit dem ursprünglichen Irish Folk. Der klang anders als bei den „Dubliners". Authentischer.

Jetzt wissen Sie, warum meine Angelika und ich am 27. August 2000 unsere silberne Hochzeit nicht in Palma auf Mallorca, sondern in Dublin, in Irland gefeiert haben, der nächsten großen Liebe.

Ein Erlebnis bei diesem Vierteljahrhundert-Ehejubiläum blieb mir immer präsent. Es war auch der Impuls für dieses Buch. Um fundiert darüber schreiben zu können, habe ich mich 23 Jahre später, wieder mit Ehefrau, natürlich der 1975 angetrauten, nach Irland begeben. Es gab Bestätigung für das, was ich in Dublin erfahren habe, und viel Neues dazu. Mit diesem Wissen bekam das „Last Call" ein eigenes Kapitel und schaffte es sogar auf das Cover.

## 4.2 „Last Call" oder auch „Last Order" – erfolgreicher Weckruf in jedem irischen Pub und auch in den traditionellen Gasthäusern auf den anderen britischen Inseln

Das hatte uns schon bei den ersten Reisen nach Schottland und Irland erstaunt. Ein sanges- und feierfreudiges Völkchen verbringt viele Abende in Lokalitäten, die aussehen wie Wohnzimmer. Vermutlich deshalb dominieren dort – anders als in unseren eher von Männern geprägten Eckkneipen – Familien: Mama, Papa, die Kinder, die Enkel. Deshalb sind oft auch Oma und Opa dabei. Unabhängig von Alter und Geschlecht eint alle das folgende Ritual: Selbst im höchsten Überschwang von Feier- und Guiness-Seligkeit wird der „letzte Ruf" – das „Last Call" oder auch „Last Order" – diszipliniert und klaglos erhört. Das letzte Pint ist das letzte Pint! Ist das Glas leer, geht's nach Hause. Und zwar fröhlich.

Undenkbar, dass der Wirt in einem Pub beschimpft oder gar bedroht wird, wenn er diesen Weckruf ertönen lässt. In Deutschland (und auch anderswo) habe ich selbiges erlebt. Nicht massenhaft, aber schon immer mal wieder. Mein Urteil gründet sich auf 67 Jahre Kneipengängerei. Dort ist Bier seit jeher mein Hauptgetränk (selbst der „Kurze" nach dem Eisbein ist eine Ausnahme). Die einzigartige Atmosphäre genieße ich am liebsten am Tresen meiner Stammkneipe. Das ist das „Metzer Eck" im Prenzlauer Berg in Berlin, nur wenige Meter vom U-Bahnhof Senefelder Platz entfernt. Dort kehrte ich 1978 zum ersten Mal ein.

In zwei Jahren, 2025, das haben Sie vielleicht schon bei der Lektüre des Prologs ausgerechnet, feiern wir die Goldene Hochzeit. Drei Jahre später begehe ich mein „Goldenes Stammkneipen-Jubiläum".

Aber an dieser Stelle bekenne ich, dass die irischen und die schottischen Pubs meinem „Metzer Eck" in den meisten Belangen ganz dicht auf den Fersen sind. Aber bei der Musik haben die Pubs die Nase vorn.

Bei den ersten Reisen nach Schottland und Irland haben wir das verblüffende Wirkprinzip des „Last Call" mit Staunen, Ehrfurcht und Bewunderung kennengelernt. Bei der silbernen Hochzeits-Visite in Dublin stand unser Jubiläum im Zentrum. Da aber Trinken erst mit einem Bildungsauftrag zur Hochkultur wird, hatte ich mir vorgenommen, Hintergründe zu diesem bemerkenswerten Ritual zu erkunden. Das geht nur vor Ort. In Büchern und auch im Internet, das gab's bekanntlich schon im Jahr 2000, hatte ich keine überzeugenden Erklärungen gefunden.

Nach einer Heiligen Messe kam ich in der „St. Teresa's Church Discalced Carmelites"[1] mit dem katholischen Priester ins Gespräch. Er war sympathisch, er war auch lustig, bodenständig, auskunftsfreudig und erzählte mir die folgende Geschichte:

Mit der industriellen Revolution, also im 18./19. Jahrhundert, sei bekanntlich das Massenproletariat entstanden. Nicht zuletzt wegen der katastrophalen Arbeits- und Lebensbedingungen habe der Alkoholkonsum deutlich zugenommen. Aus dem Genuss sei oft Missbrauch geworden.

In diesem Kontext hätten die Kirchen einiges von ihrer Strahlkraft als alleinige moralische Instanz verloren. Dies habe sich nicht zuletzt in sinkenden Besucherzahlen bei den Heiligen Messen und Gottesdiensten manifestiert.

---

[1] Das kleine und eher unspektakuläre katholische Gotteshaus lag in der Nähe unseres Hotels, „The Royal Dublin" (heute Radisson Blu Royal Hotel). Wenn meine Frau die Koffer auspackt und das Hotelzimmer mit ein paar Utensilien wohnlich macht, mag sie mich nicht an ihrer Seite. Da ungern Störenfried, begebe ich mich deshalb in der Auspackzeit, egal, wo immer wir absteigen, auf eine erste Erkundungstour.

Diesen Verlust an Akzeptanz hätten die Kirchen mit großer Sorge gesehen.

Mein Gesprächspartner in Dublin erzählte mir, dass auf lokaler Ebene einige seiner damaligen Amtsbrüder versucht hätten, diesem Trend auf pragmatisch-originelle Weise entgegenzuwirken. Diese Kirchenleute – als Iren nicht nur Diener Gottes, sondern auch fröhlich, sangesfreudig und einem „Pint" nicht abgeneigt – hätten beispielsweise versucht, bei Pub-Wirten darauf einzuwirken, dass das „Last Call" konsequent eingehalten wird. Und zwar zuvorderst an den Samstagen, damit der Kirchenbesuch am Sonntag nicht auch noch durch übermäßigen Alkoholgenuss gefährdet werde.[2] Halbleere Gotteshäuser seien der sichtbare Ausdruck für sinkende Akzeptanz und Autorität gewesen. Wenn Erosion einmal einsetze, sei sie nur schwer zu bremsen. Deshalb musste man gegensteuern. Leere Kirchen bedeuten ja auch, dass man viele Menschen gar nicht mehr erreichen könne. Christliche Seelsorge beginne aber nun einmal in den Gotteshäusern.

Diese Geschichte, die mir im Jahr 2000 erzählt wurde, fand ich damals wie heute einleuchtend, plausibel, glaubwürdig. Sie war ein Geburtshelfer unseres Buchprojekts und wurde als Metapher mit hoher Symbolkraft auch zum Bestandteil des Titels.[3]

---

[2] Den Namen der Kirche hatte ich längst vergessen. Hier halfen die Fotos im liebevoll gestalteten analogen Album der Silberhochzeitsreise. Meine Frau dokumentiert alle unsere Reisen auf diese Weise: eingeklebt werden Fotos, Eintritts-, Fahrkarten, ja sogar Zeitungsausschnitte und alles wird handschriftlich erläutert. Leider bin ich damals nicht auf die Idee gekommen, den kundigen Gottesmann nach seinem Namen zu fragen und selbigen zu notieren.

[3] Mit der deutschen Sprache kann man tatsächlich jeden Fakt, jeden Sachverhalt und jedes Gefühl ausdrücken. Punktgenau und in allen Facetten. Nicht zuletzt deshalb, weil wir sehr viel gelesen und manches geschrieben haben, wissen wir das und vermeiden deshalb konsequent Ausflüge in jede Fremdsprache und folgerichtig auch alle Anglizismen. Diesen Grundsatz vertritt ebenso Frau Dr. Isabella Hanser, Cheflektorin bei Springer Gabler, und zudem die persönliche Betreuerin dieses Buches. Deshalb hielt sich ihre Begeisterung sehr in Grenzen, als wir sie zum ersten Mal mit dem „Last Call" als Teil des Buchtitels konfron-

## 4 Der letzte Ruf – "Last Call" oder auch ...

Beim damaligen Gespräch in Dublin habe ich den Priester auch gefragt, ob es zu seiner Geschichte schriftliche Zeugnisse gäbe. Die Antwort lautete nein und sie leuchtete mir ein. Die von ihm geschilderten Versuche, den Alkoholkonsum durch die Einhaltung der amtlichen Schließzeiten zu begrenzen, seien ja keine offiziellen Initiativen der Amtskirchen gewesen. Es habe sich um eher solitäre informelle Aktivitäten auf lokaler Ebene gehandelt. Einer von vielen Versuchen kreativer und engagierter Seelsorger, den Besucherrückgang in den Kirchen zu stoppen.

Gesetzlich seien die Öffnungszeiten der Pubs schon im 17. Jahrhundert geregelt worden. Aber eine Regel sei noch keine Garantie für deren Einhaltung. Der zu jener Zeit eher „großzügige" Umgang mit den gesetzlichen Pub-Vorschriften sei der Grund für die von ihm erwähnten Absprachen gewesen. Was unter der Hand persönlich verabredet werde, habe oft viel größere Kraft als amtlich beglaubigte Verträge, aber es werde damit auch kein Thema der Geschichtsschreibung. Zudem hätten damals weder die beteiligten Kirchenleute noch die Pubwirte Interesse gehabt, diese Absprachen öffentlich zu machen. Entscheidend für beide war, dass sie funktionieren. Deshalb kenne man die Fakten heute nur vom „Hörensagen".

Viel umfassender dokumentiert ist der Begriff und die Institution Pub. Die Eingabe des Worts in die Suchmaschine erzeugt einen Tsunami an Informationen. Für unseren kleinen Exkurs beschränken wir uns darauf, dass im damals englisch regierten Irland ab dem frühen 17. Jahrhundert der Ort des Alkoholausschanks als Pub bezeichnet wird.

Dieses Wort steht damals schon für eine Institution. Das macht folgende Zahl deutlich: 1635 gab es allein in Dublin – zu dieser Zeit lebten dort 4.000 Familien – 1180

---

tierten. Nachdem wir die Geschichte zu dieser Idee erzählt hatten, gab's immer noch keine Euphorie, aber intellektuelles Verständnis. Im weiteren Austausch mit ihr kamen das „Last Call" und die irischen Wirte in und auf den Buchtitel. Zwei englische Worte als einmaliger „Sündenfall".

Public Houses, das ist die Langform der viel bekannteren Drei-Buchstaben-Kurzfassung. Dort wurde im Regelfall selbst gebrautes Bier verkauft.

Das bereits erwähnte erste irische Gesetz zur Regulierung von Pubs – hier ging es um deren Zahl und vorzuhaltende Standards – aus dem Jahr 1635 zeigte aber nur geringe Wirkung. Von 1635 bis 1650 stiegt die Zahl der Pubs in Dublin von 1180 auf 1500. In nur fünfzehn Jahren also ein Zuwachs um 27 Prozent. Die gesetzlichen Regelungen konnten das schnelle Wachstum der Pubs also nicht bremsen. Die in England schon 1618 eingeführten Beschränkungen der Öffnungszeiten – der Lord's Day Act – wurde in Irland erst Jahrzehnte später und dann auch nur halbherzig angewendet.

Ab Mitte des 17. Jahrhunderts führten Pubs kaum noch selbstgebrautes Bier, sondern bezogen ihre Getränke von der wachsenden Zahl kommerzieller Brauereien. In Dublin entwickelte sich rund um die James Street, noch heute Sitz der Guinness-Brauerei, ein Zentrum der Brauindustrie mit dem Sitz der Dubliner Brauergilde, die St. James zu ihrem Schutzpatron wählte.

## 4.3 Eine erhellende Reise ins irische Letterkenny: Warum das „Last Call" die Kraft hat, einen Pub-Besuch geräuschlos zu beenden, und wie dieses Prinzip für die Akzeptanz der Weckrufe zur Weltrettung genutzt werden kann?

Das Fazit unserer Dokumentation der Weckrufe zur Rettung der Schöpfung in den fünf Epochen der Menschheitsgeschichte ist kurz und ernüchternd: Wenn's ans Eingemachte, geht – also um unsere physische Existenz, die eigene, die der Nächsten, die der gesamten Menschheit und großer Teile des weiteren irdischen Lebens – verhallen die Warnungen, die Mahnungen, die dramatischen Appelle zur Umkehr ungehört. Mehr noch. Wir sehen gerade für die Jetztzeit, dass auch „Fünf vor Zwölf" die Fahrt in den Abgrund nicht mit einer Vollbremsung beendet, sondern das Gaspedal weiter betätigt wird.

Das ist kontraproduktiv, das ist absurd, das ist ein Dilemma, das ist beklemmend. Sofort fällt uns der Untergang der Titanic ein. Am 14. April 1912 rammte das mit 269 Metern Länge damals größte Passagierschiff der Welt 550 Kilometer südöstlich von Neufundland einen Eisberg. Zweieinhalb Stunden später sank der Luxusdampfer.

1.500 der 2.200 Passagiere fanden im eisigen Atlantik den Tod. Viele von Ihnen werden sich beim Lesen dieser Zeilen an den 1997 uraufgeführten Film mit Kate Winslet und Leonardo DiCaprio in den Hauptrollen erinnern.

Er gewann elf Oscars, darunter den für den „Besten Film", und hatte allein in den Vereinigten Staaten 130,9 Millionen Kinobesucher, in Deutschland 18 Millionen. Mit einem weltweiten Einspielergebnis von über 1,8 Mrd. US-Dollar belegte der Film zwölf Jahre lang den ersten Platz in der Liste der erfolgreichsten Filme.[4]

Im Gedächtnis bleibt er vor allem dadurch, dass selbst angesichts des nahenden Untergangs die rauschende Ballnacht weiter tobte. Ein Gleichnis dafür, wie heute immer noch eine Mehrheit der Menschen mit der drohenden Lebensvernichtung umgeht.

Das ist die deprimierende Variante. Und damit kommt unsere Metapher ins Spiel, eine optimistische, Mut machende Botschaft. In Irland und überall auf den britischen Inseln hat ein Zweiwortruf die Kraft, Menschen selbst in überschäumender Feierlaune zum Innehalten zu bewegen.

---

[4] Vgl. Wikipedia, Zugriff am 09. Dezember 2023.

„Last Call" – ein letzter Pint, dann ist Schluss, Einkehr, häuslicher Frieden.

Warum funktioniert dieser „Weckruf"? Er gehört per se ja gar nicht in unsere Dokumentation. Denn beim „Last Call" geht es doch nicht ums „Eingemachte". Nur um das berühmte „letzte Glas im Stehen",[5] in Irland zumeist gefüllt mit Guiness oder Kilkenny? Kann man aus diesem erfolgreichen Ritual dennoch Kenntnisse gewinnen, wie bei der Akzeptanz der Weckrufe zur Rettung der Schöpfung die Trendwende gelingen könnte?

Natürlich sind das Fragen, die wir *auch* mit einem Augenzwinkern stellen. Aber nicht nur. Denn manchmal sind es ja wirklich die auf den ersten Blick kleinen unscheinbaren Dinge, die in Wahrheit ein Potenzial zur Welterklärung haben. Dem berühmten englischen Physiker und Astronomen Isaac Newton wurde das Prinzip der Schwerkraft klar, als er 1665 in einem englischen Garten beobachtete, wie ein Apfel vom Baum fiel. So kam das von ihm später formulierte Gravitationsgesetz in die Welt. Es revolutionierte die Physik.[6]

---

[5] Das Lied hat Reinhard Mey 1972 zunächst für das Gesangsduo Inga und Wolf geschrieben. Im selben Jahr erschien auch seine eigene Interpretation auf seinem Album „Mein achtel Lorbeerblatt". Die ersten Zeilen hat wohl fast jeder aus meinem Jahrgang im Kopf. Hier sind sie für die jüngeren Leser: „Gute Nacht, Freunde / Es wird Zeit für mich zu geh'n / Was ich noch zu sagen hätte / Dauert eine Zigarette / Und ein letztes Glas im Steh'n."

[6] „Im Sommer 1665 legt sich Isaac Newton im Garten seines Elternhauses in Woolthorpe, nahe Cambridge, unter einen Apfelbaum. Vermutlich ist es ein schöner Sommertag, vermutlich weht ein leichtes Lüftchen. Auf irgendeine Art und Weise jedenfalls löst sich ein Apfel der Sorte ‚Flower of Kent' vom Ast und fällt zu Boden". So wird es der inzwischen berühmte Physiker über 60 Jahre später, am 15. April 1726, seinem Freund und Biografen William Stukeley erzählen. Ob der Apfel Newton am Kopf trifft oder in einiger Entfernung aufprallt, ist in unterschiedlichen Versionen überliefert. So oder so löst das Ereignis in der Physik ein Erdbeben aus. „Warum müssen Äpfel immer senkrecht zu Boden fallen, warum nicht seitwärts oder aufwärts, warum immer Richtung Erdmittelpunkt?", wird Newton später schreiben. „Sicher ist der Grund dafür, dass die Erde den Apfel anzieht." Newton hat das allgemeine Gravitationsgesetz gefunden, https://www1.wdr.de/stichtag/stichtag5192.html, Zugriff am 09. Dezember 2023.

## 4 Der letzte Ruf – "Last Call" oder auch ...

Diese Anekdote hatte ich im Kopf, als ich mich im Frühjahr 2023 mit meiner Frau für eine Reise ins irische Letterkenny anmeldete.

Letterkenny – das ist die Partnerstadt von Rudolstadt. Das Thüringer Mittelzentrum wirbt mit dem Zusatz „Schillers heimliche Geliebte" für die idyllische Ansiedlung am Ufer der Saale, unweit von Weimar (s. ◐ Abb. 4.1).

Der Partnerschaftsvertrag zwischen beiden Städten wurde am 01. Oktober 2018, zwei Tage vor dem 28. Jahrestag der Deutschen Einheit, geschlossen. Das Datum ist kein Zufall. Mit der *friedlichen* Revolution 1989 fiel auch die Mauer und gab es am 03. Oktober 1990 die deutsche Einheit. Frieden, Kooperation, Austausch von Mensch zu Mensch, und dies grenzüberschreitend. Das ist die Intention von Städtepartnerschaften, und deshalb gibt es seit 2018 alljährlich Bürgerdelegationen in beide Richtungen.[7]

Die gegenseitigen Besuchsreisen sind „nur" ein Aspekt des Miteinanders. Die Langfristigkeit und inhaltliche Prägung der kommunalen Partnerschaft manifestiert sich in besonderer Weise mit inzwischen drei Schulpartnerschaften. Eine weitere ist in Vorbereitung.

---

[7] Die Reisen sind in beiden Städten sehr gefragt. Im Jahr 2023 umfasste die Delegation aus Rudolstadt 55 Teilnehmer. Alle, auch der Bürgermeister, bezahlen die Reise aus der eigenen Tasche. Im Preis ist auch die professionelle Organisation enthalten, das macht also nicht die Stadtverwaltung, sondern ein Reisebüro. Die Rudolstädter Städtepartnerschaften funktionieren alle nach diesem Prinzip, sind kein Amtsträger-Tourismus auf Kosten des Steuerzahlers. Diese pauschale negative Bewertung von Städtepartnerschaften ist immer mal wieder anzutreffen, es dürfte sich real aber doch eher um Ausnahmen handeln. Das ist die Wertung des Autors vor dem Hintergrund von drei Jahrzehnten kommunaler Forschung und Praxis. Aus dieser Perspektive sagt er aber auch, dass die Rudolstädter Partnerschaften zu den besonders vorbildlichen gehören. Unter anderem auch deshalb, weil die Teilnehmerlisten, auch die für Letterkenny, für jeden Interessenten aus Stadt und Umland offen sind. Deren Zahl ist regelmäßig viel größer als das definierte Limit (im Regelfall das Fassungsvermögen eines großen Reisebusses). Bei der Anmeldung muss man schnell sein, denn es zählt die Reihenfolge der Teilnahmeerklärungen. Das galt auch für meine Frau und mich. Dass wir uns überhaupt anmelden durften, ist der Tatsache geschuldet, dass ich mich seit einigen Jahren in Rudolstadt ehrenamtlich engagiere. Natürlich haben auch wir, wie alle anderen, die Reise bezahlt.

**Abb. 4.1** St. Eunan's Cathedral in Letterkenny. Die katholische Kirche wurde von 1890 bis 1900 erbaut und am 16. Juni 1901 eröffnet. Links dahinter befindet sich die Conwal Parish Church. Diese evangelische Kirche, dort predigt Reverend David Houlton, unser Gesprächspartner in Letterkenny, gehört zur anglikanischen Church of Ireland. Foto und Rechte: Michael Schäfer

Nachhaltigkeit in Irland und Deutschland im Großen und konkret in Letterkenny und Rudolstadt im Konkreten – das ist ein neues, längerfristig angelegtes Projekt, das

Schüler aus beiden Städten bearbeiten. Es sollen die Ziele und das Erreichte verglichen und Möglichkeiten für Kooperationen und den Austausch von Erfahrungen ausgelotet werden. Dafür gibt es mehrtägige Schüleraustausche. Für einige junge Leute aus Rudolstadt bzw. Letterkenny war die Städtepartnerschaft sogar der Impulsgeber dafür, ein Jahr und sogar länger in der Partnerstadt zu verbringen, um die Landessprache perfekt zu beherrschen, Land und Leute besser kennenzulernen und sich auf ein Studium in Irland bzw. Deutschland vorzubereiten (s. ◎ Abb. 4.2).

Diese Schwerpunkte sind die inhaltliche Schnittstelle zu unserem Buchprojekt. „Last Call" hat ja auch die Intention, einen Beitrag zur Weltrettung zu leisten. Das geht nur über Verständigung und Austausch. Dafür stehen Städtepartnerschaften. Sie verwirklichen das von Willy Brandt und Egon Bahr formulierte und ins Leben gebrachte Prinzip vom „Wandel durch Annäherung". Wer miteinander und mit Empathie redet, versteht seinen Mitmenschen. Die Chancen, dass er mit diesem Wissen und diesen Erfahrungen mit ihm kooperiert, sind millionenfach größer, als dass er auf ihn schießt. „Wandel durch Annäherung" – das ist viel mehr als das häufig zitierte „Wandel durch Handel". Jörg Reichl, der Rudolstädter Bürgermeister, verdient deshalb großes Lob, weil er die Städtepartnerschaften der Schiller- und Saalestadt im Brandtschen Sinne gestaltet: Bürger treffen Bürger, und was gemeinsam angepackt wird, dient dem Gemeinwohl.

Letterkenny. Für meine Frau und mich nach längerer Pause endlich mal wieder Irland. Vor allem aber die Chance, Antworten auf etliche offene Fragen zum „Last Call" zu bekommen. Schon am 08. Juli 2023, rund zehn Wochen vor der Reise in das irische Mittelzentrum, hatte ich Jimmy Kavanagh getroffen. Jimmy hatte als Bürgermeister von Letterkenny mit seinem Rudolstädter Amtsbruder Jörg

**Abb. 4.2** St. Eunan's Cathedral und der Pub „The Brewery Bar" dicht beieinander – Symbol für die Geschichte, die uns im Jahr 2000 von einem katholischen Priester in Dublin erzählt wurde, und die uns zu unserem Buchprojekt „Last Call" inspirierte.
Foto und Rechte: Michael Schäfer

# 4 Der letzte Ruf – „Last Call" oder auch …

**Abb. 4.3** Prinzipal Jonny Sweeney, Direktor des Colaiste Ailigh Schule in Letterkenny, und Bürgermeister Jörg Reichl, rechts, trafen sich am 18. September 2023 in der irischen Stadt. Partnerschule in Rudolstadt ist die Staatliche Regelschule „Friedrich Schiller". Am 19. September 2023, an diesem Tag reiste die Abordnung aus Rudolstadt zurück nach Deutschland, trafen zehn Schüler der Friedrich Schiller Schule zu einem mehrtägigen Aufenthalt in Letterkenny ein. Dieser Besuch ist Teil des regelmäßigen Austauschs von Schülern beider Städte. Daran sind inzwischen je drei Schulen aus Rudolstadt und Letterkenny beteiligt.
Foto und Rechte: Stadt Rudolstadt

Reichl[8] die Städtepartnerschaft begründet und war Gast des 31. Rudolstadt Festival. Diese traditionsreiche Veranstaltungsreihe findet alljährlich immer am ersten Juli-Wochenende statt und gehört weltweit zu den wichtigsten Treffpunkten der Folk- und Weltmusik (s. ⊙ Abb. 4.3).

---

[8] Jörg Reichl, Jahrgang 1963, wurde 2006 zum Bürgermeister gewählt und danach in den Jahren 2012 und 2018 mit jeweils überwältigender Mehrheit wiedergewählt. Bei der Bürgermeisterwahl am 26. Mai 2024 kam er mit 56,3 Prozent der Stimmen erneut ins Amt.

Ich erzählte Jimmy von der Idee, das „Last Call" als Metapher dafür zu nutzen, wie man existenziellen Weckrufen zu mehr Akzeptanz verhelfen kann. Er bekam ein kleines Konzept zu den Schwerpunkten unseres Buches und zu den Fragen, auf die wir in Letterkenny Antworten suchen wollten. Mein Gesprächspartner war von unserem Buchprojekt sehr angetan. Natürlich freute er sich auch darüber, dass seine Heimatstadt und deren Partnerschaft mit Rudolstadt in unserem Buch eine Rolle spielen werden. Sofort sagte er Unterstützung zu.

Am 15. September 2023 stiegen wir am BER, dem Flughafen Berlin Brandenburg, in den modernen Flieger der nationalen irischen Fluggesellschaft Aer Lingus mit dem prägnanten dreiblättrigen Kleeblatt „Shamrock", dem irischen Nationalsymbol, am Heck. Das Ziel war Dublin. Nach gutem Flug, weicher Landung und sensationell schneller Abfertigung – die Berliner sollten ihre Kollegen in der irischen Hauptstadt mal fragen, wie man ein solches Tempo, kombiniert auch noch mit Freundlichkeit, schafft – setzten wir unsere Reise mit einem Charterbus fort. Für die rund 240 Kilometer brauchten wir inklusive einer längeren Pause gut fünf Stunden. Ein Teil der Strecke führte durch Nordirland. Unser Busfahrer hat uns auf die beiden Grenzpassagen aufmerksam gemacht. Bemerkt hätten wir sie nicht. Glücklicherweise haben sich die EU, die Republik Irland und das Vereinigte Königreich nach dem Brexit auf pragmatische Regeln verständigen können, die auch das staatliche und menschliche Miteinander auf der irischen Insel betreffen. Es wäre auch eine geradezu absurde Vorstellung, wenn man nach dem EU-Austritt der Briten wieder Grenzzäune und Schlagbäume aufgebaut hätte (s. ⊙ Abb. 4.4).

Letterkenny ist mit rund 19.000 Einwohnern die größte Stadt in der Grafschaft (County) Donegal. Die Stadt liegt im äußersten Nordwesten der Republik Irland. Die offene Atlantikküste mit der Hafenstadt Dunfanaghy ist nur 35 Kilometer entfernt. Was für den Nordwesten charak-

**Abb. 4.4** Seit Bestehen der Städtepartnerschaft wird auch in Rudolstadt der St. Patrick's Day, der nach dem gleichnamigen irischen Nationalhelden benannt ist, gefeiert. Der gesetzliche Feiertag ist immer am 17. März. An diesem Tag wird die berühmte Rudolstädter Heidecksburg grün, also in der irischen Nationalfarbe, angestrahlt. Unser Foto zeigt Jörg Reichl, rechts, und Jimmy Kavanagh, die Begründer der Partnerschaft zwischen Letterkenny und Rudolstadt. Foto und Rechte: Stadt Rudolstadt

teristisch ist, zitieren wir aus dem hervorragenden Reiseführer: „Seen, wilde bergige Landschaften und unberührte, zerklüftete Küste, jede Menge alter Bräuche und irische Sprache, mystische Hügelgräber und Steinforts. Auch wenn die Sonne sich seltener sehen lässt als im Süden der Insel – die beiden nördlichsten Grafschaften sind fantastisch schön, inspirieren mit einem Hauch Melancholie von jeher Träumer und Poeten, die Weltliteratur schufen, oder Maler, die die Schönheit der Gegend unsterblich machten. Das Leben hier oben ist einfach, folgt dem Wechsel der Jahreszeiten. Der Pub ist so eine Art öffentliches Wohnzimmer, hier wird musiziert und man tauscht Neuigkeiten aus".[9] Einen besse-

---

[9] Biege, Bernd: Irland, Marco Polo, MAIRDUMONT GmbH & Co. KG Ostfildern, 19. Aktualisierte Ausgabe, 2023, S. 100 f.

ren Ort für unsere Recherche kann man nicht finden: Den Teil Irlands, wo das Land noch am ursprünglichsten ist.

Herzlicher Empfang bei der Ankunft: Jimmy Kavanagh, der „alte" Bürgermeister, Kevin Bradley, der jetzt amtierende, Conor Sharkey von der „Donegal News", der führenden Lokalzeitung, und seine Lebensgefährtin, Aileen Murphy stehen stellvertretend für die lieben hilfsbereiten aufmerksamen Menschen, die sich rührend um die Abordnung aus Rudolstadt kümmerten. Einige davon waren auch zum „Last Call" Gesprächspartner, aber die größte Zahl fand ich bei den abendlichen Aufenthalten in den Pubs von Letterkenny. Vier dieser „Wohnzimmer mit Ausschank" habe ich bei unserem langen irischen Wochenende kennengelernt. Jedes habe ich gemocht. Sie waren so, wie sie der Reiseführer beschrieb und ich sie aus vorigen Reisen in Erinnerung hatte: familiär, unkompliziert, urig und gemütlich und die Besucher waren unfassbar freundlich.[10] Gerade das Unkomplizierte und das entgegenkommende Lächeln habe ich geschätzt, wenn ich mit klopfendem Herzen an einen voll besetzten Tisch trat und meinen „Vers" zu meinem Anliegen vorgetragen habe. Das Buchprojekt, das „Last Call", und hier die Hauptfrage, warum es so gut und frei von Stress und Ärger befolgt wird? Dass ich dafür so herzliches wohlmeinendes Interesse finde, hätte ich mir nicht mal in meinen kühnsten Träumen vorstellen können. Diese Wertung trifft für ausnahmslos alle zu, mit denen ich ins Gespräch kam. Das waren rund zwei Dutzend Menschen, alles Iren, ältere, jüngere, weibliche, männliche. Nachdem ich mich vorgestellt hatte, hat mir jeder seinen Namen gesagt, hat mir angeboten, ein Foto zu machen, und fast

---

[10] Bei einer nachträglichen Internetrecherche habe ich gefunden, dass es in Letterkenny 39 Pubs und Restaurants gibt. Wieviel davon Pubs sind wird explizit nicht ausgewiesen. Ich habe aber eine Liste der „20 besten Pubs in Letterkenny" gefunden. Das lässt vermuten, dass es wohl mehr als zwanzig gibt. Wir haben bei der Auswahl unseren Gastgebern vertraut und das war die einzig richtige Entscheidung. Vgl. https://ie.publocation.com/pubs/donegal/letterkenny / https://www.goldenpages.ie/pubs/letterkenny-donegal-county/, Zugriff am 11. Dezember 2023.

## 4 Der letzte Ruf – „Last Call" oder auch …

**Abb. 4.5** Reverend David Houlton, rechts, und Prof. Dr. Michael Schäfer trafen sich zum Stichwort „Last Call" am 18. September 2023 in Letterkenny zu einem intensiven zweistündigen Gespräch. In der Bildmitte, von beiden Herren „umrahmt", Angelika Schäfer, die Ehefrau des Autors.
Foto und Rechte: Michael Schäfer

alle haben mich gefragt, wann sie das Buch in Irland kaufen können (s. ⊙ Abb. 4.5).[11]

Da wir uns vorgenommen haben, ein verständliches Sachbuch zu schreiben, habe ich auf die akribische wissenschaftliche Dokumentation meiner Gespräche verzichtet. Was ich gefragt und welche Antworten ich bekommen habe, dafür gibt es Augen- und Ohrenzeugen.

Aber Folgendes muss ich an dieser Stelle noch unbedingt loswerden. Man stelle sich vor, ich hätte solche Fragestunden vier Abende hintereinander in deutschen Restaurants realisieren wollen. Ich wäre vermutlich schon beim ersten Anlauf gescheitert: „Können Sie sich ausweisen? Haben Sie noch nie etwas vom Datenschutz gehört? Wer hat die Umfrage genehmigt?" Dass hinter vorgehaltener Hand ein

---

[11] Das war auch die Frage oder besser die klare Ansage unserer Gastgeber: Schon wegen des Buchtitels muss es eine Ausgabe in englischer Sprache geben.

besonders braver „gesetzestreuer" Bürger die 110 gewählt hätte, halte ich für ein realistisches Szenario.

Aber zurück zu den Ergebnissen meiner Befragungen in vier Pubs in Letterkenny. Was mich überrascht hat, war die Klarheit und Einhelligkeit der Antworten: „Wir befolgen den ‚Last Call', denn Regeln muss man einhalten." Das klingt trivial, aber es ist doch wahrlich nicht selbstverständlich. Ebenso der Hinweis auf regelmäßige Kontrollen. Verstöße würden bestraft. Das träfe die Pub-Besucher wie den Wirt. Dem aber drohten die härtesten Sanktionen. Letztendlich stünde die Konzession auf dem Spiel.

Die klare Regel und die folgerichtige Sanktion – so wurde mir erläutert – sei nur die eine Seite der Medaille. Wichtiger, so sagten es mir fast alle, sei das vorherrschende Bewusstsein für die *gemeinsame* Verantwortung. Im Pub seien Gäste *und* Wirt wie eine große Familie. Jeder habe Spaß, aber eben auch Pflichten. Vor allem die zur Einhaltung der Regeln. Das größte Risiko für alle sei nicht die einzelne Strafe, sondern der drohende Verlust schöner gemeinschaftlicher Erlebnisse im Lieblingspub. Würde der wegen fortgesetzter Regelverstöße amtlich geschlossen, wäre dies eine große Einbuße an sozialer Lebensqualität.

Für wichtig halte ich auch einige Hinweise – sie kamen ausschließlich von älteren Männern – auf die irische Geschichte. Missbrauch von Alkohol hätte in der Vergangenheit viel menschliches Leid verursacht. Zerrüttete Beziehungen, häusliche Gewalt, sexuelle Übergriffe. Das sei ein viel zu hoher Preis für eine Stunde länger am Tresen und ein paar Gläser mehr. Einhellig das Fazit für das Heute: Man sollte Schluss machen, wenn es am schönsten ist. Auch dazu gab es große Übereinstimmung zwischen meinen Gesprächspartnern und mir.

Das liest sich ein wenig wie heile Welt, aber es beschreibt doch die Realität.

Zu der gehört auch, dass die Regeln auf dem Lande etwas großzügiger ausgelegt würden als in den Städten. Aber an der grundsätzlichen Akzeptanz, basierend auf Einsicht und Güterabwägung, gäbe es keinerlei Zweifel. So meine Gesprächspartner unisono.

Diese Austausche zum „Last Call" waren an den vier Abenden eine schöne Bereicherung. Nach der ersten Runde klopfte das Herz schon deutlich weniger. Dieser Trend hielt an, bis zum Schluss. Damit aber keiner auf den Gedanken kommt, die Abende in den Pubs waren Maloche, folgender klarstellender Satz: Diese Gespräche mit den irischen Pub-Besuchern haben mir sehr viel Spaß gemacht. Viel Freude hatte ich aber auch am eigenen Tisch. Erhellende fröhliche Diskussionen mit unseren irischen Gastgebern. Wenn die Gläser leer waren, fand sich immer der Nächste für die folgende Runde. Und sobald die Live-Musik begann, schmeckte das Guiness noch einmal doppelt so

**Abb. 4.6** Bei der Septemberreise 2023 nach Letterkenny trafen sich Mitglieder der Rudolstädter Delegation mit kommunal engagierten Bürgern aus der irischen Stadt. In der ersten Reihe, Bildmitte, die beiden Bürgermeister mit ihren Amtsinsignien: Kevin Bradley, Letterkenny, und Jörg Reichl. In dieser Reihe ganz rechts: Jimmy Kavanagh, der 2017/2018 die Städtepartnerschaft mit Jörg Reichl auf den Weg gebracht und am 01. Oktober 2018 mit Jörg Reichl den offiziellen Vertrag unterzeichnet hatte.
Foto und Rechte: Stadt Rudolstadt

gut. Das passiert mir auch im Irish Pub am Europa-Center, fünf Minuten zu Fuß von meiner Berliner Wohnung. Aber das Original ist das Original. Irland ist nicht zu übertreffen (◉ Abb. 4.6.).

Warum das „Last Call" in irischen Pubs „funktioniert" war nur in einem „Feldversuch" zu klären. Das ist gelungen. Ob meine Zusammenfassung im strengsten statistischen Sinne repräsentativ ist? Das wäre meine Annahme. Nicht zuletzt deshalb, weil ich während unserer Reise und auch im Nachgang weitere Gespräche geführt haben, die den Befund meiner abendlichen Pub-Befragungen bestätigt haben. Dafür steht der Austausch, den ich in Letterkenny mit Reverend David Houlton hatte. Jimmy Kavanagh, der Bürgermeister a. D., führte uns zusammen. Nach unserem Juligespräch in Rudolstadt hatte er viel Zeit verwendet, um den richtigen Gesprächspartner für meine „Last Call"-Mission zu finden. Ich war tief beeindruckt, als er mir den evangelischen Pfarrer aus Letterkenny vorstellte, denn der eröffnete den Dialog in fehlerfreiem Deutsch mit einem leicht hessischen Einschlag. Das Rätsel war schnell gelöst: Houlton arbeitete schon als Student in Deutschland, und zwar im Bereich Prozessforschung der Hoechst AG in der Nähe von Frankfurt am Main. Während dieses Aufenthalts in Deutschland, so erzählte er mir, habe sich sein „lebendiger Glauben an Jesus Christus entfaltet".

David Houlton wurde in England geboren. Er erwarb einen Bachelor- und Masterabschluss in Chemieingenieurwesen und war 30 Jahre in diesem Beruf tätig. Zumeist in internationalen Firmen, häufig in Deutschland. Nach dem erwähnten studentischen Praktikum bei der Höchst AG arbeitete Houlton nach Abschluss seines Studiums bei der Gebrüder Lödige GmbH in Paderborn und war leitender Ingenieur u. a. bei der EKATO RMT GmbH in Schopfheim.

Houltons Frau übte in diesen drei Jahrzehnten den weltlichen Beruf als Linguistin aus. Sie arbeitete an Universitäten in England, Belgien und der Schweiz. Fast zeitgleich, zwischen 2007 und 2009, glaubte das Paar, so Houlton, dass „Gott sie zu einer radikalen beruflichen Neuorientierung berufen" habe. Beide nahmen ein Vollzeit-Theologiestudium auf. David Houlton schloss das seinige 2011 an der weltberühmten Universität Oxford ab. Heather Houlton erlangte 2013 ihren „Master of Theology" in Bristol. Seit dem Ab-

**Abb. 4.7** „Blake's Bar" an der Hauptstraße von Letterkenny – einer der vier Pubs, in denen der Autor im September 2023 seine Fragen zum „Last Call" an irische Gäste stellte.
Foto und Rechte: Michael Schäfer

schluss ihrer Studien sind beide als Pastoren tätig. Wohltätigkeit und Seelsorge sind für sie Beruf und Berufung.

Houlton ist heute Rektor zweier Pfarreien der Church of Ireland in Letterkenny, einer anglikanischen und einer protestantischen. Er erläuterte mir zunächst, dass er aus konfessioneller Sicht eine Minderheit vertrete. Nur 2,7 Prozent der Menschen in der Republik Irland versammeln sich unter dieser christlichen Flagge. 78 Prozent sind römisch-katholisch, zehn Prozent sind Atheisten. Der „Rest" bekennt sich zu anderen christlichen Kirchen. Knapp zwei Prozent gehören dem Islam und anderen Religionen an s. ⊙ Abb. 4.7).

Als ich David Houlton 2023 in Letterkenny traf, arbeiteten er und seine Frau schon seit sechs Jahren als Pastoren in Letterkenny zusammen. Diese Lebensläufe haben mich sehr beeindruckt. Auch weil die Houltons in ihren ersten Karrieren erfolgreich und anerkannt waren. Dafür steht beispielhaft, dass David Houlton Fellow der Institution of Chemical Engineers ist. Weltweit genutzte Patente basieren auf seinen Erfindungen. Mit seinem technischen und naturwissenschaftlichen Hintergrund ist der Diplom-Ingenieur und Erfinder mit der Realität dieser Welt verwurzelt. Vor diesem Hintergrund folgen er und seine Frau im quasi zweiten beruflichen Leben der Berufung als Pfarrer. Dieser wahrlich nicht alltägliche Werdegang wäre ein spannender Stoff für ein Buch, vielleicht mein nächstes.

David Houlton hat mir viel über Pubs in Irland berichtet, über die Bedeutung der Religion in diesem Land und das ausgeprägte National- und Geschichtsbewusstsein der Iren. Der zweistündige Austausch mit ihm am Ende unseres viertägigen Aufenthalts in Letterkenny hat mir sehr bei der Einordnung der Gespräche geholfen, die ich 2023 in Letterkenny und zuvor in Dublin, Cork und in den schottischen Highlands geführt habe.[12] Jedes für sich ist eine

---

[12] Natürlich konnte David Houlton, das, was ich über ihn in diesem Kapitel geschrieben habe, vor der Veröffentlichung des Buches lesen. Er hat das ganze

Momentaufnahme, auch mit der Gefahr der romantischen Verklärung von Regionen, die mir ans Herz gewachsen sind. Der Dialog mit Houlton hat mir aber bestätigt, dass mein positives Gefühl neben der emotionalen auch eine reale Basis hat: die Kultur der Pubs, die Ergebnisse meiner empirischen Bestandsaufnahmen und das Sympathische am irischen und schottischen Menschenschlag sind zwei Seiten einer Medaille.

Ich habe David Houlton auch erzählt, was ich im Jahr 2000 in Dublin von einem katholischen Amtsbruder gehört und am Anfang dieses Exkurses niedergeschrieben habe. Plausibel, ja! Aber eine wissenschaftliche Bewertung könne er – mit Hinweis auf seine englische Herkunft, seine Tätigkeit für eine christliche Minorität und die erst recht kurze Lebenszeit in Irland – nicht vornehmen.

Die Geschichte aus Dublin, gehört im Jahr 2000 von einem katholischen Priester, steht als Realität und mit ihrer metaphorischen Bedeutung für sich. 2023, in Letterkenny, gesellte sich dazu der noch wichtigere zweite Teil: Die Erklärung, **warum** das „Last Call" auch im Irland des 21. Jahrhunderts funktioniert – einem Jahrhundert, in dem unsere Existenz so gefährdet ist, wie noch nie in der dreieinhalb Millionen Jahre langen Menschengeschichte. Und in dem es deshalb besonders wichtig ist zu erreichen, dass aus den existenziellen Weckrufen endlich konsequente und wirksame Handlungen zur Abwehr dieser Bedrohungen folgen.

---

Kapitel 4 in der Woche vor dem Heiligen Abend bekommen. Am 23. Dezember 2023 schickte er mir mit seinem Einverständnis noch einige wenige Anmerkungen. Diese habe ich am Weihnachtsfest, also am 24. Dezember, ab 6 Uhr übersetzt und ins Manuskript eingearbeitet. Warum ich das im Buch erwähne? Die Antwort gibt Ihnen dieses Kapitel. Das Weihnachtsfest 2023 steht wahrlich nicht unter einem friedlichen Stern. Wir müssen es mit aller Kraft schaffen, dass Weihnachten wieder auch zu einem Fest des Friedens wird. Und dies auf Dauer. Das ist unsere Mission. Insofern ist das Kapitel 4 mit seinem Inhalt und mit dem Datum seiner Vollendung Symbol und Auftrag zugleich. Und es zeigt, wie es gelingen kann.

## 4.4 Epilog

Nicht unter Punkt „Danksagung" und erst recht nicht als Fußnote möchten sich die beiden Autoren an dieser Stelle zunächst bei Jimmy Kavanagh bedanken. Er war für die Recherchen in Letterkenny und Umgebung Leuchtturm und Lotse. Der Dank für eine ganz großartige Unterstützung gilt auch dem Rudolstädter Bürgermeister Jörg Reichl, der mit Jimmy die Städtepartnerschaft begründet hat. Beide sorgen seitdem dafür, dass diese Kooperation eine Sache der Menschen in Letterkenny und Rudolstadt ist und keine Profilierungsplattform für eine kleine Zahl von Kommunalpolitikern und lokalen Honoratioren.

Rudolstadt – Letterkenny – ein Bürgerprojekt mit hohem gesellschaftspolitischem Anspruch. Nur so kam unser „Last Call" in dieses Städtebündnis.

„Du sollst nicht töten". Für uns das mit Abstand wichtigste unter den zehn christlichen Geboten. Gegen das wird permanent verstoßen. In die Zeit unseres Buchprojekts fällt der am 24. Februar 2022 begonnene russischen Angriffskrieg in der Ukraine, fällt am 07. Oktober 2023 auch das Massaker der Hamas in Israel. Dagegen setzte sich der jüdische Staat zu Recht zur Wehr. Aber am Ende sterben in Israel, im Gaza-Streifen, in der Ukraine und bei etlichen anderen Konflikten weltweit in erster Linie unschuldige Zivilisten, vor allem Frauen und Kinder.

Auch die ökologische Zerstörung unserer Lebensgrundlagen verstößt gegen das „Du sollst nicht töten". Diese Zeilen schreibe ich am 12. Dezember 2023. Das ist offiziell der letzte Tag der 28. UN-Klimakonferenz in Dubai. 70.000 Teilnehmer. So viele wie niemals zuvor. Das ist die gute Botschaft. Die schlechte und leider auch die entscheidende: Auch dieser jüngste Weltgipfel für die Begrenzung der Erderwärmung auf maximal 1,5 Grad[13] musste feststellen, dass diese Marke weit überschritten wird. Weil auf einmütige Absichtserklärungen noch immer unzureichende Maßnahmen zur Umsetzung folgen. Dafür steht leider auch Dubai 2023.

Wie man beide existenziellen Bedrohungen endlich abwenden kann? Durch globalen Respekt vor dem Leben. Durch das Ersetzen des Gegeneinanders durch das Miteinander. Durch Dialog und Kooperation. Durch das kompromisslose Befolgen elementarer Regeln mit dem „Du sollst nicht töten" im Zentrum.

Und durch humanistischen Pragmatismus. Da sind wir wieder bei der Partnerschaft von Letterkenny und Rudolstadt als Bürgerdialog. Und auch bei dem pragmatischen Deal, von dem ich im Jahr 2000 in Dublin hörte. „Last Call" für maßvollen Genuss am Samstagabend und das Miteinander in einer vollen Kirche am Sonntag. Mit dem dortigen Gelöbnis über ein menschliches Miteinander nicht nur am „Tag des Herrn" zu reden, sondern es zur Tat zu machen. In Dublin, in Letterkenny, in Rudolstadt und überall auf der Welt.

Auch aus dieser Perspektive und mit dieser Intention ist die kleine Dubliner Geschichte plausibel. So sehen es Jimmy Kavanagh und Jörg Reichl, so sehen es die beiden Autoren.

Wir haben in Letterkenny herausgefunden, **warum** das „Last Call" eine so beeindruckende Akzeptanz hat. Unsere Recherche war aber kein Selbstzweck. Deshalb müssen wir jetzt noch jene Frage beantworten, die der Hauptgrund für unsere Reise nach Irland war: Wie können wir die von uns erkundeten Mechanismen zum Funktionieren des „Last Call" nutzen, damit auch existenzielle Weckrufe die nötigen Gegenkräfte entfalten?

---

[13] Dieses 1,5-Grad-Ziel wurde auf der UN-Klimakonferenz im Jahr 2015 im „Übereinkommen von Paris" einstimmig von allen 198 Teilnehmerstaaten beschlossen.

- Regeln müssen klar, eindeutig und nachvollziehbar sein. Und sie müssen eingehalten werden. So lautete die zentrale Botschaft unserer Recherche. Mit Beachtung dieses einfachen Satzes gäbe es keine Weltklimagipfel mehr, die mit folgenlosen Absichtserklärungen enden.
- Die Regeln in irischen Pubs werden auch deshalb eingehalten, weil häufig und streng kontrolliert wird. Leider aber haben wir für das, was ökologisch zur „Rettung der Schöpfung" nötig ist, oft nicht einmal Gesetze. Für diesen Fall gilt das alte römische Prinzip: „nulla poena sine lege", keine Strafe ohne Gesetz. Gibt es aber welche, sind sie oft pflaumenweich, definieren z. B. keine strengen Standards. Und wenn sie eindeutig und konsequent formuliert sind, werden Verstöße oft nicht sanktioniert. Denn das gilt ja auch: „keine Regel ohne Strafe" – „nulla regula sine poena".
- Also lernen wir vom „Last Call", dass die Regeln klar sein und streng sanktioniert werden müssen. Schon bei der Idee dagegen zu verstoßen, muss der Angstschweiß fließen. Für die ökologische Bedrohung reicht ein einziger Satz: „Für die Gesamtheit der wirtschaftlichen Betätigungen gilt, dass jedwede Gefährdung von Mensch und Natur grundsätzlich und nachweislich ausgeschlossen ist."[14]
- Die Befolgung des „Last Call" basiert auf dem gemeinsamen Verständnis, dass alle in einem Boot sitzen. Daraus muss für das globale Bewusstsein der acht Milliarden Erdbewohner abgeleitet werden, dass es auch dem Bewohner Nordeuropas nicht egal sein kann, wenn Pazifikinseln wegen des Ansteigens des Wasserspiegels im Ozean versinken. Er verliert zwar nicht seine Heimat, aber sein Leben wird berührt, zum Beispiel von den Flücht-

---

[14] So steht es in meiner Definition des Begriffs *Daseinsvorsorge*, die ich für das renommierte Gabler Wirtschaftslexikon entwickelt habe, https://wirtschaftslexikon.gabler.de/definition/daseinsvorsorge-28469, Zugriff am 14. Dezember 2023.

lingsströmen. Und er wird zur Kasse gebeten, wenn die Dämme an seinen Küsten erhöht werden müssen. Denn auch in der Nord- und Ostsee wird das Wasser steigen. Alles hängt mit allem zusammen, erst recht auf unserer global vernetzten Erde.
- Aus dem Bewusstsein des „gemeinsam in einem Boot zu sitzen" folgt das Prinzip „einer trage des anderen Last". Auf das eine Bier mehr am Abend kann jeder ohne Schaden verzichten. Es täte den Menschen in den sogenannten reichen Industrieländern auch nicht weh, eine Abgabe in Höhe von 0,5 Prozent des Jahreseinkommens zugunsten der Länder zu leisten, die unter ökologischen und militärischen Bedrohungen am stärksten zu leiden haben. Dass dieses Geld dort auch ankommen und in voller Höhe zweckentsprechend eingesetzt werden muss, versteht sich von selbst. Und es darf daran erinnert werden, dass es den reichen Ländern des Westens auch deshalb so gut geht, weil sie sich über Jahrhunderte an den Ländern des Südens bereichert haben. Dass diese Ausplünderung im Westen wiederum zu inakzeptablen Disparitäten geführt hat, ist in aller Bewusstsein. Also sollten diejenigen, die davon in erster Linie profitiert haben und weiter profitieren – an die Stelle des Kolonialismus ist der Neokolonialismus getreten – auch etwas mehr als 0,5 Prozent abgeben. Das beseitigt nicht die Disparitäten, aber es bringt ein wenig mehr Gerechtigkeit. „2.000 Milliardäre besitzen so viel wie 60 Prozent der Weltbevölkerung (4,8 Milliarden der insgesamt acht Milliarden Menschen). Von 2020 bis 2022 gingen 63 Prozent des gesamten Vermögenszuwachses (42 Billionen Dollar) an das reichste Prozent der Weltbevölkerung, während 99 Prozent sich den ‚Rest' teilten".[15]
- Ein starker Grund für die „Last Call"-Akzeptanz sind die sozialen Konsequenzen, die bei Ignoranz drohen. Fällt

---

[15] www.oxfam.de, Zugriff am 14. Dezember 2023.

das harmonische Miteinander in der Kneipe weg, so ist das ein Verlust an Heimat. Das gilt im Großen genauso. Menschheit ist die Summe von *sozialen* Wesen. Wir alle brauchen das Gleichgewicht, die Ausgewogenheit, die Solidarität. Sie sind genauso wichtig, wie das täglich Brot. Dieses Wissen ist uns weitgehend verlorengegangen. Störungen sind die Regel. Frieden in einem weiten Sinne, also nicht nur die Abwesenheit von Krieg, ist die Ausnahme. Davon, dass wir uns daran offenbar „gewöhnt" haben, profitieren nur die Unruhestifter. Gegen diese Minderheit muss die darunter leidende Mehrheit aufstehen. Wenn einer im Pub gegen das „Last Call" motzt, fliegt er raus. Diese Konsequenz braucht auch die Weltgemeinschaft.

Konsequenz, Radikalität, Gemeinschaftsgeist und Solidarität. So funktioniert das „Last Call". Wenn wir das „einfach" nur leben, werden wir mit der Weisheit irischer Wirte und ihrer Gäste die Schöpfung retten.

## Literatur

Biege, Bernd: Irland, Marco Polo, MAIRDUMONT GmbH & Co. KG Ostfildern, 19. aktualisierte Ausgabe, 2023.

# 5

# Last Call zum letzten Pint – das Ende oder ein Signal zum Aufbruch? Ein Fazit

## Versus die sieben apokalyptischen Plagen: Sieben Prämissen für einen Plan zur Rettung der Schöpfung

**Zusammenfassung**
„Last Call" schließt inhaltlich an unser 2022 erschienenes Buch „Mit Kapital die Schöpfung retten" an. Dort hatten wir sieben Prämissen zur Rettung der Zivilisation entwickelt. Die erstmalige Chronik der existenziellen Weckrufe und deren weitgehende Ignoranz ist aber nur dann produktiv, wenn wir uns um mehr Akzeptanz kümmern. Das ist die Intention des folgenden Kapitels. Wir haben sieben Postulate für eine hohe Wirksamkeit der Weckrufe entwickelt, die wir mit zeitgeschichtlichen Fakten begründen und illustrieren.

Die wichtigste Schlussfolgerung lautet wie folgt: Die Bewahrung der Schöpfung vor den beiden großen existenziellen Bedrohungen – der ökologischen und der militärischen – hat Vorrang vor allen anderen Aufgaben, vor denen die Menschheit steht. Mit großer Wahrscheinlichkeit wird man unter dieser Aussage 99,87 Prozent der acht Milliarden Erdenbürger versammeln können. Es gibt keine bessere Basis für *gemeinsames Tun*.

Sie haben es schon im Vorwort gelesen. „Last Call" ist im weiteren Sinne eine Fortsetzung unseres Ende 2022 erschienenen „Mit Kapital die Schöpfung retten".[1] Dieses Buch hat analog zu den sieben apokalyptischen Plagen auch sieben Kapitel. Im dritten kamen wir zu dem Schluss: „Diese Welt ist nicht zu retten".[2] Schon 35 Seiten später hatten wir uns revidiert: „Diese Welt ist doch zu retten! Unser Plan: die realistische Revolution im Kapitalismus".[3]

Dieser Spagat von Resignation und Zuversicht ist auch Ausdruck der Janusköpfigkeit des Kapitalismus, also des Wirtschafts- und Gesellschaftssystems, das vermutlich noch recht lange unsere Welt prägen wird. Es sei denn, der schon lange in Gang gesetzte Selbstzerstörungsmechanismus greift noch schneller als von vielen erwartet.

> „Letzteres wäre der Sieg von Genen und Gier über die Ratio. Wir aber hoffen, dass wir mit unserem *Diese Welt ist noch zu retten* recht behalten. Denn das Mitte des 19. Jahrhunderts beschriebene Revolutionäre hat der Kapitalismus doch nicht komplett verloren. Die menschliche Vernunft kombiniert mit dem Überlebenswillen unserer Spezies muss diese Kraft *nur* in die richtige Richtung lenken."[4]

Dafür wollen wir mit „Last Call" einen Beitrag leisten. Denn leider hat auch die geballte intellektuelle Kraft von Karl Marx, Friedrich Engels und Papst Franziskus – alle drei großen Geister schmücken das Cover unseres 2022 er-

---

[1] Schäfer, Michael, Ludwig, Joachim: Mit Kapital die Schöpfung retten. Es gibt nur eine zweite Chance: Erneuerte soziale Markt- und Kreislaufwirtschaft, Springer Gabler, Wiesbaden, 2022.
[2] Ebenda, S. 50.
[3] Ebenda, S. 85.
[4] Ebenda, S. 269.

schienenen Buches mit dem doppeldeutigen Titel – noch nicht ausgereicht, um das Revolutionäre im Kapitalismus so umfassend zu wecken, wie es für die Bewältigung einer wahrhaftigen Mammutaufgabe erforderlich ist.

„Mit Kapital die Schöpfung retten". Das war Weck- und Aufruf zugleich. Aber schnell wurde uns klar, dass auch diese Botschaft das Schicksal mit einer Unzahl von Weckrufen zur Rettung der Schöpfung teilt, die seit Menschengedenken ins Erdenrund traten: sie werden beachtet, sie werden gelobt und gepriesen – woran es aber weiterhin mangelt, ist die massenhafte Tatkraft zur Beseitigung der ökologischen und militärischen Bedrohungen.

Unser Entschluss, eine noch nie dokumentierte Geschichte unerhörter Weckrufe zu schreiben, war eine fast zwanghafte Konsequenz. Dazu gehört natürlich auch die Frage, warum intellektuell wie emotional so eindringliche Botschaften keine zwingenden Handlungen auslösen?

Dieses „Warum" ist für uns die zentrale Frage. „Mit Kapital die Schöpfung retten" endet mit „sieben Prämissen für einen Plan zur Rettung der Schöpfung", die wir noch einmal präsentieren:

**Tab. 5.1** **Prämissen für ein globales Programm zur Abwehr der existenziellen militärischen und ökologischen Bedrohungen des irdischen Lebens**[5]

- *Prämisse Eins:*
  Integraler Bestandteil der konsequenten und schnellen Transformation in die Kreislaufwirtschaft ist der Stopp der menschengemachten Erderwärmung durch radikale Reduktion der klimaschädigenden Emissionen durch die Umstellung der Energieerzeugung auf erneuerbare Energieträger. Das ist das zentrale Ziel. Erreicht werden kann

---

[5] Schäfer, Michael, Ludwig, Joachim: Mit Kapital die Schöpfung retten, Springer Gabler, Wiesbaden, 2022, S. 212 ff. Die Prämissen habe ich im Wortlaut übernommen. Sie wurden originär von Michael Schäfer für das 2022 erschiene Buch entwickelt. Dieser leitet daraus, ebenfalls in vollständiger Urheberschaft, die sieben Postulate ab, die erstmals in „Last Call" veröffentlicht werden.

es global nur, wenn der „Westen" auf diesem Weg unter Überwindung der alten Feindbilder und Blockstrukturen vorangeht. Das ist eine politische und moralische Verpflichtung, denn er ist historisch der Verursacher der bestehenden Äquidistanzen.

- *Prämisse Zwei:*
In den bürgerlichen Demokratien nach westlichem Muster gilt das Prinzip, dass alle Staatsgewalt vom Volk ausgeht. Dieser unumstößliche Grundsatz verpflichtet die Politik, *ausschließlich* solche Entscheidungen zu treffen, die sich auf die existenziellen Interessen und objektiven Bedürfnisse der Menschen gründen. Diese grundlegenden Interessen haben Vorrang vor allen Partikularinteressen. Das betrifft auch die per se legitimen Gewinnerzielungsinteressen der Wirtschaft.

- *Prämisse Drei:*
Die Vereinigung von Ökologie, Ökonomie und sozialer Gerechtigkeit unter dem Titel *„Erneuerte Soziale Marktwirtschaft"*.

- *Prämisse Vier:*
Die Transformation zur Kreislaufwirtschaft muss auf einem ausgewogenen Mix aus Freiwilligkeit, dem Einsatz ökonomischer Hebel und politischer Regulierung basieren.

- *Prämisse Fünf:*
Die globale Aufgabe Rettung der Schöpfung mittels der schnellstmöglichen Transformation zur Kreislaufwirtschaft impliziert den Zwang zur weltweiten Kooperation. Ohne Ansehen der Personen, der politischen Systeme und der staatlichen Konstrukte.

- *Prämisse Sechs:*
Die grundlegenden Maßnahmen und Ziele zur „Weltrettung" müssen im globalen Maßstab verbindlich, aber unter Beachtung nationaler und regionaler Spezifika, normiert werden. Sie sind mit konkreten qualitativen und quantitativen Standards, den Zeitpunkten ihrer Umsetzung und der Definition von harten Sanktionen zu untersetzen.

- *Prämisse Sieben:*
Kreislaufwirtschaft wird nur Wirklichkeit mit direkter politischer Teilhabe aller Menschen. Nur so entsteht massenhaftes Engagement für eine nachhaltige neue Welt. Wir brauchen eine qualitativ andere *Balance* von repräsentativer- und Basisdemokratie mit dem Primat der Subsidiarität. Kern des Konzepts muss sein, dass die Legislative den Platz einnimmt, der ihr gebührt. Erst dahinter dürfen sich Exekutive und Judikative sortieren.

Prämissen sind nur dann hilfreich, wenn die Bereitschaft zur Umsetzung existiert. Daran herrscht weiterhin großer Mangel.

Deshalb stellen wir im Fazit von „Last Call" die *Umsetzung* in den Mittelpunkt. Aus den sieben Prämissen für einen Plan zur Rettung der Schöpfung leiten wir *Sieben Postulate zum „Was" und zum „Wie"* ab.

Postulate – das sind Forderungen. Sie müssen umgesetzt werden, wenn die Menschheit noch eine Chance haben soll. Ohne Wenn und Aber.

### Sieben Postulate zur Rettung der Schöpfung

Diese sieben Forderungen sind unsere „Erfindung". Sie berücksichtigen nicht zuletzt auch die *empirischen* Erkenntnisse, die wir bei unseren Recherchen im Herbst 2023 im irischen Letterkenny zur Akzeptanz des „Last Call" gewonnen haben.

Unsere Postulate sind Schlussfolgerung und Antwort zugleich auf unsere Frage, warum die Weckrufe zur Bedrohung des irdischen Lebens nicht erhört werden und was man tun kann, um deren Wirkung zu erhöhen. Diese Forderungen werden wir in diesem finalen Kapitel präsentieren. Dabei verzichten wir weitgehend auf *eigene* Interpretationen. Wir haben stattdessen gelesen, was kluge Menschen zeitgleich zur Arbeit an diesem Buch zu unseren Umsetzungsforderungen gesagt und geschrieben haben. Diese Aussagen stellen wir in den inhaltlichen Kontext der einzelnen Postulate.

Dieser Mix zu präsentieren ist unser Versuch einer Conclusio aus der mehrtausendjährigen Geschichte der Weckrufe zur existenziellen Bedrohung der Schöpfung.

Unsere sieben Postulate sind keine Solitäre und müssen folglich zusammen gedacht werden. Eine Umsetzung ohne Beachtung der zwischen ihnen bestehenden Interaktionen wäre zum Scheitern verurteilt. Die Postulate sind gleichrangig und gleichwertig. Das eine gegen das andere abzuwägen oder gar auszuspielen ist nicht im Sinne der Erfinder. Denn natürlich kann die Priorität der Lebensbewahrung nicht so verstanden werden, dass dieser Zweck alle Mittel heiligt.

Unser Anspruch, nur Beiträge zur Erläuterung unserer Forderungen zuzulassen, die zeitgleich zu unserem Buchprojekt erschienen sind, hat eine Ausnahme. Sie heißt Willy Brandt. In der deutschen Nachkriegsgeschichte war er der Einzige, der als Politiker Radikalität im Handeln mit visionärem Weitblick und dem Gespür für das „Machbare" verknüpft hat.

Im Folgenden präsentieren wir unsere Postulate im Überblick. Anschließend lesen Sie zu jeder Forderung die Anmerkungen aus den von uns ausgewerteten Veröffentlichungen, die wir mit wenigen eigenen Anmerkungen ergänzen.

---

**Tab. 5.2** Postulate zur wirksamen praktischen Umsetzung der Weckrufe zu den existenziellen militärischen und ökologischen Bedrohungen des irdischen Lebens

- **Postulat Eins:**
  „Der Worte sind genug gewechselt!"
  Wie wir **radikales** Handeln organisieren müssen.
- **Postulat Zwei:**
  „Wir sitzen alle in einem Boot!"
  Wie wir erreichen, dass für das menschliche Handeln die Abwehr der existenziellen Bedrohungen die **Priorität Eins** haben muss.
- **Postulat Drei:**
  „Einer trage des anderen Last!"
  Wie wir es schaffen, dass Solidarität und **Kooperation** das Primat vor Ideologie, Rechthaberei und Machtmissbrauch bekommen.
- **Postulat Vier:**
  „Von nichts kommt nichts!"
  Wie wir die Einsicht wecken, dass **jeder** einen Beitrag zur Rettung der Schöpfung leisten muss.
- **Postulat Fünf:**
  „Alle Wege führen nach Rom!"
  Wie wir das Bewusstsein erzeugen, dass die Abwehr der existenziellen Bedrohungen nicht nach **„Schema F"** gelingt.

> - *Postulat Sechs:*
> „Keine Regel ohne Strafe" – „Nulla regula sine poena!"
> Wie wir in die Köpfe bekommen, dass wir ohne klare Regeln und Sanktionen für **alle** untergehen werden.
> - *Postulat Sieben:*
> „Du sollst nicht töten!"
> Wie wir klarstellen, dass das fünfte Gebot drei Jahrtausende nach seiner ersten Formulierung endlich auf Platz **Eins** gehört und von dort alles Denken und Handeln bestimmen muss.[6]

*Postulat Eins:* **„Der Worte sind genug gewechselt." – Wie wir radikales Handeln organisieren müssen.**
Willy Brandt, seine „neue Ostpolitik", sein Kniefall in Warschau, seine Rede zum Fall der Mauer und anderes. Diese Weckrufe haben einen Ehrenplatz in unserer Dokumentation. Deshalb, weil sie erstens zeigen, dass für die Lösung von außergewöhnlichen Problemen nicht nur außergewöhnliche radikale und visionäre Konzepte, sondern auch Menschen der außergewöhnlichen Art vonnöten sind. Zweitens, um für einen wichtigen, ja schicksalhaften Teil unserer jüngeren Geschichte zu belegen, dass es kein Naturgesetz ist, dass Weckrufe nicht erhört werden. Diese zwei Bedingungen sind für uns quasi der Garantieschein dafür, dass auch unlösbar scheinende Probleme gelöst werden können. Dafür steht als prägnantestes Beispiel aus der Jetztzeit der Zusammenbruch des Warschauer Vertragsblockes im Ergebnis friedlicher Revolutionen mit dem Sieg der Demokratie. Das waren doch tatsächlich, um mit Stefan Zweig zu reden, *Sternstunden der Menschheit*.[7] Von niemandem für möglich gehalten.

---

[6] https://www.herder.de/religion-spiritualitaet/bibel/bibel/zehn-gebote/, Zugriff am 20. Juni 2024.
[7] Stefan Zweig, der weltbekannte österreichische Schriftsteller (1881–1942), hat in 14 Kurzgeschichten aus großer Perspektive gezeigt, wie scheinbar solitäre historische Ereignisse auf schicksalhafte Weise die Weltenläufe verändern. Das Buch „Sternstunden der Menschheit" erschien erstmals im Jahr 1927 im Leipziger Inselverlag. Aus diesen 14 Miniaturen von Zweig haben wir in unserem Buch jene zur Kraft des wohl bekanntesten Liedes der Welt, der Marseillaise, zitiert:

Diese zwei Bedingungen müssen also zusammenkommen, damit aus Weckrufen Taten werden. Dass diese Aussage stimmt, wird mit der erfolgreichen neuen Ostpolitik, initiiert und umgesetzt ganz maßgeblich durch Willy Brandt, bewiesen. Erinnern Sie sich noch an folgenden Satz: „Die Mauer wird in 50 und auch in 100 Jahren noch bestehen bleiben, wenn die vorhandenen Gründe nicht beseitigt werden." Das sagte SED-Generalsekretär Erich Honecker am 19. Januar 1989 bei der Tagung des Thomas-Müntzer-Komitees.[8] Davon war er zutiefst überzeugt – und nicht nur er. Dass die deutsche Wiedervereinigung quasi vor der Tür steht, daran glaubte auch in Moskau, in Bonn und in Washington zu diesem Zeitpunkt Niemand. Kein Wettbüro auf der ganzen Welt hätte eine Wette auf dieses Szenario zugelassen. Aber rund 300 Tage später fiel diese Mauer.

Dieses historische Phänomen ist Grund genug zu rekonstruieren, warum die von Willy Brandt und seinem alter Ego Egon Bahr gegen viele Widerstände im eigenen Land konzipierte und konsequent umgesetzte Ostpolitik so erfolgreich war. Aber auch, um festzustellen, dass die zu Recht für das Heute beklagte Abwesenheit der genannten zwei Erfolgsfaktoren zu Stagnation und Destruktion geführt haben.

Im Deutschland nach dem Zweiten Weltkrieg war Willy Brandt der einzige Politiker, der großen komplexen Konflikten analytisch auf den Grund gehen konnte. Und zugleich auch bereit und befähigt war, sich zu deren Lösung an die Spitze einer starken Bewegung zu stellen. Ohne seinen Mut zur neuen Ostpolitik – dafür hörte er im Deutschen Bundestag „Vaterlandsverräter"-Rufe – hätte es die Deutsche Einheit im Ergebnis der friedlichen Revolution

---

vgl. Zweig Stefan: Das Genie einer Nacht. Die Marseillaise. 25. April 1792, in: Zweig, Stefan: Ausgewählte Werke, Dörfler, Eggolsheim, 2013.

[8] https://www.berliner-zeitung.de/politik-gesellschaft/30-jahre-ohne-mauer-das-war-erich-honeckers-geheime-nachricht-an-michail-gorbatschow-li.34509, Zugriff am 27. Juni 2024.

## 5 Last Call zum letzten Pint – das Ende ...

mutiger Ostdeutscher, die Konferenz für Sicherheit und Zusammenarbeit 1973 in Helsinki und viele andere für die Menschen auf unserem Kontinent positive Entwicklungen nicht gegeben.

Nach der *Willy Brandt-Ära* – der Begriff ist eher noch zu klein – hat sich das Gefahrenpotenzial exponentiell vergrößert. Mit Blick ins Erdenrund haben wir derzeit leider nur die vage Hoffnung, dass Engels mit seinen Zeilen zum Wesen der Renaissance Recht hat:

> „Es ist die Epoche, die mit der letzten Hälfte des 15. Jahrhunderts anhebt. Die Schranken des alten Orbis Terrarum wurden durchbrochen, die Erde wurde eigentlich jetzt erst entdeckt und der Grund gelegt zum späteren Welthandel und zum Übergang des Handwerks in die Manufaktur, die wieder den Ausgangspunkt bildete für die moderne große Industrie (...). Es war die größte progressive Umwälzung, die die Menschheit bis dahin erlebt hatte, *eine Zeit, die Riesen brauchte und Riesen zeugte, Riesen an Denkkraft, Leidenschaft und Charakter, an Vielseitigkeit und Gelehrsamkeit.*

Die Männer, die die moderne Herrschaft der Bourgeoisie begründeten, waren alles, nur nicht bürgerlich beschränkt. Im Gegenteil, der abenteuernde Charakter der Zeit hat sie mehr oder weniger angehaucht. Fast kein bedeutender Mann lebte damals, der nicht weite Reisen gemacht, der nicht vier bis fünf Sprachen sprach, der nicht in mehreren Fächern glänzte. Leonardo da Vinci war nicht nur ein großer Maler, sondern auch ein großer Mathematiker, Mechaniker und Ingenieur, dem die verschiedensten Zweige der Physik wichtige Entdeckungen verdanken (...). Die Heroen jener Zeit waren eben noch nicht unter die Teilung der Arbeit geknechtet, deren beschränkende, einseitig machende Wirkung wir so oft an ihren Nachfolgern verspüren. Was ihnen aber besonders eigen, ist, dass sie fast alle mitten in der Zeitbewegung, im praktischen Kampf leben und weben, Partei ergreifen und mitkämpfen, der eine mit

Wort und Schrift, der andere mit dem Degen, manche mit beidem. Daher jene Fülle und Kraft des Charakters, die sie zu ganzen Männern macht, Stubengelehrte sind die Ausnahme: entweder Leute zweiten und dritten Rangs oder vorsichtige Philister, die sich die Finger nicht verbrennen wollen."[9]

Im Vergleich zum Aufbruch der Renaissance sind die Herausforderungen heute noch gewaltiger, noch nie gesehen. Riesen braucht es also erst recht. Diese Riesen sind nicht in Sicht. Unsere vage Hoffnung? Dass sie wenigstens schon gezeugt sind ...

Der letzte dieser Gattung, Willy Brandt, war zu Beginn des Prozesses der Initiator von zwei Abkommen, die 1972 geschlossen und in ihrer historischen Bedeutung nicht hoch genug eingeschätzt werden können: Der Grundlagenvertrag zwischen der DDR und der BRD und das Transitabkommen. Es sind die beiden wichtigsten Verträge der Neuen Ostpolitik, die der damalige Bundeskanzler (1969–1974) noch als regierender Bürgermeister von Westberlin, später als Außenminister gegen heftigste Widerstände auf den Weg gebracht hat.

Ein heute fast vergessener *Weckruf* und zugleich Initialzündung für den Ost-West-Entspannungsprozess war das Treffen des Bundeskanzlers Willy Brandt mit dem damaligen DDR-Ministerpräsidenten Willi Stoph am 19. März 1970 in Erfurt. Diese Zeilen schreibt einer der Autoren[10] auch als damaliger Zeitzeuge vor Ort. Ich habe den Abend dieses Tages vor dem Hotel „Erfurter Hof" auf dem Bahnhofsvorplatz miterlebt. Zusammen mit tausenden Bürgern aus Erfurt und der Region hatte ich mich mit ein paar Freunden spontan entschlossen, im nahen Waltershausen den Zug zu besteigen und nach Erfurt zu reisen. Wir waren

---

[9] Dialektik der Natur, Engels, Friedrich: MEW, Band 20, Dietz Verlag Berlin, 1975, S. 311 f.
[10] Gemeint ist Michael Schäfer.

## 5 Last Call zum letzten Pint – das Ende ...

Schüler der Salzmannschule Schnepfenthal, allesamt aus dem Abiturjahrgang 1970. Wir hatten eine starke Ahnung, dass in Erfurt etwas Historisches passiert.

Das war uns die halbstündige Fahrt in die Bezirksstadt wert. Ungeachtet des strikten Verbots, an diesem Abend das Internat zu verlassen. Auf dessen Missachtung folgte zu unserer Verwunderung nichts weiter als eine Aussprache beim Schuldirektor. Dass es so glimpflich ausging, verdanken wir mit großer Sicherheit Willy Brandt, jedenfalls im weiteren Sinne. „Rausschmiss von der Penne oder zumindest aus dem Internat wegen des Besuchs eines Treffens von Willy Brandt mit Willi Stoph"? Das wären denkbare Sanktionen gewesen. Aber sie hätten überhaupt nicht zu der Geschichte von einer Annäherung der beiden deutschen Staaten nach langen Schweigejahren gepasst, die ja auch in der DDR erzählt wurde. Zudem: Wir haben ja letztlich beiden Staatsmännern in Erfurt die Ehre erwiesen ...[11]

---

[11] Die Reise nach Erfurt ist zum Zeitpunkt dieser Niederschrift rund 54 Jahre her. Mir war der Ablauf noch sehr präsent. Aber um sicher zu gehen, habe ich im Schreibprozess Dr. med. Ekkehard Baumgraß angerufen. Ekkehard, ein guter Schulfreund, war mit mir in Erfurt dabei und saß in der damaligen 12B3 in der Salzmannschule Schnepfenthal (heute ein Ortsteil der Thüringer Stadt Waltershausen) eine Bank vor mir. Ekkehard hat sich in den 90er-Jahren in Lauenburg im Wendland als Kinderarzt niedergelassen. Weil in der strukturschwachen Region an der Elbe Kinderärzte rar sind, ist er noch heute, weit über das Rentenalter hinaus, aktiv.
Das Telefonat mit ihm habe ich am 29. Juni 2024 geführt. Wir haben uns mit einiger Bewegung über unsere Reise nach Erfurt am 19. März 1970 ausgetauscht und mussten meine Erinnerungen nur geringfügig „nachjustieren". Ekkehard hat zu drei weiteren Reiseteilnehmern noch Kontakt. Die hat er gleich nach unserem Gespräch ebenfalls angerufen. Am 30. Juni kam „Ekkis" Rückmeldung. Mit den Erinnerungen von nunmehr fünf Erfurt-Fahrern steht die Geschichte nun umfassend verbürgt in diesem Buch.
Noch eine kurze Anmerkung zur Salzmannschule Schnepfenthal. Sie hatte in der DDR wegen ihrer Tradition einen Ruf weit über Thüringen hinaus. Gegründet wurde sie von Christoph Gotthilf Salzmann im Jahr 1784. Ein Jahr später kam Johann Christoph Friedrich GutsMuths dazu und blieb dort ein halbes Jahrhundert als Lehrer. Er führte Leibesübungen und Spiele ein, die er mit Wandern, Gartenarbeit und dem Handwerken verknüpfte. Dies sollte später zum festen Bestandteil des schulischen Lebens in Schnepfenthal werden. In der Salzmannschule wurde unter der Leitung von GutsMuths der moderne Turnunterricht in Deutschland begründet. GutsMuths und Salzmann waren Philanthropen. Dass

Als damals 18-Jährige konnten wir weder die Bedeutung des Treffens in Erfurt, noch die denkbaren Nachwirkungen bis hinunter zu unserem Schulalltag in ihrer ganzen Dimension überblicken. Aber schon auf der Rückfahrt nach Waltershausen wussten wir, dass unsere Ahnung uns nicht getrogen hatte. Wir waren tatsächlich Zeugen eines historischen Ereignisses geworden. Und aus heutiger Sicht fügen wir hinzu: Schön und richtig, dass wir die Chance genutzt haben und dabei waren. Denn das ist das Brutale an Geschichte. Was vorbei ist, das ist vorbei. Vielleicht war die Reise nach Erfurt die Geburtsstunde einer meiner wichtigsten Lebensmaximen: Wenn der Kopf es will, und der Bauch dazu „nickt", lautet das Motto ungeachtet aller Risiken „einfach machen". In den meisten Fällen bin ich damit gut gefahren. Gelegentliche Beulen vergingen und gehörten ganz selbstverständlich dazu.

Ich kann auch jetzt, 54 Jahre später, viele Details beschreiben[12]: Das extreme Gedränge vor dem Absperrwall der Volkspolizei. Die Besonnenen, die die emotional aufgewühlten dahinterstehenden Menschen immer wieder zur Ruhe mahnten. Die plötzlich einsetzenden und immer lauter werdenden „Willy, Willy"-Rufe, die den Bundeskanzler ans Fenster des Hotelzimmers riefen, in dem die Gespräche stattfanden.

Obwohl das Y am Ende des Brandt-Vornamens beim Sprechen nicht hörbar ist, wusste jeder vor dem Hotel „Erfurter Hof", und drinnen ebenso, dass die Aufforderungen nicht Willi Stoph galten. Und nie werde ich den Augenblick vergessen, an dem Willy Brandt tatsächlich ans ge-

---

Menschenfreundlichkeit die wohl wichtigste Voraussetzung für gute Pädagogik ist, haben während unserer Schulzeit die meisten Lehrer gelebt.
Heute ist die Salzmannschule Schnepfenthal ein staatliches Spezialgymnasium für Sprachen. Ihr Gründungsmotto lautet DENKE, DULDE, HANDLE (DDH). Das, vor allem das „Handle", haben wir mit unserer Reise nach Erfurt beherzigt.

[12] Dass dies eine verspätete Reportage wert sein könnte, geht mir immer wieder durch den Kopf, und ich bin mir gerade in diesem Augenblick mal wieder sicher, dass das auch noch zu meinen Lebzeiten passieren sollte.

öffnete Fenster trat und den Demonstranten zuwinkte. Das waren nur ganz wenige Minuten. Für mich aber ein Eindruck, der mich über Jahrzehnte bis heute begleitet hat und weiter begleiten wird bis an mein Ende. An diesem Buch schreibe ich mit dem Anspruch auf Objektivität. Aber ich bin mir ziemlich sicher, dass ich es nicht schreiben würde, wenn es diesen Donnerstagabend im März 1970 in Erfurt in meinem Leben nicht gegeben hätte. Diesen emotionalen Einschub werden Sie verstehen. Meine Bewunderung für Willy Brandt ist in der Tat ein starkes Gefühl. Aber es hat seine Basis in der Kraft seines Tuns.

Neunzehn Jahre später, am 10. November 1989: „Um den Mauerfall zu feiern, veranstaltet der West-Berliner Senat spontan eine Kundgebung. Bundeskanzler Kohl unterbricht seine Gespräche in Polen und eilt nach Berlin. Mehr als 20.000 Menschen aus Ost und West kommen zum Schöneberger Rathaus. Der West-Berliner Senat hat führende Politiker zu einer Kundgebung eingeladen – auf dem Platz, auf dem der amerikanische Präsident John F. Kennedy 1963 die Solidarität seines Landes mit der Stadt bekundete. Jedem klingen noch die Worte im Ohr: *Ich bin ein Berliner!*"[13]

Willy Brandt steht mit auf dem Balkon. Ihm verdanken wir den Mauerfall, ihm verdanken wir die Wiedervereinigung. Aber er steht still und bescheiden zwischen den „aktuellen" Amtsträgern. Aber die Zuschauer rufen nicht Helmut. Aufs Neue, wie schon 1970 in Erfurt, erschallen „Willy, Willy"-Rufe. Und Willy Brandt sagt unter dem Jubel der Kundgebungsteilnehmer zunächst diese drei Sätze: „Aus dem Krieg und aus der Veruneinigung der Siegermächte erwuchs die Spaltung Europas, Deutschlands und Berlins. Jetzt wächst zusammen, was zusammengehört. Jetzt erleben wir,

---

[13] https://www.bundesregierung.de/breg-de/themen/deutsche-einheit/kundgebung-vor-dem-schoeneberger-rathaus-468762, Zugriff am 25. Juni 2024.

und ich bin dem Herrgott dankbar dafür, dass ich dies miterleben darf: Die Teile Europas wachsen zusammen."[14]

Es lohnt sich, die darauffolgende Rede des Ehrenvorsitzenden der SPD jetzt noch einmal zu lesen. Vor allem diesen Satz: „Und keiner sollte in diesem Augenblick so tun, als wüsste er ganz genau, in welcher konkreten Form die Menschen in den beiden Staaten in ein *neues Verhältnis* zueinander geraten werden. Dass sie in ein anderes Verhältnis zueinander geraten, dass sie in Freiheit zusammenfinden und *sich entfalten können,* darauf allein kommt es an. Hätten die damals aktiven westdeutschen Politiker doch nur den Rat Willy Brandts befolgt ..."[15]

Dass sich die „Willy, Willy"-Rufe von Erfurt am 10. November 1989 vor dem Schöneberger Rathaus wiederholt haben, war im Schäferschen historischen Gedächtnis nicht präsent. Wenn überhaupt war dieses Ereignis ohnehin nur rudimentär in den „grauen Zellen" abgespeichert.

Besser erinnern konnte sich mein Physiotherapeut Alexander Bartlick, der wie ich am 19. März 1970 in Erfurt am 10. November 1989 in Berlin vor Ort war. „Alex", unsere Anreden sind die Vornamenskürzel, ich bin da der „Micha", hat mir erzählt, dass er bei der Kundgebung vor dem Schöneberger Rathaus als Erstklässler mit seinen sozialdemokratisch geprägten Eltern dabei war. Auf das Thema kamen wir, weil ich Alex berichtet hatte, dass ich beim Schreiben meines neuen Buches gerade bei meinem Idol Willy Brandt angekommen bin, und damit auch an „meinem" 19. März 1970 in Erfurt.

Mein Therapeut, wie alle wirklich guten seines Fachs nicht nur mit heilenden Händen, sondern auch einem klugen Kopf ausgestattet, hat das „Willy, Willy" der Jahre 1970

---

[14] Ebenda.

[15] Die Rede im Wortlaut finden Sie auf dem folgenden Link: https://www.bpb.de/themen/deutsche-einheit/deutsche-teilung-deutsche-einheit/43709/rede-von-willy-brandt-am-10-november-1989-vor-dem-rathaus-schoeneberg/, Zugriff am 25. Juni 2024.

## 5 Last Call zum letzten Pint – das Ende ...

und 1989 bei der Behandlung meiner lädierten Schulter zusammengeführt. Das war am 25. Juni 2024.

Sie sehen an meinen Fußnoten, dass ich dieses bemerkenswerte Therapieerlebnis sofort danach für dieses Buch ausgewertet habe. Ich schulde Alex für diese Inspiration ein großes Dankeschön. Auch bei ihm hallt das im Alter von sechs Jahren Erlebte bis heute nach. Es hat mich berührt, dass ein junger Mann um die 40, Vater von vier Söhnen, ein ähnlich emotionales Verhältnis zu Willy Brandt hat wie ich. Alex wird das Wissen und die Emotion an seine Kinder weitergeben. Wenn dieser Prozess massenhaft passierte, könnten wir uns um die Zukunft der uns folgenden Generationen nur gute Gedanken machen.

Mir sagt dieses Erlebnis auf der Behandlungsliege, dass Zufälle in den wirklich guten „Fällen" wohl doch von einer ordnenden Kraft gesteuert werden. Dieser bin ich dafür heute ebenfalls dankbar.

Neben der historischen Auftaktbegegnung am 19. März 1970 in Erfurt hat Willy Brandt im selben Jahr noch zwei weitere Impulse welthistorischer Dimension gesetzt. Das war zum einen seine Begegnung mit dem KPdSU-Generalsekretär Leonid Breschnew in Moskau im August 1970, bei dem er um Zustimmung zur Normalisierung der Beziehungen zwischen beiden deutschen Staaten warb. Und da war zum anderen – schon kurz erwähnt – sein weltweit beachteter und gewürdigter Kniefall vor dem Mahnmal für den Aufstand im Warschauer Ghetto bei seinem Polenbesuch im Dezember 1970.

Wenn der Zustand unselig ist – und das galt seinerzeit für das geteilte Deutschland – ist Handeln gefragt. In einer revolutionären, wir nennen es auch systemsprengenden Dimension. Insofern taugt die neue Ostpolitik als Vorbild wie als Gleichnis. Mit ihr wurde der fast für die Ewigkeit zementierte Status quo[16] – und zwar nicht nur in Deutschland, sondern in Europa und weltweit – in nur wenigen Monaten 1989/90 beendet. Von deutschem, oder besser ostdeutschem Boden wurde die Welt verändert. Brandt war der Wegbereiter. Seine Politik war nicht nur neu, sie war revolutionär! Sie hat maßgeblich die irrationale Konfrontation zwischen zwei Weltsystemen mit der allgegenwärtigen Möglichkeit des atomaren Infernos beendet, jedenfalls damals, und dieser stabile Status hat mehr als zwei Jahrzehnte gehalten, im europäischen Maßstab eine lange Zeit.

## „Verantwortungsvolle Kaltblütigkeit" – dieses Prinzip würde auch bei den Konflikten in der Ukraine und in Nahost funktionieren

In welchen Dimensionen Brandt gedacht hat, und wie präzise seine Analysen und Projektionen aus den 60er-, 70er-Jahren des vergangenen Jahrhunderts die Zukunft sahen, wollen wir mit Auszügen aus seiner Rede zeigen, die er zum Thema „Friedenspolitik in unserer Zeit" in der Universität Oslo am 11. Dezember 1971 anlässlich der Verleihung des Friedensnobelpreises gehalten hat:[17]

> „Immanuel Kant verband seine Idee der verfassungsmäßigen Konföderation von Staaten mit einer uns Heutigen sehr deutlichen Fragestellung: Die Menschen werden eines Tages vor der Wahl stehen, entweder sich zu vereinigen unter einem wahren Recht der Völker oder aber ihre ganze in Jahrtausenden aufgebaute Zivilisation mit ein paar

---

[16] Noch am 18. Januar 1989 verkündete SED-Generalsekretär Erich Honecker vor dem Thomas-Müntzer-Komitee, dass die Berliner Mauer auch noch in 50 oder 100 Jahren bestehen werde. Das war knapp neun Monate vor deren Fall am 09. November. Aber im Januar hat niemand der Prognose Honeckers ernsthaft widersprochen.

[17] Brandt, Willy: Friedenspolitik in unserer Zeit, Vortrag des damaligen Bundeskanzlers in der Universität Oslo anlässlich der Verleihung des Friedensnobelpreises am 11. Dezember 1971 an Willy Brandt, https://www.willy-brandt-biografie.de/quellen/bedeutende-reden/rede-friedensnobelpreises-1971/, Zugriff am 20. Juni 2024.

## 5 Last Call zum letzten Pint – das Ende ...

Schlägen wieder zu zerstören; und so wird die Not sie zu dem zwingen, was sie besser längst aus freier Vernunft getan hätten ... Friedenspolitik ist eine nüchterne Arbeit. Ich versuche, mit den Mitteln, die mir zu Gebote stehen, der Vernunft in meinem Lande und in der Welt voran zu helfen: Jener Vernunft, die uns den Frieden befiehlt, weil der Unfriede ein anderes Wort für die extreme Unvernunft geworden ist. Krieg ist nicht mehr die ultima ratio, sondern die ultima irratio."[18] Er (Brandt – Anm. des Autors) begreife eine Politik für den Frieden als wahre Realpolitik dieser Epoche und nennt als Beispiel die Kubakrise 1962, die durch verantwortungsbewusste Kaltblütigkeit beigelegt worden sei. Diese Wertung kann eins zu eins für die aktuellen Konflikten in der Ukraine und in Nahost 60 Jahre später übernommen werden. Brandt hat Recht. Auch für deren Lösung gilt, dass ein realistisches Selbstbewusstsein der heutigen Führer Fühlung mit dem politischen und weltanschaulichen Gegner nicht fürchten müsse. „Was nutze die Tuchfühlung, wenn man nicht bereit sei zu reden! Reden heiße aber doch auch verhandeln, mit der Bereitschaft zum Ausgleich, nicht zu einseitigen Konzessionen. Aktive Friedenspolitik bleibt ein langfristiger Test unserer geistigen und materiellen Lebenskraft."[19]

Würde man diese Rede heute, 53 Jahre später, halten, müsste man kein einziges Komma ändern. Was wir heute vielfach von den Mächtigen in vergleichbaren Ämtern hören, wäre aus dieser Sicht besser nicht erst zu Papier gebracht worden ...

Was wiederum belegt, dass diejenigen, die nach Willy Brandt politische Verantwortung übernommen haben, weder die strategischen Ziele fortgeführt noch die praktischen Ratschläge des Visionärs beherzigt haben.

Das Friedensgebot im Grundgesetz steht in der Präambel. Wenn ich als Bundesverteidigungsminister den Satz

---

[18] Ebenda.
[19] Ebenda.

formuliere, „Wir müssen bis 2029 kriegstüchtig sein", so Pistorius am 05. Juni 2023 in der Regierungsbefragung im Bundestag, dann muss ich doch im Vorderkopf haben, dass es nicht das Gleichgewicht des Schreckens war, sondern die Friedenspolitik Brandts, die Europa und der Welt segensreiche Jahre beschert hat. Aber sein nächster Satz lautet: „Wir müssen Abschreckung leisten, um zu verhindern, dass es zum Äußersten kommt."[20] Vom Frieden kein Wort.

Putin begründet seinen Aggressionskrieg gegen die Ukraine mit dem Vorrücken der NATO nach Osten. Das war Wortbruch, aber es rechtfertigt keinen Krieg. Und vom Bundesverteidigungsminister muss erwartet werden, dass er Konzepte zur Stärkung des Friedens entwickelt. Diesem Ziel hat er zu dienen. So steht's in besagter Präambel unseres Grundgesetzes.

Ähnlich auch die Bestandsaufnahmen des angesehenen Publizisten Heribert Prantl:

> „Mehr als dreißig Jahre nach dem Mauerfall sieht die Realität so aus: Statt des erhofften Abbaus erwachsen überall neue Barrieren, werden alte erneuert. Auf dem Globus existieren 70 Grenzmauern oder befinden sich in Planung, das sind fünfmal so viele, wie zur Zeit des Mauerfalls 1989. Zusammen kommen sie auf 26.000 Kilometer Länge, was einem Zehntel aller Landesgrenzen entspricht ... Inzwischen könnten es mehr sein, als diese 26 Millionen Meter Stein-, Stahl-, Stacheldraht, betongehärtete Illusion von Sicherheit. Und ein Ende der Illusion ist nicht absehbar. Mauern halten nämlich nicht, was sie versprechen, ganz und gar nicht."[21]

Der angesehene Soziologieprofessor Ulrich Bröckling von der Universität Freiburg plädiert für eine Strategie der

---

[20] https://www.bild.de/politik/inland/verteidigungsminister-pistorius-wir-muessen-bis-2029-kriegstuechtig-sein-66609b55cd43e715f5a975d9, Zugriff am 26. Juni 2024.
[21] Prantl, a. a. O., S. 132.

Verhinderung und Linderung, widerspricht damit der einseitigen Kriegsrhetorik von Pistorius und dehnt seine Überlegungen auf die ökologische Bedrohung aus:

> „Wenn kein Messias kommen wird, bleibt nur, das Zeitenende hinauszuschieben. Politik wird zur Kunst des Aufhaltens, und damit strukturell konservativ. Wenn der Klimakollaps nicht mehr abwendbar ist, gilt es, ihn zumindest hinauszuschieben … Zweifellos konfrontieren Apokalypseerwartungen die regierende Vernunft mit den Grenzen der Regierbarkeit. Doch zugleich lässt sich auch die reale Gefahr kollektiver Selbstauslöschung nicht ignorieren. Dass die Anstrengungen, den Untergang aufzuhalten, an Grenzen stoßen, ins Leere laufen, Kontrollillusionen produzieren und schon deshalb niemals ans Ziel kommen, weil sie bestenfalls die Frist verlängern können, das macht sie nicht hinfällig, sondern erzwingt immer neue Anläufe."[22]

Dass sich auch Künstler zu solchen existenziellen Themen äußern, ist leider rar geworden. Deshalb haben wir die Wortmeldung des japanischen Literaturnobelpreisträgers Kazuo Ishiguro mit besonderer Aufmerksamkeit zur Kenntnis genommen:

> „Wir müssen unsere gewohnte literarische Welt über die Komfortzonen der Erste-Welt-Elite ausweiten und viel mehr Stimmen hereinholen … Gerade in einer Zeit gefährlich um sich greifender Spaltung müssen wir zuhören. Gute Literatur – geschrieben und gelesen – wird Barrieren einreißen. Es könnte sich sogar eine neue Idee finden, eine große humane Vision, der wir uns anschließen."[23]

---

[22] Bröckling, Ulrich: Von der Macht des Untergangs – Politiken der Apokalypse, Essay, gesendet am 28. Januar 2024, Deutschlandfunk, Reihe „Essay und Diskurs", das Manuskript wurde am 31. Januar 2024 vom DLF-Hörerservice dem Autor auf dessen Bitte hin als Worddokument übermittelt.
[23] Ishiguro, Kazuo: Was vom Tage übrigblieb, Blessing, München, Neuausgabe 3/2021: „Mein 20. Jahrhundert und andere kleine Erkenntnisse", Vorlesung zur

Um solchen Mahnern mit ihrer hohen moralischen und intellektuellen Autorität ein Podium zu bieten, haben wir einen großen Abschnitt unseres Buches Weckrufen aus der Welt von Kultur und Kunst gewidmet. „Die Macht des Wortes", das ist die andere Seite der Begrifflichkeit von Friedrich Wolf, dass „Kunst eine Waffe sei", die leitmotivisch über diesem Unterkapitel steht.

Die prekäre, die angstmachende Lage unseres Planeten braucht weder die martialische Pointierung des Boris Pistorius noch euphemistische Schönfärberei: Es wird schon gut gehen, es ist ja immer „jut jejangen".

Für Klartext plädiert auch Maja Göpel:

„Eine Wirtschaftsweise, die in einer begrenzten Welt mit endlichen Ressourcen auf stetes Wachstum setzt, ist nicht nachhaltig. Es gilt neu zu verhandeln, was den Wohlstand der Menschen übermorgen ausmacht. Dafür brauchen wir neue ***Begriffe und Konzepte,*** die ausdrücken, was wir künftig wichtig finden. Planetenzerstörung darf nicht mehr Wachstum heißen. Reine Geldvermehrung nicht länger Wertschöpfung. Grenzen des Wachstums sollten Überwindung der ökologischen und sozialen Schadschöpfung heißen."[24]

Wir fügen hinzu: Auch Kreislaufwirtschaft im Sinne des neu geprägten Begriffs kann nur die weitgehende Rückgewinnung der in der Wertschöpfung eingesetzten Stoffe bedeuten, und diejenigen, die das umsetzen, sind nicht die Recycler, sondern verkörpern die Branche der Rückgewinnungswirtschaft, die aus der Transformation der alten Abfall- bzw. Entsorgungswirtschaft entstehen muss.[25]

---

Verleihung des Nobelpreises für Literatur am 07. Dezember 2017 in Stockholm, S. 314 f.

[24] Göpel, Maja: Unsere Welt neu denken. Eine Einladung, Ullstein Taschenbuch, Berlin, 2021, S. 96.

[25] Siehe dazu die Definitionen von Michael Schäfer im Gabler Wirtschaftslexikon, die in ihrer ***Radikalität*** die Forderung unseres ersten Postulats erfüllen.

## 5  Last Call zum letzten Pint – das Ende ...

In dem Essay, aus dem wir gerade zitiert haben, verweist Göpel auch auf die notwendige Führungsrolle des demokratischen Staates. Zu Recht, denn den Zustand des Planeten können wir nicht den an Maximalprofit orientierten Kräften des Marktes überlassen. Statt immer neue Waffensysteme zu entwickeln, muss die Kreativität der Menschheit darauf konzentriert werden, den Wegwerf-Kapitalismus in eine Kreislaufwirtschaft zu transformieren. Bei den notwendigen kühnen Innovationen ist der Staat entgegen aller Klischees in der Lage, Lokomotive zu sein: Am Beispiel von Apple, einem der wertvollsten Unternehmen der Welt, zeigt Mariana Mazzucato mit ihrem Buch „The Entrepreneurial State", dass viele der Technologien, auf denen der Erfolg seines wichtigsten Produkts, des iPhones, fußt – das Internet, GPS, der Touchscreen, leistungsfähige Akkus oder die Sprachassistenz-Software Siri – auf Grundlagenforschung zurückgeht, die mit öffentlichem Geld gefördert wurde. Der legendäre Firmenchef Steve Jobs mag ein Genie in Marketing, seine Leute mögen Genies in Design gewesen sein. In Sachen Technologie aber haben sie vor allem Dinge zusammengesetzt, die es schon gab, weil der Staat ihre Entstehung aktiv unterstützt hat. Der tollkühne Initiator von Innovationen, so Mazzucato, sei also in Wahrheit der Staat. Bei den meisten radikalen Erneuerungen, die den Kapitalismus vorangetrieben haben und nennt etwa Eisenbahn, Raumfahrt, Atomkraftwerke, Computer, Internet, Nanotechnologie oder die Pharmaforschung, kamen die frühesten, mutigsten, kapitalintensivsten unternehmerischen Investitionen vom Staat.[26]

---

Nun müssen die Vorgaben beider Definitionen „nur" noch genauso radikal umgesetzt werden. https://wirtschaftslexikon.gabler.de/definition/kreislaufwirtschaft-123481, Zugriff am 27. Juni 2024
https://wirtschaftslexikon.gabler.de/definition/rueckgewinnungswirtschaft-126139, Zugriff am 27. Juni 2024
[26] Göpel, a. a. O., S. 142 f.

Und schließlich und endlich müssen wir uns endlich vom fatalen westlichen Überlegenheitsdenken verabschieden. Die Welt sortiert sich schon seit etlichen Jahren neu. Die Schwerpunkte verlagern sich nach Asien, dort vor allem zu den beiden bevölkerungsreichsten Ländern der Welt, Indien und China. Die Gruppe der BRICS-Staaten hat unter allen Bündnissen, dafür stehen zuvorderst die G7- und die G20-Gruppe, die mit Abstand größte Dynamik. Mit Ägypten, Äthiopien, Iran, Saudi-Arabien und den Vereinigten Arabischen Emiraten sind Anfang 2024 fünf weitere Staaten beigetreten. Das ist erst die zweite Erweiterungsrunde nach Südafrika im Jahr 2010. Das Bündnis wurde 2009 von den namensgebenden Ländern Brasilien, Russland, Indien und China gegründet, was ihm nach den Anfangsbuchstaben der beteiligten Länder den Namen BRICS gab.

Diese Gruppe umfasst aktuell, Stand Juni 2024, knapp 46 Prozent der Weltbevölkerung (wobei allein China und Indien einen Anteil von 86 Prozent haben) sowie 36 Prozent des globalen BIP (davon alleine China 65 Prozent) und 25 Prozent des Welthandels, gemessen an den Exporten. Die neuen Mitglieder verstärken damit die bereits dominante Rolle als Lieferanten im Energie- und Rohstoffbereich, insbesondere bei Erdöl, Magnesium, Graphit.

Die globale Bedeutung der BRICS-Gruppe dürfte künftig noch zunehmen: So haben rund 30 weitere Staaten ein Interesse an einem Beitritt bekundet.[27] Es lohnt, diese Daten mit denen der G7, also den wichtigsten westlichen Industrieländern, zu vergleichen. Diese repräsentieren derzeit 10 Prozent der Weltbevölkerung und 30 Prozent des BIP.[28]

Diese Entwicklungen sind auch eine Antwort auf das weiterhin die Welt prägende Dominanzverhalten des Westens, das den Realitäten – siehe die G7-Daten – schon lange

---

[27] https://www.freiheit.org/de/lateinamerika/brics-erweiterung-non-event-oder-etappensieg-gegen-den-westen, Zugriff am 27. Juni 2024.

[28] https://www.destatis.de/DE/Themen/Laender-Regionen/Internationales/Thema/allgemeines-regionales/G7/_inhalt.html, Zugriff am 27. Juni 2024.

nicht mehr entspricht. Der Westen ist nicht so stark wie er tut. Seine Strahlkraft verblasst zusehends. Das ist nicht nur an ökonomischen Parametern festzumachen. Auch zum Gesellschaftssystem werden zunehmend Fragen gestellt. Wie demokratisch ist es, wenn immer weniger Menschen, oft nicht einmal 50 Prozent, an die Wahlurne gehen? Wie sozial und gerecht ist es, wenn die eh schon gewaltigen Disparitäten zwischen arm und reich immer weiter zunehmen? Wie effizient ist es, wenn in allen westlichen Industriestaaten Stagnation dominiert und die Unfähigkeit manifest ist, dringend notwendige radikale Reformen auf den Weg zu bringen? Und wie human ist es, wenn trotz des drohenden ökologischen Desasters Jahr für Jahr die Ziele gerissen werden, mit denen vor allem der Klimawandel gestoppt werden könnte?

Sie kennen die Antworten. Deshalb sparen wir es uns, sie hier zu Papier zu bringen. Jedenfalls gibt es berechtigte Zweifel in der südlichen Hemisphäre, ob das westliche System wirklich als Blaupause für den „Rest" der Welt, der jetzt schon die Mehrheit repräsentiert, dienen kann.

Und für die Lösung der zwei großen Bedrohungen sollte weniger das Hohelied auf die großen westlichen Bündnisse gesungen werden – keines davon ist zudem in der Verfassung, dass es dafür berechtigte Gründe gäbe – sondern es sei vielmehr an das Motto von Friedrich II erinnert. „Jeder soll nach seiner Fasson selig werden!" Wir ergänzen: Mit dem nötigen Respekt vor dem Nächsten und der Garantie, dass jedwede Art von Tun ein friedliches sein muss.

Das vorletzte Statement zu unserem ersten Postulat liefert die angesehene deutsch-französische Politikwissenschaftlerin Florence Gaub: „Natürlich fördert das 21. Jahrhundert mit seiner Sucht nach dem Unmittelbaren – Tweets, Quartalsberichte, Wahlzyklen – die Kurzfristigkeit und neigt dazu, der Zukunft die Probleme der Gegenwart aufzuhalsen. Nicht zuletzt haben wir auch einen kulturellen Nachteil, wenn es um die Zukunft geht: Westliche Kulturen neigen dazu, sich kollektiv weniger für die Zukunft zu interessieren als asiatische."[29]

Dieser Bestandsaufnahme stimmen wir im Grundsatz zu. Allerdings mit der Anmerkung, dass das mangelnde Bewusstsein des Westens für die Zukunft mitnichten nur ein „kultureller Nachteil" ist. Es ist ein strukturelles Defizit des Kapitalismus. Deshalb hat unser letztes Buch „Mit Kapital die Schöpfung retten" auch den Untertitel – es ist der wichtigere von beiden – „Es gibt nur Eine zweite Chance: Erneuerte soziale Markt- und Kreislaufwirtschaft." Diese *radikale* Reform ist derzeit leider nicht in Sicht. Aber sie ist längst überfällig.

## Radikalität geht nur mit schonungsloser Analyse

Das Schlusswort zum ersten unserer Postulate beginnt, das wird Sie vermutlich zunächst ins Grübeln bringen, mit einer Tabelle über Autozulassungen (vgl. Tab. 5.3).

Was diese Tabelle mit unserem ersten Postulat zu tun hat?

1. China produziert heute die meisten E-Autos weltweit. Bei einem Anteil an der Weltbevölkerung von rund 18 Prozent werden in China 61,33 Prozent der weltweiten Zulassungen registriert. Das ist tatsächlich radikal im Sinne unseres Postulats: Mit Siebenmeilenstiefeln zur E-Mobilität. So müssen unsere Antworten auf die zunehmende Erwärmung unseres Planeten aussehen.
2. Die chinesischen Autobauer haben in der Fertigung den höchsten Automatisierungsgrad, ihre Autos sind die besten der Welt, haben die größte Reichweite und im Vergleich mit der Konkurrenz die modernste technische Ausstattung. Dass die Arbeitslöhne vergleichsweise nied-

---

[29] Gaub, Florence: Zukunft. Eine Bedienungsanleitung, dtv, München, 2023, S. 11.

**Tab. 5.3** Anzahl der Neuzulassungen von Elektroautos nach ausgewählten Ländern im Jahr 2022[30]

| China | 6.548.000 |
|---|---|
| USA | 999.700 |
| Deutschland | 816.640 |
| Vereinigtes Königreich | 368.600 |
| Restliche Welt | 356.000 |
| Frankreich | 346.900 |
| Südkorea | 176.300 |
| Schweden | 161.600 |
| Norwegen | 161.200 |
| Kanada | 123.600 |
| Niederlande | 112.500 |
| Belgien | 96.900 |
| Japan | 96.590 |
| Spanien | 83.370 |
| Schweiz | 58.320 |
| Dänemark | 57.270 |
| Österreich | 47.430 |
| Portugal | 34.840 |
| Finnland | 31.410 |
| **Welt gesamt** | **10.677.170** |
| **Welt ohne China** | **4.129.170** |
| **Anteil Chinas an den Neuzulassungen Welt gesamt** | **61,33 Prozent** |

rig sind, hat bei dem hohen Automatisierungsgrad als Kostenfaktor eher ein nur geringes Gewicht.

3. Die Mischung aus Kapitalismus „Made in China" und kommunistischer Ideologie ist nicht nur einzigartig. Sie ist auch sehr effizient, wenn es darum geht, das zerstörerische „Höher, Schneller, Weiter" durch die radikale Wende zur Kreislaufwirtschaft abzulösen. Noch gelten auch in China einige Prinzipien der Linearwirtschaft

---

[30] https://de.statista.com/statistik/daten/studie/1220664/umfrage/neuzulassungen-von-elektroautos-weltweit-nach-laender/, Zugriff am 26. Juni 2024.

mit ihrem Irrglauben an grenzenloses Wachstum. Dieser Kurs ist aber zugleich die größte Gefahr für das bemerkenswert stabile Regime. Die zunehmende Verknappung und Verteuerung der Rohstoffe bedrohen das ökonomische Fundament des roten Kapitalismus existenziell. Das hat man in Peking erkannt. Mit einer für das Abendland unfassbaren Geschwindigkeit und Radikalität hat das Umsteuern zur Nachhaltigkeit begonnen. Die anstehende Zulassungssperre für Benzin- und Dieselautos, ÖPNV zu 100 Prozent mit Elektrobussen in Megametropolen, Hochgeschwindigkeitsstrassen der Bahn wie am Fließband, Halbierung des Fleischkonsums sind markante Stichworte.[31]

4. Verursacher des Klimawandels sind die westlichen Industriestaaten, nicht China. Während man aber derzeit in Brüssel nach der Europawahl darüber nachdenkt, das für 2035 festgelegte Verbot von Verbrennern, die nicht $CO_2$-Emissionsfrei sind, wieder zu kippen, reist China mit hohem Tempo in die Welt der Null-Emissionen.

5. Mit fragwürdigen Gutachten will die gleiche EU jetzt verhindern, dass die Chinesen ihre hochmodernen und effizienten Autos auch in Europa absetzen. Wir sind nicht die Gutachter, aber wir können Eins und Eins zusammenzählen. Die E-Autos aus China sind nicht so preiswert, weil sie hochsubventioniert sind, sondern mit den modernsten Anlagen der Welt in Stückzahlen vom Band rollen, von denen die versammelte westliche Autoindustrie, die alle Trends verschlafen hat, nur träumen kann. Das ist das „Preis-Geheimnis" der Chinaautos, nicht die angeblichen staatlichen Förderungen. Wenn es uns, dem Westen, wirklich ernst wäre mit flächendeckender E-Mobilität unter Einsatz von „Erneuerbaren", müssten wir die „billigen" Autos aus Fernost bejubeln. Erschwinglich für Otto-Normalverbraucher, und zwar

---

[31] Vgl. Schäfer, Ludwig, a. a. O., S. 206 f.

ohne Staatsknete. Haben Sie noch im Kopf, wie sich Robert Habeck bei seinem Chinabesuch bejubelt hat, weil er die Chinesen an den EU-Verhandlungstisch geholt hat? Wir jedenfalls haben uns fremdgeschämt. Aber wer in Philosophie promoviert hat, ist zu Recht erhaben über so profane betriebswirtschaftliche Weisheiten, dass hohe Fertigungszahlen die Preise für das einzelne Produkt reduzieren. Statt sich die Hände zur Rettung der Welt mit innovativen nachhaltigen Produkten zu reichen, inszenieren wir Handelskriege wie im Mittelalter.

Radikales Handeln muss auf einer radikalen schonungslosen objektiven Analyse basieren. Das Beispiel Elektroautos ist davon das Gegenteil. Der Subventionsweltmeister EU negiert die betriebswirtschaftlich plausiblen Preise der chinesischen E-Autos und ersetzt die Analyse durch eine vage intransparente Annahme. Denn das Gutachten, auf dessen Grundlage Brüssel Einfuhrzölle erheben will, hat das Licht der Öffentlichkeit nicht gesehen. Der Handelskrieg wird zumindest billigend in Kauf genommen. Es funktioniert ja: *Die Chinesen fluten mit subventionierten Produkten die Weltmärkte. Sie bauen Hightech-Produkte nur nach, und das auch noch schlecht. Die niedrigen Preise basieren auf Niedriglöhnen und schlechten Arbeitsbedingungen. Und, und, und.*

Die Realität ist bitter, aber so ist das eben manchmal mit der Wahrheit. Ohne originäres Know-how „Made in China" funktioniert kein G5-Netz. Und gerade, am 24. Juni 2024, kam erstmals in der Geschichte der Weltraumfahrt ein Satellit mit Gesteinsproben von der Mondrückseite zur Erde zurück.[32] Der kam aus China. Das Land war übrigens auch das erste, das die erdabgewandte Seite unseres Trabanten mit einem Weltraumfahrzeug erreichte.

---

[32] https://www.zdf.de/nachrichten/wissen/china-raumkapsel-mondgestein-100.html, Zugriff am 27. Juni 2024.

Weitere Beispiele dieser Art könnten wir in großer Zahl hier präsentieren. Vermutlich würden sie auch dann nicht zur Kenntnis genommen. Der ostdeutsche und sportbegeisterte Autor erinnert sich an ein ähnliches Phänomen. Die DDR war bekanntlich eine weltweit führende Sportnation, und zwar in der ganzen Breite der olympischen und auch nichtolympischen Disziplinen.[33] Bei jeder Weltmeisterschaft, bei allen Olympischen Spielen wurde das im Westen unisono mit dem Staatsdoping begründet. Abgesehen davon, dass bekanntlich auch bei den erfolgreichen Sportnationen des Westens gedopt wurde, hat diese einseitige Bewertung komplett negiert, dass die DDR ein Sportland per se war, dass Talente hervorragend gefördert wurden, dass die Spartakiadebewegung dafür das weltweit beste Instrument war, weil sie fast jedes Kind erreichte und dass die DDR-Sportwissenschaft im Weltmaßstab an der Spitze stand. Nach der Wende wurden die erfolgreichen DDR-Trainer in der ganzen Welt mit Kusshand empfangen – denn im neuen Deutschland hatte man für sie – Stichwort Doping – keine Verwendung.[34] Alle relevanten und gerade genannten Erfolgsstrukturen und -faktoren waren obsolet. Hätte man diese bewahrt und fortgeführt, wäre Deutschland im sportlichen Wettstreit die unangefochtene Nummer Eins. So aber wurden wir zum sportlichen Niemandsland, enden Weltmeisterschaften, zum Beispiel in der Leichtathletik, ohne eine einzige deutsche Medaille.

---

[33] Natürlich hatte das auch propagandistische Ziele, aber das „dahinter" war von A – Z real.

[34] Selbstverständlich – dieser Satz muss ja heutzutage wegen der Allmacht der Unsterteller sein – negiert der Autor nicht, dass Doping in der DDR eine Realität war, dass es etliche Fälle von körperlichen Schädigungen gab. Trainer, denen dafür die persönliche Verantwortung nachgewiesen wurde, hatten auch im Ausland kaum eine Chance. Aber wahr ist doch in erster Linie, dass der DDR-Erfolg im Sport viele handfeste seriöse Gründe hatte. Dass das negiert wird, zeigt sich leider nicht nur bei Medaillenspiegeln. Viele Sportstätten verfallen, immer weniger Kinder lernen schwimmen und Adipositas ist schon im Kindesalter eine Volkskrankheit.

## 5  Last Call zum letzten Pint – das Ende ...

Die Analogie zum Beispiel E-Autos aus China ist offensichtlich.

„Ohne den asiatischen Riesen China mutiert jeder Weltrettungsplan zur Makulatur. Deshalb müssen die politischen Spezifika mit Toleranz zur Kenntnis genommen werden. Übergreifende Ziele sind ohne Kompromisse nicht zu erreichen. Humanistisch motivierter Pragmatismus hat schon in den heftigsten Zeiten des Kalten Krieges gut funktioniert. Seinerzeit galt es, die Welt vor der Zerstörung durch ein nukleares Inferno zu bewahren. Diese Bedrohung ist bekanntlich nicht vom Tisch. Nur wissen wir inzwischen verlässlich von einer noch größeren Gefahr: der absehbaren Vernichtung allen Lebens durch den „Wachstums"-Wahnsinn."[35]

Das haben wir im Jahr 2021 geschrieben. Es stimmt auch weiter, nicht nur heute, auch morgen.

*Postulat Zwei:* „Wir sitzen alle in einem Boot" –
**Wie wir erreichen, dass für das menschliche Handeln die Abwehr der existenziellen Bedrohungen die *Priorität Eins* haben muss.**
Diese Priorität Eins lautet wie folgt: Die Bewahrung der Schöpfung vor den beiden großen existenziellen Bedrohungen – der ökologischen und der militärischen – hat Vorrang vor allen anderen Aufgaben, vor denen die Menschheit steht. Mit großer Wahrscheinlichkeit wird man unter dieser Aussage 99,87 Prozent der acht Milliarden Erdenbürger versammeln können.

Das ist eine sehr solide Basis. Und obwohl es ums Große Ganze geht, wäre das zunächst „nur" eine individuelle Verständigung. Von Mensch zu Mensch.

Auf dieser Ebene fände man viele weitere Übereinstimmungen:

---

[35] Schäfer, Ludwig, a. a. O., S. 206.

- Die herausgehobene Bedeutung der Familie, der Kinder, der Enkel, der Eltern.
- Die Aussage, dass ein Leben ohne Freunde eigentlich kein Leben ist.
- Die Feststellung, dass es für ein erfülltes Leben am wichtigsten ist, wenn man sich die Grundbedürfnisse erfüllen kann: Das Dach über dem Kopf. Das saubere Wasser aus dem Hahn. Ein guter Arzt, wenn man krank ist. Ein auskömmlicher Verdienst, um satt zu werden, und sich die eine oder andere Freude leisten zu können. Gute Bildung, Kultur, Kunst, Sport.

## „Übereinstimmungen" – Eine kurze georgische Episode zum Erfordernis nach semantischer Präzision

Woran man selbst und der Nächste glaubt, wäre in diesem Kanon auch eine gute Frage. Ich habe sie bei unserem Urlaub im Juni 2024 in Georgien David gestellt. Er und seine Frau Teo waren unsere georgischen Gastgeber beim Aufenthalt in der Nähe des einmalig schönen Vashlovani-Nationalparks. Ein junges Ehepaar, zwei Kinder, unfassbar sympathisch. Wir kamen uns auch menschlich schnell nah. Da redet man auch übers „Eingemachte". David machte deutlich, dass ihm sein Glaube sehr wichtig sei. Ich sagte, dass ich als Kind eine katholische Prägung bekommen habe. Das sei ja sehr ähnlich zu seinem griechisch-orthodoxen Bekenntnis. David entgegnete fast schon prinzipiell: Das habe doch mit dem Katholizismus überhaupt nichts zu tun. Ich wusste es zwar besser, aber Davids Gegenvotum machte mich unsicher. Also habe ich abends in Ruhe und mit Googles Hilfe noch einmal nachgelesen. Mein Gefühl und mein Wissen wurden bestätigt. Zwischen Katholizismus und dem griechisch-orthodoxen Bekenntnis – darum handelt es sich bei der unabhängigen Georgischen Kirche – bestehen in allen wesentlichen Glaubensfragen kaum Unterschiede:

Beide Kirchen glauben an einen dreifaltigen Gott (Vater, Sohn und Heiliger Geist) sowie die Menschwerdung Gottes in Jesus Christus. In beiden Kirchen spielt die Gottesmutter Maria eine wichtige Rolle. Die Praxis der Heiligenverehrung in orthodoxer und katholischer Kirche weist geringe Unterschiede auf. Glaubensgrundlage für beide Kirchen sind das Alte und das Neue Testament. Auch das Zölibat gilt für beide Bekenntnisse.

Die Trennung beider Kirchen im Jahr 1054 n. Chr. hatte – anders bei der Reformation – keine Glaubensgründe, sondern es ging letztlich um die Anerkennung eines gemeinsamen Oberhaupts. Die gegenseitige Verbannung der Kirchenspitzen – bekannt unter dem Namen „Großes Schisma" – hatte also machtpolitische und keine theologischen Gründe.

Am nächsten Abend haben David und ich uns noch einmal zu diesem Thema ausgetauscht. David hatte ebenfalls „gegoogelt", und bei einer guten Flasche georgischen Rotweins waren wir uns schnell einig, dass beide Kirchen quasi Verwandte ersten Grades sind, weil sie auf gemeinsame katholische Weise an den dreifaltigen Gott glauben, an den Vater, den Sohn und den Heiligen Geist.

Was ich mit dieser kleinen Geschichte sagen will? Wenn man offen ist, wenn man Wissen vor Ideologie setzt, wenn man nicht auf einer Meinung beharrt, sondern sich mit den Argumenten des anderen gutwillig auseinandersetzt, kommt man einen Nenner.

Mit diesem Ansatz geht es keinesfalls darum, die acht Milliarden Bewohner unseres Planeten auf eine Linie zu bringen. Es leben die vielen kleinen und auch großen Unterschiede. Aber es gibt unterm Strich bei uns Menschen viel mehr Gemeinsamkeiten als Unterschiede. Und richtig Trennendes gibt's im Grunde gar nicht. Was es aber braucht: Den Willen, zuerst diese Gemeinsamkeiten zu suchen (dann wird man sie auch finden) und das Bewusstsein, dass es sie gibt, und dass sie überwiegen.

Auch wenn es anders scheint, gilt diese Aussage auch für die staatliche Ebene, jedenfalls im Grundsatz. Moralische und ethische Kodizes, die Kernaussagen in den Weltreligionen, die geltenden Gesetze, die Eidesformeln der Herrschenden, selbst denen in totalitären Strukturen, gebieten Anstand, Rechtschaffenheit, Humanität.

Damit sind wir wieder beim Thema Umsetzung. Es muss gelingen, dass sich auch die Staaten dazu verständigen, dass die eingangs genannte Priorität Prämisse für alle Arten des politischen Handelns sein muss. Der Schutz und die Bewahrung des menschlichen Lebens als zentrale Kategorie ist quasi selbsterklärend. Ebenso, dass Verstöße hart sanktioniert werden müssen, also nicht können. Genau hier treffen sich die individuale und die staatliche Ebene. Wenn die repräsentativ mandatierten Institutionen diese Priorisierung nicht konsequent umsetzen, dann ist „vox populi", die Stimme des Volkes gefragt. 70.000 Menschen in Berlin bei der bisher weltweit größten Aktion von „Fridays for Future" am 23. September 2019 sind viel zu wenig. Es geht um das Überleben der Menschheit. Zurzeit acht Milliarden. Wenn nur ein Zehntel davon auf allen Kontinenten auf die Straße geht, erleben wir mit 800 Millionen Teilnehmern einen Massenprotest, wie ihn die Welt noch nie erlebt hat. Dafür brauchen wir eine konzertierte Organisation und Aktion aller Gutwilligen, das sind selbstverständlich viel mehr als die erstrebten 800 Millionen. Wir haben mit dem Internet, mit den sozialen Medien eine Plattform zur Vernetzung, wie sie die Welt noch nie zuvor gekannt hat. Massendemonstrationen zum Beispiel gegen den Krieg wurden im vorigen Jahrhundert mit Flugblättern organisiert. Nutzen wir also die exponentiell größere Mobilisierungskraft des World Wide Web.

Wenn wir dafür Argumente brauchen, finden wir sie bei der Lichtgestalt Willy Brandt. Als ihm 1971 der Friedensnobelpreis überreicht wurde, sagte er Folgendes:

## 5 Last Call zum letzten Pint – das Ende ...

„Der Einsicht in die Abgründe eines globalen Krieges folgte die Erkenntnis, dass Probleme globalen Ausmaßes uns bedrängen: Hunger, Bevölkerungsexplosion, Umweltgefahren, Abnahme der natürlichen Vorräte. Diese Dimensionen kann nur ignorieren, wer den Untergang dieser Welt akzeptiert oder gar mit Wollust erwartet. Es geht nicht mehr um die Gegensätze zwischen Ideologien und Gesellschaftssystemen; es geht um die Zukunft des Menschen und ob er überhaupt eine Zukunft hat. Da geht es um Aufgaben, die die Grenzen jedes Staates und Kontinents überschreiten.

Wir bedürfen des Friedens nicht nur im Sinn eines gewaltlosen Zustandes. Wir bedürfen seiner als Voraussetzung für jene rettende Zusammenarbeit, die ich meine. So wie sie den Frieden voraussetzt, so kann sie auch Frieden schaffen helfen. Denn da, wo rettende Zusammenarbeit ist, da ist Friede, da stellt auch Vertrauen mit der Zeit sich ein."[36]

Auch Heribert Prantl, aus dessen 2024 erschienenen Buch „Den Frieden gewinnen" wir bereits zitiert haben, setzt unsere Priorität, und auch er bezieht sich dabei auf die berühmte Nobelpreisrede von Willy Brandt: „Was ist notwendig, um zum Frieden zu finden? Es ist das Bewusstsein für die drohenden ungeheuren Gefahren; und es ist eine *verantwortungsbewusste Kaltblütigkeit.*" Willy Brandt hat das so genannt, als er in seiner Friedensnobelpreisrede im Dezember 1971 darlegte, wie die Kuba-Krise im Jahr 1962 beigelegt wurde ... Chruschtschow war ein Realist, der seinem Politbüro den Raketenabzug auf Kuba wie folgt erläuterte: „*Jeder Trottel kann einen Krieg anfangen, und wenn er es einmal gemacht hat, sind selbst die Klügsten hilflos, ihn zu beenden – besonders, wenn es ein atomarer Krieg ist.*" Das lese sich, so Prantl, wie ein posthumer Kommentar Chruschtschows über seinen Nachfolger Putin. Kennedy ziehe mit folgendem Satz seine Lehre aus der Kuba-Krise:

---

[36] Brandt, Willy: a. a. O.

„Die Führer von Nuklearmächten dürfen sich nicht in eine Lage bringen, dass es nur noch die Wahl zwischen Demütigung und Atomkrieg gibt." „Man wünscht sich heute", so Prantl, „so viel Realismus und so viel Beherrschtheit, wie sie die Protagonisten damals hatten. Und man wünscht sich, dass anstelle der kommunikativen Brandbeschleunigung, die die Gegenwart kennzeichnet, eine kommunikative Beschleunigung von Friedensbemühungen tritt."[37]

Man brauche, folgert Prantl, heute Diplomaten wie Alvise Contarini, der mit mühseligsten Verhandlungen den Dreißigjährigen Krieg beendete. Der Westfälische Friede von 1648 sei dessen Werk.

„So groß wie zum Ende des Dreißigjährigen Krieges ist die Erschöpfung im Ukrainekrieg noch nicht. Aber dafür ist, anders als damals in Münster und Osnabrück, lupenrein klar, wer der Aggressor ist. Vor 375 Jahren verzichtete man auf eine Debatte über die Kriegsschuld schon deswegen, weil sie schwer zu klären war. Im Falle des Ukrainekriegs kann man deswegen darauf verzichten, weil die Schuldfrage völlig klar ist."

Zu lernen, so Prantl, sei aus dem Westfälischen Frieden einiges:

„Zu lernen ist, dass Gesprächsbereitschaft wachsen kann bei Staaten und Mächten, die zu Gesprächen eigentlich gar nicht bereit sind. Zu lernen ist, dass Diplomatie sogar bei fortwährendem Krieg einen Frieden herbeiverhandeln kann. Zu lernen ist, dass es Formeln und Regeln gibt, die einen Frieden langfristig stabilisieren können."[38]

---

[37] Prantl, a. a. O., S. 167 f.
[38] Ebenda, S. 170.

Dass das massenhafte Aufbäumen (noch) nicht stattfindet, hat strukturelle Ursachen. Dazu die amerikanischen Politologin Wendy Brown:

„Der Neoliberalismus hat nicht nur beeinflusst, wie regiert wird, sondern auch die Bürger selbst verändert. Statt politische Interessen zu verfolgen, ist dieser unternehmerische Bürger mit sich selbst beschäftigt und ordnet sich Zielen des Wirtschaftswachstums unter. Der Neoliberalismus hat die Idee zerstört, dass Menschen sich gemeinsam nach dem richten, was gut für das Ganze ist … Einer der Gründe, warum ich an direkter Demokratie interessiert bleibe ist, dass sich dort Menschen, die sich selbst als regierungsberechtigt sehen, ohne Einflussnahme durch große Mächte durchsetzen können."[39]

Es ist sicher unstrittig, dass sich eine Mehrheit der Menschen auf unserem Erdenrund sehr wohl bewusst ist, dass die Bedrohung unser aller Existenz längst nicht mehr abstrakt, sondern sehr konkret ist. Dass aus diesem massenhaften Bewusstsein noch kein massenhaftes Handeln gefolgt ist, darf nicht nur verwundern. Dieser Zustand muss verändert werden. Das ist eine Mammutaufgabe, und dass es gelingt, sahen wir pessimistisch. Unsere Gemütslage hat sich jetzt aber in eine leicht positive Richtung verändert. Vor wenigen Tagen, am 20. Juni 2024, wurden die Ergebnisse einer weltweiten repräsentativen UNO-Umfrage zum Klimawandel veröffentlicht, die nicht nur uns positiv überrascht haben.

„Noch nie hat der Klimawandel die Menschen so beschäftigt wie aktuell. Vier von fünf Befragten auf der ganzen Welt belastet die Sorge über die Erderwärmung schwer. Die UNO-Umfrage habe eine klare Botschaft, sagt der Chef

---

[39] „Kein Volk der Welt ist so sehr mit sich beschäftigt wie die Amerikaner", Interview mit Wendy Brown, Professorin für Sozialwissenschaften an der Princeton University (USA), Tagesspiegel, Berlin, 01. Februar 2024, S. 16/17.

des UN-Entwicklungsprogramms (UNDP), Achim Steiner: *Was für mich das Erstaunlichste war, dass über 80 Prozent der Befragten weltweit ihre Erwartung ausdrücken, dass ihre Regierung, ihre Wirtschaft, ihre Gemeinden und Bürgermeister mehr zum Klimawandel tun müssen.*"[40]

Die Bevölkerung von 20 der weltweit größten Klimaverschmutzer – darunter USA, Russland, China und Deutschland – befürworten stärkere Maßnahmen. Die Menschen fühlen sich in puncto Klimaschutz von ihrer jeweiligen Regierung nicht genug unterstützt.

Den meisten sei klar, dass die Länder dies nicht im Alleingang stemmen können. 86 Prozent der Befragten weltweit sind Steiner zufolge der Meinung, *dass Länder und Regierungen ihre Konflikte sowie Unterschiede beiseitelegen müssen, um gegen den Klimawandel stärker zusammenzuarbeiten.* „Ein so eindeutiges Signal hatte keiner erwartet", sagte Steiner.

Das „Klima-Votum" des UNDP in Zusammenarbeit mit der Universität Oxford ist die größte Umfrage zur öffentlichen Meinung über den Klimawandel, die es jemals gegeben hat.

75.000 Befragte aus 77 Ländern stehen dabei für einen Großteil der Weltbevölkerung.[41]

*Postulat Drei:* „Einer trage des anderen Last!" –
**Wie wir es schaffen, dass Solidarität und Kooperation das Primat vor Ideologie, Rechthaberei und Machtmissbrauch bekommen.**
Unsere sieben Postulate sind keine Solitäre und müssen folglich zusammen gedacht werden. Eine Umsetzung ohne

---

[40] https://www.tagesschau.de/ausland/un-umfrage-klimawandel-100.html, Zugriff am 20. Juni 2024.

[41] Antje Passenheim: UNO-Umfrage: Sorge über Klimawandel noch nie so groß, ARD New York, vom 20. Juni 2024, https://www.tagesschau.de/ausland/un-umfrage-klimawandel-100.html, Zugriff am 20. Juni 2024.

Beachtung der zwischen ihnen bestehenden Interaktionen wäre zum Scheitern verurteilt. Die Postulate sind gleichrangig und gleichwertig. Das eine gegen das andere abzuwägen oder gar auszuspielen ist nicht im Sinne der Erfinder. Denn natürlich kann die Priorität der Lebensbewahrung nicht so verstanden werden, dass dieser Zweck alle Mittel heiligt.

Wir schaffen es mit den alten ideologielastigen, nur schwarz und weiß kennenden Denkmustern nicht, die konzertierte Weltaktion zur Rettung unseres Planeten auf den Weg zu bringen. Der „gute" Westen gegen den „Rest", die schlechte Welt?

Wir stimmen dem, was dazu Papst Franziskus in seiner 2024 erschienenen Autobiografie geschrieben hat, zu:

> „Die Zukunft, der von Gott geschaffenen Menschheit hängt von den Entscheidungen ab, die wir treffen: werden die Menschen zurück an einen Tisch kehren, um einander zu umarmen. Um über Frieden zu sprechen, um in Dialog zu treten, oder wird es wirklich das Ende sein? Ich habe Hoffnung für die Menschen, die Hoffnung, dass sie fähig sind, aus ihren Fehlern zu lernen, um besser zu werden und etwas Gutes an die kommenden Generationen weiterzugeben."[42]

Willy Brandt war nicht nur Visionär, er war auch ein pragmatischer Macher. Um dabei erfolgreich zu sein, musste er, muss man Brückenbauer sein. Brandt war das wie kein Zweiter im 20. Jahrhundert bis zum heutigen Jahr 2024. Dass ihm kein anderer folgt, wird – so unsere Befürchtung – noch geraume Zeit so bleiben.

Sein Credo zum Brückenbau hat Brandt in seiner schon zitierten Nobelpreisrede im Jahr 1971 formuliert:

---

[42] Papst Franziskus: Leben. Meine Geschichte in der Geschichte, HarperCollins, Hamburg, 2024, S. 265.

> „Gemeinsame Probleme lösen, heißt Bindungen und Verbindungen schaffen durch sinnvolle Kooperation der Staaten über die Grenzen der Blöcke hinweg. Dies heißt, Transformation des Konflikts. Dies heißt, wirkliche oder eingebildete Barrieren abtragen bei gegenseitigem friedlichen Risiko. Das heißt, Vertrauen schaffen durch praktisch funktionierende Regelungen … Nichteinmischung ist nicht genug … Europa braucht Toleranz … Soziale Gerechtigkeit gehört zu den Grundlagen eines dauerhaften Friedens. Materielle Not ist konkrete Unfreiheit. Friede ist mehr als Abwesenheit von Krieg, obwohl es Völker gibt, die hierfür heute schon dankbar wären. Eine dauerhafte und gerechte Friedensordnung erfordert gleichwertige Entwicklungschancen für alle Völker. Der Frieden ist so wenig wie die Freiheit ein Urzustand, den wir vorfinden: Wir müssen ihn machen, im wahrsten Sinne des Wortes."[43]

Wer Brücken bauen will, dem müssen, so sehen wir das, die Zornesadern beim Wort *alternativlos* schwellen.

Heribert Prantl stellt dazu mit Bezug auf die Anfeindungen, denen Sarah Wagenknecht und Alice Schwarzer wegen ihres im Februar 2023 online veröffentlichten „Manifests für den Frieden" ausgesetzt waren, Folgendes fest:

> „Wer in der Demokratie Alternativlosigkeit behauptet, der will in Wahrheit die Wahrheit für sich pachten und setzt sich selbst ins Unrecht, weil er damit sagt, dass er nicht diskutieren will. Man muss aber diskutieren, man muss um den richtigen Weg ringen, weil es um Fundamentalfragen geht. Wenn über den richtigen Weg zum Frieden gerungen wird, darf man dabei nicht rhetorisch Krieg führen."[44]

Mit großem Interesse und ungeteilter Zustimmung haben wir zu diesem Thema auch gelesen, was Walter Lindner,

---

[43] Willy Brandt, a. a. O.
[44] Prantl, a. a. O., S. 177.

Botschafter a. D. in Indien, eher selten zitiert, dem Berliner „Tagesspiegel" in einem großen Interview gesagt hat:

> „Der Westen ist schon dabei, seine Dominanz zu verlieren, und das ist gut so. Die Zeiten sind vorbei, in denen eine Staatengruppe bestimmt, wohin der Rest der Welt zu marschieren hat … In zehn oder zwanzig Jahren machen die Einwohner westlicher Staaten nur noch 15 Prozent der Menschheit aus … Glauben wir wirklich, wir können mit 15 Prozent der Weltbevölkerung noch den Globus beherrschen? … Wir sollten etwas bescheidener auftreten und nicht mit dem moralischen Zeigefinger herumfuchteln."[45]

Warum der Mensch selbst bei Existenzfragen nicht kooperiert, wurde schon im Kontext mit dem Neoliberalismus erläutert. Manja Göpel ergänzt das aus der ökonomischen Perspektive:

> „Die Mehrheit in der Wirtschaftswissenschaft denkt den Menschen immer noch als eine egoistische Kreatur, der es nur um den eigenen Vorteil geht und die dadurch auf wundersame Weise für alle Wohlstand schafft. Dieses Menschenbild ist falsch und muss dringend einem Update unterzogen werden. Ein System, das Egoismus belohnt, erzieht zum Egoismus. Wir brauchen eine Neubewertung der Werte, die Menschen in ihrer kooperativen Lebendigkeit stützen."[46]

### *Postulat Vier:* „Von nichts kommt nichts!" – Wie wir die Einsicht wecken, dass *jeder* einen Beitrag zur Rettung der Schöpfung leisten muss.

Dieses vierte Postulat hängt eng mit dem Gebot der Solidarität zusammen, das wir gerade erörtert haben. Dass wir

---

[45] „Nicht wenige Inder beklagen eine Doppelmoral des Westens", Interview mit Walter Lindner, Deutscher Botschafter a. D. in Indien, Tagesspiegel, 02. April 2024, Berlin, S. 12/13.
[46] Göpel, a. a. O., S. 72 f.

Teil einer globalen Gemeinschaft sind, dass die nukleare und ökologische Bedrohung uns allen gilt, das ist bei einer Mehrheit angekommen. Aber unsere evolutionsbiologische genetische Ausstattung ist über den allergrößten Zeitraum der Menschheitsgeschichte aus guten Gründen eben nicht nur auf Solidarität, sondern auch auf Egoismus getrimmt. In extremsten Gefahrenlagen siegt, folgen wir nur dem Instinkt, das „rette sich, wer kann" oder das „jeder ist sich selbst der Nächste". Wenn wir aber auch bei solchen Ausnahmelagen auf unseren Verstand setzen würden, wüssten wir, dass im solidarischen Miteinander die Überlebenschancen für *alle* größer wären.

Diese Botschaft muss unter die Leute, auch als Alternative zu unseren lange gewachsenen Instinkten.

Prantl formuliert das so:

> „Im Anfang war das Wort – nicht der Streitwagen und nicht die Panzerhaubitze. Das heißt: Man muss auch dann das Gespräch suchen, man muss auch dann verhandeln, wenn man das Gefühl hat, gegen Wände zu reden. Selbst das Reden gegen Wände kann ein Gespräch öffnen. Um des Enden des Tötens willen muss man es versuchen ... *Was den Epochenbruch verändert, sind nicht die Werte, für die wir stehen* – so sagt Steinmeier (gemeint ist Bundespräsident Frank-Walter Steinmeier). Zu diesen Werten gehört aber auch: Frieden suchen mit aller Kraft. So haben es die Mütter und Väter des Grundgesetzes, die Überlebenden des Zweiten Weltkriegs als Friedensgebot in die Verfassung des Jahres 1949 geschrieben – als Gebot der Friedensstaatlichkeit. Dieses Friedensgebot steht neben dem Sozialstaatsgebot und dem Rechtsstaatsgebot."[47]

Das Friedensgebot ist auch das Postulat für Solidarität. Und die manifestiert sich im Handeln, nicht im melodischen Schönreden. Handeln für die irdische Existenz heißt

---

[47] Prantl, a. a. O., S. 166.

auch und vor allem: Jeder muss etwas beitragen. Die Gefahr ist so groß, dass wir uns Trittbrettfahrer nicht leisten können. Wir reden dabei ausdrücklich nicht über die 2.000 Milliardäre, die mehr Vermögen haben als 60 Prozent der Weltbevölkerung, das sind 4,8 Milliarden Menschen, zusammen. Für die Milliardäre hat einer der ihren, Jeff Bezos, bekanntlich die „grandiose" Idee eines Exils auf dem Mars und entwickelt bereits die Raketen, mit denen er sie auf den Nachbarplaneten befördern kann.[48] Für die Weltrettung sind diese betuchten Damen und Herren entbehrlich. Gut aber ist, dass sie ihre Latifundien auf der Erde lassen müssen. So können sie endlich vergesellschaftet werden, ohne jahrelange Prozesse befürchten zu müssen.

### *Postulat Fünf:* „Alle Wege führen nach Rom!" – Wie wir das Bewusstsein erzeugen, dass die Abwehr der existenziellen Bedrohungen nicht nach „Schema F" gelingt.

„Eines schickt sich nicht für alle". Wie vermutet, stammt diese Zeile aus einem Goethe-Gedicht. Sicherheitshalber habe ich es noch einmal überprüft. Mein Gedächtnis funktioniert also noch.[49]

Sie sehen es an der Dokumentation der Internetrecherchen an den Fußnoten, in welchen zeitlichen und sachlichen Kontexten dieses Buch wächst. Unser Thema ist eng, ja untrennbar mit dem aktuellen Zeitgeschehen verknüpft. Deshalb müssen wir immer wieder darauf Bezug nehmen.

Unsere Existenzbedrohung durch ein militärisches Szenario – und das wäre ein nukleares Inferno – war uns über Jahrzehnte nie so bewusst, wie seit dem 24. Februar 2022 und seit dem 07. Oktober 2023. Die Kriege in der Ukraine und im Gazastreifen haben viele Unterschiede. Wir haben

---

[48] Im Vorwort haben wir dazu Heribert Prantl mit seiner sarkastischen Bewertung zitiert.
[49] https://www.projekt-gutenberg.org/goethe/gedichte/chap050.html, Zugriff am 27. Juni 2024.

an anderer Stelle unsere Sicht dazu dargelegt. Sie haben aber auch mindestens drei Dinge gemeinsam: Erstens besitzen sie ein großes Potenzial zur Eskalation, zweitens manifestieren sich in beiden erhebliche Interessendivergenzen großer Mächte mit nuklearen Fähigkeiten, die ausreichen, das irdische Leben gleich mehrfach zu vernichten. Und drittens gilt selbst für die zu geringen Aktivitäten zur Deeskalation das seit Jahrzehnten genutzte Strickmuster: Die Konflikte werden nicht von der Ursache her gelöst. Deshalb schwelen sie nach der Einstellung der heißen Kämpfe weiter, und brechen deshalb immer wieder auf. Das gilt für die aktuellen Aggressionskrieg in der Ukraine, der aus einer größeren Perspektive immer noch Teil des Ost-West-Konflikts ist, der mit der Oktoberrevolution 1917 in Russland begonnen hat.

Und das gilt auch für den Krieg in Gaza. Auch hier fängt der Konflikt nicht erst mit dem UNO-Teilungsplan 1947 und der Bildung des Staates Israel im Jahr 1948 an, sondern schon deutlich früher. Wenn Sie auch hier ein Datum brauchen, so wäre ein denkbares der 29. August 1897. An diesem Tag begann der erste zionistische Kongress auf Initiative von Theodor Herzl in Basel, der von der Idee geprägt war, auf dem altem Gebiet des Stammes Israel einen eigenen jüdischen Staat zu gründen.

Mit der Ukraine haben wir uns schon beschäftigt. Zum Israel-Palästina-Konflikt wollen wir den namhaften jüdischen Historiker Moshe Zimmermann zu Wort kommen lassen, dessen Buch „Niemals Frieden?" im Jahr 2024 erschien. Wir zitieren ihn deshalb, weil er begründet, warum der Konflikt nur langfristig gelöst werden kann, wenn endlich auch die Ursachen beseitigt werden:

„Jeder weiß, welche verheerende Rolle im Nahost-Konflikt der religiöse Fundamentalismus spielt; jeder weiß auch, dass es dort um einen Kampf der Kulturen geht, um eine systematische Erziehung zu Intoleranz und Hass, dass die

## 5 Last Call zum letzten Pint – das Ende ...

Befriedung der Region nicht das höchste Interesse aller regionalen Mächte und Großmächte ist. Das alles muss mithilfe der internationalen Gemeinschaft und durch die Schaffung eines Sozialisationsmechanismus überwunden werden. Das ist sicher leichter gesagt als getan. Es ist vielmehr eine Mammutaufgabe, aber die Alternative würde lauten: Freie Fahrt für weitere 7. Oktober, Afghanistan, Hiroshima. Was ich in diesem Buch anzubieten versuchte, bezeichne ich als konstruktiven Pessimismus."[50]

Wir wissen nicht, ob Moshe Zimmermann den Begriff des „Konstruktiven Pessimismus" nur benutzt oder ihn selbst geprägt hat. Wir haben ihn dort jedenfalls zum ersten Mal gelesen. Er gefällt uns, denn er verneigt sich vor einer schier unlösbaren Mammutaufgabe. Aber er artikuliert auch, wenn es alle *wirklich und ehrlich* wollen, und bereit sind, die ausgetreten Wege zu verlassen, dann kann es gelingen. Das ist auch unsere Hoffnung für „unsere" Weckrufe: mögen aus ihnen endlich auch Handlungen mit der Kraft zur substanziellen Veränderung erwachsen!

Für das zweite große Bedrohungsszenario Ökologie haben wir bei dem Philosophen Leander Scholz einen ähnlichen Ansatz gefunden. Auch er plädiert für den Ausstieg aus den Denkmustern von Gestern:

„Mit andauenden Angstzuständen und Appellen zur Sparsamkeit oder gar zur Schrumpfung werden wir keine ökologische Fitness erreichen. Denn das Überleben der Menschheit hängt davon ab, dass ihr mehr Optionen zur Verfügung stehen, als sie tatsächlich brauchen wird. Auch die ökologische Zukunft wird eine radikal offene sein."[51]

---

[50] Zimmermann, Moshe: Niemals Frieden? Israel am Scheideweg, Ullstein Buchverlage, Propyläen, Berlin, 2024, S. 186.
[51] Scholz, Leander: Wir müssen uns anpassen, Die Welt, 27. Februar 2024, S. 15.

***Postulat Sechs:*** „Keine Regel ohne Strafe" – „Nulla regula sine poena!" – Wie wir in die Köpfe bekommen, dass wir ohne klare Regeln und Sanktionen für *alle* untergehen werden.

Die Unterzeile zum sechsten Postulat hätte auch heißen können „Gleiches Recht für alle". Das ist eine so einfache, fast banale Regel, deren Einhaltung in der Menschheitsgeschichte unfassbar viel menschliches Leid erspart hätte. Aber von der Frühgeschichte bis ins heute kam bisher immer einer, der ein Tabu brach, einen Präzedenzfall schaffte, dazu eine mehr oder minder plausible Begründung lieferte, und den Satz nachschob, dass das natürlich die berühmte Ausnahme von der Regel sei und es bei dieser *einen* Ausnahme bleiben müsse.

Vielleicht jüngstes Beispiel im Kontext unserer beiden Weckrufebenen ist die Gründung des ehemals zu Serbien gehörenden Kosovo als Staat, die am 17. Februar 2008 im Parlament des Landes vollendet wurde.

In den vielen „Begründungen" Putins für die Besetzung der Krim und den Überfall auf die Ukraine taucht dieses Beispiel selbstredend auf.

Dazu schreibt Andrew Gilmour, Executive Director Berghof Foundation und von 2016 bis 2019 stellvertretender UNO-Generalsekretär für Menschenrechte:

> „Der Krieg in Gaza unterminiert die Glaubwürdigkeit des Westens fundamental ... Nichts schadet dem Kampf für Menschenrechte mehr, als sie selektiv zu behandeln. Man darf ein Kriegsverbrechen nicht nur dann ein Kriegsverbrechen nennen, wenn es jemand begeht, den man nicht mag ... Ich bin dafür, russischen Kriegsverbrechen zu verurteilen. Aber unsere westlichen Regierungen sollten bei Menschenrechtsverletzungen zum Beispiel im Gaza die gleichen Maßstäbe anwenden.

## 5  Last Call zum letzten Pint – das Ende …

Das große Thema der nächsten Jahre im Verhältnis zwischen dem armen Süden und dem reichen Norden wird Klimagerechtigkeit sein. Staaten wie die USA, Großbritannien und Deutschland haben in enormem Ausmaß zum Klimawandel beigetragen. Somalia ist umgekehrt ein Land, das vom Klimawandel am meisten betroffen ist. Somalia hat aber in den 64 Jahren seit seiner Unabhängigkeit 1960 so viel klimaschädliche Gase emittiert, wie die USA in den vergangenen zweieinhalb Tagen."[52]

Inhaltlich passt dazu sehr gut, was Heribert Prantl zur notwendigen Einbindung eines Aggressors in den Prozess der Befriedigung sagt. Wir teilen ausdrücklich auch seine Meinung, dass die *ernsthafte* Suche nach Frieden schon mit dem bei der Kriegserklärung ersten fallenden Schuss beginnen muss. Das folgt im Geltungsbereich unseres Grundgesetzes – und in dem schreiben wir dieses Buch – direkt aus dem in der Präambel verankerten Friedensgebot. Der Jurist Prantl hat sicher Recht, wenn er fordert, dass dieses Postulat analog zum Sozialstaatsgebot noch im Detail ausgeformt muss. In unserem Verständnis allerdings ist die Präambel zum Stichwort Frieden mehr als eindeutig. Wir sehen keinerlei Interpretationsspielraum. Jeder Deutsche, der einen Eid auf unsere Verfassung schwört, der schwört nicht zuerst Deutschland über alles, sondern Frieden First!!!

Nun zu Prantl:

„Kann es die Rückkehr zu einer Friedensordnung geben ohne Bestrafung der Schuldigen? … In der Ukraine braucht es nicht unbedingt einen punktuellen Friedensakt, es braucht einen Prozess, der zur Deeskalation der Gewalt führt. Das verlangt nach einer Einbeziehung Russlands ins Mächtesystem. Der Historiker Christopher Clark hat zu

---

[52] „Der Krieg in Gaza unterminiert die Glaubwürdigkeit des Westens fundamental", Interview mit Andrew Gilmour, von 2016 bis 2019 stellvertretender UNO-Generalsekretär für Menschenrechte, seit 2020 Executive Director der Berghof Foundation, Tagesspiegel, 16. April 2024, Berlin, S. 16/17.

Verhandlungen aufgerufen, in die Russland eingebunden wird und verwies dabei auf den Wiener Kongress. Europa hat eine Geschichte, in der sich Krieg an Krieg reiht. Zu Europa gehört aber auch eine Friedensgeschichte: Zu der gehören der Westfälische Friede von 1648 und der Wiener Kongress von 1815. Und zu Europa gehört eines der bemerkenswertesten Friedensprojekte der Historie: die Europäische Union."[53]

***Postulat Sieben:* „Du sollst nicht töten!" – Wie wir klarstellen, dass das fünfte Gebot drei Jahrtausende nach seiner ersten Formulierung endlich auf Platz Eins gehört und von dort alles Denken und Handeln bestimmen muss.**[54]

Wenn es um die zehn Gebote geht, hat die christliche Kirche in unserem abendländischen Kulturkreis das Recht des ersten Wortes. Ich habe mich an anderer Stelle zu meiner frühkindlichen Prägung durch meine Tante Christel bekannt. Sie kam nach dem Ende des Zweiten Weltkriegs als Flüchtling aus dem katholischen Breslau nach Halle an der Saale. Mit ihrem religiösen Bekenntnis war sie die einzige in der Familie. Sie mochte aber nicht gern allein zur Messe gehen, also habe ich sie häufig und über etliche Jahre dorthin begleitet.

Wegen besagter Prägung und weil die Katholiken mit 1,4 Milliarden Gläubigen weltweit unter den Christen das zahlenmäßig größte Glaubensbekenntnis sind – den evangelischen Kirchen gehören 900 Millionen Mitglieder an – hat jetzt Papst Franziskus das Wort.

Die Aussagen stammen alle aus seiner 2024 erschienenen Autobiografie, die ich um ihrer selbst willen gelesen habe. Die Idee, sie auch für dieses Buch auszuwerten, kam mir

---

[53] Prandl, a. a. O., S. 172.
[54] https://www.herder.de/religion-spiritualitaet/bibel/bibel/zehn-gebote/, Zugriff am 20. Juni 2024.

## 5 Last Call zum letzten Pint – das Ende …

erst bei der Lektüre dieser für mich sehr bemerkenswerten und authentischen Lebensgeschichte.

„Mit Blick auf den Wahnsinn des Krieges, der zu nichts als Zerstörung führt, muss ich an den Ehrgeiz, den Machthunger und die Gier derer denken, die diese Konflikte auslösen. Dahinter schiebt nicht nur eine Ideologie als falsche Rechtfertigung; dahinter steht ein gänzlich fehlgeleiteter Antrieb, der auf niemanden Rücksicht nimmt, weder auf alte Menschen noch Kinder, Mütter oder Väter."[55]

„Jeder Krieg braucht, um wirklich zu Ende zu sein, die Vergebung, sonst folgt darauf nicht Gerechtigkeit, sondern Rache."[56]

„Der Einsatz atomarer Energie zu Kriegszwecken ist ein Verbrechen gegen die Menschlichkeit, ein Verbrechen gegen die Würde des Menschen gegen eine mögliche Zukunft in unserem gemeinsamen Haus."[57]

„Wir dürfen nie vergessen, dass wir durch den Einsatz von Atomwaffen alle zu Verlierern werden, ausnahmslos alle."[58]

Über die Gier als Antrieb des Bösen und warum sie erst in der Jetztzeit ihre weltzerstörende Wirkung entfaltet, haben wir ausführlich in „Mit Kapital die Schöpfung retten" geschrieben. Ich habe die sechs Seiten gerade noch einmal gelesen. Nicht zuletzt deshalb, weil dort die ausführliche Begründung dafür steht, warum es das Böse an sich nicht gibt (Prantl), und warum die Gier in engster Ehe mit dem Machthunger (Franziskus) der Haupttreiber aller Konflikte ist.

---

[55] Papst Franziskus: Leben. Meine Geschichte in der Geschichte, HarperCollins, Hamburg, 2024, S. 19/20.
[56] Ebenda, S. 48.
[57] Ebenda, S. 55.
[58] Ebenda, S. 69.

„Das Böse", so Prantl, „gibt es nicht. Es ist kein Abstraktum, das irgendwo und irgendwann zum Ausbruch kommt. Es ist ein Konkretum, es reicht von Bartsch (gemeint ist der Serienmörder Jürgen Bartsch – Anm. der Autoren) bis Putin. Es hat immer Ursachen, es hat immer ein Warum, es braucht immer Handelnde. Und es handeln nicht Monster. Es handeln Menschen, auch wenn sie unmenschlich sind ... Die Vermonsterung derer, die töten, Kriege anzetteln, Gewaltorgien verüben, ist keine Erklärung, und sie ist keine Aufklärung. Ihre Vermonsterung ist Verklärung, eine bequeme und geschichtsvergessene noch dazu. Sie entbindet von der Mühe, in dem trüben Grund zu forschen, aus dem die Mordlust wächst. Sie befreit auch davon, sich selbst nach den eigenen Abgründen und Anfälligkeiten zu fragen."[59]

Friedenserziehung könne gar nicht früh genug anfangen. Diese Forderung von Prantl halten wir für zutreffend. Insofern muss die Erziehung zum Frieden auch „Bildung in der Kunst des Kompromisses" sein. „Sie ist eine lebenslange Aufgabe, die auch an Universitäten und in Betrieben stattfinden muss, überall dort, wo Interessenkonflikte aufeinanderstoßen. Der Friede ist kein natürlicher Zustand. Er muss gestiftet, er muss geschaffen, er muss gelehrt werden ... Es gilt der Satz des Friedensnobelpreisträgers Willy Brandt: *Der Frieden ist nicht alles, aber alles ist ohne den Frieden nichts.*"[60]

Ich ergänze: Der Erziehung zum Frieden muss es im Kern darum geben, dass wir die humanistischen Werte, die die große Mehrheit der Weltbevölkerung kennt und anerkennt, tatsächlich auch *leben*. 68 Prozent der Menschen auf unserem Planeten bekennen sich zu den drei großen Weltreligionen, deren Appelle zu Frieden und Anstand doch weitgehend identisch sind. Alle wollen eine gerechte,

---

[59] Prantl, a. a. O., S. 111.
[60] Prantl, a. a. O., S. 199–201.

## 5 Last Call zum letzten Pint – das Ende ...

friedliche, die Schöpfung bewahrende Welt. Schon, wenn es gelänge, diese Gläubigen dazu zu bringen, ihren Glauben in Taten umzusetzen, wäre die Welt gerettet.

Irgendwie schreit am Ende dieses Kapitels, das im Buch ja auch das letzte ist, alles nach einem Fazit.

Ich erinnere an das Vorwort, in dem wir schrieben, dass „Den Frieden gewinnen. Die Gewalt verlernen" von Heribert Prantl eine Art Déjà-vu zu unserem Buchprojekt war. Ein Fazit von ihm ist also ein *Muss*:

> „Religion war oft ein Schmiermittel für den Krieg. Sie so zu missbrauchen ist eine Todsünde, ein Kriegsverbrechen. Religion kann, soll, muss Lehrmeisterin für den Frieden sein. Das ist der Seinsgrund von Religion. Es gibt keinen inneren Frieden ohne äußeren Frieden. Und es gibt keinen äußeren Frieden ohne inneren Frieden ... Aber diese Erkenntnis muss gelehrt und gelebt, gepredigt und geglaubt werden. Es ist dies ein Glaube für die religiösen und die nichtreligiösen Menschen; er kann sich auf einen Gott beziehen, er kann ohne ihn auskommen, er kann sich sogar gegen ihn richten. Wie auch immer, Friedenstiften – das geht nicht ohne Glaube: Frieden braucht das Vertrauen in die Möglichkeit des Unmöglichen, den Horizont über die Gegenwart hinaus, die Utopie jenseits des Hier und Jetzt. Das ist die Hoffnung gegen den Augenschein und das Wissen von der Kraft des Wortes."[61]

Aus der Feder des katholisch geprägten Mitautors kommt die letzte Anmerkung. Im Untertitel zum 7. Postulat habe ich mich streng genommen eines Sakrilegs schuldig gemacht: Mit meiner Forderung, dass das fünfte Gebot, das „Du sollst nicht töten", auf Platz Eins gehört. Nachdem ich noch einmal im Neuen Testament das Hohelied der Liebe nachgelesen habe, muss ich das relativieren. Nicht, weil ich

---

[61] Ebenda, S. 229 f.

die Exkommunikation fürchte, sondern, weil ich jetzt erst die Dialektik der zehn biblischen Gebote verstanden habe.

Der besagte Satz im 13. Kapitel des Korintherbriefes von Paulus lautet: „Nun aber bleiben Glaube, Hoffnung, Liebe, diese drei. Die Größte unter ihnen aber ist die Liebe."[62]

Bekanntlich sind im christlichen Verständnis Glaube und Hoffnung Grundlagen jeder Ehe, werden aber von der Liebe als wichtigster Eigenschaft noch übertroffen und gleichzeitig von ihr getragen. Als Jesus von einem Gesetzeslehrer gefragt wurde, welches Gebot das wichtigste sei, hätte er irgendeines der vielen Gebote aus dem Alten Testament, dem Gesetz des Moses oder eines der Zehn Gebote nennen können. Stattdessen fasste er alle Gebote in diesen beiden zusammen:

> „Du sollst den Herrn, deinen Gott, lieben mit ganzem Herzen, mit ganzer Seele und mit all deinen Gedanken. Das ist das wichtigste und erste Gebot. Ebenso wichtig ist das zweite: Du sollst deinen Nächsten lieben wie dich selbst."[63]

In diesem Sinne zieht Papst Franziskus auch das Fazit seines Lebens:

> „Um lernen zu leben, müssen wir lernen zu lieben ... Es ist die wichtigste Lektion, die wir lernen können: lieben, denn die Liebe gewinnt immer. Wenn wir lieben, vermögen wir es, Barrieren niederzureißen, Konflikte zu überwinden, Gleichgültigkeit und Hass zu besiegen, unser Herz zu öffnen und uns zu verwandeln, indem wir uns für unsere Nächsten einsetzen, so wie es Jesus getan hat, der sich am Kreuz für uns Sünder geopfert hat, ohne eine Gegenleistung zu fordern."[64]

---

[62] Diese Worte aus 1 Korinther 13,13 im Neuen Testament sind der Spitzensatz des sogenannten „Hohelied der Liebe". Zu hören ist er wohl am meisten bei Trauungen.
[63] Matthäus 22:37–39.
[64] Papst Franziskus, a. a. O., S. 268.

# 5 Last Call zum letzten Pint – das Ende ...

**Abb. 5.1** Krieg dem Krieg – Diese Mahnung fanden wir an der Ruine eines deutschen Bunkers aus dem Zweiten Weltkrieg an der dänischen Nordseeküste.
Foto und Rechte: Michael Schäfer

Was ich daraus folgere? Das laut Jesus wichtigste Gebot, den Herrn zu lieben, kann ich nicht für die inzwischen acht Milliarden Erdenbürger postulieren. Wohl aber das zweite, das der Nächstenliebe. Dort ist auch das „Du sollst nicht töten" inkludiert. Wer liebt, der tötet nicht!

Würde nur diese eine Regel eingehalten, hätte alle Gewalt ein Ende, der ewige Frieden käme über unseren Planeten.

Im Zweiten Weltkrieg stand Dänemark vom 09. April 1940 bis zum 05. Mai 1945 unter deutscher Besatzung. Nach der Eroberung fast aller europäischen Länder erwartete das Hitlerregime einen seeseitigen Gegenstoß der Westalliierten. Deshalb errichtete die deutsche Wehrmacht an den Küsten des Atlantiks, der Nordsee und des Ärmelkanals über eine Länge von 2.700 Kilometern Bunker und Verteidigungsanlagen. Einer der Schwerpunkte lag in Dänemark.[65] ⊙ Abb. 5.1 zeigt einen weitgehend erhaltenen Bunker an der Küste der Kleinstadt Thyboron in Mitteljütland. Das nordische Land hat die für mich sehr kluge Entscheidung getroffen, Teile des Walls nicht abzureißen. Sie sollen als Mahnmäler an die Schrecken des bis dato größten und verlustreichsten Krieges in der Geschichte der Menschheit erinnern. Ich habe diesen Bunker im August 2024 fotografiert. Für mich ist das aufgesprühte „Krieg dem Krieg" ein starker Weckruf – im Sinne unseres Buches und zudem ein wichtiges Ausrufezeichen an dessen Ende. Die Bewahrung der Schöpfung ist kein abstraktes Postulat. Es geht um unsere Kinder, unsere Enkel und alle Generationen danach.

Das „Krieg dem Krieg" auf der Ruine des Weltkriegsbunkers in Dänemark ist dem Titel des berühmten Buches von Ernst Friedrich gewidmet. ⊙ Abb. 5.2 zeigt das Cover der Neuausgabe anlässlich des 100. Jahrestages der Erstveröffentlichung. Herausgeber ist das Anti-Kriegs-Museum. Es wurde 1925 als erstes seiner Art weltweit in Berlin eröffnet. Friedrich war der Gründer. Dem Museum ist unser Weckruf mit der laufenden Nummer 48 gewidmet.

Diese Mahn- und Erinnerungsstätte wurde 1933 durch die Nazis zerstört. Der Enkel des Gründers und Buchautors, Tommy Spree, hat das Museum 1982 in Berlin neu

---

[65] https://www.atlantikwall-daenemark.de/, Zugriff am 02. September 2024.

**Abb. 5.2** Cover „Krieg dem Kriege" Foto und Rechte: Michael Schäfer; Rechte am Cover: Anti-Kriegs-Museum (Genehmigung zur kostenfreien Veröffentlichung liegt vor)

gegründet. Dessen Außenansicht in der Brüsseler Straße 21 ist auf ◉ Abb. 5.3 zu sehen. Der Mann im Vordergrund ist Dr. Siegfried Baur. Er gehört seit 1999 zu den inzwischen 20 Menschen, die im Ehrenamt mit Engagement und Leidenschaft das Museum betreiben. Ich traf ihn am

**Abb. 5.3** Das Anti-Kriegs-Museum in der Brüsseler Straße 21 im Berliner Wedding. Im Vordergrund: Dr. Siegfried Baur
Foto und Rechte: Michael Schäfer

10. September 2024 in der Gedenkstätte in der Brüsseler Straße 21. Im Gespräch steuerte mein Gesprächspartner einige für mich neue wichtige Fakten bei.

Ob wir das Ende der Gewalt und der Zerstörung der Umwelt für möglich halten? Moshe Zimmermann bekannte sich zu einem „konstruktiven Pessimismus". Wir sehen uns eher als „realistische Optimisten". Für uns stehen die Chancen Fünfzig zu Fünfzig.

Wir glauben fest daran, dass wir Menschen die gewaltige, aber nicht übermenschliche Aufgabe lösen *können*, unser aller Überleben zu sichern. Die Erfolgsaussichten werden größer, wenn Sie das „Last Call" unseres Buches als Signal zum Aufbruch zum Frieden und zum Einklang mit der Natur sehen.

Das ist der erste Schritt. Aber er ist für sich (fast) nichts. Sie, wir alle, müssen diese Erkenntnis mit aller Konsequenz in unser Handeln übersetzen. Geben Sie bitte dieses Postulat an möglichst viele Menschen, bekannte und vor allem unbekannte, weiter. Das wäre tätige Nächstenliebe in einem universellen Sinne.

## Literatur

Gaub, Florence: Zukunft. Eine Bedienungsanleitung, dtv, München, 2023.

Göpel, Maja: Unsere Welt neu denken. Eine Einladung, Ullstein Buchverlage, 2. Auflage, 2021.

Harari, Yuval Noah: Eine kurze Geschichte der Menschheit, Penguin Random House, München, 2015.

Ishiguro, Kazuo: Was vom Tage übrig blieb, Blessing, München, 2021.

Papst Franziskus: Leben. Meine Geschichte in der Geschichte, HarperCollins, Hamburg, 2024.

Prantl, Herbert: Den Frieden gewinnen. Die Gewalt verlernen, Wilhelm Heine Verlag, München, 2024.

Schäfer, Michael, Ludwig, Joachim: Mit Kapital die Schöpfung retten. Es gibt nur eine zweite Chance: Erneuerte soziale Markt- und Kreislaufwirtschaft, Springer Gabler, Wiesbaden, 2022.

Zimmermann, Moshe: Niemals Frieden? Israel am Scheideweg, Ullstein Buchverlage, Propyläen, Berlin, 2024.

Zweig, Stefan: HarperCollins, Ausgewählte Werke, Dörfler, Eggolsheim, 2013.

# Anhang

## Tabelle aller Weckrufe in chronologischer Reihenfolge für die fünf Epochen der Menschheitsgeschichte

| Lfd. Nr. | Epoche | Jahreszahl | Titel des Weckrufs | Autor/ Urheber |
|---|---|---|---|---|
|  | Vor- und Frühgeschichte (2,5 Mio. v. Chr. – 800/500 v. Chr.) |  |  |  |
| 1 |  | 3500 v. Chr. | Der (vermutlich) erste Krieg der Menschheit |  |
| 2 |  | 1259 v. Chr. | Der erste Friedensvertrag der Welt | Ramses II. und Hattušili III. |
| 3 |  | Um 1000 v. Chr. | Jom Kippur – das Fest der Versöhnung und des Friedens | Mose |
| 4 |  | Ab 700 bis 415 v. Chr. | Die Rufe der Kassandra | Kassandra |
| 5 |  | 500 v. Chr. | Warnung vor dem Krieg | Laotse |
|  | Antike (800/500 v. Chr. – 300/600 n. Chr.) |  |  |  |
| 6 |  | 449/448 v. Chr. | Der Kalliasfrieden | Kallias |

| Lfd. Nr. | Epoche | Jahreszahl | Titel des Weckrufs | Autor/ Urheber |
|---|---|---|---|---|
| 7 | | Zwischen 70 v. Chr. und 90 n. Chr. | Die Johannes-Offenbarung | Johannes |
| 8 | | 50 bis 120 n. Chr. | Sintflut | Lukas und Matthäus |
| 9 | | 100 n. Chr. | Bergpredigt | Jesus |
| | Mittelalter (300/600–1500) | | | |
| 10 | | 27. November 1095 | Aufruf zum Kreuzzug von Papst Urban II. | Papst Urban II. |
| 11 | | 1241 | Das Trompetensignal von Hejnal | Unbekannter Torwächter |
| 12 | | Zwischen 1266 und 1273 | Lehre vom gerechten Krieg (bellum iustum) | Thomas von Aquin |
| 13 | | 1450 | Erfindung des Buchdrucks | Johannes Gutenberg |
| 14 | | 1498 | Die apokalyptischen Reiter | Albrecht Dürer |
| | Neuzeit (1500–1914) | | | |
| 15 | | 1513 | „Ritter, Tod und Teufel" | Albrecht Dürer |
| 16 | | 15. Mai 1525 | „Die Feldpredigt" im Deutschen Bauernkrieg | Thomas Müntzer |
| 17 | | 1555 | Nostradamus apokalyptische Prophezeiungen von Ereignissen in der Zukunft | Nostradamus |
| 18 | | 23. Mai 1618 | Zweiter Fenstersturz zu Prag | |
| 19 | | 1625 | „De Jure Belli ac Pacis libri tres" | Hugo Grotius |
| 20 | | 1633 | „Das Elend und die Schrecken des Krieges" | Jacques Callot |
| 21 | | 24. Oktober 1648 | „Der Westfälische Friede" | Kaiser Ferdinand III. und weitere |

# Anhang

| Lfd. Nr. | Epoche | Jahreszahl | Titel des Weckrufs | Autor/ Urheber |
|---|---|---|---|---|
| 22 | | 1668 | „Der Abentheurliche Simplicissimus Teutsch" | Hans Jakob Christoffel von Grimmelshausen |
| 23 | | 26. August 1789 | „Liberté, Égalité, Fraternité", Losung der Französischen Revolution | Maximilien de Robespierre |
| 24 | | 26. April 1792 | Die „Marseillaise" | Claude Joseph Rouget de Lisle |
| 25 | | 1795 | „Zum ewigen Frieden. Ein philosophischer Entwurf" | Immanuel Kant |
| 26 | | 1810 | „Desastres de la Guerra" – Die Schrecken des Krieges. | Francisco Goya |
| 27 | | August 1815 | Gründung der ersten Friedensgesellschaft der Welt, der New York Peace Society | David Low Dodge |
| 28 | | 1818 | „Frankenstein" | Mary Shelley |
| 29 | | 1845 | Erschütternde Bilder vom Elend des englischen Proletariats | Friedrich Engels |
| 30 | | 21. Februar 1848 | Kommunistisches Manifest: „Proletarier aller Länder, vereinigt euch!" | Karl Marx und Friedrich Engels |
| 31 | | 22. August 1864 | Genfer Konvention | |
| 32 | | 11. Dezember 1868 | „Petersburger Erklärung"– das erste Waffenverbot der Geschichte | |
| 33 | | 1869 | „Krieg und Frieden" – Der bedeutendste Antikriegsroman der Weltliteratur | Lew Tolstoi |
| 34 | | 1889 | „Die Waffen nieder!" | Bertha von Suttner |
| 35 | | 1898 | „Der Zukunftskrieg" | Jan Bloch |
| 36 | | 1899 | Haager Landkriegsordnung | |
| 37 | | 1901 | Friedensnobelpreis | Henry Dunant |

| Lfd. Nr. | Epoche | Jahreszahl | Titel des Weckrufs | Autor/ Urheber |
|---|---|---|---|---|
| 38 | | 1907 | 2. Haager Friedenskonferenz 1907 | |
| 39 | | 1908: erste Erwähnung, 1975: Hannes Wader | „Zogen einst fünf wilde Schwäne" | Hannes Wader |
| | Zeitgeschichte und Gegenwart (1914 bis heute) | | | |
| 40 | | 02. Dezember 1914 | Die Abstimmungen über die Kriegskredite im Deutschen Reichstag am 04. August und am 02. Dezember 1914 | Karl Liebknecht |
| 41 | | 24. Dezember 1914 | „We not shoot, you not shoot!" | 100.000 britische, deutsche, französische, belgische Soldaten machen Heiligabend 1914 spontan zum Friedenstag |
| 42 | | 1916 | „Das Feuer" | Henry Barbusse |
| 43 | | 26. Oktober 1917 | „Dekret über den Frieden" – Frieden ohne Annexionen und Kontributionen | Wladimir I. Lenin |
| 44 | | 28. Juni 1919 | „Versailler Vertrag" | |
| 45 | | 10. Januar 1920 | Gründung Völkerbund zur Sicherung von Frieden | |
| 46 | | 1920 | „Die Skatspieler" | Otto Dix |
| 47 | | 20. Juni 1923 | „Der Träger des Faschismus ist keine kleine Kaste" | Clara Zetkin |
| 48 | | 1925/1982 | Das weltweit erste Anti-Kriegs-Museum | Ernst Friedrich |

… Anhang

| Lfd. Nr. | Epoche | Jahreszahl | Titel des Weckrufs | Autor/ Urheber |
|---|---|---|---|---|
| 49 | | 21. Dezember 1925 | Film „Panzerkreuzer Potemkin" | Sergej Eisenstein |
| 50 | | 1927 | „Der große Krieg der weißen Männer" | Arnold Zweig |
| 51 | | 1928 | „Kunst ist Waffe" | Friedrich Wolf |
| 52 | | 27. August 1928 | Briand-Kellogg-Pakt | Aristide Briand und weitere |
| 53 | | 1929 | „Denkmal des Krieges" | Ernst Barlach |
| 54 | | 1929 | „Im Westen nichts Neues" | Erich Maria Remarque |
| 55 | | 1930 | „Nie wieder Krieg!" | Stephan Heym |
| 56 | | 1930 | „Manifest gegen die Wehrpflicht und die militärische Ausbildung der Jugend" | Albert Einstein und weitere |
| 57 | | 10. Dezember 1931 | „Ich betrachte mich als Soldat, allerdings als Friedenssoldat" | Mahatma Gandhi |
| 58 | | August 1932 | Leo Trotzki: „Hitlers Sieg bedeutet Krieg gegen UdSSR" | Leo Trotzki |
| 59 | | 1932 | „Der Sinn des Hitlergrußes" | John Heartfield |
| 60 | | 1936 | „Nie wieder Friede" | Ernst Toller |
| 61 | | 1936 | „Stell Dir vor, es ist Krieg und keiner geht hin" | Carl Sandburg |
| 62 | | 1936 | „Death of a loyalist Soldier" – „Loyalistischer Soldat im Moment des Todes" | Robert Capa |
| 63 | | 19. Juli 1936 | „No pasarán – Sie kommen nicht durch" | Dolores Ibárruri |
| 64 | | 1937 | „Guernica" | Pablo Picasso |
| 65 | | 1937 | „Große Illusion" | Jean Renoir |
| 66 | | 14. April 1939 | „Früchte des Zorns", ein Roman | John Steinbeck |
| 67 | | 01. September 1939 | Der Beginn des Zweiten Weltkriegs | |
| 68 | | 15. Juni 1941 | Richard Sorges Warnungen vor dem deutschen Blitzkrieg gegen die Sowjetunion 1941 | Richard Sorge |

| Lfd. Nr. | Epoche | Jahreszahl | Titel des Weckrufs | Autor/ Urheber |
|---|---|---|---|---|
| 69 | | 1941 | Die Gründung der Antihitlerkoalition | |
| 70 | | 1941 | „Der aufhaltsame Aufstieg des Arturo Ui" | Bertolt Brecht |
| 71 | | 1942 | „Leningrader Sinfonie" | Dmitri Schostakowitsch |
| 72 | | März 1942 | Normandie-Njemen – russisch: Нормандия-Неман | |
| 73 | | 1942 - 1944 | Tagebuch der Anne Frank | Anne Frank |
| 74 | | 1943 | „Auf uns sieht das deutsche Volk! Von uns erwartet es die Brechung des nationalsozialistischen Terrors aus der Macht des Geistes!" | Sophie Scholl |
| 75 | | 20. Juli 1944 | Stauffenberg-Attentat auf Hitler | Claus Schenk Graf von Stauffenberg |
| 76 | | 05. Oktober 1944 | „Wenn ich wüsste, dass morgen die Welt unterginge, würde ich heute noch mein Apfelbäumchen pflanzen." | Pfarrer Karl Lotz |
| 77 | | 16. Juli 1945 bis 12. August 1953 | Beginn des nuklearen Wettrüstens zwischen den USA und der UdSSR | |
| 78 | | 17. Juli bis zum 2. August 1945 | „Potsdamer Abkommen" – nach Beendigung des Zweiten Weltkrieges | |
| 79 | | 24. Oktober 1945 | Gründung der Vereinten Nationen / Verkündung UN-Charta am 26. Juni 1945 in New York | |
| 80 | | 20. November 1945 bis 01. Oktober 1946 | Nürnberger Prozesse | |

| Lfd. Nr. | Epoche | Jahreszahl | Titel des Weckrufs | Autor/ Urheber |
|---|---|---|---|---|
| 81 | | 01. Mai 1948 | Erste Internationale Radfernfahrt für den Frieden | Zygmunt Weiss, Polen und Karel Tocl, Tschechoslowakei |
| 82 | | Januar 1949 | „Friedenstaube" | Pablo Picasso |
| 83 | | 23. Mai 1949 | Friedensgebot im deutschen Grundgesetz | Parlamentarischer Rat |
| 84 | | 1951 | „Das große Karthago führte drei Kriege. Es war noch mächtig nach dem ersten, noch bewohnbar nach dem zweiten. Es war nicht mehr auffindbar nach dem dritten." | Bertolt Brecht |
| 85 | | 09. Juli 1955 | Russell-Einstein-Manifest | Bertrand Russel, Albert Einstein |
| 86 | | 15. Juli 1955 | „Mainauer Deklaration" | Otto Hahn, Max Born |
| 87 | | 12. April 1957 | „Göttinger Erklärung" | Otto Hahn und weitere |
| 88 | | 01. September 1957 | Erster „Antikriegstag" in der Bundesrepublik Deutschland | |
| 89 | | 1958 | Beginn der Ostermarsch-Bewegung | Britische und deutsche Friedensaktivisten |
| 90 | | 1959 | „Die Brücke" | Bernhard Wicki |
| 91 | | 1959 | „Schwerter zu Pflugscharen" | Jewgeni W. Wutschetitsch |
| 92 | | 30. Oktober 1961 | Sowjetunion zündet die größte jemals getestete Wasserstoffbombe | |
| 93 | | 1962 | Die Erfindung der Neutronenbombe | Samuel Cohen |
| 94 | | 1963 | „Bomber" | Gerhard Richter |
| 95 | | 28. August 1963 | „I have a dream" | Martin Luther King |

| Lfd. Nr. | Epoche | Jahreszahl | Titel des Weckrufs | Autor/ Urheber |
|---|---|---|---|---|
| 96 | | 20. April 1964 | „Die auf der Hautfarbe basierende Spaltung ist vollkommen künstlich und wenn sie verschwindet, wird auch die Herrschaft von Menschen einer Hautfarbe über die einer anderen verschwinden." | Nelson Mandela |
| 97 | | 1965 | „Jetzt bin ich zum Tod geworden, zum Zerstörer von Welten" | Robert Oppenheimer |
| 98 | | 13. April 1966 | „The War Game" | Peter Watkins |
| 99 | | 06. Mai 1966 | Schweden feiert 150 Jahre Frieden mit Gründung von SIPRI | Tage Erlander (Initiator) |
| 100 | | 1966–1967 | Der „Höllensturz in Vietnam" | Willi Sitte |
| 101 | | 04. April 1967 | „Beyond Vietnam" | Martin Luther King |
| 102 | | 01. Januar 1968 | „Weltfriedenstag" der katholischen Kirche | Papst Paul VI. |
| 103 | | 22. Juli 1968 | „Wie ich mir die Zukunft vorstelle. Gedanken über Fortschritt, friedliche Koexistenz und geistige Freiheit" | Andrej Sacharow |
| 104 | | 1969 | „Give peace a chance" | John Lennon |
| 105 | | 05. März 1970–2021 | Die wichtigsten Verträge zur nuklearen Rüstungsbeschränkung | |
| 106 | | 19. März 1970 | „Wandel durch Annäherung" | Bundeskanzler der BRD, Willy Brandt |
| 107 | | 22. April 1970 | Der erste Aktionstag der Umweltbewegung – der „Earth Day" | Senator Gaylord Nelson |
| 108 | | 07. Dezember 1970 | Kniefall von Willy Brandt am Ehrenmal für die Helden des Warschauer Ghettos | Bundeskanzler der BRD, Willy Brandt |

| Lfd. Nr. | Epoche | Jahreszahl | Titel des Weckrufs | Autor/ Urheber |
|---|---|---|---|---|
| 109 | | 11. Dezember 1971 | „Der Krieg darf kein Mittel der Politik sein" | Bundeskanzler der BRD, Willy Brandt |
| 110 | | 02. März 1972 | „Die Grenzen des Wachstums" – Der welthistorische Weckruf auf Initiative des „Club of Rome" | Dennis L. Meadows und weitere |
| 111 | | 08. Juni 1972 | „The Terror of War" | Nick Út |
| 112 | | 27. Januar 1973 – 30. April 1975 | Vietnamkrieg | |
| 113 | | 03. – 07. Juli 1973: Konferenz über Sicherheit und Zusammenarbeit 01. August 1975: Unterzeichnung der Schlussakte | Schlussakte von Helsinki – Meilenstein für Ost-West-Friedenssicherung | |
| 114 | | 10. Dezember 1975 | Nobelpreisrede für Abrüstung, Frieden und Menschenrechte | Andrej Sacharow |
| 115 | | 1979 | „Erster Weltkrieg" | George F. Kennan |
| 116 | | 25. Januar 1982 | „Frieden schaffen ohne Waffen" | Robert Havemann, Rainer Eppelmann |
| 117 | | 10. Juni 1982 | „Aufstehn! Für den Frieden" | |
| 118 | | 26. September 1983 | „Für Stanislaw Petrow, den Mann, der die Welt rettete" | Stanislaw Petrow |
| 119 | | 08. Mai 1985 | „Der 8. Mai war ein Tag der Befreiung" | Richard von Weizsäcker |
| 120 | | 13. Juli 1985 | „Live Aid" | Bob Geldof |

| Lfd. Nr. | Epoche | Jahreszahl | Titel des Weckrufs | Autor/Urheber |
|---|---|---|---|---|
| 121 | | 26. April 1986 | Die Reaktorkatastrophe in Tschernobyl | |
| 122 | | 10. April 1987 | „Das gemeinsame Haus Europa" | Michail Gorbatschow |
| 123 | | 1988 | „Non violence" | Carl Fredrik Reuterswärd |
| 124 | | 1988 | Aachener Friedenspreis | |
| 125 | | 1991 | Erstmalige Verleihung des „Erich-Maria-Remarques-Friedenspreises" der Stadt Osnabrück | Lew Kopelew |
| 126 | | 07. November 1995 | „Soldaten sind Mörder" | |
| 127 | | 1999 | Ottawa-Konvention | Mitgliedsstaaten |
| 128 | | 1999 | „Humanitäre Intervention NATO in Jugoslawien" | |
| 129 | | 1999 | Gründung West-Eastern Divan Orchestra – für eine friedliche Lösung im Nahostkonflikt | Daniel Barenboim und weitere |
| 130 | | 2003 | Mit Erpressung sollte das Ja des UNO-Sicherheitsrat für den Irakkrieg erreicht werden | Katharine Gun |
| 131 | | 2004 | „Der Schwarm" | Frank Schätzing |
| 132 | | 10. Mai 2005 | „Holocaust Mahnmal" des weltbekannten jüdischen Architekten | Peter Eisenman |
| 133 | | 02. Juli 2005 | „Live 8" – „Make Poverty History" | Bob Geldof |
| 134 | | 07. Oktober 2006 | Ermordung wegen Enthüllungen über den Krieg in Tschetschenien und über Korruption im russischen Verteidigungsministerium | Anna Politkowskaja |
| 135 | | 07. Juli 2007 | „Live Earth" | Al Gore |

| Lfd. Nr. | Epoche | Jahreszahl | Titel des Weckrufs | Autor/ Urheber |
|---|---|---|---|---|
| 136 | | 2007 | Internationale Kampagne zur Abschaffung von Atomwaffen (ICAN) | Tilman Ruff und weitere |
| 137 | | 2009 | „2012" | Roland Emmerich |
| 138 | | 01. August 2010 | „Oslo-Übereinkommen" | |
| 139 | | 2010 | „Empört euch!" | Stephane Hessel |
| 140 | | 11. März 2011 / 30. Juni 2011 / 15. April 2023 | Reaktorunglück Fukushima | |
| 141 | | 05. Juni 2013 | Gegen die totale Überwachung der Welt durch die amerikanische National Security Agency (NSA) | Edward Snowden |
| 142 | | 2013 | „Diese Wirtschaft tötet" | Papst Franziskus |
| 143 | | 04. April 2014 | Ein Krieg, der länger geht als der Erste und und Zweite Weltkrieg zusammen | Anja Niedringhaus |
| 144 | | 2015 | Pariser Weltklimakonferenz | |
| 145 | | 2015 | „Laudato si. Über Die Sorge für das gemeinsame Haus" | Papst Franziskus |
| 146 | | 2016 | „Wer wir waren" | Roger Willemsen |
| 147 | | 07. Dezember 2017 | Vorlesung von Kazuo Ishiguro zur Verleihung des Nobelpreises für Literatur | Kazuo Ishiguro |
| 148 | | 31. Oktober 2018 | „Die Regierung muss die existenzielle Bedrohung der ökologischen Krise anerkennen und den Klimanotstand ausrufen" | Roger Hallam |

| Lfd. Nr. | Epoche | Jahreszahl | Titel des Weckrufs | Autor/ Urheber |
|---|---|---|---|---|
| 149 | | September 2019 | IPCC-Sonderbericht über Ozean und Kryosphäre | |
| 150 | | 20. September 2019 | „Make love, not CO$_2$" | „Fridays for Future" |
| 151 | | 23. September 2019 | „Wie konntet ihr es wagen, meine Träume und meine Kindheit zu stehlen mit euren leeren Worten?" | Greta Thunberg |
| 152 | | 24. November 2019 | „Der Einsatz von Atomenergie zu Kriegszwecken ist unmoralisch" | Papst Franziskus |
| 153 | | 2020, 2021, 2023 | „Der neunte Arm des Octopus" – Band 1 der dreiteiligen Öko-Thriller-Reihe | Dirk Rossmann |
| 154 | | 2020 | „Wann hören wir endlich auf, uns etwas vorzumachen" | Jonathan Franzen |
| 155 | | 26. März 2021 | „Jeder Mensch": Forderung nach Erweiterung der Grundrechte in der EU-Charta | Ferdinand von Schirach |
| 156 | | 2021 | „Unsere Welt neu denken" | Maja Göpel |
| 157 | | 27. Februar 2022 | „Wir erleben eine Zeitenwende" | Olaf Scholz |
| 158 | | 02. März 2022 | Sondersitzung der UN-Vollversammlung | |
| 159 | | 19. April 2022 | EU-Gesetz zur Bekämpfung der weltweiten Entwaldung und Waldschädigung infolge von Produktion und Verbrauch in der EU | |
| 160 | | 2022 | „Nationale Interessen": „Nur Entspannungspolitik könnte die Kriegsgefahr in Europa verringern" | Klaus von Dohnanyi |

| Lfd. Nr. | Epoche | Jahreszahl | Titel des Weckrufs | Autor/ Urheber |
|---|---|---|---|---|
| 161 | | 29. Oktober 2022 | „Mit Kapital die Schöpfung retten" | Michael Schäfer, Joachim Ludwig |
| 162 | | 2022 | „Bilder von Bombardierung der Geburtsklinik in Mariupol" | Jewhen Maloljetka |
| 163 | | 2023 | „Oppenheimer" | Christopher Nolan |
| 164 | | 10. Februar 2023 | **„Manifest für den Frieden"** | Sahra Wagenknecht, Alice Schwarzer |
| 165 | | 23. Februar 2023 | **Politisches Testament Antje Vollmer** | Antje Vollmer |
| 166 | | 12. März 2023 | **„Im Westen nichts Neues" – Vier Oscars für deutschen Antikriegsfilm** | Edward Berger |
| 167 | | 20. März 2023 | **Weltklimabericht IPCC 2023** | |
| 168 | | 22. März 2023 | **UNESCO-Weltwasserbericht der Vereinten Nationen 2023** | |
| 169 | | 2023 | **„Letzte Generation" – Ultima Ratio?** | „Letzte Generation" |
| 170 | | 02. August 2023 | **„Earth Overshoot Day" 2023** | Global Footprint Network (GFN) |
| 171 | | 20. September 2023 | **António Guterres auf UNO-Klimagipfel in New York** | UN-Generalsekretär António Guterres |
| 172 | | 09. November 2023 | **„Verteidigungspolitische Richtlinien 2023"** | Boris Pistorius |
| 173 | | 15. November 2023 | **Sicherheitsratsresolution 2712 zum Schutz Bevölkerung im Gazakrieg** | |
| 174 | | 06. Dezember 2023 | **„Global Tipping Points Report" (Bericht über globale Kipppunkte)** | |
| 175 | | 29. Dezember 2023 | **Verfahren gegen Israel wegen Verstoß gegen die Völkermordkonvention** | Regierung Südafrika |

| Lfd. Nr. | Epoche | Jahreszahl | Titel des Weckrufs | Autor/ Urheber |
|---|---|---|---|---|
| 176 | | 30. September 2022: Antikriegsstellungnahme / 16. Februar 2024: Tod im Straflager | „Russland darf den Krieg nicht gewinnen" | Alexej Nawalny |
| 177 | | 31. März 2024 | Krieg ist eine „eine Absurdität und eine Niederlage" | Papst Franziskus |
| 178 | | 17. April 2024 | „Den Frieden gewinnen. Die Gewalt verlernen" | Heribert Prantl |
| 179 | | 21. April 2024 | Neue Rüstungsspirale – die Kriege in der Ukraine und Nahost | |
| 180 | | 26. April 2024 | „Asche" | Elfriede Jelinek |
| 181 | | 01. Mai 2024 | Die Walpurgisnacht in Goethes Faust – auch ein Weckruf? | Manfred Osten |
| 182 | | 05. Juni 2024 | Mahnung an den G/7-Gipfel 2024 | UN-Generalsekretär António Guterres |
| 183 | | 17. Juni 2024 | SIPRI-Jahresbericht 2024 | |
| 184 | | 26. Juli 2024: Eröffnung Olympische Sommerspiele in Paris | Von 776 v. Chr. bis heute: Olympische Spiele – Der stärkste Weckruf für Frieden | |
| 185 | | 11. Oktober 2024 | Friedensnobelpreis 2024 für die japanische Anti-Kriegs-Bewegung Nihon Hidankyo | Nihon Hidankyo |